# 역사로서의 문화

20세기 미국 사회의 변형

나남
nanam

한국연구재단 학술명저번역총서
서양편 356

# 역사로서의 문화

## 20세기 미국 사회의 변형

2015년 1월 25일 발행
2015년 1월 25일 1쇄

지은이_ 워런 서스먼
옮긴이_ 김덕호
발행자_ 趙相浩
발행처_ (주) 나남
주소_ 413-120 경기도 파주시 회동길 193
전화_ (031) 955-4601 (代)
FAX_ (031) 955-4555
등록_ 제 1-71호 (1979.5.12)
홈페이지_ http://www.nanam.net
전자우편_ post@nanam.net
인쇄인_ 유성근 (삼화인쇄주식회사)

ISBN 978-89-300-8789-6
ISBN 978-89-300-8215-0 (세트)

책값은 뒤표지에 있습니다.

'한국연구재단 학술명저번역총서'는 우리 시대 기초학문의 부흥을 위해
한국연구재단과 (주)나남이 공동으로 펼치는 서양명저 번역간행사업입니다.

# 역사로서의 문화

20세기 미국 사회의 변형

워런 서스먼 지음 | 김덕호 옮김

나남
nanam

*Culture as History*
*The Transformation of American Society in the Twentieth Century*
by Warren I. Susman

# 옮긴이 머리말

워런 서스먼(Warren I. Susman, 1927~1985)은 20세기 미국을 대표하는 뛰어난 역사학자 중 한 사람이다. 살아 있는 동안 그는 미국사, 특히 20세기 미국문화에 대한 뛰어난 통찰력과 열정적인 강의로 학생들과 청중을 사로잡았다. 그렇지만 그는 자신의 생각을 거의 글로 출판하지 않았으며, 드물게 출판할 경우에도 별로 잘 알려지지 않은 학술지나 선집(*anthology*)에 실을 뿐이었다.

코넬대학 학부를 졸업하고 위스콘신대학 대학원에서 저명한 지성사가인 멀 커티(Merle Curti) 밑에서 박사학위를 취득한 그는 1960년부터 럿거스(Rutgers)대학에 자리 잡고 자신의 새로운 생각들을 학생들과 동료 선생들에게 전파하기 시작했다. 결과적으로 그는 도발적이고 창의적인 문제제기로 미국에서 새로운 문화사가 뿌리내리는 데 커다란 공헌을 하였다.

역자가 서스먼이라는 역사학자를 알게 된 것은 미국 유학시절인 1988년도 봄학기 대학원 수업을 통해서였다. 20세기 미국에 관한 통사 수업이었는데, 그의 책인 《역사로서의 문화》가 필수도서 목록에 올라와 있었다. 특정 주제와 관련된 그 책의 몇몇 장을 읽는 것이었다. 그런데 책 내용 중에서 1930년대 대공황기를 이해하는 데 월트 디즈니가 창작한 만화 주인공 미키 마우스가 당시 대통령이었던 프랭클린 루스벨트보다 더 중요할 수도 있다는 주장을 알게 되면서 큰 충격을 받았다. 어떻게 가공의 만화 캐릭터의 비중이 실재한 최고의 정치지도자, 그것도 뉴딜정책으로 많은 미국인들에게 꿈과 희망을 불어넣어준 루스벨트의 그것보다도 더 무거울 수 있는지 그저 놀랄 뿐이었다. 그제야 서스먼의 시각이 미국 역사를 해석함에 있어서 굉장히 참신하고 도발적이라는 것을 알게 되었다.

불행하게도 그는 1985년 4월 미국사학회(Organization of American Historians) 연례회의에서 논문을 발표하다가 심장마비로 쓰러져 사망했다. 불행 중 다행으로 그가 죽기 직전인 1985년 2월 출판된 이 책이 그나마 서스먼의 주제가 무엇이었는지 짐작케 한다. 역자는 국내 학계에 제대로 소개되지 못한 그를 이 책을 통해서나마 알리고자 번역을 생각하게 되었다.

이 책은 1960년대 초부터 사망 직전까지 서스먼이 쓴 논문 중에서 그 자신이 선별한 것들을 편집하여 만든 것이다. 전부 14편의 논문이 실려 있는데, 이 논문들은 크게 4개의 주제들 — '신화와 이데올로기로서의 역사', '문화로서의 이데올로기', '역사로서의 문화', '이행과 변형' — 로 나뉘어 있다. 그렇지만 이 책조차 그의 평소 생각들 — 예를 들자면, 월트 디즈니 만화에 단골로 등장하는 요정들은 왜 젖꼭지가 없는지, 혹은 그가 즐겨 보던 텔레비전 등에 관한 날카로운 단상 등 — 을 다 담고 있지는 못하다. 하지만 그럼에도 이 논문집은 그의 많은 생각들을 담고 있다. 지식인과 보통사람들을 포함한 미국인들이 자신들의 과거를 어떻게 이해하고 이용하고 심지어 남용하는지에 대한 관심, 정치에 있어서 보수적 전통을 지속하는 미국적 특징, 미국인과 비(非) 미국인 모두에게 '미국의 예외주의'로 불리는 미국 특유의 문제들 — 예컨대 사회주의와 아메리카니즘의 관계, 프런티어 테제의 재검토 등 —, 혹은 20세기 전반의 근/현대성에 대해 보통의 미국사람들이 받아들인 이중적 가치, 나아가 유·무선 전신, 전화, 영화, 라디오 등의 커뮤니케이션 혁명이 미국문화 전반에 끼친 영향 등이 주요한 주제로 등장한다.

이 책에서 언급하는 주요 키워드들 — 문화, 문명, 변환, 보수주의, 개혁, 역사의 유용성, 청교도, 프런티어, 이데올로기, 사회주의, 아메리카니즘, 지식인, 풍요의 문화, 소비사회, 개성, 품성, 커뮤니케이션 혁명, 대중문화, 도시, 대기업, 1920년대, 헨리 포드, 브루스 바튼, 베이브 루스, 광고, 스포츠, 오락, 1930년대, 대공황, 미국적 생활방식, 세계박람회, 보통사람들 — 만 살펴보아도 그의 책이 어떤 내용을 다루고 있는지를 독자들도 짐작할 수 있을 것이다.

그렇다면, 서스먼의 책을 한국 독자들에게 소개한다는 것이 이 땅에서 어떤 의미가 있을까? 첫째로 1990년대 이후 한국 학계에 본격적으로 소개된 '신문화사'(*New Cultural History*)를 보충하는 데 도움이 될 것이다. 사실상 '신문화사'라는 용어는, 이 방면의 대표주자 중 하나인 영국의 문화사가 피터 버크(Peter Burke)도 지적하듯이, 미국에서 가장 크게 받아들여졌다. 그럼에도 유럽사를 대상으로 하는 유럽학자들만이 — 심지어 미국학자일지라도 — 신문화사를 연구하는 것처럼 보이는 한국적 상황에서 서스먼은 큰 관심의 대상이 아니었던 것으로 보인다.

예를 들어 '민중' 혹은 '보통사람들'이라는 우리말로 옮길 수 있는 영어 'people'에 대해서 생각해보자. 그들만의 고유한 문화에 대한 관심은 유럽의 경우 18세기 후반이 되어서야 인식되기 시작했다. 그러나 '민중문화'에 역사학자들이 주목한 것은 다름 아닌 1960년대였다. 그 시기 유럽의 문화사가들이 그러했다면, 서스먼 또한 그러했다. 일상생활을 소재로 삼고, '민중' 혹은 '보통사람들'에 관심을 가지며, 소비활동에 주목한 유럽의 문화사가들이 그에게는 왜 주목하지 않았는지는 의문의 여지가 있다. 왜냐하면, 다시 한 번 강조하지만, 서스먼 또한 이러한 역사학적 주제들에 대해서 관심이 많았기 때문이다. 서스먼이 생전에 국제적인 1급 학술지에 자신의 생각을 담은 논문을 단 한 편도 싣지 않았으며, 그리하여 그의 논문들이 시의적절하게 학계에 논쟁을 일으킬 수 있는 주제로서 가능할 수 없었음을 염두에 두자. 여하튼, 유럽의 신문화사와 미국을 대상으로 하는 서스먼의 새로운 문화사가 어떻게 유사하고 얼마나 다른가를 알게 되는 것도 제법 큰 의미가 있다고 생각한다.

둘째, 그가 제기한 문제들은 오늘날 한국에서도 씨름해야 할 문제들로 남아 있다. 미국 지식인들 간의 이데올로기 — 청교주의(*Puritanism*) 나 프론티어(*Frontier*) 테제, 보수주의와 사회주의 그리고 미국주의와 사회개혁의 문제 등 — 를 둘러싼 문화적 헤게모니 투쟁은, 비록 다루는 이념의 내용이 같지는 않지만, 현재 진행 중인 한국에서의 이념 논쟁을 연상시킨다.

셋째, 특히 소비사회와 '풍요의 문화'가 담고 있는 역사적 조망이 그러하다. 한국도 1990년대 전반부터 본격적인 소비사회로 진입했다고 볼 수 있다. 그 결과 신·구세대 간에 가치관을 비롯한 문화적 갈등이 첨예화되기도 했는데, 이런 문제는 1920년대와 1930년대 미국에서도 커다란 이슈로 자리 잡고 있었다. 따라서 이 책은 자연스럽게 1990년대 이후 소비문화가 본격적으로 진행되고 있는 한국 사회를 비교사적으로 이해하는 데 도움을 줄 수 있을 것이다.

뒤돌아보니 너무 오랜 시간 서스먼의 책에 매달려 있었던 것은 아닌가 하는 생각이 든다. 개인적 사정으로 번역이 진행되다 멈추기를 몇 번 반복했다. 전반적인 책의 성격이 20세기 미국문화의 변천과정을 다루고 있는 역사서이기 때문에, 게다가 여러 사상적 논쟁 및 많은 지식인들과 그들의 저작들이 언급되어 번역이 쉽지 않을 것이라고 예상은 하고 있었다. 그럼에도 막상 번역에 착수하자 이 책이 개별적으로 완결된 논문들로 구성된 점도 일반적인 단행본과 성격을 달리하는 데다가, 다루는 내용도 생각보다 훨씬 더 추상적이고 미묘하여 그 의미를 한국어로 옮기는 데 많은 어려움을 겪었다. 덕분에 번역에 착수하기 전에도 쉽지 않으리라 예상은 했지만, 막상 시작해놓고 보니 괜히 시작했다는 생각이 들기도 했다. 간신히 마무리 지은 현재까지도 그의 책을 제대로 우리말로 옮겨놓은 것인지 마음을 놓을 수 없다.

또한 잠재적 독자들을 고려해서 의역을 할 것인지 저자를 고려해서 직역을 할 것인지 미리 그 방향을 굳건하게 정했어야 했는데, 일이 많이 진척된 다음에서야 겨우 독자들 시각에서 번역을 해야겠다고 생각을 굳힐 수 있었다. 그러다 보니 저자의 생각을 너무 내 멋대로 옮긴 것은 아닌지 걱정이 들 때가 한두 번이 아니었다. 결과적으로 다 끝내놓고 보니 의역과 직역 사이에 어정쩡하게 위치한 번역을 한 것은 아닌가 하는 생각도 해본다.

덕분에 한 세기도 전에 나쓰메 소세키(夏目漱石, 1867~1916)가 고민했던 '타인본위'와 '자기본위'의 구분이 감상적으로 떠오른다. 소세키가 누구인가? 한때 천 엔짜리 화폐 앞면에 실린, 일본을 대표하는 문인이 아니던가. 서양 문물을 본격적으로 받아들이기 시작한 19세기 말 20세기 초 동양문명에 속했던 그가 한 고민을 이제 와 내가 새삼스레 떠올렸다면 사치스러운 것일까? 물론 그는 '자기본위'라는 관점을 굳히면서 자신의 고민을 나름대로 해결하고 기개도 키웠을 것이다. 그럼에도 나의 입장에서 변화하는 미국문화를 붙잡고 씨름했던 서스먼의 글들을 한국문화의 틀 속에 있는 한국인들에게 어떻게 정확하게 전달할 수 있을까 하는 고민을 피할 수 없었다. 결과적으로 진즉 '자기본위'로 무장했더라면 번역에 대한 부담이 조금은 줄지 않았을까 생각해본다.

게다가 이 책의 번역을 오롯이 역자만 한 것은 아니다. 혼자서는 감당하기 힘들어, 혹은 갑갑한 마음에 여러 주위 분들의 도움을 받을 수밖에 없었다. 우선, 초고 단계의 원고 중 문제가 되는 내용을 알려준 이영석, 김연진 선생님께 고맙다고 전하고 싶다. 번역 중인 원고를 처음부터 끝까지 다 읽고 어색한 부분을 지적해준 김지혜 선생에게도 고마움을 표하고 싶다. 나아가 친구인 석균에게도 가끔씩 손을 벌려 민폐를 끼쳤다. 언제나처럼 제 글인 양 읽어준 그에게 고마운 마음을 보낸다. 지금은 은퇴한 버클리대학의 데이비드 홀링거(David Hollinger) 교수에게도 감사할 뿐이다. 내가 방문학자로 그곳에 머무는 동안 여러 번에 걸쳐 그를 찾아갔을 때, 그는 서스먼과 서스먼의 책에 대한 나의 의문과 질문에 성실하게 답변해 주었다. 끝으로, 마무리 작업을 잘 마치게 도와준 나남출판 민광호 편집자에게도 고마움을 전하고자 한다.

이 모든 사람들 덕분에 그나마 번역이 좀더 매끄러워질 수 있었다. 이 책이 독자들에게 잘 읽힌다면 그들의 수고 탓이 클 것이며, 그렇지 못하다면 당연히 능력이 모자란 역자 탓일 것이다.

2014년 가을, 아우내에서

김 덕 호

# 지은이 머리말

애초에 말(*words*)이, 온갖 곳에 온갖 종류의 말이 있다. 철학 논문, 비석, 정부 문서, 동화, 과학 논문, 광고, 사전, 그리고 유머집에 이르기까지. 물론, 다른 출처(出典)의 정보도 있다. 이미지, 소리, 사용과 쾌락의 대상, 대변 차변의 장부, 수집된 통계치 등 엄청난 가치가 있으나 말로 옮겨야만 분석할 수 있는 수많은 문화적 인공물이 있다. 말은 역사학자에게 1차 자료(*primary data*)가 된다. 따라서 역사학자의 세계는 언제나 말의 세계이다. 역사학자는 말로부터 사실을 형성한다. 그런 다음에야 다른 말들, 즉 1차 자료에서 비롯되는 세계에 관한 명제들을 만들어 나갈 수 있다.

이러한 사실의 창조는 결코 쉬운 일이 아니다. 역사학자는 그 말들이 묘사하려는 인간 경험의 엄밀한 본성과 말들이 규정하는 경험에 대한 특정한 태도를 발견해야만 한다. 토마스 홉스(Thomas Hobbes)는 수 세기 전에 우리에게 이렇게 경고했다. “말은 현명한 사람들의 계산기이다. 그들은 말로 셈할 뿐이지만 바보들에게 그것은 돈이다.” 역사학자는 현명한 사람과 바보를 구별해야 하며, 그런 다음 그 두 사람 모두에게 배워야 한다. 역사학자는 어떻게 인간들이 말을 가지고 사실상 셈하는가를 배워야 한다.

그러나 훌륭한 역사학자라면 사실을 제시하면서 작업이 끝나지는 않는다. 그는 항상 말을 진지하게 파악할 수 있어야 하지만 문자에 항상 구애되어서도 안 된다. 그는 작가들이 "무엇을 **과시하는지**(*parade*) 뿐 아니라 그들이 무엇을 **드러내는지**(*betray*)"에 대해서도 특별한 관심을 기울여야 한다. 진술되지 않은 가정을 통해 진술된 말을 이해할 수 있기 때문이다. 역사학자는 진실뿐 아니라 의미도 추구한다. 그 과정에서 역사학자가 사용하는 바로 그 말은 상징 자체가 된다. 각 시대는 그 시대만의 특별한 단어, 자체의 어휘, 자체의 의미 집단, 특유의 상징적 질서를 지녔다. 이는 역사학자가 쓰고자 하는 세계에서 진실이며, 마찬가지로 역사학자가 쓰는 세계 안에서도 진실이다. 역사학자 재능의 마지막 단계로, 사실을 해석된 상징으로 바꾸는 것은 가장 어렵고도 지적으로 위험한 일이다.

이 책의 논문들은 문자 그대로 단어들, 즉 종종 사회 담론에 결정적으로 중요하여 레이먼드 윌리엄스(Raymond Williams)가 우리 시대의 '키워드'(*key words*)라 이름붙인 **역사**, **이데올로기**, **문화**, **문명**에 관한 글이다. 우리는 이제 이 단어들을 통상 사용하지만, 그렇다고 해서 그것들을 더 분명하게 혹은 덜 논쟁적으로 만드는 것은 아니다. 문제를 더욱 복잡하게 만드는 것은 이 논문들이 (과거의) 역사적 의미와 용법 그리고 (현재의) 역사학자의 의미와 용법, 둘 사이에서 진행되는 대화의 일부라는 점이다. 역사학자가 과거를 재구성하고 분석하는 것은 과거와 현재의 필연적이고 지속적인 상호작용을 나타낸다. 왜냐하면 궁극적으로 역사학자는 그가 사는 시대의 것일 수밖에 없는 일군의 말을 구성하기 때문이다.

이 책의 작업은 약 20년 동안의 것이며, 원래는 여러 출판물에서 등장하거나 여러 공적 토론장에서 논문이나 강연의 형태로 발표된 것이다.

특정 주요 주제에 대한 나의 반복적인 관심은 지나쳐 보일지도 모르겠다. 즉, 커뮤니케이션 혁명과 조직 혁명, 신중간계급(*new middle class*)의 중요한 역할, 문화 지지자와 문명 지지자 간의 전투 같은 특정한 주요 주제에 대한 관심 말이다. 전통적 역사 서술은 문화의 논리를 표현하기에 적합하지 않았으며, 문화사를 쓰는 것은 언제나 새로운 형식, 새로운 언어, 새로운 시각의 추구를 의미했다. 즉, 주제와 변형, 푸가 풍(風)의 전반적인 조직 원리, 서술하고 탐구해야 할 반복적이면서 발견적인 새로운 음표 말이다. 또한 나는 각각의 논문이 다루는 시대의 지적·정치적 논쟁을 얼마나 반영하는지를 본다. 만약 제대로 반영하지 못한다면 나는 불행할 것이며, 그것이 단지 시대물(*period pieces*)처럼 보인다면 더더욱 불행할 것이다.

나는 내 글 일부의 수사학적 특성에 약간 주춤하지만, 각각의 논문이 학문의 행위일 뿐 아니라 설득의 행위라는 것을 생각하면서 그러한 특성을 그대로 둘 것이다. 각각의 논문에서 당신은 나의 자료, 나 자신, 나의 동료, 그리고 특히 나의 학생들과 내가 논쟁하는 것을 듣게 될 것이다. 어떤 점에서 모든 역사적 저작은 설득의 행위이며 모든 역사학자는 교사이다. 언제나 나는 무엇보다도 나의 학생들의 필요와 관심에 맞는 종류의 학문적 작업을 추구했다. 학생들은 미국에 대한 그들의 이해를 나와 공유했으며 나 자신의 이해에 영향을 끼쳤다. 나 또한 신중히 그들의 이해에 영향을 끼치려 노력했다.

역사를 쓰는 것은 소설을 쓰는 것만큼이나 개인적인 행위다. 역사학자가 과거를 이해하고자 애쓸 때, 그는 알게 모르게 자신의 문화적 상황과 스스로를 이해하려 노력하는 것이다. 내가 1930년대에 관한 나 자신의 연구를 시작했을 때, 문화사 분야에서 매우 탁월한 역사학자 한 분이 내가 나의 아버지, 즉 나의 아주 가까운 과거와 진지한 지적 투쟁을 하려는 마음을 칭찬하셨다. 나는 그 의견에 깜짝 놀랐다. 나는 내 시도를 공평무

사한 행위로 가정했었다. 그러나 역사책이 종종 자전적인 것으로 읽힌다고 해서, 그것이 전부라는 것을 뜻하지는 않는다. 모든 역사학자는 자신이 검토할 문제와 물어볼 질문을 선택한다. 분명히 그들의 이해와 경험은 그러한 결정을 하는 데 도움을 줄 것이나, 각각은 사실상 그가 분석하는 세계를 우리가 얼마나 이해할 수 있게 하는가에 의해 최종적으로 판단되어야만 한다. 이것이 내가 알 필요가 있다고 느꼈던 세계이다. 나는 그러한 필요가 다른 사람들에게도 그들이 알 필요가 있는 어떤 것을 제공하기를 희망한다.

워런 서스먼

# 역사로서의 문화

**차례**

## 미국의 상형문자
### – 그림에 대한 주석

20세기 초 바첼 린지[1]는 미국이 시각적 이미지와 기호·상징의 세계로, 즉 '상형문자 문명'(*hieroglyphic civilization*)으로 변하는 중이라고 주장했다. 아마도 이러한 변형(*transformation*)은 실제로 1850년대 무렵부터 시작되었는데, 당시 미국인은 쿠리어 앤 아이브스(Currier and Ives)[2] 같은 회사들이 내놓던 늘어나는 값싼 판화들과, 새로운 사진촬영기술이 제공하는 매우 특별한 새로운 생활 이미지들을 볼 수 있을 뿐 아니라 구입할 수도 있음을 알게 되었다. 판화나 사진 같은 이미지들은 1850년대 떠오르던 소비사회에서 최초로 '대량 생산된' 물건 중 하나였다. 이것들은 또한 전반적인 미국의 특수 상형문자를 위한 주요 원천이기도 했다.

이미지의 소비가 문화를 이해하는 기본이기 때문에, 나는 몇몇 결정적인 주제를 중심으로 중요하지만 종종 분리된, 심지어 대조적인 일련의 이미지를 선택했다. 즉, '우리 아버지'(조지 워싱턴), '우리 마천루'(*skyscraper*), '우리의 일용할 양식', '우리 깃발', '우리 마을', '우리 교회'가 그것이다. 이미지가 우상이 되는 세계에서 우리는 종종 문자 그대로 '상형문자 문명' 그 자체의 성격을 정의하는 데 도움을 주는 근원적인 긴장을 볼 수 있다.

---

1) 〔옮긴이주〕 Nicholas Vachel Lindsay(1879~1931) : 미국의 시인으로서 중서부의 대평원(*prairie*)을 주 소재로 많은 시를 남겼으나 자살로 생을 마감했다. 1914년에 쓴 〈콩고〉(*Congo*)는 그가 남긴 가장 유명한 시인데, 당시의 지배적인 인종차별주의 주제를 담고 있다.

2) 〔옮긴이주〕 Nathaniel Courrier(1813~1888)와 James Merritt Ives(1824~1895)가 1857년 뉴욕에서 공동 창립한, 판화 제작을 위주로 하는 회사였다. 이 회사는 예술가들의 많은 작품을 채색판화로 만들어 대중에게 널리 보급했다.

Library of Congress

Portland Art Museum

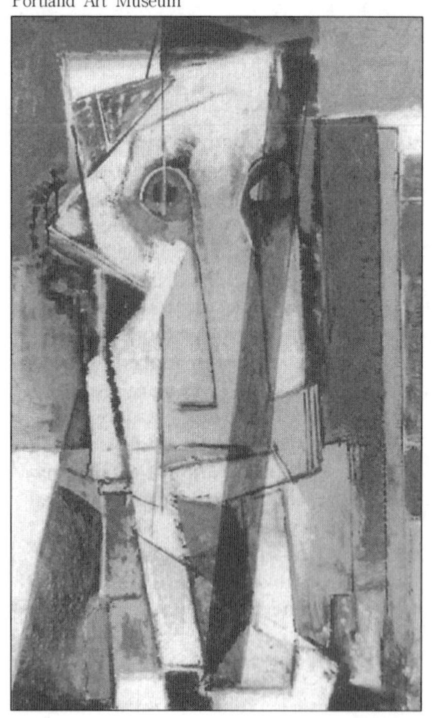

### 우리 아버지

1932년, 유명한 쿠리어 앤 아이브스 사에 소속된 예술가 루이스 모러(Louis Maurer)의 탄생 100주년과 조지 워싱턴의 탄생 200주년을 기리는 공동 전시회가 열렸다. 후자의 경우는 쿠리어 앤 아이브스가 선호하는 주제이자 연중 끊이지 않는 베스트셀러 중 하나였다. 루이스의 아들인 알프레드 모러(Alfred Maurer)는 선두적인 모더니즘 계열 화가였다. 그러나 1932년에 그는 유명하지 않았고, 돈도 떨어졌으며, 감정적으로나 미학적으로 아버지와 단절되어 있었다. 마치 조지 워싱턴과 상업적으로 성공한 자신의 아버지 두 사람에 대한 축하에 응하듯이, 알프레드는 자신이 그린 '건국 시조'(*Founding Father*) 초상화를 전시회에 제공했다.

# 풍요의 문화의 역사를 향하여

## 몇몇 가정들

일상생활은 현대성(*modernity*)에 반응하고 부합한다. 전자는 이 개념 안에서 결합된 의미(*significance*)의 합성물이며, 후자는 기호(*signs*)의 합성물인데, 이를 통해 우리 사회는 스스로를 표현하고 정당화한다. 그리고 현대성은 우리 사회 이데올로기의 일부를 구성한다. … 일상생활에 대한 이 연구는 전문 과학과 그 밖의 것들을 위한 만남의 장소를 제공한다. 그것은 우리 사회와 우리 시대에 합리적인 것과 비합리적인 것의 갈등 가능성을 드러내, (가장 넓은 의미에서) 생산(*production*)의 구체적인 문제들을 형식화한다. 즉, 결핍(*want*)에서 풍요로의, 가격의 등귀에서 하락으로의 이행(*transition*)이 어떻게 인간이라는 사회적 존재를 만드는지 말이다.

— 앙리 르페브르[1]

---

1) 〔옮긴이주〕 Henri Lefebvre(1910~1991): 프랑스의 대표적인 마르크스주의 사회학자이다. 그는 1928년에 프랑스 공산당에 가입했으나, 교조적 마르크스주의에 비판을 제기하다 1958년 퇴출당했다. 그는 누구보다도 일찍이 소비와 여가가 중심이 되는 일상생활의 중요성에 주목했다. 포스트모더니즘 사상가인 장 보드리야르(Jean Baudrillard)는 그의 제자이다.

이 단행본에 수록할 논문들을 체계적으로 모으기 시작했을 때, 나는 지난 4반세기 이상에 걸친 시간 속에 내가 생각했던 것보다 훨씬 심원한 의미의 질서와 전개과정과 목적까지도 있었다는 것을 알게 되었다. (눈에 띄는 몇몇 예외가 있지만, 그러한 연속성은 앞으로 나올 논문에서도 반복된다.) 시간이 지나면서 나 자신과 나의 학생들을 위하여 미국문화가 어떤 것이며 그것이 어떻게 이러한 방식으로 진행되었는지를 분명하게 정의하려고 애쓰는 동안, 나는 거의 무의식적으로 미국문화를 이해하는 하나의 방식을 개발했음을 깨닫게 되었다. 즉, 나는 미국을 '풍요의 문화'(*culture of abundance*) 라는 개념을 통하여 보게 된 것이다.

단순화한다면 20세기 미국의 근본적 갈등 가운데 하나가 바로 두 문화 사이에서 벌어진 것이다. 그것은 그저 막연하게 청교도-공화주의, 생산자-자본주의 문화라는 이름이 붙은 구문화와 새로이 떠오르는 풍요의 문화를 말한다. 20세기 미국 정치에 이념적 갈등이라는 부담이 거의 없었을지라도, 서로 다른 도덕적 질서 사이에 심각하고도 깊은 갈등이 존재했다. 그 투쟁은 세계에 대한 경쟁적 인식, 삶에 대한 서로 다른 비전 사이에 존재했다. 그것은 문화적이고 사회적인 것이었지, 결코 단순히 정치적이거나 정치중심적인 것은 아니었다.

1930년대에 관한 나의 작업은 명백히 식별할 수 있는 2개의 체제와 생활방식(*ways of life*) 사이에 어느 정도 정체되었던 세계의 문제를 면밀히 조사하는 방향으로 점차 나아갔다. 이 논문들은 그러한 투쟁에서 결정적이면서 아마도 극적인 단계가 1920년대와 1930년대에 진행되었다고 제시한다. 분명 역사학자들은 미국 역사에서의 계급, 지역과 분파, 도시와 농촌 세계, 미국 땅에 살던 사람들과 이민 온 사람들, 인종과 민족, 최근에는 문화적 집단으로 간주되는 젠더(*gender*) 사이에서 기본적인 문화 갈등을 손쉽게 포착하고 이를 연구했다. 이 논문들은 또 다른 종류의 문화적 갈등을 제안하는데, 이 갈등은 이러한 작업에 추가적 시각을 제공하며, 20세기의 가치를 둘러싼 많은 역동적 갈등을 설명하는 데 도움을 줄 수 있다고 나는 믿는다.

아마도 내가 의미하는 '풍요의 문화'는 19세기에서 20세기까지 미국적 생활의 사회 변화에 대한 연구를 통해 일군의 역사학자들이 밝힌 것을 요약하여 배경으로 삼을 때 가장 잘 드러날 것이다.[2] 기술적 질서에 대해 검토하면 즉각적으로 일련의 특이한 발명들과 직면하게 되는데, 그것들은 새로운 에너지의 원천과 결합하여 사람, 상품, 서비스 그리고 아이디어를 무척이나 빠르게 움직이도록 했다. 역사학자들은 이것을 "커뮤니케이션 혁명"(*Communications Revolution*)이라고 제대로 불렀다. 풍요의 문화에 대한 모든 연구는 명백히 새로운 커뮤니케이션의 문화적 결과들에서 시작한다. 그것은 단순히 그러한 발명들이 많은 사람들에게 풍요를 가져다주었다거나 점차 효과적인 분배를 가능케 했다는 것이 아니다. 의식(*consciousness*) 자체가 바뀌었다. 즉, 시간과 공간에 대한 바로 그 인식이 근본적으로 바뀐 것이다.

아마도 이전의 어떤 문화도 풍요의 문화만큼 커뮤니케이션 기술에 의해 심대하게 형성되지는 않았을 것이다. 이전에는 알려지지 않은 새로운 문화 형식들(*forms*)이 발전하였다. 지속된 그 형식들은 반복해서 재형성되었다. 동시에, 어떤 다른 문화도 커뮤니케이션과 커뮤니케이션의 문제들을 토론하고 분석하는 데 에너지와 자원을 그렇게 많이 사용하지는 않았다. 이것이 그 문화 자체의 특성이 되었다. 일부 관찰자들은 과연 사람들이 진실로 의사소통할 수 있는지에 대해 의아해하기 시작했다. ("여기서 우리가 가진 것은 커뮤니케이션의 문제이다.")

아마도 커뮤니케이션 혁명의 가장 중요한 결과는 새로운 사회질서를 창조하는 데 일정한 역할을 했다는 점일 것이다. 일부 역사학자들과 사

2) 이 책의 몇몇 논문들은 이러한 개요에 직접적으로 기여한다.

회과학자들은 '조직 혁명'(*Organizational Revolution*)에 대해 언급했으며, 19세기 말과 20세기 초 모든 것을 조직화하려는 미국적 경향과 그 결과들에 관한 뛰어난 문헌들은 방대하다. 사회과학자들은 그 시기의 특징인 관료화를 효과적으로 분석했다. 그럼에도 특히나 전국적인, 심지어 국제적인 지역과 시장에서, 그러한 조직은 커뮤니케이션의 변환 없이는 가능할 수 없었다. 대체적으로 사무실과 사무실 건물은 새로운 커뮤니케이션의 산물이었다. 그것들은 전신과 전화, 타자기와 사무기기, 엘리베이터, 철도 없이는 생각조차 할 수 없었다.

무엇보다도 조직 혁명의 가장 중요한 결과는 하나의 새로운 사회계급을 확립했다는 것이다. 물론 역사학자들은 새로운 중간계급을 만들어냈지만, 이 계급이 특별한 의미를 갖는 것은 풍요의 문화가 원래 이 새로운 계급의 문화였기 때문이다. 가장 단순한 방식으로 정의하자면, 그것은 임금(*wages*)보다는 봉급(*salary*)을 받는 사람들 — 매니저, 전문가, 화이트칼라 노동자, 기능공, 기계공, 세일즈맨, 사무원, (베블런이 선호했던) 엔지니어 — 로 구성된 관료 계급이었다. 다시 언급하자면, 이 계급과 계급의 본성, 사회적·정치적 기능에 관하여 상당한 문헌이(심지어 더 많은 논쟁들이) 존재한다. 여기 우리의 철학에서는 상상할 수 없던 계급이 존재한다. 존 로크는 점차 자작농으로 가득 차게 될 세계를 상상했으며, 미국의 자유주의자들과 로크주의자들은 점점 더 보통사람들(*people*)이 재산을 소유하게 되리라고 오랫동안 가정했다.

여타 급진주의자들과 마찬가지로 칼 마르크스 또한 더 소수의 손에 점점 더 많은 자산(*property*)이 넘어간다고 보았다. 급진주의자들은 종종 자산을 소유하지 않고서도 권력을 지니고자 하는 계급이 출현할 수 있다는 가능성을 예상하지 못했다. 실제로, 이 새로운 계급의 모든 사람들이 정치적으로 동의한 것은 아니었으며, 또한 그들이 공유한 이데올로기는 권력과 권력 사용의 문제에 대해 반드시 단결된 전선을 반영하지도 않았다. 그럼에도 하나의 공동 이데올로기가 존재했다. 사회질서에서 그들의 지위는 지각(*perceptions*), 의식, 그리고 일상생활에서 일을 행하는 방식에 영향을 미쳤다.

나아가 이 중간계급은 새로운 양식의 심리 유형(*modal psychological type*)에 원천과 영감을 제공했는데, 그 양식은 새로운 문화의 이상이 되었다. 모든 사회질서는 신문화의 이상을 만들어낸다. 물론 모든 사람이 이러한 이상을 가질 수는 없지만, 문화는 모두가 이러한 이상을 향해 움직이는 데 도움이 되는 수단(여러 종류의 교육)을 제공한다. 구문화 — 청교도-공화주의자, 생산자-자본가 — 는 도덕적 특성을 강조하는 '품성'(*character*)이라는 것을 요구하는 데 반하여, 신문화는 마음에 들거나 칭찬받기를 역설하는 '개성'(*personality*)을 강조했다〔14장〕. 이러한 용어들은 단순한 것들이다. 비록 구문화에서 신문화로의 지속적 이행이 심층적인 사회·문화적 변환을 암시한다는 증거들이 넘치지만 말이다. 이러한 이행은 이전에는 전부 수용되었던 사회관계들에 도전하는 방식으로 사회적 역할에 대한 중요한 문제들, 즉 19세기 말에서 20세기 초로 넘어갈 때 좀더 대중적인 문헌에서뿐만 아니라 사회과학 문헌에서도 처음으로 발생했던 문제들을 제기한다.

신중간계급은 또한 새로운 이데올로기를 분명히 하는 데 도움을 주었다. 종종 하나의 이데올로기가 충분히 제시될 수 있기 전에 또 다른 이데올로기가 공격받거나 파괴될 수도 있었다. 이러한 상황은 이 시기 미국의 청교주의(*Puritanism*)에 대한 전반적인 공격을 이해하는 데 도움이 된다〔1부 장들을 볼 것〕. 그것은 또한 20세기 초 몇십 년 동안 건국 시조들(*Founding Fathers*)과 헌법에 대한 수정주의 연구가 유별나게 많은 것에 대한 이해를 돕는다. 나아가, 실증적 이데올로기에 대한 탐구에 힘입어 혁신주의 운동(*Progressive movement*) 사상가들은 종종 제퍼슨주의적 공화주의(*Jeffersonian Republicanism*)에서 벗어나 좀더 물질적이고, 전문지식의 영향을 받으며, '과학적인' 정치적 해석을 추구하게 되었다.

〔주요 동인(*dynamics*)으로서 정당 재배치(*realignment*)를 주장하고 근본적인 구조들은 제자리에 있어야 한다는 가설을 지닌〕 구문화가 인정한 정치를 바라보는 전통적 해석에서 벗어나기 시작한다면, 우리는 몇몇 특이한 발전에 주목할 수 있다. 예를 들어, 많은 혁신주의자들은 예술에 특별한 관심을 보였다. 제인 애덤스[3]가 독특한 것은 아니었다. 즉, 헐 하우스(Hull House)에서의 일생에 대한 이야기를 그녀는 그 시기의 특징적인 미학 운동인 기예(*arts and crafts*)의 역할에 대한 토론으로 결말지었다. 혁신주의 철학자인 존 듀이[4]는 정치적 문제에 심혈을 기울인 만큼이나 미학적 문제에 대해서도 그러했으며, (1930년대에 쓰인) 그의 뛰어난 업적인 《경험으로서의 예술》(*Art as Experience*)은 그의 사회사상을 상당 부분 요약했다. 어떤 의미에서, 혁신주의는 미학 운동이기도 했다. 즉, 사회적, 정치적 목적으로서의 혁신주의는 남성과 여성에게 제각기 창조적이고 만족스러운 경험을 알 수 있는 기회를 제공했는데, 그것은 공동체적(*communal*) 생활과 정치적 생활의 결과였던 심미적 경험이었다. 이러한 견해는 미국에서의 정치적 목표로서는 놀라울 정도로 새로운 것이었다.

아마도 어떠한 전통적 의미에서도 1900년 이후의 공화국(*the Republic*)을 언급하는 것은 실수일 것이다. 남북전쟁 중 혹은 그 이후 공화국은 사

---

3) 〔옮긴이주〕 Jane Addams(1860~1935) : 미국의 사회사업가로 런던 토인비홀(Toynbee Hall)에서 빈민을 돕는 방식에 영향을 받아 1889년 시카고에 헐하우스라는 사회복지관(*settlement house*)을 세워 이민 온 빈민들이 자립할 수 있도록 도왔다. 이후 대학 교육을 받은 중간계급 출신 여성들이 대거 사회복지관 운동에 참여하게 되었다. 그녀는 나중에 노벨 평화상을 받았다.

4) 〔옮긴이주〕 John Dewey(1859~1952) : 미국의 대표적인 실용주의(*pragmatism*) 철학자로서 철학뿐 아니라 심리학, 교육학 등 다방면에 걸쳐 영향력을 행사했다. 그는 시카고대학과 컬럼비아대학에 재직하면서 학자로서뿐 아니라 사회개혁가로서도 현실에 깊숙이 참여했다.

망했으며, 실재적이라기보다는 수사학적으로 생존했다. 확실히 유권자 참여는 극적으로, 또한 지속적으로 감소했다. 그리하여 공동체 전체의 참여라는 면에서 규정되었던 공화국이라는 관념 또한 쇠퇴했다. 건국 시조들은 유럽적 의미의 국가(*a State*)를 만들려 하지 않았다. 사실상 그들은 그러한 국가를 만들지 않기 위해 가능한 모든 노력을 기울였다. 그들이 수립한 중앙정부는 어떠한 결정적인 사항, 즉 시민권에 대한 정의, 개인의 세금 문제, 군대 복무의 문제에서도 개별 시민을 간섭할 수 없었다. 남북전쟁과 그 이후에 그러한 상황에 변화가 일어났다. 즉, 방대한 수의 관료와 전문가로 이루어진 엄청난 공적 관료제가 성장해 점차 중요한 결정을 내리는 상황이 확대되면서, 세기 전환기에는 유럽 국가와 같은 성격의 국가가 출현하기에 이르렀다. 공무원과 전문가가 갈수록 보통사람들의 삶에 영향을 미치는 근본적인 결정을 내리는 반면, 시민들이 점차 투표권을 덜 행사하게 되었을 때도 미국인들은 공화국이 여전히 존재하는 것처럼 행동했다. 그러나 오랜 형식들은 남아 있을지라도 새로운 정체(政體, *polity*)가 새로운 종류의 문화의 일부로서 출현한 것은 분명했다. '지도력'(*leadership*)은 19세기 말의 키워드 중 하나가 되었다. 학교에서는 지도력에 관한 과목들을 개설하기 시작했으며, 미국의 대통령들은 그것에 관한 박식한 강좌들을 즐겼다.

지도력을 위한 사회적 훈련은 새로이 주조된 동전의 일면일 뿐이었다. 점점 더 '여론'(*public opinion*)에만 충실하게 의존하는 새로운 정체는 선거에 기반을 둔 전통적 방식 없이도 지도력을 활용하는 새로운 방식들을 찾았다. 정치와 홍보(*public relations*) 연구자들은 대중의 신념과 행위에 영향을 끼치는 방법에 대한 새로운 관심과 이해에 기여했다. (새로운 커뮤니케이션은 말할 것도 없고) 개성과 홍보라는 새로운 세계에서 낡은 공화주의적 비전은 꽤나 멀어 보였다.

이렇듯 풍요의 문화는 급속하게 변하는 세계라는 맥락 안에서 이해될 수 있다. 나의 주장은 도시화와 산업화에 대한 상투적인 설명들이 내가 일상생활의 세계에서 찾아낸 발전들을 만족스럽게 설명하지 못했을 때 발생한 일련의 질문들로부터 나오게 된 것이다. 예를 들어, 새로운 문화적 질서는 19세기 미국 사회의 바로 그 내부에서 발전된 새롭고 색다른 (사회적, 정치적, 심리적, 이념적) 가정들에 기초했던 것은 아닌가? 이 새로운 질서는 기존 질서와의 변증법적 관계를 초래한 도전을 제공하면서, 그 자신을 후자에 대한 하나의 대안으로서 제안한 것이 아닌가? 1850년과 1860년 사이 1인당 소득이 2배가 된 것이 중요한 문화적 결과를 가져온 것은 아닌가? 과잉 생산과 과소 소비에 관한 심각한 동시대적 질문들을 제기했던 19세기 후반의 엄청난 잉여는 어떻게 되었을까? 일상생활 연구는 1890년대의 공황 시기에도 많은 사람들이 믿을 수 없을 만큼의 풍부함과 새로 발견된 풍요로움에 기초한 새로운 세상의 가능성을 꿈꾸기 시작했다는 것을 암시하는 것은 아닌가?

이것은 그러한 풍요가 진짜로 가능했는지 아닌지의 문제가 아니다. 중요한 문제는 그러했다고 믿는 것이다. 1930년대 최악의 대공황 시기에도 프랭클린 루스벨트 대통령의 연설은 풍요의 세계를, 그리고 단지 분배에서의 몇몇 기술적인 어려움 때문에 미국 국민들이 그러한 풍요로움에서 그들의 정당한 몫을 못 받고 있다고 주장한 것이다. 나는 하나의 전체 문화가 이러한 비전을 기반으로 했다고 본다.

그러한 질문의 답에 대한 초기 연구는 중대한 변환에 관한 의견들을 만들었다. 풍부(*plenty*), 놀이(*play*), 여가(*leisure*), 기분전환(*recreation*), 자기실현(*self-fulfillment*), 꿈(*dreams*), 쾌락(*pleasure*), 즉각적인 욕구충족(*immediate gratification*), 개성(*personality*), 홍보(*public relations*), 선전(*publicity*), 유명인사(*celebrity*) 따위의 주요 단어들이 스스로를 드러내기 시작했다. 어느 곳을 가든지 구매, 지출, 소비에 대해 새로이 강조했다. 광고는 가격규제에 필수적인 새로운 경제세력이 되었을 뿐만 아니라 문화가 작동하는 방식에 대한 하나의 비전이 되었다. 문화의 산물들은 문화 그 자체의 광고가 되었다.

이러한 모든 것들이 좀더 전통적인 청교도-공화주의자, 생산자-자본주의 문화와 연관된 단어 및 관념들과 대립적 위치에 있었으며, 그 문화는 결핍의 세계(혹은 적어도 심각한 제한을 지닌 세계), (윌리엄 섬너[5]가 노동과 자본으로 번역했던) 근면과 금욕, 희생과 품성의 세계를 상상하고 있었다.

일찍이 1852년, 특출한 뉴욕의 목사이자 사회 행동가였던 헨리 벨로우즈[6]는 뉴욕에서 열린 수정궁(Crystal Palace) 박람회[7]에 대한 설교에서 박람회를 '대중(*popular*) 광고'로 정의했다. 심지어 좀더 눈에 띄게, 그는 광고를 다음과 같이 정의했다.

> 사람들에게 무엇을 가져야만 하고 그것을 누가 가지고 있는지를 알리는 계획, 즉 공급에 필요한 정교한 수단들을 전시함으로써 결핍을 만들어내려는,

---

5) 〔옮긴이주〕 William Graham Sumner(1840~1910): 오랫동안 예일대학에서 교편을 잡고 사회학을 가르쳤다. 영국의 허버트 스펜서(Herbert Spencer)가 주장하는 사회진화론에 많은 영향을 받았으며, 그의 주장을 미국에 소개하는 데 앞장섰다. 근본적으로 그는 자유방임(*laissez-faire*)과 시장경제를 지지했던 전통적 의미의 자유주의자였다. 후일 미국사회학회 회장(1908~1909)도 역임했다.

6) 〔옮긴이주〕 Henry W. Bellows(1814~1882): 하버드대학과 하버드 신학대학원을 졸업한 후 뉴욕 시의 유니테리언(Unitarian) 교회에 자리 잡았다. 그는 미국위생위원회(United States Sanitary Commission)나 공무원개혁협회(Civil Service Reform Association)에 참여하는 등 사회개혁에도 앞장섰다.

7) 〔옮긴이주〕 1851년 영국 런던의 하이드파크(Hyde Park)에서 최초의 세계박람회가 개최되었다. 그때 그곳에 만든 주 건물이 유리와 철로만 구성되어, 멀리서 보면 햇빛에 반사되어 수정으로 된 궁전처럼 보여 '수정궁' 박람회로 불리기도 했다. 이 산업박람회에 참석하여 감명을 받은 뉴욕의 실업가들이 주축이 되어 바로 다음 해에 뉴욕 시에서도 이와 유사한 박람회를 열었다.

그리하여 새로운 형태의 노동과 사람들을 위한 새로운 시장을 개발하려는 기획(*scheme*).

"결핍을 만들어낸다"고 함은 새롭고도 중요한 것을 암시한다. 오래전에 비코(Vico)는 각각의 새로운 시대는 그 자신의 문제들이 있으며, 그 문제들을 해결하는 자신만의 방식도 갖고 있을 뿐만 아니라, 그 나름의 욕구, 역량(*capabilities*), 그리고 세계를 보는 방식도 가지고 있다는 것을 우리에게 말해주었다. 확실히 우리들의 문헌은 필요와 욕망(*needs and desires*)에 대해 엄청난 관심이 있으나, 그럼에도 우리의 풍요의 시대에 필요와 욕망의 본성과 그것들에 의해 만들어진 문제들을 토론함에 있어 뭔가 새롭고 중요한 것이 있지 않을까?

아마도 'comfort'란 단어가 그러한 변화에 대한 적절한 상징적 예가 될 수 있을 것이다. 원래 이 단어는 동사로서 "지지하다, 격려하다, 위안을 주다"를 의미했다. 명사로서의 comfort는 엄밀하게 그러한 것이 부여된 상태였다. 옥스퍼드 영어사전은 19세기에 소개된 여섯 번째 의미의 목록에 와서야 우리에게 좀더 일반적인 동시대적 용법을 제공한다. 즉, "고통과 근심(*trouble*)에서 벗어난 자유로운 육체적·물질적 안녕(*well-being*) 상태와 육체적 욕구의 만족 및 안락한 상태"를 의미했다. 〔《옥스퍼드 영어사전》(*O. E. D.*) 인용문 중 하나는 머콜리 경[8]의 것인데, 그는 분명히 신중간계급의 세계 질서를 열렬히 옹호했다.〕 comfort의 초기 어원은 종교와 위스키를 포함하고 있었다. 쿠퍼[9]는 변경개척자들(*frontiersmen*)이 위스키

8) 〔옮긴이주〕 Thomas Babington Macaulay(1800~1859) : 19세기 영국의 정치가이자 역사학자, 시인이었다. 케임브리지대학의 트리니티 칼리지를 졸업하고 1830년 하원의회 의원이 되었다. 이후 그는 개혁입법을 주도했으며, 《잉글랜드 역사》(*The History of England from the Accession of James II*, Vol. 5, 1848) 같은 후대에 남을 역사책을 쓰기도 했다.

9) 〔옮긴이주〕 James Fenimore Cooper(1789~1851) : 프런티어에 살던 개척민

를 "서부의 위안"(*Western comfort*)이라 불렀다고 말했다. 아이들과 여자들이 남북전쟁 시기 군인들에게 만들어준 가방들처럼 감동적인 몇몇 물건들이 있었다. 미트퍼드 매튜스(Mitford M. Matthews)가 《아메리카니즘 사전》(*Dictionary of Americanisms*)에서 보고하듯이, 그 물건들은 단추, 바늘, 실, 비누 한 조각, 그리고 무엇보다도 자그마한 소책자 혹은 성경을 포함했다. 당시 군인들은 누구나 그것들을 "위문품 가방"(*comfort-bags*)이라고 불렀다.

물론 미국인들은 여전히 위스키와 성경에서 위로를 얻고 있으며, 가난한 자, 병든 자, 그리고 친구 혹은 친척을 잃은 사람들을 위로하기에도 여전히 위스키와 성경이 적절하다. 구문화는 남아 있다. 그러나 한편으로 comfort에 대한 더 새롭고 즐거운 광경이 등장했다. 1847년, '이불'(*comforter*)이 특허를 받았는데, 그것은 따뜻하고 가벼운 것으로서 추위를 완화시키고 행복감과 만족이라는 긍정적인 상태를 만들어주었다. 19세기 말에서 20세기 초 전환기에 필수품(*necessities*)은 공리주의적이거나 편안함을 주는 것 이상의 무언가로 바뀔 수 있었다. 즉, '공중변소'(*comfort station*)가 탄생한 것이다.

이러한 모든 것들은 나의 논문들이 검토하는 변형(*transformations*)의 종류들을 폭넓게 시사한다는 것을 의미한다. 사람들이 살고 일하는 환경이 바뀌었다. 공장과 도시의 거리들이 중요한 것은 분명하지만 단지 그것들만을 의미하려는 것은 아니다. 전등은 사실상 밤의 본질과 시간감각을 바꿀 수 있었다. 화학적으로 만들어진 색(*colors*)은 이전에는 결코 볼 수 없었던 색채의 세계를 가능케 했다. 사진술과 인쇄의 새로운 방식들은 세계를 이미지로 넘쳐나게 만들었으며, 그 효과들에 대해서 우리들은

---

들을 중심으로 한 서부소설을 쓴 이 분야의 대표적 소설가이다. 1826년에 쓴 《모히칸 족의 최후》(*The Last of the Mohicans*)로 필명을 날렸으며, 이후 서부를 무대로 한 모험소설을 많이 남겼다.

겨우 이해하기 시작하였다. 일련의 발명들은 예외적인 소리의 세계, 즉 전화기, 축음기, 라디오, 유성영화를 통해 전달되는 문화를 창조했다. 역사학자들은 구술형태의 의사소통 세계에서 문자에 의존하는 인쇄물의 세계로 이행한 데 따른 결과들을 잘 알고 있다. 그러나 점차 인쇄에 의존하는 문자문화 내에서 발달한 구전 커뮤니케이션이라는 새로운 세계의 결과는 무엇인가? (바첼 린지가 미국을 "상형문자 문명"이라고 불렀던) 눈에 퍼붓는 모든 시각적 이미지와 소리를 만들어 귀에 전달하는 새로운 수단들의 결과는 무엇일까?

그러한 환경 속에서 육체문화(*physical culture*), 건강, 다이어트, 음식과 조리, '외식'(*eating out*), 영양과 비타민, 비만 같은 몸 자체에 대한 새로운 관심이 나타났다. 몸이 어떻게 보이고 어떻게 느끼는지가 새로운 중요성을 갖게 되었다. 사람들이 언제 어떻게 식사를 하며 그들이 어떻게 묻히는지는 말할 것도 없고, 그들이 어떻게 살고(그들이 먹는 것, 변화하는 미국의 다이어트) 어떻게 죽는지(사망의 다른 주요 원인들)에 심대한 변화가 발생한 것이다. 패션과 화장품의 세계에서 사람들은 몸에 치장을 하고 아름답도록 꾸며야 했다.

이 문화는 특별한 역할을 하게 될 자신의 시설들(*institutions*) — 백화점('풍요의 궁전'), 레스토랑, 호텔, 이 모든 것이 새로운 생활양식을 상세히 보여주었다 — 을 갖게 되었다. 그러나 또한 해수욕장, 수영장, 놀이공원(*amusement parks*), 계획된 교외, 그리고 인테리어 장식과 같은 새로운 직업이 등장했다. 사실상, '가정'(*home*)에 대한 새로운 정의가 생겨났다. 새로운 오락과 오래된 오락을 새롭게 이용하는 방식이 등장했다. 예를 들어, 연극에서 이전까지는 사실상 거부되었던 여성을 위한 새로운 역할이 존재했다. 새로운 종류의 음악, 새로운 리듬, 새로운 춤, 새로운 음악 기관들, 음악의 문화적 역할에 대한 새로운 비전이 등장했다.

실제로 이 시기 수많은 고유의 문화형식들이 발전했다. 만화(*comics*),

포스터, 사진, 축음기, 전화기, 라디오, 영화, 광고, 통속 잡지(*pulp magazines*)와 더불어 몇몇 픽션과 논픽션 장르, 그리고 아마도 가장 핵심적으로는 자동차가 그러했다. 물론, 이러한 현상들에 대해서 많은 연구가 진척되었으나, 문화의 정의와 문화 이데올로기에 끼친 이 현상들의 결과에 대한 연구는 드물다.

많은 문화형식들이 드러내는 몇 가지 특별한 흥미 중에서 필자는 요정과 동화이야기에서 새롭고 중요한 관심과 새로운 종류의 판타지, 마법에 대한 매료, 꿈과 꿈꾸기에 대한 관심을 발견해낸다. 프로이트의 위대한 저작은 1900년에 나왔지만, 그 시기 이전과 이후에 그에게 영향을 받지 않은 방대한 대중적 문헌이 있었다. 나아가 급진적으로 방향을 튼 아동문학이 있었으며, (학술적인 것뿐 아니라 대중적) 인류학으로 불릴 만한 것에 대한 광범위한 관심이 있었으며, 그 시대에 공통적으로 토론되던 유토피아 소설들에서 발견되는 것들뿐 아니라 유토피아 비전에 관한 엄청난 분출이 있었다.

그리하여 끈질긴 합리화와 관료화의 세계에서 과학과 마법이 잠시 동안 기이하게 결합된 것처럼 보였다. 제임스 프레이저 경[10]은 인간의 기본적 신화들에 관한 몇몇 연구에서 "마법의 꿈은 어느 날 깨어난 과학의 현실일지도 모른다"는 희망을 제공했으나, 한편에서는 일부 미국의 가장 두드러진 실용적 과학자들 — 예를 들어 에디슨(Edison)이나 버뱅크[11]

---

10) 〔옮긴이주〕 Sir James George Frazer(1854~1941): 스코틀랜드 출신의 인류학자로서 신화와 비교종교 연구의 선구자 중 1명이다. 《황금 가지》(*The Golden Bough*, 1890년 1판; 1900년 2판 6권; 1906~1915년 3판 12권)는 그를 전 세계적인 학자로 만들었다. 1914년에 작위를 받았다.

11) 〔옮긴이주〕 Luther Burbank(1849~1926): 미국의 식물학자이자 원예학자이다. 수많은 변종의 꽃, 과일, 채소, 곡물 등을 만들어냈다. 예를 들어, 가시 없는 선인장을 개발하기도 했다. 때문에 그는 "원예학의 마법사"(*The Wizard of Horticulture*)로 불리기도 했다.

— 은 열정적이고 관심 있는 미국의 대중들에게 과학자라기보다는 '마법사'(*wizard*)로 소개되었다. 무대 위와 아동들을 위한 대중적 소설 속에 마법사들이 넘쳐났다. 《오즈의 마법사》(*The Wizard of Oz*)[12]와 그 압도적인 인기가 우리가 전반적인 문화의 변형을 이해하는 데 하나의 열쇠가 되는 것은 당연하다.

4부에서 내가 제시하는 '변형'은 이 시기 하나의 키워드가 되었다. 물리학의 새로운 세계와 현대 생물학에서 의미를 취한 그 단어는 또한 동화의 세계와 연관되어 사용되었는데, 그곳에서는 돌이 금으로 변하거나 개구리가 왕자가 되었다. 그 단어는 애매한 성역할의 세계를 암시할 수 있고 또 종종 그러했는데, 그곳에서는 소녀들이 쉽사리 소년들이 '되고' 심지어 소년들이 소녀들이 '될' 수 있었다. 변형은 새로운 문화에 관한 모든 것인 양 보였다.

이 모든 것이 제시하는 것은 당대의 문헌에서 겨우 몇 가지 연구방향만을 암시할 뿐이라는 점이다. 예를 들어, 새로운 대중예술에서 발생하고 있던 것 가운데 얼마나 많은 부분이 초현실적 특성을 지녔을까? 분명히 이것은 감상적 발라드, 광고(특히나 포스터), 대중소설로부터 탈바꿈한 수많은 만화, 초기영화, 대중음악에서 사실이었다. 꿈이라는 주제가 강력하게 나타난 것은 단지 하나의 징조에 지나지 않을 것이다. 진정한 미국의 회화는 1900년대 애쉬 캔 유파(Ash Can School)[13]가 등장함으로써

---

12) 〔옮긴이주〕 프랭크 바움(Frank Baum)이 1900년에 쓴 어린이 책으로, 원제는 《놀라운 오즈의 마법사》(*The Wonderful Wizard of Oz*)이다. 영국 어린이들에게 《이상한 나라의 엘리스》가 있다면, 미국 어린이들에게는 이 책이 있다고 얘기할 만큼 엄청난 인기를 누렸다. 이후 40개 이상의 언어로 번역되었으며, 1939년에는 주디 갈란드(Judy Garland) 주연의 〈오즈의 마법사〉로 영화화되어 공전의 히트를 쳤다.

13) 〔옮긴이주〕 혹은 Ashcan School로 불리는데, 20세기 초 예술에서의 현실주의 운동을 주도한 일군의 화가들을 지칭한다. 주로 도시를 주제로 사실적인 그림들을 남겼다. 로버트 헨리(Robert Henri)나 존 슬론(John Sloan)을 비롯한 8

(비록 이것이 그러한 경우인지 자신할 수는 없지만) 좀더 '사실주의적'으로 변했을지도 모른다. 그러나 도대체 누가 윈저 맥케이[14]의 니모(Nemo)를 한 미국 소년에 대한 '사실주의적' 초상이라고 부르거나 그의 꿈나라(*dreamland*)로의 밤의 여행을 현실주의 전통의 일부로 보겠는가? 그럼에도 대중예술에서 초현실적 경향의 완전한 의미는 전혀 평가되지 못했다.

게다가 새로운 예술은 대체로 사회 속에서 사람들의 새로운 결합을 형성하는 것과 관련되어 있었다. 유명인사들(*celebrities*)은 얼마 지나지 않아 자신의 팬을 갖게 되었는데, 내가 생각건대, 이들은 스포츠의 세계에서 시작되어 마티네(*matinee*)[15] 우상을 창조한 마티네 소녀들에게로, 마침내 1910년쯤에는 이들 중 스타 시스템에 의해 만들어진 가장 열광적인 영화 팬들로까지 퍼져나갔다.

소비재(*consumer goods*)와 광고의 세계 자체가 즉각적으로 그들의 적대적 조직들을 만들어냈는데, 그것들은 끊임없는 풍자, 패러디(*parody*), 성난 잔소리뿐만 아니라 여러 소비자 집단과 소비자 운동을 통해 나타났다. 새로운 변증법적 세력은 중요한 문화적 대화에서 새로운 문화적 긴장을 형성하기 시작했다. 새로운 결사 형태(*associational forms*)로 그 세계에 찬성하거나 반대하는 집단들이 대열을 형성했다. 사실상 거의 모든 형태의 대중문화가 금지 혹은 적어도 검열을 촉구하는 저항을 즉각적으로 조

---

명의 화가 집단뿐 아니라 헨리의 제자였던 에드워드 호퍼(Edward Hopper)나 조지 벨로즈(George Bellows) 등도 포함시킨다.

14) 〔옮긴이주〕 Winsor McCay(1867?~1934): 애니메이션과 연재만화(*comic strip*)라는 새로운 장르를 개척한 대중예술가이다. 〈슬럼버랜드의 작은 니모〉(*Little Nemo in Slumberland*, 1905~1913)가 대표적인 연재만화였으며, 〈공룡 저티〉(*Gertie the Dinosaur*, 1914)는 만화영화라는 새 장르를 정착시킨 작품이다.

15) 〔옮긴이주〕 프랑스어에 어원을 둔 단어로 오후의 연극 공연을 의미하였으나, 영화가 정착된 이후에는 상대적으로 값이 싼 오후상영 영화를 뜻하게 되었으며, 청소년들이 즐겨 보았다.

장했다. 영화들은 단지 가장 선정적인 사례일 뿐이었다. 영화에 대한 조직적인 적개심은 미국문화사에서 금주운동(*temperance crusade*) 만큼이나 의미심장한 현상이었다. 비록 후자의 경우 다른 결과를 가져온 매우 다른 종류의 투쟁이었지만 말이다.

두 문화의 존재는 연구자에게 특별한 문제들을 제기한다. 원래의 전통가치, 즉 근면, 금욕, 심지어 대의를 위해 희생하는 사람들에게 쾌락, 자기실현(*self-fulfillment*) 그리고 놀이를 강조하는 새로운 문화의 이상들은 불쾌할 정도로 하찮고 무질서해 보였을 것이다. 우리에게 '소비문화'와 '치유사회'(*therapeutic society*)에 반대하는 사회비판에 관한 방대한 문헌이 존재한다. 분명히 이 두 범주는 세련된 풍요의 문화의 일부이다. 그럼에도 불구하고 바로 그 용어들은 풍요의 문화를 훼손하고 비판하도록 고안된 방식으로 그 문화의 범위(*dimensions*)를 의도적으로 제한한다. 사실상 소비사회 혹은 치유사회에 대한 모든 비판자들은 구질서를 대표하는 이념적 위치와 가치를 지니고 있다. 마르크스주의 급진주의자건 중간계급 자유주의자건 간에 풍요의 문화를 비판하는 사람들은 물질적 소유를 '철장'(*iron cage*)[16]으로 보는 베버적(*Weberian*) 비전을 가지고 대중문화(*mass culture*)와 그 산물에 대한 경멸감과 '삶에 대한 기술적 관료적 조직'에 대한 두려움을 보여주며, 현대 커뮤니케이션은 조작하고 왜곡한다는 신념과 그 문화가 인간의 자유를 두드러지게 감소시킨다는 인식을 보여준다.

유토피아 사상에 있어 으뜸가는 역사학자들인 매뉴얼 부부(Frank and Fritzie Manuel)[17]는 19세기 초의 중요한 위기를 (그 시대의 사회사상가들

---

16) 〔옮긴이주〕 막스 베버가 만든 개념으로서, 그는 지나친 관료주의와 합리화의 증가가 궁극적으로는 새장의 새처럼 인간의 삶을 옥죌 것이라고 예측했다.

17) 〔옮긴이주〕 Frank Manuel(1910~2003): 오랫동안 브랜다이스대학에 자리잡았던 지성사가로 《이성의 시대》(*The Age of Reason*, 1951)와 특히 부인인

도 이해했듯이) "자신의 노동과 정서적 관계에서 만족을 찾는 인간능력의 위기"로 묘사한다. 적어도 세 개의 거대한 비전이 그 시대의 일부 주도적 사회주의자들을 이끌었다. 생시몽[18]과 그의 추종자들은 집단적 선(*collective good*)을 위해 사회적으로 작동하는 세계를, 실제 그대로의 남성과 여성의 욕구에 어울리는 세계를 만들기 위해 과학의 원리로 조직된 사회를 옹호했다. 푸리에[19]는 모든 사람들이 그들의 욕망을 최대한 충족할 수 있는 환경을, 성적 본능(*libido*)의 충족을 최대화할 수 있는 억압이 없는 세계를 원했다. 그리고 인간의 욕구에 대해 염려했던 마르크스는 필연성의 영역에서 벗어난 자유의 영역을 끌어안는 것이 가능한 세계를 추구했다.

이 위대한 사회주의자들의 (일반적인 것이 아닌 특정한 제안들일지라도) 그러한 이상들은 어떤 근본적 의미에서는 풍요의 문화도 공유하고 있었다. 적어도 제시된 목적들의 일부는 그 문화에 근접했으며 달성되었다. 비록 새로운 문제들이 제기되었더라도, 결과가 유토피아를 낳지 않았더라도, 매우 많은 것들이 잘못되었더라도, 자유에 대한 이러한 비전을 달성하기 위한 몇몇 노력에서 암묵적인 심각한 위험들이 있지 않나 이의를 제기하더라도, 새로운 종류의 결정론과 진정한 자유에 대한 정의를 좌절시키는 새로운 필연성이 궁극적으로 존재하더라도, 어느 것도 그러한 시도의 역사적 중요성을 부정하지는 않을 것이다. 심지어 마르크스와 엥겔스조차도 봉건적 질서를 뒤엎은 부르주아지의 업적을 찬양할 수 있었다.

---

프릿지 매뉴얼과 함께 쓴 《서구 세계의 유토피아 사상》(*Utopian Thought in the Western World*, 1979)으로 그의 유토피아 사상 연구는 절정에 이르렀다.

18) 〔옮긴이주〕 Henry de Saint-Simon(1760~1825): 프랑스 귀족 출신의 유토피아 사회주의자였다.

19) 〔옮긴이주〕 Charles Fourier(1772~1837): 프랑스의 대표적 유토피아 사회주의자이다. 특히 그는 '페미니즘'(*féminisme*)이라는 용어를 처음 만들어낼 정도로 여성의 권리신장이 인류의 진보와 일치한다고 보면서 일찍이 여성의 권리를 옹호했다. 또한 미국의 여러 장소에 실험적으로 자신의 이상을 실현할 공동체를 만들기도 했다.

비록 그들이 그 뒤 지속된 부르주아지의 지배를 열광적으로 지지할 수는 없었다 할지라도 말이다.

현대 세계를 맹비난하는 많은 사람들은 20세기에 사는 것을 명백히 불행해 한다. 이들은 언제나 일종의 파시즘 혹은 스탈린주의가 임박하다고 생각하면서, 어떤 것이 되었건 대중(*the masses*)에 대해서는 거의 공감하지 않는다. 이러한 평가들 모두가 단순히 논쟁적인 것은 아니며, 종종 수준 높은 학문에 기초한다. 예를 들어, 이 분야에서 공부하는 어느 누구도 프랑크푸르트학파가 이룩해놓은 것을, 그리하여 우리 또한 연구하는 것을 무시할 수는 없다. 그러나 종종 이러한 전통에 속한 학자들의 저서는 현재의 후기(희망컨대) 자본주의 질서 내의 헤게모니에 관심을 갖고 우려하면서도, 좌파의 입장에서 시작하여 19세기의 오랜 자본주의 질서의 가치와 제도를 찬양하는 것으로 끝난다(5장을 볼 것).

나 자신의 입장을 분명히 해보자. 풍요의 문화를 향한 원래의 열정적 지지는 종종 유토피아적이었다. 많은 이들이 새로운 문화의 약속에서 근본적인 인간 및 사회 문제들에 대한 하나의 해법, 즉 새로운 성취의 세상과 심지어 해방의 세상을 보았다. 많은 지식인들은(사이먼 패튼[20]이 두드러진 경우이다) 새로운 풍요의 세계에서 새로운 인간과 새로운 사회가 출현함을 반겼다. 풍요의 문화와 그 문화의 믿음의 약속들은 왜 마르크스주의적 사회주의가 미국에서 깊게 뿌리 내리지 못했는지를 설명하는 데 그 어떤 요소보다도 더 큰 도움이 될 것이다. 사회주의 방식을 선택할 수도 있었던 많은 사람들이 그 대신 풍요의 문화가 실현되리라는 희망을 따

---

20) 〔옮긴이주〕 Simon Patten(1852~1922) : 독일의 할레(Halle)대학에서 박사학위를 취득한 후, 펜실베이니아대학에서 경제학을 가르쳤다. 그는 19세기 말 미국 사회가 '고통의 경제'(*pain economies*)에서 '쾌락의 경제'(*pleasure economies*)로 전환되고 있음을 역설했다. 그렇기 때문에 그는 풍요와 쾌락에 기초한 소비사회의 도래를 누구보다도 먼저 주창했다.

랐다.

물건을 사들이고(소비) 전문가의 도움을 받는 것이(치유), 내 생각으로는, 본질적으로 잘못된 것은 아니다. 수많은 사람들이 즐기는 오락(대중문화) 조차도 그러하다. 대부분 풍요의 문화는(나는 그 문화의 일부 가치와 꿈에 대해 일단은 동조한다) 인간의 삶을 통제하고 왜곡하는 사악한 음모의 결과가 아니며, 먼저 그 자체의 용어에 입각하여 그 문화를 이해하려고 시도하지 않는 것은 심각한 방법론상의 오류일 수 있다.

나아가, 비판자들은 종종 또 다른 중대한 방법론상의 오류를 저지른다. 그들은 오늘날의 세계가 (그 본성이 어떠하건 그리고 그들의 비판적 평가가 어떤 방식으로 옳건 간에) 단지 19세기 말에서 20세기 초 전환기에 발전한 세계로부터 나타날 수 있는 직접적이고도 유일한 결과라고 가정한다. 그리하여 처음부터 모든 것이 바람직하지 않은 것임에 틀림없었다고 그들은 결론 내린다. 우리가 오늘날 서 있는 위치에서 우리를 본다면 여타의 견해들은 불가능하다. 그러나 이것은 좋지 않은 역사(*bad history*) 일 뿐이다. 만약 이러한 비판자들이 주장하는 방식으로 풍요의 문화가 조작적이고, 강압적이고, 천박하고, 불관용적이 되었다면, 왜 이것이 가능했겠는가? 풍요의 문화는 뒤를 이어야만 했을까? 다른 대안들(*alternatives*)은 존재했던가? 오로지 역사적 개관(*historical view*), 즉 시간이 지나면서 발전하고 변화했던 그리고 전통문화 자체와 상호 영향을 주고받았던 그 문화에 대한 비전만이 이러한 핵심적인 쟁점들을 파악할 수 있는 희망을 제공한다. 풍요의 문화의 이데올로기적 비전, 여기에 기초를 둔 세계를 급진적으로 재건하려는 희망은 아마도 여전히 존재할 것이다. 어쩌면 이것이 진정한 '사회주의적' 견해일 것이다. 오로지 주의 깊은 역사의 연구만이 우리에게 이것이 가능한 것인지에 대해 이해 가능한 필요한 지식과 특별한 통찰력을 제공할 수 있다.

풍요의 문화에서 유토피아적 가능성을 보고 억압과 해방의 두 가능성에 대한 대화적 혹은 변증법적 독해를 주장한다고 해서 반드시 그 문화 자체에 매몰되거나 그 문화가 제시하는 모든 것을 수용하는 것은 아니다. 심지어 그 문화의 목적이 이 특정한 경제적·사회적 구조 내에서만 성취될 수 있다는 데 동의하는 것도 아니다. 그러한 독해는 비판적 평가를 비껴가지 않는다. 그것은 구별 짓기를 주장하고, 먼저 이해한 후에 어떤 정해진 위치에서 비판할 것을 주장하는 것이다.

이것이 역사(의식), 이데올로기(인식), 문화(질서의 형식)에 대한 나의 연구가 제시하고자 하는 새로운 세계이며 새로운 문화이다. 이것이 이행과 변형(*transition and transformation*)에 대한 나의 연구가 제안하고자 하는 사물의 질서이다. 이것이 미국문화를 좀더 개방적으로 분석하고 이해할 수 있는 미숙한(*undeveloped*) 변증법의 개요이다.

# 제1부

# 신화와 이데올로기로서의 역사

International Museum of Photography at George Eastman House

### 우리의 마천루

미국인들이 그렇게 탄복하는 현대 미국과 의기양양한 기술을 마천루만큼 전형적으로 보여주는 구조는 없어 보인다. 엠파이어스테이트 빌딩만큼 상징적으로 의미 있는 마천루는 없었다. 그것은 자본주의의 가장 위대한 성취의 시대로 보이던 때 설계되어 건축이 시작되었고 자본주의의 가장 큰 위기 중 하나인 시기에 완성되었다. 사진작가 루이스 하인(Lewis Hine)에게, 건축구조는 인간과 기술의 낭만적 결합에 가까운 '스카이보이'(*The Sky Boy*)(사진)를 통해 작업 중인 남자의 극적인 무용담을 제시할 기회를 제공했다. 불과 몇 년 뒤인 1933년, 이 건물은 영화 〈킹콩〉에서 하나의 중심적 아이콘으로 나타났으나, 더 어둡고 더 애매한 의미를 띠게 된다.

Movie Star News

우리는 역사에서 벗어날 수 없다.

— 에이브러햄 링컨(Abraham Lincoln)

위대한 정치지도자는 보통 위대한 수사학적 미사여구의 대가이다. 기억하기 쉽고 종종 유용하기도 한 그러한 진술들은 기막히게 애매하다. 그것들은 진실된 만큼이나 거짓되고, 심오한 만큼이나 진부하고, 의미로 가득 찬 만큼이나 무의미하다. 어떤 사람은 즉각적으로 프랭클린 루스벨트(Franklin Roosevelt)의 "우리가 두려워해야 할 유일한 것은 두려움 그 자체입니다"란 말을 생각한다. 진짜였던가? 1933년에? 그러한 진술들은 아주 엄밀하게 따지면 별 의미가 없다는 것이 드러난다.

그럼에도 링컨 대통령의 경고는 특징적인 미국인의 태도를 나타낸다. 미국인은 그들이 역사에서 벗어날 수 없다고 믿을 뿐 아니라, 거의 다 벗어나기를 원치도 않는다. 초창기 식민지 건설 시절부터, 미국인은 일종의 세속적 전향(*secular conversion*)처럼 역사에서 정당화와 신성화(*sanctification*)를 추구했다. 윌리엄 브래드퍼드(William Bradford)는 식민지 자체가 확립된 지 10년도 채 되지 않아 플리머스 농장(Plymouth Plantation)에 대한 위대한 역사, 아마도 미국 최초의 위대한 책, 미국의 《일리아드》(*Iliad*) 혹은 《오디세이》(*Odyssey*)를 쓰기 시작했다. 건국 시조들은 역사를 '경험의 등불'로, 의미심장한 도덕적 · 정치적 교훈의 원천으로 생각했다. 19세기에 이르러 미국인은 역사 속에서 영원히 살 수 있는 길을 찾을 수 있었다. 역사의 일부가 된다는 것은 영원의 일부가 되는 것을 의미했다. 역사는 한 개인과 그의 집단과 공동체를 세계 속에서 자리매김하는 방식을 통해 언제나 존재하며 그렇게 지속해왔다.

역사학이 하나의 직업이 되고 역사학자가 대학에 늘 붙어 있는 사람이 되기 오래 전에, 미국인은 열정적으로 역사를 읽었으며 거의 무의식적으로 조지 오웰(George Orwell)이 《1984》에서 가르치고자 했던, 과거를 통제하는 자가 미래를 통제한다는 교훈을 깨달았다. 다른 어떤 것도 과거에 대한 당대의 그리고 '공식적으로' 신성시된 버전을 '새로운' 역사로 교체하려는 끊임없는 요구를 설명하지 못한다. 기존의 견해는 우리가 동의하지 않는 사물의 질서를 지지한다. 우리가 새로운 사물의 질서를 원한다면, 그것을 정당화하기 위하여 우리의 역사를 다시 써야만 한다. 그리하여 역사는 출발에서부터 문화의 중요한 일면이었다. 단지 오래된 비전만을 파괴하는 것에 만족하지 않은 그러한 사상가들은 또 다른 비전(*a substitute vision*)을 제공할 필요를 느꼈다.

19세기의 예외적인 사회주의자 에드워드 벨라미(Edward Bellamy)의 경우를 보자. 문필 경력의 상당기간 그는 기억의 위협에 대항하려는 희귀한 시도를 했다. 벨라미는 그의 동료들을 과거를 잊고 오로지 현재와 미래에만 살게 하려 했다. 기억의 파괴는 그의 사회철학의 본질적 부분이었는데, 사회적으로나 개인적으로 기억은 억압적이고 죄의식의 연장선에 있다고 확신했기 때문이다. 그러나 벨라미는 개혁운동에 참여하는 동안에도 가장 기억할 만한 미국의 역사소설 중 하나를 연구하고 쓰는 작업에 착수했다. 여하튼 그는 셰이스의 반란(*Shays' Rebellion*)1)의 공식적인, 그러나 상당히 오류가 있는 해석을 정정해야 한다고 느꼈다. 그리하여 기억의 적대자인 그조차도 좀더 유용한 과거를 제공하게 된 것이다.

제 1부의 논문들에서는 역사와 문화의 문제를 탐구하고자 한다. 첫 번째이자 가장 이론적인 논문은 내가 고등학생으로서 처음 접하게 된 문제에 일생 동안 매료된 불가피한 결과이다. 나는 찰스 비어드(Charles

---

1) 〔옮긴이주〕 1780년대 중반 신생국 미국에서 경제적 어려움이 증가하여 세금을 인상하자 특히나 뉴잉글랜드 지방의 농민들이 불만이 가득했다. 이들이 퇴역 장교인 셰이스를 중심으로 1786년 반란을 일으켰다. 다음 해 초, 이들의 반란은 주 민병대에 의해 진압되었으나 농민들은 오히려 약간의 혜택을 보게 되었다. 또한 결과적으로 새로운 연방 헌법을 만들자는 의견이 힘을 얻는 데도 도움을 주었다.

Beard)와 메리 비어드(Mary Beard)의 《미국 문명의 흥기》(*The Rise of American Civilization*)를 구해, 이 두꺼운 책을 어디든 가지고 다녔다. 명백히 나의 친구 놈들에게 감명을 주고 나의 선생님을 겁주기 위해서였다. 그러나 나의 사악한 동기가 무엇이었건 간에 그 책을 읽고 또 읽자, 나는 그 이야기의 전개방식뿐 아니라 그것이 역사에 관해 묻는 근본적 질문에 빠져버렸다. 그 질문은 일어난 것으로서의 역사(*history as it happened*)와 기록된 것으로서의 역사(*history as it was written*)였다. 이 두 질문은 그것을 볼 때마다 서로 얽혀 내게 다가왔다. 비어드 부부의 책은 나에게 문제의식의 출발점으로 남아 있다. 그들의 작품은 모든 위대한 역사적 저술이 그러한 것처럼 변증법적이었다. 물론, 그 후로 오랫동안 나는 그들이 사실상 올바른 변증법적 적수를 골랐는지 의아했지만, 여하튼 역사 연구의 일반적 방법은 경험으로서의 역사와 기록으로서의 역사, 이 둘이 서로 관련되고 함께 고려해야만 한다는 주장을 개진하고 당대의 시련을 견디어냈다. 이것이 내가 이 글에서 보여주고자 하는 것이다.

프런티어 테제(Frontier Thesis) 논문은 코넬대학 학부 시절 나의 최고의 선생님께 드리는 헌정으로서 의도된 것이었다. 나는 비어드와 패링턴(Parrington)의 영향력이 최고였던 시절 코넬대학에 입학했다. 그곳에서 커티스 네틀스(Curtis P. Nettels) 교수와 폴 게이츠(Paul W. Gates) 교수가 나를 프레데릭 잭슨 터너(Frederick Jackson Turner)와 그의 비판자들의 저술로 인도했으며, 이들의 저술에 물리게 했다. 네틀스 교수는 터너와 뉴딜에 관한 탁월한 논문을 썼다. 물론 그는 식민지 시대를 전공한 역사학자였지만, 위대한 역사학자는 드물지만 반짝이는 상상력을 지닌 사람이라는 것을 나에게 가르쳐줬다. 그리고 폴 게이츠 교수는 내가 사물의 물적 토대(*material base*)에, 그리고 모호한 장래를 지닌 젊은 지식인의 모든 이념과 이상이 입각해야 할 현실에 항상 정면으로 맞서게 했다. 나의 유물론은 폴 게이츠 교수로부터 온 것이지, (비록 도움을 주었을까 의

심하지만) 토마스 홉스(Tomas Hobbes)와 칼 마르크스로부터 온 것이 아니었다. 그래서 이 논문은 이 두 교수님을 위한 것이다.

청교도(*Puritans*)에 관한 논문은 순전히 나 자신을 위한 것이었다. 나는 왜 그렇게 많은 사람들이 왜 그렇게 오랫동안 진실로 청교도가 누구였는가를 위해 싸우는 것에 매료되었다. 그리고 나는 단순히 사학사적 싸움보다 더 많은 것이 있음에 틀림없다고 이해했다. 그런 다음 나는 몇몇 아이디어를 갖게 되었다. 나는 지금 내가 해답에 이르렀다는 사실을 훨씬 더 확신한다. 그리고 집단 및 젠더(*gender*) 정체성에 대한 최근의 지속적인 탐구, 즉 유효한(*effective*) 과거를 추구하며 근본적인 문화전통을 존속시키는 탐구는 바로 내가 정의하고 연구하고자 애써왔던 것과 전혀 무관하지 않다.

나는 역사라는 것이 역사학자들에게만 남겨진 어떤 것이 아니라고 확신한다. 사실상, 최근 들어 전문적 역사학자들이 점차 배제되었다고 느끼는 동안에도 역사에 대한 관심은 늘어났다. 미국문화에서 역사의 역할에 대한 얼마간의 이해는 그들이 그 이유를 이해하는 데 도움을 줄 것이다. 어떠한 종류의 역사적 재구성도 이를 돕지는 못할 것이다. 이전 모든 시대처럼 시대는 자신이 필요로 하는 신화 혹은 이데올로기로서의 역사를 요구한다.

# 제 1 장

# 역사와 미국의 지식인

## 유용한 과거의 이용

많은 사람들이 사회연구의 가능성을 최고로 믿었던 시기에 저술활동을 한 찰스 비어드와 메리 비어드[1]는 "어떤 문명의 역사는, 총명하게 이해된다면, 문명에 대한 하나의 도구(*an instrument of civilization*) 일 수 있다"고 선언했다.[2] 비어드 부부에게 명백히 의미 있는 이 규범적인 명제,

---

1) 〔옮긴이주〕 Charles A. Beard(1874~1948) : 20세기 미국을 대표하는 역사학자로 이른바 '진보주의 사관'을 지닌 '혁신주의 학파'(*Progress School*)의 대표 주자였다. 컬럼비아대학 교수를 지냈으나 학교와 갈등 이후 대학을 떠나 재야 사학자 및 사회활동가로서 활동했다. 미국의 건국 시조들의 건국을 경제적 이해와 계급 갈등적 관점에서 해석한 *An Economic Interpretation of the Constitution of the United States*(1913)는 20세기의 대표적 역사서로 평가받는다. Mary Beard(1876~1958) : 미국의 여성운동과 노동운동에 앞장선 사회활동가이자 남편 찰스 비어드를 도와 역사학의 대중화에 많은 공헌을 한 역사학자이기도 했다. 또한 그녀는 스스로 미국 여성사의 선구자이기도 했다. 예컨대, *On Understanding Women*(1931), *America Through Women's Eyes*(1933), *Woman As Force In History: A Study in Traditions and Realities*(1946) 같은 작품들이 있다.

2) 이것은 그들의 저서인 *The Rise of American Civilization*(New York, 1927),

즉 특별한 종류의 역사에 대한 요청이라는 명제 안에는 문명 연구자에게 더 중요한 근본적 진리가 파묻혀 있다. 역사 그 자체의 이념, 특별한 종류의 역사 연구, 그리고 역사에 대한 여러 태도는 지성적으로 이해되건 아니건 하나의 문화 안에서 언제나 주요한 역할을 맡는다. 우리가 '세계관'이라고 부르는, 즉 가설, 태도, 그리고 관념으로 기이하게 혼합된 집합체는 언제나 다소간 역사의 본질에 대한 특정한 견해를 포함한다. 과거에 대한 태도는 자주 문화 그 자체에 심대한 결과를 가져오는 사실(*facts*)로 바뀐다. 물론 많은 사학사 연구자들은 과거의 연구에 대해 다양한 접근을 하는 문화적 원인들을 밝히려는 시도에 많은 공을 들였다. 그러나 이 논문은 일련의 광범위한 가정들을 가지고서, 과거와 문화 속의 역사 이용에 관련한 특정한 태도의 문화적 결과에 대해서 철저한 조사의 가능성을 제시한다. 그렇게 하기 위해 먼저 나는 가장 일반적 의미에서 토론할 목적으로 '신화적' 과거와 '역사적' 과거라고 이름 지은 두 종류의 과거가 어떻게 서로 연관되며 어떻게 문화와 연관되는지를 제시하고자 한다. 논문의 나머지 부분에서는 미국 역사를 통해서 이러한 주요 관련성에 관한 기초적 역사 개요를 제안한다.[3]

'역사' 그 자체의 이념은 특정한 종류의 사회적, 문화적 조직에 속한다. 신분사회 혹은 공동체사회에서는 비록 서사시나 연대기는 있을지 모르나 기록된 '역사'는 없다.[4] 신화는 일반적인 세계관에서 지배력을 지닌다. 대부분 일반적으로는 사제인 특수계급이 존재하는데, 그들이 사회의 신

p. vii 서문의 첫 문단이다.

3) 이 논문의 초기 버전은 1960년 12월 28일 미국역사학회(American Historical Association)와 미국학연구협회(American Studies Association) 공동학회의 오찬모임에서 발표되었다.

4) 현대 사학사의 토론에서 매우 중요한 이러한 구별은 Benedetto Croce, *History: Its Theory and Practice*(London, 1920)에 효과적으로 이루어져 있다.

화에 대한 해석을 독점하고 있다. 거의 모든 사람들은 사회질서의 본질이나 종류에 대해서 의문을 제기하지 않는다. 제도적, 규범적 패턴은 상대적으로 정체상태로 남아 있다. 신화는 전체를 통합하고 공동체 일원의 주된 정서적 요구에 답하며 동시에 필요한 경우 과거, 현재 그리고 미래에 관한 사회의 집단적 꿈을 제공하기에 충분하다. 신화는 모든 것을 '설명한다'. 신화의 기능은 대체로 유토피아적이다. 그것은 그 자체 그리고 스스로 본질적이고 동적인 어떠한 요소를 제공하지 않고도 미래의 비전을 제공하는데, 그 요소는 사물의 현재 질서에서 어떤 변화를 가져오기 위한 수단을 생산한다. 의례(*ritual*)는 일반적으로 신화의 약속이행을 보장하기에 충분하다.

하지만 역사는 계약사회 혹은 연합(*associational*) 사회 속에 존재한다. 여기서 사회질서는 신분사회의 좀더 정적인 본성과 극적으로 대조되는 방식으로 변화한다. 새로운 제도와 가치가 등장한다. 연합체는 점차 방어적이 되는데, 왜냐하면 그것이 존재하기 때문이 아니라 그것이 더욱 분명하게 보이고 이해될 수 있는 기능을 수행하기 때문이다. 사회질서 그 자체는 합리화되어야 하며, 이성적인 설명이 요구된다. 여러 제도의 기능과 그들 간의 상호작용, 본질, 기원을 더욱 합리적으로 설명할 수 있는 것이 역사이다. 나아가 역사는 역동적인 사회가 움직이는 방향을 지시할 수 있는 것처럼 보인다. 역사는 변화 자체의 결과인 무질서한 배치로부터 질서를 가져온다. 그 결과, 과거를 설명하는 것이 미래를 변화시키는 방법을 제공하는 한편, 역사는 종종 정치 철학을 위한 토대로서 사용된다. 그리하여 역사는 이념적으로 작동한다. 그러나 역사의 존재를 요구하는 사회의 종류와 그 기획의 성격상, 어떤 특정 계급이나 집단이 역사적 해석을 오랫동안 효과적으로 독점할 수는 없다.[5] 역사 연구는 추

---

5) 역사는 변화하는 사회질서 속에서 새로운 문제 — 합리적 탐구에 의해 그러한 분석이 가능하다고 믿게 되는 문제 — 를 분석하려는 시도에서 발생한다. 과학

론할 수 있는 모든 사람에게, 사회의 다양한 계약적 혹은 연합적 양상에 참여하는 모든 사람에게 개방되어 있다.

지나치게 간략한 형태이긴 하지만, 내가 여기에서 분명하게 제시하는 것은 사회조직에 대한 두 가지 모델의 대조이며, 탐구자가 각각의 모델에서 발견하려는 세계관에서 하나의 중요한 요소이다. 신분사회에서 과거에 대한 우세한 태도는 신화적이며 그 기능은 유토피아적이다. 반면에 계약사회에서 과거는 역사적으로 고찰되어 이념적으로 활용된다. 아마도 그러한 이상형(*ideal type*)은 존재한 적이 없을 것이다. 분명히, 예컨대 계약사회는 그 신화적 요소를 포기하지 않는다. 신화를 위한 심리학적, 사회적 필요는 가장 역동적이고 합리화된 사회조직에서도 지속하는 것처럼 보인다. 왜냐하면, 나의 용법상, 어떤 집단의 비전, 희망, 그리고 꿈의 많은 부분을 제공하는 것은 신화의 영역이기 때문이다. 따라서 신화는 어떠한 세계관에서도 내가 유토피아적 요소라 부른 것으로서 지속할 것이다. 비록 내가 복합(*complex*) 계약사회에서는 이상적 신분사회

---

적 탐구 또한 물리적 세계의 본성이 그러한 분석에 따른다는 인식과 더불어 유사한 환경에서 그 기원을 갖고 있다. 물론, 역사와 과학적 탐구 모두 특별한 종류의 전문가주의가 발전했다. 그러나 양쪽 모두 훈련된 탐구자로 구성된 전문층의 존재가 그들의 영역에 대한 실질적 독점을 주지는 못했다. 다른 사람들도 그들 자신의 목적을 위해 그러한 탐구의 결과를 이용할 수 있었다. 이것은 역사 연구에서 특히나 계속적으로 진실이었으며, 그 연구 분야에서는 오늘날 과학적 탐구에 존재하는 것 같은 특별한 기술적 난관은 실로 결코 발달하지 않았다. 물론 나는 역사학자에 관한 일종의 사회학이 사실상 존재한다는 것을 의식한다. 모든 사람이 모든 시기의 역사에 관심 있는 것은 아니다. 예를 들어, 고대에는 일반적으로 역사가 지배계급에 의해 지배계급을 위해 작성되었다. 나의 요점은 단지 역사가 사실상 읽을 수 있는 모든 사람에게 이용 가능하다는 것이다. 또한 뒤에 언급될 토론에서 내 경우 전문적 역사학자가 좀더 일반적인 지적 공동체에 영향을 미칠 때만 그에게 관심이 있다. 명백히 1885년 이후 전문적 역사학자는 하나의 중요한 문화적 사실이나, 나는 진실로 전문적 역사학자가 아닐 수 있는 지식인에 의해 사용된 역사의 문화적 결과에 더욱 관심이 있다.

보다 신화의 숫자와 종류가 더 늘어나고 더 극적으로 자주 갈등을 빚는다고 제안하고 있을지라도 말이다.[6]

그렇다면 더 새로운 사회질서에서 과거를 역사적으로 접근하는 데 중요한 점은 그것이 신화적 접근을 대체한다거나 심지어 역사가 종종 신화와 갈등을 일으킨다는 것이 아니다. 나는 단지 미토스(*mythos*)와 로고스(*logos*) 사이의 싸움을 제안하는 것이 아니라(물론 분명히 이것 또한 존재하지만), 어떠한 사회에서도 중차대한 문화적 결과를 지니는 신화와 역사, 유토피아주의와 이데올로기 사이의 특별한 상호작용을 제안하는 것이다. 더 오래된 신화적 견해와의 관계에서 새로운 역할이 역사에 자주 요구된다. 아마도 하나의 비유가 내가 마음에 담고 있는 것을 설명할 것이다. 신화는 전통적으로 어떤 사회질서의 주요 드라마를 제공한다. 기독교 신화의 신성한 드라마를 목격해보라. 그러나 역사는 그 이상적 형태에서 굉장히 다른 무엇을 제공한다. 역사는 변화, 운동, 행동과 사상의 현재진행과 관련 있으며 사회생활의 역동적인 측면과 좀더 분명하게 연관되어 있기 때문에, 유토피아적 비전과 구별되는 것으로 내가 이데올

6) 나는 나의 사회적 범주가 '이상형'(*ideal types*)으로 좀더 정교한 사회적 분석에서는 수용 가능하지 않을 수 있다는 것을 인정하지만, 그것이 더 일반적 방식으로 유용할 수 있으며, 나의 분석에 대략의 배경이 될 수 있다고 믿는다. 나는 또한 신화, 이데올로기, 역사, 유토피아 같은 단어를 내 고유한 방식으로 사용하겠다고 강조하는 것에 미안함을 느낀다. 나는 다른 사람들이 이러한 용어를 다르게 사용하는 것을 잘 알고 있다. 그리고 엄밀한 정의는 내가 가질 수 있는 것보다 더 많은 공간을 차지할 것이기 때문에 나의 의미가 콘텍스트로부터 명료하기를 희망한다. 나는 부분적으로는 Kenneth Burke, "Ideology and Myth", *Accent*, *VII*(Summer 1947), pp. 195~205로부터 영향을 받았다. 버크는 신화를 서술적 용어로 문화의 '본질'을 진술하는 하나의 방식으로 이해한다. 신화와 이데올로기에 관한 매우 중요한 최근 토론 2개가 Ben Halpern에 의해 출간되었다. "The Dynamic Elements of Culture", *Ethics*, *LXV*(July 1955), pp. 235~249와 "'Myth' and 'Ideology' in Modern Usage", *History and Theory*, *I*(1961), pp. 129~149.

로기라 칭한 것을 제공한다. 그러나 양자는 빈번하게 상호작용한다. 신화는 드라마를 제공하고 역사는 볼거리를 공연한다. 신화는 종종 근본적인 목표를 제안하지만, 역사는 종종 달성해야 할 목표에 수반된 기본적 과정을 정의하고 밝혀준다.

역사철학 — 과정으로서의 역사에 대한 태도 — 은 근본적 신화에 대한 믿음의 결과로서 인간이 받아들이는 활동(혹은 휴식으로의 후퇴)의 본성에 자주 영향을 미친다. 만일 누군가 신화와 역사 사이의 이 중요한 관련성에 대해 그 이상의 증명을 필요로 한다면, 역사에 대한 천년왕국주의자(*millennialist*)의 해석에 대한 짧은 고찰이 이를 가장 잘 보여줄 것이다. 모든 기독교인은 그들 신앙의 중심적 신화를 따라 약속을 믿는다. 그러나 이러한 믿음은 역사에 대한 다른 이론과 결합될 때 명백히 문화적으로 다른 결과를 갖는다. 역사에 대한 하나의 특수한 이론으로서 천년왕국주의는 그 자체로 심대한 문화적 주요성을 지닌다. 그러나 전(前) 천년왕국주의자는 후(後) 천년왕국주의자의 입장을 지닌 사람과 현세에서 매우 다르게 행동할 것이다. 18세기나 19세기 미국의 지성사나 사회사를 공부하는 사람이 기독교 신화의 진실에 대해 근본적으로 공유하는 견해에도 불구하고 증언할 수 있듯이 말이다.[7)]

한 문화 속에서 신화와 역사 사이의 복잡한 관계에는 분명히 상대방의 본질적(*natural*) 기능과 경쟁하는 방식으로 종종 각각의 문화적 힘 — 신화와 역사 — 을 이용하려는 조건들이 존재한다. 아마도 우리는 역사를 신화로 만들려는(혹은 적어도 역사를 신화적으로 작용하게 하려는) 시도에 기인하는 결과를 가장 명백하게 의식한다. 로이드 워너[8)]가 가장 최근에

---

7) 이 점이 명백한 반면, 불행히도 그것은 너무 많은 작가들에게서 벗어나 있다. 스토우 퍼슨스(Stow Persons)는 일관적으로 이러한 차이와 그 중요성을 지적함에 탁월하다. 그의 *American Minds*(New York, 1958)를 볼 것.

8) 〔옮긴이주〕 W. Lloyd Warner(1898~1970): 하버드대학에서 박사학위를 받

펴낸 《양키 시티》(*Yankee City*) 라는 책에서 미국 역사의 특별한 사용에 관해 광범위한 논의를 한 것은 매우 생생한 예를 제공한다. 여기서 역사는 사실상 의례와 행렬, 그리고 심지어 일종의 사제들(*priesthood*) 로 채워진 신화가 되었다. 상대적으로 복잡한 계약사회는 통합되었으며, 기존의 사회질서는 정당화되었고, 기본적 가치는 강화되었다. 또한 공동체 목표는 신성시되었다. 이 모든 과정은 신화적 방식으로 취급된 양키 시티 역사의 주요 사건에 의존하여 이루어졌으며, 그 신화적 방식은 도시의 모든 시민이 권유받았거나 혹은 아마도 사회적으로 공유하도록 강요되었다. 그러나 그 과정에서 역사 — 심지어 양키 시티 및 미국의 역사 — 와는 크게 다른, 우리가 보통 생각하는 것과는 다른 어떤 것이 만들어진다.[9]

그러나 신화를 역사적으로 실재하게 만들려는 어떤 추진력이 존재한다. 그것은 즉 유토피아적 약속을 특정한 종류의 이데올로기로 전환하려는 것이다. 예를 들면, 19세기에는 의심할 여지없이 기독교 신화에 대한 믿음의 합리적 토대를 제공하기 위해 역사적 예수를 구체적으로 찾는 작업이 시작되었다. 그러나 예수를 역사 속에 자리매김하려는 바로 그 과정은 사회와 기독교 자체의 본성에 있어 엄청난 문화적 중요성을 지녔다. 왜냐하면 일단 기독교의 주요 신화적 인물, 즉 죽었다 부활한 신인(神人, *man-god*) 은 합리적 · 역사적 탐구의 한계 내에서 하나의 인물(*figure*) 이 되었기 때문에 특별한 해석과 용도에 속하게 되었다. 예수는 위대한 도덕 교사이자 예언자인 위대한 '대표적 인간', 즉 바로 그 본질에서 기독교 신화의 신비에 위협이 되는 관념이 되었다. 19세기 말 미국인들은 그들

---

은 후 시카고대학에서 오랫동안 인류학을 연구했다. 특히나 흑인 혹은 뉴잉글랜드 지역 등의 공동체를 중심으로 한 연구를 진행하면서 인류학의 방법론을 현대 미국문화에 응용했다. 특히, '양키 시티' 프로젝트의 결과는 총 5권(1941~1959) 으로 그 결실을 맺었다.

9) W. Lloyd Warner, *The Living and the Dead* (New Haven, 1959), pp. 101~225.

이 진정 '예수의 예를 따라서' 처신하고자 한다면 기독교 사회주의자가 되어야 한다고 듣게 되었다. 만약 그가 시카고에 온다면 그들은 일련의 즉각적인 사회적 결과를 보게 될 것이다. 수십 년 이내에 그는 사회적 혁명가인 예수 동지(*Comrade Christ*)가 될 것이다.[10] 놀라운 종류의 이념적 결과는 과거의 신화적 비전을 역사로서 기능하게 하려는 시도 때문이다. 그러나 단지 그 문제를 강조하려고 해도, 여느 위대한 인물이 그러했듯이, 신화로부터 역사를 만들려는 바로 그 행위, 즉 예수를 역사적 조건과 상황에 의해 만들어진 인물로서, 사회와 세계를 형성한 역사적 인물로서 다루려는 행위는 하나가 아닌 다양한 방식으로 이념을 활용하는 길을 열어갈 것이다. 몇몇 문화 속에 신화의 수수께끼에 대한 해석이 진실로 존재할 수 있듯이, 역사는 간혹 소수의 독점물이기도 하다. 그리고 하나의 결과로서, 이 동일한 역사적 예수가 1925년에는 탁월한 성공적 세일즈맨이자 기업가인 브루스 바튼(Bruce Fairchild Barton)에 의해서 《아무도 모르는 남자》(*The Man Nobody Knows*)라는 책의 주제가 되었다.

나는 기본적 가정을 확립하기 위해 신화가 된 역사와 역사가 된 신화의 두 극단적인 예를 선택했다. 그럼에도 둘 사이 어딘가에 역사와 신화 간의 특별한 만남의 장소가 존재하는데, 그곳은 문화 속 중심적 긴장의 실마리를 자주 제공한다. 이미 만들어진 신화와 발전 중인 이데올로기 사이에, 역사를 신화적 목적으로 전환하려는 노력과 좀더 전통적으로 이념적 방식에 역사를 활용하려는 노력 사이에 놓인 이 긴장의 영역에 대해 더 많은 이야기를 해야 한다. 이러한 갈등은 문화 속의 많은 지식인에 의해 종종 상당히 분명하게 인식된다. 특히나 예술가는 이 중요한 지적·문화

---

10) 이러한 변형의 예를 들자면, 업튼 싱클레어(Upton Sinclair)의 사회저항 문헌에 관한 독특한 선집인 *The Cry for Justice*(Philadelphia, 1915)를 볼 것. Book VII, pp. 345~382에는 "예수"로 불리며, 역사적 예수를 사회저항적 인물로서 사용한 예가 많다.

적 사실을 볼 수 있고 사용할 수 있다. 2개의 소설이 아마도 이러한 인식을 보여줄 수 있다. 많은 논평자는 허먼 멜빌(Herman Melville)의 《빌리 버드》(*Billy Budd*)에서 기독교 신화와 아담 신화가 의미심장하게 사용되는 것을 본다. 그러나 소수의 사람들만이 이러한 신화적 표현이 매우 특별하고 조심스럽게 규정된 역사적 문맥에서 사용된다는 것을 이해한다. 왜냐하면 멜빌은 그의 장면을 역사 속에 위치시키기 위해 긴 설명 — 엄밀하게, 그리고 날짜, 사건, 역사적 실재의 모든 장신구(*trappings*) 등의 세부사항에 대하여 — 을 하기 때문이다. 우리는 꼼꼼하게 확립된 역사적 세부사항의 배경, 특정한 시간과 공간, 연속적인 특정한 역사적 사건들에 반하는 신화적 연기(*mythic enactments*)를 본다. 그 소설에 비극적 적절함을 부여하는 것은 역사적 요구(이데올로기)와 신화적 요구(유토피아) 사이의 긴장이다. 60년 후, 윌리엄 포크너(William Faulkner)는 《우화》(*A Fable*)에서 동일한 종류의 중심적 긴장을 사용한다. 다시 한 번 기독교 신화의 연기는 매우 특정적이고 현실주의적인 역사적 배경에 반하여 제시된다. 멜빌이 프랑스 혁명 이후의 이야기에서 한 것처럼 포크너는 자신의 이야기를 제 1차 세계대전 중으로 잡았을 뿐 아니라, 그 전쟁의 실제 역사로부터 놀랄 만큼 많은 세부사항들을 활용한다. 그리하여 많은 예술가에게 문화 자체의 내부에서 근본적 갈등을 반영하는 주제를 제공하는 것은 사람들의 신화적 신념 — 그들의 비전, 그들의 희망, 그들의 꿈 — 과 실제 과거(*real past*)와 (아마도 종종 암시된 미래와 더불어) 사실상의 현재(*actual present*)를 탐구하는 연구자에 의해 기록된, 그들의 사회적 삶에 대한 현재 진행의 역동적인 요구 사이의 바로 이러한 긴장이다. 이것은 존재하는 문화의 성격과 종류를 규정할 수 있게 돕는, 사실상 근본적인 긴장 중 하나이다.

미국 문명은 독특한 문화적 환경과 더불어 시작한다. 뉴잉글랜드의 바닷가에서 일군의 능력 있는 지식인들 — 일부는 목사였으며 나머지는 중요한 대학 교육을 받았다 — 은 정의상, 분명 계약사회(*contract society*) 였던 사회질서를 확립했다. 미국 문명은 일련의 주요 계약으로 구성된 이론적 토대 위에서 조직되었다. 그것은 역사 안에서 진행 중인 사명, 즉 전 세계를 개혁하려는 것과 맞먹는 과제를 수행하기 위해 준비되었다. 또한 그것은 기독교 신화의 믿음에 대해 무척이나 진지했던 사회질서였다. 그러나 생존하기 위한 특정한 종류의 조직과 완수해야 하는 임무를 위해서 지적으로는 신화를 어떻게 해석하든지 간에 신화만으로는 충분하지 못했다. 그것이 우리가 오늘날 지식인이라 부르는 사람에 의해 대체적으로 지배된 사회라는 것을 기억하는 것은 언제나 중요하다. 소외된 지식인의 19세기 이미지는 분명 이러한 청교도에게 어색하게 보였을 것이다. 식민지로부터 쫓겨나거나 개인적 사상을 진실로 매우 사적인 것으로 강요당했던 허친슨 집안과 윌리엄스 집안, 테일러 집안에게도 말이다. 그리고 사업 초기부터 지도자로서 이러한 지식인들은 역사에 대해 특별한 견해를 지녔다. 그들은 역사 연구와 해석이 식민지의 문화적 발전에 있어 매우 중요한 일부라고 생각했다. 정착자들과 그를 따르던 사람들이 가져온 역사관은 그들이 확립하고 발전시키고자 했던 특정한 종류의 계약사회를 분명하게 설명하고, 정의하고, 정당화하는 것이었다. 역사를 쓰고, 일지를 간직하고, 적어도 부분적으로는 역사적 목적을 위해, 다양한 설교와 연설을 통해 역사에 관해 토론한 것은 식민화 노력에 대한 역사적 탐구가 중심적 역할을 했음을 분명하게 만들었다. 나는 그 역할이 기독교 신화 자체와 그 의미를 해설하는 것 다음이었다고 주장하고자 한다. 왜냐하면 이데올로기, 즉 역사적으로 정해진 임무를 향해 사회를 전진시키게 하는 역동적 견해를 제공하는 것은 역사이기 때문이다. 기독교 신화의 약속과 인간에 대한 기독교 신화의 의무 그리고 정착자들의 특정 역사관의 약속과 그 약속의 요구 사이의 긴장은 그들이 만든 문화의 어떠한 분석에서도 중심적 주제를 형성한다.

17세기 말, 탁월한 일련의 계약과 타협, 미국 최초의 지적인 엘리트가 지배했던 신화와 이데올로기 사이의 본질적 긴장은 영원히 붕괴되었다. 거의 최후의 몸짓으로, 또다시 코튼 매더[11]는 사회적으로 또한 지적으로 구질서를 회복하기 위한 노력으로 특히나 역사에 의지했다. 그러나 그 시대는 끝났고 긴장은 너무 컸다. 매더의 기념비적인 그리고 매우 의미 심장한 역사를 포함한 그 어떠한 것도 구질서를 구할 수는 없었다. 구질서 내에서 영향력 있는 위치를 얻지 못했던 두 주요 집단은 18세기에 근본적인 긴장을 또다시 반영하는 주요한 투쟁에서 마주보고 싸울 태세였다. 각각은 역사과정의 본질에 대한 고유한 견해를 지니고 있었으며, 이러한 견해는 원래의 청교적 통합(*Puritan synthesis*)에서 기인하지만, 각각은 고유한 종류와 계급을 위한 이념으로서 특별한 측면을 강조했다.

신앙부흥운동(*Great Awakening*) 시기의 복음전도자들은 천년왕국주의자와 낡은 통합의 섭리적 요소를 그 자신의 것으로 취했다. 역사에 대한 명백히 초자연적인 견해 속에서 그들은 신앙부흥운동 자체에서 다가올 천년왕국을 보았다. 그런 다음, 열광적이고 낙천적인 견해 속에서 그들은 현재 기득권을 빼앗긴 자의 이름으로 사회질서와 안정에 효력 있는 위협을 제공하는 역사이론에 전념했다. 한편 오랜 청교적 지도력이 주춤한 이후 미국의 사회질서를 새로이 지배하게 된 지도자는 역사철학과 미국의 발전에 대한 견해를 가지고 반격하는 것이 필요하다고 깨닫게 되었다. 이제 지적으로나 사회적으로 엘리트로 자리 잡게 된 그들은 새로이 도달한 계약적 질서를 옹호하는 데 그 견해를 이용할 수 있었다. 스토우 퍼슨스[12]는 예리한 의식으로 이러한 사람들이 기독교 신화에 대한 언급 없이

11) 〔옮긴이주〕 Cotton Mather(1663~1728) : 미국의 식민지 시기 뉴잉글랜드 지방을 대표한 영향력 있는 청교도 신학자이자 목사 중 한 사람으로서, 많은 소책자와 저서를 남겼다.

도, 또한 이러한 신화적 비전을 직접적으로 부정하지 않고도 어떻게 역사의 순환이론을 발전시켰는가를 보여주었다. 그들은 차라리 분명하게 식별할 수 있는 도덕적 성품(*moral qualities*)으로 세계를 지배하는 법과 질서를 강조했다. 그 성품은 재산과 지위의 축적에서, 사회 내의 그들 자신의 집단이 예증한 특별한 도덕성에서 가장 두드러지게 드러났다. 그리하여 그들의 역사 이론은 새로운 사회질서와 그 질서 내의 자신들의 위치를 정당화했으며, 신앙부흥운동의 천년왕국주의자와 광신자의 '위험한' 이론에 대처하고자 했다.[13]

어느 의미에서 진정한 사회적 긴장이자 19세기의 지적인 긴장은 역사 이론들의 근본적 갈등을 통해 반영되었다. 그중 하나는 기독교 신화가 때가 되면 실현될 것이며 이에 따라 사회질서에 급진적 위협을 제기하게 될 것이라는 이론이며, 나머지는 기독교 신화 자체가 역사의 종말에 일종의 규범화된 목표가 되었다는 이론으로, 착한 품성과 건실한 사회적 지위를 지닌 사람의 지도력하에 인간의 질서 있고 도덕적인 진보를 통해서 그 목표가 최고로 달성될 수 있다는 것이다. 미국에서 계몽사상에 대한 보수적 역사철학은 대체로 공공정책을 지배했으며, 새로운 지식인은 그것을 결합하여, 뉴잉글랜드의 청교도 초기 엘리트가 그러했듯이, 지속적으로 사회에서 효과적인 통제를 유지했다.

---

12) 〔옮긴이주〕 Stow Persons(1913~2006): 오랫동안 아이오와대학에서 교편을 잡고 미국 지성사를 연구한 역사학자이다. 주 저서로는 *American Minds: A History of Ideas*(1958), *Free Religion: An American Faith*(1963), *The Decline of American Gentility*(1973) 등이 있다.

13) Stow Persons, "The Cyclical Theory of History in Eighteenth Century America", *The American Quarterly*, *VI*(Summer 1954), pp. 147~163. 이 논문은 미국 계몽주의 시기에 관한 가장 중요한 논문 중 하나로 보인다. 그럼에도 전통적 방식으로—베커(Becker) 혹은 부어스틴(Boorstin) 방식—계속해서 이 시기에 관해 언급하는 사람들에 의해 사용되거나 충분히 잘 알려져 있지 않다.

1820년대와 1830년대쯤이면, 여러 중요한 새 요소가 미국의 문화 무대에 나타날 수 있었다. 첫째, 사회에서 지식인은 더 이상 목사직이나 법률직을 통해 미국 공동체 내에서의 사회 권력을 쉽사리 확보할 수 있다고 생각하지 않게 되었다. 미국에서 지식인을 위한 직업의 문제는 처음으로 진지한 이슈가 되었다. 이러한 이유 때문에 적절한 직업을 찾기 위한 에머슨(Emerson)의 영혼추구적 투쟁은 미국 지식인의 역할에 관한 연구자에게 주요한 실제 사례가 되었다. 둘째, 진보라는 개념이 다양한 형태로 등장하면서 역사의 본질에 대해 너무 단순한 견해가 나타났다. 그것은 역사의 본질이 모든 사람을 위한 것이며, 진보 앞에서 모든 것을 삼켜버리는 너무나 손쉬운 합리주의를 위한 것이라는 견해였다. 미국 사회에서 역사가 그렇게 깊숙이 뿌리내린 결과, 많은 사람들에게 근본적 신화의 바로 그 신비하고 직관적인 본성이 장소와 의미를 잃은 것처럼 보였다. 과거와 현재의 모든 사건들을 진보의 유용성에 적응시킨 결과 (일부에게는) 전체 사회질서가 어떠한 변화, 어떠한 발전, 어떠한 방향으로도 너무 쉽게 정당화되었다.

이러한 혼란을 느낀 사람에게 여러 개의 진로가 열려 있었다. 그들은 당시에 수용된 의미 안에서 역사를 부정하거나, 초월하거나, 혹은 어느 정도의 중요성과 삶의 의미에서 그것을 분리할 수도 있었다. 물론 이것이 에머슨과 소로(Thoreau)의 길이었는데, 그들은 합리적 역사분석이 여전히 믿고자 원하고 또한 믿음이 필요한 기본적 신화에 대한 초절주의적(*transcendental*) 비전을 그들에게서 빼앗아가는 것을 용납하지 않았다. 만약 역사가 미덕을 지니고 있다면, 그것은 진행 중인 과정으로서의 역사가 아니라 차라리 현재의 표준으로서의 과거, 즉 정확히 역사적 과정 자체의 상대성에 의해 영향을 받지 않는 초월적인 미덕과 관념들에서 추출될 수 있는 것에 대한 연구였다.

이렇듯 과거에 대한 특정한 이용은 새롭지도 않았으며, 그것은 에머슨과 그의 추종자만의 유일한 자산도 아니었다. 18세기 엘리트는 행동과 행위의 모델을 위하여 고전세계의 연구를 끌어왔으며, 19세기에는 예술과 건축뿐 아니라 중세, 고딕, 로마네스크의 특별하고 정적인 비전에서 사회와 도덕을 위한 이상적 패턴이 자주 발견되었다. 19세기 후반과 20세기 전반에는 취향, 미덕, 판단의 기준을 특히나 르네상스의 영광에서 찾았으며, 20세기 전반에는 (르네상스 휴머니스트의 모범이라고 믿는 바를 따르던) 미국의 휴머니스트가 또다시 고전세계의 비전을 이상으로서 제시했다. 그러나 추상적이고, 시간과 상황을 벗어나 있고, 전체의 발전 과정에서 분리된 역사의 이용은 대체적으로 진행 중인 과정 자체의 경향을 극복하거나, 멈추거나, 저지하기 위한 하나의 장치였다. 역사의 이용은 거의 항상 소수 엘리트의 도구였으며 그 효과는 간혹 광범위하게 느껴졌다. 내 용어로, 그것은 본질적으로 역사에 대한 반역사적(*antihistorical*) 이용이었다. 목적에서 그것의 기능은 신화적이었으나, 사회의 대중들로부터 진정한 신화적 반응을 끌어내는 데 너무 자주 실패했다. 그것의 건축적 표상이 전체 미국의 풍경에 걸쳐서 얼마나 기념비적이고 압도적이건 간에 말이다.

아마도 여전히 제한적이지만 흥미를 끄는 데 더 효과적이었던 것은 더 많은 공동체 일원이 쉽사리 공유할 수 있는 좀더 순수한 신화에 의지하기였다. 루이스[14]는 《미국의 아담》(*The American Adam*)을 통해 그러한 노력의 주요한 측면을 다룬다. 에머슨과 초절주의자들이 신에 대한 그들의 특정한 환상(*vision*)이라는 중대한 비밀을 다수의 미국인에게 재확인하는 데 전반적으로 실패했다면, 지속적인 신앙부흥운동의 전통 때문에 기독교 신화에 대한 정서적, 사회적 반응은 더 쉽사리 지속했다. 비록 이 경우

14) 〔옮긴이주〕 R. W. B. Lewis(1917~2002): 오랫동안 예일대학에 자리 잡고 문예비평의 깊이와 미국학의 확대를 위해 많은 노력을 한 문예비평가이다. 그는 Edith Wharton의 전기로 1976년에 퓰리처상을 받아 많은 주목을 받았다.

또다시, 내가 이전에 제시했던 무시하지 못할 결과를 지닌 천년왕국주의적 역사관과 연결되지만 말이다. 미국 사회에서 신화의 가치와 기능을 재삼 강조하려는 초절주의와 신앙부흥운동은 결국 단일한 과정의 일부이며, 매우 진지한 의미에서 초절주의는 지식인 사이에서 충분히 일종의 신앙부흥주의로 볼 수 있다.

그러나 이 시기에 역사 자체의 연구에서 벗어나지 않은 지식인이 존재했다. 19세기 중반 지성사의 가장 의미 있는 양상 중 하나는 지적·사회적 영향력과 권력의 도구로서 역사 자체의 연구에 대한 통제력을 되찾으려는 미국 지식인의 노력이었다. 대다수의 이러한 지식인은 우선적으로 법학 혹은 신학을 훈련받았는데, 이 직업은 미국 사회에서 권력을 추구하던 지식인들에게 이용 가능했던 이전의 경력 패턴이었다.[15] 이 지식인들은 최상의 방식으로 자신을 훈련시켰는데, 이 방식은 당시 독일에서 유행하던 새로운 '과학적' 역사학에 의해 제공되었다. 게다가, 그들은 미국 사회에서 상당히 많은 사람들에 의해 존경받고 이해되었다. 특정한 종류의 역사적 상상력이 번성하던 시기에, 이 지식인들은 역사 자체에 대한 저술을 통해 자신들의 더 많은 비역사적 패거리들이 달성할 수 없었던 목적의 일부를 달성할 수 있음을 알게 되었다.

그러나 적어도 어느 정도 의의를 찾는다면, 역사에 대한 그들의 연구를 통해 지적인 지도력의 일부를 파악할 때, 밴크로프트(George Bancroft)와 스파크스(Jared Sparks), 프레스코트(William H. Prescott)와 파크먼(Francis Parkman) 같은 사람들이 실제적으로 추구했던 목적은 무엇이었을까? 데이비드 레빈(David Levin)은 그들이 어떻게 역사를 '낭만적 예술'

15) 원래 법조계 경력을 지향하던 사람들 중 대다수가 일반적으로 유럽사를 그들의 탐구 분야로 선택했으며, 스파크스와 밴크로프트같이 목사직을 준비하던 사람들이 미국사에 전념했다는 사실에 어떠한 의미가 있는지에 대해서 나는 종종 의아해한다.

로서 파악했는가와 그들의 학문적 업적에서 그 예술의 주요 장치를 얼마나 분명하게 사용했는지를 훌륭히 보여주었다.[16] 그들은 화려한 이야기체 역사(*narrative history*)를 썼으며, 인물과 사건을 생생하게 만들었다. 그러나 우리 자신의 시대에도 요구되는, 진지하고 박식한 학문을 지닌 그러한 역사는 (훨씬 더 대중적으로 수용되었음에도) 그 시대의 좀더 자의식적이고 비역사적인 신화적 노력이 외관상 하지 못했던 방식, 즉 바로 일종의 신화적 기능을 수행하게 된 것이다. 거의 항상 이야기체 역사는 신화적 기능을 시도하며, (1890년에서 1940년 사이의 단행본과 연구에서 매우 특징적인) 더욱 신중하게 분석적인 역사는 그 자체가 이념적 용도에 적합하게 된다. 변화로 가득 차고, 사회질서 자체의 근본적 성격을 전복하는 방향으로 충만한 19세기의 불안정한 세계 속에서, 이 세기 중반의 위대한 역사학자들은 미국적인 웅장한 작품을 낳았다. 아마도 밴크로프트처럼 그들은 진보의 신성한 법칙에 대한 신화적 관념을 통해 실제 발생했던 것을 이해하는 방식을 제공했다. 여기 프로그램은 없지만 희망을 제공하는, 근본적 이슈와 문제를 탐구하지는 않지만 신념을 제공하는 역사가 있다. 루이스의 말을 빌리자면 밴크로프트가 쓴 종류의 역사는 "희망적 전설, 두 번째 기회에 대한 전설의 타당성을 역사적으로" 제시하는 것이었다.[17] 한편, 파크먼에게는 역사가 야만과 문명의 이행되지 않은 약속이자 일종의 비극이 된다. 그러나 낙관적이건 비관적이건, 그 시대의 역사는 확실한 근본적 가치, 도덕적 법칙에 대한 확실한 공약, 전형적인 사회적·정치적 행동의 실례를 통한 일정한 강화를 제공했다. 그렇다면, 그들의 모든 학문과 과학에도 불구하고 이러한 서사적 설명은 낡은 사회적 제도와 가치, 본질과 목적에서 유토피아적 결과를 가져오는 신화적인 것이다. 이 역사학자들은 더 새롭고 과학적으로 구성된 신화학(*mythology*)을 해석하는 책임을 진 고위 성직

---

16) *History as a Romantic Art*(Stanford, Calif., 1959).

17) *The American Adam*(Chicago, 1955), p. 161.

자로서 거리낌 없이 말하고자 했다. 루이스 같은 학자가 이들의 업적에서 전통적 역사분석을 거부했던 일부 사람들의 업적과 비슷하게 신화적 요소를 발견하는 것은 아마도 놀랍지 않을 것이다.

19세기 중반 미국의 지식인은 근본적으로 유토피아적 전망에 이르는 과거 연구로의 접근을 채택했다. 더 많은 의례적 장식이 무엇이건 간에 분석의 방식은 우선적으로 신화적이었다. 역사와 세계에 대한 이러한 태도는 1880년대에 매우 극적인 절정에 이르렀는데, 그 시기에는 아마도 미국 역사에서 다른 어떤 때보다도 더 많은 미국인이 그들의 유토피아적 비전을 인쇄해 개괄하려고 애썼다.[18] 그러나 중요한 점은 유토피아를 제안하는 이러한 시도의 대부분이 기존의 사회질서가 어떻게 진정 새롭고 이상적인 사회질서를 이룩하는 쪽으로 나아갈 수 있는가를 제시할 수 있는 이념적 토대도 없이 제시되었다는 것이다.

극적인 대조를 좋아하는 지성사가는 본질적으로 유토피아적 외관을 지닌 1880년대의 많은 사상이 1890년대 들어서 역사적 비전으로 근본적으로 선회한 것을 비교하는 데서 희열을 느낄지도 모르겠다. 그러한 대조가 쉽사리 과장될 수 있다는 것은 사실이다. 그럼에도 무시하기에는 너무 가혹하고, 꽤 먼 미래에 대한 신화적 견해를 토대로 판단하기에는 너무 솔직하고 즉각적인 관심을 요구하는 근본적 문제들 속에서, 역사는 지식인을 위해 새롭고 특별한 기능들을 지닌 수단으로서 또다시 부상했다. 그런데 그러한 기능은 의미심장하게도 역사를 향한 확정된 태도의 이념적 유용성과 일치하는 것이었다.

프레더릭 잭슨 터너에 대한 여러 옹호자와 비판자들은 그의 위대함을 요약하고자 노력했다. 많은 사람들이 그와 유사한 견해를 갖고 있던 꽤 많은 선구자들이나 선배 집단을 지적했다. 그러나 터너의 재능은 본질적

18) V. L. Parrington, Jr., *American Dreams*(Providence, R. I., 1947)는 제목에 대한 훌륭한 대조표(*checklist*)를 지닌 유토피아 저작에 대한 평가이다.

으로 단순함에도 불구하고 문화적으로 보면 극히 중요한 것이었다. 그는 주요한 미국의 신화를 선택하여 그것에서 효과적인 역사를 만들었다. 그는 일련의 유토피아적 태도와 신념을 가지고 그것을 이념적으로 효력 있는 것으로 만들었다. 첫째, 그는 어떠한 거대 서사(*great narrative*) 도 편집하지 않았으며, 당대의 문학적 관습을 거의 사용하지 않았다. 그의 작품은 분석에서 훌륭했다. 그의 출발점은 불안정에 대한 어떤 막연한 감정이 아니라 미국적 풍경에서 일련의 특수한 문제들인데, 즉 노동소요, 농민저항, 방대한 새로운 이민의 결과, 도시문제의 등장, 세계적인 교통 및 통신혁명에 직면한 세계적 공황은 그의 시대에 중요한 것들이었다. 그는 이러한 문제들을 설명하고자 했다. 그는 이것들이 미국 역사에서 왜 이전에는 일어나지 않았는지에 대한 이유를 제시했다. 많은 권위자들이 동의하듯이, 그리하여 그는 오랫동안 확고한 신화인 프런티어 테제를 사회적 분석의 주요 도구로 만들었다. 게다가 그는 왜 미국이 그런 방식으로 발전했는가를 드러낼 수 있었고, 미국을 독특하게 만든 성격유형과 사회제도의 종류와 특성을 낳는 주요 구성요소를 알았다. 그렇기 때문에 그의 분석은 그러한 질서를 유지하기 위해 무엇을 해야 할지에 관한 몇몇 단서를 더 쉽게 제공할 수 있었다. 그리하여 그의 분석은 사람들을 행동하게 만들 수 있었다. 신의 자비로운 지시하에 몇몇 불가피한 진보를 지닌 두 번째 기회의 신화를 따르지 않고도, 인간 조건의 본질적인 비극에 굴복하지 않고도, 과거에 뛰어났던 사람의 지도력하에 수행했던 것과 똑같이 하지 않고도 말이다.[19]

---

19) 이 지점에서 터너의 범상한 논문인 "The Significance of History"를 떠올리는 것은 중요하다. 그 논문은 1893년 그의 좀더 유명한 논문에 앞선 것이며, 비어드(Beard) 와 로빈슨(Robinson) 이 결합하고자 한 '신 역사'(*New History*) 의 위치에서 그야말로 가장 초기의 진술 중 하나이다. 이 논문은 *The Varieties of History*, ed. Fritz Stern(New York, 1956), pp. 197~208에 재수록되었다. 터너 테제 자체가 나타나게 된 배경에 관해서는 Lee Benson, "The His-

나는 이러한 분석이 터너와 그의 추종자가 취했던 종류의 접근에 혹은 부분적으로 그러한 접근 때문에 나타났던 부류의 이데올로기에 동의하는 것으로 받아들여지지 않기를 희망한다. 차라리 나는 이러한 종류의 역사에서 일어난 것이 바로 다음과 같다는 것을 제안하려는 것이다. 즉, 하나의 이데올로기, 게다가 두드러진 방식으로, 적어도 1893년 이후 부분적으로는 공식적인 미국의 이념이 된 놀라운 방식의 이데올로기 말이다. 만일 터너가 더 이상 프런티어가 없음을 선언한 이후 미국인들이 1893년에서 1963년까지 대체할 새로운 프런티어를 찾는 데 전념했다는 것을 깨닫게 된다면, 대체로 그들은 역사 연구가 이념적으로 방향을 지시했기 때문에 그렇게 하는 것이다. 20세기 미국에서 많은 목적에 적응된 새로운 프런티어 찾기는 바로 주요한 이념적 세력이 되었기 때문에 이른바 터너 테제의 유효성에 대한 광범위한 공공의 논쟁이 있었고, 미국 지식인의 주요 집단은 프런티어 미국에 뒤따르는 가치를 토의할 필요가 있음을 알게 되었으며, 일부는 20세기 내내 그 가치를 보존하고자 애쓴 반면, 나머지는 그만큼 격렬하게 그 가치를 부인하고자 애썼던 것이다.[20]

1890년대 미국에서 출현한 역사인식에서 이데올로기로서의 역사의 중요성에 대한 또 다른 예제가 나왔다. 이것은 역사적 탐구의 또 다른 패턴을 포함한다. 만약 터너가 신화를 역사로 바꾸었다면, 이 시기의 다른 사람들은 이념적 목적을 위해 그 이전에 역사에 유리했던 것에서 신화적인

---

torical Background of Turner's Frontier Essay", *Agriculture History*, XXV (April 1951), pp. 59~82.

20) 나는 이 점을 나의 논문인 "The Useless Past: American Intellectuals and the Frontier Thesis, 1910~1930", *The Bucknell Review*, *XI* (March 1963), pp. 1~20에서 논의했다. 내가 의미하는 종류의 이데올로기적 의미에 관해서는, 예를 들어, William Appleman Williams, "The Frontier Thesis and American Foreign Policy", *The Pacific Coast Historical Review*, *XXIV* (November 1955), pp. 379~395를 볼 것.

것을 끌어내고자 했다. 19세기 내내 17세기 청교 신학과 사회조직과 가치관에서 유래한 유산에 대한 불평의 소리가 있었다. 공식적으로 미국 신화학의 너무도 중요한 일부가 된 청교 전통에 대해 도전했던 길을 따라 많은 경계표가 있음을 지적할 수 있다. 그러나 진정한 폭발은 1890년대에 일어났다. 그 폭발은 1940년대까지 미국의 지적인 삶을 통하여 계속해서 울려 퍼졌다.

문화 연구자에게는 하나의 질문이 처음부터 명백해보여야만 한다. 왜 그는 오래전에 죽은 사람의 삶과 사상이나 이미 더 이상 존재하지 않는 사회질서를 애써 일부러 공격해야만 하는가? 결국, 아마도 과거 연구와 전문적으로 연관된 사람을 제외하고, 왜 어떤 문화에서는 사람들이 17세기가 진실로 어떠했을까에 대해 유념해야만 하는 것일까? 그럼에도 대략 1890년대에 시작한 역사적 인식의 위대한 시대에 미국의 지식인은 관심을 가졌다. 역사에 대한 미국인의 인식과 그것에 대한 '적절한' 태도 같이 사회에서 중차대한 이념적 중요성을 깨달았기 때문에 그들은 관심을 가졌던 것이다. 그들은 과거에 대한 견해가 일반적으로 현재의 결과를 갖는다는 것을 깨달았기 때문에 관심을 가졌던 것이다. 그것은 단지 다소 단순한 인과적 사물의 질서에서 과거가 현재를 '결정했다'는 것이 아니라, 과거를 보는 방식이 현재 행동하는 방식에 중대한 결과를 가진다는 것이다. 그것은 바로 미국 사회질서의 본질에서 역사는 이데올로기에 대하여 하나의 열쇠가 되기 때문이며, 현재와 미래에 프로그램과 행동을 형성하는 세계관에 대하여 하나의 열쇠가 되기 때문이다. 적어도 이것이 1890년에서 1940년 사이 미국 지식인 대다수가 가진 근본적인 견해였다. 당대의 이 이데올로기는 과거의 성질에 대한 특정한 견해에 기초하기 때문에, 과거의 경험이 비슷한 문제를 처리하는 방식을 참조하여 현재의 문제가 자주 해결되었기 때문에, 과거의 성격에 대한 해석을 지배하는 것은 초미의 문화적 이슈가 된다. 이것은 사실상 1913년 제임스 하비 로빈슨[21]이 "신 역사"(*New History*)로 부른 운동 배후의 추동력이었으며, 찰스 비어드와 칼 베커[22] 같은 또 다른 전문 역사학자의 성취에 영향을 미쳤다.[23] 그리고 터너처럼 이 역사학자들이 순수한 전문가의 책임을 훨씬 넘어서 그들 시대의 일반 문화에도 중대한 역할을 했다는 것은 틀린 말이 아니다. 결코 한 세대 혹은 그 이상의 전문적 역사학자가 아닌 지식인은 사실상 이러한 태도를 일반적으로 지지했다.

물론 역사 자체 속에서 벌어지는 이러한 역사적 투쟁의 배후에는 여전히 더 심오한 가정이 존재한다. 만일 우리가 오늘과 내일의 세상에서 효과적으로 영향을 끼치려면, 우리가 과거에 대한 '올바른'(*right*) 견해, 역사에 대해 '타당한'(*proper*) 태도를 갖고 있는 것이 중요할 뿐 아니라, 올바른 견해, 타당한 태도가 우리의 문제를 해결하고 역사 자체의 흐름의 방향을 바꾸도록 도울 수 있다는 것도 중요하다. 이것이 밴 윅 브룩스[24]

---

21) 〔옮긴이주〕 James Harvey Robinson(1863~1936): 펜실베이니아대학을 거쳐 컬럼비아대학에서 역사학을 가르치다가 대학에서의 학문의 자유 문제가 불거지면서 친구인 찰스 비어드와 같이 대학을 사직하고 뉴욕 시에 새로 설립된 대학인 New School for Social Research에 창설자 중 한 사람으로 참여했다. 주요 저서로는 *Outlines of European History*(with J. H. Breasted and C. A. Beard, 1914), *History of Europe: Our Own Times*(with Charles A. Beard, 1921), *The Ordeal of Civilization*(1926) 등이 있다.

22) 〔옮긴이주〕 Carl L. Becker(1873~1945): 20세기 전반 미국을 대표하는 역사학자 중 한 사람으로서, 프런티어 사관을 주창한 프레더릭 터너의 지도 아래 박사학위를 취득했다. 그 후 주로 코넬대학에서 강의를 하면서 '신 역사'적 접근을 주도했다. 주요 저서로는 *The Heavenly City of the Eighteenth-Century Philosophers*(1932), *Everyman His Own Historian*(1935) 등이 있다.

23) Morton White, *Social Thought in America*(New York, 1949)와 Cushing Strout, *The Pragmatic Revolt in American History*(New Haven, 1958)를 참고할 것.

24) 〔옮긴이주〕 Van Wyck Brooks(1886~1963): 하버드대학을 졸업한 후 주로 저널리스트로 활동하면서 문예비평이나 역사 전기 저술도 병행했다. *The Wine of the Puritans*(1908)와 *America's Coming-of-Age*(1915)를 써서 유명해졌다.

가 1918년 '유용한 과거'를 요구한 것이 현재 논의하는 시기 미국의 지식인들에게 왜 의미가 있었는지에 대한 이유이다. 비록 그들이 과거에 대한 어떠한 견해가 대단히 특별하게 유용했는가에 대하여 동의하건 동의하지 않건 말이다. 과거를 지적으로 독해함으로써 역사의 미래 경로에 대한 인간의 지적인 지배가 가능할 수도 있다는 데는 근본적인 동의가 존재했다.

애덤스 형제〔브룩스 애덤스와 헨리 애덤스〕가 미국의 과거(*American past*)라는 특별한 구절에 사로잡혀 있었음은 미국 문명을 공부하는 사람들에게 널리 알려져 있다. 나아가 이 비범한 사람들에 대한 광범위한 논의가 있었는데, 이들은 자신들 시대의 사회질서에 거의 자리를 잡지 못하거나 영향을 미치지 못하는 것처럼 보였으며, 지식인으로서 직면한 매우 특별한 문제의 배경에 저항했다. 이들은 소외된 지식인의 이미지에 다소 쉬이 어울렸으며, 그 이미지는 19세기 미국적 상황에서 심대하게 떠오르기 시작했다. 그러나 과거의 연구에서 그들의 관심과 이러한 외견상 기능의 결핍 사이의 특별한 관계는 충분히 탐구되지 않았다. 왜냐하면 지적인 권위와 권력의 자리를 추구하는 '국외자'(*aliens*)로서 그들은 초절주의자의 길을 따라가지 않고 과거 혹은 19세기 초 역사학자들의 전통을 등지려 했기 때문이다. 후자의 경우 역사를 특정한 신화적 형태, 즉 서사적 예술(*epic art*)로 바꿔 사회에서 높은 사제가 된 사람들이었다. 차라리 이들 형제는 새로운 이념적 위치를 찾기 위한 노력을 통해 과거의 연구로 방향을 돌려 당대의 수용된 이데올로기들을 논박할 수 있었다. 그런데 그것들은 당시 유행한 과거의 견해에 의해 정당화된 이데올로기였으나 이들에게는 중대하게 허위이며 위험하기도 했다.

만약 이들이 도덕률 폐기론 논쟁 이야기를 한다면, 예컨대, 이들은 단

---

그 후 *The Flowering of New England, 1815~1865*(1936)로 퓰리처상을 수상하였다.

지 기록을 바로잡기 위해 그렇게 하는 것이 아니다. 〔얼마나 적은 역사학자, 전문가 혹은 비전문가들이 그야말로 과거의 과거성(*pastness*)에 관심을 갖고 있는가!〕 이들이 그렇게 한 것은 공식적 신조의 일부가 된 청교적 미국을 수호하는 것이 그들에게는 용납할 수 없으며, 이들이 보고자 하는 발전된 미국에서는 불가능했던 가치와 사회적 태도를 영구화한다고 믿었기 때문이다. 만일 브룩스 애덤스[25]가 그 이전의 어떤 사람들보다도 더욱 강력하게 그리고 얼마 후 막스 베버가 더욱 정교하게 분석하기에 앞서 근대 자본주의의 발전과 종교개혁을 연관 지으려 시도했다면, 그것은 청교적 가치가 자본주의 가치를 강화하고 그 결과 등장한 사회적·경제적 조직이 그가 미국에서 번성하기 원했던 종류의 문화에 파괴적이라고 보았기 때문이다. 만약 자본주의와 프로테스탄티즘의 결합을 통해 주요한 사회 유형으로서 등장했던 신 경제인(*economic man*)의 결과가 고상한 예술이나 건축 그리고 문학을 갖는 것을 불가능하게 하고, 효력 있는 문명을 미국에서 유지하는 것이 가능하지 않다면, 그가 믿었듯이, 이러한 사회 유형을 영속시키는 지배적 이념을 뒤엎지 않을지라도 수정하기 위해 무엇인가가 명백히 행해져야만 했다. 《문명의 법칙과 쇠퇴》(*The Law of Civilization and Decay*)는 사실상 일종의 '새로운 역사'였다. 브룩스와 헨리 애덤스에 의해 진전된 역사철학은 있는 그대로의 세계에 대한 비관주의적 투항의 진술일 뿐 아니라 세계가 어떻게 그러한 방식으로 진행되었는가에 대한 새로운 독해였다. 즉, 좀더 어울리는 문화를 낳을 수 있는 새로운 이념을 찾는 효과적이자 비판적인 시작이었다. 이러한 재조직을 완수하기는 쉽지 않겠지만 시작할 장소는 명백히 과거에 대한 재검토와

---

25) 〔옮긴이주〕 Brooks Adams(1848~1927): 미국의 제2대 대통령인 존 애덤스의 증손자이자 존 퀸시 애덤스 대통령의 손자로서 미국의 초기 명문가 집안 출신이다. 하버드대학을 졸업한 그는 자본주의에 대한 비판적 시각을 견지하면서 문명의 역사를 기술한 역사학자였다.

그러한 연구에서 가능한 새로운 법칙을 찾아내려는 노력에서였는데, 그 법칙은 세계의 문제에 새로운 역동적 접근을 제공할 수 있었다. 동시에, 물론 지식인에게 새로운 역할을 제공할 수도 있었다. 즉, 발견의 중재자, 낡은 역사의, 낡은 사회질서의, 낡은 이념의 비판자, 행동 프로그램의 발전을 위한 새로운 역사, 새로운 이데올로기, 새로운 통찰력을 가져오는 새로운 권력자와의 연결 따위 말이다. 만약 청교도의 과거에 대한 낡은 견해가 개인주의 입장을 띤 반대자를 숙청하거나 혹은 더욱 사악한 가치와 자본주의의 결과를 정당화하려 한다면 그것은 새로운 견해, 즉 청교도가 진정 무엇이었는가에 대한 진실된 견해에 양보해야만 한다.

지적인 행동의 이러한 형태는 1890년 이후 평범한 일이 되었다. 미국사 전체와 그것에 대한 공식적 해석은 미국 지식인이 엄밀하게 검토함으로써 미국의 발달에 어느 정도 독특한 것이 되었다. 문화에서 프런티어 과거와 프런티어 과거의 중대성, 청교 전통과 청교 전통의 결과는 커가던 관심의 두 영역에 지나지 않았으며, 그 관심은 미국의 과거에 대한 새로운 해석을 통해 미국 문명의 새로운 지향을 추구하던 사람들의 역할에 관한 것이었다.[26] 유용한 과거를 찾는 것은 특히나 지식인의 기능이 되었다. 미국 역사와 역사 자체의 본질에 대한 해석은 미국을 바람직한 문화의 길로 나아가게 하거나 혹은 적어도 비판적 도구를 제공함으로써 공식적 견해를 전복하고자 했다. 즉, 밴 윅 브룩스의 견해로 그는 이러한 지식인들에게 불쾌했던 제도(*institutions*), 가치, 정책에 '탈무드의 봉인'(*Talmudic seal*)을 제안했다. 예컨대, 브룩스와 루이스 멈퍼드(Lewis Mumford)는 그들이 미국의 문예사를 다시 써야만 한다고 생각했다. 그들의 시대에 문학을 위한 새로운 토대를 제공하고, 예술가와 지식인, 사

26) 현재의 이 논문은 청교도 과거에 관한 주요한 공격을 거의 제안하지 않고 있다. 또한 특히 Frederick J. Hoffman, "Philistine and Puritan in the 1920's", *The American Quarterly*, *I*(Fall 1949), pp. 247~268을 볼 것.

회 사이에 가치 있는 관련성을 제공하려는 것만 가지고 말이다. 여타 지식인도 요청에 합류했다. 그들의 유용한 과거는 자주 달랐으며 그들은 자신들끼리도 그것에 관해 논쟁했다. 남부의 과거에 대한 본질이 중요한 관심사가 되고 문필가들이 역사와 전기를 쓰게 만든 강박관념이 된 상황에서, 남부 농본주의자들(*Southern agrarians*)은 과거에 대한 그들의 견해가 점차 증가한 마르크스주의 지식인에 의해 직접적으로 도전받는 것을 알게 되었다. 일부는 새롭고 다소 공동의 오락이자, 언어 자체에 새로운 단어를 도입하는 식으로 과거를 '폭로하는' 것에만 관심이 있었으며, 또 다른 일부는 더욱 심오한 역사철학을 개발했다. 그러나 근본적인 점은 남아 있었다. 즉, 미국의 지적인 발전에서 이 시기 역사를 보는 태도는 많은 논쟁에서 주요한 역할을 했으며, 모두는 다음과 같이 동의한 것처럼 보였다. 즉, 과거에 대한 특정한 견해가 필요했다. 그리고 어떤 역사관은 과거에 대해 진실이라고 가정된 것에 도전했다. 이념적 입장은 그러한 '진실'에 기초했다.

과거를 통제해야 하는 엄청난 중요성은 모든 활동영역에 반영되었다. 사회복음운동(*Social Gospel movement*)은 그것의 역사에 대한 특별한 해석과 역사 안에서의 예수의 사명에 대한 특별한 견해에 달려 있었다. 이른바 진보주의 운동의 몇몇 분파들은 '신 역사'를 주요 협력자로 만들었다. 비어드의 《미국 헌법의 경제적 해석》(*An Economic Interpretation of the Constitution of the United States*) 같이 무미건조하고, 고통스러울 정도로 자세하고 또한 학술적이기도 한 책이 정치적 중요성을 지닌 작품이 될 수 있었으나, 그것이 일부 진보주의자에게만 실제로 그러했다는 점을 생각하면 아이러니하다. 문학에서 '신 비평'(*New Criticism*) (그리고 새로운 문학 그 자체)이 역사 연구에 대해 종종 적대적이었다고 여겨졌지만, 사실상 그것은 단지 역사의 특수한 해석에 대해서만 적대적이었다. 많은 문인들은 당시 확립된 문학적 표준과의 싸움을 통해서 어쩔 수 없이 그들 자신의 비판적이고 창조적인 활동을 지지하는 문학사 전체를 다시 쓰고 있음을 알게 되었다. T. S. 엘리엇(T. S. Eliot)은 적어도 대략의 개설을 통해, 유럽의 문학사에 새로운 해석을 제시한 '신 비평'의 뛰어난 실례일 뿐이다. 예술에서 가장 앞선 운동들은 새로운 비전을 지지하기 위한 노력의 일환으로 회화, 건축, 혹은 음악 분야에서 대체로 과거에 대한 심오한 재연구(*restudy*)에 종종 토대를 두었다.

이러한 시각에서 일부 주요 문인들과 그들의 가장 중요한 저작을 검토하는 것은 인상적이다. 예술가는 여하튼 역사를 그 자신의 것으로 만들고, 문화를 위해 좀더 의미 있을 역사 해석을 자신의 예술을 통해 제시하는 것이 그의 특별한 기능(그를 특별한 지위로 있게끔 하는 하나의 기능, 소외로부터 벗어나는 하나의 방식)이라고 믿는다. 에즈라 파운드[27]는 유럽과 중국의 과거뿐 아니라 미국의 과거 연구에도 깊숙이 관여했다. 《칸토스》(*Cantos*)는 역사적 사료와 씨름하며, 이를 특별한 신화적 방식으로 사용하겠다는 주된 시도를 전형적으로 보여준다. 미국 문명을 연구하는 여러 연구자들에게는 이 복잡하고 난해한 작품에서 (파운드가 믿기에 미국의 공식 역사가 무시해온 2명의 특별한 미국 영웅인) 존 애덤스(John Adams)와 마틴 밴 뷰런[28]에 대한 암시뿐 아니라 이들과 여타 역사적 인물의 저작에서 긴 구절을 발견하는 것은 정말 기이하게 보일 것이다. 왜냐하면 파운드는 다른 영역에서처럼 여기에서도 '새롭게 만들려고' 노력했으며,

---

27) 〔옮긴이주〕 Ezra Pound(1885~1972): 영국에서 태어나 미국으로 귀화한 20세기의 대표적 시인이다. 그는 20세기 전반 모더니스트 운동의 선구자로서 시인으로 탁월한 역할을 하였으나, 무솔리니를 찬양하는 등 파시즘에 경도되기도 했다. 주요 시집으로는 *Personae*(1909), *Hugh Selwyn Mauberley*(1920), *The Cantos*(1925~1959) 등이 있다.

28) 〔옮긴이주〕 Martin Van Buren(1782~1862): 뉴욕 주지사 출신으로 잭슨 대통령 밑에서 국무장관을 지냈다. 그 후 잭슨의 후원으로 미국의 제8대 대통령이 될 수 있었다. 재임기간은 1837~1841년이다.

청중에게 그가 믿는 바가 미국 전통의 진정한 본성이며 따라서 미국적 삶의 특별한 약속이라는 것에 새로운 통찰력을 제공하고자 노력했다. 하트 크레인[29]의 《다리》(*The Bridge*)도 유사하게 특별한 역사적 해석을 주장한다. 그리고 윌리엄 카를로스 윌리엄스(William Carlos Williams)는 그의 초기 저작에서부터 빛나는 경력의 끝까지 미국의 역사를 특별한 신화시대의 방식으로 의미심장하게 만들려고 지속적으로 노력했다는 점에서 평가받을 수 있다. 윌리엄스는 특히나 그의 목표에 대해 분명했다. 즉, 그는 현재 속에서 과거를 살아 있게 하고 중요하게 만들기를 소원했다. 공식적 혹은 '과학적' 역사학은 그가 볼 때 거짓이었다. 그것은 "인형 혹은 그렇고 그런 남자인 그가 죽었다 이외에는 아무것도 말하지 않는 석관(石棺) 위의 조각처럼, 우리를 일반적 패턴으로 묘사하는" 역사의 종류이다. 문화에서 위험한 것은 과거의 과거성(*pastness*)이다. 우리는 역사가 필요하다. 왜냐하면 "현재의 우리는 과거의 미국에서 유래한다는 것을" 깨닫지 못한 채 과거를 애석하게 여길 때, 우리는 우리의 무지 때문에 헤아릴 수 없을 만큼 많은 것을 잃는다. 예술가의 상상력은 우리 모두에게 과거를 존재하게 하고 새롭고 의미심장한 빛을 가져다주었다. 과거는 "우리의 가장 큰 영감의 우물이며, 자유에 대한 우리의 가장 거대한 희망이다(왜냐하면 미래는 깜깜하지는 않겠지만 완전히 비어 있기 때문이다)".[30]

그리하여 1890년에서 1940년 사이 미국의 문화는 거의 모든 면에서 인간 문제를 해결하는 데 역사가 중요하다는 견해와 역사의 특별한 역할에 대한 확고한 공약에 기반을 두었는데, 그 역할은 지식인이 공식적 이념

29) 〔옮긴이주〕 Hart Crane(1899~1932): 20세기 전반 미국의 모더니즘을 주도하던 시인으로서, T. S. 엘리엇의 시를 통해 많은 영향을 받았으며, 대표적 시집은 *The Bridge*(1930)이다. 유감스럽게도 33세의 나이에 자살로 생을 마감했다.

30) William Carlos Williams, *In the American Grain*(New York, 1925), pp. 188, 109, 189.

의 비판자이자 국가의 진정한 의미의 수호자로서 소외된다고 느끼는 세계에서 그 자신을 위해 개발할 수 있다는 것이었다. 이 시기의 끝자락에 가면, 분명하게도, 리처드 체이스[31]가 "신화의 탐구"라고 불렀던 것이 또다시 많은 예술가와 지식인에게 주요한 직업적 그리고 상상적 관심의 대상이 되었다. 신화는 그 필요성을 스스로 드러내기 시작했다. 예컨대, 기독교 신화 혹은 역사에서 끌어낸 수많은 신화적 해석 말이다. 대공황과 세계대전이 세상을 삼켜버리자, 신화의 안정화 기능과 유토피아 기능이 또다시 중요해 보였다. 그러나 이 시기의 주요 기간 동안 주도적 인물들은 신화로서의 역사와 이데올로기로서의 역사 사이에서 만들어진 긴장을 직접적으로 다루면서, 눈부신 활약으로 새로운 문명을 만들고 그것을 더욱 새로운 역사관에 의해 확립된 방향으로 움직이게 했다. 이러한 사실은 이 시기에 특별한 분위기를 주고, 그것은 매우 특별한 종류의 문화적 결과에 부분적으로나마 책임이 있었다.[32]

지난 20년 동안 미국의 지적인 삶의 지도적 인물 사이에서 특이하게도 반(反) 역사적 정신이 두드러졌다. 물론 이러한 경향은 이전 시기 동안 신화와 이데올로기 사이에 항시 존재해온 긴장의 일부를 날카롭게 밑바닥에 깔고 있었다. 나는 이미 신화에 대한 관심이 고조되기 시작했고 (그것이 가능하다면, 심지어 의식적인 창작의) 신화 찾기가 고조되기 시작했음을 지적했다. 어떤 시각에서 보면 T. S. 엘리엇의 생애는 지속적인 서정시적 전투로 볼 수 있는데, 그것은 신화적인 것과 이념적인 것 사이, 유

---

31) 〔옮긴이주〕 Richard Chase(1904~1988) : 미국의 민속학자로서 1929년 안티옥대학을 졸업한 후 《할아버지 이야기》와 《잭 이야기》(*The Jack Tales*)를 비롯한 여러 권의 민간 설화집을 편찬하였다.

32) 이 지점에서 내가 이 논문의 일부에서 토의한 두 소설이 사실상 논의 중인 시기의 시작과 끝을 표시한다는 점을 떠올리는 것도 좋을 것이다. 즉, 멜빌의 단편소설은 이 시기의 초창기를, 포크너의 소설은 진정한 의미에서 이 시기의 종말을 표시한다.

토피아 비전과 역사적인 비전 사이의 전투로, 시인 자신의 내부에서 휘몰아쳤던 것이다. 엘리엇이 언급한 역사의 "간교한 통로, 고안된 회랑"(*cunning passages*, *contrived corridors*)은 그에게는 언제나 인간이 최후에 도망쳐야 할 위험한 함정으로 제시되었다. 《네 개의 사중주》(*Four Quartets*)에서 제시된 "올바른 행동은 과거로부터, 또한 미래로부터의 자유이다"라는 인간의 역사와 관련된 비전은 엘리엇과 동시대 사람인 윌리엄 카를로스 윌리엄스의 견해가 인상적인 대조를 이룬다는 점을 보여준다.

종교 영역에서 역사를 지향한 사회복음(*Social Gospel*)은 더 이상 주요 개신교의 지적인 지도자와의 연합을 요구하지 않는다. 실존적 시선은 역사적 예수나 시간 안에서 달성할 수 있는 어떠한 기독교의 임무도 보지 못한다. 사회복음의 이념은 역사 안에서 예수의 특별한 역할과 기독교 사회의 역사 안에서 성취를 가능하게 한 역사의 성격에 대한 견해에 의존했다. 실존적 기질은 신화적 예수 안에서 '구체적인 절대자'를 보는데, 그것은 '존재하고자 하는 용기'를 지녔으나 역사의 상대성 안에서 인간에게 자신이 직면한 어떠한 중대한 문제를 해결하는 것이 진실로 가능하지 않다는 것을 깨달은 자들을 위한 모델을 제공했다.

미국에서 새로운 문예적 유행 중 많은 것들은 현재의 순간과 신중하게 결합하며, 그들 중 일부는 확실히 우리 시대의 주요한 도덕적 딜레마를 멋지게 환기시킨다. 비트 세대(*Beat Generation*)에게, 과거와 심지어 미래는 인간에게 사악한 전통주의로 혹은 개별적 행동 이외에는 해결책이 없는 문제들로 위협하는 적(*enemy*)이다. 그들은 거의 소로 부류의 의례(*Thoreau-like ritual*)로 복귀하는데, 그것은 과거를 불태우며 즉각적인 감각을, 순간의 경험을, 혹은 엄격하게 역사에 무관심한 동양의 철학(혹은 그것에 대한 그들의 해석)이 제공하는 무시간성으로의 도피를 선호한다. 특히 추상적 표현주의(*Abstract Expressionism*)와 팝아트 같은 회화에서 주도적인 운동은 가장 즉각적인 종류의 경험을 제공하며, 그것은 르네상스 이래 회화에서의 다른 어떤 운동보다 더 분명하게 역사의 의미로부터 분리되었다.

분과학문으로서의 역사학은 다시 한 번 주요 문학이 되었다. 그것은 자주 정교하게 저술되거나 편찬되었지만, 종종 미국의 실존 신학이 명백히 수용한 근본적인 가정에 기초했다. 그것은 매우 존경받는 역사학자이자 미국의 선도적 지식인 중 한 명에 의해 가장 효과적으로 진술되었다.

> 역사는 시간 안에서 모든 인간의 문제 해결을 약속하는 구원자가 아니다. 또한 역사는 존재의 한계를 초월할 수 있는 사람도 아니다. 인간은 일반적으로 해결할 수 없는 문제에 얽혀 있다. 역사는 끊임없는 비극이고, 그 속에 우리 모두가 포함되어 있으며, 역사의 기조(*keynote*)는 불안과 좌절이지 진보와 성취가 아니다.[33]

그렇다면 그것은 신화적인 것과 극적인 것으로 회귀함으로써 (내 생각으로는) 이데올로기에서 벗어난 역사이다. 그것은 특히 이전 시대에서 유래한 이데올로기와 역사의 이론을 공격한다. 비어드나 터너 부류에 대한 적대감 속에서 그것은 어떤 새로운 분석체계나 역사적 과정의 작동에 대한 새로운 이론도 제공하지 않는다. 차라리 그것은 그러한 이론과 이념에 동의하지 않는 것이다. 19세기 중반처럼 다시 한 번 우리는 특징상 여러 권으로 구성된 이야기체(*narrative*) 역사 저술로 복귀한다. 아서 슐레진저 2세[34]의 작품에서 우리는 새로운 밴크로프트(Bancroft)를, 그것도 역설

33) 물론 이 인용문의 출처는 Arthur Schlesinger, Jr.가 1949년 〈파르티잔 리뷰〉에 실은 유명한 논문 "The Causes of the American Civil War: A Note on Historical Sentimentalism"이다. 이 논문은 가장 손쉽게는 *The Causes of the American Civil War*, ed. E. C. Rozwenc(Boston, 1961)에서 찾을 수 있다. 내가 인용한 구절은 그 책의 pp. 189~190에 있다.

34) 〔옮긴이주〕 Arthur M. Schlesinger, Jr.(1917~2007): 하버드대학의 영향력 있는 역사학자인 Arthur Schlesinger(1888~1965)의 아들로서, 젊은 나이인

적이게도 비관적인 밴크로프트를 발견한다. 앨런 네빈스[35]의 저작에서는 우리 자신만의 파크먼(Parkman)을 발견한다. 놀랍도록 낙천적인 파크먼임에도 불구하고 말이다. 그리고 새뮤얼 엘리엇 모리슨[36]의 여러 권으로 구성된 제2차 세계대전 시기 해군의 탁월한 역사서를 통해 우리는 아마도 20세기 역사학자가 이룩한 가장 위대한 문필적 성취를 보게 되었다. 그러나 이러한 작품들 속에서 우리는 헛되이 현재와 미래를 재구성할 수 있게 하는 과거의 비전을 찾는다. 여기서 이데올로기는 특히 배제된다. 여기서 우리는 현재의 도덕적 가치의 재강화를 돕지만 사회질서 내의 정책결정자들에게는 거의 영향력을 미치지 못하는 역사를 발견하는데, 그들은 역사관 및 이데올로기의 차원에서 매우 자주 영향을 끼치고 있다. 미국인이 전통적으로 직면했던 문제들을 사실상 해결하게 되었을 때, 어떻게 이데올로기에 의존하지 않고도 실용적으로 해결했는가에 대해 언급하는 것이 오늘날 많은 미국 지식인의 특징이기도 하다. 그러나 다음과 같은 사실은 남아 있다. 즉, 주어진 문제를 해결하는 데는 많은 방식이 존재하며, 특정한 해결방식의 선택은 역사를 대하는 태도에 의해 자주 결정된다는 것이다. 그런데 그 태도는 불분명할지는 몰라도 의식 속에는 존재

---

29세에 *The Age of Jackson*(1946)라는 책으로 퓰리처상을 받아 학계에 파란을 일으켰으며, 행동하는 역사학자로서 훗날 케네디 행정부에 참여하기도 했다. 그는 민주당원으로서 자유주의 노선을 견지했다.

35) 〔옮긴이주〕 Allen Nevins(1890~1971): 일리노이대학 졸업 후 뉴욕 시에서 언론인으로 출발하였지만, 1929년에는 컬럼비아대학 사학과 교수로 자리 잡았다. 그는 헨리 포드와 존 록펠러를 비롯한 많은 인물의 평전을 남겼으며, 남북전쟁 이전과 남북전쟁 시기를 다룬 총 8권으로 구성된 *Ordeal of the Union*(1947~1971)을 대표작으로 남겼다.

36) 〔옮긴이주〕 Samuel Eliot Morison(1887~1976): 오랫동안 하버드대학에서 교편을 잡으면서 2번의 퓰리처상을 받은 역사학자이다. 주로 정치사와 군사사에 관한 많은 저술을 남겼다. 또한 그는 해군 장군 출신으로, 크리스토퍼 콜럼버스의 전기인 *Admiral of the Ocean Sea*(1942) 등의 저술로 해양사에도 큰 족적을 남겼다.

한다. 그리고 이 논문이 (적어도) 어떠한 타당성을 갖고 있다면, 이데올로기로부터 과거에 대한 신화적 사용으로 후퇴한 것이 특별한 문화적 결과를 낳았다는 것도 명백하다. 그리하여 우리 자신의 시대는 역사로부터 후퇴하거나 매우 걸출하게 신화적인 혹은 신학적인 형태에 있어 '역사'라고 종종 불린 것에서 강렬한 자극을 끌어낸다. 토인비(Arnold Toynbee)나 니부어(Reinhold Niebuhr)의 작품에 대한 열광적인 반응을 주시하라. 역사로부터의 도피는 우리를 신화의 세계로 인도한다. 하지만 놀랍게도 나의 신화에 대한 정의의 관점에서 보자면, 새로운 신화적 비전은 거의 유토피아로 보이지 않으며, 인간이나 문화에 행복한 목표를 제공하는 것처럼 보이지 않는다. 우리는 신화적 과거, 불안한 현재, 그리고 반(反) 유토피아적, 오웰적(*Orwellian*) 미래를 가지고 있다.

가장 대략적이고 일반적인 용어로 내가 간단하게나마 스케치하려던 것은 역사와 신화 사이의 관련성을 반영하는 다섯 개의 주요 시기인데, 이 시기는 그 자신의 시대 상황에 대응하던 미국의 지식인에 의해 발전된 것이다. 최초의 사회질서 속에서 지식인은 신화와 역사 사이의 긴장을 안정시키려고 애썼는데, 이는 그들이 조직한 매우 특별한 계약사회를 보호하기 위해서, 그리고 그 사회가 역사 안에서 임무를 완수하게끔 하기 위해서였다. 18세기, 첫 번째 입지의 실패를 앞두고 새로운 지식인과 사회 엘리트는 그 자신의 특수한 보수적 역사철학을 계속해서 지배했는데, 그 역사철학은 매우 합리화되고 세속화된 것으로, 기독교 신화의 권력으로부터 제거된 것이었다. 그러나 천년왕국주의자의 역사철학에 의해 지지된 이 신화는 대각성운동의 후손을 계속해서 자극했는데, 이들은 지적·사회적 전투에서 그들 자신이 계몽주의(*Enlightenment*)의 자손과 함께 있는 것을 알게 되었다. 19세기 초의 특별한 조건과 문제를 안고서 그 문제에 대한 전적으로 새로운 접근이 나타났고, 미국의 지식인은 역사를 이용하지만 그것의 이성적인 힘은 거부하면서 본질적으로 신화학자가 되었으며, 문화를 지배하고 의미심장한 유토피아적인 지적 특성을 결정했던 주요한 신화의 창조자요 부활자가 되었다. 19세기의 마지막 10년 동안, 새로운 지적 질서가 부분적으로는 커뮤니케이션 혁명에 의해 만들어진 새로운 사회질서의 발뒤꿈치에서 태어났다. 그 질서 속에서 특별한 종류의 역사적 인식이 역동적인 요소에 이바지했으며, 그곳에서 사회적 또는 정치적 권력의 자리에서 제거되었으나 빈번히 그러한 권력 잡기를 열망하거나 그것을 효과적으로 활용하려던 지식인이, 그들 자신의 현재를 위하여 그들 작품의 이념적 중요성을 강조하면서 신화적인 것과 역사적인 것 사이 특별히 새로운 긴장에 활력을 불러일으켰다. 마지막으로, 역사는 우리 시대에 또다시 적(敵)이 되어, 어떠한 의미심장한 뜻에서도 우리의 문제를 풀지 못하는 우리 무능력의 신화적 비극을 지적할 경우에만 유용하다.

물론 여전히 역사를 의식하는 사람들이 있다. 비록 역설적으로 보일지라도, 오늘날 현재와 미래에 뚜렷한 이념적 결과를 갖는 과거에 대해 어떤 견해를 갖는 것이 일반적으로는 급진적 전통에 남겨진 특별한 기능으로 간주된다. 그러나 제 2차 세계대전 이래 주요한 지적 경향에서 근본적으로 반(反)역사적 세계관을 보는 것이 불공평한 것은 아니다. 그것은 사실상 무지(*innocence*)의 종말 혹은 이데올로기의 종말을 표시하는 것으로 찬양되어온 견해였다. 그러나 이른바 이데올로기에 대한 이러한 승리의 문화적 귀결은 여전히 평가받아야 한다. 선도적 지식인이 인간의 문제를 진실로 해결할 수 없다는 견해를 공언하는 세계에서, 따라서 놀라울 만치 초당파적인 시대에 공공의 이데올로기가 너무 자주 도전받지 않는 세계에서, 역사가 서사적, 신화적 혹은 신학적 형태로 가장 눈부시게 번성하는 세계에서, 그럼에도 엄청난 문제가 계속적으로 우리와 직면한 세계에서, 문화 그 자체에는 엄청난 위험이 존재한다. 그러나 신화적인 것과 이념적인 것 사이의 근본적 긴장은 여전히 남아 있다. 비록 균형이 당장은 어느 한편에 기울어지고 있지만 말이다. 아마도 우리는 19세기 중반 몇십 년 동안 시대에 뒤처진 이야기의 플롯을 단순히 재현하고 있는지도 모른다. 그런데 그 플롯에는 또다시, 인간이 통제할 수 있는 것보다 더 크게 보이는 거대하고 무시무시한 변화가 너무 자주 존재한다. 1890년대에 그랬던 것처럼, 아마도 지금과 같은 우리 사회에는 다른 진정한 필요와 역사의 기능에 대한 재각성이 존재할 것이다. 아마도 심지어 거기에는 다른 종류의 사회질서가 존재할 것이다.

# 제2장

# 프런티어 테제와 미국의 지식인

1918년 밴 윅 브룩스가 '유용한 과거'(*usable past*) 라는 개념을 만들어야 한다는 주장을 내놓았을 때, 그는 지식인들이 하는 일의 일부로 거의 항상 수용되던 행동을 분명하게 드러냈다.[1] 왜냐하면 칼 베커가 "각자는 나름대로 역사학자"(*Everyman is his own historian*) 라고 주장했을 때, 그는 각자가 자신의 삶과 임무를 추구함에 있어 유용함을 알게 되어 자신을 위해 과거를 창조한다고 제안하고 있었기 때문이다. 물론, 무엇이 그러한 '유용한' 과거를 구성하는지의 구체적인 문제는 일련의 어려운 결정들을 드러낸다. 특히나 베커의 각자보다 더 자의식적이고, 더 분석적인 지식인의 경우가 그러하다. 그러나 어려움이 무엇이건 간에 지식인이라면 과

1) 이 논문의 초고는 1960년 4월, 켄터키 주 루이빌(Louisville)에서 열린 미시시피벨리역사학회〔Mississippi Valley Historical Association: 미국사학회(Organization of American Historians)의 전신임〕에서 발표되었다. 브룩스(Van Wycks Brooks)의 논문인 "On Creating a Usable Past"는 *The Dial*, *LXIV* (April 11, 1918), pp. 337~341에서 찾아볼 것.

정으로서의 역사작용에 대한 어떤 개념인 역사철학을 최소한 천명하게 되고, 또한 지식인이라면 일반적으로 자신이 속한 국가의 과거나 자신이 놓인 현 상황에 대해 분석의 토대로 삼는 세계를 대상으로 특정한 분석에 몰두하는 자신을 깨닫게 된다. 그러한 유용한 과거는 지성사에서 다반사로 일어나며, 지성사가가 반드시 검토해야 하는 지식인들의 세계관의 일부이다.

그러나 '유용한 과거'의 분석에서 자주 간과되는 것은 그 분석이 거의 항상 과거의 일부 혹은 과거사에 대한 일부 견해를 '쓸모없는'(*useless*) 것으로 여겨 거부한다는 것을 당연한 일로 여긴다는 점이다. 과거에 대한 유용한 견해를 정립할 수 있기 전에, 현재의 쓸모없는 견해는 억제되어야만 한다는 것이다. 현재 논의 중인 시기에 대한 가장 놀라운 사실 중 하나는 전문 역사학자나 심지어 교수가 아닌 지식인들이 미국사 연구에 엄청난 관심을 보였다는 것이다. 브룩스 자신, 왈도 프랭크(Waldo Frank), 루이스 멈퍼드, 존 굴드 플레처(John Gould Fletcher)는 미국의 과거에 매혹된 이 시기 지식인들 중 일부에 지나지 않는다. 왈도 프랭크가 그 시기의 여러 중서부(*Midwestern*) 작가들을 논의할 때 제시했던 것처럼, 분명히 지식인의 한 세대는 상당히 "맹렬하게 그들이 자유로워져야 한다는 시기의 과거를 공격한다. 그들은 자유롭지 못하다. 그들은 과거가 여전히 그렇게 정서상 실재하기 때문에, 또한 그들이 현재에 전념하는 것을 방해하기 때문에 과거를 공격한다. … 우리는 방해하고 억누르는 것만을 공격한다. … 미국의 유령들에 대한 저항은 미국이 여전히 얼마나 두려움에 떨며 그들에게 사로잡혀 있는지를 보여준다. … 과거는 여전히 이 나라에 우리와 함께 있다. 현재는 기껏해야 허약하게 성장한다".2) 그리하여 '유용한 과거'를 만들자는 요구는 사실상 '쓸모없는' 것으로 증명된 과

2) Waldo Frank, *Our America*(New York, 1919), pp. 132~133.

거를 몰아내기 위한 요구였다.

이러한 지식인들은 그 시대를 특징짓는 또 다른 지적 경향으로서 제임스 하비 로빈슨이 이름 붙인 '신 역사'가 제기한 몇몇 명제 중 하나에 전념했다. 하버드대학 출신의 아칸소 주 이미지파(*Imagist*) 시인인 존 굴드 플레처에게는 과거에 대한 연구가 "우리가 현재와 미래의 잠재력을 판단할 뿐만 아니라 조정할 하나의 수단으로서, 과거의 가치들과 역사적 판단기준을 이용할 수 있을 때"에만 가치가 있었다.[3] 그러나 브룩스와 다른 사람들이 파악한 문제는 미국의 과거가 "현재에 몇몇 공통적 이해에 도움이 될 수 있는 요소들을 갖고 있지 않다는 것이 아니라 그러한 과거 경험의 해석자들이 과거에 광택을 입혀 현재의 사람들에게 과거를 불모의 상태로 만드는 데 있다 … 미국 역사에서 창조적 추진력을 반영하는 대신, 과거는 상업적 전통에 의해 확립된 가치들을 재확인한다. 그것은 상업적, 도덕주의적 정신의 검열을 통과한 모든 것에 왕관을 씌워준다 … 현재의 보통사람들 정신에 살아남은 과거는 생생한 가치가 없는 과거"라는 데 있었다.[4] 그러므로 역사의 성격에 관한 논쟁은 역사 혹은 역사를 쓰고 이용한 사람들에 의해 허가된 것처럼 보이는 가치들의 성격에 관한 논쟁이다. 그리고 그 가치들은 진실로 현재와 미래를 위해 중대한 것이기도 하다.

1910년에서 1930년 동안 성숙해진 이 지식인들에게 적어도 그러한 과거관(*view of the past*) 가운데 하나가 존재했는데, 그것은 동부의 많은 지식인들이 특히나 무미건조하다고 본 견해로서, 자신이 부인하고 싶어 했던 가치들을 재확인하는 데 사용된 과거관이었다. 기원을 찾기 위해 19세기를 전공하는 역사학자들은 우리들에게 터너 테제가 출현했던 지적, 역사적 배경에 대해 많은 것을 이야기했다. 그러나 아마도 그들은 1893

---

3) John Gould Fletcher, *Europe's Two Frontiers* (London, 1930), p. 3.

4) Brooks, op. cit., pp. 337~339.

년 이후 터너 사상의 결과들에 대해서는 거의 주목하지 않았다.[5] 프레더릭 잭슨 터너와 그의 학설은 이 논문에서 논의하는 시기에서 특별한 위치를 차지한다. 터너가 위스콘신대학에서 지도적 위치에 있는 동부의 하버드대학으로 옮긴 것은 1910년이었다. 선거에 의해 전문 학회의 회장이 됨으로써 동료 역사학자들로부터 전국적인 인정을 받게 된 시기도 1910년이었다. 여타 주요 연구들과 더불어 프런티어의 중요성에 대한 그의 유명한 논문이 단행본의 형태로 출간된 것은 겨우 1920년이었다. 1925년 역사 부문 퓰리처상(*Pulitzer Prize*)은 미국의 프런티어 역사를 쓴 터너의 제자 프레더릭 팩슨(Frederick L. Paxson)에게 돌아갔는데, 이로서 프런티어 테제가 널리 수용되는 또 다른 단계를 표시하게 되었다. 터너는 그가 사망한 1932년 다음 해에야 지역주의에 관한 논문들을 묶은 책으로 유일한 퓰리처상을 받았다.

터너 사상의 대중화는 이 시기 지식인들의 삶에 많은 결과를 남겼다.[6]

---

5) 내가 의미하는 '터너 사상'이란 스미스(Henry Nash Smith)가 "신화와 상징"이라 부른 서부와 프런티어와 관련된 전반적인 독트린을 말한다. 그의 중요한 책인 《처녀지》(*Virgin Land*, Cambridge, Mass., 1950)는 이데올로기로서의 프런티어 신화의 문제에 대한 입문으로서 결정적이다. 그러나 그는 1893년 터너의 유명한 논문에 대한 토론을 하면서 분석을 멈추었다. (20세기 이해를 위한 여러 중요한 통찰력과 더불어) 터너 자신의 작품을 위해 역사적, 이념적 배경을 이해하기 원하는 사람들은 리 벤슨(Lee Benson)의 고전적인 논문을 읽기 바란다. "The Historical Background of Turner's Frontier Essay", *Agricultural History*, *XXV*(April 1951), pp. 59~82. 사상과 행동을 위해 20세기 동안 터너주의의 결과를 검토한 몇몇 작업 중 하나는 윌리엄스(William Appleman Williams)의 다음과 같은 훌륭한 논문이다. "The Frontier Thesis and American Foreign Policy", *The Pacific Historical Review*, *XXIV*(November 1955), pp. 379~395.

6) 터너주의적 접근이 미국인의 삶의 여러 문화적 측면에 더 특수하게, 특히 종교와 문학의 영역에 적용된 것은 바로 이 시기였다. 예를 들어, Peter George Mode, *The Frontier Spirit in American Christianity*(New York, 1923); Henry K. Rowe, *The History of Religion in the United States*(New York,

그러나 이 시기의 주요 주제 중 하나는 적어도 프런티어에 대한 저항, 즉 미국인의 개척자적 경험을 부정하려는 의도를 중심으로 했다. 이 시기에 더욱 철저하고 대중적으로 연구되었던 미국의 프런티어에 관한 역사는 만일 어떤 유용한 과거가 만들어질 수 있다면 맨 먼저 공격받아야 할 쓸모없는 과거였다. 그것은 현대를 위해 (일부 지식인들에게) 필요했던 종류의 가치들을 분명하게 제공하지 못했던 역사였다.

---

1924); W. W. Sweet, *The Story of Religions in America* (New York, 1930); Harold E. Luccock, *Jesus and the American Mind* (New York, 1930); Dorothy Dondore, *The Prairie and the Making of Middle America* (Cedar Rapids, Iowa, 1926); Lucy Lockwood Hazard, *The Frontier in American Literature* (New York, 1927). 해저드의 책에는 우리가 논의하는 시기에 관한 지극히 흥미로운 마지막 장이 있는데, 그녀는 이 시기를 "영적인 개척과정"(*spiritual pioneering*)의 시기로 본다. 이것은 중요한 문헌이다. 스미스(Henry Nash Smith)는 다소 어렴풋하게 다음과 같이 요약했다. "터너의 영향력이 1920년경 이후 매우 급속히 증가한 것처럼 보인다는 사실은 미국 사상의 일반적 발전과 관련하여 마찬가지로 시사적이다. 이 시기는 고답적 전통(*genteel tradition*)에 대한 반항이 절정에 이른 때였으며, 젊은 지식인들이 뉴잉글랜드 지식계급(*Brahmins*)의 전통에 있어 보수적 비평의 지배로부터 미국 문학과 사상의 해방을 선언한 때이기도 했다. 미국 역사에 대한 터너의 재해석은 우리의 역사를, 특히나 우리의 지적인 발전을 대서양 연안을 따라 초점을 맞추거나 심지어 하버드 야드(Harvard Yard) 30마일 반경 이내에서 바라보던 초기의 경향에 대해 상당히 파괴적이었다. 일반적으로 강단(*academic*)의 역사적 업적에 거의 관심을 기울이지 않던 많은 비평가와 작가들은 터너에게서 '청교주의'와 19세기의 공식적인 예술적(*artistic*) 이론의 낡아빠진 '관념성'(*ideality*)에 전력투구를 다해 싸울 때 유용한 무기를 발견했다." "The West as an Image of the American Past", *The University of Kansas City Review, XVIII* (Autumn 1951), p. 36. 명백히 나는 다른 종류의 문제에 관심이 있으나, 여기서 20세기 터너주의의 한 측면에만 관심을 가지고 있음을 분명하게 밝히고 싶다. 이 논문은 1900년에서 1960년까지 미국 이데올로기로서의 터너 테제의 여러 관련성에 대한 좀더 깊이 있는 논의를 목표로 한 훨씬 더 장기적인 연구의 일부이다. 〔옮긴이주: 그러나 서스먼은 유감스럽게도 생전에 그 자신의 장기적인 연구결과를 단행본으로 만들지는 못했다.〕

여기서 그러한 기획이 전적으로 새로운 것이었다고 제시하려는 것은 아니다. 미국인의 삶에서 프런티어의 영향력은 이전부터 심각한 공격을 받았다. 실제로, 미국적 경험의 초창기부터 개척자적 행동이 미국인의 제도와 성격에 끼친 영향을 통탄하던 사람들이 존재했다. 페리 밀러(Perry Miller)는 1705년 매사추세츠 주 의회(*General Court*)[7]에서 많은 세속적 죄악들이 '신분사회'(*orderly society*)의 경계 바깥에 사는 프런티어 사람들로부터 비롯되었다고 주장한 설교자에 대해서 언급한다.[8] 헨리 애덤스(Henry Adams)도 1800년의 미국인들에 대한 연구에서 외국의 여행자들과 "〔대서양〕 연안의 교육받은 부유한 미국인들"이 "무지하고 야만스런 변경인들에게서는 좀처럼 존경할 점을 찾기 힘들" 수 있으며, 따라서 공화국 자체를 염려했다고 보고했다.[9] 터너 자신도 미국인의 삶에 프런티어 경험이 남긴 공적에 대한 티머시 드와이트(Timothy Dwight)의 초기 적대감을 인용했다.[10] 그러나 터너가 미국 발전에 프런티어가 중요함을 밝힌 그의 테제를 역사적 법칙으로 성문화하려던 무렵, 미국적 삶

---

7) 〔옮긴이주〕 General Court는 영국의 식민지 시절 입법 및 사법을 담당했다.

8) 밀러의 서문, Perry Miller and Thomas H. Johnson, eds., *The Puritan* (Boston, 1938), p. 17.

9) *The United States in 1800* (Ithaca, N. Y., 1955), p. 128. 이 책은 애덤스가 쓴 *History of the United States of America During the First Administration of Thomas Jefferson* (New York, 1889)의 1권 중 첫 6장을 재출간한 것이다.

10) "Contributions of the West to American Democracy", reprinted in George Rogers Taylor, ed., *The Turner Thesis* (Boston, 1949), p. 23. 그러나 Rush Welter, "The Frontier West as Image of American Society: Conservative Attitudes Before the Civil War", *Mississippi Valley Historical Review, XLVI* (March 1960), pp. 593~614도 볼 것. 웰터 교수는 이 초창기 미국 보수주의자들이 그들 자신의 이데올로기적 목적을 증진키 위해 프런티어 이미지를 충분하게 사용함에 있어 그들이 처음에 지녔던 프런티어 생활에 대한 거부감을 어떻게 극복했는가를 훌륭하게 지적한다. 따라서 웰터는 프런티어와 미국적 이데올로기 사이의 연관성을 토론하는 데 중요한 공헌을 한 것이다.

과 성격의 바람직한 거의 모든 것들을 개척자 경험의 결과로 돌리는 것이 미국적 신화(*mythos*)의 일부가 되었다는 것은 사실로 남아 있다.

바로 거기에 어려움이 존재했다. 미국사에서 프런티어의 역할에 대한 분석을 통해서 여러 이념적 중요성, 미국을 보존키 위한 본질로서 공표된 여러 가치들이 도출되었다. 이 지식인들이 저항하는 역사에 호소함으로써 특정한 이념적 입장과 가치들을 신성하게 하려는 것이 이러한 시도였다. 역사와 이념의 관련성에 대한 심각한 문제가 남아 있었기 때문에 이 시기의 지식인들은 과정 그 자체에 의문을 제기하는 대신, 역사적 경험에서 유래할 수 있는 특정한 가치들뿐만 아니라 역사적 경험 자체의 결과들을 재정의함으로써 자주 반격하고자 했다. 현재의 이념을 위한 토대로서의 과거 이용을 정당한 것으로 받아들이면서, 이들 젊은이들은 그들이 검토했던 과거로부터 다른 사람들이 제대로 된 교훈을 배우지 못했다고 주장할 뿐이었다. 프런티어 과거를 쓸모없게 만든 것은 지식인들이 일반적으로 비(非)지식인 혹은 심지어 반(反)지식인으로 간주된 개인들과 집단에게 그 과거를 현재에 개입시키는 용도(*uses*)에 있었다. 지성의 삶이라는 이름으로 그들은 그들이 반대하는 목적에 사용되던 프런티어 과거의 '대중적' 이미지와 싸웠다. 이 논문에서 논의하는 지식인들의 입장을 이해하기 위해서는 이런 특정한 배경에 반대하는 특유의 비난을 살펴보아야 한다. 왜냐하면 그들은 이 점을 항상 명백하게 하지는 않았기 때문에, 사실상 현재에 관한 논쟁에 다름없던 과거에 관한 논쟁에 참여했다.

이 시기의 프런티어를 가장 특색 있게 이용한 것은 대체적으로 옛 서부(*Old West*)의 그림 같은 아름다움과 영광으로 여겨진 것을 간직하려는 감상적인 노력이었다. 프런티어가 사라졌다는 공식적인 선언은 미국의 서부와 프런티어 모험에 대한 논문과 이야기에 대해 끊임없이 커져가는 시장을 만들어낸 것으로 보였다. 《리더스 가이드》(*Readers' Guide*) 목록에 해마다 오르는 그러한 작품의 숫자를 대충 검토해보면 이러한 문헌이 엄청나게 증가함을 알 수 있다. 퍼시 보인튼(Percy Boynton)의 말을 빌리자면 프런티어는 '재발견'되었던 것이다.[11] 어떤 사람들은 옛 서부가 사라진 것에 탄식을 금치 못하고 그것을 대체할 새로운 신화를 찾을 것을 촉구했다.[12] 또 어떤 사람들은 서부를 '길들인' 것을 비난하면서 그것의 몇몇 특징들을 보전하고자 애썼다.[13] 여기에 미국인들이 추구한 하나의 토속적 서사시가 있다. 극단적인 개인주의, 용기, 무모함(*recklessness*), 사회적 유대와 의무로부터의 초연함의 미덕을 찬양하는 서사시 말이다. 이러한 '귀족적 서부' 안에서 어떤 사람들은 표준화와 순응이 밀려와도 계속해서 견디어내는 품성의 특색과 특징을 찾기를 희망했다.[14] 개인성(*individuality*)의 보전과 개성(*personality*)의 생존은 이 시기의 지식인들에게 매우 중요한 문제였던 반면, 그들은 서사적 서부를 감상적으로 추구하여 특히나 낭만적이고 위험할 정도로 과도한 점을 유감으로 생각했다. 그들은 안정과 질서의 필요성을 알고 있었으며, 새로운 시대는 그러한 프런티어의 특색들을 요구하지 않았다.[15]

---

11) *The Rediscovery of the Frontier*(Chicago, 1931). 이 짧은 책은 피상적일지라도 특히 소설가들과 문학 비평가들 사이에서 나타난 미국 프런티어에 대한 새로운 관심을 흥미롭게 검토한다.

12) Harold Waldo, "New Wests for Old", *Bookman*, *LI*(June 1920), pp. 396~400.

13) Duncan Aikman, ed., *The Taming of the Frontier*(New York, 1925). 보토(Bernard De Voto)를 비롯한 열 명의 작가들이 몇몇 서부 도시들에 관해 썼는데, 어찌되었던 그곳들은 완강한 개인주의가 표준화의 억센 압력에도 불구하고 오랫동안 버티어낸 곳이었다. (그리하여) 책 전체는 일종의 '한때(*passing spirit*)에 대한 찬사'가 되었다.

14) Katherine Fullerton Gerould, *The Aristocratic West*(New York, 1925).

15) 논의 중에 있는 시기에 쓰인 2개의 뛰어난 논문이 있는데, 이들은 프런티어와 개척자 및 많은 주요 경향들에 대해 날카로운 인식을 보인다. Mark Van Doren, "The Repudiation of the Pioneer", *The English Journal*(*College Edi-*

예컨대, 이 시기 미국적 생활에서의 어떠한 무법상태도 프런티어 경험의 결과로 돌리는 것이 일상적이었다. 여기에 진지한 학자들이 앞장섰다. 제카라이어 체이피(Zechariah Chafee)는 사실상 미국 문명을 통렬히 비난한 《미국 문명》(*Civilization in the United States*)이라는 탁월한 비평논집에서 법에 대한 미국인의 적대감을 프런티어 탓으로 돌린다.

> 법에 대한 습관적인 준수는 대체적으로 (프런티어의) 무단 거주자인 남자들에게서, 또한 우리 국민 역사의 초창기로부터 정착되기 전에 공유지(*public lands*)가 측량되어야 한다고 요구한 의회의 법률을 무시한 남자들에게서는 발전할 수 없었던 정신이다. 때때로, 이 경우에서 보듯이, 정착자들의 법에 대한 저항은 성공적이었다. 대개의 경우 그들은 문명의 위력에 의해 압도되었으며 시무룩해서 납득도 하지 않은 채 법에 복종했다.[16]

이러한 노선을 따라 제임스 트러스로우 애덤스(James Truslow Adams)는, 부분적으로 저 유명한 위커샴 위원회(Wickersham Commission) 보

---

*tion*), *XVII*(October 1928), pp. 616~623; Carey McWilliams, "Myths of the West", *North American Review*, *CCXXII*(November 1931), pp. 424~432. 터너주의에 있어서의 애매함이 때때로 개별 저자들도 유사하게 개척자들을 애매하게 다루게 했다는 점에 주목하는 것은 중요하다. 일반적으로 개척자와 프런티어는 적이며, 종종 이러한 태도가 '진정한 미국의 국가적 특질을 구성하는' 개척자 정신을 거의 찬양조로 취급하는 것과 뒤섞였다. 그러므로 해럴드 스턴스는 어떠한 난관에도 겁먹지 않는 이러한 정신을 칭찬할 수 있었으며, 동시에 같은 페이지에서 이러한 정신과 같이하는 "호전적인 개인주의"와 "개척자의 사회적 유순성"을 공격하였다. *America and the Young Intellectual*(New York, 1921), p. 18. 또한 36페이지와 그의 심포지엄을 엮은 책인 *Civilization in the United States*(New York, 1922)에서 그가 쓴 장 138~139페이지를 볼 것.

16) Ibid., p. 57. 이러한 견해는 이 시기 미국 법의 역사를 진지하게 다룰 때 상식이 되었다. 예를 들어, Roscoe Pound, *The Spirit of the Common Law*(Boston, 1921)를 볼 것.

고서에서도 발견한 것처럼, 일부 지역에서 1920년대 그렇게 특징적이었던 미국인의 무법성을, 즉 미국인들이 헌법의 금주 수정조항(*Prohibition amendment*)을 준수하지 않은 것은 개척자적 경험이 발전시키고 격찬한 무법적 특성에서 직접적으로 비롯되었음을 찾아낼 수 있었다.[17] 만일 프런티어 개인주의가 무법을 의미했다면 젊은 지식인들은 그들의 개인주의가 법치사회 내에서만 발전할 수 있다는 것을 알았다.

그러나 또한 프런티어 경험에서 유래하는 매우 다른, 사실상 개인적 특성의 모순적 집합이 진지하게 활용되는 일이 빈번했다. 터너 자신도 미국적 특성을 그려내는 데 해결할 수 없었던 것이 바로 이러한 애매함, 즉 기이한 개인주의와 협동적 순응주의(*cooperative conformity*)였다. 또한 극서부보다는 특히 (터너 본인의 프런티어인) 중서부 프런티어를 바라보면서, 많은 미국인들은 프런티어 특성들이 효력 있게 사회적 순응을 만들어낸다는 것을 알게 되었다. 개척자적 모험에 의해 발전된 서부유형은 프런티어 생활 자체의 조건들에 의해 확립된 일반적인 사회기준을 반드시 따라야 한다는 교훈을 얻게 되는 종류의 것이었다. 예를 들어, 《민주주의 계곡》(*The Valley of Democracy*)과 《서부사람들》(*The Westerner*)에서 명성을 쌓은 메러디스 니콜슨(Meredith Nicholson)이나 윌리엄 쿡(William Cook) 같은 보수주의자들에게 프런티어는 완벽한 소읍(*small-town*)의 부르주아지를 만들어냈다. 즉, 안정적이고 신뢰할 만한 공화당원이자 이민 집단이나 외국의 급진적 사상에 영향 받지 않는 공화국의 방

17) Our Deep-Rooted Lawlessness, *The New York Times Magazine*(March 9, 1930), pp. 1~2. 제임스 트러스로우 애덤스는 많은 면에서 철저한 터너주의자였으나, 그의 시기까지 전달된 프런티어적 마음가짐의 위험을 좀더 보고자 했다. 그는 매우 대중적이며, 널리 독자를 확보한 역사학자였다. 다음과 같은 그의 글을 볼 것. *The Epic of America*(Boston, 1931); "'Rugged Individualism' Analyzed", *The New York Times Magazine*(March 8, 1934), pp. 1~2, 11.

위병 말이다.[18] 이러한 서부의 산물은 심지어 이 시기 지식인들에게 더 큰 문제를 제기했는데, 그들은 촌락사람들과 농부들이 고급문화와 그들이 가장 원하는 사회개혁에 반대한다는 것을 알게 되었다. 프런티어 테제는 사실상 동시대의 중서부를 '미국 문명의 이상(*apotheosis*)'으로 만들었고, 동부 지식인들에게는 그것이 바로 문제였다. 랜돌프 번(Randolph Bourne)과 더불어 그들은 이 지역이 "매우 격렬하고 다양한 정신의 유형들"을 만들어내지 못했다고 주장했다.[19]

미국의 기업체 또한 자신을 위해 프런티어 과거를 전유(*appropriate*)하고는 터너 자신이 제시한 이미지인 개척자 정신이 근대 산업주의에 의해 전진한다고 주장했다. 일찍이 1906년 앨버트 쇼(Albert Shaw)는 트리니티 칼리지의 학생들을 향한 연설에서 현 상태를 옹호하기 위하여 개척자의 유산을 이용했다.

> 미국적 개척정신의 모든 조건들은 보통사람에게 개체성, 독립, 자발성의 놀라운 정신을 창조하는 것이었다. 이 세상에 이러한 개성의 발전과 사적이고 개개의 솔선수범을 위한 능력에 비할 수 있는 것은 없다.

비록 미국이 바야흐로 '기운차고 점진적인 성숙'의 새로운 단계로 들어

---

18) 니콜슨(Meredith Nicholson)의 *The Valley of Democracy*(New York, 1918)는 중서부 '민중'(*folks*), 이들 유형과 그 변형들, 농부들, 시카고, 이 지역의 정치, 그리고 '서부 정신'을 다룬다. 윌리엄 쿡(William W. Cook)은 보수적인 뉴욕의 기업 변호사이자 법률적 주제를 다룬 작가였다. 나는 그의 미국에 관한 좀더 일반적인 책 *American Institutions and Their Preservation*(New York, 1927), pp. 300~327을 인용한다.

19) 랜돌프 번(Randolph Bourne)은 니콜슨의 책인 *The Valley of Democracy*에 대한 서평〔*The History of a Literary Radical and Other Papers*(New York, 1956), pp. 286, 287 : 원래는 1920년에 출간된 것이다〕에서 직접적으로 니콜슨에게 답변을 하고 있다.

가지만, 미국인들은 여전히 프런티어 미덕들을 무시할 수 없었다. 왜냐하면 새로운 부를 만드는 것이 문제로 남아 있었기 때문이다. 그러나 이러한 미덕들로 인해 개인들이 부의 분배와 관련된 문제들에 관심을 기울이지 않게 해야 한다고 그는 경고했다.[20] 1920년대 기업에 관한 문헌은 미국의 산업주의가 프런티어 과정의 연속일 뿐이라고 끊임없이 제안했다. 가이 에머슨(Guy Emerson)은 "새로운 프런티어에서의 진정한 개척자"인 은행가 동료에게 바친 책에서 "프런티어는 여전히 우리와 맞서 있으며, 우리는 프런티어 정신으로만 그것에 대처할 수 있다"고 주장했다.[21] 미국 기업가의 또 다른 옹호자인 아처 헐버트(Archer Hulbert)는 여전히 기업 효율을 새로운 프런티어와 동일시했다.[22] 프런티어 과거와 그 연장인 현재와 미래를 이용하는 일은 20세기 미국의 기업 과정을 옹호하는 데 활용된 핵심적인 일련의 이미지들을 특징짓는다.[23] 그렇다면 비록 수비보

20) "Our Legacy from a Century of Pioneers", *South Atlantic Quarterly*, V (October 1906), pp. 311~333. 정확한 인용은 320페이지에 있다.

21) *The New Frontier*(New York, 1920), p. 290. 이것은 거의 믿을 수 없을 정도로 대단한 책〔터너의 《미국 역사에 있어서 프런티어의 중요성》(*The Significance of the Frontier in American History*)과 같은 해에 같은 출판사에서 출간되었다〕인데, 프런티어 개인주의와 진취적 기상에 관한 모든 상투적인 것들을 거의 우스꽝스럽게 만들어놓았다. 그렇다고 이 책이 이 시기 기업가의 기업에 관한 저술의 전형성을 벗어난 것은 아니다. 미국을 만든 오랜 프런티어에 대한 대체물로서 '새로운 프런티어'를 추구하는 전반적인 문제는 월터 웹(Walter P. Webb)의 책인 *The Great Frontier*(Boston, 1952)에서 날카롭고도 재치 있게 다루고 있다.

22) Archer Hulbert, *Frontiers: The Genius of American Nationality*(Boston, 1929), pp. 220~231. 책 전체가 프런티어 역사를 이데올로기적으로 이용하는 데 중요한 문서이다.

23) 현재로서는 방대한 문헌이나 서적해지(*bibliography*)에 관한 분석이 존재하지 않는다. Everett E. Edwards, *References on the Significance of the Frontier in American History*, United States Department of Agriculture Library, Bibliographic Contributions, No. 25, 2nd ed., April 1939. (등사판 인쇄)는

다는 공격의 목적이지만, 이 시기의 많은 지식인들이 동일한 기본 이미지들을 수용했다는 것이 놀라운 일은 아니었다. 기업 문명의 가치관, 프런티어 특성과 가치에 강경하게 반대한 매튜 조셉슨(Matthew Josephson)은 산업주의를 선취의 원리에 기초한 문화와 "마지막 프런티어 드라마"로 이해했다.[24] 밴 윅 브룩스에게 산업주의 문화는 그러한 시대와 문화에 유착된 모든 악을 지닌 개척자 시대의 문화였다.[25] 해럴드 스턴스(Harold Stearns)는 기업가를 단지 미국의 개척자 전통을 이어가는 개인으로 보았으며, 원래의 개척자를 좋아하지 않았던 만큼이나 기업가를 좋아하지 않았다.[26]

이 시기의 사업가와 그의 옹호자들이 특히나 프런티어 경험에서 유용한 과거를 발견했다면, 미국 정부와 정치 지도자들 또한 정부와 사회에 대한 그들의 특정한 이론들을 옹호하는 데 그러한 역사가 지닌 이념적 가능성에 대해 눈감은 것은 아니었다. 그 자신이 프런티어 미국에 대한 역사학자였던 시어도어 루스벨트(Theodore Roosevelt)는 20세기 초 "개척자 정신과 미국의 문제들"에 관해 검토했다.[27] 캘빈 쿨리지(Calvin Coolidge)는 북받치는 감정을 담아 "이 나라는 여전히 새롭고 젊은 국가이다. 프런

---

몇몇 적절한 제목들을 포함한다. 그러나 예를 들어, Middle West Utilities Company에 의해 출간된 얇은 책인 *America's New Frontier*(Chicago, 1929)와 1930년대에 나온 Ralph E. Flanders, *Platform for America*(New York, 1936) 중 "New Pioneers on a New Frontier" 장을 보라. 플랜더스는 당시 Jones and Lamson Machine Company의 사장이었다.

24) "The Frontier and Literature", *The New Republic*, *LXVIII*(September 2, 1931), p. 78. 퍼시 보이튼(Percy Boyton)의 *The Rediscovery of the Frontier*에 관한 서평을 쓰면서, 조셉슨은 프런티어와 미국문화의 문제를 논의했다.

25) 재출간된 *Three Essays on America*(New York, 1934) 중에서 "Letters and Leadership", p. 129. 원래 책은 1918년에 출간되었다.

26) *America and the Young Intellectual*, p. 36. 그러나 위의 각주 15번도 볼 것.

27) 재출간된 *The Works of Theodore Roosevelt*(New York, 1926), p. xvi.

티어는 여전히 사라지지 않았다. 담대한 개척자는 여전히 문명의 바깥 성곽을 지킨다"고 주장할 수 있었다.[28] 허버트 후버(Herbert Hoover)의 '미국적 개인주의' 옹호는 명백히 우리가 프런티어 역사의 연구에서 끌어내려는 교훈에 뿌리를 둔다. 계속해서 후버는 미국이 성취한 위대함이 무엇이건 간에 그것은 "늘 팽창하는 프런티어 내에서 황야와의 멈추지 않는 대결에 의해" 진척된 가치들 때문이라는 점을 분명히 했다.[29] 그러나 터너와 달리 후버는 개척의 시대가 끝났다는 것을 언제나 믿으려 하지 않았다. 심지어 대공황기의 어두운 시절에도 후버는 결코 미국인들이 그들의 '프런티어 특성'을 버렸다고 주장하지 않았다. 차라리 그는 미국인들이 최후의 프런티어에 도달하지 않았다고 그들에게 알려주었다. 즉, 과학, 산업, 발명, 인간의 영감은 언제나 새로운 프런티어를 제공하며 더 오래된 프런티어 이상들과 방식들이 지속된다면 프런티어는 언제나 정복될 수 있다는 것이다.[30] 바로 이러한 이유 때문에 잡지 〈뉴 리퍼블릭〉(*The New Repub-*

---

28) *The Price of Freedom*(New York, 1924), p. 37. 쿨리지는 맥킨지 대통령이 "개척자 부류에 속한다"고 믿었다. 같은 책, p. 301.

29) 이러한 진술은 후버가 상무장관 시절 F. W. Wile이 쓴 *A Century of Industrial Progress*(New York, 1928)에 대한 책 서문에 있다. 그러나 이 주제에 관한 최고의 문장은 그의 책 *American Individualism*(Garden City, N. Y., 1922), pp. 63~72에 나와 있다.

30) *The Challenge to Liberty*(New York, 1934), p. 149. 나는 공화당원들(*the Republicans*)이 정치적 목적을 위하여 프런티어 신화를 독점적으로 사용했다고 제안하려는 것은 아니다. 그들이 단지 이 논문에서 논의하는 시기의 상당한 기간을 우연히도 지배한 것이다. 뉴딜 시기가 도래하자 — 심지어 1932년의 대통령선거 기간 동안 — 〔민주당 사람들은〕 비록 '거친 개인주의'(*rugged individualism*)와는 단절했지만, 뉴 프런티어라는 주제를 사용하고자 했다. 뉴딜이 터너주의를 사용했다는 것에 관한 〔제대로 된〕 연구는 아직 없지만 출간된 시기를 생각해 본다면 놀라운, 하나의 도발적인 시작으로 볼 수 있는 논문은 있다. Curtis P. Nettels, "Frederick Jackson Turner and the New Deal", *Wisconsin Magazine of History, XVII*(March 1934), pp. 257~265. 또한 다음의 저작을 참조할 것. Henry A. Wallace, *New Frontiers*(New York,

*lic*) 은 편집자의 글을 통해 프런티어 도덕은 미국에서 작동하기를 멈추어야 하며, 그러한 도덕은 그 잡지가 받아들일 수 없는 허버트 후버의 정책과 동일시되는 정부의 이론과 실제에 대한 견해를 영속화할 뿐이라고 주장했다.[31]

역사관은 인간 본성에 관한 견해를 자주 내포하며, 프런티어 경험의 중요성에 대한 논의 또한 예외가 아니다. 이러한 과거에 대한 분석을 통하여 '개척자 유형'(*pioneer type*) 은 미국적 유형에 상응하는 것으로 만들어졌다.[32] 이러한 '유형'은 거의 항상 성찰적 사고를 할 시간이 거의 없는 존재로, 물질적인 것에 매달리는 반(反)지성적인 개인으로, 과장된 외향적 인물로 그려진다. 물론 이러한 모든 것이 이전에 제안된 것이었다.

---

1934) ; Harold L. Ickes, *The New Democracy* (New York, 1935) ; Rexford Tugwell, "No More Frontiers", *Today*, *IV* (June 22, 1935), pp. 3~4. 뉴딜주의자들이 새로운 프런티어에 등장한 개척자로 보이려는 시도에도 불구하고, 그들의 적대자들은 그들이 진정한 프런티어 이상으로 생각하는 바를 내걸고 비난을 퍼부을 수 있었다. 예를 들어, Ogden L. Mills, *Liberalism Fights On* (New York, 1936), p. 157. "우리는 프런티어가 끝났다는 악의적인 관념을 뭉개버려야 한다." 후버 행정부에서 일했으며 선두 기업가였던 밀즈(Mills)는 당연히 뉴딜 행정부의 간섭과 관료정치가 국민들에게 프런티어 기회를 부정한다고 믿었다. 미국 사상사가는 민주당 대통령 후보였던 존 케네디 상원의원이 여전히 더 새로운 프런티어를 요구하고 미 국민들을 그곳으로 이끌겠다는 약속을 한 것을 알아채고도 전혀 놀라지 않았다.

31) "Exit Frontier Morality", *The New Republic*, *XXXVII* (January 2, 1924), pp. 137~138. 이 사설(*editorial*)은, 부분적으로, 1922년 후버의 저술에 대한 분명한 대답이었다.

32) 아마도 이러한 이유 때문에 이 지식인들은 에머슨과 초절론자들(*transcendentalists*) 그리고 해럴드 스턴스가 개척자 정신과 태도라고 불렀던 것처럼, 미국적 삶의 주류 혹은 '진정한 미국'에서 벗어나 있었던 사람들을 (어찌되었건 1920년대에는 거의 만장일치로) 높게 평가했다. *Civilization in the United States*, p. 138. 개척자이자 산업화된 미국이 진정한 미국이었으나, 스턴스, 브룩스, 멈퍼드와 조셉슨 같은 지식인들에게는 초절주의 시기를 '황금기'로 간주했던 에머슨과 그와 비슷한 사람들이야말로 진정한 문화 영웅들이었다.

여기서 중요한 점은 개척자 경험에서 만들어진 품성이 주요 미국 지식인 집단에 의해 더 이상 가치를 인정받지 못한다는 것이다. 이들의 언어는 대다수 평가에 있어서 상당히 유사한데, 그 경험은 미국인들에게 "그들 자신의 개성의 일부를 희생"한 것을 의미했다.[33] 그 결과, 이러한 희생은 왜곡된 문화 속의 왜곡된 사람을 의미했다.

프로이트적 분석이 미국 지식인의 사고를 상당 부분 지배한 시기에, 새로운 심리학의 전문용어로밖에 설명할 수 없는 미국인의 합성적 성격(*resultant character*)을 찾아낸 것은 놀랄 일이 아니다. 그러나 놀라운 점은 프로이트적 결과가 빈번하게 터너적 원인으로 부를 수 있는 것의 산물로 볼 수 있다는 점을 발견한 것이다.[34] 왜냐하면 미국적 성격에서 특정

---

33) 이 특정한 구절은 존 굴드 플레처의 책에서 인용한 것이다. op. cit., p. 205.

34) 이 시기의 거의 모든 지식인들이 성격의 발전을 설명하기 위해 사회적 조건들을 사용한 것처럼 보인 반면, 일부 사람들은, 내가 좀더 엄밀한 프로이트적 접근이라고 간주했던, 신경증적 성격은 본질적인 성격 장애 때문에 그 자신에게 가장 잘 맞는 특정한 종류의 환경을 찾는다고 제시했다. 물론, 최종 결과는 하나의 특성으로서 변경인(*frontiersman*)을 더 매력적으로 만든 것은 아니었다. 가장 좋은 예는 알프레드 부스 커트너(Alfred Booth Kuttner)의 작품에서 볼 수 있는데, 그는 신중하게 프로이트를 연구하고 그의 저작을 여러 권 책임지고 번역했다. '미국 문명'이라는 스턴스의 심포지엄 중 "신경"(*Nerves*)이라는 장에서 커트너는 프런티어가 탁월한 '도망의 출구'를 제공했다고 주장했는데, 그것은 신경증적 성격이 문명의 요구로부터 도망칠 수 있는 메커니즘이었다. 그리하여 신경증(*neurotics*)은 무엇보다도 미국과 프런티어에 끌렸던 것이다. 커트너의 설명은 길게 인용할 가치가 있다. "분명히 우리의 개척자들은 지나치게 낭만화되었다. 그들이 우리에게 남긴 신경증적 유산은 거친 서부인들의 많은 특성들에서 명백히 발견된다. 즉, 방문객들에 대한 냉대와 그들에게는 전혀 중요하지 않은 우연한 외부인에 대한 품위 없는 따뜻함이 서로 번갈아 나타나는 것 말이다. 어떤 사람이 멀리 이웃의 굴뚝에서 나오는 연기 이상을 보는 계곡에서 행복하게 살 수 없을 때 사회적 동물로서의 그에게 뭔가 잘못이 있는 것이다. 적어도 인구 압력 때문에 그가 사회적으로 살게 될 때, 그의 의심과 불신은 그를 광신자와 개혁자로 만들기 쉬우며 또한 미국적 삶을 브라이언(Bryan) 같은 하부문화 유형이나 캔자스 같은 주의 아름다움으로 지배하려

한 심리적 부적응을 낳은 것이 프런티어 과정이었기 때문이다. 터너나 프로이트의 제자들에게 두 분석의 그러한 연결은 틀림없이 매우 기이하게 보이겠지만, 사실은 이러한 두 위대한 19세기의 낭만적 세계관의 결합이야말로 20세기 미국의 지적 발전에서 가장 흥미로운 것 중 하나라는 것이다.[35]

왈도 프랭크는 이 운동의 초기 지도자 중 한 사람이었다. 미국과 미국인 성격의 특정한 품성을 분석하려는 노력을 보면, 벽지 사람(*backwoodsman*)은 그가 발견할 수 있었던 1919년의 미국의 특성에 상당한 영향을 미쳤다. 미국의 프런티어 과거에 대한 그의 간략한 조사는 어떻게 이러한 특수 유형이 나타나게 되었는지를 보여주었다. "변경인은 압박을 가하기 위한 하나의 이론적 원리를 필요로 했다. 그가 살던 시대에서 미국 제국의 전개를 성취시키기 위해 그는 가차 없는 자아의 희생, 문화의 희생을 필요로 했다. 그의 진보(*His progress*)는 욕망을 억압함으로써 최고로 달성될 수 있었다."[36] 그 결과로 등장한 것은 에머슨이나 휘트먼 같은 뛰어난 독립적인 개인들도 아니고 품위 있는 문화도 아니었다. 여러 세

할 것이다. 눈앞에 있는 사람을 바라보면서 지옥에나 가라고 말할 수 있는 서부사람들이 즐겨하는 권유는 죄수들로 구성된 반(反)사회적 공동체에나 가치 있는 것이며, 당신 일이나 신경 쓰라는 속담은 이웃의 일에 신경 쓰는 모든 사람들의 지배적 경향에 대한 방어로 이해될 수 있을 뿐이다. 그리하여 스스로 고립적인 신경증 환자는 사회를 용납할 수 없는 것으로 만듦으로써 사회에 대한 그 자신의 복수를 끝낸다."(Stearns, op. cit., p. 429)

35) 미국사 전공자가 미국의 프로이트주의와 마르크스주의를 (동시에) 철저하게 연구하게 되면, 이러한 분석들에 대한 터너주의의 놀랄 만한 영향력을 밝혀낼 것이라 믿는다. 확실히, 미국의 신(新)프로이트주의자들은 개성에 미치는 조건화된 요소들(*conditioning factors*)로서의 환경의 역할을 특히나 강조함으로써 이러한 영향력을 보여주었다. 예를 들어, Franz Alexander, *Our Age of Unreason*(Philadelphia, 1942), 특히 7장인 "The American Scene"(터너 사상의 분석)과 8장인 "New Frontiers"를 볼 것.

36) Waldo Frank, op. cit., p. 28.

대 동안 자연스러운 것, 최상으로 자연스러운 것으로 간주된 아메리카 대륙의 인간의 삶, 즉 야생의 정복, 공동체의 확립이 이제는 '부자연스러운 것'으로 낙인찍혔다. 존 크로우 랜섬(John Crowe Ransom)과 루이스 멈퍼드도 이러한 점을 강조했다. 랜섬은 "개척자적 삶은 일부 미국인들이 어떻게 상상하건 간에 정상적인 삶이 아니었다"고 주장했다.[37] 루이스 멈퍼드가 미국문화사에 대한 중요한 연구, 즉 유용한 과거를 찾고 탁월한 것에서 불필요한 과거를 제거하기 위한 그 자신의 시도를 저술할 무렵 그는 이 점에 대해 지식인 전체 세대의 태도를 다음과 같이 요약했다. "진실은 개척자의 삶이 헐벗고 불충분했다는 것이다. 그는 진정으로 자연에 직면한 것이 아니라 단지 사회를 피했을 뿐이었다. … 〔인간은〕 문명화된 인류의 본질적 특성을 일부 상실함으로써 황야에서 오랫동안 거주할 수 있는 것이다."[38] 한편, 이 시기의 새로운 전기들도 이러한 견해를 강화했다. 예를 들어, 밴 윅 브룩스의 마크 트웨인(Mark Twain)에 관한 연구는 부분적으로는 프런티어 경험에 기인한 문화적·지적 불충분함에 대한 고전적인 평가로 볼 수 있다.[39]

이 시기 프런티어 과거의 결과에 대해 가장 철저하게 분석한 것 중 하

---

37) "The South-Old or New", *The Sewanee Review*, *XXXVI*(April 1928), p. 140. 랜섬은 다음의 사실을 확립하고자 애썼다. 즉, 남부는 〔물질주의, 호전성, 반(反)자연 태도, 진보와 서비스에 대한 믿음에 이르는〕 개척자 정신을 낳기를 거절하는 한에 있어서, 〔서부와〕 동일한 개척(자적) 과정을 거치지 않았다. 차라리 남부는 유럽적 원리에 입각하여 자신의 문화를 세웠다. 이 논문에서 논의되는 각각의 여러 지식인과 더불어, 랜섬은 "산업주의가 물론 개척의 동시대적 형태"라고 주장했다. 그리하여 그는 대부분의 경우 그가 반대하는 개척자 정신의 도입에 희망을 (내려) 놓으려는 신남부(*New South*)에 반대했다.

38) Lewis Mumford, *The Golden Day*(New York, 1926), p. 80.

39) *The Ordeal of Mark Twain*(New York, 1920). 트웨인이 예술가로서 성취하려는 데 있어 또 다른 커다란 장애물은 미국의 청교주의였다. 그러나 다음의 각주 48을 볼 것.

나는 미국과 러시아에서의 두 가지 프런티어 경험의 결과들을 비교하는 존 굴드 플레처의 흥미로운 시도였다. 플레처의 터너주의적인 주장에 의하면, "미국사의 전 과정은 개척자 확산의 역사와 개척자 정신유형이 인간의 노력이 미치는 모든 영역에 전파되는 것으로 요약할 수 있다".[40] 이러한 견해에 합류한 또 다른 지식인들은 이러한 경험의 잘못된 결과들이 스스로를 드러내는 미국적 삶의 특정한 영역을 지적했다. 이러한 경험이 민주적 정신을 낳는다는 주장이 자주 있었음에도 불구하고, 이 지식인들은 프런티어가 사실상 적절한 사회철학을 낳은 것이 아니라 단지 무정부적 개인주의를 낳았다는 것을 알게 되었다. 그 과정 자체에 성찰적 사고를 위한 여지가 거의 없었다는 데 모두가 동의했기 때문에, 많은 사람들은 그 경험에 대한 미국의 정치적 결함을 비난했다. 개척자는 정치와 도덕성의 문제에서 때 묻지 않고 순진했다. 개척자는 모든 문제를 단순하게 보았다. 그는 모든 종류의 편견과 불관용을 강화했다.[41] 그리하여 예컨대 하나의 적절한 외교정책의 발전은 세련되지 못한 개척자적 특성과 가치가 지배하는 땅에서는 불가능했다.[42] 〈뉴 리퍼블릭〉 잡지가 경고했듯이, 프런티어 도덕성이 계속해서 허용된다면 무법상태나 용납할 수 없는 사회적 순응상태가 지속되어 품위 있는 공동체 생활은 결코 존재할

---

40) Op. cit., p. 358.

41) 프런티어와 불관용에 관한 뛰어난 견해는 Alfred Booth Kuttner, "A Study of American Intolerance", *The Dial*, *LXIV* (March 14, 1918), pp. 223~225에서 찾아볼 수 있다. 커트너는 프런티어가 조직화된 사회생활로부터의 도피 수단으로 남아 있는 한 관용의 문제는 있을 수 없다고 주장한다. 오로지 질서 잡힌 공동체만이 진정한 관용 같은 것을 찾을 수 있다. 그리하여 프런티어는 대체적으로 진정한 관용의 발전이 지체되는 데 책임이 있었다.

42) 예를 들어, Charles P. Howland, "American's Coming of Age", *Survey*, *LVIII* (August 1, 1927), pp. 437~440을 볼 것. 하우랜드는 개척 과정의 종말을 환영했는데, 왜냐하면 그것이 정교한 발전과 단순한 프런티어 도덕의 종말을 앞당길 것이라고 희망했기 때문이다.

수 없었다.[43]

일찍이 1912년 〈뉴 리퍼블릭〉의 창간인 중 하나는 그가 원하는 종류의 민주적 국가를 불가능하게 만드는 것이 프런티어 경험이라고 주장했다. 《신 민주주의》(*The New Democracy*)에서 월터 와일(Walter Weyl)은 다음과 같이 주장했다.

> 애팔래치아 산맥의 서쪽까지 펼쳐진 대륙의 정복은 미국이 사회화된 민주주의(*socialized democracy*)의 진화와는 반대 방향으로 나아가도록 했다. 그것은 원자화된 미국을 만들었다. 그것은 자동적으로 느슨한 정치적 응집 상태와 구조 없는 경제체제로 이끌었다. 기업합동(*trust*), 억만장자, 그리고 빈민가는 미국인들이 자유를 누리던 첫 세기에 국가 안에서 억제해야만 하는 잠재적인 것이었다. … 〔이러한 정복〕은 여전히 사실상 모든 미국인의 삶에 영향을 미치는 일련의 발전을 이끌었다. 오늘날 우리는 정복의 경제적, 정치적, 심리적 후유증과 연결 짓지 않고는 빈민가를 때려 부술 수 없고, 기업을 규제할 수도 없으며, 국가 교육제도를 확립할 수도 없다. 또한 산업적 과두정(*oligarchy*)이나 정치적 타락을 공격할 수도 없다. … 개척자의 서부로의 행진은 미국인에게 하나의 심리적 왜곡을 제공했는데, 그것은 바로 사회화된 민주주의의 발전을 방해하는 것이었다.[44]

〈뉴 리퍼블릭〉 위원으로 있던 다른 사람들도 와일이 이러한 불필요한 과거에 대해 비난의 글을 쓴 10년 후, 그리고 20년 후에도 똑같은 주제와 똑같은 전반적인 불평을 되풀이했다.[45]

프런티어 경험이 미국에 어울리는 사회적·정치적 배치(*arrangements*)

---

43) "Exit Frontier Morality", op. cit.

44) New York, 1912, pp. 23~24, 36.

45) "Exit Frontier Morality", *The New Republic*, op. cit., and Matthew Josephson, "The Frontier and Literature"(September 2, 1931).

를 불가능하게 만든 것처럼 보였다면, 또한 그 경험은 고급문화와 유사한 어떤 것도 불가능하게 만들었다. 매튜 조셉슨(Matthew Josephson)은 프런티어의 전체 역사가 예술적 생산에 유해하다는 것을 알게 되었으며, 나아가 그러한 역사에서는 미국적 서사시나 가치 있는 문학이 나올 수 있는 자료들이 원천적으로 불가능하다고 주장했다. 서부가 문학과 예술을 위해 봉사할 수 있는 유일한 방식은 서부의 전체적인 경험 그 자체에 대한 거부를 통해서였다.[46] 이것이야말로 서부를 신화와 독특한 미국적 문학의 토대로 보려는 사람들에 대한 직접적인 도전이었다. 존 듀이는 심지어 더 나아갔다. 진화론을 가르치는 것을 반대한 윌리엄 제닝스 브라이언(William Jennings Bryan)의 캠페인에서 본 것처럼, 그는 과학에 대한 두려움이 일련의 오랜 프런티어 조건 때문이라고 본다. 왜냐하면 듀이는 프런티어가 박애심과 (이 시기 다른 지식인들에 의해서는 부정된 사실인) 정치적 혁신주의를 낳았을 수도 있다고 인정했으나, "사상으로서의 사상뿐 아니라 인간의 정신을 해방하고 고양할 수 있는 예술과 과학에 대해 전혀 관심이 없는" 영역의 발전에 프런티어의 책임이 있다고 보았다. 프런티어는 하나의 "한계로서, 그것을 넘어서면 위험하고 그곳 너머 여행하려는 생각은 모양새도 좋지 않"았으며 또한 그렇게 지속되었다.[47]

듀이의 분석은 이 시기의 지적인 삶에서 매우 중요한 또 다른 사실을 지적한다. 이 시기는 청교주의를 건전한 문화생활에 대한 위협으로 자주 지목하던 때였다.[48] 그러나 듀이는 대부분의 지식인이 진정으로 공격하

---

46) Matthew Josephson, ibid.

47) "The American Intellectual Frontier", reprinted in his *Character and Events* (New York, 1929), I., p. 448. 이 논문은 *The New Republic* 1932년 5월 10일자에 처음으로 실렸는데, 이 사실은 이 주제에 관한 동(同) 잡지의 관심을 강화시킨 것으로 보인다.

48) 1920년대 지식인들에게 희생양으로서의 청교도에 관한 짧고도 가장 좋은 토론은 Frederick J. Hoffman, *The Twenties* (New York, 1955), pp. 314~327에

는 것은 대체로 프런티어 부흥운동과 연관된 일종의 종교라고 주장했다. 그는 브라이언에게서 하나의 전형적인 프런티어 부흥주의자를 본다. 브룩스 또한 그가 청교주의라 부르는 것이 사실상 개척 시대를 위한 완벽한 철학이라는 것을 깨달았다.[49] 듀이의 '미국적 지식인의 프런티어'에 관한 논의는 "우리는 우리의 지적 유산에서 청교도가 아니라 우리 자신에 대한 두려움과 잠재적인 프런티어 무질서 상태 때문에 복음주의자(*evangelical*) 이다 … 이것이 우리의 자유주의에 깊게 뿌리내린 반자유주의(*illiberalism*) 이다"[50] 라는 점을 제시했다. 이 시기의 문화적 악당들, 즉 청

---

서 찾아볼 수 있다. 적어도 토크빌의 시대 이래로, 미국의 성격과 문화가 세 가지 세력, 즉 청교 신학과 철학, 개척지 경험, 기업의 진취적 정신 혹은 물질주의에 의해 형성되었다고 해설자들은 주장했다. 나아가 이 마지막 세력은 많은 경우 앞의 두 세력들의 결과로 간주되었다. 미국의 정신을 '균형 있게' 다루었다고 여겨지는 책들의 거의 대부분은 청교 유산과 프런티어 계승에 관심을 기울였다. Harold E. Luccock, *Jesus and the American Mind*(New York, 1930), 2장과 3장을 볼 것. 이 시기의 젊은 지식인과 그들의 스승 사이에서 일반적으로 생긴 일은 이 세 세력들을 하나의 것, 동일한 역사적 경험으로 만든 것이다. 청교주의와 프런티어의 관계에 대해서는 William Allen White, "Kansas: A Puritan Survival", in Ernest Gruening, ed., *These United States*(New York, 1923), Chapter I, pp. 1~12.

49) Van Wyck Brooks, *Three Essays on America*, p. 131. "청교주의는 개척자를 위한 완전한 철학이었으며, 인간 본성을 경멸할 만한 것으로 만들고 삶의 매력을 부끄러운 상태로 빠지게 하여 인간의 소유 본능을 풀어주고, 그러한 본능을 해방시켰다. 그것은 정신의 삶이 전적으로 비밀스러운 삶이며 상상력은 반드시 종족의 법칙과 갈등이 없어야만 한다는 신념을 만들어냄으로써 가능했다. 그리하여 청교도, 개척자, 기업가, 그리고 속물(*Philistine*)은 하나가 되었으며 동일한 사람이 되었다."

50) *Character and Events*, pp. 451~452. 프런티어의 영향과 관련지어 볼 때, 존 듀이가 이러한 견해를 지닌 것을 보는 것은 아마도 특히나 흥미롭다. 듀이는 제1차 세계대전 이전 젊은 지식인들에게 스승과 영웅 중 한 명이었으나, 그 전쟁과 여타 지적인 고찰에 대한 듀이의 입장은 듀이와 특히 철학으로서의 미국의 실용주의(*pragmatism*)를 이 집단이 불신하게끔 만들었다. 사실상 실용주의는 단지 그것이 개척자의 철학이며 프런티어 과정의 산물이라는 이유로 특히

교도(*Puritan*), 속물주의자(*Philistine*), 그리고 개척자(*Pioneer*)는 동일한 역사적 경험의 산물인 것이다.[51]

프런티어는 현대 미국과 관련된 모든 잘못된 것들을 위해 희생양이 되었다. 그것은 국민성(*national character*)으로 군림했던 위태롭게 불완전한 심리적 유형을 만들어냈다. 그것은 미국적 무법상태와 정치적 타락에 책임이 있었으며, 미국 사회에 대한 사회적 순응의 은신처를 강화했다. 그것은 국내적이나 국제적인 영역에서 지적, 정치적, 사회적, 혹은 경제적 제도 건설을 불가능하게 한 미국 내 조건 확립의 기초였다. 그것은 고급문화의 성취와 예술, 과학 혹은 사상에서의 뛰어난 업적 달성을 불가능하게 하지는 않았지만 어렵게 만들었다. 그것은 지적인 삶에 적대적인 환경을 만들어냈을 뿐이다.

이런 '불필요한 과거'(*useless past*)에 대한 반감은 미국적 삶과 가치를 중서부가 지배한다고 간주된 것에 대한 더 큰 혐오감의 일부로, 그것은 동부와 도시적인 미국에서 태어나거나 교육받은 지식인들에 의해 만들어

---

공격받았다. 왈도 프랭크는 "이성을 추종함에 있어, 실용주의는 개척자 현실 앞에서 그러한 현실의 퇴폐적 자식은 무기력하며 … 개척자의 다리는 철학자의 두뇌가 되었을 뿐이다"고 맹렬히 주장했다. *Our America*, p. 29. 루이스 멈퍼드의 분석은 아마도 좀더 정교하겠지만 같은 일반적 비난이었다. *The Golden Day*, pp. 254~264.

51) 1950년대의 좀더 젊은 지성들은 아마도 새로운 문화적 악당인 네 번째 P로서, 인민주의자(*populist*)를 목록에 추가했으며, 이들 중 가장 치명적인 것으로 간주했다. 인민주의자를 문화적 희생양으로 취급하는 것은 1910년과 1930년 사이의 저술들을 꽤나 연상시킨다. 다시 한 번, 그것은 중서부(*Middle West*)와 프런티어 영향에 대한 공격이었다. 이에 앞장선 사람들은 리처드 호프스태터(Richard Hofstadter), 다니엘 벨(Daniel Bell), 피터 비렉(Peter Viereck), 탈코트 파슨스(Talcott Parsons), 시모어 마틴 립셋(Seymour Martin Lipset) 같이 대체로 동부사람들(*Easterners*)이었다. 특히, Daniel Bell, ed., *The New American Right*(New York, 1955)과 C. Vann Woodward, "The Populist Heritage and the Intellectual", *The American Scholar*, *XXIX*(Winter, 1959~1960), pp. 55~72의 탁월한 비판을 볼 것.

졌다.[52] 그러나 의미심장하게도, 그것은 대략적으로 미국사의 성격에 대한 테제를 받아들였는데, 그 테제는 19세기 말에서 20세기 초 전환기 프레더릭 잭슨 터너에 의해 상당히 두드러진 신화적 형태로 진전된 것과 본질적으로 동일한 것이었다. 그것은 미국의 발전이 프런티어 과정의 창조였다는 것을 받아들였다. 그럼에도 그 테제는 그러한 과정의 결과가 가치 있는 정치적·문화적 삶을 만들어 내는 데 유익하지 못했다고 주장했다. 따라서 서부의 터너주의자들과 (만약에 그렇게 분류될 수 있다면) 동부의 터너주의자들 간의 논쟁은 역사 기술의 연대기를 기록할 때 사건들의 특이한 혹은 놀라운 전환에 관한 것이 아니라 대체적으로 가치(관)에 관한 논쟁이었다. 그러나 터너주의적 해석을 받아들임으로써 동부 지식인들은 그들이 어떤 가치판단을 (설정) 했건 간에, 그들이 매우 일관적으로 공격했던 사람들의 손에서 놀아난 셈이었다. 반대 견해의 우선적인 전제를 인정함으로써, 그들은 어떤 중요한 의미에서는 밴 윅 브룩스가 미국적 전통에 일종의 탈무드적 봉인을 해버렸다고 공격했던 교수들에 합류한 것으로 보였다.[53]

52) 나는 그 지역의 지식인과 특히나 예술가들의 중서부에 대한 포괄적인 비판을 충분히 인식하고 있다. 에드가 리 마스터스(Edgar Lee Masters), 셔우드 앤더슨(Sherwood Anderson), 싱클레어 루이스(Sinclair Lewis), 글렌웨이 웨스코트(Glenway Wescott)가 그러한 목록에 올라갈 수 있을 것이다. 프레더릭 호프만(Frederick J. Hofman)의 뛰어난 평가를 볼 것. "The Midwest as Metaphor", *The Twenties*, pp. 327~335. 퍼시 보인튼(Percy Boynton)과 루시 록우드 해저드(Luch Lockwood Hazard)는 (앞에서 언급한) 그들의 책에서 이러한 현상에 대해 상당한 지면을 활용했다. 그러나 연구를 해보면, 동시대 중서부 생활의 불모성을 공격하는 데 있어 표면적으로는 동일한 이러한 태도들이 또 다른 토대를 갖고 있다는 것을 보여줄 것이라고 믿는다. 저자들은 이 논문에서 자주 언급했던 여타 동부 지식인들보다 더 큰 향수를 가지고 역사를, 개척의 시기를 뒤돌아보았다. 그들이 프런티어 과거의 문제들과 연관되어 있었다는 것은 사실이나, 많은 경우 이러한 시기가 지나간 것에 대해 유감스러워했다.

그럼에도 불구하고 불필요한 과거에 대한 공격과 과거 자체의 연구와 관련된 가치와 이념의 문제를 강조하는 것이 중요한 결과를 가져오지 않는다고 할 수는 없다. 바로 이러한 노력이 부분적으로 전문 역사학자들 사이에서 그들 자신을 위해 좀더 유용한 과거를 찾기 위한 탐사에, 미국의 역사를 새로운 방식으로 이해하는 데 도움을 주었다고 볼 수 있다. 그런데 후자의 경우, 브룩스가 그의 에세이에서 언급하고 있는 "창조적 충동"(*creative impulse*)을 재확립하기 위해 계산된 가치와 행동 프로그램을 미국인들이 개발하게 만들었다고 볼 수 있다. 이러한 지식인들이 개척자적 과정의 결과로 간주하는 것들을 활발하게 드러내어 다른 사람들이 터너주의적 분석 자체의 가치를 재검토하게 했다고도 볼 수 있다. 왜냐하면 1920년대 후반이 되어서야 터너 테제 자체의 진실과 효능에 대해 의문을 제기하는 체계적인 비판이 등장했기 때문이다.[54] 전문 역사학자 집단에서 반(反)터너적인 경향이 시작된 것은 1920년대의 마지막 몇 해와 1930년대 초 몇 해 사이로 볼 수 있다. 아마도 1890년대의 공황이 터너의 독창적인 노력을 자극했던 것처럼, 부분적으로는 1929년의 대공황이 미국 역사의 문제들을 새롭게 이해하는 데 자극을 주었음에는 의심의 여지가 없

53) "On Creating a Usable Past", *The Dial*, *LXIV*(April 11, 1918), p. 337.

54) 일반적으로 존 앨맥(John C. Almack)이 최초로 출간물의 형태로 공격한 것으로 간주된다. Almack, "The Shibboleth of the Frontier", *Historical Outlook*, *XVI*(May 1925), pp. 197~202. 앨맥의 저작은 그가 터너의 이론을 그것〔터너의 이론〕에서 유래한 것처럼 보이는 사회적, 이념적 결과에 비추어 '위험스럽다'고 보았기 때문에 특히 흥미롭다. 그리하여 그는 이 논문에서 토의하는 지식인 중 많은 사람들과 논조를 같이한다. 찰스 비어드 또한 '농본주의(*agrarian*) 테제'를 공격했다. "Culture and Agriculture", *The Saturday Review of Literature*, *V*(October 20, 1928), pp. 272~273. 이 시기 비어드는 상당한 시간을 미국인의 삶에 있어 도시의 역할에 대해서 숙고했다. 그의 비판 또한 위에서 논의하는 여타 지식인들의 견해와 많은 부분을 공유하는 것으로 보인다. 터너 테제에 대한 구체적인 비판은 1930년대 초인 대공황의 습격 이후에야 비로소 출간되었다.

다. 그러나 미국의 지식인들이 20년에 걸쳐 프런티어 과정은 불필요한 과거라고 공격한 것이 미국의 발전에 대한 터너의 설명이 충분조건으로 보기 어렵다고 이끈 운동에 부분적으로나마 필요한 지적인 배경을 제공했다고 볼 수 있다.

역사학자들은 새로운 분석 방식으로, 미국의 발전에 대한 새로운 해석으로 방향 전환했다. 미국의 과거에 대한 이러한 비전으로부터 지식인들은 그들의 더 유용한 과거, 즉 현재가 과거로부터 새로운 가치와 이념을 개발할 수 있으며, 그러한 가치와 이념은 초기 지식인들이 추구했던 종류의 미래를 창조하는 데 더 큰 중요성을 지닐 수 있는 것이었다. 1927년쯤이면 새로운 비전을 구체화한 2개의 주요 종합테제가 미국인들에게 선보일 준비가 되어 있었다. 두 테제 모두 여러 해 동안 준비된 것이고, 탐구와 해석에서 새로운 노선을 제안하는 더욱 전문화된 연구에 의해 진행되었다. 양자 모두 동부의 많은 지식인들에 의해 열광적으로 환영받았다.[55] 그런데 얄궂게도 두 테제 모두 중서부 사람들이 만든 것이었다. 이들이야말로 동부에서 그렇게 심하게 공격한 바로 그 환경에서 주로 자란 사람들이었다. 찰스 비어드와 메리 비어드가 쓴 《미국 문명의 흥기》와 버논 패링턴(Vernon L. Parrington)이 쓴 《미국 사상의 주류》(*Main Currents in American Thought*)는 많은 사람들에게 새로운 공식 역사서가 되었다. 이 작품들은 이후 수십 년 동안 많은 사람들이 진실로 유용한 과거로 부를 수 있는 것의 토대가 되었다. 그러나 유용한 과거의 아이러니가 이 두 저서를 압도하게 되었다. 터너주의적 과거가 1910년대에서

---

55) 물론 비어드는 여러 방식으로 여기서 토의하는 지식인 집단의 주요 일원이다. 그는 (여타 잡지들 중에서) 그들의 잡지인 *The Dial*, *The Freeman*, *The New Republic*에 글을 실었다. 해럴드 스턴스의 심포지엄의 산물인 《미국의 문명》(*Civilization in the United States*)에서, 비록 터너의 프런티어가 청교주의 다음으로 위험한 것이었지만, 터너의 저작들 자체는 본문 혹은 추천 도서들에서 구체적으로 언급되지는 않았다. 비어드는 여러 번 동의의 형태로 인용되었다.

1930년대 지식인들에게 불필요하게 된 것처럼, 비어드와 패링턴의 작품들 또한 1940년대 후반과 1950년대 전반 심각하게 공격받았다. 많은 이들에게 이 새로운 '유용한 과거'는 단지 새로운 '불필요한 과거'가 되었다.

# 제3장

# 청교도 과거의 활용

지난 20년 동안 역사를 가르치는 일이 훨씬 더 정교해졌다. 우리는 심지어 초등학생들에게 역사학자가 자신의 연구를 발전시킨 사료들(*source materials*)의 일부를 소개할 뿐만 아니라, 1940년대 후반에 시작되어 이제는 유명해진 애머스트 시리즈(Amherst Series)가 선두에 섰음 직한 운동을 통해 가장 깊숙하고도 알기 어려운 직업적 비밀들 중 하나를 내보이기 시작했다. 즉 역사학자들이 역사적 사실, 사건과 발전을 해석할 때 때때로 (그리고 격렬하게) 의견을 달리한다는 것을 말이다. 오늘날 심지어 고등학생들조차 역사학자 집단 내의 거대한 무질서에 대해서 알고 있다. 역사적 견해의 충돌과 접근의 다양성이 워낙 중심적인 것이 되다 보니 학생들은 종종 그러한 주제에 대해 자신들의 견해를 말하는 것보다 훨씬 더 뛰어나게 특정 주제에 대한 사학사(*historiography*)의 세부사항을 설명할 수 있다!

분명히 그러한 새로운 기법(*technique*)은 우리 학문 연구에 새로운 생동감을 주었다. 그것은 역사학자의 연구 절차에 대해 중요한 문제를 제기했고, 의미심장한 분석적·비판적 도구를 개발하는 데 도움이 되었으며, 학생들이 진리 문제의 복잡성과 증거의 사용을 더욱 인식하게 만들었다. 아마도 이러한 새로운 노력들이 제 2차 세계대전 이전의 '역사적 상대주의'(*historical relativism*)에 대하여 30년 동안 벌어진 오랜 논쟁의 진정하고도 지속적인 공헌일 것이다.

그러나 대부분의 역사학자들, 특히 역사를 가르치는 사람들에게 계속해서 무시되었음에도 더욱 진지하게 추구해야만 할 하나의 의미 있는 영역이 있다. 오늘날 과학 및 기술 발전에 함축된 문화적 의미의 발견과 다양한 다른 학문의 가르침에 잘 적응하는 역사학자들이 집단적 차원에서 과거에 대한 연구 자체가 지닌 문화적 함의성에는 관심을 기울이지 않고 있다. 어떤 역사학자인들 뉴턴이나 다윈 혹은 아담 스미스나 허버트 스펜서 이론이 지닌 문화적 영향력에 대해 상당히 집중적으로 토론하려 하지 않겠는가? 그러나 이들 중에서 얼마나 많은 사람들이 터너나 비어드의 이론들이 품고 있는 전반적인 지적 영향력에 대해서 신경을 쓰겠는가? 과거에 대한 태도가 가져올 문화적 영향력에 대한 문제는 심대하고도 중요한 영역이다. 우리의 일반적인 세계관과 그에 따라 현재 행동하는 방식은 아마도 과거에 대한 우리의 견해와 과거로부터의 발전에 관한 이론에 의해서 우리가 의식하는 그 이상으로 결정될 것이다.

우리는 과거와 과거가 어떻게 이해되어야 하는가에 관심을 갖고 있는데, 왜냐하면 단지 (전문가로서) 우리 중 일부가 진리를 추구하기 때문만이 아니라 그것이 우리에게 심오한 차이를 만드는 것처럼 보이기 때문이다. 과거와 과거의 특정 문제들이 특별한 방식으로 우리에게 영향을 미치기 때문에, 즉 우리가 공유하는 동일한 문제를 안고 있거나 유사한 문제들을 풀려고 여전히 애쓴다고 믿기 때문에 우리는 빈번하게 과거와 과거를 이해하는 방식에 관심을 기울인다. 우리는 어찌 되었던 과거가 만들어놓은 우리를 우리라고 느낀다. 우리는 행동의 모델을 추구하며, 옳건 그르건 우리 중 많은 사람들에게 과거가 그러한 예들을 제공한다. 우리는 새로운 미래를 추구하며, 과거가 우리에게 유산으로 물려준 것을 던져 버릴 수 있을 때에만 이를 얻을 수 있다고 생각한다. 이러한 태도들은 모든 사람과 모든 문화에 공통된 것은 아니다. 그러나 이것들이 서양 문명이라는 이름하에 대략적으로 뭉뚱그릴 수 있는 문화의 두드러진 특성이다.

우리는 끊임없이 과거를 불러낸다. 이러한 경향의 가장 단순한 형태로 미국의 혁명가들 그리고 그들과 짝을 이루던 프랑스 혁명가들의 일부는 로마 공화정에서 구현된 덕과 질서를 지닌 사회라는 이미지로 회귀하는 꿈을 꾸었다. 잭슨주의자들(*Jacksonians*)은 제퍼슨의 황금기로 돌아갈 것을 요구했으며, 뉴딜주의자들(*New Dealers*)은 경이로운 잭슨 시대를 상기해내는 것을 자랑으로 여겼다. 1950년대의 공화당원들은 서로에게 '링컨을 올바로 이해하기'를 요구했다. 과거에 대한 연구를 통해 우리를 지탱할 하나의 전통이 나타날 수 있으며, 과거에 대한 연구로부터 우리를 혁명적 변화로 이끌 수 있는 미래의 비전이 등장할 수 있다.

과거에 대한 어떤 견해나 어떻게 그 과거(*that past*)가 발생했는가에 대한 어떤 이론은 우리의 일상생활에 의미를 부여한다. 과거의 성격에 대한 논쟁은 단지 학생들을 위한 교과서 연습이나 진리를 획득하는 어려운 작업을 증명하는 것이 아니다. 그것은 (의식적이건 아니건) 문화에 포함된 가치관과 발전에 대한 공적(*public*) 논쟁이다. 그것은 당신이 과거를 어떻게 보는지의 차이를 만든다. 이것이 이해되지 않는다면 역사적 해석의 특정한 갈등에서 누가 옳은지에 대한 간단한 과제는 충분히 이해될 수 없다. 왜냐하면 역사는 역사학자의 독점물이 아니기 때문이다. 주요 논쟁들은, 종종 도서관과 강의실에서 어떤 일이 발생하는지에 대한 관심도 없이, 문화의 다른 면들뿐만 아니라 공공정책을 위한 결론을 내리는 더 공적인 공개토론을 통해서 진행된다.

청교도(*Puritan*) 이미지에 대한 논쟁은 이러한 주제를 더욱 분명하게 하고, 과거를 활용할 때 연관된 문화적 차원의 무엇인가를 드러낸다. 나의 목적은 뉴잉글랜드 청교도가 진실로 어떠했느냐를 논의하는 것이 아니며, 미국 청교주의의 사학사를 분석하고자 하는 것도 아니다. 오히려 나는 청교도의 이미지와 과거를 이용하여 역사 활용이라는 더 큰 문맥을 제시하는 일반적인 종류의 문화 논쟁을 보여주고자 한다.

아마도 미국문화가 발전하는 동안 프런티어의 경우를 제외한 어떠한 역사적 이미지도 그렇게 중대하지는 못했을 것이다. 어찌되었건 청교주의와 청교도 과거는 미국의 특징을 형성하는 데 상당히 결정적이었다. 즉 이런 특정한 과거의 짐 혹은 영광에 대한 인식이 언제나 현존했다는 주장은 거의 도전받지 않았다.

일반적인 역사적 논쟁을 위하여 청교주의는 네 가지 주제에 중점을 두는데, 이 주제들은 때로는 개별적으로, 때로는 관련된 사상들의 복합으로서 토의된다. 각각의 주제는 두 가지로 해석할 수 있는데, (학문적 엄밀성에 대한 고려는 거의 하지 않은 채) 각각은 17세기 뉴잉글랜드에 사실상 존재했던 것을 묘사한다고 가정한다. 따라서 어떤 사물 혹은 어떤 사람이 '청교적'이라고 지칭되었다면, 초점이 되는 이미지는 추정상 역사적인 이미지, '실제적인'(*real*) 이미지였다.

(1) 청교주의는 욕구(*appetite*)와 감정보다 자기억제와 통제를 우위에 두는 신조로서 환영받았다. 그것은 자아보다 더 높은 이상에 대한 헌신의 표현이자 전능하신 분과의 직접적인 조우를 기다리는 신 중심의 인간에 대한 표현이었다. 그러나 신세계에서 실천된 것은 같은 동전의 반대면처럼 보이는 또 다른 교리로 본래의 청교 이론에 내재한 것이었다. 뉴잉글랜드의 청교 신학은 개인 귀의와 신 안에서의 충만함에 대한 희망을 약속한 것이었다. 그리고 적어도 청교주의의 한 흐름은 이것을 믿음직한

자기표현으로, 그리고 개인이 새롭게 찾은 양심의 이름으로 인간이 만든 법률에서 해방되는 것으로 이해했다.

(2) 청교주의는 공동체를 의미했으며, 강력한 세속 질서와 법에 대한 인식, 사회조직을 확립함에 있어서의 협동, 개인의 의지를 사회의 복지에 종속시키기, 그리고 천국(*City of God*) 그 자체가 될 수 있는 언덕 위의 도시(*city on the hill*) 건설을 의미했다. 그러나 다른 사람들에게 이러한 공동체 인식은 불관용, 처벌, 개인의 자유와 자기표현의 자유가 좌절됨을 의미할 뿐이었다. 즉 신정정치(*theocracy*), 엘리트에 의해 지배되는 전제정(*despotism*), 사악한 전체주의적(*totalitarian*) 국가를 의미했다.

(3) 청교주의는 엄격하면서도 지나친 요구를 하는 윤리규약으로 이루어진 도덕을 의미했는데, 그것은 인간들을 국가의 법뿐 아니라 더 상위의, 이상적이고 정당한 신의 법에 굴종시키는 도덕이었다. 다른 사람들에게 청교 도덕은 메마른 도덕주의, 개인적 의미나 사회적 목적 없이 위로부터 강요된 행동규약에 지나지 않았다. 그것들은 단지 자신을 도덕적으로 우월하다고 생각하는 소수의 사람들에 의해 질서와 통제가 유지되는 장치였다.

(4) 청교주의는 물질적 의미에서의 성공, 그리고 근면, 절약, 부에 대한 성취를 강조하는 구원의 징표(개신교 윤리)에 대한 특정한 태도들과 동일시되었다. 역동적인 근대 자본주의를 창조한 그러한 윤리는 전체적인 경제와 사회질서의 진정한 수호자였다. 한편, 그러한 윤리는 조야한 물질주의를, 그리고 더욱 진실한 가치와 더욱 보람된 문화 사업, 즉 인문학과 과학을 질식시키는 사악하면서 도덕적으로 가치 없는 경제·사회적 체제를 종교적으로 허용했다고 비난받았다.

19세기 동안 청교도는 일반적으로 호평을 누렸다. 그 기간 내내(제 1장을 볼 것) 역사의 기능은 대체적으로 신화적이었다. 즉 현 상황(*status quo*)에서 유지될 수 있는 것을 유지하기 위해 고안된 일련의 가치나 개인적, 제도적 행위의 기준을 격렬한 사회적, 경제적, 정치적 변화의 시기인 현재에 제공하려고 과거를 불러낸 것이었다. 결국, 청교도는 우리의 건국 시조들이었다. 그들은 우리 자유의 기원이며, 그들이 만든 제도들은 우리 민주주의의 토대이다. 그들의 행위는 도덕 자체와 사회적 질서(특히 가족)의 기초적 제도들이 붕괴의 위협을 받는 것처럼 보이는 시기에 우리에게 개인적, 사회적 행동의 고유한 기준과 적절한 도덕적 규약을 보여주었다. 개신교 윤리는 계속해서 미국인들을 자본주의적 질서가 점차 증가한다는 신념으로 규합했는데, 그 질서는 일부 사람들에게는 빈곤이 존재하고 또 다른 사람들에게는 거대한 부가 존재하는 세상에서의 경제적 · 사회적 구분을 만족스럽게 설명하는 것으로 보였다. 진실로 청교도의 도덕 규약은 특히나 개인적 행위와 관련된 금주운동(*temperance movement*)[1] 같은 당대의 도덕적 개혁운동을 뒷받침하는 것으로 보였다.

1890년대쯤이면 미국 지식인 공동체의 지도자들이 청교주의의 거의 모든 면을 승인한 것처럼 보였다. 사회적, 정치적 질서의 붕괴를 위협하던 압력에 저항하면서, 지적 · 공적 권위를 지닌 입장에 있던 대다수 미국인들은 그들의 더 불확실한 현재를 위한 이상으로서 청교도 과거를 지속적으로 제시했다. 데이비드 스타 조던[2]은 존 브라운[3]이 단순한 민법

1) 〔옮긴이주〕 19세기 초 이 운동을 시작할 때는 적당한 수준에서 술을 마시고 과음하지 않는 절주를 목표로 했지만, 시간이 지나면서 술을 완전히 끊는 금주를 목표로 삼게 되었다. 또한 지역 단위로 시작했으나 실패가 거듭되자 주 단위, 나아가 미국 전체를 상대로 한 금주운동을 펼치게 되었다.

2) 〔옮긴이주〕 David Starr Jordan (1851~1931) : 당대 저명한 유전학자로서 인디애나대학과 스탠퍼드대학의 총장을 역임했다. 평화운동가로도 유명하며 미국의 제 1차 세계대전 참전을 반대했다.

3) 〔옮긴이주〕 John Brown (1800~1859) : 노예제 폐지론자로서 1895년 버지니아 주의 하퍼스 페리 (Harpers Ferry)에 위치한 무기고를 공격하고 흑인 노예를 강제로 해방시키려다 체포되어 반역죄로 처형당했다. 그러나 그는 당대의 수많은 사람들에게 영웅으로 추앙받았다. 또한 남북전쟁을 앞당기는 데 하나

위에 개인적 양심과 상위법을 놓을 수 있었던 사람들을 존경하고 칭찬했다는 점을 지적하면서, 그를 최후의 청교도로 환영했다. 그러나 (일부 현대 학자들에게는 진정한 청교주의에 대한 이상한 개념인) 잠재적 급진성이 있는 이러한 독트린은 여하튼 그에 의해 완화되었다. 그 전투에서 이긴 것은 오래전 일이었다. 저명한 프랭클린 기딩스[4]는 비인격적인 산업주의와 도시화의 세계 속에서 급속히 사라지는 미국의 진정한 공동체 의식이 보존되기를 갈망했다. 그리하여 그는 청교도 경험과 그 이상이 미국에서 공동체 모델을 위한 주요 원천을 제공한다고 주장했다. 결국 청교도는 공동체 자체가 전체 사회조직의 이해관계 속에서 개인의 행위를 통제해야 한다고 주장한 것이다. 그들은 이상을 물질적 목적 위에 놓았으며, 모든 인간을 그의 형제의 보호자(*keeper*)로 취급하고자 애썼다. 따라서 기딩스에게 청교 이념은 의미심장한 공동체가 생존키 위하여 본질적으로 '윤리적 한마음'(*like-mindedness*)을 제공했다. 1893년 브루클린 윤리협회에서 열린 연속 강연에서 어떤 연사는 청교 정신을 모든 가치 있는 미국 정치제도의 기원으로 찬양했고, 존 피스크(John Fiske)의 눈부신 헌사를 인용하며 공감을 표했다. 실행되기만 한다면 청교 정신은 진실로 미국 땅에 신의 도시를 건설할 것이다. 그리고 '노동', '자본', '근면', '극기'(*self-denial*) 같은 좀더 근대적인 경제 용어를 불러내고 저축은행 예금자를 문명의 영웅으로 기렸을 때, 영향력 있던 윌리엄 그레이엄 섬너는 개신교 윤리의 언어를 차용하여 청교도 뉴잉글랜드에서 그의 조상뻘 되는 목사들의 가르침에 특별한 경의를 표할 수 있었다.

그리하여 19세기 말쯤 되면 역사적 청교주의로 간주될 수 있는 거의 모

---

의 계기를 마련했다고 볼 수 있다.

4) 〔옮긴이주〕 Franklin Henry Giddings(1855~1931): 코네티컷 주 출신으로 컬럼비아대학 최초의 사회학과 교수로서 미국 사회학의 기초를 쌓았다. 후일 미국사회학회 회장도 역임했다.

든 양상이 지배질서의 보루의 일부로서 소환되었다. 1880년대와 1890년대의 이러한 설명과 관련하여 가장 두드러진 것은 그것이 사실상 청교주의에 대해 늘어나던 새로운 공격에 대한 옹호를 대변한다는 것이다. 이러한 공격은 효과를 발휘하기 위하여 역사 자체로 회귀하여 19세기 내내 대체적으로 유지되어온 청교도 과거의 우호적 이미지를 파괴했다. 왜 청교도 과거가 19세기에 특정한 방식으로 찬양되었어야 했는지를 이해하는 것은 어려운 일이 아니다. 그러나 청교주의(오래전에 사라진 17세기 인물들)에 대한 이러한 공격의 강도와 격렬함이 1886년과 1940년 사이의 지적 특징이었을까? 청교 세계가 진실로 어떠했을지에 대해 왜 사람들이 진정 관심을 가져야만 하는 걸까? 왜 역사, 즉 과거의 어떤 일부는 악당이 되어야만 하는 걸까? 과거는 현재 내에서 어떤 나쁜 일을 할 수 있을까? 그것은 현재의 어떤 면들을 지지하는 데 과거가 사용되었기 때문이며, 청교도 과거가 현상유지를 신화적 방식으로 옹호하는 보루로까지 발전했기 때문이며, 새롭고 달라진 미국을 보기 원하는 사람들이 이러한 과거 이미지의 파괴에서 시작해야 한다고 느꼈기 때문이다.

두 가지 조건이 1886년 이후 논쟁의 성격을 설명하는 데 도움을 줄 수 있다. 첫째, 거기에는 개인적·사회적 소외(*alienation*)의 문제가 존재했다. 19세기 지식인들이 자신의 거울을 들여다보았을 때 보았던 이방인으로서의 지식인에 대한 전망은 20세기 동안 상투적인 표현이 되었다. 이런 곤란한 상태는 19세기 중반 지식계의 많은 주요 인물들, 즉 너대니얼 호손(Nathaniel Hawthorne), 랠프 에머슨(Ralph Waldo Emerson), 허먼 멜빌에게서 암시되거나 심지어 이상하게 정의되고 있으며, 이러한 목록은 거의 제멋대로 확대될 수 있다. 놀랍지도 않지만, 이 두드러진 인물들 다수가 자신들의 사회, 자연, 우주, 심지어 신과도 잘 지내지 못한다고 느끼고 있었으며, 그들 계승의 많은 부분에 의구심을 지니고 있었다. 많은 미국 지식인들이 청교도 과거를 반긴 반면, 이러한 회의론자들 중 많은 사람들은 개인의 구원과 사물의 자연적·사회적 질서에 대한 개인의 관계의 문제에 종종 깊은 관심을 표하기 시작하면서, 그 청교도 과거를 적대적이지는 않았을지라도 좀더 의심스러운 태도로 보았다. 호손의 청교도 과거에 대한 깊은 이해는 결코 단순히 골동품 수집가적 관심이 아니었다. 그의 소설들과 이야기들은 자주, 다수의 초기 청교도를 사로잡았던 문제들이 전개되는 역사적 상황을 중심으로 한다. 그는 청교도 과거를 탐구함으로써 그 자신과 사회의 19세기 문제들을 푸는 열쇠를 찾고자 했다.

우리의 가장 대중적 소설가 중 한 명인 헤리엇 비처 스토우(Harriet Beecher Stowe)는 역사 소설이나 이야기로 복귀해서, 청교 독트린과 사회조직에 대한 심오한 개인적·사회적 중대성을 놀랍고도 분명한 양식으로 보여줌으로써 이전 세기 뉴잉글랜드 삶의 구석구석을 재현하고자 애썼다. 나아가 적어도 2개의 주요 소설인 《목사의 구혼》(*The Minister's Wooing*, 1859)과 《오랜 마을 사람들》(*Oldtown Folks*, 1869)에서 그녀는 신학적, 정치적, 사회적인 청교주의들에 대한 토론을 위해 별도의 의미심장한 장들을 마련했다. 호손처럼 스토우는 청교주의와 그 결과에 대한 해석을 시도했다. 이 두 작가들은 과거로부터 멀리 떨어진 시기에도 지속적으로 의미를 지닌 이슈를 찾았다. 두 사람 모두 단지 '역사소설'을 쓴 것이 아니었다. 차라리 그들의 작품은 개인적으로는 그들 자신을 위하여, 사회적으로는 그들 사회를 위하여 앞에서 자세히 언급한 청교도 주제의 네 가지 측면에 대한 현재적 의미를 지닌 역사적 해석이었다. 그 작품들은 예술가의 창작 그 이상이었으며, 작가 관심의 결정체였다.

페리 밀러[5]는 얼핏 달라 보이는 두 사상가인 조너선 에드워즈[6]와 에

---

5) 〔옮긴이주〕 Perry Miller (1905～1963) : 하버드대학에서 지성사를 가르친 역사학자로서 특히 청교주의에 대한 권위자였다. 그는 제2차 세계대전 이후 하버드대학으로 복귀하여, 1949년 조너선 에드워즈에 관한 전기를 출간하였다.

6) 〔옮긴이주〕 Jonathan Edwards (1703～1758) : 식민지 시기 미국의 신학자로

머슨 간의 있음 직한 연관성을 그들 간의 개인적, 문화적, 지적인 문제들의 지속성을 주장함으로써 멋지게 그려냈다. 에머슨은 청교도 과거에 사로잡혀 의미 있는 재적응과 자아에 대한 좀더 완전한 표현을 근대적으로 추구하기 시작한 지식인 부류이다. 역설적이게도 존 제이 채프먼[7]은 에머슨에 관한 탁월한 논문(1896년)에서 청교주의가 그를 질식시켰으며, 또한 그의 가장 큰 강점에 공헌했다고 비난했다. 채프먼의 청교주의는 양심과 도덕법을 찬양했으나, 결과는 일종의 사회적·정치적 보수주의였다. 가혹한 신조는 인간의 감정, 열정 그리고 사랑에 대한 불신을 설교했으며, 에머슨을 단지 불완전한 인간으로 남겨놓았다. 에머슨 자신도 그 이전 여러 세대 동안 뉴잉글랜드를 지배하던 교리에 동일한 비난을 했을지도 모른다.

감정을 억누르고 자유롭고 의미심장한 자기표현을 제한하던 (그리하여 인간과 예술을 파괴했던) 세력에 대항하는 돌파구를 채프먼이 지지하자, 이것은 1890년 이후 미국 문인들 사이에서 주도적 사상 중의 하나가 되었다. 밴 윅 브룩스는 《청교도들의 포도주》(*The Wine of the Puritans*, 1908)에서 젊은 세대를 위하여 이것을 공포했으며, 그 사실을 여러 책에서 반복했다. 브룩스에게 이상주의로서의 청교주의는 값진 것이었다. 그러나 '신정정치는 미국 정신의 역사에서 매우 영향력을 지닌 사실이다'라는 점은 미국의 역사를 '비관용적인'(*intolerable*) 것으로 만들었다. 따라서 브룩스는 이러한 역사를 파괴하고 좀더 유용한 과거를 찾아야만 했다. 그의 일반적인 태도와 접근은 왈도 프랭크[8]와 루이스 멈퍼드 같은 그 시대

---

서, 회중파 교회 목사로 활동했다. 칼뱅주의 신학에 입각하여 이른바 '신앙부흥운동'(*the Great Awakening*)을 주도한 선구자이기도 하며, 역사적으로도 미국에서 가장 독창적이고 주요한 신학자 중 한 사람으로 분류된다.

7) 〔옮긴이주〕 John Jay Chapman(1862~1933) : 뉴욕 시에서 태어나 하버드대학에서 교육받은 작가로, 특히 에세이에 뛰어났으며 많은 저작을 남겼다. 1898년에 《에머슨과 기타 에세이》(*Emerson and Other Essays*)를 출간했다.

의 비평가들에게서 거듭해서 찾을 수 있다. (명백히 오해하고 잘못 해석한) 프로이트 사상을 미국의 지성적 삶에 소개함으로써 해방, 자기표현, 예술과 미에 대한 필요성, 표현, 아름다움, 심지어 자연 자체에 적대적이고 억압적인 것으로서의 청교주의에 대한 비난과 같은 테마가 나타났다.

여기로부터 청교주의는 사실상 단지 도덕주의에 지나지 않았다는 또 다른 주장으로 넘어가는 것은 쉬운 일이다. 의미 있는 사회적 목적도 없는 엉터리 도덕, 가치 있는 인간의 본능과 욕망을 제어하지만 지성적인 사람이 받아들일 수 있는 효과적인 도덕 체계를 전혀 제공하지 못하는 브레이크라는 주장 말이다. 1911년 산타야나(Santayana)는 독트린으로서 청교주의가 필요하며, 심지어 그것이 특정한 시기와 특정한 상황에서는 효과적임을 알게 되었다. 그러나 새로운 미국에서 청교주의를 계속 고수하는 것은 그것을 허약하고 효력 없는 '고답적 전통'(*genteel tradition*)으로 만들었다. "문학적 힘으로서의 청교주의"(1917년)라는 논문 분석을 통해 맨켄(H. L. Mencken)은 인간이 세상을 있는 그대로 볼 수 없게 만들고, 검열 같은 제도를 통하여 인간이 자기 자신을 표현하는 것을 허용치 않는 문화와 신조를 공격했다. 랜돌프 번은 "청교도의 권력에의 의지"(1917년)라는 논문에서 진정한 리더십과 인간본성을 이해하지 못하는 도덕적 엘리트에 대한 공포를 깊은 우려를 갖고 표현했다. 사실상 청교주의의 새로운 이미지는 많은 사람들이 한때 개혁으로 환영했던 발전, 그리고 19세기 전반 급진주의자들이 덕이 높은 청교 이상 — 절주, 검열, 이른바 전반적인 개혁주의 이념들 — 의 이름으로 주장했던 발전에 저항하는 무기가 되었다. 새로운 청교도 역사는 이전에는 청교 전통의 절정과 미국의 꿈으로서 옹호되던 인간과 정부의 그러한 '도덕적' 행동들에 대항하는

---

8) 〔옮긴이주〕 Waldo Frank(1889～1967) : 예일대학을 졸업한 전업 작가로서 많은 소설을 남겼다. 특히 1917년에 출간된 첫 소설인 《환영받지 못한 남자》(*Unwelcome Man*)는 에머슨과 휘트먼 같은 초월론자들의 사상을 다루고 있다.

이념적 도구가 되었다. 1927년 패링턴[9]이 청교주의를 엘리트주의적이고 반(反)민주적일 뿐 아니라 본질적으로 (영국에서 수입한) 외래적인 것으로 비난함으로써, 새로운 청교도의 역사적 이미지가 완전히 만들어졌으며, 이념적으로도 완전히 효력을 갖게 되었다.

19세기 후반의 또 다른 중대한 발전은 더 새로운 경향을 설명하는 데 도움이 된다. 1870년에서 1910년 사이 신(新) 중간계급이 미국에서 형성되고 있었으며, 이 계급과 그 옹호자를 위해 전적으로 새로운 이데올로기가 필요한 것으로 보였다. 왜냐하면 이 새로운 계급은 자산을 소유한 계급이 아니었다. 그럼에도 그들은 프롤레타리아가 결코 아니었다. 그들은 관리자, 엔지니어, 전문 행정가, 그리고 온갖 종류의 기술자(*technicians*)였다. 새로운 세계에 대한 열쇠로서 그들이 만들고자 한 것은 질서였으나, 합리화된 질서로서 그것은 존 로크나 아담 스미스의 전통 내에서 재산 소유에 기초한 것도 아니었다. 그러한 질서는 칼 마르크스의 예언을 실현하는 것도 아니었다. 오히려 미래는 관리자와 엔지니어, 과학자, 이성과 효율성을 지닌 사람들의 것이며, 그것은 또한 이윤이 기업의 미덕만큼 중요하지 않지만 기업의 미덕 자체가 시대에 뒤진 종교적 이상이나 비효율적인 도덕적 리더십보다는 사실상 과학적으로 주어진 인간 능력 및 욕구의 본질에 의해서 결정되는 하나의 질서에 속해 있었다. 이들에게 그렇게 오랫동안 존중받아온 청교 도덕주의와 청교 사회 · 정치 질서는 적이 되었으며, 부적절한 종류의 도덕 엘리트와 새로운 이성적 질서를 위해 부적절한 가치였던 것이다. 청교 윤리는 잘못된 모든 것의 전형이었다.

---

9) 〔옮긴이주〕 Vernon L. Parrington(1871~1929): 하버드대학을 졸업하고 오클라호마대학을 거쳐 워싱턴대학에서 자리 잡은 역사학자이다. 그는 이른바 혁신주의 계열의 역사학자로, 무엇보다도 1927년에 출간한 《미국 사상의 주요 흐름》(*Main Currents in American Thought, 3 Vols.*)으로 미국사 연구에 업적을 남겼다.

일찍이 1886년, 브룩스 애덤스는 처음부터 새로운 과학의 가능성과 과학적 질서의 가능성에 감탄하면서 역사적 법칙을 추구하기 시작했다. 그의 출발점인 《뉴잉글랜드의 해방》(*The Emancipation of New England*)은 오랜 청교도 세계에 대한 본격적인 공격이었다. 청교도 뉴잉글랜드에서 애덤스는 자유나 지적인 사회질서가 없음을 보았다. 신정정치는 도덕률 폐기론에 대한 그의 옹호에서 보듯이 개인적 자유나 선한 사회(*good society*)를 키우지도 못했다. 1890년대 그의 저명한 책인 《문명의 법칙과 쇠퇴》(*The Law of Civilization and Decay*)에서 애덤스는 이러한 분석을 뛰어넘어 잉글랜드의 종교개혁을 연구하여 거기에서 문명 자체를 위협하는 어두운 그림자의 기원, 즉 (근대 자본주의의 토대로 정의한 막스 베버가 그 주제에 관해 연구하기 최소한 10년 전에) 개신교 윤리를 발견했다. 왜냐하면 경제적 인간(*Economic Man*)이 지배하는 세계에서는 진정으로 훌륭한 사회 혹은 이름값 하는 예술이나 문화도 있을 수 없기 때문이다.

아마도 가장 복잡하고, 난해하고, 철학적이었겠지만, 애덤스의 평가가 유일한 것은 아니었다. 존 듀이 또한 비슷한 입장을 더 밀고 나아갔다. 1913년 《정치학 입문》에서 월터 리프먼(Walter Lippman)은 청교도 뉴잉글랜드에 의한 개혁, 즉 "법이나 도끼로 인간의 욕망을 없애버리려는" 시도는 성공할 수 없다고 독자들에게 확신을 주었다. 《동향과 지배》(*Drift and Mastery*, 1914)의 도발적인 장(*chapter*)에서 리프먼은 특히나 인간들이 자신을 위해 만든 종류의 역사, 그들이 돌아가고자 하는 그릇된 유토피아, 낭만주의자의 자연 상태에 대한 갈망 혹은 종교적 반란에 대한 청교도의 꿈을 공격했다. 리프먼에게 개신교 반란은 엄청난 결과를 초래하는 무질서에 이르렀다. 따라서 브룩스와 여타 사람들만큼이나 리프먼에게 (적어도 당시에 사용되는 방식으로) 역사는 모든 면에서 적이 되었다. 훌륭한 사회를 건설하려면 그러한 적들이 우선적으로 파괴되어야 했으며, 그것은 진정한 인간의 본성과 욕구에 대한 (프로이트의 도움을 받은) 과학적 분석에 기초한 사회이며, 청교도 도덕률이나 청교도 전통의 개혁가들의 시험이 없는 사회여야 한다. 라인홀트 니부어와 여러 사람들은 토니(R. H. Tawney)의 《종교와 자본주의의 흥기》(*Religion and the Rise of Capitalism*, 1925)를 지지했는데, 그 책은 청교 사회 가치관이 명백히 지지하는 것처럼 보이는 자본주의 질서의 더욱 유해한 특성들을 훼손시키려 했다. 1920년대 동안 반(反)청교 운동은 절정에 달했다. 존 메이너드 케인스(John Maynard Keynes)가 "청교주의는 … 생산기술뿐 아니라 쾌락기술 또한 무시했다"며, 윌리엄 그레이엄 섬너의 영웅인 저축은행 예금자를 새로이 찾아낸 적으로 부르는 것도 하등 놀랄 일이 못되었다!

1890년에서 1940년까지의 문헌에 나타난 청교도 과거는 너무나 잘 알려져 있다. 그러나 분명 그것은 청교도 이슈의 네 가지 측면을 다룬 주요 관심사였다. 일찍이 1906년 윌리엄 버건 무디[10]의 《거대한 분열》(*The Great Divide*)에서 여자 주인공은 통나무 벽에 걸린 청교도 조상들의 초상화에 사로잡혀 있다. 그녀가 훌륭한 삶을 살지 못하고 억압으로부터 탈출하지 못하는 이유는 특히나 청교도 과거로까지 거슬러 올라간다. 자유롭고 해방된 서부는 청교도 과거에 승리한다. 즉 청교 윤리는 서부의 자유의 면전에서 대체적으로 실패한 것이다. 또한 개인적으로나 사회적으로 청교도 위협을 담고 있는 역사에 토대를 둔 유진 오닐(Eugene O'Neill)의 1920년대 희곡들을 잊을 수 없다. 시어도어 드라이저(Theodore Dreiser)와 셔우드 앤더슨(Sherwood Anderson), E. E. 커밍스(E. E. Cummings)와 T. S. 엘리엇의 뉴잉글랜드 시(詩), 에드워드 알링턴 로빈슨(Edward Arlington Robinson)의 《뉴잉글랜드》(1925)에서의 노골적인 공격은 모두 유사한 주제를 반복한다. 그 자신의 유용한 과거를 창조하기 위한 윌

---

10) 〔옮긴이주〕 William Vaughan Moody(1869~1910) : 하버드대학 출신의 미국의 시인 겸 극작가로, 희곡 작품 《거대한 분열》(*The Great Divide*)은 1906년 뉴욕 시에서 상연되어 그에게 명성과 성공을 가져다주었다.

리엄 카를로스 윌리엄스[11]의 상상력 풍부한 시도 — 특히나 1925년의 탁월한 《미국적 기질에서》(*In the American Grain*) — 는 역사적 문제를 다룬다. 하여간 이 시기 미국의 주요 예술가들 중 상당수는 글렌웨이 웨스코트(Glenway Wescott)의 작품 《할머니들》(*Grandmothers*, 1927)에서의 얼윈(Alwyn)처럼 자신들이 미국의 과거를 이해해야 하며, 과거에 대한 지식이 현대 미국을 형성하는 데 그렇게나 중요한 청교도 경험의 진정한 이해를 포함해야 한다고 느꼈던 것이다.

미국의 모든 지식인들이 청교도 과거를 거부한 것은 아니었다. 비록 청교주의 옹호자들의 숫자가 훨씬 많았지만 논쟁은 있었다. 예를 들어 휴머니스트들(*the Humanists*)은 청교주의가 여전히 자제력이 성취할 수 있는 것을 드러냈다고 주장했다. 1923년 가장 균형 잡힌 평가 중 하나로서, 스튜어트 셔먼(Stuart Sherman)은 도덕적 성취와 개인의지를 강화한다는 측면에서 보자면 청교도 경험이 가치 있기 때문에 청교도 전통의 많은 것들이 유효하다고 주장했다. 1920년대 동안 청교도의 악덕을 찾아내는 데 열을 낸 길버트 셀즈(Gilbert Seldes)는 1936년 《대륙》(*Mainland*)이라는 저서를 통해 미국의 비평가들을 거꾸로 비난했다. 그는 19세기의 가장 두드러진 도덕적 사건이 사실상 청교주의의 붕괴였다고 주장함으로써 비판자들을 반박하고 청교주의를 그 자체의 배경 내에서 옹호했다. 1920년대와 1930년대를 통해 윌리엄 앨런 화이트(William Allen White)는 진실로 그의 마지막 진술에 이르기까지 사회 공학과 신중간계급 경영이론을 배제한 오랜 전통의 개혁자였다. 그는 진정한 청교도의 기초적인 사회·도덕적 가치가 자유와 정의의 토대였을 뿐이며, 개신교 윤리는 여

---

11) 〔옮긴이주〕 William Carlos Williams(1883~1963): 의대를 졸업하고 의사로서 활동했지만, 그는 무엇보다도 시인이었다. 그는 에즈라 파운드나 마르셀 뒤샹 같은 예술가들을 친구로 사귀면서 이미지주의와 모더니즘 계열의 시를 썼다. 《미국적 기질에서》(*In the American Grain*)는 산문이다.

전히 생존 가능하며, 의미 있는 개혁은 특히나 다른 어느 곳보다도 미국 서부에 여전히 살아 있는 고상한 청교도 전통에서 나올 수 있을 뿐이라고 주장할 수 있었다.

제 2차 세계대전 이후 저울은 청교도에 호의적인 쪽으로 기울어졌다. 오래전에 죽은 사상을 옹호하는 학자들이 증가했을 뿐만 아니라 문화적 논쟁의 일반적인 논조도 좀더 우호적인 반응을 보여주었다. 제 1차 세계대전과 (19세기 말에서 20세기 초 전환기에 신중간계급과 연관 있던 많은 개혁가들이 그렇게 원했던) 미국에서의 새로운 기술·행정적 국가 체계 확립의 결과, 기업적 질서와 그것의 사회적·개인적 성취에 대하여 새로운 의구심이 나타났다. 모든 종류의 상대주의가 공격받던 시기에, 랠프 바튼 페리(Ralph Barton Perry)의 전시의 청교도 '도덕적 경기자'(*moral athlete*)는 인상적으로 보였다. 더 높은 법과 도덕적 절대자(*moral absolutes*)는 다시 한 번 놀라울 정도로 유리해졌다. 풍요로운 사회에 대한 여러 공격들은 가치 있는 것으로서, 오랫동안 부정된 일부 '청교도' 가치관으로 돌아가는 것처럼 보였다. 공동체에 대한 청교도 모델은 '공동사회 불평'(*Gemeinschaft grouse*)의 시대에 또다시 매력적으로 보였다. 오랜 개신교 윤리를 대체하고자 일어난 새로운 윤리의 문화적 중대성에 대항하려는 최근의 논쟁 속에서, 리처드 라피에르(Richard LaPiere)는 개신교 윤리의 쇠퇴와 새로운 프로이트 윤리하에서 나타난 무절제가 진정한 관심의 원인이라고 명백하게 말했다.

원자탄과 실존주의의 시대에 (오랫동안 조롱의 대상이었던) 고뇌하는 청교도 양심은 다시 한 번 의미를 지니게 되었다. 일련의 미국 시인들, 몇 사람의 이름을 거명하자면 존 크로우 랜섬(John Crowe Ransom), 리처드 윌버(Richard Wilbur), 로버트 로웰(Robert Lowell), 윌리스 스티븐스(Wallace Stevens), 존 베리맨(John Berryman)은 청교도와 청교도의 개인적 경험을 다시 검토하여 공감하게 되었으며, 심지어 오늘날 우리 자신의 경험을 이해하는 데도 심오한 가치를 지니는 것으로 이해했다. 1930년대 후반 캐서린 앤 포터(Katherine Anne Porter)는 이미 코튼 매더에 대한 연구를 시작했는데, 이는 텍사스 출신 작가로서 청교도 역사를 깊이 있게 천착한 놀라운 작업이었다. 존 치버(John Cheever)의 소설은 청교도들이 사라졌을 때 미국인의 삶과 공동체가 무엇을 잃어버렸는지를 종종 강조했는데, 이는 1930년대와 1940년대 뉴잉글랜드를 주 무대로 삼은 J. P. 마퀀드(J. P. Marquand)의 좀더 거친 풍자와는 현격한 차이가 있었다. 그리고 아서 밀러(Arthur Miller)의 《용광로》(*The Crucible*, 1953)를 통해 미국인들은 청교도들의 실질적인 개인적·사회적 경험에 매료되어 그 희곡을 예나 지금이나 결코 청교주의와 마녀사냥에 대한 단순한 공격으로 이해하지 않게 되었다.

전문 역사학자들이 뭐라고 말하거나 쓰건 간에, 분명 문화 논쟁은 계속된다. 왜냐하면 과거의 비전과 그 해석은 역사학자에게만 속한 것이 아니며, 단지 강의실 토론을 위한 주제 또한 아니기 때문이다. 우리의 비전이 현재나 미래에 우리가 원하는 것에 대한 이론적 준거일 뿐이라고 스스로에게 말한다면, 그것은 거의 중요하지 않다. 요점은 서구 사회에서 역사는 문화적으로 중요하다는 것이다. 역사는 우리가 좋아하건 아니건, 신화적으로 혹은 이념적으로 끊임없이 이용될 것이다. 인간은 역사관을 주장할 것이며, 무슨 일이 있어도 그의 현재와 미래를 결정하는 데 도움을 주기 위하여 그것을 이용할 것이다. 이러한 모든 것들 내에서 전문적 역사학자의 역할이 무엇이어야 하는가는 너무 큰 문제이다. 그러나 과거에 대해서 무엇이 언급되었는지를 우리가 아는 것은 중요하며, 문화적으로도 의미심장하다. 우리의 문화적 삶에서 과학이 중요하다는 생각에 너무 쉽게 위협받고 (과학자들 자신은 이러한 사실을 인식하지 못하기 때문에 우려되고) 있는 상황 속에서, 역사학자들도 우리가 다루는 것이 엄청난 문화적 중요성을 지녔다는 사실을 자주 잊어버린다.

# 제2부

# 문화로서의 이데올로기

OURS...to fight for

Freedom of Speech

Freedom of Worship

Freedom from Want

Freedom from Fear

Library of Congress

### 우리의 일용할 양식

프랭클린 루스벨트가 제시한 "네 개의 자유"의 추상적인 언어를 의미심장한 도상학적(*iconographic*) 형태로 옮긴 노먼 로크웰(Norman Rockwell)의 노력은 그 자체로 '아메리카니즘'의 근본적인 신화 구조의 일부가 되었다. 미국 정부에 의해 간행된 이 포스터들은 미국에서 만들어진 이전의 모든 포스터보다 많이 팔렸다. 그것들이 표상하는 (많은 미국인이 분명하게 그들 것으로 받아들이고자 원했던) 이상은 일상경험의 현실과 뚜렷이 대조되었다. 일상경험의 현실은 드럭스토어(*drugstore*)의 간이식당 식탁에서 흘끗 보이는, 매우 다르지만 똑같이 강력한 도상에 대한 연구를 낳았다.

ⓒ Bettmann/CORBIS

마르크스주의자는 그것을 사람들이 자신의 이해에 반하는 행동을 하게 만드는 방식으로 강요하는 '허위의식'이라고 비난했다. 1950년대와 1960년대의 신보수주의(*Neo Conservative*) 및 자유주의(*Liberal*) 사회 비평가는 그것이 사라지는 것을 환영했는데, 과학적 · 기술적 이해가 증대하여 우리에게 훌륭한 사회(*good society*)를 가져다주는 세계에서 그것은 더 이상 정치적 판단에 영향력을 미칠 수 없었다. 물론, '그것'은 이데올로기였다. 그것은 18세기 말 유럽과 미국에서 진행된 토론에서 소개된 단어이자 개념이며, 그것의 본성과 역할은 이후로도 분노의 논쟁의 원천이 되었다.

내가 이데올로기 참여자에게 이데올로기란 문화가 주는 근본적인 선물 중 하나라고 주장한 것은 괴팍함 때문이 아니다. 루이 알튀세(Louis Althusser)는 그것을 "인간 존재의 바로 '살아 있는 경험'"이라고 옳게 불렀다. 에릭 에릭슨(Erik Erikson)은 이념적인 것을 "설득력 있는 세계 이미지를 제공하는 이념 체계를 위한 보편적, 심리적 욕구"로 정의했다. 우리가 세계를 인식하는 방식은 우리에게 정체성을 주고 사회적 실체에 고정시키는 데 매우 중요하기 때문에 만일 이데올로기가 우리의 선입견에 간섭하면 경험의 현실을 받아들이기를 종종 거부하면서 우리는 크게 망설이며 그것을 포기한다. 학식 있고 과학적으로 명민했던 토마스 제퍼슨(Thomas Jefferson)은 말년에 화석 유물이 어떤 형태의 생명이 단순히 죽었다는 것을 보여준다는 가능성을 받아들일 수 없었다. 고정된, 완결된, 최종적 형태를 갖춘 우주에는 어떠한 기존 형태도 사라질 수 없으며 어떠한 새로운 형태도 지금 나타날 수 없다고 믿었던 그는 그러한 위협을 단지 그의 자연관뿐만 아니라 정치관과 사회관 때문에도 받아들일 수 없었다. 이데올로기는 모든 것을 설명하는 체계가 되었다. 하나의 가정이 깨어지면 나머지도 유지하기가 어려웠다.

그럼에도 이데올로기는 양보한다. 경험에 직면하면서 오랜 가설은 (종종 제때에 맞게) 새로운 가설에 자리를 내놓지 않을 수 없다. 계급 경험,

역사적 발전, 그리고 사회적·경제적 차이는 문화 내에서 종종 갈등하거나 또는 서로 모순되는 이데올로기적 입장을 낳는데, 문화는 이러한 갈등을 중재하는 방법을 찾고자 노력한다. 미국 식민지는 세계사에서 독특한 시기에 만들어졌다. 세 개의 혁명적 발전이 그것의 건설에 선행했다. 그 혁명은 종교개혁, 상업혁명과 자본주의의 시작, 그리고 근대 국가 체계의 등장이었다. 각각의 이 거대한 운동은 이념적 결과를 갖거나 혹은 이념적 수요를 만들었다.

예를 들어 1678년 존 버니언(John Bunyan)은 가장 인기 있는 영어 서적 중 하나를 출간했다. 《천로역정》(*The Pilgrim's Progress*)은 형식 면에서는 우화적이었으며, 목적은 영적(*spiritual*)이었다. 제목의 나머지가 우리에게 말해주듯이 그것의 관심은 "이 세상에서 내세까지" 기독교인의 진보를 추적하는 것이었다. 그것은 삶과 죽음에 대한 청교도 인식에 기초한 청교도 이야기이다. 1719년 다니엘 디포는 매우 다른 종류의 모험 이야기를 출간했다. 《로빈슨 크루소》(*Robinson Crusoe*)는 우화가 아니었으며, 거의 일지를 작성하듯이 사실주의적 묘사로 관찰된 이야기이다. 그리고 버니언이 그의 독자에게 한 사람이 성인에 이르는 여행을 제시했다면, 크루소의 삶은 부르주아 세계의 영악하고, 영리하고, 진취적인 새로운 인간의 발전을 명확히 했다. 두 책에 대한 이러한 설명이 다소 과장되었다손 치더라도 거기에는 중요한 이념적 차이가 존재한다. 그럼에도 불구하고 두 책은 공존했다. 두 권 모두 널리 읽히고, 영미 문화에서 주요한 역할을 했다. 그러한 이념적 갈등은 문화 분석의 중요한 일부이다.

동시에, 사실상 몇몇 중요한 공통의 요소를 공유하는 이념적 접근 간의 차이를 과장하는 시도가 종종 있다. 문화 분석은 긴장과 수렴 모두에 대한 인식을 요구한다. 바로 그 문화의 이념은 어떤 공동의 토대를 예상한다. 이것이 뒤에 나올 논문들에서 다룰 문제들이다. 여기서 다시 한 번 찰스 비어드와 메리 비어드에게 감사를 표해야겠다. 그들의 위대한 《미국 문명의 홍기》 마지막 권의 제목은 《미국의 정신》(*The American Spirit*)이다. 이 작품은 심지어 전문가 사이에서도 잘 알려지지 않았으며, 이 작품을 아는 사람들에게도 그렇게 존경받는 작품은 아니다. 그럼에도 나는 문명의 관념(*The Idea of Civilization*)이 미국적 세계관, 미국적 이데올로기의 초점이 되었다는 개념의 발전에서 그 책이 훌륭하다는 것을 알게 되었다. 비록 얼마 후 다른 방향으로 흘러갔지만, 미국 보수주의를 규정하려는 나 자신의 시도는 그들의 분석에서 출발한다. 결코 출간된 적이 없는 그 논문은 원래 1965년 컬럼비아대학에서 열린 1차 사회주의 학자 회의(*Socialist Scholars' Conference*)를 위해 준비된 것이었다. 이때는 미국의 좌파 지성사에서 특별한 시기, 즉 미국의 좌파 지식인과 학자가 여러 해 동안 더욱 다급하게 그들의 역할과 기능을 규정하려 노력하던 순간이었다. 내게 그 논문은 두 가지 이유에서 기억할 만했다. 내가 말하려는 것에 대해 어느 정도 관심이 있었다고 주장하던 나의 동료들은 당황해했다. 왜냐하면 내가 정통 마르크스주의 입장을 갖지 않은 것처럼 보였기 때문이며, 외견상 동의하는 양 내가 반동적 시인들과 지식인들을 인용했기 때문이다. 우리의 청중은 많은 구좌파(*Old Left*) 행동가를 포함했는데, 그들은 미국에서 일어나고 있는 파시즘과 싸울 특정한 정치적 제안을 다루지 않은 것에 솔직히 질겁했다. 나는 회의가 끝날 무렵 청중용 마이크를 붙잡은 화난 여성을 언제나 생각해낼 것이다. "만약 이것이 사회주의 학자가 행동하는 방식이라면, 농민과 노동자 만세!" 어찌되었건 나는, 나 자신도 모르게, 보통사람들의 적이 되었다.

1970년대 전반, 존 라슬렛(John M. Laslett)과 S. M. 립셋(S. M. Lipset)이 흥미로운 프로젝트를 기획했다. 몇몇 동조적인 학자들은 미국 사회주의의 운명에 관한 현황 파악에 공동으로 참여할 것을 요청받았다. 우리 중 일부는 특히나 미국의 사회주의 문제를 다루어왔던 이전 작가들에 관해 언급할 것을 요청받았다. 나는 리온 샘슨(Leon Samson)의 논문에 대한 평을 부탁받았다. 나는 내 분석을 《꿈의 실패?》(*Failure of a Dream?*)에 실린 그대로 다시 싣는다. 이제 비록 내가 1960년대와 1970년대에 발생한 마르크스주의와 좌파 학문의 예외적 발전, 예컨대 미국 각 지역에서의 지적이면서 사려 깊은 잡지들, 유진 제노비제(Eugine E. Genovese) 같은 인물이 이룩한 미국사에서의 높은 학문적 수월성, 사회주의 학자 회의의 초기 여러 해 동안의 성공 등을 충분히 인식하지 못했다는 것을 확신하지만 말이다. 그럼에도 이 모든 것에서 어떠한 새로운 이데올로기도 등장하지 않았으며, 내 논문에서 표현된 희망뿐 아니라 혹평이 오늘날 더 잘 들어맞는다는 것은 사실이다. 만약 아메리카니즘이 작동하지 않는다면 단순한 반(反)아메리카니즘이나 반(反)모더니즘 또한 작동하지 않을 것이다.

개혁은 미국에서 놀랄 만한 단어 중 하나이다. 미국인은 개혁가를 좋아하는 것처럼 보인다. 심지어 그들이 속일 경우에도 말이다. 나는 그 입장이 의미 있는 일인지 아닌지 확신이 별로 없다. 다시 말하지만, 나의 영웅은 존 애덤스와 오리스테스 브라운슨[1] 같이 우파에 위치한 사람으로 보이는데, 이 두 사람은 적어도 사회와 개혁의 문제를 공평하게 현실적으로 직면하고자 했다. 이 논문은 학문적으로 훌륭한 여러 세대가 지난 후 이제는 명백해진 것을 강조한다. 즉, 미국은 처음부터 개신교 국가였고 대체적으로 그렇게 남아 있으며, 여타 이념적 태도를 형성하는 데 종교적 이데올로기의 역할이 열쇠라는 것을 인식하지 못한다면 미국문화에 대한 어떠한 분석도 의미가 없을 것이다.

---

1) 〔옮긴이주〕 Orestes Brownson(1803~1876) : 뉴잉글랜드 출신의 지식인으로 대단한 설교가이자 작가이고 개혁운동에 뛰어든 행동가이기도 했다. 초절주의 운동에 깊이 관여했으며, 훗날 가톨릭으로 개종하기도 했다. 1845년에 '미국화'(*Americanization*)라는 용어를 만들기도 했다.

# 제4장

# 미국 보수주의의 본질

1882년, 틀림없이 세계가 덜 복잡하고 따라서 더 이해하기 쉬웠을 때, 잉글랜드의 가장 심오한 사회·정치 분야 연구자들은 보수주의 문제에 대하여 놀라운 통찰력을 보였다. 그들의 대변인인 윌리스 일병(Private Willis)은 저녁 근위병 근무를 하는 동안 '그의 두뇌를 사용하여' 자연스럽게, '지적인 사내'임을 스스로 증명하면서, 탁월한 성찰을 보여줄 수 있었다.

> 나는 종종 그것이 희극적이라고 생각한다네.
> 팔, 랄, 라!
> 팔, 랄, 라!
> 자연(*Nature*)이 항상 만들어내는 방식을
> 팔, 랄, 라!
> 팔, 랄, 라!
> 모든 소년들과 모든 소녀들이
> 세상에 태어나 살아가는 것을

팔, 랄, 라!
팔, 랄, 라!
어린 자유주의자(*Little Liberal*) 거나 혹은 어린 보수주의자로
팔, 랄, 라! 팔, 랄, 라!
혹은 어린 자유주의자거나 혹은 어린 보수주의자로!
팔, 랄, 라!

길버트와 설리번이 만든 〈이올란테〉(*Iolanthe*)[1]가 명백히 19세기가 만들어낼 수 있는 보수주의와, 아마도 실로 지식인에 관한 결정적인 분석이라는 것은 이제 놀랄 일이 아니다. 왜냐하면 그 당시 그 나라에서 'liberal'과 'conservative'라는 단어에는 정확하고도 고유한 의미가 있었으며, 특정한 역사적, 사회적 구조와 정치적, 경제적 조직에 관련해서도 명확했기 때문이다. 그러나 오늘날 우리 가운데 '보수주의'를 토론해야 하는 이들은 오히려 (러셀과 화이트헤드 이전의) 저명한 논리학자들이 분명 가장 정교한(*ingenious*) 패러독스라고 부를 것들에 직면했다.

〈포춘〉(*Fortune*) 지는 1953년 다니엘 부어스틴(Daniel Boorstin)의 《미국 정치의 특질》(*The Genius of American Politics*)이라는 책이 사실상 미국 전통이 위대한 에드먼드 버크(Edmund Burke)를 뒤따르고 있다는 결정적인 증거라고 환영했다. 1955년 루이스 하츠(Louis Hartz)는 특정한 미국의 딜레마가 무엇이건 간에 보수주의적 전통이 없었기 때문에 그것이 오로지 철옹성 같은 '자유주의' 전통만을 가졌던 결과임을 확인시켜 주었다. 그리고 이것들이 충분히 혼란스럽지 않다면, 시기상 더 이른 군나르 뮈르달(Gunnar Myrdal)의 방대한 연구인 《미국의 딜레마》(*An*

1) 〔옮긴이주〕 〈이올란테〉는 길버트(William Schwenck Gilbert)가 대본을 쓰고 설리번(Arthur Sullivan)이 작곡해서 만든 코믹 오페라로, 1882년 11월 25일 런던의 사보이 극장(Savoy Theatre)에서 초연을 했다. 미국 뉴욕 시에서도 런던과 같은 날에 이 오페라의 초연이 이루어졌다.

*American Dilemma*)는 "미국은 … 보수적이다 … 그러나 보존되고 있는 원리는 자유주의적이며, 진실로 일부는 급진적이기도 하다"는 심오하면서도 탁월하기까지 한 관찰을 낳았다. 자칭 보수주의자들은 불행히도 도움이 되지 않았다. 스튜어트 셔먼은 전통이 미국인의 삶에서 중대한 — 가장 중대한 것은 아닐지라도 — 역할을 하는데, 미국의 전통은 반란의 전통, 변화의 전통을 포함한다고 주장한다. 역사학자들은 쉽사리 미국 혁명은 보수주의 운동이라고 설명한다. 틀림없이 미국 지성사의 마지막 아이러니(*irony*)일 것 중에서, 지난 20년간 주요 주제 중 하나는 미국 보수주의 전통에 대한 자의식적인 추구였다. 그러한 추구를 통해 여전히 가장 기이한 특성 가운데 몇 가지를 공공영역의 중심에 불러들였을 뿐 아니라 자유주의자로 자처하는 사람들은 그런 상황을 조장하고, '보수주의적' 역사의 저작을 부추기고, 누가 진정 우리의 보수주의 전통에 속하는지를 두고 서로 논쟁을 벌이고 있음을 알게 되었다. 이 모든 것에 대해서 길버트와 설리번이 쓴 오페라는 얼마나 경이로운가. 특히 마지막 아리아 혹은 대단원(*grand finale*)에서 영국의 정치가, 즉 어떤 이유로 위대한 정치이론가로 분류되는 에드먼드 버크가 미국의 가장 위대한 보수주의자로 여겨질 때가 그렇다.

그럼에도 어떤 의미에서 그 주제는 희극보다는 비극에 더 잘 어울린다. 미국의 보수주의를 추구하는 사람들이 선호하는 유행어 가운데 세 개, 즉 패러독스, 아이러니, 비극을 상당히 의도적으로 사용했기 때문에 어떤 의미에서 왜 이러한 상태에 그러한 것들을 이용하는 것이 필요한지 좀더 엄밀한 설명이 필요한 시점이다.

첫째, 버나드 크릭[2] 같이 품위 있는 외국 평론가들에게는 매우 당혹스

---

2) 〔옮긴이주〕 Bernard Crick(1929~2008) : 정치학을 전공한 영국 출신 교수로서 런던정경대학(London School of Economics)을 비롯한 여러 대학에서 교편을 잡았다. 조기 은퇴하여 정계에 진출하고 노동당의 고문 역할을 담당하기

럽겠지만, 이런 이상한 미국 보수주의의 추구야말로 미국의 꿈이라 불리면서 우리 생각과 행동의 많은 부분을 형성했던 활기찬 자유주의 신념, 즉 낙천적이고 대범하며 팽창주의적인 비전이 실패하고 좌절했다는 최종 증거이다. 적어도 1890년대 위기 이후 방어 차원에서 전통적 미국의 자유주의는 커다란 약점이 무엇이건 간에 평등과 자유(*liberty*)의 이론과 실제에 역사적으로 커다란 공헌을 했다. 따라서 우리 전통주의 역사학자들은 슬퍼지게 된다. 그러나 더욱 중요한 것은, 보수주의를 추구하게 만든 실패감과 좌절감은 공포와 억압을 낳았으며, 우리 시대의 문제와 도전에 합리적으로 대응할 수 없게 하였다는 점이다.

1945년 이후 보수주의의 추구가 지닌 하나의 비극적 측면을 제시했으므로 적어도 아이러니의 한 요소도 지적하려 한다. 매우 자주 보수주의적 특징이라고 지적된 것의 상당 부분은 이미 미국 내에서 지배적이며, 현 문화체계(*Cultural Establishment*)의 중심이기도 하다. 멀리 볼 것도 없이 20년 전 (적어도 자기 자신들에 의해) 급진주의자로 간주된 지식인들 혹은 〈파르티잔 리뷰〉(*Partisan Review*), 〈코멘터리〉(*Commentary*), 〈디슨트〉(*Dissent*) 같은 이른바 좌파 잡지들을 보기만 해도 된다. 무엇이 주된 이슈이고 어떻게 그것에 접근하는가? 가장 큰 관심은 '대중사회'(*mass society*)라는 관념과 그것의 문화적, 심리학적 결과이다. 물론 '대중사회'에 대한 공격이 새로운 것은 아니지만, 그렇게 많은 지식인들 혹은 심지어 급진주의자들도 과도한 평등주의와 그것이 문화에 미치는 영향에 대해 심각하게 우려하고 있다는 것, 즉 어느 모로 보나 보수주의자인 오르테가(Ortega), 마르셀(Marcel), 야스퍼스(Jaspers), 엘리엇(Eliot) 같은 초기 사상가들과 유사한 염려를 하고 있음을 알게 되는 것은 이상해 보인

---

도 했다. 그는 일찍이 《미국의 정치과학》(*The American Science of Politics*, 1959)을 출간했으며, 후일 조지 오웰(George Orwell)에 대한 전기를 쓰기도 했다.

다. 그리고 1930년대에 마르크스를 인용(혹은 잘못 인용)하던 사람들이 이제는 예외 없이 토크빌(Toqueville)을 인용한다.

나아가 대중사회 혹은 대중문화(*popular culture*) 속에서 문화적 가치가 추락할 것에 대한 두려움이 학계와 학술지의 문화적 가치의 수호자들 사이에서 자의식적인 엘리트주의를 낳고 있다. 그들은 자신들을 조정자로 자리매김하면서 지속된 '탁월성'에 대한 마지막 희망을 제안한다. 때때로 그러한 비평은 그들 진로가 놀랍도록 변화했음을 강조한다. 드와이트 맥도널드(Dwight Macdonald)를 보자. 1957년이라는 늦은 해에 그는 《어느 혁명가의 회고》(*Memoirs of a Revolutionist*)를 출간할 수 있었는데, 그는 이 책에 "정치 비평 에세이"라는 부제를 붙였다. 이 에세이들의 상당수가 그의 주목할 만한 잡지인 〈정치〉(*Politics*, 1944~1949)에 수록된 것인데, 이 잡지는 명백히 최근 미국 역사에서 가장 도발적인 좌파 잡지 중 하나이다. 맥도널드는 마르크스주의에서 종종 기이하고 놀라운 다른 정치적 입장으로 이동할 때, 언제나 자신을 급진주의자로 보았으며 또한 자유주의자들과 진보주의자들을 구별했다. 이 책에서 그가 "과거 정치"(*Politics Past*)라고 부른 자전적 에세이는 특히 여러 면에서 시사적이다. 1946년 그는 급진주의자는 선할 뿐 아니라 사악한 인간의 이중적 본성을 인식하고 어떠한 사회에서도 인간 운명의 비극적 요소를 인식하며, 언제나 집단양심보다는 개인양심을 강조한다고 주장했다. 분명히 일부 이러한 주장들은 자신을 통상 보수주의자로 고백하던 많은 사람들의 경우와 놀라울 정도로 유사하다. 그러나 1946년 맥도널드는 여전히 급진주의자는 역사에, 그리고 어떤 일이 일어나는지에 전혀 관심이 없으며, 오로지 그가 일어나기를 바라는 것에만 관심을 갖고 있노라고 주장했다. 만일 이러한 가치들이 급진주의자와 보수주의자를 구별하는 것이라면, 그가 궁극적으로 **존재**(*the is*)가 아닌 **당위**(*the ought*)의 도덕성을 강조하는 것은 보수주의자들이 자주 주장하던 바가 급진주의자들의 견해라는 것을 암시한다. 그러나 이러한 변천(*transition*)은 하나의 변환(*transformation*)처럼 보이는 것에 양보한다. 즉, 1962년 그는 또 다른 에세이집을 출간했다. 《미국인 기질에 대한 반론》(*Against the American Grain*)이라는 부제는 변화의 성격을 분명히 하는데, 왜냐하면 이것들은 대중문화의 결과에 관한 에세이이기 때문이다. 거기에서는 어떠한 단어도 정치적 질서에 관해 사용되지 않았으며, '급진주의자'라는 호칭을 주장하지도 않았다. 한눈에 띄는 구절에서 맥도널드는 '서구 세계의 고전(*Great Books*)'을 편찬한 강단학자들을 언급했는데, 그들은 제임스 1세 판 성경을 개작한 사람들이며, 대사전의 신판을 편찬하여 사상과 언어를 타락시킨 사람들이며, 바로 자신들의 직업 때문에 우리의 '문화 전통들'을 훼손이 아니라 옹호해야만 하는 사람들이다.

> 만약 그들이 머나먼 시대가 본능적으로 느꼈던 전통에 대한 존중을 결핍하고 있다면, 그들은 또한 르네상스 시대에 소개되었던 역사적 감각도 결여하고 있으며, 비코(Vico)로부터 슈펭글러(Spengler)에 이르기까지 우리가 과거를 고유한 방식대로 인식하게 했던 역사적 시간의 각 순간이 지니는 특성(*special quality*)에 대한 깨달음도 부족하다. 러시아의 스탈린 시대처럼, 여기 우리는 단순히 지나간 것을 삭제하고 있다. … 문제는 전임자들이 우리에게 뭔가를 가르칠 것이 있을 뿐 아니라 자신의 과거와 단절된 국민(*a people*)은 문화적으로 정신이상자(*psychotic*)가 된다는 것이다.

대중사회, 문화적 가치, 대중문화의 타락, 문화 엘리트의 필요성. 이것들이 새로운 급진적 관심들인가? 논문마다 책마다 언급하는 소외와 공동체(*alienation and community*)라는 다른 두 관념들은 또 무엇인가? 사실 이것들은 상호 연관된 용어들이다. "오랫동안 간직한 공동사회(*Gemeinschaft*)의 공동체적 뿌리는 영혼이 없는, 비개인적인, 기계화된 사회에 의해 찢겨졌다." 그러한 관심과 토론들은, 그것들이 얼마나 중요하건,

실로 얼마나 심대하건, 급진적 혹은 자유주의적 전통의 독점물이 결코 아니다. 그것들은 (우선적인 것은 아닐지라도) 적어도 동등하게 보수주의의 전통적 규정들에 속한다. 유기적 사회, 질서의 필요성, 뿌리의 필요성, 지위의 필요성 등 말이다.

그들 자신을 보수주의자로 생각하지 않는 지식인들은 그러한 보수적 주제에 대립하여 사회에서의 '자리'(*place*)에 열중한다. 지위(*status*)의 역할, '지위 불안'(*status anxiety*), '지위 정치' 혹은 '지위 혁명'에 대한 토론이 여타 모든 역사적·현재적 발전을 압도하는 것처럼 보인다. 내가 보기에 이러한 작가들이 러셀 커크(Russel Kirk)가 선호하는 계약사회의 시대에서 일종의 지위사회의 형태로의 회귀에 거의 화답하지 않고 있다는 것은 사실이다. 그렇지만 이들은 우리가 사실상 지위사회에 살고 있으며 또한 '지위 불안'을 해결하면 우리의 모든 근본적 문제들을 해결할 수 있다고 암시한다. 그럼에도 공동사회의 기술적 질서에 대항하는 민중사회(*folk society*)에 대한 낭만적 비전 같은 보수주의적 주제가 다시 등장한다. 그 동일한 주제는 또한 오랜 비(非) 보수주의적 탄식이며, 아마도 그것이 가장 의미심장하고 대중적으로 전개된 것은 1930년대 스튜어트 체이스(Stuart Chase)가 쓴 멕시코에 관한 중요하고 영향력 있는 책에서였다. 그 책에서는 로버트 레드필드(Robert Redfield)가 멕시코의 한 마을에서 발견한 것이 거의 동시대에 린드 부부(the Lynds)[3]가 미국의 한 도시에서 발견한 것과 좋은 대조를 이루고 있었다.

질서와 사회조직에 관한 이슈는 현재 주도적인 지식인들을 전통적으

---

3) 〔옮긴이주〕 이들은 컬럼비아대학 사회학과 교수 로버트 린드(Robert Lynd)와 그의 부인인 헬렌 린드(Helen Lynd)로서, 1920년대 미국의 중간계급적 삶에 관한 영향력 있는 책인 《미들타운》(*Middletown*, 1929)과 그 책의 연속으로서 《미들타운》의 동일한 조사 대상 도시에서 대공황 이후 전개된 문화적 갈등을 보여준 《변화 중인 미들타운》(*Middletown in Transition*, 1937)을 간행했다.

로 보수주의로 불린 것과 가장 극적으로 연결할 수 있는데, 그것은 미국의 귀족층을 찾는 연구이다. 그리하여 케네디 가문과 친구들은 미국의 기존 문화체제에 매우 잘 이바지했다. 〔대통령 취임행사장에서의 로버트 프로스트(Robert Frost)와 백악관에서 연주하는 파블로 카잘스(Pablo Casals)를 상상해보라! 결국 미국이 구원받았을지도 모른다고 상상해보라!〕 미국의 대통령 집안[4]이야말로 실로 명문가(*First Family*)였다. '민주적' 성격을 지녔으며, 불과 몇 세대 만에 미국적 사회이동(*social mobility*)이라는 특징을 통해 발전을 이루었고, 진정한 사회적, 문화적, 지적인 리더십을 갖춘, 이런 부류의 귀족적 자질에 대한 노골적인 열광이 존재했다. 간단히 말해, 특별한 종류의 리더십이 필요하다는 데 대한 다양한 태도들이 있었다. 시어도어 루스벨트가 '신사들'(*gentlemen*)이 정치적 사건에 흥미 갖는 것을 존경받을 만한 일로 만들었다는 점을 역사학자들은 열정을 갖고 찾아냈다. 그리고 유전적이건 아니건 귀족층이라는 개념이 전통적 보수주의에 꼭 필요하다면, 동시대 지식인들은 미국의 귀족층이 되고자 애쓰는 사람들을 위해 또다시 활발하고 이미 만들어진 보수주의 운동으로 생각되는 것들을 제공했다.

지위와 귀족층에 대한 이러한 관심의 중요성은 심지어 인민주의적(*populist*) 민주주의에 대한 공격을 통해 더 명백하게 드러난다. 나는 대문자 P를 지닌 인민주의(*Populism*)에 대한 공격뿐 아니라 대중 의지(*popular will*), 다수 지배, 그리고 대중 참여(*mass participation*)에 토대한 민주주의 개념을 언급하는 것이다. 역사학자 리처드 호프스태터(Richard Hofstadter)는 일부 사람들보다 좀더 온건하게, 그 주제를 분명히 언급한다. 즉 민주 제도와 평등주의적 정서(*sentiments*)가 미국에서 반(反)지성주의를 불러일으킨다. 그 결과 미국의 지식인들은 곤란한 상황에 있음을

4) 〔옮긴이주〕 원어는 America's First Family. 대통령 집안을 의미한다. 미국의 경우 대통령 영부인을 'First Lady'로 칭하는 것을 상기하기 바란다.

깨닫게 된다. 즉, 호프스태터가 《미국적 삶에서의 반지성주의》(*Anti-Intellectualism in American Life*)에서 썼듯이, 그들은 "민주 사회에 대해 충분한 믿음을 지닌 시민이면서 동시에 그 사회가 **끊임없이** 생산하는 문화의 저속화(*vulgarization*)에 저항하고자" 애쓰고 있다〔강조된 고딕체는 원저자의 것임〕.

지식인들은 커가는 무질서에 반대하려는 문화를 설교하는 선교사로서의 특별한 기능을 발견한 것 같다. 나는 이 단어들을 조심스럽게 선택한 것이다. 왜냐하면 최근의 문화 발전의 놀라운 한 측면은, 리오넬 트릴링(Lionel Trilling)과 리처드 호프스태터가 아마도 목록의 선두에 위치하겠지만, 현대판 매튜 아놀드(Matthew Arnold) 역할을 담당하는 일군의 문화 비평가들에 의한 자기의식적 차용(*adoption*) 때문이다. 여러 다양한 강연들을 통해 반(反)지성주의에 대한 호프스태터의 분석을 읽게 되면 놀라울 정도로 아놀드의 구절들, 태도들, 그리고 관심들이 떠오른다. 즉, 타락한 프로테스탄티즘(복음주의)에 대한 공격이 생각난다. 공직에 있는 신사들과 학자들에 대한 열광, 교육에서 표준과 가치관에 대한 깊은 관심, 평등주의의 위험에 대한 두려움. 이 모든 것에도 불구하고 '민주주의'에 대한 전반적인 헌신을 포기하지 않는다. 그리고 트릴링은 아놀드의 전통 내에 있는 주요한 문화 비평가일 뿐 아니라, 우리 시대의 선도적인 아놀드 해석자이기도 하다.

이 중요한 문화 비평가 집단은 일반적으로 일부 중간계급을 위해 발언하는데, 후자의 자유주의적 정치 태도는 한 작가가 제시하듯이 "당면한 현실에 환멸을 느낀" 결과이다. 이 집단은 어떤 의미에서는 아놀드보다 더 정교한데, 왜냐하면 이들은 마르크스를 알고 있으며, 프로이트에 대한 깊은 관심, 그리고 〔특히나 칼 만하임(Karl Manheim)의 저작을 통한〕 사회학에 대한 이해를 갖추고 있다. 그렇지만 그들은 당대의 문화에 대한 기초적 비평을 제공하면서, 또 한편으로는 미국의 아놀드 역할을 하면서, 그들 자신의 비전은 **한 가지** 생활방식(*one way of life*)을 유지하고자 하는 욕망과 **한 가지** 감수성을 계발하려는 욕망에 의해 엄격하게 제한되어 있는 것이다. (비전이 아놀드 본인의 문화 분석을 제한했듯이,) 이것은 전체로서의 미국문화를 분석하는 그들의 능력을 제한할 뿐만 아니라, 그들이 하나의 생활방식, 하나의 감수성의 생존과 지속을 강조함으로써 자신들을 보수주의자로서 자리매김하는 것 같다. 비록 아이러니하게도, (자칭) 보수주의자들은 이들을 급진주의자로 이해하지만 말이다.

당대 지성적 삶에서 신정통주의(*Neo-Orthodoxy*)의 승리와 니부어와 틸리히(Tillich)의 고매한 지위 또한 죄에 대한 깊은 우려, 사악함의 본성, 인간 삶의 비극, 계몽주의의 낙관론과 합리주의에 대한 공격과 더불어 보수주의의 잠재적 원천을 보여준다. 두 사람 모두 기념비적인 인물이며, 마르크스와 프로이트의 저작을 포함하여 최근 지성사의 주요 흐름에 대한 연구를 충분히 이용해왔다. 두 사람 모두 종교적 이념과 가치들 그리고 정치적, 문화적 질서 사이의 중요한 관련성을 제시해왔다. 그들의 연관성은 문화적으로 '자유주의적'인 미국과 그것의 상대주의, 낙천성, 꿈, 사명, 물질주의에 대한 문화적 거부였다. 그러나 가치 있는 것으로 보이는 데도 불구하고 그들의 연구는 일부 보수주의자, 특히나 비렉(Viereck)과 더불어 보수주의는 결국 원죄라는 관념의 세속화에 지나지 않는다고 주장하는 일부 보수주의자들의 연구와 쉽사리 공유할 수 있다. 그렇기 때문에 보수주의적 전통을 추구하는 사람들 중에서 신정통주의가 예컨대 시카고대학 일부 학과에서 여전히 성행하는 신토마스주의(*Neo-Thomism*)만큼 적절하다고 생각하지 않는 사람은 거의 없다.

그리고 마지막으로, 1명 이상의 비평가가 사회과학, 역사, 철학에 몸담은 오늘날의 학자들이 이론, 체계, 종종 합리주의로 불린 것에 대한 흥미를 잃고 천박한 경험주의(*gross empiricism*)로 후퇴했다는 사실을 지적했다. 철학자들은 형이상학적 관심을 의미 없는 것으로 버리고 언어의 용법에 집중하고 있고, 사회학자들은 거대한 자료 더미를 모으면서 옹골찬 이론적 분석을 피하고 있으며, 역사학자들은 추정컨대 역사철학과 해석에 대한 이론을 버리고 그 대신 사실의 제시에 머물러 있고, 심리학은 행동이나 임상 연구에 주요한 관심을 기울이고 있으며, 경제학은 측정과 수학적 계산에 집중하고 있다. 이것이 컴퓨터 시대이자 '철학하기의 종말'이다. 실정(*case*)이 이러하다면 우리는 또다시 보수주의를 위한 필요조건들을 충족시키고 있는 것은 아닌가? 즉, 보수주의는 전통적으로 이성의 힘이라는 가정에 기초한 인간의 체계 구축에 제한을 요구하며, 비록 어쩔 수 없이 제한적이겠지만, 차라리 우리 자신을 실재 세계가 존재하는 방식과 그것이 사실상 어떻게 작동하는가 하는 실증적 탐구에 국한하려 한다.

이것들은 미국에서 문화의 현 상태에 관한 단지 몇몇 제안들에 지나지 않는데, 그 상태는 보수주의 전통에 대한 현행 탐색의 아이러니를 드러낸다. 어떤 보수주의이건 그 본성에 관한 많은 전통적 정의들로 보자면, 오늘날 지적 생활의 많은 경향들은 보수주의의 기초로서 매우 자격이 있는지도 모른다.

두 개의 구체적인 실례를 제시하여 패러독스에 관한 내 논의를 보여주도록 하겠다. 프랭크 탄넨범(Frank Tannenbaum)은 노동조합운동이 운동 자체를 어떻게 생각하건, 즉 보수적, 급진적, 혹은 혁명적으로 생각하건, 그 운동은 사실상 혁명적이라고 주장했다. 조합(*union*)이라는 바로 그 존재, 조합원들의 협동, 임금, 시간의 구조 내에서의 조합이 만들어내는 조그만 변화, 그리고 노동조건이 혁명을 구성한다. 노동을 중심으로 사람들이 뭉치고 개별적 경쟁이 협동으로 바뀌면 사회의 원자화와 동료로부터의 노동자들의 고립은 종말을 고한다. 그러나 그는 우리에게 다음과 같은 확신을 준다. 혁명의 결과는 보수적이다. 그것은 질서, 조화, 균형, 공동체를 복원한다. 그것은 투쟁을 제거하고 평화를 창조한다. 그것은 이의와 불안정을 최소화한다. 그리하여 그것은 사람들에게 자유와 안전을 제공함으로써 서구문명의 최고 원리들을 구현한다. 그것은 완전한 인간과 완전한 사회를 유기적으로 발전시키는데, 이 상태야말로 샤프츠베리(Shaftesbury), 디킨스(Dickens), 콜리지(Coleridge), 칼라일(Carlyle), 러스킨(Ruskin), 그리고 킹슬리(Kingsley) 같은 위대한 사상가들이 바라던 목적이었다.

아놀드 폴(Arnold Paul)은 1890년대라는 위기 시기의 보수주의와 법에 관한 논의에서 우리에게 또 다른 예를 제공한다. 여기 1886년 이후의 문제들은 사회의 헌정질서의 존재와 본성에 대한 위협으로 보였다. 무정부상태, 혁명, 사회주의적 전복에 대한 공포가 커졌다. 비록 법과 법원 통치의 역할이 재산권과 정부 권력의 지배력에 엄격한 제한을 가하고 있었지만, 재산권에 대한 옹호는 언제나 미국 헌정 정부의 구조에서 기본적이었다. 그러나 그러한 위기에 직면해 몇몇 보수주의적 변호사들은 심지어 가장 전통주의적 법집행자들에게 법과 질서의 힘, 특히 재판소의 역할을 높일 필요성을 설득했다. 실제로 일어난 것은 공격으로부터 사회질서를 지키기 위해 보수주의자들에 의해 실행된 혁명이었다. 폴은 《보수주의의 위기와 법의 지배》(*Conservative Crisis and the Rule of Law*)에서 다음과 같이 썼다.

> 보수주의의 관점에서 보자면, 동(同) 시대의 보수주의를 위한 1787년의 헌정주의만큼이나 그 방식에서 1890년대의 자유방임적 보수주의를 위해 중대했던, 결과로서 출현한 헌정적·합법적 혁명은 진실로 창조적이었다. 한때 무엇보다 절차적이었던 정당한 법 절차(*due process*)는 이제 또한 확고히 실제적이었다. 한때 사회적 불균형의 조정자로서 거리낌 없이 유연했던 경찰력은 이제 계약의 자유에 의해 밀봉되었다. 한때 지정된(*named*) 개인들에만 적용되던, 그리고 물질적 재산을 위한 보호물이었던 오래된 형평의 절차(*process of equity*)는 이제 "그가 누구이건 모든 사람들"에게 적용할 수 있는 공공 정책의 도구였다. … 전통적인 법률적 보수주의는 **전통주의**와 **보수주의** 사이에서

선택 — 아이러니한 선택 — 을 강요당한 나머지, 후자를 선택했다. 계서제 사회(*ordered society*)에 대한 보수주의의 집착은 사회적 변동으로부터 재산을 보호할 때 가장 엄격한 법리적 중재를 요구하면서, 가치에서는 법률 전통의 더욱 형식주의적 미덕을 우선시했다.

폴이 보건데, 그 결과 법원의 전통인 자유방임 철학이 의도치 않게 없어졌으나, 그것은 계획 없이 새로이 태어난 전통이었다.

이러한 예들은 보수주의자들이 **실제적으로** 혁명적인 것들을 할 수 있다거나 혁명운동이 자주 보수적 결과를 가져온다는 것을 확고히 하려고 제시된 것은 아니다. 차라리 의도와 결과 사이에는 필연적 혹은 논리적 연관성이 있지 않을 수도 있다는 것을 강조하고 싶다. 그러한 관점은 우리가 미국의 보수주의를 **미국적** 경험의 결과로서 좀더 풍부하게 이해하게끔 한다. 왜냐하면 진실로 미국적 보수주의 전통이 존재하고 있으며, 또한 그 의도가 무엇이건 간에 그것을 소중하게 여기는 급진적 비전을 지닌 사람들을 위한 이유들이 존재한다. 예를 들어, 미국적 보수주의 너머의 근본적 동기가 재산권을 지키기 위함이라는 것은 완벽하게 명백하다. 비록 보수주의 전통에서 귀중한 것이 그 근본적 가정에 의존하지는 않지만 특정 시기 자본주의의 본질에 대한 잠정적 정의가 무엇이 되었건 개인의 재산은 기본적이다. 오늘날 중요성을 지닌 보수주의 측면은 개인의 성취에 대한 자유주의-급진주의적 전통에, 개인적 양심에, 개인의 구원에, 그리고 위협으로 보이는 세력으로부터의 자아에 반대하는 것으로 보일 때만 드러난다.

베르너 스타크[5]는 《미국: 이상과 실제》(*America*: *Ideal and Reality*)에

---

5) 〔옮긴이주〕 Werner Stark(1909~1985): 오늘날의 체코 공화국〔당시는 합스부르크 제국〕에서 태어나 함부르크대학을 졸업했으며, 지식사회학, 경제사상사의 권위자였다. 대학 졸업 후 비엔나를 비롯한 유럽의 여러 도시를 돌다가 영국에 정착했다. 제레미 벤담(Jeremy Bentham)에 관한 논문을 통해 존 메

서 편리한 출발점을 제공한다. 스타크는 유럽의 주요 사회 철학자들에 관한 체계적 연구를 통하여 18세기 후반 미국이 국가로서의 경험을 시작할 즈음 낙관론자들 사이, 심지어 아름다운 꿈이 오래 지속할 수 없다고 생각했던 사람들 사이에서도 상당한 열광이 일어났다고 지적한다. 그들에게 미국은 소생할 부르주아 이상을 대표했다. 즉, 드디어 인간들이 자연에 순응할 수 있게 된 사회, 그리고 모든 제도들이 발전하고 모든 관습들이 신의 자비로운 자연의 법칙의 진실한 패턴 내에서 확립되는 그런 사회 말이다. 자연에 순응함으로써 인간은 마침내 진실로 자유롭게 되었다. 여기 단순하고 반(半) 전원적 토대, 진정 독립적인 구성원들로 이루어진 질서정연하면서 자유로운 공동체, 부자나 가난한 자들이 없고, 주인이나 노예가 없으며, 동등한 사람들 사이의 동등한 사람들인 장인(*artisans*)과 농민으로 이루어진 공화국으로 평화와 자유가 있으며, 계급과 차별이 없고, 모든 사람들의 완벽한 조화에 기초하여 조직된 사회가 존재한다. 분배의 자연 법칙, 도덕적·지적 발전, 고통보다는 쾌락, 엄청나거나 많지도 않은 개인의 소유물, 이러한 것들이 꿈이었다. 평등과 자유(*liberty*), 질서와 자유(*freedom*).[6] 1788년이라는 늦은 해에 자크-피에르 브리소[7]는 다음과 같이 쓸 수 있었다.

---

이너드 케인스와 알게 되고, 그를 통해 케임브리지대학에서 교편을 잡았다. 《미국: 이상과 실제》는 1947년에 출간되었다.

6) 〔옮긴이주〕 'liberty'와 'freedom'은 그 의미가 비슷하지만, 학자들마다 그 의미의 뉘앙스가 다르기도 하여 결과적으로 동일한 정치적 용어는 아니다. 그럼에도 아직까지는 우리말로 구별된 용어가 없다. 19세기 말 일본의 사상가들도 고민은 했지만, 대부분의 사람들이 동의할 수 있는 형태로 두 단어를 구분 짓는 용어를 만들어내지는 못했다.

7) 〔옮긴이주〕 Jacques-Pierre Brissot(1754~1793): 프랑스 혁명 당시 지롱드(Gironde)파의 일원으로 활약했으며, 후일 산악파에 패배하여 기요틴으로 참수되었다.

> 나는 때때로 나 자신을 다음 세기로 보내는 상상을 한다. 나는 캐나다에서 키토(Quito)[8] 까지, 경작지, 작은 마을, 시골집들로 덮인 대륙의 전체 크기를 본다. 〔아메리카는 근면(industry)의 수단을 빼앗고 도덕을 타락시킬 런던과 파리 같은 거대한 도시를 결코 갖지 않을 것이다. 따라서 그곳에서 재산은 더욱 균등하게 나누어질 것이고, 인구는 더 증가하고, 예의범절은 덜 타락할 것이며, 근면과 행복은 더 보편적일 것이다.〕 나는 행복과 근면이 나란히 웃음 짓는 것을, 자연의 딸을 빛내주는 아름다움을, 정부와 법의 강제력을 거의 소용없게 만드는 자유와 도덕을, 그리고 잔인한 심문을 대신하는 부드러운 관용을 본다. 나는 멕시코 사람들, 페루 사람들, 미국 사람들, 프랑스 사람들, 캐나다 사람들이 서로를 끌어안으며, 독재자를 저주하며, 보편적 조화로 이끌 자유의 통치(*reign of Liberty*)를 축복하는 것을 본다.

아메리카의 미래에 대한 브리소의 예외적인 비전은 더욱 가혹한 현실에 얼마나 빨리 무너졌던가. 스타크가 분명하게 밝혔듯이, 사유재산 관념과 산업혁명을 만들어낸 발전들은 부르주아의 이상이 될 운명이었다.

그리하여 새로운 국가는 낙원의 꿈, 즉 미국인들뿐 아니라 유럽의 지식인들과 공유한 꿈을 안고 출발했다. 그러나 그 꿈은 빠르게 자본주의 현실에 직면했다. 나는 일단 몇 가지 기본 가정이 채택되자 부르주아 이상은 사라질 운명이었기 때문이라고 본다. 18세기의 어떤 급진주의자도, 예를 들어 심지어 페인(Paine)조차도 미국에서 사유재산 소멸을 옹호하지 않았다. 거의 즉각적으로 평등주의 국가는 급속히 발전하는 계급 국가가 되었다. 합중국(the United States)이 미국 혁명을 뒤따를 것이라는 이상이 사라지지는 않았다. 그럼에도 불구하고 명백히 출현하고 있는 자본주의 계급 국가라는 새로운 현실에 맞추어 중대한 조정을 해야만 했다. 브리소의 예외적인 비전이 있기 한 해 전, 존 애덤스[9] 는 그의 위대한

---

8) 〔옮긴이주〕 남아메리카에 위치한 에콰도르(Ecuador)의 현 수도.

9) 〔옮긴이주〕 John Adams(1735~1826) : 미국의 정치가이자 2대 대통령(1797

저작인 《미국 정부의 헌법 옹호》(*A Defense of the Constitutions of Government of the United State of America*)를 출간했다. 그 책에서 애덤스는 새로운 체제를 설명하고 정당화했는데, 그 체제는 커져가는 불평등 틀 내에서 계급 세력 간의 균형, 질서, 사회 평화 그리고 물질적 진보를 유지하기 위한 장치를 제공하기 위해 고안된 것이었다. 애덤스의 천재성은 많은 것에 자리 잡고 있다. 의심할 여지 없이 그를 청교적 유산과 연관시키고, 아르미니우스주의(*Arminianism*)[10]와 관련시키는 것은 쉬운 일이다. 아르미니우스주의의 경우, 그것은 사회적, 경제적 그리하여 (18세기의) 정치적 권력과 책임을 지닌 새로운 위치에 있던 사람들에 의해 설계되었다. 또한 이들은 공동체의 의미를, 사회조직의 중요성을, 그리고 경건주의적(*pietistic*)이라기보다는 청교주의적인 도덕적 전통을 강조했다. 의심할 여지 없이 철학적 연구와 정치 이론에서의 애덤스의 노력은 그가 속한 계급, 그 계급의 지배 권리, 심지어 그 계급의 책임을 정당화한 것이었다. 그러나 여기서 더 중요한 것은 이 시기 미국의 보수주의가 미국적 조건의 현실에 대한 적극적인 응전을 의미했다는 점이다.

애덤스와 여타 위대한 미국의 보수주의자들은 다른 무엇보다도 찰스 비어드가 "미국의 정신"(*the American Spirit*)이라 부른 것에 관심을 갖고 있었다. 그것은 새로운 문명의 관념(*Idea of Civilization*)에 포함된 세계관이었다. 〔그러한 범주들은 너무 예리하거나 너무 임의적인 속기(*shorthand*)로 볼 수 있지만, 나는 적어도 약간의 개념적 기초를 제공하고자 했으며, 그러한 기초는 미국적 경험에서 보수주의의 가치와 급진주의나 자유주의의 약점을 좀더 충분히 이해할 수 있게 할 것이다.〕 문명의 관념은 무엇보다도 삶과 사회의 구조와 조직을 위한 깊고도 지속적인 관심을 포함한다. 그것은 애

---

~1801)을 지낸 건국 선조 중 한 사람임.

10) 〔옮긴이주〕 Jacobus Arminius(1560~1609) : 칼뱅의 예정설을 부정한 네덜란드 태생의 신학자.

초부터 제도적 패턴들이 결정적이라고 가정하며, 그 패턴들은 실제 세계가 기존의 사회적, 경제적 조건의 차원에서 제시하는 문제들을 해결하기 위해 사람들이 만든 것이라고 가정한다. 그것은 사회질서로 표현되며, 수사학적으로는 자연의 법칙이라고 언급하지만, 결코 단 일 분도 인간이 자연에서 살 수 있다거나 살아야 한다고 믿지 않는다. 차라리 그것은 행복하건 아니건 다음과 같이 가정한다. 인간은 사회에서 살아야만 하며, 여타의 다른 가능성은 인간에게서 부정되며, 따라서 사회는 조직되어야 하며, 질서, 평화, 조화, 그리고 안정을 최대한으로 제공해야 하며, 그렇게 함으로써 진보의 조건들을 제공하는 것이 가능해진다. 그것은 도덕이 근본적으로 중요하다고 가정한다. 비록 여타의 가능한 제재나 권위, 즉 국가의 경찰력이나 교육기구를 찾아낼 수 있다면, 종교적 제재나 권위를 반드시 주장하는 것은 아닐지라도 말이다. 그것은 미국적 경험 내에서 '민주주의' 혹은 '공화주의'를 약속한다. 비록 이러한 용어의 정의가 제한 선거라는 관념에 토대한 것일지라도 말이다. 그것은 전통이나 과거의 처방을 가치 있다 — 나는 이러한 견해를 주장할 미국인은 없다고 생각한다 — 고 생각하는 것이 아니라 역사의 연구를, 즉 인간의 경험으로부터 교훈을 끌어낼 수 있는 역사를 가치 있게 생각한다. 피셔 애임스[11]는 의심할 여지 없이 가장 편협한 보수주의자로 기억되지만, 헌법 제정에 대한 그의 진술은 매우 놀랄 만하다.

> 연방주의자(*Federalists*) 집단은 언제나 그리고 본질적으로 그 정치 관념에서 민주적이다. … 거의 무제한적인 민주주의를 실험할 위험을 감수하고자 한다. … 연방 헌법은 우리 국가가 지탱할 수 있을 만큼 혹은 그것과 매우 근접

---

11) 〔옮긴이주〕 Fisher Ames(1758~1808) : 미국의 초기 정치인으로서 매사추세츠 지역 하원의원을 역임했으며, 제퍼슨파와는 정적 관계였다. 1805년 하버드대학 총장으로 선출되었지만 건강이 좋지 않아 받아들일 수 없었다.

하게 선하다. … 정부를 위한 우리의 자료들은 모두 민주적이다. 그 결합의 위험성이 무엇이건 간에 헌정회의(*convention*)에서 우리의 솔론들(Solons)과 리쿠르구스들(Lycruguses)[12]은 어떻게 그것들을 결합할 것인가 이외의 다른 것들을 생각할 수 없었으며, 대안 또한 없었다. … 우리가 우리의 형이상학을 좀더 신뢰했더라면 우리는 더 나쁜 성과를 거두어야 했을 것이다. 설령 경험이 처방한 약이 우리를 사망케 할지라도, 경험은 우리의 의사가 되어야 할 것이다.

물론, 최상의 사람들이 지배해야만 한다. 어떤 사람이 그 명제에 반대 주장을 하겠는가? 그러나 최상의 사람들은, 존 애덤스의 경우조차도, 혈통적인 귀족층을 의미하는 것은 아니지만 타고난(*natural*) 귀족층을 의미한다. 그러한 리더십을 결정하는 것이 혹은 제도적으로 조정하는 것이 제아무리 힘들지라도 말이다. 무엇보다도 문명에 대한 필요한 의무를 받아들이면서, 어떠한 것이든 의미 있는 형태로 자연으로 돌아갈 가능성을 배제하면서, 제도를 발명하는 것의 중요성과 제도를 변화하는 환경에 적응시킬 필요성(모든 사물은 변화해야 하며 변화할 것이다)을 북돋으면서, 보수주의자들은 고통을 최소화하고 가능한 한 최소의 상처를 만들고 개인의 발전에 최소의 제한을 두는 것을 그들의 임무로 생각했다. 전체의 진보를 위하여 일부 개별적 가능성을 제한하고 희생하겠다는 생각을 받아들인 것은, 본격적인 미국의 보수주의가 발달한 18세기뿐 아니라 청교 전통의 아르미니우스파 내에서도 처음부터 내재적이었다. 개인의 재산 없이는 문명도 없다는 생각은 시험받은 것이 아니며, 내가 처음부터 인식한 지적인 약점 중의 중요한 영역이다. 그들은 자본주의를 공언했지만 분명히 특정한 형태의 자본주의는 아니었다. 예를 들어, 루퍼스 킹[13]은

12) 〔옮긴이주〕 Lycurgus(396~323 B. C.): 아테네의 웅변가로서 플라톤 철학을 배웠으며 이소크라테스로부터 웅변술을 배웠다. 양심적으로 부패하지 않고 오랫동안 공직에서 활동했다.

아담 스미스(Adam Smith)를 읽으면서 의문 상태에 빠졌다. 그는 "만약 그〔스미스〕의 이론이 정당하다면, 우리의 계획은 완전히 틀린 것이다"라고 썼다.

미국에서 보수주의는 제도적 질서에 관한 특정한 형태를 의미하는 것이 아니었다. 데이비드 피셔(David Fischer)는 최근에 훌륭한 연구를 통해 《미국 보수주의의 혁명》(*The Revolution of American Conservatism*) (더 큰 아이러니!)이라 부른 책을 저술했다. 그 책에서 피셔는 더 젊지만 매우 보수적인 연방주의자들이 오래된 방식을 깨고, 그들의 목표를 바꾸거나 권력에의 욕망을 포기하지 않고도 어떻게 제퍼슨주의자들의 기법, 수사법뿐만 아니라 더 앞선 일부 '민주적' 이념들을 채택했는지 보여주었다. 심지어 연로한 피셔 에임스조차도 존 러틀리지(John Rutledge)에게 대단히 근대적인 방식으로, "우리는 대중들의 환심을 사야 한다. 우리는 여론을 연구해야 하고 법안(*measure*)을 현재의 그것에 맞추어야 한다"고 쓸 수 있었다.

미국의 가장 위대한 보수주의자들에게 문명의 관념은 조망의 전체성과 도덕적 관심을 암시한다. 사회질서를 핵심으로 취하면서 보수주의자들은 필연적으로 도덕주의자가 되었다. 미국의 좌파로부터 유래한 주요 윤리 이론들은 거의 생각할 수 없다. 빈번히 문명을 '구하기' 위해 보수주의가 내리는 결정은 고통스러운 것이었다. 오리스테스 브라운슨은 개인적으로 적절한 수단을 찾느라 오래 고생했으며, 문명을 유지하기 위해 그가 양보해야 하는 것의 고통을 마침내 깨닫게 되었다. 조지 피츠휴[14]

---

13) 〔옮긴이주〕 William Rufus King(1786~1853) : 미국의 하원, 상원의원을 역임했으며 부통령도 지냈다. 남부 출신으로 그 자신이 엄청난 규모의 농장과 노예를 소유하여 노예제를 강력하게 지지한 정치가였다.

14) 〔옮긴이주〕 George Fitzhugh(1806~1881) : 흑인은 '다 큰 어린애'에 지나지 않는다고 주장하면서 남북전쟁 이전 노예제의 존속을 옹호한 사회이론가이다.

또한 비어드가 《미국의 정신》에서 인용한 것처럼 그의 문제를 고통스럽게 이해했다.

> 문명의 마지막 전투는 가장 힘들다. 가장 어렵게 꼬인 것을 풀어야 할 마지막 문제이다. 여러 부분의 성분들과 과거의 영향력으로부터, 자연의 정복과 자유의 승리로부터, 모든 이전의 정책 형태와 인간 변형의 혼합과 상호결합으로부터 복잡한 사회의 질서가 등장했으며, 그 사회의 무질서와 이상(*anomalies*)은 그 자체의 구조만큼이나 복잡하다. 물질적 어려움은 없지만, 아직 압제자나 목회자는 없지만, 우리가 그 일부인 사회적 세계의 불완전하고 병에 걸린 상태에서, 이제 우리는 전투에 소환되었다. 그 크기에서 놀랄 만한 고통과 사악함으로, 그 미묘함으로 좌절케 하는, 그 복잡함으로 당황스러운, 그리고 심지어 목적의 순수성보다도 혹은 의지의 위풍당당한 에너지보다도 훨씬 더 명료한 혜안과 확실한 판단을 요구하면서 말이다. 이 갈등은 프랑스 혁명에서 시작되었을 것이다. 그리고 그것은 이후 점차 강도가 더해져 이해의 생생함과 엄숙함에 이르게 되고, 그리하여 그것은 여타 모든 이야깃거리(*topics*)가 지닌 매력을 뛰어넘고 그늘지게 한다.

그렇다면 문명의 관념은 기본적이며, 그것은 전체를 위하여 일종의 물질적, 도덕적 진보의 필요성을 가정한다. 그것은 형이상학적 고찰이 아니라 현실세계의 현실문제에 대응할 필요성을 가정하며, 그것은 또한 사회와 역사의 꼼꼼한 연구를 통하여 현실세계를 알고 있다. 미국에서 새로운 사회학을 받아들인 최초의 사람들이 남북전쟁 이전 남부 사회의 보수주의 옹호자들이라는 것은 하등 놀랄 일이 아니다. 같은 시기 북부에서는 모든 면에서 사회구조의 본성을 다루려는 그렇게 광범위한 노력이 전혀 없었다.

그리하여 역사적, 사회적 분석에 기초하여 고안된 문명의 관념은 자기의식적이고 종종 명료한 이데올로기 발전으로 연결되었다. 왜냐하면 이데올로기에는 사회질서와 그것의 문제를 하나의 전체로서 보는 방식이, 그러한 문제들에 대한 해결을 기획하는 방식이 있었다. 결과는 분명했다. 그러한 총체적 이데올로기 틀은 보수주의자들에게 미국 역사에서 막대한 이점을 주었다. 예를 들어, 마크 해너[15] 와 허버트 후버(Herbert Hoover) 는 결코 위대한 정치 이론가들이 아니었다. 그럼에도 그들은 이념가를 자처했으며, 그들의 언약은 특별한 명민함으로 세계를 바라보고, 주요 문제와 도전들을 이해하고, 그들이 판단하는 대로의 문명의 지속을 확보하기 위하여 응전과 미래 조직을 계획할 수 있었다. 미국 역사에서 어떠한 자유주의자나 급진주의자도 해너의 전국시민연맹(National Civic Federation)[16] 같은 성공적이고 중요한 단체를 만들어낼 수 없었다.

이 모든 것들은 미국의 자유주의-급진주의 전통에 대한 근본적 비판을 암시한다. 도덕률 폐기론(*antinomian*) 논쟁의 시기로부터 현재까지 이러한 전통은 대체로 이견을 지닌 사람들 묶이었다. 이 전통은 처음부터 문명이 아니라 자아에 관련된 것이었으며, 자아의 가능성의 완성에 대한 약속과 관련된 것이었다. 19세기에 그것은 문명의 진보가 아니라 자연을 추구했다. 그것은 어찌 되었건 부르주아 이상이 충족될 수도 있는 조건들로 복귀하기 바랐다. 심지어 베블런(Veblen) 은 '야만상태'를 문명보다

---

15) 〔옮긴이주〕 Mark Hanna(1837~1904) : 미국의 실업가이자 정치가였다. 특히 공화당의 실력자로서 1896년 맥킨리(William McKinley)를 대통령으로 만든 일등 공신이었다. 그 자신도 죽을 때까지 오하이오 주를 대표하는 상원의원으로 활동했다. 시어도어 루스벨트와 정치적 대적 관계에 있었다.

16) 〔옮긴이주〕 재계와 노동계의 지도자들이 연합하여 1900년 만든 단체이다. 마크 해너가 초대 회장을, 숙련공들로 구성된 미국노동연맹(AFL: American Federation of Labor) 대표였던 새뮤얼 곰퍼스(Samuel Gompers)가 부회장을 지냈다. 이 단체에는 사회사업가인 제인 애덤스나 사회과학자인 에드워드 베미스(Edward Bemis)도 포함되어 있었다. 이 단체의 주된 목적 중 하나는 산업상의 분규를 기업가와 노조 대표들이 합의로써 해결하는 것이었으며, 혁신주의 정책과 방향을 온건화하는 데도 일조했다.

더 매력적이라고 보았다. 그가 만약 기계와 그 학문 분야를 환영했다면, 그것은 대체로 기계가 어찌 되었건 모든 제도를 파괴할 것이며 인간은 그 자신의 본성과 기본적인 본능으로 돌아갈 것이라고 희망했기 때문이다. 문명을 개인의 발전에는 무관심한 이기적인 인간들 손에 있는 단순한 물질주의로서 반대했기 때문에, 자유주의-급진주의 전통은 종종 개혁을 추구했다. 그런데 그 개혁은 가끔 제도적 차원에까지 이르렀지만 단지 일부 제도들의 개혁일 뿐이었다. 왜냐하면 그것이 이전의 사회질서로 돌아가고자 했기 때문이다. (예를 들어, 산업주의에 의해 붕괴된 원래의 가족 구조로 돌아가고자 하는 의지는 19세기 여러 개혁운동을 통해 실처럼 꿰어진다.) 그것은 때때로 공동체에 토대를 둔 사회적 이상을 꿈꾸는데, 그 공동체는 거대한 기술변화를 더 이상 혹은 현재 겪지 않고 있다. 그럼에도 불구하고 의미심장하게 그것은 문명의 관념의 기본원리와 개인재산의 역할을 거의 공격하지 않았다. 그것은 '특허청(*patent-office*) 모델' 같은 소수를 위한 소규모의 공동소유를 시도했지만, 사회의 근본적 구조를 총체적으로 공격하는 도전을 거의 받아들이지 않았다. 스토우 부인(Mrs. Stowe)은 《톰 아저씨의 오두막》(*Uncle Tom's Cabin*)의 핵심 부분에서 19세기 문헌 중 미국 자본주의를 가장 신랄하게 비판했다. 그럼에도 그녀의 공격은 이룬 것이 거의 없었다. 왜냐하면 그녀가 충분한 이데올로기적 비전을 갖고 있지 못했기 때문이다. 결국, 그녀는 그 대신 우리에게 최초의 실존주의적 영웅인 톰 아저씨를 제시하는데, 그는 예수와 죽음에서 자유를 찾았다. 종교와 구원의 은총이 경제적 혹은 사회적 조정(*adjustment*)보다 더욱 중요하다. 이것이 내가 알고 있는 기록상 노예제 폐지를 지지한 가장 기이한 케이스이다.

이것을 다른 말로 표현하자면, 자유주의-급진주의적 비판은 문명의 관념에 중심을 둔 것이 아니라 19세기의 또 다른 위대한 관념인 문화에 중심을 두었다. 개인의 쾌락을 최대화하고 개인적 은총의 성취와 실현에 관심이 있었기 때문에, 그 전통은 양심과 자연 안의 인간〔'진정한'(*real*) 인간, '근본적'(*basic*) 인간〕을 강조했으며, 사회적 참여를 두려워했다. 무엇보다도, 그것은 특히나 역사에 관심이 없었다. 〔예를 들어, 소로의 《월든》(*Walden*)은 과거를 불태우는 하나의 의례이다.〕 1911년이라는 늦은 해에, 역사학자 제임스 하비 로빈슨은 보수주의자들이 역사의 사용을 독점하는 상황을 개탄했으며, 그는 급진주의자들에게 그들의 명분에 역사가 가치 있음을 노력해보았지만 설득시키지는 못했다. 20세기까지 역사 연구는 우리의 사회질서 내에서 보수주의적 요소의 기능이었으며, 이데올로기를 위한 토대를 제공했다. 나의 용어를 사용하자면, 자유주의-급진주의 전통은 차라리 신화에 의존했다. 이 전통은 역사를 활용할 가능성을 스스로 잘라냄으로써 하나의 이데올로기를 세울 기회를 없앴다. 이 전통의 남성들과 여성들은 문화에 관심이 있었다. 삶의 조직이 아니라 삶의 조건들, 삶의 질, 고통과 악의 제거 말이다. 이것들은 존경할 만한 목표들이다. 그러나 목표는 충분치 않으며, 단편적인 개혁이나 분석 또한 그러하다. 에머슨은 1837년 그의 유명한 연설인 "미국의 학자"(*The American Scholar*)에서 기본 방침을 말했다. 우리는 관습과 습관에 의해 겁먹고, 불신하고, 눈이 멀게 되었다. 그럼에도 그는 희망을, 인간은 하나(*Man is One*)라는 자신의 신의가 제공하는 희망을 지니고 있음을 강조하였다.

> 나는 인간이 잘못되었음을 믿는다. 그는 스스로 부정한 일을 했다. 그는 자신의 특권에 이를 수도 있는 빛을 거의 잃어버렸다. 인간은 거의 가치 없게 되었다. 역사상 인간은, 오늘날 세계에서 인간은 벌레이고, 알(*spawn*)이고, '대중'(*the mass*)이고, '떼거리'(*the herd*)로 불린다. … 인간은, 그들이 그러하기 때문에, 매우 자연스럽게 돈 또는 권력을 추구하며, 그리고 권력 — 이른바 '사무실'의 '이권'(*spoils*) — 은 돈만큼 좋은 것이기 때문이다. 왜 안 되겠는가? 왜냐하면 인간들은 최고가 되기를 바라고, 몽유병 상태에서 그들

이 꿈꾸는 이것이 최고이기 때문이다. 그들을 깨워라. 그러면 그들은 거짓된 선으로부터 떠날 것이고, 진리로 도약할 것이며, 성직자들에게 정부를 맡길 것이다. 이 혁명은 문화 관념의 점차적인 교화(*domestication*)에 의해 이룩될 것이다. 어느 정도 장대한 세계의 주요 임무는 인간을 바로세우는 것이다.

문화의 관념에서 자유주의-급진주의 전통은 전진하는 사회에 대해 중요한 비판을 제공하는데, 그것은 인간을 향상시키는 데 실패했다는 것이다. 그러나 그 관념의 자연에 대한 호소와 문명과 문화가 어찌 되었건 중대하게 관련되지 않았다는 (일부 연구자들에게 19세기 후반과 20세기 초 초기의 전문적 사회학과 인류학 일부에서 흥미로운 방식으로 보여주었던 입장은 특징상 미국적인 사회과학의 혼란으로 보였다) 가설 내에서, 자유주의-급진주의 전통은 구질서를 효과적으로 대체할 수 있는 실제적인 이데올로기를 개발하지 못했다. 19세기 후반과 20세기 초의 사회과학이 어떤 의미에서는 새로운 전환을 보여주었다는 것은 사실이다. 그럼에도, 윌리엄 그레이엄 섬너의 《민속》(*Folkways*)은 당시 문명의 비전을 옹호하는 데 있어 다른 어떤 사람들의 작품보다도 더 대담하고 파괴적으로 보였다. 부분적으로 새로운 사회과학은 자연으로 돌아가라는 요구에 굴복하기 시작했다. 비록 그것이 자주 공동체로의, 농촌 미국의 조건으로의 복귀를 요구했지만, 그것은 종종 압도적으로 향수(*nostalgia*)를 암시했다.

20세기는 자연의 대체물을 예술에서 찾았다. 얼마나 많은 미국의 자유주의 개혁가들이 예술과 심미적(*aesthetic*) 경험에서 인간의 목적과 영적인 완성의 토대를 보았는가는 놀랄 만하다. 이러한 관념이 존 듀이에게 얼마나 기초적인가를 회상해보라. 비록 유일하게 과학을 민주주의와 공동체에 대한 해답이라고 공언했지만, 듀이는 공유하는 심미적 경험의 보편적 가치에 대해 계속 반복적으로 강조했다. 그의 스승 중 한 사람인 찰스 피어스(Charles Pierce)는 그 자체를 위하여, 실제적 응용에서 사심이 없는 진정한 과학의 추구는 그 목적 자체가 영광스러운 심미적 경험이며, 영적인 경험이라고 주장했다. 이러한 개념은 '무익한(*idle*) 호기심'과 그 기능에 대한 베블런의 특이한 신념과 유사하다. 사이먼 패튼 또한 공동체의 목표와 공동체의 최상의 절정과 공동체의 쾌락의 최대화를 일종의 심미적 경험으로 보았으며, 그는 자신이 '생산'보다 '절정'에, 물질적 성취보다 즐거움의 개체적 경험에 높은 가치를 두고 있음을 분명히 했다. 프레더릭 하우(Frederick C. Howe)는 링컨 스테판스(Lincoln Steffens)가 진정으로 개혁가가 아니라 예술가였으며, 제인 애덤스(Jane Adams)의 경우 헐 하우스에서의 회상에서 상당 부분을 예술과 심미적 경험의 중요성에 할애하고 있었다는 예리한 결론을 내렸다.

어떤 의미에서, 내가 저술하고 있는 완전한 전통은 개별 인간이 개별적 경험, 영적인 완성, 충족을 추구하는 전통이다. 이러한 경험은 종교적일지도 모른다. 그것은 자연과의 교감을 통해 이루어질지도 모른다. 그것은 예술에서 그러할지도 모른다. 그러나 그러한 것이 목표다.

물론 거기에는 문화의 관념을 주장하는 사람들과 더 나아간 문제가 있다. 분명히 그것은 의미 있는 비판적 입장을, 기존의 질서에 대한 일련의 주요한 반대들을 제공한다. 혹은 그럴지도 모른다. 그러나 결국, 초절주의(*transcendentalism*)가 어떤 특정의 정치적 혹은 사회적 견해를 요구하는 것은 아니다. 전반적으로 같은 종류의 관념을 지닌 영국의 옹호자들〔콜리지(Coleridge)를 증인으로 내세우겠다〕은 보수주의자로 간주된다. 나아가 문화의 관념은 우리의 지성사가 보여주듯이 종종 고답적 전통으로 쇠락한다. 왜냐하면 산타야나가 이름붙인 그 명칭의 전통은 명백히 이전의 격렬했던 운동의 지쳐버린 연장상태이기 때문이다. 예를 들어, 존 러셀 로웰[17]은 분명히 초절주의자의 꿈을 같이했지만, 생의 후반부

17) 〔옮긴이주〕 John Russell Lowell(1819~1891): 하버드대학을 졸업한 낭만파 시인이다. 잡지 *Atlantic Monthly*의 편집자였으며, 후일 하버드대학 교수를

에서 전통에 대한 반항은 그 자체가 전통이 되었다. 그가 《나의 서재 창문》(*My Study Windows*)에서 묘사하는(혹은 심지어 존 제이 채프먼이 묘사하는) 에머슨은 우리가 그의 시대의 문맥에서 이해하는 것과는 매우 다른 종류의 청교도이다. 물론 로웰은 소로에게서 관심을 가져야 할 가치가 있음을 찾지 못했다. 청교도의 재는 쉽사리 타버렸다. 로웰에게 소로는 이기적인 인간, 도덕적으로 공허한 인간, 자연으로 탈출하려는 병적인 욕망을 지닌 인간일 뿐이었다. 〔로웰은 또한 인간을 위한 경험으로서 자연보다는 예술을 선호했다. 그리고 로웰에서 베빗(Babbit)에 이르는 시대에는 경험이 책, 도서관, 화랑에 국한되었다.〕 고답적 전통은 점차 초절주의의 반발이 갖지 못했던 것을 추가했다. 즉, 과거에의 호소였다. 그러나 안락함과 알맹이(*substance*)를 제공하는 과거요, 활동적 삶을 위한 이데올로기라기보다는 연구의 따뜻함을 제공하는 과거였다. 인생의 종반부에 로웰은 민주주의가 "제대로 이해된다면, 하나의 거대한 보수주의적 힘"이며, 미국은 "보수주의 본능을 지닌 민주주의" 국가라고 말했다.

나는 미국 보수주의의 본질을 규정하는 문명의 관념에 단점이 없다고 주장하려는 것이 아니다. 그것은 세상사에서 적극적이고, 진행 중인 역할을 맡고 유지하기 때문에 가장 심각하게 비틀거릴 수 있다. 또한, 이데올로기들은 그 의미를 잃으며, 새로운 현실에 적응하지 못하고 있다. 그것들은 실재 세계에 패턴을 강요해 위험스러운 오해를 키운다. 내가 사용해온 의미에서 보수주의는 공포의 산물이고, 하나의 이상(*one ideal*)이 실패하여 새로운 현실로 교체됨을 인정함으로써 초래되는 위험한 변화의 산물이기 때문에, 어떠한 문제도 없다고 인식하는 거친 낙관론과 대조해 보면 때때로 사회적으로 바람직하고 존경할 만한 것이지만, 바로 그 공포가 하나의 맹목적 요소가 될 수 있다.

---

역임하고 외교관 역할도 했다.

이것이 나를 현재로 돌아오게 만든다. 왜냐하면 내 생각에 오늘날 미국에서 어떠한 보수주의도 효과적으로 작동하지 않기 때문이다. 그것을 추구하는 사람들, 혹은 추구하고 있다고 말하는 사람들은 공포에 의해서 이미 지나치게 맹목적인데, 그 공포는 현실적 토대를 가지고 있으나 우리 시대 현실의 전체를 보려면 그 공포가 낳은 것보다 더 큰 지적 능력이 필요하다. 세상의 변화는 너무 빠르고 극적으로 온다. 1930년대 새로운 궤도와 새로운 형태에 힘차게 진입한 이후 문화의 관념 또한 실패한다. 실존주의와 신정통주의의 발견, 도스토예프스키의 재발견, 허먼 멜빌과 헨리 제임스(그들의 근본적인 이해는 문명의 본질과 문명이 만들어낸 복잡한 도덕의 문제에 관한 것이다)에 대한 분별없는 애정에도 불구하고 말이다. 그리하여 원래는 그 질서에 명백하게 모욕적인 지위에 있었던 니부어 같은 사람은 이제 지적으로뿐 아니라 정치적으로도 기성체제의 한 기둥이다. 새로운 보수주의를 추구하면서 염려하는 사람들이 문화 비평의 현 종사자들을 손에 넣을 수 없는 것은 하등 놀랄 일이 아니다. 그들은 더 이상 작금의 현실을 대표하지도 않는 문명의 관념이라는 덫에 잡혀 있다.

적어도 그들의 역사에서, 그럼에도 두 전통은 오늘날 새로운 급진주의를 만들려 애쓰는 사람들에게는 가치가 있다. 브룩스 애덤스가 중요한데, 그것은 그가 미국 사회를 비판적으로 보았기 때문이 아니라 그가 하나의 문명관을 제안했기 때문이다. 우리가 보수주의자들에게서 배우는 것은 무엇보다도 이데올로기의 가치인데, 즉 우리의 꿈들, 우리의 환상들, 그리고 우리의 욕망들이 무엇이건 간에 우리가 가장 잘 발견할 수 있는 것으로서 우리 세계의 전체적 현실의 본질에 대한 치밀한 분석에 기초한 문명의 관념이다. 우리에게 몇몇 이데올로기들이 아니라 이데올로기로부터 멀어지라고 경고하는 사람들은 세계를 의미 있게 바라볼 수 있는 희망을 결코 줄 수 없다. 한편, 우리는 문화 관념의 옹호자들에게 커다란 존경을 품고 있는데, 왜냐하면 그들이 개별 인간들에게서 자유와 평등뿐 아니라 일련의 가치 있는 인간 경험을 추구하려 애썼기 때문이다. 나는 쾌락의 추구와 고통의 회피 사이 어디쯤에서 균형을 찾아야 할지 모르겠다. 나는 헤르베르트 마르쿠제(Herbert Marcuse)의 《에로스와 문명》(*Eros and Civilization*)에서 감명을 받았는데, 여하튼 프로이트가 우리에게 《문명과 그 불만》(*Civilization and Its Discontents*)에서 제시하는 딜레마 속에 문명과 문화를 유지하는 문제에 대한 해답이 있을 수도 있겠다는 의미에서 그러하다. 이것은 결국 프로이트(위대한 보수주의자면서 위대한 급진주의자)가 그의 생애 마지막에 벌인 작업에서 다루는 기본적 문제이기도 하다. 한편, 우리는 실증적 자료를 넘어서기를 두려워하지 않고, 우리와 의견을 달리하는 사람들에게서 배우는 것을 두려워하지 않으며, 앞에 놓인 문제와 씨름해야만 한다. 우리의 가장 위대한 보수주의자들에게서 우리는 많은 것을 얻을 수 있다. "여기 잘못은 모두 행동하지 않은 데 있다. 모든 머뭇거리던 자신 없음이여"라고 시인 에즈라 파운드는 썼다. 진실로, 혐오스런 독트린에 빠진 시인이 우리 자신의 것에 더 근접한 미래의 비전을 지녔지만 진부하게, 심지어 무의미하게 '우선 빵, 다음에 도덕'(*First Bread, then Morality*)을 알려준다고 주장하는 사람보다 인간 조건들에 대하여 더 많은 것을 말할 수 있는 경우가 있다. 우리는 그것보다 더 완전한 비전을 요구해야 한다.

# 제5장

# 사회주의와 미국주의

혁명적 정치의 문제는 견고한 중간계급 청교도들에게 반복적으로 부과되는 명령을 간단히 언급함으로써 잘 드러날 것이다. 이들은 단지 자신들의 '언덕 위의 도시'(*City on a Hill*)를 세우기 위해서만이 아니라 종교개혁 자체 — 그리하여 세상 전체 — 를 개혁하려는 훨씬 더 힘든 임무를 수행하기 위해서 17세기 미국 연안에 도착했다. 그들은 자신들이 세계 **안에**(*in the world*) 머물러야지, 세계에 **속해**(*of the world*)서는 결코 안 된다는 점을 끊임없이 상기했다. 그 명령에 복종하기가 얼마나 어려웠는가는 청교도 경험의 전체 역사에 대해서 알려준다. 그것은 또한, 사실상 자신이 살고 있는 세계를 급진적으로 바꾸려고 결심한 어떤 집단이 직면한 도전과 같으며, 그들은 세계를 변혁시키려고 애쓰면서 바로 그 세계 안에서 계속 살아가야만 한다.

사회주의 미국을 원하는 사람들이 기독교 미국을 만들려고 애썼던 사람들의 역사에서 배웠던 것도 당연하다. 리처드 니부어(H. Richard Niebuhr)가 《그리스도와 문화》(*Christ and Culture*)에서 탁월하게 증명한 것처럼, 기독교는 진행 중인 문화의 패턴에 대하여 때때로 압도적인 판단을 제공하면서 강제적인 저항문화로서 이바지할 수 있었고, 이바지해왔다. 그러나 동시에 기독교 신앙으로의 개종은 억압감을 완화시키고 원래는 비판적 반대를 제공했던 바로 그 문화를 지탱하는 이데올로기가 되는 매우 다른 기능을 제공할 수도 있었다. 그리하여 사회주의자로서 심지어 IWW〔세계산업노조〕[1] 와 자신의 책을 헌정한 존 듀이 모두에게 매력을 끌었던 프랭크 탄넨범은 1921년의 저서 《노동운동》(*The Labor Movement*) 에서 정치운동들이 이론적 근거 혹은 "사물에 있어 감정적 기분전환 수단"으로서, "빌리 선데이(Billy Sunday) 모임 … 삼류소설(*dime novels*), 음주, 야구 성적, 영화" 와 비슷하게 기능했다고 제시하면서, 정치운동들에 대해서 경고했다.

> 사회당(*The Socialist Party*) 은 노동자의 삶과 노동에 가장 중대한 것으로 보이는 것들에 대해 의도적으로 관심을 갖는 데서 다른 정치적 조직들과 다르다. 선동을 통해 사회당은 불만자들을 견고하게 만들고, 의미를 부여하고, 한정된 목표를 설정한다. 그러나 주목해야 할 것은 사회당 자체는 그러한 문제들에 관여하기보다는 관심을 갖는다는 것이다. 그것은 직접적인 활동을 미루는 경향이 있는데, 일상의 접촉 범위와 노동자가 운용하는 기능 바깥에 있는 사물들에 관심을 집중함으로써 가능하다. **그리하여 적당한 선에서 사회당은 노동자의 관심을 즉각적인 문제들로부터 분산시키는 모든 다른 기관들(*agencies*)이 수행하는 작업에 무의식적으로 참여한다.**[2] 〔고딕체는 원 저자의 것임.〕

---

1) 〔옮긴이주〕 Industrial Workers of the World의 약어. 세계산업노동조합이라는 급진적 조직으로서 19세기 말에서 제1차 세계대전 직후까지 활동했던 노동조직이다. 조합원들은 워블리(Wobbly) 라고도 불렸다.

2) Frank Tannenbaum, *The Labor Movement* (New York, 1921), pp. 64~65. 고딕체는 서스먼의 것임.

탄넨범은 혁명적 변환이 주로 노동조합화 과정의 불가피한 목적으로 나타난다고 보았다. 그럼에도 저서를 통해 그는 노동운동 자체가 사회체제를 안정시키고 규제하며, 마찰과 불화를 없애버리고 조화와 진정한 공동체를 만드는 '보수적 결과'를 가져올 수 있고 또한 가져올 것이라는 것을 인식하고 있었음을 알 수 있다. 그리고 일찍이 19세기 말에서 20세기 초 전환기에 미국 산업 지도자들은 전국시민연맹(*National Civic Federation*)을 만드는 과정에서 노조가 새로운 산업질서를 합리화하는 바람직한 역할을 할 수 있음을 인식했다. 1948년 라이트 밀즈(C. Wright Mills)가 《새로운 권력자》(*The New Men of Power*)를 출간했을 때, 거의 모든 좌파 미국인들은 사실상 노조가 기존의 미국체제 유지에 중대한 역할을 한다는 점을 현실적으로 이해하고 있었다.

따라서 세계 **안에서** 어떻게 역할을 다할 것인가와 그럼에도 그 세계에 **속하지** 않을 것의 문제는 전략과 전술에서 결정적 문제였다. 그 문제는 미국적 경험 내에서 일련의 특수한 조건들에 의해 엄청나게 복잡해졌다. 처음부터 그 경험 자체에 이론을 연관시키는 문제가 존재했다. 미국과 유럽의 사회주의자들은 반복해서 미국의 독특성(*American uniqueness*), 즉 미국 역사와 발전의 '특수한' 본성의 문제를 제기했다.[3] 일부는 문제를 이론적 혹은 이념적 견해와 정치적 행동의 형태에서 찾았다. 또 다른 일부는 주요 문제가 그러한 운동의 잠재적인 '대중 토대'(*mass base*)를 정의하는 데 있다고 주장했다. 또 다른 사람들은 진행 중인 체제에 대해 미숙련 노동과 비조직화된 노동, 이민자, 흑인, 여성 같은 '주변적인 집단'에 집중되고 전념하는 (전설에 가까운 IWW 같은) 모험을 칭찬했다. 나머지 일부는 지식인 자원, 확립된 노조, 동조적인 중간계급을 포함하여 전폭

3) 이 주제의 전반적인 것은 R. Laurence Moore, *European Socialists and the American Promised Land*(New York, 1970)를 볼 것. 마지막 장이 미국의 사회주의자들을 다룬다.

적인 지지를 끌어낼 수 있는 운동을 요구했다. 사회주의 미국을 추구했던 많은 사람들에게 일종의 정치적 활동은 중심적이었지만, 일부는 초기 투쟁이 지역의 제도 내에서, 공동체 내에서 발생해야 한다고 주장했으며, 또 다른 일부는 전국적인 세력을 추구하는 것이 무엇보다도 중요하다고 믿었다. 일부 사람들은 사실상 모든 정치적 활동을 부인하고 그 대신 때때로 특별한 종류의 문학 혹은 문화적 급진주의의 비전을 포함한 문화적 영역에서의 활동을 제안했다.

그러나 이와 같은 경우에는 대부분 지속적이고 매우 특별한 문제가 존재한다. 즉, 어떻게 사회주의를 특히나 미국적인 경험과 연관시킬 것인가, 혹은 연관시킬 수 있을 것인가? 종종 이 문제는 더 거칠게 제기되었다. 즉, 사회주의는 '외래적' 이데올로기인가, 혹은 사실상 미국적 방식(*American way*) 내에 속하는 '토착적' 운동인가? 미국 역사에서 많은 패러독스 중 하나는 어떻게 이민국가가 동시에 '외래적'이라고 딱지붙인 사상들, 운동들, 그리고 사람들에 대해 그렇게 자주 공포심과 심지어 히스테리까지 일으킬 수 있는가, 혹은 얼마나 자주 다른 사상들, 운동들, 그리고 사람들이 '토착적'이라고 생각되거나 효과적으로 '미국화'(*Americanized*) 되었음을 증명할 수 있다면 옹호될 수 있고 심지어 열광적으로 지지받을 수 있는가 하는 것이다.

미국의 사회주의 역사에서 사회주의 사상과 사회당 자체에 대한 상당한 지지와 관심이 증가하게 된 바로 그 시기가 특히 20세기 첫 몇십 년 동안 하나의 이데올로기로서 '미국주의'(*Americanism*)의 발전을 목격한 시기와 동일하다는 것을 인식하는 것은 매우 중요하다. 분명히 1920년대면 엘윈 파월(Elwin H. Powell)이 주장하듯이 혁신주의의 지배 아래 전반적인 새로운 질서가 미국에서 형성되었고, 그 질서는 제 1차 세계대전 그 자체의 경험에 의해 강화되었으며, 미국주의의 신비에 의해 '신성시되'거나 정당화되었다. 그리고 미국주의는 기업 자본주의의 이념적 토대로서 낡은 개신교 윤리를 대체했다.[4] 그리고 대공황의 경험과 제 2차 세계대전 덕분에 미국적 생활방식(*an American way of life*) 이라는 비전이 지배력과 세력을 확대했다는 것 또한 사실이다.[5]

심지어 가장 피상적으로 역사를 읽어도 유진 뎁스(Eugene V. Debs) 같은 사람의 지도력하에 사회주의에 대한 커다란 매력이 존재했음을 알 수 있다. 예를 들어, 뎁스는 마르크스와 계급투쟁에 대해 언급할 때, 미국 사회주의 운동 좌파 쪽의 이민출신자연맹(*foreign-language federations*)의 점증하는 세력 혹은 ('아나키즘', '폭력', 특징 없는 조합주의) 같은 방식과 〔'부랑자'(*bums*) 와 주변인들을 끌어들인〕 회원을 지닌 IWW보다는 인물, 수사법, 심지어 행동까지도 '토착적' 미국 급진주의의 외관을 지녔다. 또한 역사학자들도 이민출신자연맹의 점증하는 세력과 1920년대의 새로운 공산당 출현은 유럽의 사건, 특히 러시아 혁명의 경험과 결과들을 반영하는 경향이 있었다고 주장했다. '사회주의의 붕괴'에 관한 탁월한 논문을 통해 크리스토퍼 래쉬(Christopher Lasch) 는 1920년대부터 현재까지 미국 급진주의의 특징을 "분파주의, 주변성, 그리고 미국적 삶으로부터의 소외"라고 요약했다.[6]

---

4) Elwin H. Powell, *The Design of Discord*(New York, 1970), p. 104. 상당히 발전될 가치가 있는 몇몇 사상을 지닌 사회학자에 의한 도발적 연구이다. 7장 "버펄로(Buffalo) 에서의 계급투쟁"은 이 책에서 제기되는 문제들에 관심 있는 사람들에게 특히나 흥미롭다.

5) 나는 1930년대의 중요 측면으로서 이 관념을 발전시켰다. 이것은 이 시기의 본질적 보수주의에 공헌하고 있는데, 다음의 두 논문에서 다루고 있다. "The Thirties", in S. Coben and L. Ratner, eds., *The Development of American Culture*(Englewood Cliffs, N. J., 1970); "Introduction", to my own *Culture and Commitment*(New York, 1972).

6) 이것은 매우 중요한 논문이다. 래쉬의 책 *The Agony of the American Left*(New York, 1969) 에 실려 있다. 문장은 40쪽에서 인용했으나, 논문 전체는 미국의 사회운동에 관심 있는 사람들이 반드시 읽어야 한다.

정확하게 이 위대한 '미국주의'의 세기에 사회주의자들은 그들이 '미국적 삶에서 소외'되는 문제를 고민했으나, 그러한 인식을 극복하기 위해 그들은 (의식적이건 무의식적이건) 모든 노력을 다했다. 1911년 업튼 싱클레어(Upton Sinclair)는 홍에 겨워 쓰기를, "아마도 미국에서 사회주의의 진보에 대한 가장 중요한 징후는, 오늘날 출판사들에서 사회주의 서적들이 엄청나게 쏟아져 나오는데, 이것들은 미국 태생의 미국인들에 의해 쓰이고 미국적 관점에서 미국의 문제들을 다룬다는 것이다."[7] 자신들을 외국인으로 느낀 이 시기의 문학 급진주의자들은 그들이 추구하던 혁명에 이르는 어떠한 정치적 길도 피하면서 대부분 스스로를 사회주의자로 간주했다. 자신들의 지도자 중 한 사람인 밴 윅 브룩스와 더불어, 차라리 그들은 미국의 문화 르네상스를 만들어내고자 애썼다. 그들의 가장 중요한 잡지 중 하나인 〈세븐 아츠〉(*Seven Arts*)는 논설에서 "우리와 많은 사람들의 신념은 미국을 위해 위대함의 시작인 국가적 자의식이 등장함을 의미하는 재탄생 초기에 우리가 살고 있다는 것이다"고 썼다. 그리고 부분적으로는 생활양식(*life-style*)을 통해 자신들의 혁명을 이루려고 노력했는데, 그들은 의상을 시작으로 인생 경험의 광범위한 다양성을 실험하며 미국의 중간계급에게 도전했다. 〔아마도 그리니치빌리지(Greenwich Village) '보헤미안'(*Bohemian*)으로 절정에 이른〕 성(*sex*)과 전통적 제도와 가치관에 대한 새로운 태도는 종종 잭 런던(Jack London)이나 존 리드(John Reed), 혹은 거지, 방랑자, 사회적 추방자에게서 모델 혹은 문화 영웅을 찾았다. 제임스 길버트(James B. Gilbert)가 날카롭게 지적하듯이, "하나의 특징적인 미국적 사회유형은 이제 사회 혁명가로 묘사되었

7) 이 문단의 모든 인용은 James B. Gilbert, *Writers and Partisans*(New York, 1968), pp. 12, 33, 14에서이다. 길버트의 책은 문예 급진주의에 관한 가장 가치 있는 책이다. 그러나 Daniel Aaron, *Writers on the Left*(New York, 1961)도 볼 것.

다. 그러나 그는 이제 노래 책이나 IWW 신문에 포함된 새로운 종류의 문화의 창조자로, 또한 그 자신의 삶에서 예언자로, 사회의 주변에 있지만 그럼에도 그 중심을 명료하게 볼 수 있는 인간으로 여겨진다". 그럼에도 불구하고 그러한 인물이 월트 휘트먼(Walt Whitman)이나 마크 트웨인의 허크 핀(Huck Finn)에 미국적 뿌리를 둔다는 것은 의미심장하다. 그리하여 그는 사실상 서서히 합류하여 저항문화에 가담하는 위치에 있게 되는데, 후자는 (조지 산타야나가 목격했듯이) 더 이상 미국에서의 삶과 경험을 의미하지 못하면서 단지 기존의 질서를 지지하던 무미건조한 고답적 전통을 뒤집는 데 공헌했다. 따라서 사회주의자들은 광범위한 기법을 채용했으나, 그것은 그들이 그 시대의 미국주의와 적절한 관련을 맺을 경우에만 그러했다.

형태가 어떠했던 간에 그 시대의 사회주의가 미국의 발전에 영향을 끼쳤다고 제안하는 것은 분명히 가능하다. 진실로, 새로 정의된 그 시기의 미국주의는 그 정의를 점차 확대하여 미국인들이 한때 '사회주의적'이라고 거부했을 수도 있는 많은 것들을 포괄하게 되었다. 형식주의에 대한 반란을 통해 새로운 자유주의 사회사상가들은 더욱 무자비한 형태의 개인주의에 대해 반항하기도 했는데, 그 개인주의는 악덕 기업가(*robber baron*)와 비효율을 만들었던 기업 자본주의의 혼돈을 낳았다. 새로운 산업질서를 합리화하려는 전반적인 혁신주의의 노력은, 적어도 1630년 존 윈스럽(John Winthrop)이 아벨라(*Arbella*) 호[8]에서 쓴 《기독교 자선의 모델》(*Model of Christian Charity*) 만큼이나 오래된 공동체 추구의 연속 혹은 재생으로 이어지기도 했다. "공동체의 재화와 서비스를 국영화하고

---

8) 〔옮긴이주〕 1630년 4월 8일에서 6월 12일 사이, 윈스럽이 이끄는 청교도를 중심으로 한 일군의 사람들이 영국에서 매사추세츠의 세일럼을 향해 항해할 때, 선두에 선 배였다. 이 배에서 윈스럽이 "언덕 위의 도시"(*City upon a Hill*) 연설을 한 것으로도 유명하다.

그것들을 개인의 처분에 놓"으려는 경향은, 프랭크 탄넨범이 1921년에 출간된 《노동운동》에서 썼듯이, 1920년대의 두드러진 특징이었다.

> 우리는 수도, 공공 고가도로, 교육, 가로등 길, 다리, 공공 병원의 환자들을 위한 의료 서비스, 공공 학교 어린이를 위한 치과 서비스, 공원, 박물관, 도서관을 통한 책들, 여러 종류의 정보 서비스를 국영화해왔다. … 여기에 질병보험, 실업보험, 노령연금을 통한 노인 돌보기와 출산 장려금을 통한 젊은이 챙기기, 공장 및 광산 감독, 위험한 기계에 대한 보호를 법적으로 집행하기 같은 것들이 추가되어야 한다.[9]

탄넨범이 이 목록에 이전에는 개인자산에 대한 사회주의적 공격이라고 주장된 여타 정부 역할의 전환 중 소득세와 마지못해 점차적으로 존중하게 된 노동자의 조직권과 단체교섭권을 추가하고 싶은 것도 무리는 아닐 것이다. 이러한 모든 '국영화된 것들'이 산업 질서를 합리화하려는 노력의 일환이라는 것이 사실상 당연한지도 모르겠다. 이것들이 우선적으로 중간계급과 노조세력을 돕기 위해 고안되었기 때문에, 수백만의 미국인들이 암묵적으로 혹은 직접적으로 이것들의 혜택을 받지 못했다는 것이 당연할지도 모르겠다. 그러나 그러한 변환으로 인하여 1917년 버펄로의 한 신문이 사설을 통해 다음과 같이 선언했다는 것은 사실로 남아 있다. 즉, "우리는 오늘날 다소간 모두 사회주의자들이다. 우리 중 일부는 우리의 사회주의를 국가통제 혹은 시 소유권(*Municipal Ownership*) 혹은 조직적 박애(*Organized Benevolence*)라는 이름으로 부른다. 그러나 그것은 허버트 스펜서의 개인주의와 차별되는 것으로, 순수하고 단순한 사회주의이다".[10]

---

9) Tannenbaum, op. cit., p. 208.

10) Powell, op. cit., p. 93.

심지어 중간계급 미국인들에게, 특히 오랫동안 청교적 노동-저축 윤리와 연관된 중간계급 가치관에 의도적으로 모욕을 주었던 새로운 급진적 생활방식조차도(비록 그것이 일반적으로 미국 생활과 예법, 도덕을 중대하게 바꾸는 데 또한 분명히 역할을 했지만) 종국에는 새로운 미국주의를 지지했다. 말콤 카울리(Malcolm Cowley)가 보여주었듯이, 그리니치빌리지의 새로운 윤리가 가치 있다고 본 바로 그것들이 불가피한 새로운 소비윤리를 제공했다. 즉, 사람들이 지출과 구입을 하도록 하고, 미국인의 습관의 본성을 바꾸고, 새로운 산업 체계가 생존키 위하여 필요했던 미국주의의 소비 양상을 만드는 데 도움을 주었다. 문화적 급진주의는 (적어도 부분적으로) 수용될 수 있었다. 미국주의는 사회주의의 이러한 변이(*variant*)도 포용할 수 있었다.[11]

1935년 7월 4일, 신문 〈일용노동자〉(*The Daily Worker*)[12]는 1면 헤드라인 기사로 "소비에트 미국을 향하여"라고 선언했다. 목표는 결코 새로운 것이 아니었다. 수단이 새로워보였다. 미국 사회주의에서의 주요 요점은 (1920년대에는 많은 사람들에게 그렇게 보였지만) 미국적 세계에서 더 이상 '소외'되지 않는 것이다. 2쪽에서 〈일용노동자〉의 독자들은 2명의 위대한 혁명가들, 즉 레닌과 조지 워싱턴 사진이 나란히 있는 것을 발견했다. 독립선언서의 복사본은 명백한 메시지를 완결했다. 미국의 사회주의는 철저하게 미국주의에 합류했다. 공산주의는 20세기 미국주의가 되었다. 얼 브라우더[13]는 그의 동지들에게 "우리야말로 진정한 미국인이

---

11) Malcolm Cowley, *Exile's Return*(New York, 1934), pp. 72~73.

12) 〔옮긴이주〕 미국 공산당에 의해 1924년부터 뉴욕에서 발행된 신문이다. 1930년대 인민전선 형성 이후 "공산주의는 20세기 미국주의"라고 선언하면서 예술과 스포츠까지도 기사로 다루었다.

13) 〔옮긴이주〕 Earl Russell Browder(1891~1973): 미국의 공산주의자로 1934년부터 1945년까지 미국 공산당 총서기였다. 1930년대 대공황 시기에는 인민전선 정책을 집행하면서 루스벨트의 뉴딜정책을 지지하였으며, 나아가 공산주

다"라고 말했다. 물론 인민전선(*Popular Front*)이라는 개념은 결코 유일하거나 독특한 미국적 상황에 의해 조건화된 미국적 발전도 아니었다. 하지만 공식적 정책 고려가 무엇이었건 간에 그것은 다만 미국주의와 사회주의 사이의 특수 관련성의 전체 역사에서 또 다른 단계였으며, 20세기 사회주의와 미국적 경험 사이의 상호작용의 전체 역사를 특징짓는 전환(*shift*)과 역전환(*countershift*)의 거의 예측 가능한 부분이었다. 리온 샘슨(Leon Samson)은 줄곧 사회주의자였음을 의식하지 못한 미국인들이 의식적(*conscious*) 사회주의의 대체용어로 미국주의를 사용해왔다고 주장했다. 이제 인민전선은 미국인들을 의식적 사회주의자로 바꿀 방편으로 미국주의를 붙잡으려 애쓰고자 했다.

이 글은 미국에서의 인민전선의 중대성을 평가하기 위한 것이 아니다. 1940년대와 그 이후, 공산주의자들이 인민전선을 빙자하여 그들 스스로 정부 및 미국의 광범위한 여러 기관들에 침투하여 행했던, 추정컨대 유해한 역할들에 대해서는 많은 연구가 있었다. 그렇지만 미국의 사회주의 자체에 끼친 폐해에 대해서는 거의 연구가 없다. 즉, 사회주의로부터 미국의 과거에 대한 터무니없는 비전, 현재 미국 사회에 대한 특이한 관념, 미국문화 전반에 대한 우스꽝스러운 태도가 등장했다. 우리 역사에서 매우 결정적인 교차점에 사회주의자들은 우리 자신이나 세계에 대한 이해에 거의 도움을 주지 않았다. 미국주의와 함께하려는 노력은 이데올로기는 말할 것도 없이 사상이 뒷전으로 물러나 있는 천박한 코미디가 되었다. 대학의 한 공산주의 그룹조차 다음과 같이 발표했다.

일부 사람들은 청년공산주의동맹(YCL) 사람들[14]이 정치적 성향을 갖고 있

---

의와 자본주의가 공존할 수 있다고까지 주장하였다. 그러나 바로 그러한 공존 가능성 주장 때문에 미국 공산당으로부터 미국과 소련의 사이가 벌어지게 된 1946년에 추방되었다.

> 으며, 정치를 떠나서는 아무것에도 관심이 없는 사람들이라고 생각한다. 그러나 결코 그렇지 않다. 그들은 몇몇 단순한 문제들을 갖고 있다. 올 봄에는 야구팀에 잘하는 사람을 데려오는 문제, 탁구 팀에서 반대하는 문제, 데이트하는 여성들의 문제가 있다. 우리는 쇼, 파티, 댄스, 이 모든 것에 참여한다. 간단히 말해, 청년공산주의동맹과 동맹 사람들은 변증법적 유물론이 모든 문제에 대한 하나의 해법이라는 믿음 말고는 다른 사람들과 전혀 다르지 않다.[15]

어빙 하우(Irving Howe)와 루이스 코저(Lewis Coser)는 인민전선이 사실상 어떻게 일종의 문화가 되었는가를 보여주었다. 아마도 그러한 문화의 불합리한 측면(예를 들어 사회적 관심이 있는 나이트클럽)에 대해 지나치게 많이 집중하면서, 그들은 인민전선이 미국 대중문화의 스타일에 공헌한 점을 훌륭할 정도로 부각시켰다. 그리고 그 스타일은, 그들이 제대로 제시한 것처럼, 제 2차 세계대전이 끝나고도 지속되었다. (이전에 미국주의에 맞선 사회주의처럼) 인민전선은 그 미국주의를 형성하는 데 도움을 주었으나, 그 결과로서 생긴 사회와 문화가 어떤 정당한 의미에서도 사회주의로 볼 수 있다고 제안하는 사람은 거의 없을 것이다.

일찍이 1936년, 많은 마르크스주의자 지식인들이 진실로 마르크스주의가 미국적 전통과 양립 가능한지에 대해서 의심을 품기 시작했으며,

---

14) 〔옮긴이주〕 원문에는 YCLer라고 되어 있는데, 문맥상 1920년까지 거슬러 올라갈 수 있는 청년공산주의동맹(Young Communist League of America)에 소속된 일원을 지칭하는 것으로 보인다. 이 청년 조직은 인민전선이 형성된 다음에는 더욱 확대되어 1939년에는 뉴욕 시에서만 1만 2천 명이 넘는 회원을 확보하기도 했다.

15) Irving Howe and Lewis Coser, *The American Communist Party*(New York, 1962), 인용은 338쪽임. 좌파의 많은 작가들이 이 책에 대해 비판적이었지만, 나는 인민전선에 관한 8장이 특히나 탁월하다고 보며, 8장의 결론은 이 시기 나 자신의 연구로도 뒷받침된다.

1937년에는 탁월한 잡지였던 〈파르티잔 리뷰〉의 편집자 윌리엄 필립스(William Phillips)와 필립 레이브(Philip Rahv)가 "마르크스주의와 국내의 지적 전통 사이에는 본질적인 모순이 존재하는데, 후자의 경우 미국 문학의 유럽화를 통해서만 해결될 수 있다"고 결론 내렸다.[16] 사람들은 새로운 사회주의 문화의 토대를 위하여 미국의 문학적 삶에 의미심장한 근거를 찾을 수 없었던 밴 윅 브룩스의 초기 좌절감을 즉각적으로 떠올릴 것이다. 서지학상 이 주제에 관한 해럴드 스턴스의 《미국의 문명》(1922)에 실려 있는 논문에서 브룩스는 다음과 같이 썼다. "어떠한 의미에서도 미국이라는 공간에서 문학적 삶은, 예컨대 입센, 도스토예프스키, 체호프, 플로베르, 텐느, 그리고 레오파르디[17] … 의 글 등을 읽는 것이 아니다."[18] 그러나 1952년 냉전과 열전, 그리고 매카시즘(McCarthyism)이 끝난 후, "우리나라와 우리문화"에 관한 심포지엄에서 많은 〈파르티잔 리뷰〉 저자들은 소외의 종말, 미국과 미국적 전통으로의 복귀, 망명과 반항의 종말에 대해서 언급했다. 미국주의는 언젠가는 드러날 것이다.

그럼에도 또 다른 의미에서 미국주의 자체가 관심을 끌었을 것이다. 그것은 산업주의 자체를 의미한다. 체제 전반에 대해 비판적이었던 그룹인 '남부의 12사도'(*Twelve Southerners*)는 1930년 '산업주의'에 대해 다음과 같이 언급했다.

> 〔산업주의는〕 집단적인 미국 사회의 경제조직이다. 그것은 사회의 경제적 자원을 응용과학에 투자하기로 한 사회의 결정을 의미한다. … 응용과학의

16) Gilbert, op. cit., p. 147.

17) 〔옮긴이주〕 Giacomo Leopardi(1798~1837): 19세기 전반 이탈리아를 대표하는 시인이자 작가. 기본적으로는 염세주의와 비관주의로 세상과 사물을 이해하였다.

18) Harold Stearns, ed., *Civilization in the United States*(New York, 1922), p. 541.

자본화가 이제는 엄청나게 커지고 무비판적인 것이 되었다: 그것은 분명 부담스러울 만큼 우리 인간의 에너지를 예속시켰다. 산업주의에 대해 변명을 하고 싶은 사람들은 이러한 비난을 직접 대면하고 싶지 않을 것이다. 그래서 그들은 종종 자신들이 단지 과학에 전념하고 있다는 말로 위안을 삼는다. 그들은 진실로 응용과학과 실제 생산에 전념하고 있다. … 그것은 천진난만하고 사리사욕이 없는 것으로 보이는 미국주의지만, 사실은 둘 다 아니다.[19]

아마 1920년대 많은 유럽인들이 이미 알고 있었듯이, 무엇보다도 미국주의는 **포디즘**(*Fordismus*)을 의미했다.[20] 우리의 미술관에 또 다른 한 쌍의 인물을 더하자. 1920년대 소련의 공장에 20세기를 '혁명화한' 레닌과 헨리 포드 두 사람의 초상화가 나란히 걸려 있는 것을 보게 되는 것은 결코 드문 일이 아니었다. 외국 사상의 위험이나 이념적 결과에 대해 염려하지 않으면서, 소련은 포드의 천재성과 산업 질서를 변환시킨 기술적 발전에 대한 공적을 존경했다. 미국 엔지니어들은 이에 보답했다. 1920년대와 1930년대 소련의 공장을 방문하고 돌아온 많은 사람들이 소련의 산업화와 산업조직 그리고 진보에 열광했다. 그러나 그것은 이념적 혹은 정치적 관심이 배제된 상태에서 성취와 생산에 대한 전문가적인 찬탄이었다. 그리고 미국 자체에서 1914년 1월 1일 포드의 조치, 즉 '깨끗하고 건전한 생활에 대한' 사회부서(*Sociological Department*)의 조사를 통과할 수 있었던 모든 포드 노동자들에게 일급 5달러에 8시간 노동을 확립한 것은 종종 새로운 비전, 즉 생산자로서의 인간뿐 아니라 미국 공동체 일원

---

19) Twelve Southerners, *I'll Take My Stand*(New York, 1962), pp. xxi~xxii. 원래 판은 1930년이다.

20) 〔옮긴이주〕 이탈리아의 공산주의자였던 안토니오 그람시(Antonio Gramsci, 1891~1937)가 옥중에서 쓴 《옥중 수고》(*Prison Notebooks*)에서도 1920년대 유럽이 빠른 속도로 미국화하고 있으며, 그러한 미국주의는 구체적으로 포디즘이라고 언급하고 있다.

으로서의 인간에 대한 주요 공헌으로 환영받았다. 또한 그 부서는 다른 서비스도 제공했는데, 그 서비스는 노동자들이 시험에 통과하여 그들에게 요구된 가정과 공동체 생활의 올바른 조건에, 건전한 노동습관과 훌륭한 시민의식에 적응할 수 있게 만들었다. 포드 자신도 그가 하는 일의 일부가 자동차 고객을 만들어낼 뿐 아니라, 심지어 만인을 위한 자동차의 비전이 노동자에게 하나의 몫을 제공할 것이라는 것을 깨달았다. 그런데 그것은 공장, 산업, 공동체 혹은 국가에서 본질적인 결정권을 준다는 것이 아니라 소유권과 에너지 사용 그리고 과거 신분에서는 보통 매우 소수의 사람들에게만 마련된 사회의 유동자원을 통하여 일종의 근본적인 사회적 평등을 제공한다는 것이었다. 그리고 토크빌(Tocqueville)도 그렇게 오래 전에 미국인들이 자유보다는 평등을 선호한다고 언급했다. (확실히 사회주의 저술가들이 아닌) 몇몇 저술가들은 포드의 총체적인 혁명은 레닌의 혁명만큼이나 중차대하다고 주장하기까지 했다.[21] 그러나 포디즘에 관한 해석이 무엇이건 간에, 그것은 부정할 여지 없이 미국주의라 부를 수 있는 것의 일부였다.

그리고 사회주의는 처음부터 산업주의와 중요하게 관련되어 있었다. 자본주의에 존재하는 종류의 산업질서에 대해 어떤 비판을 하건 간에, 사회주의는 그러한 기본질서 자체에 전념했다. 따라서 그것은 처음부터 많은 가정들과 많은 기본적 가치들을 공유했다. 만일 샘슨이 그들의 마음을 사로잡은 사회주의 가치 혹은 사회주의 개념의 대체를 미국주의에서 찾을 수 있다면, 미국주의에서 쉽사리 받아들일 수 있는 산업주의와 관련된 그러한 가치와 신념들을 사회주의에서도 찾을 수 있을 것이다. 즉 질서, 합리성, 그리고 과학에 대한 신념; 생산, 효율, 권력, 규율, 그

---

21) 나는 특히 브룩버거(R. L. Bruckberger)를 염두에 두었다. Bruckberger, *Image of America*(New York, 1959), pp. 195~197. 이 책에는 포드와 마르크스와 레닌을 비교하는 장이 있는데, 매우 시사적이다.

리고 무엇보다도 노동에 대한 존중; 계획, 조직, 그리고 관료제와 (적어도 발전의 어떤 단계에서) 국가의 필요성; 대중문화(*mass culture*) 혹은 대중들의 문화(*culture of the masses*)에 대한 집중적 관심; 협동, 참여, 공동체 복지의 중요성에 대한 강조; 특히나 과학에서의 진보에 대한 비전 말이다. 미국주의와 사회주의 모두 노동조합주의를 받아들였으며, 노동자의 역할에 대해 특별한 경의를 표했다. 사회주의자들은 노동자가 "그의 생산에 대한 충분한 가치"를 받을 자격이 있다고 주장했으며, 헨리 포드는 노동자들이 그들의 "정당한 몫"을 받을 수 있는 (심지어 이익 이전에도) 이익 나누기에 대해 언급했다. 미국주의는 노동절(Labor Day)을 요구한 반면 인민전선은 미국주의의 날(Americanism Day)을 제안했다. 양쪽 모두 불안전, 무질서, 소외를 종식시키기 위해 안정과 질서를 추구해야 한다고 주장했다. 양쪽은 사회적 평등이라는 개념을 가치 있게 생각한다. 이 리스트는 쉽게 확대될 수 있지만 요점은 양쪽 모두 산업주의의 산물이라는 것이다.

그리하여 앞에서 인용한 '남부의 12사도'의 비판에 대한 진정한 도전이 존재한다. 이들 비판자들은 자신들을 '농본주의자'(*Agrarians*)라 부르면서 모든 형태의 산업주의에 분명히 반대했다. 그들은 산업질서에 대한 일부 비판조차도 오로지 더 많은 산업주의에서 개선책을 찾고 있다고 주장했다.

> 때때로 그들은 약탈품을 좀더 공정하게 나누기 위해 자본의 관대함 혹은 노동의 호전성에 의존한다. 그들은 조합주의자거나 사회주의자이다. 그리고 때때로 그들은 통제위원회의 형태로 최고의 엔지니어들을 찾기를 기대하는데, 이들은 생산을 소비에 맞추고 가격을 규제하고 경기변동에 대한 사업을 보장할 것이다. 이들은 소비에트주의자이다. 이들 마지막과 관련하여 진정한 소비에트주의자 혹은 공산주의자는 … 산업주의자 자신이라는 것이 강조

> 되어야 할 것이다. … 따라서 우리는 공산주의자의 위협을 진실로 붉은 위협으로 이해하지 않는다. 왜냐하면 단순히 우리 산업 발전의 맹목적 동향에 따라 1917년 러시아에서 폭력에 의해 강요된 경제체제와 동일한 것이 마침내 미국에서도 나타나리라 기대하기 때문이다.[22]

나는 이러한 분석을 받아들이지는 않는다. 그럼에도 사회주의자들은 그 분석이 안고 있는 도전을 받아들여야 한다고는 믿는다. 즉 사회주의자들은 얼마만큼 그들 자신이 위치한 세계를 수용해온 것인가? 또한 얼마만큼 산업주의-미국주의를 무비판적으로 수용해야 그들이 인간적 삶의 질과 인간적 열망에 대한 근원적 사고를 위해 진정한 결과를 지닌 프로그램을 건설하는 데 사실상 방해가 되는가?

사회주의는 다음과 같은 방식으로 미국적 경험에 공헌했다. 즉, 미국주의의 근본적 구조를 심대하게 바꾸거나 진정한 대안 문화(*alternative culture*)를 제안하지 않으면서도, 미국주의의 범위를 넓혀왔다. 20세기 동안 미국주의와 이상한 게임을 하면서 영향을 끼치려 애쓸 때, 사회주의는 종종 세계 안에 있을 뿐만 아니라, 급진적으로 변화시키려 했던 바로 그 질서를 때때로 극적으로 강화했던 세계에 속해 있음을 알게 되었다. 미국에서 사회주의자들이 결코 하나의 대중운동을 유지할 수 없었다는 것은 사실이나, 아마도 그와 관련하여 그만큼 의미심장한 또 다른 질문이 존재한다. 즉, 왜 우리는 로자 룩셈부르크, 안토니오 그람시, 게오르크 루카치, 앙드레 고르츠,[23] 루이 알튀세 같은 사람들을 배출하지 못하고, 한 세기도 전에 마르크스가 시작한 위대한 토론에 어떠한 이론적

---

22) Twelve Southerners, op. cit., p. xxiii.

23) 〔옮긴이주〕 André Gorz(1923~2007): 프랑스 사회철학자로 1964년 *Nouvel Observateur*를 공동 창간했다. 또한 그는 1960년대와 1970년대 유럽 신좌파 운동의 중심인물 중 하나였다. 부인과 동반자살로 생을 마감했다.

공헌도 하지 못했던가? 왜 우리는 산업사회의 본질을 이해하는 데 도움을 준 프랑크푸르트학파(Frankfurt School)의 작업에 비길 만한 사회분석 학파를 만들어내지 못했을까? 왜 우리의 과거와 현재를 이해하게 해줄 수 있는, 예컨대, 영국의 〈과거와 현재〉(*Past and Present*) 그룹의 전통에 속하는 역사학자들의 학파를 만들어 내지 못하는 것일까?

왜 우리는 감정(*sentiment*)과 수사법이 분석과 사려 깊은 생각이라는 힘든 작업을 대신하게 하는 것일까? 왜 우리는 미국주의라는 게임을 하는 우리 자신을 그렇게 자주 발견해야 하는 것일까? 그 게임은 아이러니하게도 우리가 변화시키고자 했던 질서를 강화하는 것으로 끝나고, 미국을 사회주의화하기보다는 사물들을 사회에 유용하게 하는 데 공헌하고, 사회주의를 대체하려는 미국의 자유주의자를 지나치게 자주 도와주고 있다. 우리는 왜 전문인(*expert*)으로서의 전문가(*professional*)라는 새로운 중간계급 개념, 즉 엔지니어, 계획가, 디자이너, 구조자(*savior*)로서의 사회과학자를 또는 노동조합 같은 운동을 커다란 사회적 맥락 내에서 이해하지 않고 지지하는 걸까? 우리는 대중문화 형성에 공헌했다. 그것을 평가할 어떠한 위치도 개발하지 않고서 말이다. 심지어 우리의 보헤미안 좌파는 우리가 보았듯이 종국에는 그 체제에 필요한 특정 가치들을 강화했다. 우리가 사회주의를 위하여 미국주의를 붙잡으려고 노력한 것이 진정 현명했던 것일까, 아니면 우리가 충분히 자기의식적이거나 자기비판적이지 못했기 때문에 바로 그 미국주의가 우리를 붙잡는 것으로 끝난 것일까?

사회주의자는 당연한 일이겠지만 소외된 상태이다. 우리가 믿기에, 우리의 소외는 개인적 해결을 통해 끝나지는 않을 것이다. 소외의 종말은 산업주의-미국주의를 받아들인다고 해서 오는 것도 분명히 아니다. 미국인은 너무 자주 자신의 소외만을 인식하며, 그 소외가 무엇을 의미하는지는 거의 인식하지 않는다. 또한 너무 쉽사리 경험과 사회관계의 전체에서 문제가 무엇을 의미하는지에 대해서는 거의 관심을 기울이지 않은 상태에서 우리 자신 혹은 우리 집단을 위해 그 문제에 대한 좀더 즉각적인 해답을 받아들일 준비가 되어 있다. 어빙 하우와 루이스 코저는 삽입구적 단평에서 "미국의 급진주의는 언제나 미국 자본주의 사회의 지도자를 위한 일종의 예비학교(*prep school*)[24]로서 작용해왔다"는 날카로운 지적을 했다. 우리가 물려받은 세계 안에 있으나 세계에는 속하지 않는 그 장소(*that place in but not of the world*)를 찾는 일은 불가능한가? 미국주의는 승리해야만 하는가?

---

24) 〔옮긴이주〕 prep school은 preparatory school의 준말로서, 동부 아이비리그 대학 및 기타 명문 대학을 목표로 하는, 주로 동부에 위치한 명문 사립고등학교를 의미한다.

제6장

# 개혁의 지속

미국인의 가장 큰 특징은 개혁가라는 것이며, 그들의 역사는 개혁의 연속이다. 잉글랜드의 첫 정착자들이 아메리카 대륙에 온 날부터 거의 지속적으로 추진하려 했던 개혁의 결과들을 상당히 구체적으로 명시할 수 있다. 즉, 이 정착자들은 처음부터 바로 종교개혁 그 자체의 완결을 시도하고, 타락한 구유럽을 개혁하고 신의 왕국을 확립하고자 했다. 개혁에서 승리하는 것은 많은 이들에게 미국 역사의 특별한 영광이자 진보의 의미였다. 변화에 대한 지속적인 — 몇몇 사람들은 실용적(*pragmatic*) 적응을 추가하고 싶을 것이다 — 적응 그리고 재적응, 인간과 사회문제들에 대한 평화적인 해결, 점차 개화된 목적을 향한 진보 말이다. 일부 역사학자들은 비유컨대 이를 진자의 작동으로 보고자 하는데, 즉 비록 힘에서는 결코 동일하지 않지만 거의 뉴턴적인 반작용 후에 개혁을 향해 움직이는 추진력이 뒤따른다거나, 혹은 양자 이론에서 이미지를 빌려온다면 개혁의 파동이 힘을 소진하게 되지만 궁극적으로는 개혁 에너지를 지닌 새로운 파동이 뒤따른다는 것이다. 또 다른 역사학자들은 특정 시기에 감명을 받는다. 헨리 스틸 코매저(Henry Steele Commager)는 1830년에서 1860년 사이를 개혁의 시기(*The Era of Reform*)로, 리처드 호프스태터는 1890년에서 1940년까지를 개혁의 시대(*The Age of Reform*)로 특징짓는 데 특별한 이유를 찾아낸다. 만약에 이것이 1860년부터 1890년 사이의 시기가 어떻게든 개혁의 열광에서 벗어나 있다고 암시한다면, 1890년대 기독교 사회주의자인 블리스(W. D. P. Bliss)가 출간한 기념비적인 《사회개혁 사전》(*Encyclopedia of Social Reform*) 같은 저작을 잠깐 검토만 해도 그러한 환상을 틀림없이 몰아낼 수 있을 것이다.

미국의 역사에서 중차대한 개혁 혹은 개혁가를 낳지 않은 특정한 10년을 생각해보기 어렵다. 새로운 연구의 조명에 의해 '반동적'으로 생각되던 많은 시기들이 이제는 매우 달라 보일 것이다. 그 시기들 또한 개혁성과의 지속과 연장을 증언한다. 여타 '진보적인 것들' 가운데, 예를 들어, 1920년대는 개혁의 전문화 과정이 대단하게 성장하는 것을 목격했다. 그러한 전문직의 탄생으로 바로 사실상 개혁이념이 제도화되었으며, 그것은 '체제'의 필수적인 일부가 되었다. 개혁을 미국문화의 바로 그 구조 속에 세운다는 생각은 올바르고도 타당해 보인다. 미국인들은 개혁운동이 다른 국가들에서도 발생하며 일부 개혁은 미국보다 수십 년 전에 유사한 성취를 이루었음을 알고 있다. 그러나 미국적 역사의 관점에서 보자면, 자신의 생명과 개혁을 위해 싸워야 하고 반동적 반대세력의 압도적 힘에 의해 위협받기도 하는 유럽의 개혁가들은 자주 실패하거나 혹은 최종적으로 무력과 폭력에 호소하는 혁명적 변화에 양보했다. 미국의 역사학자들은 미국 혁명의 '보수적' 성격에 기뻐하며 유일하게 남북전쟁이 지속적인 개혁 성취의 기록에 상처를 냈다는 것을 부끄러워한다. 형태, 방법 그리고 기법들은 변할 것이다. 그러나 미국의 매 세대는 개혁과 만날 약속(*rendezvous*)을 가졌던 것처럼 보이며, 엄밀하게는 이러한 끊임없는 지속적 개혁의 성취야말로 미국의 자유주의 역사학자들이 미국사의 특징적 모습으로 환영하는 것이다.

개혁과 진보에 대한 그러한 비전은 역사적 기록의 많은 사실들로 보자면 거짓은 아니다. 그러나 그것은 중요한 질문을 제기한다. 미국인들이 변화하는 환경에서 볼 때 그들의 삶과 제도를 새로운 요구에 따라 훌륭하게 적응시키는 개혁가들이라면, 왜 개혁 과정 자체가 그러한 불변의 사실일 필요가 있는가? 왜 우리는 우리의 많은 문제를 영구적으로 해결할 수 없는가? 왜 우리는 개혁가의 에너지와 활동 없이도 작동하는 구조를 제공할 수 없는가? 1930년대에 훌륭하게 발명된 개념인 미국적 생활방식은 왜 그 자체로 오래된 문제들을 다시 풀어야 할 부단한 요구 없이는 작동할 수 없는 걸까? 왜 우리는 반복해서 이전의 개혁 세대들이 씨름하던 문제들에 직면하는 걸까? 몇몇 예를 들자면, 인종관계, 시민권, 빈곤의 존재 같은 문제들은 비록 그 형태는 다를지라도 우리 문화에서 개혁이라는 이념 자체만큼이나 지속적인 것으로 보인다. 반복되는 개혁운동에서 바로 '성공'이라는 것은 어찌되었건 아이러니하게도 (하나의) 기본적인 '실패'를 가리킨다. 만약 미국의 역사적 영광이 개혁주의-자유주의적 전통에 머물고 있다면, 왜 우리는 아주 오랜 문제들을 풀기 위해 반복적으로 행동을 요구받는가?

이 논문은 미국문화에서 개혁 현상이 지속되는 몇몇 가능한 이유에 대한 탐구를 제안하려 한다. 물론 이미 기존의 책들에는 많은 해석이 존재하며, 그중 가장 설득력 있는 일부는 19세기와 20세기 미국의 사회구조의 특이함, 무엇보다도 그 사상들의 특별한 구조 내에 존재하는 유동성(*mobility*)에 집중한다. 다른 연구자들은 경제적 변동, 경기의 호황과 불황 주기를 주시한다. 미국 헌법에 의해 조성된 특이한 환경과 점증하는 문화의 민주화를 뒤따르던 정치적, 제도적 조정 또한 무시되지 않고 있다. 심지어 개혁과 반동의 주기가 매 20년 혹은 그 정도마다 발생한다는 기계적인 법칙이 제안되기도 한다. 지적인 원천 또한 간과되지 않으며,

종종 연구자들은 청교사상과 계몽사상의 특별한 결합이라는 시각에서 민주화된 계몽사상과 복음화된 청교주의에서 개혁의 추진력을 찾아왔다. 나는 이 논문에서 차라리 일부 기본적 가정들(*assumptions*), 미국에서의 개혁 경험의 역사로부터 일반화된 사상과 태도들의 공동의 보고(*common storehouse*)와 태도들을 검토했으면 한다. 나는 세 가지 개혁 전통, 내 생각에 미국 역사의 발전에 기본적인 일단의 사상, 경험, 그리고 이데올로기와 사회적 상황을 정의하려 한다. 이러한 전통을 검토하는 것은 개혁의 지속 그 자체를 이해하는 데 도움이 될 수 있을 것이다.

## 개혁에서의 도덕적 올바름

이러한 전통들 각각은 19세기 초 몇십 년 동안 명백히 충분하게 확립되었다. 첫 번째는 미국에서의 개신교의 두드러진 측면을 대표한다. 즉, 강력한 도덕적 지도력의 발휘를 통한 국가의 도덕적 부흥인데, 그 리더십은 개별 인간들이 덕을 사랑하고 악덕을 피하는 데 영향을 미칠 것이다. 이러한 도덕주의는 더 높은 도덕률의 이름으로 정의를 획득할 필요가 있다고 주장했으며, 점차 변화하는 세계에서 질서와 안정의 표준이 필요하다고 강조했다. 그것은 근본적인 원리나 기초적 제도들을 직접적으로 공격하여 새로이 부상하는 사회질서를 위협하지 않았다. 그리하여 실제로 반노예제 운동에서 도덕주의는 더 이상 양립 불가능한 제도의 폐지를 주장함으로써 새로운 질서를 도왔다고 주장할 수 있었다. 차라리 그것은 우선적으로 '최고의 사람들'의 지도력과 감독을 통하여 그의 동료에 대한 책임감, 〔찰스 그리핀(Charles Griffin) 교수가 그렇게 효과적으로 보여준 것처럼〕 '형제의 보호자(*keeper*)'가 될 필요성을 강조했다.

19세기 전반 수십 년간 효과적으로 해체되었던 교회의 권력에 더 이상

의존할 수 없었기 때문에, 그리고 점차 유동적인 사회(*mobile society*)에서 국가의 제도들에 우선적으로 의존할 수 없었거나 의존하려 하지 않았기 때문에, 도덕개혁운동은 일반적으로 다음의 두 가지 방법에 의존했다. 첫째, 당시에는 자발적 단체(*voluntary associations*)가 존재했다. 이들은 복음을 전파하고 사람들을 '그 길'로 데려가겠다고 결심한 여러 종류의 선교 집단들 또는 사회질서에 위협이 되는 전반적인 것들, 즉 전쟁, 술주정, 노예제, 외국 이민자들 등에 대항하려는 단체들로서, 그 목록은 길며 인상적이기도 한데, 그러한 십자군 운동의 지도력 또한 인상적이었다. 둘째, 19세기 중반 여러 종류의 새로운 신앙부흥운동(*revival movements*)이 점차적으로 도시에 집중하면서, 전체 국가를 기독교화하고 신의 계획과 임무, 신의 새로운 도덕질서에 따라 미국을 신 앞에 데려가려는 노력을 강조했다.

프레더릭 하우[1]는 개혁가의 삶과 정신에 대한 위대한 개인의 분석인 《어느 개혁가의 신앙 고백》(*The Confessions of a Reformer*, 1925)에서 다음과 같이 종종 인용되는 여전히 날카로운 통찰력을 보여준다.

> 내 마음에서 현실주의가 자리 잡기는 어려웠다. 미덕과 악덕, 선과 악에 관한 초기 가설들은 내가 그것들을 버리려고 노력한 이후에도 오랫동안 내 마음에 남아 있었다. 내 생각에 이것이 나의 세대의 가장 특징적 영향이다. 그것은 우리 개혁의 본질, 도덕과 경제에서 규제적인 입법, 제도보다는 인간에 대한 믿음과 타인들에 대한 우리들의 메시지를 설명한다. 선교사들과 전투함선, 반(反)주점동맹(*anti-saloon leagues*), 큐 클럭스 클랜(Ku Klux Klans), 윌슨(Wilson)과 산토도밍고(Santo Domingo)는 모두 미국을 미국답게 만들려는 복음주의 심리학의 일부이다. … 사회문제들을 도덕주의적으

1) 〔옮긴이주〕 Frederick C. Howe(1867~1940): 오하이오 주 클리블랜드에서 법조 활동을 한 혁신주의 시기의 개혁가이다.

로 설명하려 하고 그 문제들의 대부분을 종교적으로 해결하려는 복음 정신〔에 의해 우리는 지배되고 있다.〕[2]

하나의 도덕적 설명은 세계를 보는 하나의 방식을 제공할 수 있으나, 그것은 세계가 조정하는 사회와 경제의 기본적 체제에 대한 분석을 효과적으로 제공하지 못한다. 심지어 신의 왕국을 지상에 세울 문자 그대로의 가능성을 언급하던 사회복음운동의 위대한 시기에조차 어려움의 정확한 성격을 분석하지 못했으며, 따라서 그 체제 내에서 결함들의 불연속적 징후 이상으로 근본적인 요점을 찾아내지 못했다.

이러한 집사(*steward*) 전통과 그것의 도덕주의를 비웃는 것은 쉬운 일이다. 시어도어 루스벨트 대통령에게 그의 동료가 보낸 유명한 견해를 읽게 된다면 확실히 우리는 곤혹스러워진다. "시어도어, 내가 당신을 존경하는 다른 어떤 이유보다 한 가지가 더 있다면, 그것은 십계명에 대한 당신의 독자적인 발견입니다." 그러나 도덕적 비전을 그런 힘으로 만들고 우리 시대의 개혁에서 여전히 지극히 중요한 요소로 만드는 것은 정확히 그렇게 강력한 도덕적 비전의 내재화이다. 우리 역사를 분석하고 미국 개혁을 논의할 때는 그것을 조심스럽게 그리고 정중하게 주의할 수밖에 없다. 그것은 계속해서 전투에서 성공을 기록한 효과적인 수단이었는데, 그 전투는 급속히 변화하는 사회질서에 대한 좀더 뻔뻔스러운 남용을 약화시키기 위한 것이고, 사람들에게 체제의 만족스러운 작동을 요구하는데 이르기 위한 것이었다.

그럼에도, 또한 그러한 개혁의 기본적 보수주의에 사람들은 감명을 받는다. 예컨대 많은 사람들은 사회의 산업화가 초래한 더욱 사악한 결과들을 싫어할지는 몰라도, 그 업적을 거부하거나 자본주의 전제들이 지닌

---

2) Frederick C. Howe, *The Confession of a Reformer*(New York, 1925), pp. 17, 55.

기본적 가치들을 부정하지는 않는다. 가능만 하다면 차라리 그들은 과거의 오랜 가치와 기초적인 제도들을, 좀더 심각한 단층(*dislocations*)의 결과들을 약화시키기 위해 오랜 사회적, 도덕적 코드들을 보전하기를 원한다. 예를 들어 지난 한 세기 반 동안의 개혁운동들이, 특히나 수사법에서, 농업적이고 전(前) 산업사회적인 질서의 오랜 가족 패턴을 유지하려는 열망을 보여주는 것은 얼마나 놀라운가. 금주운동과 노예제 폐지운동의 문헌은 초기부터 이러한 형태를 보여주는 두 가지 실례일 뿐이다. 또한 우리는 '공동체' 이상에 대한 호소와 소도시(*small-town*) 미국의 오랜 시기를 대표하는 공동체 패턴을 기본으로서 간직하고자 하는 향수 어린 욕망이 얼마나 일관적인지 목격할 수 있다. 그들과 연관된 그러한 제도들과 가치들은 도덕적, 사회적 질서의 안정적인 중심으로서 작동하도록 고안된 것으로 간주된다.

오로지 점진적으로, 집사 전통의 도덕적 개혁가들은 개인적 권유와 개종에서 국가라는 도구를 이용하는 쪽으로 규제와 강제의 방향을 바꾸었다. 그들은 점차 이 새로운 방향으로 선회했으며, 일부는 인간이 도덕적 방식을 성취하게끔 도울 수 있는 사회 제도들의 가능성을 볼 준비가 되어 있었다. 아마도 신의 내재론(*doctrine of Immanence*), 즉 신의 속성이 이 세상에서도 발견될 수 있다는 기이할 정도의 비(非) 개신교적 견해가 중요성을 더해간 이후, 이것은 특히나 사실이었다. 그리하여 1840년대 호레이스 부쉬넬(Horace Bushnell)의 《기독교인 양육》(*Christian Nurture*)에서부터 사회복음운동을 거쳐 그 이후까지, 도덕주의자들이 인간과 국가를 신에게 데려가는 데 도움을 주는 자연과 세계 내 제도들의 가치를 주장하는 것이 가능해졌다. 도덕주의자의 프로그램이 미국을 새로이 만드는 데 교육은, 국가가 지도하는 교육까지도, 특히나 중요한 측면이 되었다. 그러나 국가와 국가의 권력을 그렇게 적극적인 방식으로 사용하는 것은 오로지 조심스럽게 그리고 마지못해 제안된 것이었다. 도덕주의자들은 (불행하게도 그 실현을 추구하려는 모든 개혁가들에게 언제나 분명하게 보이지도 이해되지도 않았던, 언제나 시종일관 검토되지도 않았던) 신의 계획에 따라서 기독교 미국(*Christian America*)을 만들기를 원했다. 그러나 그들은 인간의 대답을 단순한 것으로 보았다. 왜냐하면 신 자신의 계명이 단순하지 않다면, 무엇이 예수의 놀라운 산상수훈보다 더 단순할 수 있겠는가? 이런 식으로 설득하는 개혁가들은 더 복잡한 제도적 혹은 조직 프로그램을 종종 두려워했다. 한 예로서, 헨리 조지(Henry George)의 간청은 뛰어난 것이었다. 그의 언어는 구질서에 익숙한 수사학을 담고 있었으며, 존 로크의 수사학, 그리고 좀더 구체적으로 성경 자체의 수사학을 담고 있었다. 사회문제에 대한 그의 해법은 신자본주의 질서의 성격에서 어떠한 근본적인 변화를 요구하지 않았으나, 그럼에도 그의 단일세(*Single Tax*)는 사회가 근대 산업자본주의의 성취, 즉 진보를 유지하면서 평등과 오랜 농본주의적 질서의 여타 사회적, 도덕적 미덕들을 회복하도록 했다. 즉 빈곤의 종말 말이다. 많은 사람들에게 조지는 산상수훈의 근대 번역가였으며, 많은 개혁가들에게 그것으로 충분했다. 프레더릭 하우는 개혁가 브랜드 위트록[3]의 책에서 설득력 있는 구절을 인용한다.

> 나는 모든 정치철학을 섭렵했다. 나는 사회주의에서 아무것도 볼 수 없었다. 지구의 자원을 사용키 위해 개방될 자유로운 상태의 헨리 조지 철학은 나의 지지를 끌어낸 유일한 정치철학이었다. 그러나 세계는 그렇게 단순한 개혁에 관심이 없다. 그것은 지나치게 많은 정부, 지나치게 많은 규제, 지나치게 많은 감시를 원했다.[4]

---

3) 〔옮긴이주〕 Brand Whitlock(1869~1934) : 혁신주의 시기 동안 오하이오 주 톨레도 시의 시장을 4번이나 역임한 시정 개혁가이다. 후일 윌슨 대통령에 의해 벨기에 공사로 임명되기도 했다.

4) Howe, *The Confession of a Reformer*, p. 189.

## 부상하는 체제 개혁가

그러한 견해는 19세기 초의 또 다른 산물인 두 번째 위대한 개혁 전통의 특별한 비전과는 극적인 대조를 이룬다. 커뮤니케이션과 조직의 영역에서 탁월하고도 혁명적인 비약적 발전이 이루어졌던 시기에, 개혁의 전통이 새로이 등장한 사회질서 그 자체에 의해 구축되던 새로운 도구의 사용에 전념하면서, 비즈니스와 산업의 놀라운 성공과 더불어 이미 사용 중인 연장들을 발전시켜야 한다는 것은 어찌 보면 논리적일 뿐이다. 이것이 장인의, 기술관료의, 그리고 조직과 커뮤니케이션의 새로운 고안, 과학과 공학의 새로운 도구들을 사회 자체에 응용할 수 있다고 믿는 사람들의 전통이다. 아마도 우리는 이들의 전조를 일찍이 생시몽(Saint-Simon)과 콩트(Comte)의 추종자들인 프랑스 에콜 폴리테크닉 출신 가운데서 볼 수 있을 것이다. 미국에서는 이들이 자신의 입장을 좀더 천천히 발전시켰으나 19세기 말에서 20세기 초 전환기에는 상당한 추종자를 거느렸다. 1880년대 에드워드 벨라미의 유토피아 국가는 산업과 군사 조직의 놀라운 힘에 대한 증거이며, 과학의 응용과 기술에 대한 증거이다. 브룩스 애덤스가 중앙집권화로서 문명을 정의하고, 과학교육, 행정과 효율을 강조한 것은 진부한 일이 될 것이다. 키워드는 '권력', '효율', '과학'이었다.

그러한 견해는 전문가와 관리자의 역할, 특별한 훈련과 특별한 기술의 역할을 강조했다. 혁신주의 운동(*Progressive movement*)은 분명히 많은 것을 의미했다. 그런데 그것들 중에는 분명히 정치 그 자체에 대한 반항의 의미도 있었는데, 이는 관리지향적 사회를 위하여, 전체 국가와 시민의 이익에 맞추어 체제를 작동시킬 수 있는 훈련받은 효율적인 전문가로 구성된 정부를 위하여, 전문가 엘리트에 의해 감독되는 국가와 사회에 대한 일종의 신(新) 중상주의적 견해를 위해서였다. 일부는 심지어 민의(*popular will*)를 새롭게 정의해야 한다고 촉구했다. 즉, 심리학과 '사회과학'을 이해하는 사람들에 의해, 보통사람들이 원한다고 믿었던 것을 주는 것이 아니라 훈련을 통해, 보통사람들이 진정 원했던 바에 대해 아는 것을 줄 수 있는 사람들에 의해 일들의 방향이 정해지는 그런 것 말이다. 〔월터 리프먼이 《여론》(*Public Opinion*) 같은 저작을 통해 프로이트와 여러 사회사상가들을 특별하게 활용한 것이 증거이다.〕

이러한 개혁 전통은 대대적인 재조정을 결코 추구하지 않았다. 예를 들면, 그것은 자산 보유 체제에 대한 어떠한 변화도 제안하지 않았다. 차라리 그것은 부상하는 체제 자체의 논리를 위하여 시대에 뒤진 것, 예컨대 오래되고 어리석은 거친 개인주의, 소모적인 경쟁과 비과학적인 자원의 사용 등을 없애 체제를 합리화하고 붕괴와 사회적 부적응을 피하고자 했다. 그것은 일찍이 시민봉사를, 전문가로 구성된 위원회를, 도시와 시골에 관리자를 요구했으며, 일반의 행복과 전체의 복지를 위하여 '사회공학'을 언급했다. 이러한 개혁가들은 미래를 보았으며, 그것을 실현시키기 위해 단호했다! 그들은 19세기 말에서 20세기 초에 자신들이 알고 있는 문화에 대한 반동으로 조직사회와 조직인(*Organizational Man*)을 요구했다. 다른 말로, 그들은 현세대 개혁가들에 의해 공격을 받는 바로 그 사회질서와 문화를 요구했다. 이러한 새로운 개혁가 중 한 명인 폴 굿맨[5]은 《어리석게 성장하기》(*Growing Up Absurd*)라는 저서에서 "오랜 재계와 성직자 문화에서 새로운 관리 조직으로의 변천"에 대해 언급하면서, 핵심을 이렇게 표현했다.

---

5) 〔옮긴이주〕 Paul Goodman(1911~1972): 뉴욕 시 출신의 시인이자 사회학자이다. 1940년대부터 뉴욕의 지식인들, 어빙 하우, 다니엘 벨과 같이 활약했지만, 1960년에 《어리석게 성장하기》(*Growing Up Absurd: Problems of Youth in the Organized System*)가 출간된 이후에야 미국 사회에 알려졌다. 급진적 좌파 지식인으로 활동했으며, 1960년대 이후 동성애와 동성애자의 권리를 주장하여 동성애 해방운동의 이론적 지주 역할을 했으며, 학생운동에서도 평화주의자로 자리매김했다.

제임스, 듀이, 베블런의 실용주의, 도구주의, 기술주의(*technologism*)는 당시 지배계급의 이상과 남용, 즉 상류층(*the Four Hundred*)[6]과 악덕 기업가(*Robber Barons*), 학술 문화(*academic culture*), 특권층 도덕(*caste morals*)과 형식적 종교, 반사회적 탐욕을 제거하려고 했다. 그 철학자들은 넘치는 생산, 사회적 조화, 실제 가치와 좀더 솔직한 지각과 감정에 관심을 갖고 있었는데, 이것들은 추정상 기술자, 사회과학적 행정가, 그리고 노조라는 상승하는 집단에 속한 것이었다. … 세기 전환기 초, 이들 철학자들은 정확하게 관리자, 기능인(*technicians*), 노조의 성공과 더불어 효율적이고 풍요로운 생산의 '달성된' 가치들, 사회적 조화, 그리고 하나의 대중문화(*one popular culture*)가 그들이 원하지 않았던, 심지어 더욱 황폐화시키는 것들을 낳을 것이라고 예측하지 못했다. 불필요한 경제, 특권 시스템(*caste system*), 위험스러운 순응, 그리고 사소하고 감각적인 여가 말이다.[7]

그리하여 기술관료(*Technocrat*) 개혁가들은 자신들이 새로운 질서를 받아들이지만 그럼에도 오랜 질서의 기본적인 가치들을 유지하거나 그 가치들로 복귀할 수 있다고 생각했다. 브룩스 애덤스는 중세 기사제도에 전념하는 사람들을 찬탄했고, 듀이는 '공동체'를 끊임없이 추구했으며, 베블런은 기본적이고 원초적인 '본능'(가장 특이하게도 신비에 가까운 그의 '솜씨 본능')이 충분히 표현되는 것을 보고 싶어 했다. 그럼에도 새로운 질서의 본질적인 것들에 대한 그들의 바로 그 양보가 종종 질서와 그 질서의 결과를 가져오는 데 도움을 주었다. 일찍이 1920년대 또 다른 개혁가들, 예를 들어 루이스 멈퍼드는 혁신주의 세대가 사악하고 무익한 세계 질서에 대해 '실용주의적 묵인'(*Pragmatic Acquiescence*)을 했다고 비난을

6) 〔옮긴이주〕 19세기 후반 뉴욕 시의 엘리트 집단을 의미한다. 이 용어 자체는 당시 뉴욕의 사교계에서 활동하던 워드 매캘리스터(Ward McAllister, 1827~1895)가 당시 뉴욕 시를 움직이던 주요 인물들의 숫자를 어림잡아 만들어냈다.

7) Paul Goodman, *Growing Up Absurd* (New York, 1960), pp. 80~81.

퍼부을 수 있었다. 신세계에 대한 희망이라는 것이 《멋진 신세계》(*Brave New World*) 나 심지어 《1984년》의 무시무시한 그림자가 되었다.

기술지상주의의 약속이 영광스럽던 시기에, 헨리 포드는 지도적인 혁신주의자로, 심지어 가능성 있는 혁신당 대통령 후보로까지 간주되었다. 그가 산업에서 그렇게 눈부시게 이루어놓은 것은 전체 사회를 위해 더 큰 규모로 더욱 눈부시게 이루어질 수도 있었다. 포드가 그 자신의 학교와 목사 출신을 우두머리로 한 사회부서를 소유했다는 것을 기억하는 것이 좋을 것이다. 그래서 이 2개의 기관들은 새로운 기술 질서의 요구에 인간들이 적응할 수 있도록 만들 뿐 아니라, 인간들을 (포드가 '정상적'이라고 정의한 것 같은) 도덕적으로나 사회적으로 책임 있는 개인들로 만드는 데 전념했다. 따라서 기술관료와 집사는 상호 배타적인 집단이 아니었으며, 개혁전통은 종종 더불어 효과적으로 작동할 수 있었다.

## 개혁에서의 완벽주의

그러나 세 번째 전통은 나머지 2개의 접근이 직면한 문제들을 자주 복잡하게 만든다. 최소한 우선적으로, 그것은 개신교 개혁의 특정한 약속, 적어도 일부 사람들에게 개종의 개별적 경험의 약속, 구원 혹은 영적 재생의 약속, 당신이 괜찮다면, 개인의 기초적 '감화'의 약속과 관련 있었다. '완전'(*perfection*) 과 '자아'의 성취에 대한 이러한 추구는 미국적 사상의 많은 것을 지배한다. 기본적 의미에서 그것은 오랜 도덕률 폐기론적 비전과 문제였다. 완전론(*Perfectionist*) 전통은 인간을 갱생하기 위하여 제도들에 의존하지 않는다. 비록 다시 신의 편재사상(*the idea of Immanence*) 이 새로운 뿌리를 갖던 시기에 몇몇 제도들, 특히나 교회뿐 아니라 가족과 학교가 새로운 중요성을 갖고 있었어도 말이다. 오히려 그것은 신을 추구하고 신이 여하튼 오랫동안 희구한 개종, '새로운 인간'의 창조를 가져올 것이라고 희망한다.

세계의 개혁은 개인의 개혁에서부터 시작한다. 19세기에 궁극적으로 만들어진 고안들, 예컨대 핀니[8]의 새로운 신앙부흥운동, 채닝[9]의 '자아문화'(*self-culture*), 에머슨의 '투명한 눈알'(*transparent eyeball*), 파커[10]의 도덕, 지성 및 사회 교육, 그리고 부쉬넬(Bushnell)의 '기독교인 양성' 등은 자아발견과 자아완성에 이르려는 연속적인 노력의 소수 선구자에 지나지 않았는데, 이러한 노력은 대규모 사회를 의미 있게 개혁하기 위한 기초라고 생각되었다. 윌리엄 제임스의 실용주의는 사실상 그 주제에 관한 자신의 유명한 책에서 연구한 적이 있는 종교적 개종 경험의 세속화된 버전으로서의 의지를 옹호한 것이다. 듀이의 교육체계와 베블런의 '기계규율'은 창조적인 개인의 해방과 갱생을 찾기 위한 근대적이고 세속화된 버전을 달성하려는 그들 나름의 방식이었다. 때때로 인기 있는 경험은 (통상 종교적 경험에 비유하는) 미학적 형태를 지녔다. 예를 들어, 프레더릭 하우는 링컨 스테판스 같은 많은 개혁가들이 흥미로운 것, 꼭 필요한 것, 신나는 것, 그리고 아름다운 것을 찾는 한 방편으로 악덕과 부패를 설명했기 때문에, 개혁가라기보다는 예술가였다는 것을 깨달았다. 미학적 경험은 헐 하우스에서 제인 애덤스가 했던 일 중에서 기예(*arts*

---

8) 〔옮긴이주〕 Charles Grandison Finney(1792~1875): 19세기 전반 2차 대각성(*Second Great Awakening*) 시기를 주도한 목사로서, "근대 신앙부흥운동(*Modern Revivalism*)의 아버지"로 불리기도 한다.

9) 〔옮긴이주〕 William Ellery Channing(1780~1842): 19세기 전반을 대표하는 유니테리언(Unitarian) 파 목사로서, 칼뱅주의 신학사상을 비난하고 자유주의 신학사상을 옹호했다. 그의 연설과 사상은 초절주의에 많은 영향을 미쳤다.

10) 〔옮긴이주〕 Theodore Parker(1810~1860): 칼뱅 사상을 부정했던 유니테리언 파 목사이자 초월론자이다. 그 자신이 절주운동, 교육운동, 노예제 폐지운동 등에 앞장섰던 개혁가로서, 그의 언행은 링컨 대통령이나 후일 마틴 루터 킹 목사에게 많은 영향을 미쳤다.

*and crafts*)가 특별하고 의미 있는 기능을 했듯이, 존 듀이의 철학에서도 본질적인 역할을 했다.

물론 어떤 의미에서는 그러한 완전론, 그러한 본질적으로 도덕률 폐기론적인 비전은 '급진적'이었으며, 그렇게 볼 수 있다. 그러나 미국에서 일반적인 개혁과 연관되는 한, 그러한 급진주의는 제한적이었다. 때때로 그것은 상당 시기 동안 사회로부터 후퇴하였을 뿐, 심대한 제도적 재조정을 요구한 경우는 드물었다. 오히려 그것은 급진적 비판이어야만 했던 것이 진행 중인 사회에 개인이 적응하는 것으로 종종 끝났다. 이것은 정확하게 교육에서 듀이의 비범한 발견과, 미국의 신프로이트주의자 손에서 프로이트의 인간과 문명에 대한 더욱 급진적인 비판이 어떻게 되었는지와 같다. 도덕률 폐기론적 비전은 17세기 초부터 우리의 전통, 그것도 주요한 개혁전통의 일부였다. 그것은 개인의 역할을 주장했으며, 짓누를 수도 있는 사회적 세력에 대항하여 자기계발을 강조했으며, 때때로 인간이 만든 법뿐 아니라 '도덕'률에도 저항했으며, 조직과 제도의 역할을 최소화했으며, 규제가 그 자체로는 개혁을 가져오지 못한다는 것을 깨닫고 강조했다.

그러나 세계 안에서(*in the world*)의 개인의 갱생에 대한 희망은 그러한 개혁이 더욱 충만하고, 궁극적으로는 사회의 갱생에 이를 것이라는 믿음이기도 했다. 남북전쟁이 끝난 후, 에머슨 자신은 환멸에 빠졌다. 자기 발견의 다양한 노력을 통해 나타나야 할 새로운 국가와 새로운 교회는 어디에 있는가? 이제 그가 희망할 수 있는 모든 것은 몇몇 비범한 인물들, 몇몇 영웅들의 등장이었는데, 이들이 우리를 더 밝은 미래 혹은 진실로 자아 찾기의 슬픈 종말로 이끌 수 있었다. 그러나 에머슨은 점차 환멸에 빠졌지만 미국인들은 그렇지 않았다. 언제나처럼 다시 한 번 개혁의 길은 자기 발견의 길이라고 외친다. 이전 노력의 역사는 앞에서 자세히 설명한 나머지 두 전통 내에서 이전 개혁의 역사처럼 젊은 개혁 세대들을 전혀 좌절시키지 않는다. 왜냐하면 전통이 지속되고 있기 때문이다. 그것은 미국-개신교 문화패턴의 본질적인 일부이기도 하다.

그리하여 심오한 의미에서 미국적 개혁의 딜레마는 개신교 종교개혁의 근본적 패러독스와 유사하다. 즉, 인간은 세계 **안에서** 존재해야 하나 세계에 **속해서는** 안 된다(*man must be in but not of the world*). 미국의 개혁가들은 자신들이 선택한 개혁에 이르는 길이 무엇이건 간에, 자신들 주변에서 발달해가는 물질세계를 포기할 수 없다고 공언했다. 그들은 경제적, 기술적, 사회적 생활이라는 시스템이 변화함에 따라 얻어낸 이점(*advantages*)을 지속시킬 것을 소망했으며, 동시에 이전의 질서로부터 그들이 알고 있는, 혹은 알고 있다고 생각한 세계의 개인적, 도덕적, 사회적 가치들이 존속하기를 희망했다. 그들은 새로운 세계를 완전하게 받아들이고자 했으나, 낡은 세계를 완전하게 포기하려고도 하지 않았다. 아이러니하게도, 그러한 입장 때문에 그들은 천국과 지옥 사이, 세계 **안에** 갇혀 있었다. 그럼에도 진정한 의미에서 그들은 이 세계에 **속하기**를 원치 않았다. 그들은 그들 자신의 방식으로 세계를 받아들이고 싶어 했다. 그 결과 연속적인 탁월한 일시적 조정(*temporary adjustments*)이 가능해져 사회가 지속하고 종종 번영했다. 그러나 시간이 지나면서 그들의 성공은 그들 자신의 환멸에 이르렀다. 표면적으로 그들의 목적을 달성하자, 그들은 단지 세계, 즉 그들이 사실상 원하지 않았던 세계에 적응할 준비에 도움을 주었을 뿐이라는 것을 너무 자주 알게 되었다. 그래서 그들 혹은 다음 세대는 다시 시작해야만 했다. 그러나 문화의 본성은 없어서는 안 될 전통을 제공하는 것이며, 그들은 그 전통 내에서 움직이기를 선택했다. 비록 특정한 방식들은 다르겠지만 말이다.

내가 주장했던 것처럼 일반적으로 이 개혁운동들은 근본적으로는 보수적이다. 그러나 때때로, 채용된 방식들 자체가 매우 새롭고 대담했기 때문에 그것들이 기대치 않거나 심지어 원치 않은 변화를 가져올 수도 있었다. 자작농(*yeoman farmer*)과 미국적 사물의 계획 내에 자작농의 사적이고 중요한 공간을 유지하기 위하여, 인민주의자들은 구시대의 가치들에 집착했다. 그러나 그들은 특히 은행, 통신, 분배의 영역 내에서 조직, 소유권, 규제라는 새로운 질서의 장치들을 기꺼이 받아들인 결과, 새로 부상하는 사회질서의 이미지 속에 기존사회의 많은 것을 새로 만드는 데 이를 효과적으로 사용할 수 있었다. 19세기 말 20세기 초, 보수적 법률가들은 개인 재산권이라는 제도에 대해 가능한 공격을 차단할 목적으로 국가 경찰력의 성격과 기능을 급격히 확대했다. 그런데 그 권력은 후일 이 법률가들이 지키고자 애썼던 그 제도에 저항하는 데 사용될 수 있었다. 그리하여 미국에서 개혁의 이야기는 연속성뿐 아니라 역동성(*dynamics*)을 지니고 있다.

## 미국 개혁의 지속적인 균형

프레더릭 하우의 《고백》은 개혁의 지속을 극히 명백하게 보여준다. 하우는 놀라울 정도로 자신을 드러내어 1890년에서 1920년 사이, 정부 안팎에서 그 자신이 관여했던 개혁운동이 하나씩 하나씩 실패하는 것을 구체적으로 보여준다. 그럼에도 그는 희망을 포기하지 않는다. 그의 책 마지막 장들에서 그는 다시 시도한다. 전시 경험으로 인한 환멸, 사실상 그가 걸렸던 신경쇠약에 연관될 만큼 심각했던 환멸 속에서 새로운 사상이 나타난다. 첫째, 그는 이전의 계급연대를 포기하고 노동운동에 협력해야 한다고 결심한다. 오로지 노동계에서 그는 진실로 전체 사람들의 이해 속에 자신의 이해가 있는 집단을 발견할 수 있게 된다. 그 자신을 위하여, 그가 당시 그렇게 많은 신뢰를 준 바로 그 세력이 우리 시대에 와서 현행 질서에 손쉽게 적응하고, 현 상태의 일부가 된 것을 볼 만큼 오래 살지 않은 것은 대체로 봐서 우리의 행복이다. 그러나 다시, 그리고 매우 특징적이게도, 하우는 여전히 또 다른 희망을 품고 있다. 즉, 그 자신의 농장의 매우 특별한 종류의 지적 은둔인 수련장(*school*) 말이다.

> 나는 다른 집단에서 벗어나 그들 자신이 되고 싶어 하는 사람들로 구성된 … 나 자신의 집단을 가질 수도 있었다. 그것이 나와 나 자신 찾기를 흥미롭게 했다. 그리고 나는 자기 자신을 찾는 데 관심이 있는 사람들, 인생과 그 의미를 이해하기 원하는 사람들에게 둘러싸이고 싶다.[11)]

뉴딜정책 초기에 하우는 농업부 관리로서 다시 한 번 '운동'에 합류하였으며, 또다시 그는 환멸에 빠지게 되었다. 반복적인 패턴은 진실로 미국문화의 한 패턴이다.

그러나 일부 개혁가들은 사실상 미국적 개혁 노력의 실패를 최종적인 것으로 이해했다. 오리스테스 브라운슨은 대부분의 개신교 종파들과 그들의 개인적·사회적 갱생 추구에 개입했다. 그는 자신의 시대의 많은 주요 개혁 노력에서 하나의 역할을 했다. 1840년 "노동계급"이라는 논문에서 그는 그러한 개혁에 대한 고전적 비판을 제공했다. 일반적으로 개혁가들이 시대의 긴급한 요구에 대해 '성직자와 교육자'를 통해서 개인의 이성 혹은 양심의 재생에 집중하는 데서 해답을 찾는다고 주장하면서, 그는 종교적·과학적 방식 모두를 거부했다. 그는 개혁가들이 "개혁을 필요로 하는 사회적 조정을 방해하지 않는 개혁을 추구하면서, 언제나 보통사람들의 지배자들과 결탁한다"고 발견했다. (하우 또한 85년 후 그의 《고백》에서 똑같은 비난을 했다.) 브라운슨의 도전은 극적이면서 극단적이다. 모든 인간을 기독교인으로 만든다 치더라도, 이론과 실제상, "사회신분이라는 악은 여전히 남아 있을 것이며 … 그 사악함을 제거하는 유

---

11) Howe, *The Confessions of a Reformer*, p. 340.

일한 방법은 체제를 바꾸는 것이지, 관리자를 바꾸는 것이 아니다. … 당신은 체제를 없애버리거나 혹은 체제의 결과를 받아들여야 한다. 어떠한 인간도 신과 재물(*Mammon*)을 동시에 섬길 수는 없다."

만약 이것이 혁명적 외침으로 들린다면, 브라운슨 자신의 개인적 대답이 개신교를 포기하고 위계적이고 권위적인 전통주의 가톨릭 신앙을 받아들였다는 것뿐 아니라, 노예제를 포함한 당시의 사회적·경제적 체제의 결과를 충분히 받아들였다는 것임을 잘 기억해야 할 것이다. 사회질서를 보전할 목적으로 그는 명백하게 규정된 제도적 틀 바깥에 있는 개인적, 사회적 항쟁을 기꺼이 희생하고자 했다. 그는 자신이 한 선택을 알고 있었고, 1840년 논문에서 그러한 방향을 보여준 것이다.

그러나 대부분의 미국인은 브라운슨의 도전을 거절했다. 심지어 우리의 보수주의자들은 자유주의하에서 부상하는 제도적·사회적 질서를 전복시키기를 원치 않고, 오히려 그것을 받아들인 개혁가들이었다. 마치 미국의 개혁가들이 몇몇 오래된 가치와 형태의 유지를 주장하면서 개혁을 하듯이 말이다. 미국은 개혁가의 나라이다. 그들은 새로운 세계를 포기하지 않을 것이다. 그럼에도 그들은 낡은 세계 또한 놓지 않을 것이다. 그들은 여전히 세계 **안에** 있기를 원하는 것이지 세계에 **속하기**를 원치 않는다. 그들은 미국의 세속적 용어로 정의된 개신교 유산의 난해한 패러독스에 집착하며, 그들 문화의 전통적 패턴 안에서 역사가 불가능하다고 일러주는 것을 깨닫기 위하여 거듭 노력하고 있다.

제3부

# 역사로서의 문화

## 우리의 깃발

국기는 언제나 국가 도상학의 결정적 요소이다. 제2차 세계대전 중 태평양에서의 전쟁 현장을 기록한 뉴스사진작가 조 로젠탈(Joe Rosenthal)의 사진들은 모든 미국인들에게 기억의 실질적 기념물을 제공하는 영속적인 상징으로 각인되었다. 25년 뒤, 동일한 깃발이 [저항문화적] 영화 〈이지 라이더〉(*Easy Rider*)에서 주인공의 오토바이 재킷에 새겨졌을 때, 많은 사람들은 의구심과 불길함의 눈길을 보냈다.

Library of Congress

Movie Star News

캐롤린 웨어(Caroline Ware)가 미국역사학회 연례 모임에서 발표된 논문을 모아 1940년에 출판한《역사에 대한 문화적 접근》(*The Cultural Approach to History*)은 선구적인 책이다. 문화적 역사 서술의 풍부한 유럽적 전통에도 불구하고, 미국의 역사학자는 일반적으로 그러한 '문화적 접근'을 회피했다. 실은 좀더 전통적인 문서 사용을 훈련받은 대부분의 미국 역사학자들은 문화 자료, 더구나 새로운 문화형식이 지배하는 최근 시대의 자료를 다루지 못했다. 나의 스승인 멀 커티(Merle Curti)는 삼류소설(*dime novels*) 따위의 이전에는 사용치 않던 문화적 산물을 사용하는 데 선구적이었으며, 특히 그의 퓰리처 수상작인《미국 사상의 성장》(*The Growth of American Thought*)이 다루는 광범위한 종류의 사료들은 깜짝 놀랄 만한 것이었다.

역사학자들이 동시대의 특징적인 문화적 형식, 특히 대중문화의 형식을 어떻게 다룰 것인지를 배우기 전까지는 어떠한 효과적인 문화사도 시도할 수 없었다. 그러한 자료의 사용을 위한 이론적 정당화와 철학적 합리화는 물론 비코(Vico)와 헤르더(Herder) 같은 그 영역의 선구자에 의해 시도되었다. 그러나 이 거인들이 미국에 소개되었다고 해도 역사학자 사이에서는 알려지지 않았다. 내가 비코를 소개받은 것은, 즉 역사학 연구에서 나의 견해를 변화시킨 계기는 역사학 강의가 아니라 세계문학 강의에서였다. 또한 비코에 대한 주요한 번역과 연구가 이루어진 것은 제2차 세계대전 시기 이후였다.

20세기 전반 신 역사 운동이 전통적 역사학을 지배했던 과거 정치로서의 역사라는 비전에 대하여 체계적인 공격을 시작했을 때, 이는 대체로 경제·사회사라는 이름으로 출발했으며, 문화사는 별도의 간략한 장으로 국한된 상태에서 다루어지곤 했다. 미국사 교과서는 여전히 정치적인 것에, 그리고 점차 사회적인 것에 초점을 맞추고 있다. 문화사는 여전히 부수적 장(*chapter*)에서 보조 역할을 하고 있음을 알게 된다.

발전 중인 문화형식들 속에서 사람들은 자신들이 시도하는 경험의 본질에 대응하는 방식을 이해하려는 노력을 서서히 진행해왔다. 비코를 본받아서 여기 3부의 논문들은 특히 어떻게 사람들이 자신의 역사를 만드는지를 강조한다. 그리고 역사가 표현되는 대중적 형식을 검토한다. 이 논문들 중 다수의 부분에서 강조했듯이, 문명과 그 제도를 연구하는 사람들은 보수적 관점을 견지한다. 19세기와 20세기 전반에 대학을 다녔던 젊은 세대는 프랑수아 기조(François Guizot)의 위대한 《문명의 역사》(*History of Civilization*)를 통해 역사를 배웠다. 그 책은 근대 미국 자본주의 사회의 정치가와 재계 지도자가 되려는 자유주의적 엘리트를 훈련하는 데 완벽한 교과서였다. 문화사의 검토를 제안하는 것은 또 다른 이해를 추구하는 것이며, 또 다른 임무를 완수하려는 것이다.

또 하나의 포기 각서가 요구된다. 여기 논문들은 미국사 연구 업적에서 하나의 전통을 나타내는데, 그 전통은 내가 이 책에서 제공할 수 있는 것보다 더 완전한 주의력을 요구한다. 이 논문들에서 나는 과거를 이해하는 특징적인 미국적 방식에 의존했다. 즉, 인간이 만든 달력에 의해 강요된 경계에 잘 들어맞는 일련의 10년(*decades*) 말이다. 1890년대(*The Nineties*), 1920년대(*The Twenties*), 1930년대(*The Thirties*). 이 모든 것들이 특별한 '사건'에 집중하게 하는데, 그것들은 분명히 중요하지만, 예를 들어 정치 세계에서 보이는 것만큼 그렇게 대단한 사건이 아닐지도 모른다. 그것들은 연속성보다는 불연속성을, 장기 경향보다는 단기 발전을 강조하게끔 한다. 대부분의 미국 학문에는 장기간의 시간에 대한 페르낭 브로델(Fernand Braudel)의 비전을 담을 여지가 없어 보인다. 그러나 거기에는 어떤 미국적 경험이 존재할까? 우리는 그 질문을 거의 하지 않는다. 우리는 즐거이 10년을 나열하고, 그것에 교묘한 이름을 부여하고는 그것이 역사가 무엇인지에 관한 것이라고 가정한다.

나는 10년 단위로 분석하는 관례에 양보했지만, 그럼에도 이러한 10년을 번영과 불황으로 설명할 수 있는 진부한 것으로 환원하기를 거절해왔다. 예상치 못한 행위를 지나친 풍요 탓, 또는 극도의 빈곤에서 벗어날 필요 탓으로 돌린다면, 문화 그 자체의 특별한 본질을 인식하는 개념 안에서, 그러한 행위가 취하는 특정한 형식들을 설명하거나 그런 경험을 분석할 수 없다. 도피주의는 진실로 문제일 수 있다. 그러나 왜 그리고 어떻게 사람들이 자신들이 선택한 특정한 방식 — 문화가 제공하는 선택 — 으로 도피를 택했는지는 훨씬 더 중요한 질문이다. 나는 고급문화, 대중문화, 민속문화(*folk culture*)로 자주 고립된 것을 넘어서보고자 노력했으며, 더 큰 문화적 전체의 긴장과 모순을 보려고 노력했다. 이것들이 광범위한 범위의 자료를 이용하려는 매우 초기의 탐구이다. 이 영역에서 2차 문헌은 보통 따분한데, 왜냐하면 역사적 재능이 있는 중요한 사람들이 정치적 발전, 좀더 최근에는 경제적·사회적 발전에 집중해왔기 때문이다. 정치적인 것보다는 문화적 형식들이 점점 더 커다란 역할을 맡고, 또 정치 자체가 경험의 본질을 형성하는 데 있어 상당히 쇠퇴하고 있다는 것이 분명해진 세계에서, 최근까지도 문화적인 것에 관심을 별로 기울이지 않았다는 것은 아이러니하다. 내가 1930년대를 이해하는 데 미키 마우스가 프랭클린 루스벨트보다 사실상 더 중요할 수 있다고 주장했을 때 청중들은 킬킬거렸다. 정부의 형성은 여전히 중요하다. 그리고 루스벨트가 했던 역할(그의 문화적 역할은 결국 문화의 중요한 일부였다)에 대한 나의 존중은 끝이 없다. 그러나 우리가 만약 보통사람들이 어떻게 세상을 경험했는가를 알고자 한다면, 루스벨트 대통령에게 그의 역할이 있었듯이 미키 마우스 또한 그러했다.

# 제 7 장

# 문화와 문명

## 1920년대

1936년에 출간된 에세이 모음집 서문에서 윌라 캐더[1]는 "세계는 1922년 혹은 그 무렵 2개로 나누어졌다. 그리고 이러한 촌극에서 상기된 사람들과 편견들은 슬그머니 7천 년 전 과거로 돌아갔다"고 언급했다. 명백히 캐더의 비전은 지나치게 멜로드라마적이다. 그럼에도 그녀의 과감한 단언에 대해 약간의 주석을 다는 것이 우리에게 이로울지 모른다. 역사학자들은 너무 자주 1920년대 전체를 제 1차 세계대전 참전의 결과로, 혹은 번영의 시기 또는 대공황으로 이어진 골치 아픈 시기로, 혹은 심지어 전간기(戰間期), 즉 제 1, 2차 세계대전 사이의 시기로 아주 단순하게 이해한다. 그들은 그 시기를 역사적 발전의 전반적인 문맥과 매끄럽게 연결

1) 〔옮긴이주〕 Willa S. Cather (1873~1947): 미국을 대표하는 소설가로, 네브라스카대학을 졸업한 직후에는 뉴욕 시에 있는 〈맥클루어스 잡지〉(*McClure's Magazine*) 사에서 편집 일을 하기도 했으나, 나중에는 서부 대평원을 소재로 한 소설들을 발표하여 많은 인기를 얻을 수 있었다. 그녀의 1922년도 소설인 《우리 것들 중의 하나》(*One of Ours*)는 제 1차 세계대전을 배경으로 미국인들에게 전쟁의 의미와 목적을 묻고 있다.

하는 개관(*overview*)을 제시할 수 없었던 것이다. 너무 자주 그 10년은 이스마엘 리드[2]가 그의 훌륭하고도 도발적인 소설 《멈보 점보》(*Mumbo Jumbo*, 1972)에서 그렸던 것처럼 보인다.

> 그 10년간은 미국 역사의 일부이기보다는 억지로 끼워 넣으려고 애쓰는 감춰진 근무 외 시간처럼 보인다. 빠져나가기 위해 … 만약에 영국의 산문 스타일이 처칠 식이라면, 미국은 담배 경매인, 호객꾼, 러니언,[3] 라드너,[4] 세계대전(W〔orld〕. W〔ar〕.), 세상을 상대로 브루클린 다리를 팔 수 있고 토마토가 남극에서 자란다고 당신을 설득할 수 있는 외판원 식이다. 만일 1920년대 영국인들이 "영 제국에는 결코 해가 지지 않는다"고 말했다면, 미국인의 모토는 "매 분마다 태어나는 풋내기가 존재한다"이다. 미국은 '돌아다니'면서 고속주행이 가능한 자신의 개조 자동차(*hot rod*)를 모는 잘난 체하는 청년이다.

물론 역사학자들은 이 시기의 미국 생활에 널리 퍼져 있던 심각한 긴장을 오랫동안 인식했다. 가장 일반적인 교과서의 평가에서도 행동, 신념, 행위의 패턴에서, 가치관과 이상에서 모순들이 두드러졌다. 그들은 이것들을 반복적으로 분석하고 정치, 경제, 사회, 미학, 철학 따위의 여러 분야에서 많은 의미심장한 노력을 했다. 그러나 우리가 캐더의 진술을 진지하게 받아들인다면, 이 시기에 대한 더 새로운 개관이 나타나기 시

2) 〔옮긴이주〕 Ishmael Scott Reed(1938~): 테네시 주 차타누가(Chattanooga)에서 태어나 뉴욕 주 버펄로에서 성장한 아프리카계 미국인(African-American) 시인이자 소설가이다. 최근에 버클리대학에서 은퇴했다.

3) 〔옮긴이주〕 Damon Runyon(1884~1946): 미국의 작가이자 언론인이었다. 특히 금주시대를 배경으로 한 단편소설들이 유명하다.

4) 〔옮긴이주〕 Ring(gold) Wilmer Lardner(1885~1933): 미국의 단편 소설가이자 스포츠, 연극 칼럼니스트였다. 또한 그는 소설가 피츠제럴드(F. Scott Fitzgerald)의 가까운 친구이기도 했다.

작할 수도 있다.

윌라 캐더의 세계는 단지 제 1차 세계대전 때문에 둘로 나뉜 것은 아니었다. 실제로 바로 그해〔1922년〕에 출간되어 퓰리처상을 수상한 그녀의 소설 《우리 것들 중 하나》는 그녀가 이 세상에 대해 품어왔던 많은 것들, 즉 부유하고 농본주의적인 가정과 자연의 질서와 긴밀하게 조화를 이룬 공동체적 질서가 이 새로운 기술적 질서에 의해 벌써 쓰레기 상태가 되었음을 분명하게 밝혔다. 그럼에도 그녀는 기본적 가치관들의 생존과 서부에서 문명의 성취에 대한 믿음을 여전히 품고 있었다. (예민한 젊은 미국인들은 문명의 지속을 위해 그들의 생명을 희생하고자 하는 가치들을 매우 소중히 해왔다. 사실상 그녀의 주인공은 주요 미국 현대 소설에서 그러한 영웅의 마지막일지도 모른다. 그러나 1922년 이후 캐더는 더 이상 그렇게 낙천적이지 않았다.)

1922년까지 자연적, 기술적, 사회적, 개인적, 도덕적 세계에 나타난 일련의 변화를 믿게 된 미국인의 수는 이례적이었으며, 꾸준히 증가했다. 이러한 인식은 새로운 지식과 경험의 비정상적인 빠른 축적에 기초했다. 동시에 그들은 그들 자신이 여전히 더 많은 지식을 쌓으면서 심지어 더 충만한 경험을 달성하기 위한 새로운 테크닉을 개발하는 과정에 있음을 알게 되었다. 문화사가에게 이러한 테크닉 자체는 종종 특정 시대의 세계와 그 세계의 문제들을 다루는 새로운 형태로 쉽게 바뀌는데, 그 시대는 온갖 종류의 지식을 갈구하지만 그 세계에 제시된 방대한 양의, 그리고 다양한 종류의 지식을 쉽사리 처리할 수 없는 것이다. 부분적으로는 그 결과로, 블랙머[5]는 그의 훌륭한 강연집인 《운명적인 해》(*Anni*

---

5) 〔옮긴이주〕 Richard Palmer Blackmur (1904~1965) : 시인이자 문예 비평가였다. 독학으로 문단에 등단했으며, 1940년부터 사망 때까지 프린스턴대학에서 영문학을 가르치면서 '창조적 글쓰기' (*creative writing*) 〔국내에서는 '문예창작'이라고 번역되면서 여러 대학에 국문과와 별도로 문예창작과가 만들어져 있

*Mirabiles, 1920~1925*) (의미심장하게도 부제는 "문예의 광기에 있어 이성"이었다) 에서 다음과 같이 제시했다.

> 모든 우리의 새로운 지식들—혹은 우리의 지식이 분리되고 죄에 빠지는 모든 새로운 형태들—은 우리 자신 안에서 그리고 세계 안에서 문제를 찾아내는 테크닉으로서 나타났다. 그것은 마치 문제를 일으키는 것이 일반적인 사람의 창조적 습관이 되는 것과 흡사하다.

이 시기를 살던 사람들이 발견하고 고민한 이러한 문제들은 단지 극소수의 인간 또는 인간 활동의 한 작은 영역에만 국한된 것은 아니었다. 사회적 질서의 구조적 변화가 가져온 더 놀라운 결과 중 하나는 대부분이 전문가 집단에 종사했다는 것인데, 그들은 세상을 '알고자 하는' 특별한 소명을 지닌 작가, 예술가, 지식인, 언론인, 과학자, 사회과학자, 철학자, 교사들이었다. 자연, 사회, 심리, 도덕 등 여러 방면에서 '실제의' 세계를 근본적으로 탐사하는 작업은 일련의 뛰어난 예술가들과 작가들에 의해서 기록되었을 뿐만 아니라, 이 시기 동안 '과학적' 학문으로서 성숙해진 사회과학에서도 (비록 종종 놀라울 정도로 서로 다르지만) 똑같이 놀라운 업적들을 기록했다. 한편, 과학자들과 심리학자들도 그들의 세계를 탐구했으며, 자주 서로 다른 지식 체계뿐 아니라 모순된 이해 방식을 제공하기도 했다.

그러한 새로운 지식의 성장, 즉 신(新) 계몽주의로서의 새로운 시대(*New Era*)의 많은 사상들은 커다란 즐거움의 한 원인으로 보이기도 했다. 해럴드 스턴스[6]는 《미국의 문명》(*Civilization in the United States,*

---

다]라는 과목을 새로이 개척했다. 이후 미국의 주요 대학들이 앞다퉈 이 과목을 개설하였다.

6) 〔옮긴이주〕 Harold Stearns(1891~1943): 문화비평가로서 제1차 세계대전 이후의 미국 사회를 비판하면서 유럽으로 도피하였다. 1930년대 후반에 미국

1922)[7]을 준비하는 자신의 노력을 18세기 **계몽사상가들**(*philosophers*)의 작업과 비교했으며, 비어드, 베커, 심지어 듀이조차도 그러한 비교에 그들 자신의 작업을 연관 지어 호소했다. 그러한 인식은 미국에만 국한된 것이 아니었다. 1923년의 지진 발생 후 도쿄의 재건을 도와달라고 찰스 비어드를 부르는 전보에는 "재난에 대한 당신의 지식을 가져와달라"고 적혀 있었다. 사실상 새로운 지식의 신세계는 새로운 지식 자체가 밝혀내는 모순을 강화하는 경향이 있었다. 몇몇 예들은 이 상황을 분명하게 보여줄 것이다.

첫째, 많은 새로운 지식은 종종 쉽사리 공유하기 어려운 매우 전문화된 성격을 지녔다. 과학적 지식에 관한 아놀드 토인비의 진술을 인용하면서, 블랙머는 동일한 명제가 이제는 시와 기타 예술에서도 사실이라는 우려가 점차 늘고 있다고 주장했다. 만약 독자들이 (1930년대에 쓴) 토인비의 다음과 같은 구절에서 '과학적인'이라는 단어를 '시적인'(*poetic*)이라는 단어로 대치한다면, 1920년대 두 종류의 지식이 똑같이 진실이라는 것을 알게 될 것이라고 블랙머는 주장했다.

> 우리가 자랑하는 서양의(*western*) 과학적인〔'시적인'(*poetic*)으로 읽을 것〕 지식과 우리의 부와 세력을 위해 지식을 실제적 이익으로 바꾸는 데 우리가 의존하는 서양의 테크닉은 위험할 정도로 난해하다(*esoteric*).

그리하여 1920년대와 1930년대의 많은 저작들을 관통하는 커다란 공

---

으로 돌아와 《미국: 재평가》(*America: A Reappraisal*, 1937)라는 책을 출간했다. 이 책에서는 미국 사회를 긍정적으로 이해했다.

7) 〔옮긴이주〕 모두 30명의 지식인이 철학, 교육, 과학, 철학, 법, 역사, 광고 등 30개 분야의 집필에 참여했다. 이들은 모두 당대 최상급의 활동을 하던 사람들로 — 예를 들어, 도시는 루이스 멈퍼드, 정치는 멘켄, 문학은 밴 윅 브룩스, 스포츠와 연극은 링 라드너 — 구성되어 있었다.

포는 거대한 산업 및 민주 대중사회가 의미 있는 수준의 문명을 유지할 수 있는지, 그리고 대중교육과 대중매체(*mass communication*)가 어떤 문명이라도 생존을 허용할지에 관한 것이었다.

1920년대의 그 문제에 대한 초기 대답 중 하나는 '대중화'에 대한 엄청난 캠페인이었다. 역사와 과학에 대한 '개설'이, 철학과 인류에 대한 '이야기들'이 존재했다. 전체적으로 헬드먼-줄리우스[8]의 "청색 소책자"(*Little Blue Books*) 시리즈를 기억해야만 한다. 지식을 대중화하려는 노력은 상당히 인기 있었으며, 가히 폭발적이었다. 앞선 연구자 중 하나였던 제임스 스틸 스미스(James Steel Smith)는 그것을 "비범한 현상"이라고 불렀다. 그럼에도 불구하고 그러한 지식의 의미와 유용성에 대한 의문은 계속해서 따라다녔다. 그러한 지식은 인간과 인간의 세상에 대해서 무엇을 드러냈는가, 그리고 그것을 이용 가능하게 하고 '유용하'게 만드는 테크닉은 어떠한가?

둘째, 그러한 지식은 종종 모순을 제시했다. 1921년, 찰리 채플린은 〈키드〉(*The Kid*)라는 매력적이면서 감동적인 영화로 수백만의 중간계급 미국인들을 즐겁게 해주었다. 나는 존 왓슨[9]이 그 영화를 봤는지 안

---

8) 〔옮긴이주〕 E. Haldeman-Julius(1889~1951)의 아버지는 미국으로 이민 온 러시아 유대인 출신의 책 제본업자였다. 헬드먼-줄리우스는 무엇보다도 사회주의자이자 출판업자였다. 초기에는 사회주의 계열 신문인 〈이성에의 호소〉(*Appeal to Reason*) 편집자로, 나중에는 "청색 소책자" 시리즈를 통하여 고전의 대중화에 힘써, 5센트라는 파격적인 가격에 대중들에게 책을 제공하는 출판업자로 활동했다.

9) 〔옮긴이주〕 John B. Watson(1878~1958): 시카고대학에서 동물 행동에 관한 연구로 박사학위를 받았다. 그 후 자신의 연구를 사람에게까지 확대 적용하였다. 그 결과, 20세기 전반 미국인들에게 널리 알려진 '행태주의'(*behaviorism*)라는 새로운 심리학 분야를 개척하였다. 1920년 스캔들로 존스홉킨스대학에서 사직한 이후 은퇴할 때까지 톰슨 광고회사(J. Walter Thompson)를 위해 일했다.

봤는지는 모르겠다. 만약 보았다면, 틀림없이 그는 그 영화를 아이를 제대로 키우지 못한 방식의 모델로서 언급했을지도 모른다. 거지와 고아 사이의 행복하고 따뜻한 관계 속에서 발생하는 모든 것들은 분명히 행동주의자들이 추천하는 '판에 박힌 일'과 '객관성'의 관념에 반대되는 것으로, 그러한 관념은 강건하고 독립적인 개인을 키우기 위해 필요하다고 그들이 믿었던 과학적 육아("결코 안아주거나 입 맞춰 주어서는 안 된다. 결코 애들이 당신의 무릎 위에 올라오게 해서는 안 된다")에 있어 하나의 열쇠였다. 영화에서의 채플린 방식은 전통적이고 상식적인 지식의 방식이었으며, 왓슨의 방식은 새로운 과학적 지식에 의해 제안된 방법이었다. 물론, 두 방식 다 엄밀히 '지식'이 아니라고 주장할 수는 있으나, 그럼에도 양쪽의 비전은 거의 동일한 시기에 거의 동일한 청중들에게 빠르게 전파되었다.

미국인들은 그들이 새로운 시대에 산다는 것을 끊임없이 그리고 충분히 인식했다. 커뮤니케이션은 이러한 사실에 결정적 요인이었고, 자동차와 영화만큼 전체 변화의 극적인 수단으로 제시된 것은 없었다. 그럼에도 이 시기의 거의 시작부터 건축가와 그 고객들은 이러한 혁명적 고안품들을 전시장에 '설치하는' 특이한 방식을 선택했는데, 이는 그들이 진열해야 할 혁명적 기계들과 상충되는 것처럼 보인다. 1920년대에 궁전들을 건축한 것은 사람들이 살기 위해서라기보다는 새로운 기계들을 우아하게 설치하기 위해서였다. 예를 들어, 버나드 메이벡[10]이 만든 믿을 수 없을 만큼 시대를 넘어서는 샌프란시스코의 우아한 크라이슬러 전시장과 카르낙(Karnak)[11]에서 로스앤젤레스의 할리우드 대로(Hollywood Boulevard)

---

10) 〔옮긴이주〕 Bernard Maybeck(1862~1957): 건축가로서 20세기 초 미국의 '공예운동'을 이끌었다. 파리의 미술학교(Ecole des Beaux Arts)를 졸업하고 버클리대학 최초의 건축학과 교수가 되었다.

11) 〔옮긴이주〕 고대 이집트의 주요 도시 룩소르에서 발견된 거대한 신전이다.

로 가져온 것 같은 마이어(Meyer)와 홀러(Holler)의 그로만의 이집트 극장(Grauman's Egyptian Theater)을 보라. 대중화 운동 혹은 1922년에 시작한 〈리더스 다이제스트〉(*The Reader's Digest*) 같은 노력들은 분열된 혹은 분열 중인 세계를 감출 수 있는 형식을 제공하기 위해 채택된 방식의 실례들이다. 그러나 이제부터 우리는 이를 위해 치러야 했던 문화적, 심리적 비용을 평가해야만 한다.

사람들은 커뮤니케이션의 새로운 혁명이라는 주제에 직면하고자 했다. 최초로 1920년대 역사를 서술하려고 했던 제임스 멀린[12]은 그 시기의 경제정책과 외교정책의 결과에 대해 상당한 지면을 할애했으며, 여러 장(*chapter*)에 걸쳐 정부의 대응방식에 대해 기술했다. 흥미롭게도, 그의 분석은 아마도 〔1920년대 이후〕 우리가 지닌 어떠한 전반적인 평가보다 더 구체적이고 나을 것이다. 그러나 여기서 새로운 지식은 결코 보편적 의미나 비전을 제공하지 못했다. 커뮤니케이션이 발전하고 용이해진 새로운 시대에 우리 문학은 사람들이 점차 서로 의사소통을 원치 않거나 할 수 없게 된다는 것이 역설적이며 서글픈 현상이라는 견해에 영향을 끼쳤다. 매우 창조적인 신진 시카고학파 사회학자들은 (신문에 대한 특별한 연구와 더불어) 일반적인 사회분석에 기초적인 커뮤니케이션 분석을 했으며, 공동체를 재창조하기 위한 커뮤니케이션의 새로운 수단에서 근본적인 희망을 보았다. 존 듀이는 그의 《철학의 재건》(*Reconstruction in Philosophy*, 1920)에서 '현재 삶의 어려움과 생경함'을 극복하기 위한 하나의 방식으로서 커뮤니케이션의 '신비한 힘'과 결과적으로 '같이 나눈 삶의 기적'에 대해 언급할 수 있었다. 바첼 린지는 "매일 점점 상형문자적으로 성장하는 미국 문명"에 대해 언급했다. 다른 사람들은 말이 표준화되고 상

12) 〔옮긴이주〕 James Malin(1893~1979): 캔자스대학에서 박사학위를 취득하고 그곳에서 정년을 맞을 때까지 평생 동안 100권이 넘는 저술을 남긴 역사학자이다.

업화된 그림들의 출현과 어우러지면서 그것이 순수한 사고와 반성과 어울릴 수 있는 가능성을 주장했다. 1928년 철학자 폴 아서 쉴프[13]는 우리가 진실로 의사소통해야만 하는 것이 무엇인지에 대해 다음과 같이 심각한 문제를 제기했다. "증권과 채권 시세, 미식축구 점수, 〔야구〕 월드시리즈 결과, 재즈 음악, 그리고 옛날이야기(*bedtime stories*)." 그것은 거의 언급할 가치조차 없어 보였다.

커뮤니케이션이 사실상 발명, 기술, 사회적 질서의 기계화를 의미했다면, 나머지 커다란 공통의 주제는 아주 모순적이게도 공동체(*community*)였다. 1920년대에 노스캐롤라이나대학의 사회학자였던 하워드 오덤(Howard W. Odum)은 "그것이 조직의, 단체의, 산업의, 혹은 인문학의, 학문의, 종교의, 혹은 시민의 공동체이건 간에, 아마도 제 1차 세계대전 이후 시기에 공동체라는 조직에 대한 인식이 커진 것보다 더 큰 진보는 없었을 것이다"라고 말했다. 그 시대의 문헌을 읽었던 사람들이라면 누구나 이러한 진술이 생뚱맞아 보였을 것이다. 단지 기억 속에서만 간직하고 있던 세계의 질서를 가치 있다고 보았던 사람들 — 이디스 워튼,[14] 윌러 캐더, 도로시 캔필드 피셔[15] — 혹은 (오로지 현대 비즈니스의 '현실주의적' 세계에서 사라졌다고 보고된) 미국의 작은 마을(*small-town*) 공

---

13) 〔옮긴이주〕 Paul Arther Schilpp(1897~1993): 독일에서 태어나 16세에 미국으로 이민을 갔다. 스탠퍼드대학에서 박사학위를 받고 노스웨스턴대학에서 68세까지 철학을 가르쳤다.

14) 〔옮긴이주〕 Edith Wharton(1862~1937): 부유한 뉴욕 가문 출신으로, 원래 이름은 Edith N. Jones였다. 조경 건축과 실내 디자인에도 조예가 깊었던 그녀는 《순진무구의 시대》(*The Age of Innocence*, 1920)로 1921년 여성 최초로 문학 부문 퓰리처상을 받았다.

15) 〔옮긴이주〕 Dorothy Canfield Fisher(1879~1958): 20세기 전반의 뛰어난 여성 교육 개혁가이다. 이탈리아의 교육학자 몬테소리(Montessori)의 방식을 아동교육에 도입 적용하였다. '이달의 책 클럽'(Book-of-the-Month Club) 선정위원으로도 활동하였다.

동체의 변화를 깊이 생각했던 부스 타킹턴[16] 같은 사람들조차도 그러한 생각을 지나간 것으로 여기는 경향이 있었다. 셔우드 앤더슨의 기괴함으로부터 싱클레어 루이스(Sinclair Lewis)의 풍자를 거치면서, 제임스 브랜치 캐블[17]의 이상스러운 환상으로부터 피츠제럴드(Fitzgerald)와 헤밍웨이(Hemingway)의 세계로까지, 공동체의 가능성은 상상 속에서조차 존재하지 않았던 것으로 보인다. 소설가와 시인은 오덤의 명제를 지지하지 않는 것으로 보였다. 그럼에도 불구하고, 물론 공동체는 세계의 근본적인 일부분이고 사회학적일 뿐 아니라 인류학적이고, 현지답사 관찰뿐 아니라 통계학적인 조사와 사회과학적 연구를 통해 형성된 세계에 대한 지식이었다. 파크와 버제스 같은 시카고대학의 사회학자들로부터 '우리-집단'과 '우리-감정'에 대한 토론이 등장했다. '갱'과 이웃, 집회소와 공제조합에 대한 관심이 나타났다. 이것이 공동체 연구의 거대한 시기였다. 뛰어나지만 애석하게도 널리 알려지지 않은 이 시기 미국에 대한 문화적-역사적 분석을 통해, 저명한 네덜란드의 역사학자인 요한 호이징가(Johan Huizinga)는 "문명의 모든 위대한 시기에 문학은 정확히 삶의 지배적인 이상의 완벽한 표현이었다"고 언급한다. 호이징가는 그 이상이 미국 문학에서 여전히 나타난다고 암시했지만, 우리가 충분히 깊이 탐구한다면, 겉으로 나타난 모습에도 우리 문학에 '혐오, 저항, 비난의 성격'이 있음을 알 수 있다. 예를 들어, 호이징가는 '그 자신 시대의 서구문명에 대한 혐오'가 캠벨의 주요 논조였다고 말한다. 그리하여 여기서 다시 한 번 우리는 두 가지 지식의 모순적 힘에 끌리게 되는데, 그것은 아마도

---

16) 〔옮긴이주〕 Newton Booth Tarkington(1869~1946): 극작가이자 소설가로 활동했다. 1919년과 1922년에 각각 《장대한 앰버슨 집안》(*The Magnificent Ambersons*, 1918)과 《앨리스 애덤스》(*Alice Adams*, 1921)로 소설 부문 퓰리처상을 받았다.

17) 〔옮긴이주〕 James Branch Cabell(1879~1958): 버지니아 주 리치몬드 출신으로, 판타지 소설가로 널리 알려져 있다.

하나의 세계가 부서진, 윌라 캐더가 본 것과 그렇게 다르지 않은 방식으로 2개로 부서진, 2개의 표상(*representations*)이었다.

적어도 작가와 예술가에게는 여전히 또 다른 모순이 커다랗게 자리 잡고 있었다. 만일 누군가 그의 지식을 나누고, 그의 경험을 표현하고, 그의 비전을 제공하고 싶다면 무엇이 최선의 방법인가? 적어도 포스트 인상파(*Post-Impressionists*)와 시각예술에서의 아모리 쇼(Armory Show)와 시에서의 이미지주의자 시기부터 창조적 작업자는 〔마릴린 골(Marilyn Gaull)의 "언어와 정체성"이라는 논문의 언어를 빌리자면〕 "그의 환경과 그가 묘사하려는 상징 사이의, 그의 경험과 그것을 표현하기 위해 이용 가능한 언어 사이의 불일치를 날카롭게 인식하게" 되었다. 에즈라 파운드의 '무한' 따위의 빅토리아적 추상성의 배격과 서구 저술에서 인습적이지 않은 논리, 구문론, 문법을 가지고 '표의문자적 방식'을 사용하려는 그의 노력에서부터 다다주의자(*Dadaist*)까지, 거트루드 스타인(Gertrude Stein)의 언어학적 실험에서부터 어니스트 헤밍웨이의 《무기여 잘 있거라》(*Farewell to Arms*)의 특별한 산문—"영광, 명예, 용기 혹은 신성 같은 추상적 단어들은 구체적인 마을의 이름들, 도로의 번호들, 강의 이름들, 연대(*regiments*)의 개수와 날짜들 옆에서 외설적이었다"—까지, 작가, 철학자, 언어 연구자 사이에 언어와 실재 사이의 연관성에 대한 관심이 점점 증가했다. 사람들은 특히 1920년대 십자말풀이 같은 단어 게임들의 엄청난 인기와, 1930년대 알프레드 코르지프스키(Alfred Korzybski), I. A. 리차즈(I. A. Richards), S. I. 하야카와(S. I. Hayakawa), 에드워드 사피어(Edward Sapir), 스튜어트 체이스, 그리고 서먼 아놀드(Thurmond Arnold)의 작품에 대한 일반적인 관심이 증가하는 것은 말할 것도 없거니와 이 주제의 점점 더 커지는 매력과 연관 짓지 않을 수 없었다. 문제는 사람들이 무엇을 의사소통할 수 있고 해야만 하는가뿐 아니라 도대체 어떻게 의사소통해야 하는가였다.

그리하여 세계의 새로운 지식은 점차 테크닉에 관한 지식을 포함하게 되었는데, 그것은 모두가 그렇게 접촉하고, 이해하고, 사용하고 싶어 하는 것처럼 보이는 실재를 다루기 위해 특별히 개발된 것이다. 바첼 린지의 '상형문자 문명'은 하나의 불가능한 꿈 혹은 악몽인 것처럼 보이지 않았다. 결국 그곳에는 시사만화와 만화, 증가하는 시각적 광고, 그리고 영화가 존재했다. 또한 그곳에는 거대한 타블로이드 신문들, 뉴욕의 〈데일리 뉴스〉(*The Daily News*) 같은 신문들도 존재했는데, 그 신문은 1919년 (종종 실제적이었지만, 가끔씩은 인위적으로 조작된) 사진들과 다양한 종류와 크기의 인쇄물을 유쾌하고 자극적으로 사용하는 데 엄청난 투자를 하기 시작했다. 1920년대 후반쯤이면, 신문들이 100만 명이 훌쩍 넘는 독자를 위해 무엇이 '뉴스'인지에 대한 특별한 정의를 만들어냈다. 예술과 문화의 여타 방면에 분명하게 포함된 것은 지식이 새로운 방식으로 출현한 것이었는데, 그것은 책과 인쇄된 단어에서 이용 가능한 앎의 오랜 방식과 분명한 대조를 이루었다. 그것은 성경과 사전류에서 그려진 문화와 상당한 괴리가 있었다.

마침내 1920년대에 자기인식에 대한 특이한 몰두와 그 결과로서 심리학, 사회학, 역사학, 인류학에서 질풍 같은 연구들이 점차 자기인식 경향이 짙어지는 미국의 공중(*public*)에게 아주 중요한 결론들을 제시했다. 초기에 미국인들은 공공집회와 사회행위, 또는 사적 욕구와 개인적 비전의 연관성에 관한 (지식인들 사이에서는 계몽주의만큼 오래되었지만 다수 청중을 위해 새로이 정리된) 문제뿐만 아니라 공중으로서의 그들 자신을 더 잘 인식하게 되었다. 일반적으로 미국인들은 개신교 노동윤리를 믿으면서 자라났다. 1870년대, 윌리엄 그레이엄 섬너는 열심히 일하기와 금욕은 자본주의와 같으며, 저축은행 예금자야말로 문명의 진정한 영웅이라고 말했다! 이제 세계는 진실로 2개로 나뉜 것 같았다. 미국인은 대체적으로 그 자신을 소비자로서 생각해야 함을 배우게 되었다. 미국인은 점점 더 (그를 돕기 위해 찾아낸 방식인) 저금을 쌓아두는 것이 아니라 〔청교주의에서 악의 일부인〕 지출할 것을 격려 받았다. 미국인은 더 이상 결핍의 세계에서 사는 것이 아니라 풍요의 세계에 살며, 그러한 새로운 지위에 걸맞은 새로운 가치관을 개발해야 한다고 듣게 되었다. 여가는 거의 노동만큼 중요해졌으며, 노동윤리를 대체하는 것은 아닐지라도 최소한 병행해야 하는 쾌락윤리를 배워야 했다. 더 풍부한 교육 가능성(그리고 성인 수준의 더 높은 교육기회)은 말할 것도 없고, 종종 더 많은 여가시간이 있음을 알게 되었다.

수백만 명이 여전히 상품을 생산하기 위해 일했지만, 그만큼을 생산하기 위해 그보다 적은 노동자들이 필요했으며, 더욱 많은 사람들은 전문직, 사무직 혹은 서비스직에 종사했다. 더 많은 사람들이 일생을 설계하기 위한 온갖 보장과 가능성을 지닌 봉급생활자가 되었다.

풍요·여가·소비자·쾌락 지향적인 새로운 세계에서, 모든 종류의 개인적 필요를 충족시키는 데 더 많은 관심을 기울일 수 있게 되었다. 그리고 사실상 그것이 곧 분명해지자, 광고라는 새로운 서비스 산업이 그러한 필요를 자극하고 욕망을 일깨우려는 갖가지 노력을 기울이며, 이들을 이용해 일련의 새로운 생산물 전체를 취급할 수 있는 시장을 창조하려 할 것이었다. 성 도덕에 대한 엄격한 규칙은 프로이트적 윤리라 불리는 것에 양보하게 될 것이었다. 노동시장에 대한 새로운 평가는 산아제한 운동, 동반자적 결혼(*companionate marriage*), 육아에서 완전히 새로운 개념을 순조롭게 도출해낼 것이었다.

가정, 안전, 가족, 그리고 공동체에 대한 가치관은 끊임없이 분열을 넘어서는 쪽을 지향했지만, 동시에 미국인들은 이 새로운 세계에서 새로운 커뮤니케이션 수단, 특히 자동차를 사용하지 않을 수 없었는데, 광고와 거대한 새로운 도로 체계의 출발이 그 사용을 현저하게 매력적으로 만들었다. 공동체와 여러 단체에 가입하는 이점은 여하튼간에 개인주의를 유지하는 훌륭한 방법으로 간주되었다. 모든 좋은 책들을 읽는 것은 중요했으나, 어떤 것들이 좋은 책인지 몰랐기 때문에 특별 서비스가 준비되었다. 이는 요약본이기 때문에 모든 잡지들을 읽을 필요가 없었으며, 1926년에는 '이달의 책 클럽'(Book-of-the-Month-Club)이 만들어졌다.

명백히, 연관된 전면적인 사회변형은 제 1차 세계대전 훨씬 전에 시작되었다. 그러나 일반적으로 기술된 그 변형이 일어났으며, 그것은 자본주의 질서의 본질과 문화에 있어 결정적인 변화를 의미했다. 구세대 가치의 세례를 받으며 자랐지만 이제는 신세대와 잘 어울리는 가치를 받아들이도록 요구받은 많은 사람들은 자본주의가 야기한 근본적인 갈등에 대해 깊이 인식했다. 그러한 적응은 쉽사리 이루어지지는 않았다. 분명히 멀리는 산타야나(Santayana)의 "미국 철학에서의 고답적(*genteel*) 전통"(1911)에 관한 연설과 밴 윅 브룩스의 초기 저작, 특히 《성년기 미국》(*America's Coming of Age*, 1915)까지 거슬러 올라갈 수 있는데, 미국의 비평가들과 작가들은 미국인의 심리상태가 분열되었음을 깊이 인식했다.

미국인의 삶에 나타난 엄청난 전환의 또 다른 징표들이 있었다. 사망의 주요 원인이었던 결핵은 심장마비에 그 자리를 물려주었는데, 전자는 아마도 생산자 세계에서 더욱 특징적이었으며, 후자는 종종 비즈니스-소비자 세계에서 더욱 특징적이라고 생각되었다. 미국인의 식사에서도 근본적인 변화가 시작되었는데, 이는 부분적으로는 비타민의 발견 때문이었다. 영화는 특히 그리피스(Griffith)에 의해 발달하여 중간계급이 특히나 좋아하는 오락이 되었다. 많은 다른 징표들도 있었다. 포드는 공장체제를 다시 만들었다. 그러나 1920년대가 되어서야 변환에 대한 이러한 그리고 여타 나머지 사실들이 충분히 드러났다〔《최근 경제 동향》(*Recent Economic Trends*)과 《최근 사회 동향》(*Recent Social Trends*)보다 더 훌륭히 그 시대의 기본적 사회과학의 조망을 유지한 저술은 없었다〕. 나아가 그것들은 전반적 지식의 주제가 되었으며, 따라서 여러 종류의 잡지, 신문, 통속적 읽을거리에서 대중적 관심의 공통된 전거의 대상이 되었다.

우리는 윌라 캐더의 부서진 세계로부터 먼 길을 온 것 같다. 그럼에도 여러 광범위한 시각과 정의에서 본다면 진행 중인 질서의 모순에 대해 널리 공유된 견해가 존재했다. 일부는 그것을 근본적인 것으로 보았다. 세계는 부서졌으며, 교정될 수 없었다. 나머지 사람들은 자신만의 특별한 방식으로 그 분열을 규정하면서 세계를 이해하기 위해 고안된 테크닉을 통해 틈새 사이에 다리를 놓을 수 있는 방법을 찾고자 했다.

그 주장의 마지막 명제들은 매우 많은 미국인들이 "위기에 처한 문명이라는 견해에 의해 각성되었다"는 사실에 달려 있었다. 문명이라는 핵심개념에 대한 접근방식이 다양했지만 어쨌든 그 개념을 둘러싸고 주목할 만한 논쟁이 뒤따랐다. 1942년 (그들 자신이 1920년대의 대논쟁에 참여했던) 찰스와 메리 비어드가 《미국의 정신》에서 우리에게 말하기를, 18세기 후반에 기원을 두고 전개되어온 '문명'이라는 단어는 미국인들의 기본적인 세계관에서 하나의 열쇠였다. 《성과 문명》(*Sex and Civilization*, 1929)을 편집한 캘버튼(V. F. Calverton)과 슈말러젠(S. D. Schmalhausen)은 "다른 어떠한 시기에도, 혹은 분명히 그렇게 짧은 시기 동안, 제 1차 세계대전 이후의 여러 해보다 더 자연과 문명의 미래에 대한 관심을 보여준 적은 없었다"고 언급했다. 통계학적으로 '문명'이라는 단어를 제목에 포함한 단행본과 논문의 수를 통해 보거나, 심지어 한눈에 그 시기의 다양한 저술을 검토해볼 때 그들이 옳았다.

캘버튼과 슈말러젠이 쓴 책의 서문은 여러 가지 면에서 이 시기 많은 작품들의 원형이었다. 그들이 우리에게 알려주기를, 무엇보다도 문명의 개념은 전진과 진보의 동의어였다. 그런데 이제 많은 사람들이 진정한 진보는 오로지 문명의 파괴와 더불어 성취된다고 믿었다. 물론, 낭만주의자들은 종종 문명화된 사람이 원시적인 사람보다 결코 우월한 것은 아니라고 주장했다. 그러나 이것은, 사실상 문명의 어떤 한 형태에 대한 반역이었는데, 그 안에서 "귀족정치의 억압은 사회를 경제적 무질서와 도덕적 붕괴 상태로 만들었다"고 그들은 기록했다. 산업혁명 이후 문명의 성격이 엄청나게 변화했기 때문에, 오늘날 문명에 대한 반역은 (현대 신비주의자들과 중세의 보편주의 혹은 일종의 동양적 세계를 추구하는 사람들의 경우에서처럼) "그것〔문명〕의 전체적인 본질에 반대하는 반역"이거나 혹은 (문명이라는 것이 '사유재산 개념을 중심으로 한 제도에 기초한 것'이라고 믿거나 문명이 사라지고 그 개념의 절멸과 더불어 새로운 문화가 시작한다고 보는 사람들처럼) "문명의 통제에 대한 분명한 선언"에 저항하는 반역이었다.

캘버튼과 슈말러젠은 허영(*pretense*)을 현대 문명의 열쇠로 보았다. 그들은 심리학을 개인 성격의 이해뿐만 아니라 그것의 사회와의 연결고리까지 응용하고자 애썼다. 이를 위해서 최종 형태가 신(新)과학의 영역에 속한 특별한 테크닉이 고안되어야만 했다. 그 테크닉, 그 신과학은 내부의 불안(*malaise*)과 외부의 부적응의 원천을 밝히고 문명의 문제를 종결지을 것이었다. "자연과 문화는 … 놀라울 정도로 서로를 파괴하며 … 육체와 정신은 부드러움에서 폭력에 이르기까지 기이한 방식으로 서로를 증오한다. 상반된 감정의 양립은 우리 인간의 본성에 독이 된다. 우리는 과학적이며 미신적이고, 비판적이며 잘 속기도 하고, 보수적이며 급진적이기도 하고, 자유지상주의자이며 독재자이기도 하고, 잔인하면서 자비롭기도 하고, 불관용적이며 상냥하기도 하고, 교양스러운가 하면 천박하기도 하고, 부유하면서 텅 비기도 하다." 이 모순들이 우리의 문제들을 야기하며, (사실상 우리의 지식 형태인) 우리의 테크닉을 치유하며, 문명은 모순들 때문에 부적응을 만들어내고, 지식과 경험은 문명을 재생시키는 해결책을 낳은 새로운 테크닉을 제시한다. 그 패턴은 하나의 익숙한 패턴이 된다.

이 시기의 가장 대중적인 선집(*anthologies*) 종류 중 하나는 지금까지의 문명의 지위에 대한 평가로, 미국인들에게 일종의 대차대조표를 시도하려는 독창적 에세이들을 모은 것이었다. 이들의 제목은 《인류는 어디로 가는가: 현대 문명의 파노라마》(*Whither Mankind: A Panorama of Modern Civilization*), 《문명을 향하여》(*Toward Civilization*), 《미국 문명에 있어 최근의 증진》(*Recent Gains in American Civilization*) 등으로, 그 시기의 특별하면서 특징적인 수사학을 드러낸다. 각각의 경우, 집필자의 목록은 인상적이었으며, 목록의 연구범위는 광범위했다. 각각의 경우, 논문들은 어떻게 미국인들이 집단적으로 성공해왔는지 혹은 실패해왔는지를 시험하기 위하여 일종의 지식의 대중화와 많은 영역에서의 업적들을 제시했다. 종종 논문들은 여전히 더 큰 '진보'를 위해 시민들과 그들의 조직을 재촉하는 격려의 연설도 포함하였다. 물론 선집들과 거기에 수록된 논문들은 같은 시기 수백여 종 잡지들의 기사와 비슷했으며, 마침내 1933년 시카고 세계박람회는 박람회 자체를 '진보의 세기'(*A Century of Progress*)를 평가하고 기념하는 데 헌정했다. 이러한 시도들이 그 시대에 이따금 정화하려 하고 언제나 재확인하려 한 노력의 전부였다. 거기에는 뭔가 신경과민적이고, 〔로드릭 내쉬(Roderick Nash)가 그 시기의 세대를 특징짓는 데 사용한 용어인〕 신경질적이고, 그럼에도 알고자 하는 끊임없는 욕구에 대해 놀랍도록 전통적인 것이 있었는데, 그 욕구는 우리가 어디에 있으며 우리가 얼마만큼 왔는가를 어떻게 측정할 것인지, 그리고 우리가 어디로 가는지에 관한 것이었다. 비록 이 모든 것들에 대해 완전히 새로운 것은 없었지만, 이 시기에 진보에 관한 특별하고도 지나친 무언가가 있었다.

1920년대에 생산된 그렇게 많은 것들은 다음과 같은 생각으로 이해할 수 있다. 즉, 그것은 자의식적으로 자신을 문명 이슈의 일부로서 생각하면서 심지어 '문명'을 유지하고, 고치고, 파괴하고, 혹은 만드는 것에 수

반된 테크닉 또는 도구로 간주하는 것이다. 그리고 이러한 견해는 그 시기의 조망을 확립하기 위한 하나의 가능한, 의미 있는 방식이었다. 확실히 그러한 생각은 어디에나 존재했다. 제 1차 세계대전 중 유진 뎁스는 사회주의의 역할이 "문명을 개화시키는 것"이라고 주장했다. 피츠제럴드는 그의 첫 번째 주인공인 에이모리 블레인(Amory Blaine)[18] 이 미니애폴리스에서 "서구문명의 거칠고, 천박한 공기"에 의해 "말하자면, 속옷 바람으로" 처음으로 붙잡혔다고 우리에게 말할 수밖에 없었다. 에른스트 엘모 캘킨스[19] 는 '문명인 기업'(*Business the Civilizer*) 에 대해서 저술했다. 마커스 가비[20] 는 흑인(*Negro*) 문명을 발전시키는 것이 중요하다는 점을 심지어 백인 미국인들에게까지도 크게 호소했다. 이것들은 문명 개념에 대한 전혀 다른 용례들이지만 의미 있는 수사학에 중심적이며, 우리가 1920년대와 결부시키는 것들의 많은 부분을 감싸는 중대한 은유 덩어리가 작동하는 것처럼 보인다.

아마도 약간의 간단한 예들이 이러한 주제를 더 잘 보여줄 수 있을 것이다. 첫 번째가 가장 명백하다. 1922년 미국에 대해 가장 극적인 이별을 고하기 직전, 해럴드 스턴스는 그의 가장 유명한 편집 기획이었으며 이제는 유명해진 30명의 미국인들이 공동 작업한 《미국 문명》(*Civilization in the United States*) 을 출간했다. 그 책은 '전반적인 현대 미국 문명의

---

18) 〔옮긴이주〕 1920년에 출간된 피츠제럴드(F. Scott Fitzgerald)의 첫 번째 소설 《낙원의 이편》(*This Side of Paradise*)의 남자 주인공으로, 프린스턴대학에 다니는 문학청년이다.

19) 〔옮긴이주〕 Ernest Elmo Calkins (1868~1964) : 광고 카피 작성자로 시작하여 나중에는 랠프 홀든(Ralph Holden)과 뉴욕에 Calkins & Holdon 광고회사(1902~1931)를 만들어 현대 광고회사의 전범이 되었다. 또한 1905년 홀든과 함께 《현대 광고》(*Modern Advertising*) 라는 광고학 교재도 출간하였다.

20) 〔옮긴이주〕 Marcus Garvey (1887~1940) : 자메이카 태생으로서 아프리카 귀환 운동(*Back-to-Africa movement*)의 주창자이며 흑백통합 반대론자이기도 했다. 뒤부아(W. E. B. Du Bois)와 적대관계에 있기도 했다.

문제를 보기 위하여' 비슷비슷한 생각을 가진 남성과 여성의 공동의 노력으로 만들어졌다. 스턴스는 다음과 같은 세 개의 주장에 통일성이 있다고 했다. ① 미국 생활의 모든 영역에는 "설교와 실제 간에 날카로운 이분법"이 존재한다. ② "미국 문명이 다른 무엇이건 간에, 그것은 앵글로-색슨적인 것은 아니며", 우리가 순수한 국민주의적(*nationalistic*) 자의식을 갖기 시작하지 않는다면 앞으로 나아갈 수 없을 것이다. ③ 미국에서의 사회생활은 현재 "감성적이고 미학적인 굶주림" 상태이며, 우리는 "매달릴 어떠한 유산과 전통을 갖고 있지" 못하다.

스턴스는 정치적이거나 사회적인 해결책을 제공하지는 않았다. 대신 그는 우리 마음에서의 변화를 요구했다. 문명이 성장하기 위한 첫 번째 단계는 "감상벽(*sentimentality*) 이나 공포 없이 우리 자신에 대한 자의식적이며 정교한 비판적 시험이다". 특징적인 것은 테크닉이었다. 1명 이상의 논평자가 이 시기를 새로운 비평의 시대의 일부로 이해하는데, 시험의 테크닉 자체가 진정으로 필요불가결하고 창조적인 요소가 되었다. 블랙머는 《운명적인 해》에서 우리에게 "평론이란 필요불가결한 요소들, 특히 새로운 힘과 새로운 문제의 요소들을 비전의 질서로 이어주는 흔들거리는 극단적인 이음매이다"라고 말했다. 창조로서의 평론, 즉 블랙머는 예술에서의 비평에 대해 분명히 언급했지만, 그 진술은 지식과 이해의 모든 영역에까지 더 광범위하게 적용될 수 있었다. 스턴스가 편집한 책의 목표는 일찍이 1915년 밴 윅 브룩스가 제기했던 쟁점의 반향이었다. 즉, "문명을 양키 혈통으로부터 벗어나게 하는 것은 … 더욱 힘들고 더욱 분투해야 하는 작업이다. 그것이 가능할까? 그것은 진행 중일까? 징표들은 결코 분명치 않다." 1922년이 되면, 그 문명은 우리의 삶이 무엇과 같을 것인가에 대한 자의식이 증가해야만 접근 가능하며, 이는 오로지 비판을 통해서만 이루어질 수 있었다.

시카고대학의 저명한 사회학자인 로버트 파크(Robert Park) 와 어니스트 버제스(Ernest Burgess)가 1921년 출간한 《사회학 입문》(*Introduction to the Science of Sociology*)이라는 영향력 있는 교재와 직접 비교하는 것이 이상해 보일지도 모르지만, 그 분야에서 그보다 더 중요한 책은 거의 없다. 우리의 목적을 위해서, 그 책은 지식과 문명이 연결되는 방식에 대한 또 다른 통찰력을 제공한다. 이전의 그리고 이 시대의 여러 문헌과 차이가 나는 점은 의미심장하게도, 그 책이 사회학에서 착한 일을 하는 방법이 아니라 과학을, 다시 말해 사회문제에 대한 일련의 해법이 아닌 탐구 체계를 찾는다는 데 있다. 테크닉은 사회학을 취급할 때 최우선이었다. "이 책의 전반적인 구성은 수집, 분류, 해석에서 잠정적이고 실험적인 방법들을 일시에 제시하는 것으로 볼 수 있다 … ." 그것은 부분적으로는 읽기뿐 아니라 관찰을 강조하고, 연구뿐 아니라 경험을 강조하는 편람(*manual*)이었다. 물론 책의 중심은 사회 집단과 제도, 사회조직 그리고 사회 상호작용의 과정이었으며, 어떤 종류의 개량주의나 언명된 이데올로기적 입장을 피했다. 마지막 장들 중 하나는 '진보'의 개념을 다루는데, 그것은 사회학을 포함한 과학적 지식을 통해 통제될 수 있다는 전망을 제시했다. 그 책은 다음과 같은 문장으로 끝을 맺는다. "사회탐구의 관점에서 볼 때 진보의 문제는 주로 진보의 다양한 요소들을 측정할 장치들을 마련하고, 사회의 진보에 작용하는 여러 요소들의 상대적 가치를 평가하는 것이다." 여기에 더 이상 효력 있는 진술은 없다. 즉 문명이 무엇을 성취할지를 기대하며 그 성취를 어떻게 판단할 것인가에 대한 궁극적 견해가 없는 것이다. 그럼에도 그 책 전반은 인간본성과 사회에 관해 충분한(한정되지 않은-유용한-불특정한) 학식을 세운다면 우리가 원하는 바를 달성할 수 있다는 견해를 제시했다.

월터 리프먼의 《여론》에는 뜻깊은 구절이 있는데, 거기서 그는 '진보'와 '완벽' 같은 단어들로 대표되는 고정관념(*stereotype*)에 대해 토론했다. (여기서 다시 한 번 단어와 이미지뿐 아니라 실제로 벌어질 수 있는 위험에 대한 우려를 표명했다.) (근본적으로 기계적 발명인) 진보에 대한 해석의 토대 위에, 미국인들은 "그들에게 커다란 만족을 가능케 했던 문명"을 창조했다. 그러나 이제, 점차 좌절감이 증가한다고 리프먼은 주장했다. 나아가 제1차 세계대전과 그 뒤를 이은 나쁜 평화는 고정관념과 사실 사이에서 분열에 이르는 길을 지적하기 시작했는데, 그러한 분열은 유익한 조정에 이르기는커녕 문명 자체를 위협하고 앞장서서 세계의 현실에 맞게 이미지를 재배치하라는 요구를 강요하기에 이르게 되었다. 리프먼은 자신의 책을 통해 조작에 대한 특별한 비전과 여러 종류의 사회통제를 옹호하게 되었다. 제임스 번햄(James Burnham) 교수가 그 자신의 철저한 분석 〔"새로운 심리학: 자기애에서 사회통제로"(*The New Psychology: From Narcissism to Social Control*)〕을 통해 보여주었듯이, "새로운 심리학"의 문헌은 내가 발전시키고자 애쓰는 종류의 개관을 위한 풍부한 기초자료와 분석을 제공한다.

1922년 사회과학의 또 다른 주요 업적은 윌리엄 오그번(William Fielding Ogburn)의 《사회변동》(*Social Change*)이었다. 이 책에서 강조하는 것 또한 적응이었다. 문명은 문화의 일부가 연속적으로 다른 일부에 적응하는 것이었다. 오그번은 문화적 기초〔저명한 '문화지체'(*cultural lag*) 이론〕에서 종종 더욱 급속한 기술적 혹은 물질적 변화에 대한 적응의 필요성뿐 아니라 인간본성 자체가 문화적 변화에 필수적으로 적응해야 할 필요성을 강조했다. 바로 그해에 하버드대학에서 박사학위를 받은 또 다른 미국인도 사회변화의 문제에 직면했다. 그는 그러한 변화가 대체적으로 새로운 대중 질서의 결과로서 진행 중인데, 궁극적으로는 문명의 파멸에 이르게 될 것이라는 우려를 표명했다. 로스롭 스토더드[21]는 또

21) 〔옮긴이주〕 Lothrop Stoddard(1883~1950): 1914년 하버드대학에서 역사학 박사학위를 받았다. 그는 우생학을 지지하고 과학적 인종차별주의를 주창했으며, 이민제한법을 옹호했다.

다른 과학인 생물학에서 그의 해답을 발견했으며, 《문명에 대한 반역: 모자라는 인간의 위협》(*The Revolt Against Civilization: The Menace of the Under Man*) 에서 그의 주장을 분명히 했다. 원초적이고 과시적인 '불평등의 철칙'의 위험스러운 유혹에 대해 경고하면서, 스토더드는 문명을 보호하고 발전시킬 수 있는 유일한 방법은 새로운 귀족정치에 의한 통제를 이끌어내는 것이라고 주장했다. 이는 조심스러운 유전학의 실천, 즉 열등자를 솎아내고 적응자(*the fit*) 의 비율을 확대함으로써 달성될 수 있었다. 결국, 그것은 단지 생물학의 문제였다.

인류의 전체 역사 그 자체, 심지어 인간 이전 세계의 역사에 대한 주요한 대중적 해석으로서의 몇몇 논픽션 작품은 1920년대 역사의 일부로서 상당히 중요했다. 누군가는 언젠가 웰즈(H. G. Wells) 의 엄청난 영향, 즉 20세기 전반 영어권 사람들의 문화에 대한 그의 지대한 영향력의 본질과 의미를 분석할 것이다. 그의 《역사 개관》(*Outline of History*) 은 지식을 '대중화'한 가장 뛰어난 작품 중 하나였다. 그 책은 1921년 처음으로 미국 베스트셀러 목록에 올랐으며, 현재까지도 많은 판을 내면서 꾸준하게 팔린다. 그 책은 역사를 유럽사 중심으로 바라보는 것을 거부하고 오히려 시간과 공간의 더 큰 맥락에서 성찰했기 때문에 예외적이었다. 또한 그 책은 재난들을 하나하나 열거하면서도 역사의 일반적인 패턴을 진보라는 맥락에서 인간의 꾸준한 — 또는 최소한 궁극적인 — 전진 패턴으로 이해하고 통일성과 연속성, 즉 어떤 미래를 향한 꾸준하고 연속적인 길에 대한 인식을 제공했다는 점에서 특별했다. 그 책은 결코 독창적인 지식을 주장하지 않았고, 그것이 제공하는 이해의 본성과 지식의 의미 있는 목적을 강조했다.

> 세계 곳곳에서 인류 역사의 일반적 사실들의 공동의 지식에 대한 요구는 지난 몇 년간의 비극적 사건이 일어나는 동안 매우 명백해졌다. … 우리가 인식

> 하기로, 전 세계에 공동의 평화가 아니고는 평화란 존재할 수 없으며, 전반적인 번영이 아니고는 번영이란 있을 수 없다. **그런데 공동의 역사적 이념 없이는 공동의 평화와 번영은 결코 있을 수 없다.** … 그러한 것이 이 책이 실현시키고자 추구하는 견해들이다. 이 책은 우리의 최근 사태, 즉 우리와 관련되어 고통 받는 다방면의 인간의 삶이 방대한 시대를 통해 어떻게 생명 없는 물질의 충돌로부터 생겨났는지에 답하려는 시도이자, 현재 인간의 삶이 그 자신의 운명에 맞서는 희망의 특성, 크기와 범위를 평가하려는 시도이다. 〔고딕체는 원 저자의 강조〕

그리고 또 다른 베스트셀러 역사서, 전문 역사학자들이 선정한 베스트셀러 목록 상위 10위에 오른 비어드 부부의 1927년도 걸작인 《미국 문명의 흥기》는 일반인들에게 미국을 현재까지 이르는 한 문명으로 완벽하게 묘사하고 역사적 정의를 내렸을 뿐만 아니라, 서문에서 (한 번 더 계몽철학자, 특히 볼테르를 떠올리면서) 문명의 역사는 제대로 이해된다면 문명 그 자체를 위한 하나의 도구가 될 수 있다고 주장했다!

이러한 주장의 일부는 이 시기 모든 미국인들을 위한 서구문명의 의미 혹은 근본적인 효력과 가치를 재정립하려는 오랜 노력에 기초했다. 예를 들어, 1918년에 존 어스킨[22]은 컬럼비아대학에 서구 세계의 위대한 저서들에 관한 첫 번째 강좌를 개설했고 다음 해에는 '현대 문명 입문'(*Introduction to Comtemporary Civilization*)에 관한 2개의 기본강좌를 만드는 실험을 시작했다. 첫 번째 강좌는 중세부터의 서양문명사에 집중하는 1학년 필수과목이었다. 예술, 문학, 음악, 철학 같은 인문학 기초과목이 2학년 과목으로, 1학년 과목과 병행했다. 이 과목들은 1920년대와 그 이

22) 〔옮긴이주〕 John Erskine(1879~1951): 1903년 컬럼비아대학에서 박사학위를 취득한 후, 1909년 동(同)대학에서 교편을 잡아 1937년까지 교직에 있었다. 엘리자베스 시대 문학을 전공으로 하는 비평가이면서 교육에도 관심을 지녔던 소설가이다.

후 다른 대학의 프로그램 개발에 모델이 되었다. 이 운동에 관한 논쟁은 교육의 역사뿐 아니라 1920년대에 대한 전반적인 분석과 이 논문의 주제와도 깊은 관련이 있다. 서구문명의 역사 및 문화적 성취에 관한 연구와 과거로부터 내려온 서구문명의 문서 읽기는 특별한 가치를 갖게 되었다. 이런 특정한 과거에 대한 연구로부터 어떤 무언가가 뒤따를 것으로 가정되었다.

1919년의 베스트셀러 《헨리 애덤스의 교육》(*The Education of Henry Adams*)은 새로운 문명의 가능성을 한정할 때조차도, 분명하게 유럽의 중세와 그 문명에 대한 비전으로 많은 독자들을 매혹시켰다. 그 시기의 영웅들 중 매우 특별한 영웅인 잔 다르크는 1921년 비로소 성인의 반열에 오르게 되었다. 분명히 그녀는 독특한 방식으로 또 다른 시대의 비전을 상기시켰으며, 많은 이들이 소중히 간직하고 유지하기를 원하는 서구문명의 외관을 위한 하나의 상징이 되었다.

또한 분명 누구도 1922년이 엘리엇의 《황무지》(*The Wasteland*)의 해였음을 잊지 않았다. 그 시는 시의 테크닉에 대한 정확한 자각만큼이나 시의 테크닉을 자랑으로 여겼다. 그 시는 기교를 보여주고, 그럼으로써 독자를 속였다. 그 시는 있는 그대로의, 즉 부서진 세계의 초상이었다. 사람들은 에즈라 파운드의 〈휴 셀윈 모벌리〉(*Hugh Selwyn Mauberly*, 1920)를 문명에 대한 묘사—"이빨 빠진 늙은 암캐", "망쳐버린 문명"—로 생각한다. 사람들은 결국 "24다스의 부서진 석상들을 위해, 수천 권의 낡아빠진 책들을 위해" 죽었다. 혹은 결국 그것은 전체를 결정적으로 제자리로 돌려놓기 위하여 위대한 전통과 씨름하는 개별적 재능, 즉 창조적 비전의 가능성에 대한 재건이었던가?

그것은 미국의 화가 스튜어트 데이비스(Stuart Davis)의 작품에서 찾을 수도 있었다. 〈럭키 스트라이크〉(*Lucky Strike*, 1921)를 시작으로 그의 뛰어난 추상화들은 그 나름의 언어를 만들기 시작했는데, 미국에서의 '비

(非) 문명' 혹은 심지어 '반(反) 문명'의 성격에 대한 역설적 언급을 위해서, 또한 버려진 혹은 우연한 대상들, 진부한 단어들, 많은 미국적 삶의 열쇠로서의 광고에 대한 패러디(*parody*)를 사용하기 위해서 그만의 기호와 상징을 사용하였다. 데이비스는 서구문명 최고의 고전적 테크닉을 교육받은 진지한 화가였을 뿐만 아니라 대중문화의 세계도 진지하게 대했다. 재즈는 그를 전율케 했다. 뉴어크(Newark)의 술집에서 특이할 정도로 정확하게 연주를 하던 흑인 재즈연주자의 음악을 들을 때, 그는 마티스를 볼 때와 똑같은 흥분을 느꼈다. 그의 회화는 바첼 린지의 '상형문자 문명'을 지향하는 운동이 지원을 얻은 것을 의미할까?

그렇게 많은 미국인들이 반(反) 문명으로 바라보았던 대상에 대한 매료와 유혹, 즉 비서구문화와 사람들을 향한 열광에 세밀한 관심을 기울인 풍부한 연구가 존재한다. 여기에는 다음과 같이 엄청난 인기를 끈 논픽션 모험물을 포함할 수 있다. 프레더릭 오브라이언(Frederick O'Brien)의 《남해의 흰 그림자》(*White Shadows in the South Seas*), 리처드 핼리버튼(Richard Halliburton)의 후반부 이야기, 이디스 헐(Edith Hull)의 《쉐이크》(*Sheik*) (특히나 발렌티노 주연의 영화 버전)가 그러하다. 또한 말리노프스키가 다룬 트로브리안드 섬 주민들(Trobriand Islanders)과 많은 이들에게 성적인 낙원(*sexual paradise*)으로 보이는 것에 대한 상당한 매력이 존재한다. 좀더 가까이 국내로 눈을 돌리면, 그것은 재즈의 발견과 '억제되지 않는' 흑인 세계의 '야만성'을 포함할 것이다.

이스마엘 리드는 그의 소설 《멈보 점보》에서 1920년대에 대한 매우 인상적인 독해를 보여주었다. 그 소설에서 반문명 세력은 서구문명을 말살하기 위한 의도로 제스 그루(Jes Grew)라는 질병을 이식한다. 〔1917년 스탠턴 커잇(Stanton Coit)은 "문명은 하나의 질병인가?"라고 물었으며, 1928년에는 새뮤얼 슈말러젠(Samuel Schmalhausen)이 "문명은 병리학과 도착(*perversion*)에 관한 연구"라고 언급했다.〕 노래, 춤, 리듬, 이 밖에 예술을 미술관 밖으로 꺼내 사람들이 그것을 사용하거나 파괴할 수 있도록 되돌려주기 위해 고안된 여러 수단을 이용한 제스 그루는 문명의 세력에 저항하는 가차 없는 캠페인을 계속해서 벌인다. 백인 중심의 미국에서는 어떠한 명분도 "서구문명의 핵심을 잡는다면 도움을 얻을 수 있다. 왜냐하면 모든 사람들이 서구문명의 신성함에 동의하기 때문이다". 이스마엘 리드는 NAACP(National Association for the Advancement of Colored People, 전국유색인향상협회) 같은 할렘의 요소들을 풍자적으로 다루고 있음을 보여주었다. 그리고 서구문명과 서구문명의 역사를 하나의 건물로 상징화한다. 즉, "위층에는 종교적 물건들을 다루는 상점이 있다. 그 위로는 총기 상점이 위치하고, 맨 꼭대기에는 비누 고객을 취급하는 광고회사가 위치한다".

1920년대는 지식과 경험에 몰두한 시기였고, 이 양자를 효과적으로 사용한 시기였다. 그 시기에는 많은 사람들이 상당한 시간, 에너지, 그리고 재능을 사용하여, 종종 각자 자신의 방식대로, 부서진 세계를 고치려고 애썼다. 또한 그 시기에는 지식과 테크닉의 수립을 추구했으며, 표현과 의사소통의 방법과 방식들을 찾으려 애썼다. 〔데니슨(J. H. Denison)은 1928년 작 《문명의 기초로서의 정서》(*Emotion as the Basis of Civilization*)에서 문명의 성공은 몇몇 주요 정서들의 계발을 의미한다고 주장했다. 1925년에 쓰인 오버스트릿(H. A. Overstreet)의 《인간 행위에 영향 끼치기》(*Influencing Human Behavior*)는 문명이란 사람이 다른 사람들에게 효과적으로 영향력을 행사함을 의미하며, 의사소통과 "다른 사람들을 장악하고 그들을 좌우하는 일"은 모든 사람들의 기초적인 책임이라고 암시하는 것으로 보였다.〕 그 시기는 두 위대한 출판사업, 즉 《브리태니커 백과사전》(*The Encyclopedia Britannia*) 14판〔1929년, 제임스 하비 로빈슨은 이 사전의 '문명'이라는 항목에서 이 백과사전이 그 자체로 "문명에 대한 묘사"라고 제안했다.〕과 《사회과학 백과사전》(*The Encyclopedia of Social Sciences*, 1933)으로 종결되었다.

그러나 지식과 인간 조건의 이해에서 업적이 얼마나 크건 간에, 되돌아 보건대 그 시기는 여전히 엘리엇이 1920년에 쓴 〈제론션〉(*Gerontion*) 이라는 시 앞부분에서 제기한, 즉 "그러한 지식 이후에, 어떤 관대함이 있겠는가?"(*After such knowledge, what forgiveness?*) 라는 인상적인 질문에 사로잡혀 있었다.

그러나 이 모든 것은 주요한 논쟁의 일부일 뿐이었는데, 1920년대의 새로운 대중사회는 그 논쟁에서 이런저런 방식으로 개인적이든 또는 집단적이든 간에 그 자신에 대한 인식이 점차 깊어짐에 따라, 그 세계관에 있어 위기에 직면하였다. 공화국의 탄생이 그러했듯이 그것〔대중사회〕은 종종 의식적으로 문명 개념의 중심에 있었다. 어떤 사람들은 새로운 계몽시대를 만들려고 노력했으며, 누군가 제안했겠지만 일부는 심지어 특징적인 역사적 선례를 따라서 새로운 낭만주의로 대답하고자 했다. 결과는 분리되어 있는 세계의 간격을, 분열되고 혼란스런 사회질서를 메우려는 노력이었다. 모든 다리들은 손튼 와일더[23]의 《산 루이스 레이의 다리》(*Bridge of San Luis Rey*) 같아 보였는데, 붕괴했다. 아마도 우리는 와일더처럼 왜 그랬는지를 알기 위해 노력해야 할 것이다. 그러나 한편으로 여러 작가들이 실마리를 제시해주었다. 제임스 번햄은 다른 사람들이 문명화된 질서의 구조를 파괴하지 못하게 하던 사람들이 어떻게 인간을 조작하기 위해 더 새롭고 효과적인 테크닉을 고안해냈는가를 지적했다. 블랙머는 묻는다.

> 우리야말로 스스로가 만든 허구를 의식하는, 사실뿐 아니라 가치도 의심하

---

23) 〔옮긴이주〕 Thornton Wilder(1897~1975) : 미국의 소설가 겸 극작가이다. 1927년의 《산 루이스 레이의 다리》는 그에게 퓰리처상을 안겨주었다. 이 소설은 페루에 있는 한 다리가 갑자기 붕괴하여 무고한 여러 사람이 죽으면서 벌어진 악의 문제 등을 검토한다.

는 진정한 회의론(懷疑論, *Pyrrhonism*)의 첫 시대 사람들이 아닌가? 유일하게 믿는 것은 조종과 계산의 기술뿐이다. 선택도 규범도 아닌 소신을 주로 신뢰한다. 그리하여 미루어 짐작하는 행위의 의미로서 행동 분석을, 설명해야 할 필요 없는 힘인 양 섹스를 보여주는 하나의 수단으로서 14명의 여성 고적대장을 믿는다. 우리 시대는 의학과 예술에서 뿌리 깊은 좌절의 이미지로 해석되는 미숙함에 커다란 찬사를 보내고 있다.

그러한 지식, 그러한 테크닉, 자아와 사회에 대한 그러한 자의식 이후에 어떤 관대함이 있겠는가?

# 제8장

# 문화 영웅

## 바튼, 포드, 루스

1967년 브루스 바튼(Bruce Barton)이 여든 살의 나이로 죽었을 때, 최소한 그의 부고를 쓴 한 사람이 그의 생애를 "호레이쇼 앨저[1] 다운 의미에서 가장 전설적인 것"으로서 언급해야만 했다는 점은 논리적으로 볼 때 거의 확실하고 완벽하게 타당했다. 그의 시대의 가장 뛰어난 사람 중 한 명인 바튼은 테네시 주의 조그마한 마을에서 세상으로 나와 당대에 가장 널리 읽히고 존경받은 저자 중 한 명이 되었다. 그는 미 하원의원에서 일하고 상원의원에 출마할 수 있었으며, 심지어 대통령 후보 가능성이 있는 사람으로까지 간주되었다. 그는 가장 중요한 광고회사 — 그 자체가 이 시기의 새로운 대중사회를 형성하는 데 상당히 결정적이었던 — 중 하나를 설립했으며, 광고 산업 발전의 기틀을 잡는 데 기여하기도 했다. 바

1) 〔옮긴이주〕 Horatio Alger, Jr. (1832~1899) : 절약과 근면에 입각해 자신의 힘으로 가난의 밑바닥에서 존경받는 중간계급으로까지 성공한 입지전적인 인물 — 예컨대, 신문팔이 소년, 구두닦이, 거리의 악사, 행상인 등 — 을 소설의 대상으로 삼아 19세기 후반 공전의 베스트셀러를 남긴 소설가이다.

튼의 성공은 1961년 그가 은퇴할 즈음 회사가 2억 3천만 달러가 넘는 광고 수주를 자랑했다는 사실로도 짐작할 수 있다. 바튼 자신은 수백만 명의 미국인에게 그의 저작과 공직 근무를 통해 알려져 있지만, 그의 회사는 바튼 사망에 대한 특별 메모를 통해 그의 방대한 '인맥'의 특별한 의미를 보여줄 수 있었다. "그것은 미국의 대통령, 상원의원, 장관, 재계 지도자와의 교제를 의미했으며 … 브루스는 미국에서 어느 누구와 어느 때라도 통화할 수 있었다." 그러나 가장 의미 있는 것은, 바튼의 생애가 호레이쇼 앨저를 떠올리게 했다는 점이다. 왜냐하면 어떤 의미에서 그는 성공에 대한 미국적 입문서를 다시 썼는데, 그것은 1920년대 중간계급을 가장 효과적으로 만족시켰던 방식이었기 때문이다. 이러한 수정은 필요한 종류의 세속 종교를, 미국이 현대 산업 대중사회로 변화하는 데 본질적인 신앙심의 특별한 비전을 제공했다. 성공담에 대한 그의 해석은 전통적 가치구조를 지닌 오래되고 좀더 생산자 중심적인 시스템에서 변화된 가치구조를 지닌 새롭고 좀더 소비자 중심적인 시스템으로의 이행을 쉽게 만들어주었다. 어느 면에서 탁월한 광고 카피를 포함한 바튼의 영감 넘치는 글쓰기는 근면, 금욕, 절약을 강조하는 칼뱅주의적 생산자 윤리의 요구와 새로이 증가한 지출, 향락, 소비 같은 쾌락주의적 소비자 윤리의 요구 사이의 격차를 메우는 하나의 방식을 제공했다.

1919년 출간된 농담조의 기사에서 바튼은 자신의 성공을 다음과 같이 설명한다.

> 목사의 아들인 우리는 나머지 세상에 대해 불공평한 우월함을 갖고 있다. 《인명사전》(*Who's Who*) 판(版) 중 하나에는 1만 2천 명의 사람이 나오는데, 1천 명 이상이 우리의 이름이다. 잉글랜드 《전국인명사전》(*Dictionary of National Biography*)에는 변호사의 아들이 510번 나오고, 의사의 아들은 단지 350번 나오는 데 반하여, 우리의 이름은 1,270번이나 나온다. 사실상 우리는 너무 눈에 띄어서 편견 없는 사람일지라도 교회에 기부한 모든 돈이

목회자가 자식을 키우는 데 들어갔다면 잘 투자된 셈이라는 것에 동의할 것이다. … 우리 모두가 성공한 것은 아니다. 3 분의 1은 몰락하고, 또 다른 3 분의 1은 중간에 떠다니지만, 그러나 나머지 3 분의 1은 세상을 지배한다.

성공에 대한 미국적 관념으로 잘 알려진 한 권위자는 통찰력 있는 일반화를 보여주었다. 즉, "〔모두 목사의 아들인〕 우드로 윌슨,[2] 헨리 루스,[3] 노먼 토마스,[4] 로버트 허친스,[5] 아돌프 벌 2세,[6] 드위트 왈라스[7] 혹은 존 포스터 덜레스[8]의 경우처럼, 칼뱅주의의 엄격한 요구가 조금씩 깊어질 때마다 거기에는 어떤 도덕적 진지함, 사명감 그리고 종종 어떤 운명이 존재했다". 윌리엄 바튼[9]은 그의 아들에게 이러한 복음주의적 의미와 도

2) 〔옮긴이주〕 Woodrow Wilson(1856~1924): 제28대 미국 대통령(1913~1920)으로 프린스턴대학 총장(1902~1910)을 거쳐 뉴저지 주 주지사(1911~1913)가 됨으로써 정계에 진출한 정치학자 출신의 혁신주의 시대를 대표하는 인물이다.

3) 〔옮긴이주〕 Henry Luce(1898~1967): 개신교 선교사의 아들로 중국에서 태어난 20세기의 대표적 언론인이다. 1923년에는 〈타임〉, 1930년에는 〈포춘〉, 1936년에는 〈라이프〉 잡지를 창간했다.

4) 〔옮긴이주〕 Norman Thomas(1884~1968): 20세기 미국의 대표적 사회주의자 겸 평화주의자였다. 6번이나 사회당 대표로 대통령 선거에 출마하였다.

5) 〔옮긴이주〕 Robert Hutchins(1899~1977): 20세기의 교육개혁가로서 일찍이 예일대 법학대학원 대학원장(1927~1929)을 거쳐 시카고대학 총장(1929~1945)을 맡아 실험적인 대학 개혁을 지휘했다.

6) 〔옮긴이주〕 Adolf Berle, Jr. (1895~1971): 교육자 겸 외교관으로 프랭클린 루스벨트 대통령의 '브레인 트러스트'(Brain Trust)의 일원이었다.

7) 〔옮긴이주〕 DeWitt Wallace(1889~1981): 20세기 미국의 출판인으로 부인인 릴라 왈라스(Lila Wallace)와 같이 1922년 〈리더스 다이제스트〉를 창간했다.

8) 〔옮긴이주〕 John Foster Dulles(1888~1959): 드와이트 아이젠하워 대통령 시절 국무장관(1953~1959)을 역임했다. 그는 공산주의에 대한 공격적 입장을 견지했다.

9) 〔옮긴이주〕 William Eleazar Barton(1861~1930): 20세기 전반 저명한 작가 중의 1명이었으며, 링컨 대통령에 관한 많은 저술을 남겼다. 예를 들어, *The*

덕적 목적을 불어넣었다. 브루스 바튼은 그의 삶에서처럼 저술에서도 조합교회(*Congregational*) 목사인 자신의 아버지에 대한 강한 헌신과 아버지의 깊은 영향에 대한 확고한 증거를 보여주었다.

미국 혁명 시기 군인의 후손이었던 윌리엄 바튼은 아들이 태어난 1886년에는 테네시 주 로빈스(Robbins)이라는 곳에서 조그만 교회를 위해 일하던 순회 목사였다. 브루스 바튼은 다섯 아들 중 장남이었다. 아버지의 선교 열정 덕분에 그는 가족을 꾸려가기 시작한 이후에도 더 많은 교육을 추구했다. 오벌린 신학교(*Oberlin Theological Seminary*)로 옮겼을 때, 윌리엄 바튼은 거의 서른 살의 나이로, 그의 학급에서 일등으로 졸업했다. 그 열정에 글쓰기와 설교에 대한 특별한 재능이 더해져 그는 영향력 있는 교회들을 돌아다녔다. 동시에 그는 신학교에서 강연을 하고 잡지를 편집하고 여러 책들을 썼다. 그중에서 중요한 업적은 에이브러햄 링컨에 대한 구체적이고 학구적인 연구와 적십자사 창립자이자 그와는 전혀 친인척 관계가 없는 클라라 바튼(Clara Barton)의 전기이다. 마침내 그는 유명한 목회자가 되었으며, 한때는 조합교회 전국협의회(*National Council of Congregational Churches*) 의장을 지내기도 했다. 자신의 어린 시절을 얘기하면서 브루스 바튼은 "우리는 가난하지 않았다. 우리는 단지 돈을 가지고 있지 않았을 뿐이다"라고 주장하기를 즐겨했다. 가족의 재산에는 도서관이 포함되어 있었으며, 매우 지적인 집안으로 책이 먹을 것보다 우선했다. 학교 교사였던 그의 어머니는 그러한 우선순위 확립에 도움을 주었다. 바튼은 책에 둘러싸인 환경과 단순한 생활, 아버지와 함께한 시골 여행을 즐겨 떠올리곤 했다. 그는 아버지를 숭배했으며 가족 소유의 흰색 암말 등에 함께 오를 때면 아버지에게 의지하곤 했다. 한편, 그는

---

*Soul of Abraham Lincoln*(1920), *The Paternity of Abraham Lincoln*(1920), *The Life of Abraham Lincoln*(1925), *The Great and Good Man* (1927), *The Women Lincoln Loved*(1927) 등이 있다.

상업과 언론계의 좀더 세련된 생활도 준비하고 있었다.

거룩한 〔호레이쇼〕 앨저 전통 속에서, 브루스 바튼은 아홉 살 시절에 자신의 신문 배달 구역이 있었다. 가족은 마침내 목사라는 중간계급 전문직의 상당히 안락한 생활을 하며 일리노이 주 시카고 교외인 오크 파크(Oak Park)에 정착했다. 그는 거기서 고등학교에 진학했으며, 사업 세계에 첫발을 내딛게 되었다. 삼촌의 농장에 있는 나무에서 채취한 단풍시럽을 판매하기로 오하이오 주에 사는 삼촌과 합의했으며, 젊은 바튼은 1년에 600달러가 넘는 순이익을 남겼다. 동시에 바튼은 지역신문의 (주당 3달러) 비정규직 리포터로 일했다. 그의 지적 관심은 줄어들지 않았으며, 졸업이 다가오자 애머스트 칼리지(Amherst College)로 가기로 결정했다.

윌리엄 바튼은 이에 반대하지 않았지만, 아들을 권유하여 적어도 1년은 켄터키 주의 비리어 칼리지[10]에서 보내게 했는데, 그곳에서는 모든 학생이 등록금을 내기 위하여 파트타임으로 일했다. 브루스 바튼은 아버지가 재정적 필요성이나 자신의 모교에 대한 애교심 때문에 비리어 칼리지에 가기를 희망한 것이 아니라는 점을 분명하게 이해했다. 바튼 목사의 목적은 단순했다. 그의 아들이 원하는 바를 이루기 위해 일을 해야만 하는 사람들에 대해 계속해서 공감하기를 다짐하도록 하기 위함이었다. 비리어에서 바튼은 인쇄소를 선택했는데, 그곳에서 그는 시간당 8센트를 받으면서 식자(植字)를 하고, 교열을 하며, 압축기를 다루는 법을 배웠다.

1학년을 마친 후 브루스 바튼은 애머스트 칼리지로 편입했다. 그곳에서 그는 파이 베타 카파[11] 회원으로 선발되었으며, 학생 자치위원회

---

10) 〔옮긴이주〕 Berea College: 1855년에 문을 연 교양교육 위주의 학부대학으로 렉싱턴 부근에 있다. 이곳에서는 등록금이 없는 대신 학생은 최소한 주당 10시간 이상 학교 일을 해야 한다.

(*Student Council*) 의장이 되었고, 뛰어난 방식으로 토론팀에 봉사했으며, 심지어 라인맨(*lineman*) 후보로서 미식축구를 하기도 했다. 예측할 수 있겠지만, 그는 자신의 방식으로 (취사도구를 팔아) 대학 생활을 했으며, 그의 학급에서 '가장 성공할 것 같은' 사람으로 선출되었다. 그의 전기의 전체적인 패턴은 성공을 예비하고 있었다. 그러나 브루스 바튼의 졸업 후 계획은 세속적 성공을 위한 공식과 들어맞지 않았다. 그는 역사학 교수가 되는 것이 충분한 목표라고 판단했으며, 위스콘신대학의 흥미진진한 역사학과에서 장학금을 제공할 것이라는 기대로 즐거워했다. 그러나 1907년은 불황의 해였으며, 브루스 바튼은 일을 해야 할 필요성을 느꼈다. 시카고에서 몇 주간의 일자리를 얻은 후, 그는 아버지의 한 교구민의 도움으로 서부 몬태나 주의 건설 캠프에서 시간기록자로서 일자리를 얻을 수 있었다. 하루에 열 시간 일하여 한 달에 65달러를 벌었다. 그는 그 경험을 소중히 여겼는데, 왜냐하면 그 경험이 그에게 거친 업무에서 거친 사람과 잘 어울려 지내는 법을 가르쳐주었기 때문이다.

브루스 바튼은 21세의 나이에 세 개의 잡지에 광고란을 팔기 위해 시카고로 돌아왔다. 얼마 지나지 않아 그는 홍보 카운슬러로서 그리고 소규모 종교신문 편집자로서 일하기 시작했다. 그 신문은 거의 파산 직전이었으나, 바튼의 전기 작가들이 즐겨 상기하듯이 그 위기가 그의 개인적 실패로 이어지지는 않았다. 차라리 그 위기는 그의 '기업가적 정신'을 고양하는 데 도움을 주었다. 위기는 또한 그가 광고를 작성할 수 있는 첫 번째 기회가 되었다. 그는 광고 지면에 대해 급료를 요구했고, 승낙 받았으며, 돌려받았다. 또한 그는 여행사를 운영하는 친구와 타협을 보았다. 그는 독일의 바바리아 지방 여행을 위한 손님을 불러 모으고, 오베람머가우

---

11) 〔옮긴이주〕 The Phi Beta Kappa Society는 미국의 주도적 대학에서 인문학과 자연과학 분야에서 학문적으로 뛰어난 성적을 지닌 학생으로 구성된 학생단체이다.

(Oberammergau)[12] 예수 수난극 공연의 해에 그가 확보한 각각의 손님마다 사례금을 받기로 했다. "단지 몇 달러만으로도 당신은 예수 수난극을 보기 위해 유럽에 갈 수 있습니다"라는 판매술과 종교가 결합된, 전형적인 광고 카피였다. 그 결과 그는 뉴욕 시에 갈 만큼 충분한 돈을 모을 수 있게 되었고, YMCA에 정착하여 처음에는 〈보그〉(*Vogue*) 지에서, 그 다음에는 곧 폐간될 종교 주간지에서 영업 책임자로 일했다. P. J. 콜리어 앤 선(P. J. Collier and Son) 사는 얼마 되지 않아 그를 판매 차장으로 고용했다. 그의 판매와 판매촉진에 대한 재능은 판매술의 가치에 대한 확고한 신념과 자신감을 증대시키기에 이르렀다. (종종 엘리엇 박사의 5피트 책장으로 알려진) 콜리어의 하버드 클래식 5피트 선반은 그의 광고 문구로 인해 명성을 얻었으며, 이 시대의 너무나 특징적인 지식과 문화의 대중화에 중대한 역할을 했다. 수많은 독자에게 단지 하루 중 15분으로 "하버드의 엘리엇 박사가 당신께 교양교육의 본질을 제공하게 하라"고 성공적으로 역설한 사람은 브루스 바튼이었다.

1914년에서 1918년 사이 바튼은 콜리어 사에서 〈에브리 위크〉(*Every Week*) 지의 편집자로 일했는데, 그 잡지는 현대 사진 잡지의 전조가 되는 구성방식을 지닌 일요 보충판이었다. 그의 논설과 기사는 문필 경력을 빛나게 했으며, 특히나 복음주의자였던 빌리 선데이에 관한 기사가 〈아메리칸 매거진〉(*American Magazine*) 편집자의 관심을 끌었다. 이 잡지에 기고를 요청받아 쓴 그의 기사, 특히 저명인사와의 대담은 인생의 감화적이고 고양시키는 면을 강조했으며, 오랫동안 대중의 사랑을 받았다. 그야말로 이러한 기사는 1920년대 일련의 책으로 재간행될 정도로 찬탄을 받았다. 그 책들의 제목은 전체에 걸친 주제를 암시한다. 《당신에게 더 많은 힘을》(*More Power to You*), 《오래된 좋은 세계》(*It's a Good Old World*),

---

12) 〔옮긴이주〕 바바리아 지방의 가르미슈파르텐키르헨(Garmisch-Partenkirchen) 지역에 위치한 소도시로, 10년마다 하는 예수 수난극 공연으로 유명한 곳이다.

《더 좋은 날들》(*Better Days*), 《번창일로》(*On the Up and Up*).

제 1차 세계대전 중 연방정부는 바튼에게 YMCA와 YWCA, 나이츠 오브 콜럼버스(Knights of Columbus),[13] 구세군(Salvation Army), 그리고 유대인복지위원회(Jewish Welfare Board)의 기금 모금을 총괄하는 자리를 맡을 것을 요청했다. 이 경험에서 두 가지 중대한 발전이 나타났다. 첫째, 구세군을 널리 알리려는 바튼의 노력은 그의 가장 유명한 구호 중 하나, 실로 구호광고 시대에서 가장 유명한 것 중 하나인 "사나이는 몰락할 수 있으나 결코 물러서지 않는다"를 만드는 데 영감을 주었다. 둘째, 기금 모금 운동 때문에 그는 버펄로의 알렉스 오즈번(Alex Osborne)과 뉴욕의 로이 더스틴(Roy Durstine)이라는 2명의 광고인에게 도움을 청하게 되었다. 전쟁이 끝나는 날이 되어서야 비로소 이 운동이 시작되었다는 사실이 이들 세 사람을 좌절시키지는 못했다. 왜냐하면 이들에겐 여전히 자금이 필요했기 때문이다. 이들의 결단은 정당화되었다. 이들은 자신들의 목표인 1억 5천만 달러를 5천만 달러 이상이나 초과 달성했다. 그들의 성공적인 팀워크 덕분에 1919년 1월 바튼, 더스틴 그리고 오즈번이라는 새로운 광고회사를 만들게 되었다. 1928년 이 회사는 또 다른 광고회사인 조지 바튼 회사(George Batten Company)를 합병하여 널리 알려진 BBD & O가 되었다. 이 회사의 명성은 광고 전문인뿐만 아니라 일반인에게도 널리 알려졌다. 이 회사는 무엇보다도 변화한 미국, 즉 소비지향적 대중사회라는 새로운 시대의 산물이었다. 이러한 종류의 활동에 대한 조크, 만화, 그리고 여러 대중적 언급에 힘입어 이 광고회사의 이름은 사람들에게 익숙해졌다. 바튼이 은퇴할 즈음 이 회사는 전국에서 네 번째 규모의 광고회사가 되었다. GE(General Electric), GM(General

13) 〔옮긴이주〕 맥 기브니(Michael J. McGivney) 신부가 주도하여 1882년에 창설된 가톨릭 자선 공제단체로서 자선, 단결, 형제애(*charity, unity, fraternity*)를 세 개의 원칙으로 삼고 있다.

Motors), US 스틸(United States Steel) 따위의 많은 산업계 거인들이 이들이 광고를 수주한 회사에 포함되었다. 1만 달러의 부채를 가지고 시작한 이 회사는 수백만 달러 규모의 업체가 되었다. 결코 돈을 추구했을 것 같지 않은 바튼은 너무나도 쉽게 돈을 끌어 모았다. 일화에 의하면 처음에 그는 누구라도 필요한 금액이라면서 회사로부터 단지 연봉 5천 달러를 가져갔다. 그와 그의 가족은 나중에는 분명히 (비록 결코 사치스러울 정도는 아니지만) 잘살았다. 그러나 바튼이 즐겁게 주장하곤 했듯이, "BBD & O의 회장으로서 내가 돈을 얼마나 적게 버는지 사람들이 알게 된다면 스캔들이 되겠지만, 나는 사나이가 부자로 죽는 것이 불명예에 가깝다고 생각한다"는 얘기는 아마도 사실일 것이다. 그는 언제나 자선기부와 공공 서비스에 쓰는 시간에 대해 한결같이 관대했다.

바튼의 원래 명성은 감정적 문학에 대한 거칠지만 양적으로 풍성한 그의 공헌 덕분이다. 어떤 사람들은 그의 글이 감상적이라고, 심지어 싫증나게 한다고 생각했지만, 이를 원하는 대중의 요구가 끊임없이 있었던 것으로 보인다. 이러한 특징의 많은 내용이 그의 대다수 광고 문구에 나타났다. 바튼이 지닌 것은 인간 본성, 특히 변환의 시기 미국 중간계급의 성격에 대한 통찰력이었다. 그는 이 계급의 공포, 희망, 열망과 이상에 대해 특별한 감수성을 지녔다. 리처드 휴버(Richard M. Huber)는 무엇보다도 그를 시인 에드거 게스트(Edgar Guest)처럼 "단순한 설교를 자세히 이야기할 수 있는 요령을 지닌" 사람으로 올바르게 이해했다. "앞장서서 가치를 전파하는 이 사람이 자신의 에너지 대부분을 소매 제품에 쏟아부을" 때 그것은 쉽고도 자연스럽게 보였다. 그러나 아마도 엘리스테어 쿡(Alistair Cooke)이야말로 바튼의 광고 경력이 가진 의미를 가장 통찰력 있게 이해하고 있었던 것 같다. 바튼이 사망했을 때 〈맨체스터 가디언〉(*The Manchester Guardian*)지에 기고한 칼럼에서 쿡은 "그는 누구보다도 광고 철학을 달성하고자 하는 의지에 근접했었는데, 왜냐하면 그가 인간의 역사 전체를 설득의 실천(*an exercise in persuasion*)으로 보았기 때문이다"고 밝혔다.

브루스 바튼은 커뮤니케이션의 새로운 기술이 사회질서를 다시 만들던 시대에 소통의 힘을 이해했다. 제 1차 세계대전 직후 인상적인 글에서 "그들은 자신의 칼을 두드려 펴서 전기판(*electrotype*)으로 만들 것이다"라면서 국제적 이해의 명분을 위해 새로이 노력할 것을 호소했다. 그는 각국이 "나머지 세계에게 자국의 업적과 이상을 설명하고, 인접국을 자극하는 원천이 되는 그러한 특징을 자국의 국민성으로부터 없애려 노력하는" 국제 광고에 최소한 전쟁 비용의 1%를 사용하겠다고 다짐해야 한다고 말했다. 동일한 기사에서 그는 "여론 형성에 힘을 지닌" 모든 집단, 즉 신문기자, 성직자, 교수의 국제 교환을 촉구했다. 그리고 그는 "인쇄된 단어와 영화의 정상적인 이동을 포함한 이러한 모든 방식으로 나는 세상 사람들이 서로를 알게 할 것이며, 그들이 궁극적으로는 서로를 좋아하게 되리라는 것을 알게 할 것이다"고 계속해서 말했다. 이러한 것들은 새로운 통신기관과 대중문화의 힘에 매료된 시대에 이른바 진보된 사고와 매우 잘 조화를 이루는 이념이었다. 1930년대 전반, "이 지옥을 선전하자"는 바튼의 글은 전체적으로 새로운 광고 시리즈를 제안했는데, 미국이 또 다른 전쟁에 참여하지 못하게 하는 방법으로서 그 시리즈를 인쇄하겠다는 어떠한 출판물에도 제공될 것이었다. 1923년 후반, 그는 캘빈 쿨리지의 정치고문에게 1924년 대통령 선거를 위한 공공 캠페인을 제안하느라 바빴다.

1927년 하나의 연설로서 처음 전달된 바튼의 유명한 "광고인의 신조"는 그의 생각의 특징을 더욱 분명하게 보여주었으며, 사회질서에 있어 광고의 중요성에 대한 그의 1920년대 시각을 이해하는 데 크게 공헌했다. 그는 다음과 같이 썼다.

나는 광고인이다. 왜냐하면 나는 비즈니스를 신뢰하고 광고가 비즈니스의 목소리이기 때문이다. 나는 비즈니스의 낭비와 비효율을 인정한다. 나는 경쟁의 잔인함과 너무 많은 사업 활동에 여전히 만연한 부정직함을 인정한다. 그럼에도 나의 가장 큰 희망은 비즈니스의 좀더 큰 발전과 그 이상(*ideals*)의 점진적인 변화에 있음을 믿는다.

나는 광고 산업에 종사한다. 왜냐하면 광고가 기업을 널리 알리는 힘이자 기업이 평등과 서비스라는 공공의 이상을 수립하게 하고, 그러한 이상을 측정하게 하기 때문이다. 광고는 창조적 힘인데, 그것은 일자리와 새로운 사상을 낳고, 세상에서 가장 높은 생활수준을 제공하는 데 도움을 주기도 한다. 광고는 대량생산이라는 실린더에 위치한 점화플러그이며, 민주적 과정을 지속하는 데 본질적인 것이다. 광고는 우리를 자유세계(*free world*)의 지도자로 만드는 시스템, 즉 미국적 생활방식을 지탱한다.

광고가 때때로 남자와 여자가 분수에 맞지 않게 살게 한다면, 결혼생활 또한 때때로 그러하다. 광고가 지나치게 자주 지루하거나 수다스럽고 과다하다면, 미국의 상원(*Senate*) 또한 그러하다.

그렇다면 광고는 설득이며, 설득은 세계를 변화시킬 수 있으며, 변화시킬 것이다. 그러나 광고는 그 당시 생산품을 널리 알리고 소비자가 사게끔 만듦으로써 업계와의 특별한 관계에서 가장 거대하고 필요한 서비스를 제공하고 있었다. 〔말년에 언급한 것으로, 공산주의를 다루는 그의 방식은 다음과 같이 독특했다. "러시아 사람 모두에게 최신 시어즈-로벅(Sears-Roebuck) 카탈로그 견본과 가장 가까운 시어즈-로벅 할인점 주소를 줘라."〕 바튼 자신의 광고 문구의 천재성은 다음과 같은 가정에 기초한다. 즉, 효과적으로 광고된 제품의 사용은 때때로 국가의 성장과 증대에 기여하지만 좀더 많게는 개인 자신의 성장과 증대에 기여한다. 가장 성공적인 광고는 인간 삶의 개선이나 고결함에 기여하도록 어떤 기업의 제품을 사용케 하는 것이다. 예를 들어, GE의 한 광고를 보라. "자그마한 전기모터가 할 수 있는 집안일을 하는 여성은 시간당 3센트를 위해 일하고 있다. 시간당 3센트로 팔기에는 인간의 삶이 너무 소중하다." 혹은 알렉산더 해밀턴 학교(의 2년 통신교육 과정)를 위한 광고를 보라. "전액 급여로 2년간의 놀라운 여행. 그러나 오로지 상상력이 풍부한 사람만이 그렇게 할 수 있다. 단지 열 사람 중 한 사람만이 상상력을 지니고 있으며, 상상력은 세계를 지배한다." 또는 제너럴 푸즈(General Foods) 사를 위한 광고, 즉 "미국의 모든 외로운 가정주부에게 익숙한 부엌"으로서의 베티 크로커[14] 라는 창조물을 보라. 그 광고는 급속히 표준화・기계화하는 생활방식을 모든 사람이 이해할 수 있는 단순한 방식으로 제공하고자 하는 각 상황을 위해 만들어졌다. 증가하는 복잡성, 대량기술, 그리고 두려운 변화의 세계에서 그러한 광고는 개인적 의미와 발전뿐 아니라 인간의 존엄성을 유지할 기회를 제공했다. 정신적 고양 에세이의 대가인 브루스 바튼은 의심할 여지 없이 미국의 사업계를 끌어올리는 데 도움을 주었다. 이는 분명히 그가 어린 소년 시절 아버지의 탁자에서 받았던 학습 덕분이었다.

브루스 바튼이 베스트셀러인 《아무도 모르는 남자》를 쓰기 여러 해 전인 1925년 판매 기술과 종교에 관한 생각에 매료되었다는 것은 분명하다. 그는 글과 대화를 통해 위대한 교재인 성경이 광고인을 위해 할 수 있는 것에 대해 종종 언급했다. 바튼의 글들은 성경적인 우화를 즐겨 사용했으며, 심지어 그의 광고 문구는 그 산문 형태에 있어 성경적인 성격을 지녔다. 그러나 공화당원이자 기업 지향적인 바튼이 마침내 예수의 생애를, 특히 강조했던 신약에 대한 그의 중요하고도 널리 읽힌 해석을 제공한 시점은 1925년, 즉 스콥스(Scopes) 재판과 구약에 대한 윌리엄 제닝

14) 〔옮긴이주〕 Betty Crocker는 1921년 워시번 크로스비 회사(Washburn Crosby Company)에서 개발한 브랜드 이름이자 상표로, 머잖아 미국의 문화적 아이콘이 되었다.

스 브라이언[15]의 근본주의적 해석이 있던 해였다.

역사적 예수를 추구하고 발견한 19세기 이래로 주어진 시간의 역사적 필요에 어울리는 방식으로 그를 이해하는 것이 점차 인기 있게 되었다. 예수는 상당히 존중할 만한 기독교 사회주의자 혹은 그렇게 존중할 만하지 않은 프롤레타리아 혁명가로서 재창조되었다. 1920년대에 와서 바튼은 그에게 또 다른 역사적 역할을 요구했다. 오늘날 우리는 바튼이 특히 그리스도에게 새로운 이미지를 부여하기 시작했다고 주장할 수 있을지 모른다. 그러한 과정을 통해 바튼은 기독교에 대한 새로운 비전을 제공했다. 그러한 비전은 더욱 까다롭고 엄격하게 질서 잡힌 대중사회의 끈질긴 요구와도 일치했고, 단순한 자본주의 정당화와 그것을 유지하기 위해 필요한 미덕으로서가 아니라 현대 기업의 새로운 질서를 성스럽게 만들 수단, 즉 새로이 등장한 소비자에 기초한 대중사회에 봉사하기 위한 판매 기술의 도구성을 통해 조직된 기업으로서 예정된 새로운 종교적 열정과도 일치했다. 부자(富者)의 책무(*stewardship of wealth*)라는 오랜 이상이 더 이상 쓸모없는 사회에서, 다른 사람에 대한 서비스와 자아의 발달에 근본적인 어떤 것으로서의 비즈니스 — 모든 비즈니스 — 라는 새로운 관념이 등장했다. 리처드 휴버가 목격하기를, 바튼은 "신약의 신성함 속에서 성공의 관념을 흡수했다". 그는 미국의 청교주의를 심대하게 변화시켰다. 즉 구약의 신에 의존하는 전통적 해석에서 신약을 재검토하고 재구성한 새로운 해석으로 말이다.

즉각적인 초기 임무는 예수의 성격과 기초적 가치관에 대해 필요한 새로운 견해를 발전시키는 것이었다. 바튼은 특히 예수의 주일학교 이미지, 즉 약골이자 흥을 깨는 사람이고, 실패자이며, 여자 같은 사내이자

---

15) 〔옮긴이주〕 William Jennings Bryan(1860~1925) : 미국의 정치가로서 민주당 자유주의 세력의 일원이었다. 세 차례(1896, 1900, 1908)나 민주당 후보로 대통령 선거에 나왔지만 전부 패했다.

순하고 슬픔에 가득 찬 인물의 이미지를 겨냥했다. 그는 그 대신 새로운 예수를 신체적으로 강건한 목수이자 건강하고 힘이 넘치는 바깥 활동을 하는 사나이, 사교성 있는 친구, 강력하면서 실질적인 지도자로서 그려냈다. "흥을 깨는 사람! 그는 예루살렘에서 가장 인기 있는 저녁 손님이었다. … 실패자! 그는 사업의 바닥에 있던 열두 사람을 골라서 그들을 세계를 정복한 조직으로 변화시켰다." 바튼은 예수가 여성에게 매력적이었음을 암시하였으며, 아버지 모습으로서의 역할도 강조하고, 심지어 예수 자신의 '역사적' 아버지인 요셉의 역할을 강조하면서, 그의 남성성을 주장했다. 말하자면 예수는 삶과 파티를 즐기는, 물을 포도주로 변화시킨, 소비자 자신으로 등장했다. 그〔예수〕의 방식은 광고의 방식이었다. 그는 '현대 비즈니스'와 현대 기업가적 책략의 창시자였다. 예수가 그의 '아버지의 비즈니스'라는 것이 의미하는 바에 대한 바튼의 이해는 그 자신의 분석의 핵심이었다. 바튼이 우리에게 말하기를, 신은 다음과 같이 추구하신다.

> 환경을 뛰어넘고, 운명을 이겨내는 완벽한 인간을 계발한다. 실험이 성공하려면 어떠한 단일 종류의 인간의 재능이나 노력도 아낄 수 없다. 인류는 먹이고, 입히고, 잠자리를 제공받고, 운송되고, 전도되어야 할 뿐 아니라, 가르침을 받고 치유되어야 한다. 그리하여 모든 비즈니스는 예수의 아버지의 비즈니스이다. 모든 일은 예배이며, 모든 유용한 서비스는 기도이다. 그리고 누구건 간에 무엇이 되었건 가치 있는 직업에 마음으로 우러나 일을 하는 자는 신이 시작했으나 인간의 도움 없이는 결코 끝낼 수 없는 위대한 사업을 신과 같이하는 사람이다.

《아무도 모르는 남자》는 처음에는 잡지 〈여성의 가정 친구〉(*Woman's Home Companion*)에 연작의 형태로 등장했으며, 그런 다음 1920년대 후반 여러 해 동안 계속해서 베스트셀러 목록에서 상승세를 탔다. 이러한 글들은 처음 출간된 이래로 청중이 존재했기에 가능했으나, 그것은 1920년대의 독특한 기록으로 남아 있으며, 어떤 의미에서는 바튼의 경력에서 최고의 순간이었다.

물론 바튼은 광고회사 운영과 글쓰기를 계속했다. 그는 1937년 맨해튼의 이스트사이드 실크스타킹 구역에서 하원의원으로 선출되었으며 1938년에도 쉽게 재선되었다. 적어도 신문기자들 사이에서는 의원으로서의 능력과 서비스에 대해 상당한 명성을 얻은 그는 프랭클린 루스벨트의 뉴딜정책에 대해 격렬하게 반대했다. 1940년, 그는 상원으로 진출할 기회를 놓치고 정계에서 은퇴했다. 루스벨트 대통령이 그의 책에서 슬로건 작성에 대해 약간의 지식을 빌린 직후였다. "마틴, 바튼, 피쉬"라는 반복적 구절을 통해 3명의 공화당 하원 비판자들에 대한 익살스러운 비난은 청중을 즐겁게 했으며 브루스 바튼에게 또 다른 전국적 명성을 안겨주었다.

그러나 바튼의 삶과 이념의 주요한 충격은 1920년대에 있었다고 말하는 것이 정당하다. 여하튼 그의 특별한 세계관은 특별한 방식으로 대공황 이전 시기에 도움을 주었다. 바튼의 낙천주의, 기업 옹호, 그리고 특히나 그가 의사소통, 설득의 테크닉, 사물의 새로운 질서에서 판매 기술과 광고가 지닌 의미 있는 역할에 대한 중요성을 깊이 강조한 점은 매우 독특하게 이 시기의 요구를 충족시켰다. 마찬가지로 1920년대에 대한 그의 기여는 기본적이고 오랜 방식의 복음주의인데, 그것은 그가 19세기부터 지녀온 것이며, 가치관이 충돌하고 제도적 변화가 뚜렷했던 시기를 살던 수백만 중간계급 미국인의 욕구와 일치하는 방식으로 변형되기도 했다. 물론 바튼의 많은 것은 오늘날 과장되고, 조야하고, 자기봉사적이고, 비실재적으로 보인다. 그의 열렬한 신앙의 대부분이 심지어 그가 글을 쓰는 동안에도 공격받고 조롱당했다는 것을 우리는 알고 있다. 그럼에도 바튼은 새로운 질서를 받아들이려 노력했을 뿐 아니라 이전의 가치를 포기하지 않고 재정의하려고 애썼는데, 그 가치 중 최고라고 생각했던 것은 대량기술, 대량조직, 대중사회의 시대에 자기발전과 개인의 인간적 존엄성이라는 이상이었다. 그는 기독교를 재정의하고자 노력했으며, 그것을 다시 한 번 잠재적인 도덕적 힘으로 만들었다.

바튼의 영웅인 세일즈맨은 사실상 사회질서의 한 시대가 다른 시대를 대체하는 것처럼, 청교 목사의 보수적 자식들을 위한 윌리엄 그레이엄 섬너의 영웅인 저축은행 예금자를 대신했다. 생산자 사회의 가치가 지배하던 시대에, 예일대학의 사회학자였던 섬너는 돈을 저축할 수 있고 금욕을 실천하는 사람이 문명의 영웅이라고 주장할 수 있었다. 그러나 금욕보다는 판매, 지출, 즐거움을 강조하는, 점점 더 소비자 중심이 되어가는 사회에서 광고인 바튼은 세일즈맨-사업가를 찬양했다. 후일 1935년, 소설가 손튼 와일더는 《천국은 나의 목적지》(*Heaven's My Destination*)에서 현대 판매기술과 개신교 정신에 대한 특이한 연구를 제시할 것이다. 그리고 1940년대와 1950년대, 세일즈맨의 이미지는 유진 오닐[16]의 《얼음 장수가 나타나다》(*The Iceman Cometh*)와 아서 밀러[17]의 《세일즈맨의 죽음》(*Death of a Salesman*) 같은 작품에 등장하는데, 그들은 비극의 형태로 나타나며 아마도 심지어 미국적 삶의 전반적인 비극을 상징한다. 단지 1960년대 중반, 메이즐스(Maysles) 형제의 기록영화인 〈세일즈맨〉(*Salesman*)에서는 세일즈맨의 이미지가 영웅주의나 비극을 떠올리지 않으며, 차라리 애수와 약간의 코미디를 연상시킨다. 그러나 이런 것들은 다른 시기의 것이다.

그러나 1920년대로 다시 돌아가 보면, 브루스 바튼의 삶과 1920년대

---

16) 〔옮긴이주〕 Eugene O'Neill(1888~1953): 노벨 문학상을 수상한 20세기의 대표적 극작가이다. 그의 작품은 주로 개인의 비극적인 가정사나 비관주의를 다루고 있다.

17) 〔옮긴이주〕 Arthur Miller(1915~2005): 미국의 대표적 극작가로서 《세일즈맨의 죽음》으로 퓰리처상을 수상했다.

에 대한 공헌을 이해할 때까지, 혹은 나아가 왜 그렇게 많은 미국인이 바튼의 메시지에 그런 식으로 반응했는가를 이해할 때까지 우리는 이 시기를 이해하지 못할 것이다. 바튼은 성공적인 세일즈맨이 세상에 최고로 봉사한다고 굳건히 믿었으며, 아마도 그는 1920년대 모든 사람 중에서 최고의 세일즈맨이었을 것이다. 실로 세속적인 경건함과 새로운 사제직의 모습이다. 그리하여 목사의 아들들은 세상을 지배할 수도 있었다.

1947년 헨리 포드가 사망할 당시, 브루스 바튼의 삶과 업적 중에서 적어도 심대한 생각 중의 하나, 즉 비즈니스는 서비스라는 제안은 미국인의 생각에 확고하게 자리 잡았다. 공황과 제 2차 세계대전에도 불구하고 비즈니스 성공의 이념은 미국인이 되는 일과 분명하게 동일시되었다. 캘빈 쿨리지는 1920년대 이것에 대해 대략적으로 말했을지 모르나, 1947년 여론을 형성하는 사람들의 압도적 다수는 미국의 비즈니스는 비즈니스라는 생각에 동의하는 것으로 보였다. 이러한 동일시는 너무도 완전해서 포드의 업적뿐 아니라, 〈뉴욕 타임스〉가 선언했듯이, 포드 자신도 '산업 혁명의 시대 미국의 구현' 바로 그 자체로 보였다. 그럼에도 포드의 경력은 미국 시스템 자체 때문에 가능했던 것이다. 그는 미국 '자유 기업' 방식의 산물이었으며, 그 방식의 성취와 성공의 살아 있는 상징으로서 공헌했다.

포드와 미국 사이의 관계에 대한 이러한 평가는 일련의 복합적인 지적 문제를 낳았다. 첫째, 포드의 초상은 엄청난 부나 사치를 추구하지 않았으며, '거대한 다수'와 '보통사람'에게 지속적인 관심을 가졌던 소박한 사람의 초상이었다. 둘째, '오로지 미국에서만' 가능한 그의 위대한 업적은 궁극적으로는 그가 근본적이라고 보았던 것, 즉 근면, 간결한 미덕, 자기 의존, 대지에 대한 한결같은 헌신에 기초했다. 그는 새로운 것을 제공하여 이익을 얻었으나, 지나간 것 또한 소중히 했다. 우리는 이것들 중 어느 것으로도 포드가 성취한, 혁명적인 것은 아닐지라도 본질적으로 급진적인 결과를 이해할 수 없다. 심지어 우리는 1920년대 미국 이외의 지역과 사회주의 유럽의 중심부에서 포드와 그의 시스템 — 유럽인은 종종 포디스무스(*Fordismus*)라고 불렀다— 이 왜 블라디미르 레닌 같은 거물 마르크스주의자로부터 20세기 혁명에 대한 주요한 공헌이라는 환영을 받았는지 물론 이해하지 못한다. 소련 공장에서 포드의 초상화가 레닌의 초상화와 나란히 걸려 있는 것을 발견하는 것이 결코 특이한 일은 아니었다. (포드 자신도 소련의 엔지니어와 공장의 업적을 인정하지 않은 것은 아니다.) 포드가 좋아했던 작가는 호레이쇼 앨저와 랠프 왈도 에머슨이다. 그는 반복해서 맥거피(McGuffey)의 〈리더스〉(*Readers*)[18] 로부터 설교를 인용했을지도 모르지만, 여하튼 그 책은 그의 공식적 교육의 유일한 출처인 것으로 보인다. 그럼에도 불구하고 그는 새로운 사회질서의 주요한 설계자로 간주되는데, 그 사회질서는 20세기 첫 20년 동안 진행된 것으로써 우리가 1920년대의 성격을 파악하고자 한다면 반드시 이해해야 하는 것이다.

그렇다면 전기(*biography*)는 주인공의 업적과 주인공이 사회에서 지속과 변화에 대비하는 방식 모두를 포함한다. 그것은 또한 그 사회의 어떠한 점을 한 사람의 삶을 구성하는 사회의 일부 요소를 이용하여 우리에게 말해준다. 단순한 기계공에서 산업 거인으로 변신한 호레이쇼 앨저 영웅으로서의 포드; 성공에 대한 살아 있는 증거이자 미국적 방식의 의미로서의 포드; 계급 전쟁의 최악의 모습을 잔인하게 예시한 악독한 독재자로서의 포드; 모든 인간적 및 사회적 문제에 대해 권위 있게 언급할 수 있는, 책임은 아닐지라도 권리를 부여했던 지혜를 지닌 천재로서의 포드;

---

18) 〔옮긴이주〕 맥거피는 미국 교육사에 가장 잘 알려진 교과서 중의 하나를 집필했다. 18세기에는 *New England Primer*가, 19세기에는 맥거피의 *Readers*가 대표적인 교과서였다.

자신의 비전으로 현대 세계를 다시 만든 혁명가로서의 포드. 헨리 포드의 '전설'이 제대로 평가된다면 여러 방식으로 한 생애의 작업에 대한 '진정한' 성취를 연구하는 만큼이나 역사의 이해에 의미를 지니고 있다.

(브루스 바튼이 34세, 베이브 루스가 25세였던) 1920년 포드는 57세였다. 1920년대 그는 자신의 주요 작업이 절정에 이르는 것을 보았으며, 그가 꿈꾸고 창조하고자 설계한 시스템이 몰락하기 시작하는 것조차도 목격했다. 바튼처럼 그는 어떤 사명을 지닌 사람이었으며, 그 사명과 1920년대 그 사명에 발생한 것에 관한 이야기가 이 논의를 지배한다. 로저 벌린게임[19]은 "헨리 포드가 기계적 완벽과 '보통사람'(*common man*)이라는 두 개의 강박관념에 의해 지배되었다는 것을 부정하기 어렵다"고 주장했다. 이러한 강박관념들 — 종종 갈등했던 그 방식과 둘 사이의 어떤 종류의 균형을 이루기 위한 시도 — 은 여기서 중요하다. 그러한 접근이 포드 자신의 일생을 좀더 충분하게 이해하는 데 도움이 될 뿐 아니라 심대한 의미에서 그 이야기가 1920년대에 정점에 이르렀던 20세기의 중심 주제이기 때문에 두 개의 강박관념은 탐구되었던 것이다.

헨리 포드는 그의 아버지를 숭배하지 않았다. 윌리엄 포드는 선구자적인 스코틀랜드-아일랜드 계통의 부유한 농부였으며, 1863년 7월 헨리 포드가 태어나던 때에는 미시간 주 디어본(Dearborn) 부근에 대체로 자급자족할 수 있고 이윤을 남기던 농장에 기반을 잘 잡고 있었다. 그 농장에는 자체 제재소와 제분소, 그리고 윌리엄 포드 자신이 소유한 양 털을 깎아서 손으로 양모를 짤 수 있는 기계가 있었다. 물론 그곳에는 농장 소년이 해야 할 많은 힘든 일들이 있었는데, 헨리는 아주 어릴 때부터 그러한

19) 〔옮긴이주〕 Roger Burlingame(1889~1967) : 출판사 편집자로 그의 경력을 시작했으나, 후일 다작을 남긴 소설가 겸 역사학자로 활동했다. 특히 벤저민 프랭클린(Benjamin Franklin), 일라이 휘트니(Eli Whitney), 그리고 헨리 포드의 전기가 유명하다.

일을 지겨워했던 것으로 보인다. 그러나 그는 처음부터 그곳의 기계와 기계를 다루는 데 흥미를 가진 것 같다. 지역의 평가를 종합해보면, 그는 특별한 기계적 재능과 기계에 대해 일종의 직관적인 논리를 지니고 있었다. 예를 들어, 어린 시절 그는 시계에 대한 열정을 키우고 상당한 시간을 사물을 고치는 데, 즉 훌륭한 오랜 전통인 '때우기'(*tinkering*)로 보냈다. 기계화는 헨리의 소년 시절 중서부 농장 생활에서조차, 특히나 더욱 번창하는 지역에서는 중요해졌다. 또한 웨인 카운티(Wayne County)의 포드 농장 주변에서 증가하던 산업화 또한 중요했다. 그러나 소년 포드가 기계와 기계학의 매력에 빠지는 것을 아버지는 즐거워하지 않았다. 오히려 그는 그의 아들 주변에서 성장하는 새로운 산업화 및 도시화된 세계를 싫어했을 뿐만 아니라 소년의 일에 대해 다른 욕구를 갖고 있었다. 소년이 16살 될 때, 이 두 사람 사이의 논쟁은 너무 지나쳤다. 포드의 농장에 대한 혐오, 아버지와의 불화, 기계 제작소에서의 일에 대한 매력이 그를 디트로이트로 이끌었다. 포드가 우리에게 말하기를, 품질을 떨어뜨리지 않고 어떤 것을 다량으로 만들어내려는 꿈이 그의 상상력을 사로잡기 시작한 때가 바로 이 시기 언저리였다.

물증은 헨리 포드의 일생에서 공식적 교육이 거의 없다는 것뿐만 아니라 책이 거의 소용이 없었다는 것을 보여준다. 나아가, 어떠한 종교적 훈육이나 다짐도 의미가 없었던 것 같다. 심지어 포드 자신도 알지 못했지만 1879년 그가 처음으로 집을 떠나기 전에, 조지 셀든(George Selden)은 이미 가솔린 자동차에 대한 그의 유명한 특허를 신청했다. (그것은 훗날 포드 회사의 발전에 중요한 역할을 했다.) 그렇다면 분명 미국 및 미국 이외의 국가 사람들은 새로운 에너지원에 내재해 있던 가능성에 응답했다. 포드 자신도 그가 내연기관을 연구하기 전에 증기기관을 실험했다. 그러나 바로 그 초창기부터 그는 소수를 위한 사치품 생산이 아니라 엔진과 대량생산에 전념했다.

포드는 잠시 동안 농장으로 돌아갔다. 그의 아버지는 그에게 독립과 생계를 제공할 가치 있는 직업을 주려는 희망에 40에이커의 삼림지를 유산으로 남겨주었다. 그는 이 기회를 활용해 결혼을 하고, 기계 공작소뿐 아니라 집을 짓고, 농장과 관련된 것이라면 무엇이든 피했다. 그는 에디슨 조명 회사(Edison Illuminating Company)의 엔지니어 직을 위해 그의 시골 농장을 영원히 떠났다. 그는 빠르게 승진하여 수석 엔지니어가 되었으며, 남는 시간에는 집에서 그 자신이 디자인한 모터로 움직이는 자동차를 만들었다. 1893년 뒤리어(Duryea) 형제는 미국 최초의 가솔린 자동차를 성공적으로 시연했다. 2년 후 아마도 포드가 유일하게 영웅으로 여기는 토마스 에디슨을 만났을 때, 에디슨은 포드가 계속해서 엔진(발명)에 매진할 수 있도록 격려했다. 1896년 포드는 첫 번째 자동차를 시연했다. 1899년 회사는 포드에게 취미와 직업 중에서 하나를 선택할 것을 요구했다. 그는 자신의 미래를 자동차에 전력투구하기로 결정했다.

디트로이트는 젊은 포드를 자동차 제조업자로서 진지하게 대접했으며, 미국은 전반적으로 '말 없는 마차'의 가능성에 점차 매료되고 있었다. 그럼에도 포드의 첫 번째 벤처 회사인 '디트로이트 자동차 회사'는 단명했다. 1년도 안 되어 '헨리 포드 자동차 회사'라는 새로운 회사가 만들어졌다. 그러나 그것 역시 살아남지 못했다. 이러한 세부 내용은 포드가 완전히 통제할 수 없는 조건에서 일하는 것이 얼마나 어려웠는지를, 다시는 타인이 그에게 명령을 내리는 상황에 있고 싶지 않다는 그의 단언을 증명하기 때문에 의미가 있는 것이다. 한편, 1899년에서 1902년까지 포드는 그의 시간을 잘 활용했다. 그는 유명해지고 있었다. 그는 새로운 시대의 중심적 주제 중 하나가 자기선전과 광고라는 것을, 자동차 사업에서 자동차 속도가 새 시대에 이르는 방식이라는 것을 알고 있었다. 포드 자신은 높은 속도가 차의 가치를 더한다고 믿지 않았지만 속도 기록을 깨는 것이 일반 사회의 세계에서 명성을 얻는 방법이라는 점을 알고 있었다.

게다가 그러한 기록은 부자들의 관심을 끌었으며, 그의 커가는 꿈에도 불구하고, 그들만이 손으로 만들어 비쌀 수밖에 없는 새로운 장난감을 살 능력이 있었다. 그리고 포드는 자동차 경주에서 이기기 시작하면서 국제적으로 알려졌는데, 그 경주는 미시간 주 그로스 포인트(Grosse Pointe) 같은 장소의 최첨단 트랙에서 이루어졌으며, 당시 그의 차는 시속 70마일에 이르렀다. 마침내 유명한 운전자인 바니 올드필드[20]는 포드가 만든 차인 '999'를 타고 그로스 포인트 코스에서 모든 기록을 갈아치웠다.

1903년 '포드 자동차 회사'는 현실이 되었다. 디트로이트 석탄 판매업자가 제공한 겨우 (대부분 상점, 기계, 특허, 계약의 형태로 이루어진) 2만 8천 달러의 기본적인 주요 투자와 통합하여, 그 회사는 기업인, 엔지니어 등의 특이한 집단을 모을 수 있었다. 5년 이내에 그 회사는 앞서가는 자동차 제조업자 중 하나가 되었다. 그 회사의 생산품에 특별한 것은 거의 없었다. 랜섬 올즈(Ransome E. Olds)는 이미 값싼 자동차를 생산하는 데 앞장서고 있었다. '대량생산' 방식을 이미 모든 제조업자가 사용할 수 있었다. 그러나 로저 벌린게임이 우리에게 말하듯이, 1903년의 자동차는 여전히 초기 실험 단계였다.

> 어떠한 엔진이나 변속기의 세부사항도 합의되지 않았으며, 어떠한 부품의 디자인도 고정되지 않았다. 어떠한 도구나 과정도 표준화가 이루어지지 않았으며, 4년 후에야 동일한 차종 내에서 부품의 상호교환 가능성이 단일한 공장 내에서 이루어졌다. … 1903년에는 25개 이상의 미국의 승용차 제조업자가 존재했으며, 어떠한 제조업자도 매년 몇백 대 이상을 팔지 못했다. 따라서 자동차 부품은 대부분이 철저히 수제품이었다.

---

20) 〔옮긴이주〕 Barney Oldfield(1878~1946) : 선구적인 자동차 경주자로서 최초로 시속 60마일(약 96킬로미터)로 운전한 기록을 남기기도 했다.

자동차를 만들 수 있다는 가능성이 점차 대중의 멋진 환상을 사로잡았다. 비록 대다수의 자동차들은 명백히 열망하는 중간계급 시장을 위해서는 너무 비쌌지만, 분명하게 수요가 증가했다. 우드로 윌슨은 1906년 사실상 자동차 열광을 두려워했는데, 자동차가 가난한 자들이 부자를 부러워하게 유도함으로써 미국에 사회주의를 가져올 가능성이 크다고 보았기 때문이다.

1907년, '건전한' 조언에 반대하면서 포드는 그의 사명과 꿈을 선언하였다.

> 나는 많은 사람들을 위해 자동차를 만들 것이다. 그 자동차는 가족을 위해서는 충분히 크지만 개인을 위해서는 달리거나 돌보기에 충분히 작을 것이다. 그것은 최고의 재료로, 최상의 고용인에 의해, 현대 공학이 고안할 수 있는 가장 단순한 디자인을 따라 만들어질 것이다. 그러나 그것은 괜찮은 급료를 버는 어떠한 사람도 소유할 만큼 저렴할 것이며, 신이 만든 광대한 열린 공간에서 가족과 더불어 축복받은 즐거운 시간을 보낼 수 있을 것이다.

그 선언이 나왔을 당시의 관점에서 볼 때, 이 놀랄 만큼 단순한 진술이 함축하고 있는 바는 깜짝 놀랄 만한 것이었다. 그것은 사실상 새로운 사회질서의 예측이자, 1920년대에 도래할 세계에 대한 입문이었다. 그것은 개인, 가족, 대중사회 — 심지어 아마도 이 각각에 대해 진지한 재정의를 제안하는 — 를 위해 엄청난 의미를 지닌 것이었다. 그것은 노동과 생산에 대한 새로운 정의를 암시했다. 그것은 새로운 생활방식의 가능성을 제시했으며, 세계사에서 듣지 못한 새로운 종류의 평등주의의 가능성을 암시했다. 그리고 그것은 이 모든 것을 필요나 생활의 기초적 요구의 이름으로가 아니라, 실현 가능한 쾌락의 이름으로 암시했다. 여기에 세계에 대한 소비자 비전이 존재했다.

모델 T—'그녀'로 불렸던 틴 리지(Tin Lizzie) 혹은 소형 자동차—의 창조는 이야기의 절정이며, 포드와 역사의 마지막 융합이었다. 그것은 일련의 주요한 결정을 요구했으며, 독창적인 아이디어가 어디에서 왔건 각각의 경우에 포드가 근본적으로 담당하였다. 첫째, 하이랜드 파크(Highland Park)에 65에이커가 넘는 거대한 새 공장을 세우는 문제가 있었으며, 새로운 생산에 이익의 일부를 투자하기 위해 주주에게 줄 배당금을 삭감하려는 주요한 노력이 시작되었다. 둘째, 하나의 차이자 오로지 한 종류의 차를 생산하려는 결정이 있었다. 즉, "자동차를 만드는 방식은 또 다른 자동차와 같은 하나의 자동차를 만드는 것이며, 그것을 모두 똑같이 만들고, 핀 공장에서 생산되는 하나의 핀이 또 다른 핀과 동일한 것처럼, 똑같은 공장에서 만드는 것이다". 물론, 이 결정에서 포드는 미국에서 발달했으나 자동차 산업에서는 결코 응용되지 않았던 대량생산이라는 확고하게 구축된 전통을 따랐을 뿐이다. 그것은 단지 값싼 제조를 위해서라기보다는 대량 사용에 적절한 자동차 디자인을 찾는 것을 의미했다. 셋째, 저비용 생산 기술의 필요성이 존재했다. 그것은 유명한 이동식 조립 라인(*moving assembly line*)의 도입을 가져왔는데, 이는 기계에 대한 엄청난 재정적 투입을 포함한 것이었다. 연속적 이동의 관념은 충분히 단순했으며, 그것은 두 개의 단순해 보이는 원리에 토대한 것이었다. ① 작업(*work*)이 작업자(*worker*)에게로 와야 하는 것이지 작업자가 작업하러 가는 것이 아니다. 그리고 ② 어떠한 작업자도 몸을 숙일 필요가 없을 만큼 작업은 허리의 위치에 놓여야 한다. 완벽함에 이르는 데 거의 7년이 걸려, 하이랜드 파크의 시스템은 1914년이면 확고한 사실이 되었으며, 생산 혁명이 일어났다. 중앙 컨베이어 벨트를 통하여 인간과 기계는 사실상 하나의 거대한 기계로 합치되었다. 그것은 1대의 차를 생산하는 데 드는 시간을 극적으로 감소시켰다. 1920년이면 한 사람이 매분마다, 1925년에는 매 10초마다 모델 T를 완성시켜 라인에서 내려놓았다. 생산은 1911년 39,640대에서 1917년 74만 770대로 증가했다. 1920년에는 전 세계 차량 2대 중 1대는 모델 T 포드였던 셈이다.

1920년대 전반, 포드 사는 미국 차량 생산량의 60% 이상을 차지했다. 이전에는 그렇게 복잡한 기계적 과정이 고안되거나 그러한 생산이 가능하지도 않았다. 그 성취는 놀라울 정도의 동시화, 정밀화, 그리고 전문화를 요구했다. 그럼에도 그것은 그 자체로 더욱 새로운 문제들을 낳았는데, 문제들은 더욱 혁명적인 결과에 이르렀다. 예를 들어, 그러한 기계화는 특정한 노동자에게 어떠한 실제적 기술도 요구하지 않는다는 것을 의미했다. 오로지 최고위 엔지니어와 디자이너만이 전체 공정에 관해 알고 있어야 했다. 그것은 쉽사리 노동자를 구할 수 있음을 암시했으나 내적 결함이 있었고, 노동력에 있어서 놀라운 이직률에 이르는 완전히 단조로운 노동 형태로 나타났다.

이미 생산방식을 급진적으로 바꾼 포드는 1914년 또 다른 대담한 단계를 선언했다. 그는 새로운 임금 체계를 제안했는데, 그것은 (실제적 이익에 앞서) 일종의 이익 나누기로서 어떤 계급의 노동이 되었건 최소액이 (특정한 조건에서) 하루 5달러가 되는 것이었다. 동시에 그는 노동 시간을 9시간에서 8시간으로 줄였다. 여기서 중요한 사실은 지불이 결코 생산성과 같지 않다는 것이었다. 최소 지불 조항과 연계된 조건이 있었다. 회사가 개괄한 최소한의 행동 기준, 즉 회사가 '괜찮은 노동자'라고 판단하는 기준을 의미했다. 포드 사는 사실상 존 코먼스[21]가 진술한 "깨끗하고 건전한 생활에 관해 그가 정한 사회학 시험을 통과한" 사람에게 임금을 두 배로 주었는데, 코먼스는 상당한 열정을 가지고 포드 계획의 효력을 보고했다. 결과적으로 안정적인 노동력은 포드를 만족시켰을 뿐 아니

---

21) 〔옮긴이주〕 John Rogers Commons(1862~1945): 제도학파 경제학자 및 경제사 교수로서 위스콘신대학에서 오랫동안 교편을 잡고 있었다. 노동경제학을 전공했다.

라, 그는 이익에서의 증가도 제시할 수 있었다. 그리고 그가 충분히 인식하듯이, 그는 모든 노동자를 잠재적인 고객으로 만들기도 했다.

일과 삶, 생산과 소비의 새로운 질서라는 모자이크에 여전히 하나 더 남아 있는 조각이 존재했다. 포드는 '사회학 부서'(후일 '교육부서'로 불리는)를 만들어, 우선적으로는 감독교회(*Episcopal*) 목사의 지도 아래 두었다. 그 부서의 목표는 가부장적이었다. 즉 포드의 노동자들에게 어떻게 모범적인 삶을 살 수 있는지를 가르치고, 그들이 새로 찾은 고임금을 어떻게 절약할 것인지, 그들이 술이나 담배를 금할 수 있게 어떻게 격려할 것인지, 공공위생과 가정경영에 있어 초보적인 교훈을 어떻게 제공하고, 엄청난 숫자의 외국 태생 노동자를 '미국화'시키는 데 도움이 될 단계를 어떻게 제시할 것인지를 연구하였다. 그러한 가부장주의(*paternalism*)에 반대하고 포드가 특이한 폭정과 감시를 한다고 비난하는 사람들이 압력을 가하자, 결국 그 계획은 포기되었다. 그러나 그것은 사실상 회사의 특별한 직업훈련학교로 대체되었으며, 아마도 더욱 지속적인 효과를 가지게 되었다. 그럼에도 자신의 세계에 대한 포드 사고의 사회적 측면을 이해하고, 어떻게 전체적인 꿈이 마침내 완전히 새로운 질서와, 포드 자신이 충분히 자각했건 아니건, 포드의 사명과 꿈의 대상을 만들었는지 이해하는 것은 중요하다.

그리하여 1920년대에는 포드와 그의 새로운 시스템이 미국적 시스템으로 널리 받아들여졌다. 생산과 소비에서 그가 이룩한 기적은 그의 이름을 미국적 성공과 동일시하게 만들었다. 전국적인 인물로서 모든 종류의 이슈에 의견을 표명하면서, 포드는 자동차 제조(업)의 세계를 넘어 압력을 미치기 시작했다. 전쟁이 유럽에서 맹위를 떨칠 때인 1915년, 그는 유명하고도 상당히 비난받은 '평화의 배'를 타고 떠나 개인적 외교(술)로 평화를 위한 십자군 운동을 극적으로 만들고자 했다. 그는 우드로 윌슨의 권유로 1918년 미시간 주에서 상원의원 선거에 나섰으나, 후일 유권자 부정으로 입증된 경쟁에서 아슬아슬하게 졌다. 포드는 점점 더 여러 주제로 많은 글을 썼다. 그는 자신이 소유한 신문인 〈디어본 인디펜던트〉(*The Dearborn Independent*)에 '자기 자신의' 칼럼을 게재했다(출간된 그의 글의 상당 부분이 점차 유령작가에 의존한 것은 분명했다. 비록 이러한 의존이 그의 이름으로 말해진 것에 대한 그의 책임을 줄이는 것은 아니지만 말이다). 예를 들어, 노골적인 반(反) 유대주의 자료가 그 신문에 실린 것은 그의 경력에서 최악의 실수 중 하나였다. 그로 인해 그는 셀 수 없이 많은 추종자를 잃었으며, 재판 소송의 위협까지도 받았다.

1920년대 포드의 국가적 꿈은 그의 후원 아래 (후일 TVA의 위치인) 머슬 숄즈(Muscle Shoals)를 개발하는 제안에 이르렀다. 그것은 2차 산업을 시골로 가져가고, 산업적 삶의 이점을 고립된 농촌 지역에 제공하여 산업적 중심을 탈중앙화하려는 거대한 계획이었다. 상원에서 조지 노리스[22]를 비롯한 여러 사람이 이 개인적인 인수를 방해했다. 포드는 계속해서 정치적으로 많이 찾는 사람으로 남아 있었다. 1924년에는 그를 대통령으로 내보내겠다는 말까지도 있었으나, 그는 최종적으로 그러한 움직임을 추진하는 데 대한 반대의사를 분명히 했다.

한편 포드가 직면한 세계에서, 잠재적인 재난은 거의 문자 그대로 금으로 바뀔 뻔했다. 그는 특별 배당금 지급을 강제하려는 주주와의 소송에서 졌다. 회사 주주들은 그의 이익에 대한 명백한 관심 부족, 일당 5달러 임금 계획이라는 '사회주의'와 사회부서, 이익 나누기 관념, 그리고 보통사람들로 구성된 사회 때문에 점점 더 공포상태에 빠졌다. 포드는 이제 그의 계획을 실행하기 위해 완전한 통제권을 갖는 데 단호했다. 위험을 무릅쓰고 그는 모든 주주들의 주식을 사들였다. 그러면서 그는 은

---

22) 〔옮긴이주〕 George Norris(1861~1944) : 네브래스카 주 출신 정치가로서 혁신주의 이념을 지지했다. 공화당원으로서 하원의원(1903~1913) 및 상원의원(1913~1943)을 역임했다.

행과 은행가를 미워했으며, (산업상 그만한 규모와 부를 지닌 주식회사치고는 독특한) 완전 가족 소유에 대한 그의 목표를 달성키 위해 그들로부터 돈을 빌리기를 거부했다. 운용자금을 늘리기 위해 그는 포드 판매권(*dealerships*)을 가지고 압박을 가했다. 그는 생산 속도를 높일 것을 추진했으며, 원치 않는 딜러에게 차량을 강요했다. 그리고 그들이 주문한 것이든 아니든 차량 가격을 지불하지 않는다면 가맹점 손실을 보게 될 것이라고 협박하고 그들의 은행에 가게 하여, 포드 사를 은행으로부터 자유롭게 만들고 명백히 그 자신의 통제하에 두었다.

1920년대는 우선적으로 성장이 증가한 것으로 보였다. 포드의 조직은 업계에서 다른 어떤 회사보다도 더 능숙하게 1921년의 불경기를 예측했다. 한편, 그는 생산의 완전한 통합을 위해 계속해서 애썼다. 그는 자신의 기업을 완벽하게 자급적으로 만들고자 했는데, 원료가 생산 공정 속에 투입되는 규칙적인 흐름과 이후 생산라인에서 나온 최종 제품의 규칙적인 흐름, 이것을 성취하기 위한 원료의 획득과 운송 방식, 즉 보편적 자동차인 모델 T의 보편적이고 끊이지 않는 과정을 확보했다.

포드는 하이랜드 파크와 후일 리버 루지(River Rouge)를 뛰어넘을 수 있었던 것 이상으로 (완전한 통합 시스템을 지닌) 기술적 측면 혹은 (사회학부서에 의한 인간 삶의 재구성과 더불어) 사회적 또는 인간적 측면에 대한 그의 비전을 최종적으로 실현할 수는 없었다. 좀더 광범위한 지역적 혹은 전국적 꿈은 충족되지 않은 채로 남았다. 그러나 포드의 혁명적 사명의 영향력이 미국에서 그리고 나머지 전 세계를 통해 계속해서 펼쳐졌다. 포디즘은 1920년대를 그것이 없었을 경우의 1920년대와는 다른 10년으로 만들었다. 그럼에도 여타 세력이 기초적 전제를 위협하기 시작했는데, 그것은 사물에 대한 포드의 급진적 수정에 부분적으로 토대가 되는 것이었다.

1927년, 포드 자동차 회사는 중대한 결정을 내렸는데, 그것은 위대한 틴 리지인 모델 T의 생산을 종결하고 모델 A로 대체하는 것이었다. 포드는 비록 그가 창조하지는 않았지만 만드는 데 많이 힘썼던 새롭고도 풍요로운 대중사회에 대해 근본적인 사실을 뒤늦게 배웠는데, 그것은 가격과 효율만이 소비자의 선택을 좌우하지는 않는다는 것이다. 그의 많은 경쟁자들은 이미 그 정도는 알고 있었다. 이 새로운 대중소비 세계는 또한 새로운 대중매체의 세계였는데, 후자의 경우 전국적인 광고와 좀더 새로운 형태의 전국적 미디어(라디오, 영화, 새로운 저널리즘)가 인간의 필요와 욕망, 희망과 공포를 이용하는 것을 돕고 있었다. 포드는 브루스 바튼의 세계에 익숙하지 않았다. 그는 개인적이고 심지어 사적인 성취의 필요성을 감지하지 못했다. 그는 보통사람이 보통으로 느끼기를 원치 않는다는 것을 인식하지 못했다. 기계적 완벽함은 종종 바람직하지만 충분치는 못했다.

모순적이게도 물론 포드를 움직인 힘은 이익(혹은 이익의 결핍)이었다. 포드 자신은 분명히 단지 돈을 위한 돈 벌기에는 관심이 없었다. 그의 전체 경력이야말로 그러한 관찰에 대한 증거이다. 그 자신의 단순하면서도 때때로 금욕적이기까지 한 생활방식이 충분한 증거이다. 그러나 회사는 자본주의 질서의 일부로서 존재했으며, 생존은 경쟁과 맞붙는 것을 의미했다. 비록 포드가 얼마나 내적인 힘에 의존하기를 원했건, 얼마나 그 자신을 외부의 위험으로부터 고립시키기를 원했건, 그리고 값싸고, 흉물스럽고, 튼튼하고, 효율적이며, 단순한 검정색 모델 T를 거부하는 데 이른 가치가 그에게 얼마만큼 '그릇되'었건 간에 말이다. 어떤 의미에서 1920년대를 만들었던 그가 다른 무엇인가가 만들어지고 있음을 인지하지 못했다.

1927년의 후퇴, 즉 모델 T를 종결한다는 결정은 운명적인 것이었다. 제 2차 세계대전 중 그가 공헌한 약간의 생산상의 기적을 제외하고, 포드의 일생은 점차 연속적인 쓰라린 투쟁에 빠져들게 되었다. 내부 경영 및 노사관계에서 그러했으며, 후자의 경우에는 종종 유혈사태까지 있었다. 1927년까지 진보적으로 보인 1907년의 헨리 포드는 1930년대의 세계조차 이해할 수 없는 것처럼 보였다. 하루 5달러 임금의 포드 사와 사회부서는 노동자가 진정으로 노조를 원하고 있으며 파업이 진정한 목적을 달성할 수 있다는 것을 믿지 않았다.

매일매일의 사업 일과라는 관점에서 보자면, 포드는 리버 루지의 새 공장이 "워낙 커서 더 이상 즐거움이 아니라는 것"을 1933년에는 인정할 수 있었다. 점점 (다시 한 번, 20세기를 '만든' 사람에게는 모순적이게도) 그는 계속해서 과거를 돌아보았다. 즉, 민속음악에 대한 새로운 관심, 맥거피의 《리더스》(*Readers*)의 재출간, 그의 특별한 박물관 혹은 그린필드 빌리지(Greenfield Village)를 위한 역사물 수집 등이 그러한 사례였다. 그린필드 빌리지의 경우 어찌 보면 그 자신의 과거를 감상적으로 재구성한 것이었으며, 그 과거 또한 그가 그렇게 오래전에 도망친 과거였다. 우리는 낯선 초상화에 직면한다. 즉, 미래를 발명한 사람이 이제 조심스럽게 과거를 재발견하고 있었다.

그의 인생에서 그렇게 놀랍게 제기된 근본적인 문제에 대한 해답이 있었던가? '기계적 완벽'과 '보통사람'이라는 문구에 의해 투영된 이상이 진정 조화를 이룰 수 있었을까? 심지어 전체주의적 통치가 완벽한 화해를 할 수 있었을까? 포드는 노력했으며 우리는 1920년대 미국에서 그 결과를 보았다. 그럼에도 그 질문은 계속해서 우리를 사로잡는다. 왜냐하면 부분적으로 포드가 얼마나 멀리 나아갔는가 하는 사실 때문에, 우리가 여전히 그 성취의 결과를 느끼기 때문에, 우리가 아직도 희망과 공포의 지속된 감정을 지닌 채 1920년대의 경험에 반응하기 때문에 그러하다.

1947년 조지 허만 루스 2세가 죽었을 때, 〈뉴욕 타임스〉는 8개를 담은 큰 칼럼 중에서 2개 이상을 그에게 할애했다. 각각의 칼럼은 분명하게 다른 칼럼을 보충했으며, 그것들은 헌정의 방식과 어조에서 상당히 달랐다. 첫 칼럼의 헤드라인은 다음과 같았다.

> 위대한 야구 스타 그리고 어린이의 우상인 루스(George Herman Ruth, Jr.)는 극적이고도 기이한 경력을 지녔다.—야구장에서 얻어낸 세계적 명성—심지어 야구를 모르는 나라에서조차도, 야구의 스타플레이어는 존경받았다.

그런 다음 전통적이고 자세한 조사(*obituary*)가 뒤따랐다. 의미 있는 업적을 다시 설명하고 특이한 개성을 다시 상기하는 격렬한 노력과 더불어, 즉 무미건조한 전기적 사실뿐 아니라 슬픔과 기쁨의 순간을 되새기는 풍부한 감정을 드러냈다. 두 번째 헤드라인은 뭔가 다른 것을 제시했다.

> 루스는 54번의 메이저리그 기록과 함께 아메리칸 서킷(American Circuit)에서 10번의 추가 기록을 수립했다. 이 강타자는 10번이나 월드시리즈에 출전하였다. 루스는 메이저리그 홈런 부문에서 총 714개의 기록을 세웠다. 11번의 시즌에서 40개 이상의 홈런을 쳤고, 1923년에는 최다 출루를 기록하였으며, 22년 경력에서 사상 최고의 타격에 또한 최다 스트라이크 아웃을 기록했다.

페이지 자체에는 지루한 이야기가 없었다. 그것은 단지 모든 종류의 기록에 관한 일련의 목록이었다. 루스의 경력에서 중요했던 게임의 완전한 박스 스코어를 조심스럽게 선별했고, 볼티모어 팀에서의 첫날(600달러)부터 브루클린 팀에서의 마지막 해(1만 5천 달러)까지 일생 동안 벌어들인 총수입 92만 5,900달러를 조심스레 약술하고 구체적으로 제목을 붙인 도표였다.

(이른바 "미국 스포츠의 황금시대"로 종종 불린) 1920년대의 위대한 스포

츠 영웅 중 한 사람의 경력에 관한 이 두 가지 묘사 속에서, 1920년대 내내 많은 관중을 동원한 스포츠의 매력의 두 측면을 보는 것이 아마도 가능할 것이다. 일반적으로 생활의 기계화가 인간 행동의 모든 면을 합리화하려는 노력의 증가와 결합될 때, 측정 가능하고 숫자로 셀 수 있는 것에서 각별한 중간계급의 기쁨이 생산된다. (그렇다면, 볼이 날아간 거리와 볼이 맞은 횟수와 더불어 '홈런'에 대한 통계는 얼마나 잘 어울리는가.) 미국인은 루스와 여타 선수들이 제공한 데이터에 즐거워할 수 있었다. 육상 기록은 스포츠에서 성취, 즉 성공을 측정하는 수단을 제공했다. 그러한 통계가 기계화된 그리고 합리화된 생활의 다른 면에서 그러했듯이 말이다. 가장 특별하게는 봉급 액수 또한 성공을 판단하는 데 도움을 주었다.

그러나 한 사회가 운동선수가 이끄는 (사람들이 놀거나 관람하는 게임으로 자연스럽게 옮겨지는) 삶의 이 기계화된 측면에 얼마나 매료되었건 간에, 그것만으로는 분명 충분치 않았다. '스타', '극적인', '기이한' 같은 단어가 루스의 공식적 부고기사에 등장했는데, 그 기사는 대중이 뭔가 더 요구했다는 것을 암시한다. 아마도 증가 추세에 있던 기계화된 세계 속에서 더 많은 것이 요구되었다. 스포츠 작가 그랜트랜드 라이스(Grantland Rice)는 루스 같이 위대한 스포츠 인물에 관해 글을 쓴 적이 있다.

> 그들은 단순한 기술 혹은 경제력 이상의 것을 지녔다. 그들은 또한 양적·질적 기록에서 당신이 뭐라고 조심스레 부르건 간에 색깔, 개성, 대중 매력으로 알려진 설명할 수 없는 자산을 지녔다.

그리고 우리의 스포츠가 우리 삶의 다른 면들을 의미심장한 방식으로 반영한다면, 라이스가 스포츠 인물에 대해 제안했던 것이 1927년 '보통 사람'이 기록적인 저렴함이나 기계적 효율 따위를 더 이상 받아들이지 않음을 알게 된 포드가 쓰라리게 학습한 교훈이었다고 주장하는 것도 틀린 말은 아닐 것이다. 그는 사람들이 자동차에서 〔헨리의 아들인 이셀(Edsel)이 좋아하는 주제이자, 늙은 헨리가 끊임없이 싸운〕 '스타일'을 원한다는 것을 알게 되었다. 그것이 '색깔, 개성, 군중 호소'이다.

또한 1927년, 또 다른 주요 미국 기업은 엄청난 성공을 즐겼다. 제이콥 루퍼트 단장의 뉴욕 양키스는 세계 최고의 야구팀이었다. 그 팀이 모든 시대를 통틀어 가장 위대한 야구팀이라는 주장도 있었다. 루스는 그해 시즌 60개의 홈런을 쳤고, 루 게릭[23]은 175명의 주자가 홈에 들어올 수 있게 안타를 쳤으며, 양키스는 19경기 차로 우승기를 챙긴 후 피츠버그 파이리츠(Pittsburgh Pirates)를 물리치고 월드시리즈를 휩쓸었다. 1927년 베이브 루스는 루퍼트 단장과의 계약으로 그야말로 시합만 하고 7만 달러를 받았다. 그리고 루스는 루퍼트의 회사에 그만한 가치가 있었는데, 양키스는 (종종 '루스가 세운 집'으로 알려진) 7만 석이나 되는 거대한 스타디움을 소유하고 있었다. 이것은 단장과 양키스 조직을 위한 커다란 사업이었으며, 베이브가 팬을 위하여 어떤 크고 특별한 것을 연출하고 만들어내는 것을 보는 것이다. 그것은 팀에 대한 충성의 문제 이상이었으며, 경기에서 이기거나 지는 것 이상이었다. 〈뉴욕 타임스〉의 1927년도 월드시리즈 경기 중 한 경기에 대한 평가는 아마도 이러한 감정의 일부를 포착한다.

> 베이브 님(*His majesty the Babe*)께서 날카로운 소리가 난 직선 타구를 우측 외야석으로 갈겨 6만 4천 명을 기쁨의 발작 상태로 보내셨다. … 멋진 순간은 7회에 있었다. 양키스 선수들은 경기를 안전하게 마무리 짓고 긴장감은 끝이 났다. … 그러나 팬들이 여전히 서서 루스 씨가 가정과 국가를 위해 바쁘게 뭔가를 해줄 것을 요구했다. "홈런, 베이브! 우리에게 홈런을 다오!" / 부담스런 요청이 쇄도했다. / 그리고 몸집 큰 커다란 사나이가 모자를 꽉 잡아당기

---

23) 〔옮긴이주〕 Henry Louis 'Lou' Gehrig(1903~1941) : '철마'(*The Iron Horse*)라는 별명을 지닌 야구선수로 1939년 야구 명예의 전당에 그 이름을 올렸다.

> 고, 허리띠를 조이며, 발로 땅을 차고 〔투수를〕 험상궂게 노려보았다. … 높이 그리고 멀리, 속도와 높이를 매 피트마다 더하면서 라이트필드 외야석 자리, 사람들이 앉아 있는 야구장 관람석 경사지 4 분의 1 이상 상단에 부딪칠 때까지 조그만 흰 공은 엄청난 속도로 날아갔다. 이제 사람들은 홈런주자를 보게 되었고 일어서서 옛날 로마의 경기장에서 울렸을 법한 기쁨에 찬 소리를 지른다. …

이러한 묘사는 조지 허만 루스 세계의 또 다른 적절한 면, 즉 아마도 그를 영웅적 베이브로 '만드는 데' 도움을 준 측면을 보여주는 증거이다. 대중사회의 기계화된 새로운 시대는 또한 매스컴의 시대이기도 했다. 그리고 미디어는 복사를 위한 적절한 재료를 요구했다. 새로운 리포터와 작가 집단, 예컨대 링 라드너(Ring Lardner), 그랜트랜드 라이스, 헤이우드 브라운(Heywood Broun), 존 키어넌(John Kiernan) 등이 즉석에서 성취와 개성을 우려먹었으며, 출판, 라디오 방송, 때때로 심지어 영화라는 전체 시리즈를 위해 '뉴스'의 전통적 의미를 확대하려고 애썼다. 그것은 점차 증가하는 이러한 종류의 뉴스에 굶주린 소비자를 즐겁게 하기 위해 끊임없이 복사를 요구했다. 그들은 종종 놀랍도록 색다르고 언제나 특별한 종류의 수사법과 스타일을 발명했다. 그들의 독특한 산문은 독자를 기쁘게 하고, 더 많은 부수를 팔았으며, 상품을 판매해야 할 광고 회사의 흥미를 끌었다. 그리고 이는 출간물 지면이나 라디오 시간의 구매로 이어졌다. 1923년 헤이우드 브라운은 "루스는 막강하며 성공할 것이다"라고 썼다. 이것은 스포츠와 스포츠 판촉의 황금기에 특별 스포츠 기사문의 열광자에 의해 여전히 인용되었다.

1923년의 '막강한' 루스는 1895년 메릴랜드 주 볼티모어 부둣가의 술집 건너편 가장 저급하고 볼품없는 3층 아파트에서 태어났다. 둘 다 이민자의 자식인 그의 부모는 끊임없이 가난과 싸웠는데, 그들의 집은 "극도의 빈곤과 누추함으로 인해 좌절의 긴장감과 분노에 찬, 폭력적이고 절망적일 정도로 가난한 장소"로 묘사되었다. 루스는 그런 사실을 거의 몰랐다고 고백했으며, 그의 아버지에 대한 기억은 주로 잔인하게 반복된 매질로 보인다. "나는 나쁜 아이였다"고 루스는 그의 자서전에서 우리에게 말한다. "교정 불가능"하다고 기술한 그의 부모는 볼티모어에 있는 성 메리 실업학교(St. Mary's Industrial School)로 7살 난 아들을 보냈다. 종종 부모 집으로 돌아오기도 했지만, 그는 19세가 될 때까지 그곳에 머물렀다.

루스의 성장기 이야기는 마치 빅토리아 시대 도시 최빈민층 어린 시절의 전형처럼, 즉 유쾌한 위안도 없으며 감상적 순간도 없는, 악몽으로부터의 탈출이라는 일종의 찰스 디킨스 작품에 등장하는 무시무시한 이야기로 읽힌다. 학교는 질서와 규율을 강조했으며 훈육하고자 애썼으나, 루스에게는 분명하게도 거의 그러하지 못했다. 그곳에는 어떠한 사생활도 없었다. 루스에게 친구가 있었다손 치더라도, 그의 덩치와 외양 때문에 그는 불친절한 언어적 학대의 대상이었다. 학교를 떠난 후에도 그는 가장 원시적인 개인적 습관과 가장 조야한 예절을 계속해서 지녔다. 그의 인생이 거의 끝날 때까지 말이다. 성 메리 학교에서 시행된 엄격한 가톨릭주의가 그에게 어떤 의미 있는 결과를 가져왔는지에 대해서는 증거가 거의 없다. 도박, 섹스, 그리고 음주에 대한 과도한 강박적 관심은 그가 평생 동안 지녀온 학창시절의 산물로 보인다. 집에 머물 때면, 그는 거친 선원과 부랑자가 뒤섞인 난폭한 부두 부근에서 살았다. 사실상 그는 버려진 아이였다. "나는 천하게 출발했다"고 그는 우리에게 말한다. "그리고 내가 가야 할 길을 깨닫는 데 오랜 시간이 걸렸다." 성 메리 학교는 그러한 '인식'을 갖는 데 거의 도움을 못 준 것 같으며, 루스의 인생 이야기는 그가 진실로 그것을 갖게 되었는지 의심케 한다. 아마도 이러한 성장은 그가 위대한 경력을 쌓는 동안 그를 우상으로 여겼던 수많은 어린이를 순수하게 좋아한 것으로 보이는 이유를, 후반 시절을 통해 병원과 가정집에 있는 아이들을 방문하기를 좋아했던 이유를 설명해준다.

성 메리 학교는 루스에게 직업을 주려고 노력했다. 그에게 셔츠 공장에서 재단사 일을 배우도록 임무를 주었으나, 형제들은 여러 해 함께 머무는 동안 그에게 어떠한 잠재력 혹은 기술도 없음을 알아챘다. 그러나 두 가지 긍정적인 것이 그의 성 메리 학교생활에서 떠올랐다. 첫째, 그는 자신의 '개인적 미숙함'으로 인해 청중 앞에서 '떠들썩한 군중을 즐겁게 하는 사람'이 되는 법을 〔그의 가장 능력 있는 전기 작가인 캔 소벌(Ken Sobol)이 우리에게 말하듯이〕 배운 것으로 보인다. 이것은 '현란한' 개성과 언제나 자발적인 연기자 루스를 준비하는 데 명백히 중요했다. 그는 기꺼이 '좋은 기사거리'를 제공하려 애쓸 것이며, 경기장에서나 경기장 밖에서 팬을 즐겁게 해주려 할 것이었다. 〔예를 들어, 수줍음 많고, 교양 있고, 장인스러운(*craftsmanlike*) 루 게릭은 결코 쇼맨십이 무엇인지 깨우치지 못했으며, 루스가 했던 것처럼 엄청난 지지자나 돈 같은 것을 얻지 못했다.〕 그럼에도 성 메리 학교의 가장 중요한 선물은 특별한 훈련이 아니라 특별한 기회였다. 야구는 성 메리 학교에서 소년들에게 주어진 거의 유일한 오락적 출구였다. 그리하여 루스는 게임하는 법과 엄청나게 타고난 기술, 협동과 힘을 개발하는 법을 배웠는데, 이것이 그를 당대의 가장 눈부신 야구선수로 만들었다.

야구는 1870년대 이래 성공적인 전문가 활동이 되었으며, 1903년에는 충분히 발전하고 잘 조직되어 대규모 관중을 끌어모을 수 있게 되고, 많은 젊은이에게 중요한 직업의 원천이 되었다. 배움, 전통적인 기술, 혹은 어떤 다른 길도 없었던 루스에게 야구는 빈곤이라는 고된 일로부터 기적적인 출구를 제공해주었다. 루스는 분명히 꽤 최근에 이민 와 도시의 빈곤에 빠진 집안에서 전국적 지위와 성공에 이르는 길을 찾으려던 첫 번째나 마지막 아이가 아니었다. 그럼에도 많은 방식에서 그의 경력은 가장 화려한 것 중 하나였다. 성 메리 학교의 형제 중 한 사람은 루스를 볼

티모어 클럽의 소유주에게 추천했으며, 루스는 1914년 첫 프로 계약에 서명했다. 같은 해 그는 보스턴 레드삭스(Red Sox)와 2,900달러에 계약했으며, 그 구단과 더불어 이윽고 보기 드문 능력을 지닌 투수로 성숙해 갔다.

보스턴에 있는 동안, 루스는 타자로서도 놀랍도록 훌륭한 솜씨를 보여주기 시작했다. 야구팬은 그의 홈런에 대해 얘기하기 시작했으며, 1919년 그는 피칭 마운드보다도 외야에 더 자주 자리 잡았다. 그 다음 해는 루스의 경력이나 게임 그 자체에서 전환점이었다. 양키스는 10만 달러에 그와 계약했으며, 재정적으로 위태로운 레드삭스 경기장에 대한 35만 달러의 융자를 보장했다. 그것은 기록적인 액수였으나, 대신 루스는 기록적인 수의 홈런과 팬의 열광적인 응답을 넘겨주었다. 그런데 1920~1921년 겨울, 프로야구의 전체 구조를 좌초시키는 추문이 발생했다. 도박꾼이 시카고 화이트삭스(White Sox: 이후 '블랙 삭스'로 명명된)의 다수 선수를 매수하여 1919년 월드시리즈를 '팽개쳤다'. 그리하여 구단주는 야구사업구조를 재조직하면서 엄격한 연방 판사인 제임스 랜디스[24]를 새로운 고위직 감독으로 임명했으며, 스포츠의 신성함을 확보하기 위해 그에게 무제한의 권력을 주었다. 비록 이러한 개혁이 충분한지 혹은 팬들이 돌아올지에 대해 여전히 그들은 우려했지만 말이다. 야구를 연구하는 많은 역사학자는 다음 시즌에 관객의 열정이 되살아나는 데 있어 루스의 빛나는 활약을 가장 중요한 요소로 꼽는다. 900만에서 천만 명의 팬이 1920년대 동안 매년 메이저리그 야구를 보기 위해 돈을 지출했다.

1921년 시즌 말에는(다시 한 번 소볼을 인용하면), "한 해 동안 어떤 다

24) 〔옮긴이주〕 James Kenesaw Mountain Landis(1866~1944): 1920년 양대 리그(American League와 National League) 및 마이너리그를 총괄 감독하는 최초의 총감독 역할인 커미셔너(*commissioner*)가 되어 사망 시까지 그 지위를 유지했다.

른 선수에 대한 것보다" 더 많은 글이 루스를 다루었으며, 더 많은 사람이 그의 경기를 보았다. 그리고 더 많은 미국의 남녀노소 시민들은 그의 이름을 알았으며, 들어본 적이 있던 타이 콥[25] 혹은 존 맥그로(John McGraw)보다 더 많이 그의 흔한 둥근 얼굴을 알아볼 수 있었다. 스포츠 작가들은 그에게 적절한 별명('스왓의 술탄')을 제공하려 경쟁했으나 여하튼 그는 언제나 '베이브' 혹은 (성 메리 학교에서 종종 불렸던 '흑인 입술'의 변형인) '밤비노'로 남아 있었다. 그는 미국의 위대한 사내아이였으며, 미국인은 그렇게 유치한 짓을 많이 한 그들의 다 큰 남자를 사랑했다.

야구장에서의 그의 업적이 무엇이건 간에, 기록 책에 어떤 기여를 남기건 간에, 베이브 관련 기사 또한 그가 지닌 엄청나게 큰 붙임성 있는 성격 때문에, 심지어 압도적인 욕구억제 불능의 놀라운 무능력까지도 수백만 미국인을 즐겁게 했다. 대부분의 미국인은 그들의 다 큰 남자의 방종을 적어도 일부는 용납하는 것처럼 보였다. 포드나 바튼과는 다르게, 루스는 돈 버는 것만큼이나 돈 쓰기를 즐겼다. 끊을 수 없는 도박꾼인 그는 커다란 판돈이나 승부에는 전혀 신경 쓰지 않는 것으로 보였다. 그는 값비싸고 화려한 옷을 사랑했다. 섹스에 대한 그의 관심은 무제한적으로 보였고, 자주 그는 더 나은 사창가를 들락거렸으며, 심지어 훈련 중이나 야구팀과의 경기 투어 중에도 그러했다. 그의 탐욕 또한 전설이 되었다. 그는 사실상 심각한 병에 이를 정도로 종종 폭식과 폭음을 하였다. 현대의 기계화된 시대의 수많은 유명 인사처럼, 루스의 잦은 질병, 육체적 쇠약, 심지어 입원은 거의 일상화되었다. 가장 널리 알려진 베이브의 의기소침과 입원은 1925년 춘계 훈련 때 발생했으며, 대중은 그의 병이 인플루엔자와 소화불량의 결과라는 공식적 해명을 명백히 받아들였다. 그러

25) 〔옮긴이주〕 Tyrus Raymond 'Ty' Cobb(1886~1961): 별명이 '조지아 복숭아'(*The Georgia Peach*)인 외야수로서 절정기는 디트로이트 타이거스(Detroit Tigers) 시절이었다.

나 진짜 원인은 심각한 매독인 것으로 보인다. 무척이나 관심 있는 사람들은 루스의 몸 상태에 대한 보고서를 집중적으로 관찰했다. 잘 알려진 한 스포츠 기자는 그것을 "온 세상에 알려진 복통"이라고 불렀다.

루스는 기계화된 놀이 세계에서 영웅적 생산자였다. 그는 또한 소비 세계에서도 이상적인 영웅이었다. 미국인은 베이브의 과도함을 즐겼다. 그들은 루스가 즐긴 외견상 엄청난 쾌락의 생활에서 안락함을 느꼈다. 비록 가끔이지만 (심지어 프로이트 사상의 인기가 점차 높아지던 시대에조차) 그들은 과도함과 질병의 패턴을 넘어 존재할지 모르는 어떤 것을 의식한 것처럼 보인다. 1925년 빌 맥기언[26] 은 다음과 같이 말했다. "베이브 루스는 우리의 전국적 허풍쟁이이다 … 그는 세상의 걱정거리를 가볍게 했으며 그가 지닌 순수한 활기 넘침 때문에 우리는 지나치게 진지하지 못했다."

루스는 이 모든 비용을 댈 수 있는 방법을 발견했다. 그는 자신을 팔 수 있는 상품으로 만들었다. 1921년 그는 에이전트를 고용했다. 혹은 아마도 크리스티 왈쉬[27] 가 루스를 유혹했을 것이다. 왈쉬는 이 비정상적인 커뮤니케이션의 시대에서 엄청난 가능성을 보았다. 그는 원래 특히 스포츠 영역에서 대필(*ghostwriting*) 신디케이트를 개발했다. 작가는 계약된 스포츠 인사의 이름으로 기사와 책을 팔았다. 점차 대필자는 홍보 분야에서 중요해졌다. 점점 더 읽히거나 알려지기 원하는(예를 들어 헨리 포드), 혹은 대중들이 듣고 싶어 하는(예를 들어 베이브 루스) 특출난 미국인들은 그 일을 하고자 하는 전문 작가와 계약을 맺었다. 얼마 안 있어 그

---

26) 〔옮긴이주〕 William McGeehan(1879~1933): 〈뉴욕 헤럴드 트리뷴〉의 유명한 스포츠 기자 겸 편집자였다.

27) 〔옮긴이주〕 Christy Walsh: 일찍이 스포츠 스타를 발굴하고 유령작가에게 그들 대신 글을 쓰게 했다. 훗날 1939~1940년 열린 뉴욕 세계박람회의 스포츠 감독직을 맡기도 했다.

러한 작가적 재능이 필요 없는 분야는 없게 되었으며, 그러한 사업의 숫자와 범위는 1920년대 동안 두드러지게 증가했다. 왈쉬는 루스에게 대필 이상의 더 많은 것을 제공했다. 대리인으로서 그는 광고를 위한 작품 승인을 해주었다. 그는 영화 속에서 특별한 지위를 요청했다. (루스는 몇몇 영화를 찍었지만 이 분야에서 결코 성공적이지는 않았다.) 그는 시즌이 아닌 동안 혹은 심지어 보드빌 쇼 순회공연 동안 지방공연을 기획하거나 예약했다. 예컨대 1926년, 루스는 12주 동안 보드빌 쇼에서 공연하여 주당 8천 달러 이상 수입을 올렸다. 사실상, 루스가 단지 무대에 나타나는 것만으로 수십 개 조그만 마을의 팬들은 그들의 영웅을 가까이서 볼 수 있었다. 이러한 액수는 오락에 특별한 재능을 지닌 많은 쇼 비즈니스계 유명인들이 버는 것보다 훨씬 더 많았다. 1927년 미국 전역의 지방공연에서 갑작스레 꾸며진 지역민 팀들과의 공연으로, 루스는 이미 상당한 소득에 3만 달러 이상을 더했다. 언론 에이전트 활동은 거의 새로운 것이 아니었으며, 왈쉬의 활동 또한 그러했다. 그는 일종의 비즈니스 매니저로서 활동하였으며, 루스가 모든 돈을 탕진하지 못하게 하려는 노력으로 투자, 은행 구좌, 그리고 그와 유사한 일을 조정했다. 그러나 특히 그가 루스를 위해 한 일은 1920년대의 방식으로 직업 운동선수를 늘 과장된 유명인사로 끌어올리는 과대선전을 추가한 것이다.

1925년은 베이브 루스의 경력에서 저점을 기록했으며, 그가 회복되리라고 생각한 사람은 거의 없었다. 그는 "온 세상에 알려진 복통"에 뒤이어 있던 같은 시즌 중 훈련을 계속하거나 효과적으로 시합을 하지 못했다. 밀러 허긴스(Miller Huggins) 감독은 격분하여 그에게 '구장 외에서의 잘못된 행동'에 대해 5천 달러의 벌금을 부과했으며, 그의 결정은 양키스 구단주인 제이콥 루퍼트(Jacob Ruppert)의 지지를 받았다. 루스는 원래 그 자신만의 특별한 오만함으로 인해 전체의 사건을 농담으로 여겼으나 이제는 그의 일, 그가 일으킨 사건, 아마 그의 이미지에까지도 더 많은 주의를 기울이기 시작했다. 소벌에 따르면, 1926년 시즌에 그의 비범한 복귀는 '연속성의 상징'이 되었다. 루스는 30세였으며 더 이상 소년이 아니었다. 그는 일종의 우울증을 겪었으며, 그가 회복할 수 있다는 사실은 온 나라에 일종의 희망을 주었다. 점차 작가들은 루스, 그리고 아이들에 대한 그의 관대함을 감상적으로 덧칠했다. (루스 자신은 작가들이 그에게 투사한 새로운 이미지를 믿기 시작했을지도 모른다. 그는 심지어 일부 동료들이 보여준 친절함 때문에 성 메리 학교에서 보낸 시절을 채색하기 시작했다.) 언론은 점차 그를 좀더 나이 들고 덜 유치한 '미국 소년의 우상'으로 변형시켰다. 그들은 지나침과 조잡함을 잊기 시작했다. 클레어 호지슨(Claire Hodgson)과의 관계 또한 그의 생활 변화에 영향을 주었을지 모른다. 그는 소원해진 첫 번째 부인과 사별한 후 1929년 그녀와 결혼했다. 그는 훈련에 좀더 집중하고, 투자에 좀더 예리한 관심을 기울였다. 루스의 새 부인은 그의 생활에 조직과 질서, 즉 좀더 단단히 쥔 고삐와 그에게 필요한 안정을 제공했다. 루스가 그렇게 오래전 볼티모어의 어머니에게서는 결코 받아보지 못한 종류의 사랑을 그녀가 주지 않았나 추정할 수 있다.

그러나 1930년대와 1940년대의 밤비노 — 미국 젊은이의 감상에 빠진, 그리고 형태가 바뀐 '우상' — 는 1920년대의 영웅이 아니었다. 역사학자 윌리엄 룩첸버그(William E. Leuchtenberg)는 마지막으로 양키스의 유니폼을 벗었던 1934년의 루스를 "코르셋으로 꽉 조여진 애처로운 인물, 이전의 위대함에 대한 잔인한 풍잣거리"로서 다소 불친절하게 묘사했는지도 모른다. 왜냐하면 이제 루스는 그 시간과 공간에 어울리지 않았기 때문이다. 그는 감상적 작가에 의해 감상적 인물로 변형됐는지도 모른다. 아마도 시대가 그러한 종류의 영웅을 요구했을 것이다. 그러나 1920년대에 그는 점차 기계화되는 세상에서 완벽한 창조물이었으며, 세상은 여전히 특이한 개성에 굶주렸고, 모델 T 자동차에 싫증을 냈으며, 그럼에도 또한 그 미덕, 즉 오직 더 많은 어떤 것, 실물보다 더 큰 어떤 것을 높이 평가했다.

루스가 그렇게 적절하게 특징을 부여한 시대에 안긴 것은 어떤 종류의 개성이었을까? 그 자신과 '우리의 국가적 허풍'을 즐기고 흠모했던 사회에 대한 대가는 무엇이었을까? 우리의 가치관과 그의 가치관에 대해 뭐라고 말할 것인가? 또한 그의 생애 밑바닥에 숨어 있을지도 모를 뿐 아니라 1920년대 미국의 삶 밑에 숨어 있을지도 모를 일련의 비극적 조건과 환경에 대해 뭐라고 말할 것인가?

일련의 탐색적 질문이 적어도 위대한 네덜란드 역사학자의 저서 한 구절에서 암시되었는데, 그는 미국의 역사, 특히 제1차 세계대전 중 당대의 미국문화를 이해하려고 상당한 노력을 했다. 사실상 그는 1920년대의 시작에 대해 썼으며 무엇이 뒤따를 것인지에 대해 생각했다. 루스가 복귀한 해인 1926년, 그가 미국을 방문하는 동안 루스를 보았는지 아닌지 나는 알지 못한다. 그러나 루스에 관해 들었음은 거의 확실하다. 특히 루스의 경력을 언급하며 이런 견해를 논하는 것을 들었다면 흥미로웠을 것이다. 아마도 우리가 그를 위해 그렇게 할 수 있을 것이다.

> 현대 문명의 가장 두드러진 요소 중 하나는 스포츠인데, 거기서 지적 문화와 육체적 문화가 만난다. 거기에서 지나친 기계화는 그 목적의 반대를 취하는 것으로 보인다. 집단을 좋아하는 현대인은 자신의 개인주의를, 말하자면, 스포츠에서 살려내고자 한다. 그러나 스포츠는 엄밀히 말하자면 단지 기술과 체력의 육체적 발전은 아니다. 그것은 또한 형태의 부여, 젊음에 대한 감정을 양식화하기, 체력, 그리고 엄청난 무게의 영적 가치인 생명이다. 놀이는 문화이다. 춤과 신성한 무대 발표에서처럼 놀이는 예술과 의례로 넘어갈 수 있다. 놀이는 리듬과 투쟁이다. 경쟁적 이상 그 자체는 높은 중요성을 지닌 문화적 가치이다. 놀이는 또한 조직을 의미한다. 그러나 현재, 현대 교통에 의해 만들어진 가능성과 매우 멀리 미치는 조직의 현대적 가능성의 결과로서, 기계화의 요소가 스포츠에 들어간다. 미식축구와 야구의 경우처럼 엄

청난 스포츠 조직에서, 우리는 자유로운 젊은이의 힘과 용기가 놀이 규칙의 조직과 경쟁적 시스템이 사용되면서 정상상태와 획일성으로 환원하는 것을 본다. 만약에 우리가 경쟁적 장비를 갖춘 긴장한 운동선수를 개척자 사냥꾼과 아메리카 선주민(*Indian*)[28] 전사와 비교한다면, 진정한 개성의 손실은 명백하다.

— 요한 호이징가(Johan Huizinger), 《미국》

28) 〔옮긴이주〕 서스먼이 언급하고 있는 'Indian'은 사실상 1492년 최초의 백인들이 아메리카 대륙에 도착하기 훨씬 이전부터 살고 있었던 선주민(先主民)을 의미한다.

# 제9장

# 1930년대 문화

> 내게 1920년대는 그날 밤에 끝났다. 우리는 다가오는 안개를 통과하면서, 부표의 소리를 듣고, 도표를 읽으려 애쓰곤 했다. 우리의 서재에서 《예술사》(*Kunstgeschichte*)를 끄집어내고 그 대신 《무엇을 할 것인가?》(*What Is to Be Done?*)라는 제목의 레닌(V. I. Lenin)이 쓴 얇은 붉은색 책으로 바꾸는 데 3년이 안 걸렸다. 그런 다음 몇 년 내에 그 책은 또 다른 책으로 교체되기 위해 끄집어내졌다. 이런 식이었다.[1]

1927년 8월 23일이었다. 사코(Sacco)와 반제티(Vanzetti)가 처형된 날은. 그러나 이 중요했던 정치적 사건이 조세핀 헙스트(Josephine Herbst)에게는 본질적으로 한 시대의 종말로 여겨지지 않았다. 왜냐하면 그녀와 존 허만(John Herrmann)이 짙은 안개를 관통하는 험난한 항해 이후에 그

1) Josephine Herbst, "A Year of Disgrace", in S. Bellow and K. Botsford, eds., *The Noble Savage 3* (Cleveland, 1961), p. 160. 헙스트의 회고록(현재 2부까지만 출간되었다)은 1920년대와 1930년대 지식인의 삶에 대한 고전적 평가 중 하나이다.

들의 23피트 크기의 범선을 포기할 수밖에 없었던 날이 또한 그날이었기 때문이다.[2] 1927년에 관한 탁월한 회고록인 《불명예의 한 해》(*A Year of Disgrace*)에서 헙스트는 사적인 불행과 공적인 즐거움, 공적인 재난과 사적인 승리, 개인적 추구와 사회적 발전이 뒤섞인 데서 기인하는 특이한 복잡함을 드러내었다. 예컨대, 4월에는 존 허만의 질병이 발견되었고, 메인 주에서 뱃놀이 모험을 위한 행복한 준비가 있었으며, 카네기 홀에서 앤타일(Antheil)의 기계적 발레(*Ballet-Mecanique*)에 대한 추문과 소동이 있었으며, 친구가 그러했던 것처럼 헙스트는 음악에서 감동받기를 갈망했지만 그러하지 못했으며, 되돌릴 수 없는 사코와 반제티에 대한 사형선고가 있었으며, 그들의 무죄를 그렇게 열렬하게 믿었던 사람들에 대한 탄압이 있었다.

이 여러 이질적인 종류가 뒤섞인 사건들은 하나의 교훈을 제공한다. 과거는 역사학자를 위하여 그의 사적인 영역으로서 보전되지는 않는다. 신화, 기억, 역사 — 이것들은 암시적인 과거(*allusive past*)를 설명하고 포착하는 세 개의 대안적 방법인데, 각각은 나름대로의 설득력 있는 주장을 지닌다. 바로 그런 기록의 복잡성이 어떠한 형태이든 재구성의 임무에 관한 질문을 제기한다. 예컨대, 헙스트는 이러한 질문을 제기할 만큼 현명하다.

> 그런데 1920년대라는 것이 존재하는가? 그 10년은 고찰을 위해 조각조각 났는데, 그것들의 본질은 서로가 완벽하게 모순적이다. 1920년대는 우리의 문예 큐레이터들이 몇몇 유명인의 흉상을 높은 받침대에 올려놓던 박물관 따위는 결코 아니다. 심지어 개별적 인물도 정적인 부동(不動)의 상태에서 연구될 수는 없다. 그것은 정치적 위기로 진화하던 예술가 운동과 더불어 모든 흐름과 변화이며, 사회적 서비스, 정의, 그리고 종교적 반동이라는 사상

2) Ibid.

들이 그것들의 특별한 대변인을 갖는 장소이다.[3]

사건과 동기가 매우 복잡하고, 매우 다양하기 때문에 에리히 아우어바흐(Erich Auerbach)는 "역사를 쓰는 것은 너무나 어려워 대부분의 역사학자는 전설의 테크닉(*technique of the legend*)에 양보하지 않을 수 없게 된다"라고 날카롭게 지적했다.[4] 왜냐하면 어려움이 얼마나 크건 간에 개별적 능력에서 선전가로서 혹은 역사학자로서 우리들 각자는 과거로부터 어떤 질서, 어떤 형식을 요구받기 때문이다. (1920년대의 본성에 관한 그녀 자신의 질문에도 불구하고, 헙스트의 개인적 재구성은 엄밀하게 그 시기의 '종말'의 날짜를 기록한다.) 그럼에도 신화 창조자, 대의명분을 위한 선전가, 전기 작가, 역사학자를 위해 자주 서로 다르면서 어쩔 수 없는 심리적, 사회적 욕구가 있으며, 그것은 재구성의 서로 다른 형식과 서로 다른 방식을 지시한다.

기억은 종종 역사학자의 매우 유력한 동맹자이다. 그러나 향수와 후회 사이의 기이한 심리적 영역에서 배회하면서, 기억은 독자적으로 진행되어 역사학자가 전개시키려는 과거에 대한 질서 잡힌 비전을 낳는 것이 아니라 빅토리아 시대적 의미에서 과거(심지어 창백한 과거)의 모습을 낳는다. 그것이 발생했던 당시에는 그렇게 옳았던 것처럼 보이던 것이 뒤돌아보면 틀렸을 뿐만 아니라 범죄적인 것이 된다.[5] 현재를 필요로 하는 개인은 회고록 작가에게 이미 발생한 것에 관한 기이하게 왜곡된 버전을 요구한다.[6] 히스(Alger Hiss) 재판과 매카시(Joseph McCarthy) 고발의 시기

---

3) Ibid., p. 145.

4) Erich Auerbach, *Mimesis: The Representation of Reality in Western Literature*, trans. W. R. Trask(Princeton, 1953), p. 20.

5) Alistair Cooke, *in Generation on Trial*(New York, 1952). 히스 재판에 대한 그의 연구는 이 점을 생생하게 보여주는데, 특히 1장인 "The Remembrance of Things Past"는 1930년대에 관한 최고 에세이 중 하나이다.

에는, 1930년대가 스탈린주의에 대한 이념적 헌신에 의해 지배된 시기로 보였다. 심지어 마녀사냥에 반대한 사람들에게도 1930년대의 '비극적 무지'(*tragic innocence*)로부터 배울 것이 있는 교훈이 존재했다.[7] 즉 어떠한 대가를 치르더라도 이념을 피해라. 그럼에도 불구하고 건전한 역사적 평가는 그러한 정치적 관심이 많은 미국 지식인이 지닌 정치적 좌파에 대한 분명한 운동이라는 사실을 확인하면서, 그것이 얼마나 심각한지, 얼마나 의미심장한지에 대한 진지한 질문을 제기한다.[8] 그 시대 문헌을 조사해 보면 엄청난 양의 소책자, 논쟁, 정치·사회·경제적 분석이 있었음을 알 수 있다. 그럼에도 이념 서적 — 그러한 구절을 사용할 수 있다면 — 에 대한 주요한 공헌을 찾아보면 '모두'가 읽을 만큼 뛰어나 보이고 '강력한 도구'로서 간주된 유일한 작품은 영국의 존 스트레이치(John Strachey)가 쓴 《권력투쟁의 도래》(*The Coming Struggle for Power*)였다.[9] 오늘날 그

---

6) 다니엘 에론은 이 문제에 대한 탁월한 평가를 제시하는데, 그것은 1930년대 공산주의와 미국 작가에 관한 그 자신 연구의 어려움에 토대를 두고 있다. 그의 중요한 논문은 "The Treachery of Recollection: The Inner and the Outer History", in Robert H. Bremmer, ed., *Essays in History and Literature*(Columbus, Ohio, 1966), pp. 3~27.

7) 특히 다니엘 벨의 논문을 모은 *The End of Ideology*(New York, 1960)를 볼 것. 매우 적절한 것들은 "The Mood of Three Generations", pp. 286~299와 "The End of Ideology in the West", pp. 369~376. 또한 Leslie Fiedler, *The End to Innocence*(Boston, 1955)도 볼 것.

8) Daniel Aaron, *Writers on the Left*(New York, 1961)를 볼 것. 또한 이전에 인용된 그의 논문(원주 6)과 "The Thirties-Now and Then", *The American Scholar*, *XXXV*(Summer 1961), pp. 490~494; Frank A. Warren III, *Liberals and Communism: The "Red Decade" Revisited*(Bloomington, Ind., 1966)는 이 문제에 더 많은 빛을 던져준다.

9) Josephine Herbst, "Moralist's Progress", *The Kenyon Review*, *XXVIII*(Autumn 1965), p. 773; George K. Anderson and Eda Lou Walton, eds., *This Generation*(Chicago, 1949), pp. 545~546은 이 작품의 중요성을 흥미롭게 토의하고 있다. 명백히, 나는 1930년대에 어떠한 '이데올로기'가 없

작품이 진정으로 이념적 공헌을 했다고 간주하기는 어려우며, 그렇게 이념적이라고 여겨진 시기가 레닌이나 그람시(Gramsci) 같은 사람들을 배출하지도 못하고, 심지어 이념 서적에 중간 정도라도 의미 있는 공헌을 한 작품을 만들지 못한 것을 스트레이치는 어느 정도 의아해했다. 1930년대에는 이념이 진실로 중요했을 것이나, 이 시대에 저술된 정치 분석에 대한 가장 탁월하고도 오래 지속된 공헌 중 많은 것들은 눈에 띄게 반(反)이념적이다.[10]

분명히 좌파를 향한 운동이 있었으며, 명백히 지적이고 문예적인 분위기의 변화가 있었다. 조지 오웰(George Orwell)은 영어권 문학 풍토를 논의할 때 다음과 같이 지적했다.

> 갑자기 우리는 신(*gods*)의 여명으로부터 벗어나 맨 무릎에 공동체 노래를 하는 일종의 보이스카우트 분위기에 빠져들었다. 전형적인 문인은 교회로 기울면서 교양 있는 국외 거주자이기를 끝내고, 공산주의로 기울면서 열심히 뭔가를 하려는 학생이 된다. 1920년 작가의 기조가 "삶에 대한 비극적 의미"라면 새로운 작가의 기조는 "진지한 목적"이다.[11]

그러나 정치적인 1930년대를 몰정치적인 1920년대와 극적으로 대비해서 보는 것은 너무 안이하다. 기억은 1930년대 인물들의 공산당 가입에의 요구나 혹은 '(공산당) 동조자'(*fellow traveler*)였음을 — 그 시기 자체

---

었다거나 '이념가'가 없었다고 제안하는 것은 아니다. 차라리 나는 여러 개가 있다고 생각하며, 이데올로기적 사고는 실로 (예컨대 혁신주의 시대 같은) 초기 시절 발견될 수 있는 혹은 가정되어온 것만큼 지적 생활의 놀라운 측면은 아니다.

10) 각주 42, 43, 44를 볼 것.

11) George Orwell, "Inside the Whale", reprinted in *A Collection of Essays* (New York, 1954), p. 236. Anchor 출판사의 염가본임. 1940년에 쓰인 이 눈부신 에세이는 전체 시기에 대한 자극적인 견해를 제공한다.

로는 1920년대의 작가가 국외 거주자 혹은 일종의 '예술을 위한 예술' 운동에 속아 넘어간 것이 자기 과실(*mea culpa*) 이라고 주장하듯이 — 자기 과실로 보는 것 같지만, 역사는 그러한 회한의 외침 밑에 깔린 좀더 깊은 문제를 검토할 것을 요구한다.

1960년대 미국인들은 1930년대를 상당한 향수(*nostalgia*) 를 지닌 채 되돌아보았다. 의상과 가구의 유행은 영감(*inspiration*) 을 위하여 1930년대로 되돌아간다.[12] 수잔 손탁(Susan Sontag) 이 "캠프"(*camp*) 라고 명명했던 것의 일부는 1930년대의 분위기, 영화, 라디오 프로그램, 영웅을 다시 포착하기 위한 노력으로 나타났다. 문학 시장은 이 시기 동안 사실상 거의 읽지 않은, 비평적으로 무시되다가 이제 중요한 것으로 환영받는 소설들을 갑자기 재발견한다. 즉 넬슨 앨그렌(Nelson Algren) 의 《부츠를 신은 누군가》(*Somebody in Boots*), 너대니얼 웨스트(Nathanael West) 의 작품들, 대니얼 푹스(Daniel Fuchs) 의 3부작, 헨리 로스(Henry Roth) 의 이민 생활에 관한 소설, 심지어 호레이스 맥코이(Horace McCoy) 의 댄스 마라톤 열광을 '실존주의적으로' 다룬 《그들은 말을 쏘았다, 그렇지 않은가?》(*They Shoot Horses, Don't They?*) 등이 그러하다.[13] 이 시기 작품의 여러 선집이 나타났으며, 각각의 작품은 이전에는 부정되거나 무시

---

12) 예를 들어, "Making the 1930's Pay Off-At Last", *Business Week*(August 20, 1966), pp. 128~132를 볼 것.

13) 푹스의 원래 판매량은 다음과 같다. *Summer in Williamsburg*(1934), 400부; *Homage to Blenholt*(1936), 400부; *Low Company*(1037), 1,200부. 푹스는 염가본의 새로운 서문에 그렇게 보고한다. (New York, 1965), p. 7. 이런 소설은 또한 1961년 장정본으로 재판되었다. *West's Miss Lonelyhearts*(1933) 는 첫 판에서 단지 800부가 팔렸다. 로버트 코츠가 쓴 맥코이 소설의 Avon 출판사 염가본 후기를 볼 것. (New York, 1966), p. 134. 맥코이의 1935년 소설은 이 출판사의 베스트셀러로 간주될 수 있다. 그것은 3천 부 팔렸다. 그것은 1948년과 1955년에 염가본으로 재판되었으며, 3판은 1966년에 나왔다(나는 이 텍스트를 사용한다).

된 문학적 산물에서 활기와 중요성을 발견했다.[14] 그리고 이 시기의 몇몇 집단기억은 새롭고도 중요한 학문을 강화하는데, 그 학문은 '프롤레타리아'와 문학과 산업 노동자, 파업, 그리고 다가오는 혁명에 관련된 문학과 르포문학에의 매료뿐 아니라, 남부와 북부에서 널리 퍼진 농업 유토피아주의, 5개년 계획의 소련보다는 브룩 팜(Brook Farm)의 미국 냄새가 더 나는 공동체주의적 모험에 깊은 관심을 드러낸다.[15]

기억의 힘에 의해 과거가 우리 앞에 소환된다는 것은 중요하다. 과거는 무시할 수 없는 기록의 일부이다. 그러나 과거가 기억이 요구하는 특별한 기능을 제공하고 종종 향수나 회한으로 채색되기 때문에, 역사학자는 경계해야 한다. 그는 이 시기의 심리적·사회적 요구에도 불구하고 더욱 굳건히 유지할 토대를 추구할 의무가 있다. 1930년대의 이러한 비전을 세우는 데 있어, 역사학자는 회고록 작가의 회상이나 그 시기에 대해 이전에 쓰였던 것을 폭로하는 대신, 차라리 복잡성과 모순, 흐름과 변화의 혼란을 설명하는 데 도움이 되는 방식으로 이해하려 한다.

이러한 구조를 개략할 때, 문화 개념에 대한 일반적이고 심지어 대중

---

14) Harvey Swados, ed., *The American Writer and the Great Depression*, The American Heritage Series(Indianapolis, Ind., 1966)는 훌륭한 서론적 에세이와 좋은 참고문헌을 가지고 있다. Jack Salzman, ed., *Years of Protest*(New York, 1967)는 많은 문제를 다루며, 특히나 유용한 두주(*headnotes*)를 갖고 있다. Louis Filler, ed., *The Anxious Years*(New York, 1963)는 광범위하고 서문이 유용한 정보를 제공하나 약간의 별스러운 의견도 담고 있다.

15) Henry Dan Piper가 편집한 선집이 유용한데, 이것은 1930년대부터 말콤 카울리의 중요한 르포, 논쟁, 비평의 중요한 글을 담고 있다. *Think Back on Us*(Carbondale, Ill., 1967). 이 점에 관해서는 특히나 pp. 51~55. Caroline Bird, *The Invisible Scar*(New York, 1966)는 여러 점에서 훌륭한 사회사이다. 이 문제에 관해서는 pp. 89~90을 볼 것. Paul Conkin'의 견실한 업적인 *Toward a New World*(Ithaca, N. Y., 1959)에 추가하여 Warren French, *The Social Novel at the End of an Era*(Carbondale, Ill., 1966)의 가치 있는 에세이(특히 3장)를 볼 것. 이 점에 관해서는 중요한 데이터임.

적이기까지 한 '발견'보다 더 중요한 사실은 없다. 명백히, 문화의 관념(*idea*)은 1930년대에 결코 새로운 것은 아니었지만, 그 관념이 그 시기에 널리 퍼지게 된 특별한 의미는 존재한다.[16] 발견된 것은 "사물의 … 불가피한 상호연관성"으로서, 그 결과 문화는 더 이상 매튜 아놀드와 이전 세대 지식인이 종종 의미했던 것, 즉 역사를 통해 지식인과 예술가가 최고로 성취한 지식이 아니라 차라리 "공동의 지리적 영역에 거주하는 일군의 사람들이 행하는 모든 것, 그들이 일하는 방식, 사물에 대해 그들이 생각하고 느끼는 방식, 그들의 물질적 도구와 가치와 상징"에 관한 언급으로 간주되었다.[17] 미국에서 출간된 전문적 인류학 작품 중에서 가장 널리 읽히는 책 중 하나인 루스 베네딕트(Ruth Benedict)의 《문화의 패턴》

---

16) A. L. Kroeber and Clyde Kluckhohn, *Culture: A Critical Review of Concepts and Definitions*. 원래 출간은 Vol. XLVII, No. 1, of the Papers of the Peabody Museum of American Archeology and Ethnology, Harvard University, in 1952. 그리고 염가본으로 재판되었는데(New York, 1963), 정의(definition)와 사용의 전체 영역에서 결정적인 작품이며, 어떤 연구를 위해서도 출발점이 될 수 있다. 그것은 대체로 전문적 사회과학자를 다루고 있으나, 내가 개념의 문화변용(*acculturation of the concept*)이라 부르고자 한 것은 다루고 있지 않다. 찰스와 메리 비어드는 《미국 문명의 흥기》의 시리즈 일환으로 중요한 책을 썼는데, 그 마지막 권은 《미국인의 정신》(New York, 1942)이다. 이 책은 너무 자주 간과되고 학자들이 여태껏 인정해왔던 것보다 훨씬 더 중요한, 미국에서의 문명의 관념을 연구하는데, 저자는 이것이 주요한 미국적 관념이고 미국 문명 자체의 발전에서 주형력(*molding force*)이라고 본다. 나 자신의 작업에서 나는 문화의 관념은 어찌되었건 항상 문명의 관념에 대립하고 긴장관계에 있다고 주장했지만, 비어드 부부의 책은 중요하다. 크뢰버(Kroeber)와 클럭혼(Kluckhohn) 또한 문화와 문명 사이의 구별에 관해 토론한다. 클리포드 기어츠(Clifford Geertz)는 매우 다른 자료를 이용하면서 다른 문맥에서 매우 자극적인 논문을 제공한다. "The Impact of the Concept of Man", in John R. Platt, ed., *New Views of the Nature of Man* (Chicago, 1965), pp. 93~118.

17) Robert S. Lynd, *Knowledge for What? The Place of the Social Sciences in American Culture* (Princeton, N.J., 1967), pp. 16, 19.

(*Patterns of Culture*, 1934)의 놀라운 인기는 우리에게 이정표를 제공한다. 그 책의 영향력은 심대했다. 그러나 더욱 중요한 것은, 여러 문화패턴의 가능성에 대한 그녀의 분석과 그러한 패턴이 형성하는 방식과 개별적 행동에 대한 설명은 관념 그 자체, 문화가 무엇을 의미하는가에 대한 인식, 혹은 일종의 문화됨을 찾는 것에 대한 좀더 일반적인 발견의 일부였다는 사실이다. 이 문제의 한 연구자는 "문화의 탐구"는 "의미와 가치를 찾는 것이다"라고 제안했다.[18] 문화의 관념이 심대한 결과를 가져와 일반인도 이해할 수 있게 된 시기가 1930년대였다고 제안한다고 해서 지나치게 극단적인 것은 아니다. 미국인은 당시 행동과 신념의 패턴, 가치와 생활양식, 상징과 의미의 관점에서 이해하기 시작했다. 우리가 최초로 '미국적 생활방식'에 대한 잦은 언급을 발견하게 된 것도 바로 이 시기였다. '미국의 꿈'이라는 구절도 흔하게 사용하게 되었는데, 그것은 모든 미국인이 집단적으로 공유하는 어떤 것을 의미했다. 그럼에도 이는 조직된 국가 자체의 기능인, 미국의 사명(*American Mission*)이라는 비전하고는 다른 것이었다.[19] 멘켄(Mencken)이 '풀뿌리'(*grass roots*)라는 표현이

---

18) F. R. Cowell, *Culture in Private and Public Life*(New York, 1959), p. 5.

19) Mitford M. Matthews는 그의 *Dictionary of Americanisms*(Chicago, 1951)에 "the American Way"라는 용어가 일찍이 1885년에 사용되었다고 올려놓았지만, 그의 여타 참조는 이 용어가 특히나 1930년대와 1940년대에 유행되었다는 견해를 강화한다. 이 시기에 이 용어를 제목(1936년에 Newton D. Baker가 편집한 논문 선집과 Earle Looker의 활동 중인 FDR에 관한 1933년도 연구를 포함하여)으로 사용한 책이 최소한 4권이 있다. 코프먼(Kaufman)과 하트(Hart)도 1939년 연극의 제목으로 이것을 사용했다. 그 연극은 미국 이민 가족의 역사를 더듬고 있으며 애국적 분위기로 끝난다. 그것이 내가 본 최초의 브로드웨이 연극이라는 사실은 거의 중요하지 않다고 생각한다. 확실히 1930년대에는 이전 어느 때보다도 더 많은 책과 논문이 이 용어를 사용했다. 멀 커티는 미국의 꿈이라는 관념에 대해 매우 흥미로운 것을 말하고 있다. 그의 논문 "The American Exploration of Dreams and Dreamers", *Journal of the History of Ideas*, *XXVII*(July~September, 1966), p. 391. 그는 이 용어를

1930년대에 주조되었고 그 시기에 특징적인 구절이 되었다고 믿었던(잘못된 것이지만, 그렇게 보인 것 같다) 것도 놀랄 일은 아니다.[20] 아치볼드 매클리시(Archibald MacLeish)가 강조했던 '약속'은 허버트 크롤리(Herbert David Croly)가 혁신주의 시대에 논의했던 《미국적 삶의 약속》(*The Promise of American Life*)에서의 그것과 이미지, 수사법, 본질에서 극적으로 대조되는 것이었다. 크롤리에게 약속은 민주주의에 대한 정의와 역사로부터 분리된 새로운 제도적 패턴의 창조에 의존했으며, 그것은 정치적, 사회적, 경제적 재조정을 포함하고 있었다. 그러나 매클리시에게 약속은 역사 속에서, 특별한 종류의 민속의 역사 속에서 가장 잘 발견될 수 있었다.

> 제퍼슨은 알고 있었다.
> 신 앞에서 그리고 역사 앞에서 그것은 선언했다.
> 기억되는 무덤 속에서 그것은 여전히 선언한다.
> 약속은 인간의 것이다:
> 대지는 그의 것이다

---

제임스 트러스로우 애덤스가 1931년에 만들어냈다고, 혹은 최소한 공표했다고 믿는다. 그 이름에 대한 조지 오닐(George O'Neil)의 희곡은 1933년에 만들어졌으며, 미국 역사를 통한 뉴잉글랜드 가족의 성격과 이상의 타락을 보여주었다. '문화'라는 단어 자체는 공통적으로 나타나기 시작한다. 많은 제목이 이 논문에서 인용되었다. 나머지는 Jerome Davis, *Capitalism and Its Culture*(New York, 1935)를 포함한다.

20) 이 문제에 관해서는 Matthews, op. cit. 뿐 아니라 Raven I. McDavid, Jr.의 한 권으로 개정 축약한 H. L. Mencken's *The American Language*(New York, 1963), p. 183을 볼 것. 농업부가 조직한 심포지엄의 결과로서 출간된 1930년대의 중요한 책은 찰스 비어드의 서문이 있는데, 그는 미국의 어떠한 민주주의에서도 농업이 그 토대로서 주요한 역할을 한다고 강조했다. 이 책이 M. L. Wilson, *Democracy Has Roots*(New York, 1939)이다. 우리는 미국 역사에서의 수사학에 대한 더 깊은 연구가 필요하다.

인간은 그의 창조주로부터 부여받았다.
사랑에 있어 열렬하고: 이성에 의해 완벽할 수 있는
공정하며 정의에 대한 지각: 그의 자연적 본성
나무들 속에 샘솟는 수원은 맑고도 달콤하다.

약속을 받았고, 받았어야만 했던 것은 인간이었다.
인간은 조수(*tidewater*)를 타야만 했다, 협곡을 넘어
물과 더불어 서와 남으로, 그 책을 지니고서 말이다
밀의 씨앗, 옥수수 씨앗, 사과 씨앗을 가지고서:
너른 농가 마당에 자유를 세우면서:
유용한 노동을 위한 번식: 잘생긴 외모를 위하여
축산을 위하여: 인류: 자부심을 위하여
자기존중과 공동의 겸손을 실천하며.[21)]

명백히 두 작품은 형태와 목적이 다르다. 나아가 혁신주의자의 저술과 시인의 저술에서 공동의 가치와 신념을 발견할 수 있는 것은 분명하다. 그러나 1930년대 작품에서 매클리시가 사실상 미국적 삶의 약속을 재정의할 것을 제안한다고 제시한 것은 적절한데, 그것은 우리가 문화적 비전으로 부를 수도 있는 것, 즉 생활양식, 신념과 행동의 패턴, 특별한 사람들의 특징을 이루는 특별한 가치와 태도의 문제에 대해 크게 강조한다.

베스트셀러 소설이 인기를 누리는 이유는 동시대의 문제에서 도피할 수단을 제공했기 때문이라고들 한다. 이것을 부정하기는 쉽지 않을 것이다. 그렇지만 특정한 생활양식, 신념의 패턴과 그 결과뿐 아니라 그러한 문화가 파괴된 결과에 대해 관심이 증가한다는 시각에서 보자면, 문화적

21) From "America Was Promises", *Collected Poems* (1917~1952). 저작권 1952년 Archibald MacLeish. 출판사인 Houghton Mifflin Company의 허가를 받아 재판되었다. Louis Filler, ed., *The Anxious Years*, pp. 225~226에서 재판되었다.

다원주의를 위한 감동적이고 심지어 감상적인 변명인 올리버 라파지(Oliver La Farge)의 《웃는 소년》(1929) (적어도 아메리카 선주민의 존경받는 '문화'가 백인의 '문명'에 의해 위협받던 쿠퍼의 시기까지 올라가는 작품의 풍부한 미국적 전통을 회상하는 이 시기 많은 작품 중 하나일 뿐인), 혹은 하나의 삶의 방식의 붕괴를 역사적으로 재구성한 마거릿 미첼(Margaret Munnerlyn Mitchell)의 《바람과 함께 사라지다》(*Gone with the Wind*, 1936) (또다시, 1930년대의 것과 다른 생활양식과 가치관을 특이하게도 자세히 재평가한 1930년대의 많은 역사적 장편소설 중 하나에 지나지 않은)가 열광적으로 수용된 것을 다른 관점에서 읽는 것이 가능해진다.[22]

1931년, 스튜어트 체이스는 《멕시코: 두 개의 아메리카에 대한 연구》(*Mexico: A Study of Two Americas*)라는 베스트셀러를 썼다. 그 책은 문화, 특히나 '대중문화'(*popular culture*)의 본질에 대한 전반적인 토의에 중요한 역할을 하게 되었다.[23] 그러나 더 중요한 것은 그 책이 점차 그 시기의 특징이 된 이분법적 구별을 대중에게 명확히 제시했다는 점이다. 특히나 체이스는 그 자신의 경험뿐 아니라 미국 사회과학자의 작품(린드 부부의 미들타운 연구와 로버트 레드필드의 멕시코 공동체에 대한 분석)에서 끌어와, 미국의 도시-산업 문화와 좀더 원시적이고 전통적인 멕시코 민속문화(*folk culture*)를 날카롭게 대조시켰다. 미국이 '문명'의 이점을 가졌을지 모르나, 《멕시코》의 저자는 테포츠트란(Tepoztlán)의 단순한 풍속(*folkways*)이 지닌 특별한 이점을 분명하게 발견했다. 그것은 경기 순

22) Leo Gurko, *The Angry Decade*(New York, 1947)는 비록 분석은 매우 통찰력이 있는 것은 아니지만, 특히 이 시기 미국인의 독서라는 문맥에서 약간의 유용한 정보를 가지고 있다, James D. Hart, *The Popular Book*(New York, 1950)은 매우 귀중하다.

23) 통찰력 있는 논문인 Reuel Denney, "The Discovery of Popular Culture", in *American Perspectives*, Robert E. Spiller and Eric Larrabee, eds., (Cambridge, Mass., 1961), p. 170을 볼 것.

환과 기계문명으로부터 자유로운 공동체이자 "유기적이고 숨 쉬는 실체"였다. 비록 기계를 갖고 있지 않았지만, "멕시코 사람들이 형태와 디자인이 없는 가장 형편없는 것을 만드는 것"은 불가능했다. 시간은 태양과 기후로 측정되지 시계로 측정되는 것이 아니었다. 시계는 "아마도 발명된 것 중 가장 압제적인 엔진이었다. 그것〔시계〕의 채찍을 벗어나 사는 것은 기계시대의 시민 중 소수의 사람들만이 경험하는 자유이다". 그 사람들은 돈이나 돈으로 살 수 있는 사물을 원치 않는다. 그리고 아마도 가장 중요하게는, 체이스는 테포츠트란에서 한때 미국적 생활 그 자체였던 것의 흔적을 자주 보았는데, 그 생활은 기계시대의 미들타운이 발전시킨 "존엄성이나 단합을 찾을 수 없는 문화" 이전의 것이었다. 옛 뉴잉글랜드의 헛간에서처럼 "각 가정은 자신의 들판에서 추수하고, 공동체 정신은 강력하다. 대체적으로 기계 없는 사람들에게는 이웃을 도와주고 이웃에게 도움을 받는 필요성과 즐거움이 존재한다." 혹은 "요컨대 〔일종의 촌락 공산주의인 정부〕는 '놀이의 한 형태'이다. 그리하여 테포츠트란에서 제퍼슨적인 민주주의의 숭고한 원리가 작동했다."[24]

일찍이 1922년, 윌리엄 오그번은 '문화지체'(*cultural lag*)의 개념을 규정했다.[25] 그러나 또다시, 그 구절과 그 구절의 암시가 일반적 담론의 일부가 된 것은 1930년대였다. "공황은 우리가 눈부신 기술적 숙련이 제도적인 캘리밴(Caliban)[26]의 더딘 발걸음에 속박되고 있다는 사실을 날

---

24) Stuart Chase, *Mexico: A Study of Two Americas*(New York, 1931). 이 책은 메리언 타일러(Marian Tyler)와의 공저인데, 좀더 광범위한 다루는 방식이 요구된다. 특히나 하트의 *The Popular Book*은 이 책이 이 시기 베스트셀러였음을 보여준다. 나는 거의 임의적으로 인용했다. pp. 170, 130, 154, 171, 128.

25) William Fielding Ogburn, *Social Change with Respect to Culture and Original Nature*(New York, 1922).

26) 〔옮긴이주〕 셰익스피어의 희곡 〈템페스트〉에 등장하는 인물로서 프로스페로(Prospero)가 다스리는 섬에서 노예 상태에 있는 반인반수의 괴물.

카롭게 인식하게 만들었다"고 가장 탁월한 사회학자 중 한 사람이 선언했다. 이는 사회과학을 향한 긴급한 호소였는데, 그 사회과학은 인간을 위한 지식의 중요성을 발전시키려는 노력으로 전체 문화의 연구에 전념했다.[27] 그리고 걸출한 역사학자인 칼 베커는 애처롭게 선언했다.

> 인류는 인간 진보의 새로운 국면에 들어섰다. 권력의 새로운 수단을 획득함이 그것의 사용으로 인해 만들어진 새로운 조건에 습관과 사상이 적응하는 데 필요한 시간을 너무도 신속하게 압도하는 상황이 온 것이다.[28]

이것은 '진보', '권력', 그리고 진실로 '효율성', 혹은 '조직'이 매력적인 단어였던 혁신주의 시대의 영광스러운 희망에 의거한 절규인데, 이는 커뮤니케이션 혁명의 바로 그 기술을 적용하는 것이 더 바람직한 공동체와 사회를 만들 수도 있다고 생각하던 그때였다.

미국적 산업문명의 물질적 성취(와 실패)와는 구별되는 것으로서의 미국적 생활방식을 찾고, 특화하고, 적응하려는 노력을 1930년대 역사를 재구성 하는 데 주요한 구조적 요소로서 규정하는 것은 사실상 가능하다. 문명은 기술, 과학적 성취, 제도와 조직, 권력, 그리고 물질적(재정적) 성공을 의미했다. '문화'와 '문명' 사이의 삶의 질과 물질적인, 조직화된 삶의 진보 사이의 전투는 지적인 이슈로서 결코 새로운 것이 아니었다.[29] 그러나 그 주제는 1930년대에 핵심이 되었고, 심지어 혁신주의 전통의 오랜 추종자들은 문명과 진보의 행진을 가치 있게 여기고 소스타인

---

27) Robert Lynd, *Knowledge for What?*, pp. 3~4. 린드는 또한, 바로 앞 구절에서, 무엇이 '미국의 꿈'을 망쳤는지에 대해 언급한다.

28) Carl Becker, *Progress and Power* (Palo Alto, Cal., 1936), p. 91.

29) 각주 16을 볼 것. 나는 이 주장을 내 논문인 "The Nature of American Conservatism"에서 자세히 전개했으며, 그 논문은 1965년 9월 1차 사회주의 학자회의에서 발표되었으며, 이 책의 2부에 포함되어 있다.

베블런(Thorstein Veblen)을 따라 하고자 하며 산업문명에서 의미 있는 문화 혹은 생활방식을 만들고자 했다.[30]

그러나 도시-산업적 형식에서 문명 자체는 점차 적대자인 것처럼 보였다. 그것은 사코와 반제티를 죽이는 데 사용된 전기를 의미했거나 혹은 앨그렌 소설의 영웅이 숙고했듯이,[31] "문명은 자신의 아버지를 위협했던 폭도와 꽤 비슷한 것을 의미해야만 했다".[32] 라인홀트 니부어와 루이스 멈퍼드처럼 여러 방식에서 서로 다른 작가들은 승리를 구가해왔던 문명이 과연 인간이 최고의 열망을 품을 가치가 있는 것인지 의심스러워했다. 그 시기에 사회과학에 대해 증가하던 관심과 인간의 문제를 해결하는 데 실패한 자연과학을 지적하는 경향은 새로이 발견된 문화적 인식에 대한 추가적 증거였다. 우리는 대중문화, 우리 것이 아닌 타자의 문화, 혹은 민속의 잔재 또는 우리 자신의 문화 안에서 여타의 하위문화(*subcultures*)에 대한 진지한 연구의 성장을 추가할 수도 있다.[33]

---

30) 이 논문에서 나는 이 시기 혁신주의 사상에 무엇이 발생했는지에 대해서는 천착하지 않았다. 분명히, 적어도 이 시기 문화의 어떤 측면에서는 상당한 연속성이 존재했다. Otis L. Graham, Jr., *An Encore for Reform*(New York, 1967)은 유사성뿐 아니라 차이에 대해서도 계몽적이다. 그러나 Rexford G. Tugwell은 매우 뛰어난 논문인 "The New Deal-The Progressive Tradition", *Western Political Quarterly, III*(September 1950), pp. 390~427을 썼는데, 문화사가와 지성사가가 이 글을 못 보았다면 위험에 빠질 수도 있다.

31) Herbst, "A Year of Disgrace", *The Noble Savage 3*, p. 159.

32) Nelson Algren, *Somebody in Boots*(New York, 1965), pp. 82~83. 원래는 1935년에 출간되었다.

33) 이미 인용한 책에 덧붙여, Alfred Kazin, *On Native Grounds*(New York, 1942)는 출간연도를 고려해보면 놀라운 분석인데, 1930년대에 대한 내용 중 특히나 "America, America" 장이 그러하다. 1920년대와 1930년대 인류학적·고고학적 연구에 대한 대중적 관심이 새로이 일어난 것에 대한 연구의 확대가 필요하며, 그 연구는 학문적 발견과 업적뿐 아니라 상당한 대중적 문헌들을 낳았다.

1930년대 상당한 저술의 특징은 역사적이며 현재 미국문화의 본질을 엄밀하게 정의하려는 노력으로서는 전혀 새로운 것은 아니었지만, 그 이전 시대보다 더욱 광범위하고 중심적으로 보였다. (이러한 노력은 미국 문명이 성취한 발전을 보여주고자 하는 것과는 뚜렷하게 다르다.) 의미심장하게도 부제가 "국민성의 한 연구"(*A Study in National Character*) 인 콘스탄스 루크(Constance Rourke) 의 《미국의 유머》(*American Humor*) 와 그녀의 '미국문화의 뿌리'에 관한 에세이는 특별한 이정표를 제공한다. 루크는 문화에 대한 커다란 공헌자들의 분석에 전념하지 않았다. 차라리 그녀는 그러한 인물들과 관련 있고, 그들이 자료를 끌어낼 수 있었고, 끌어내야만 했던 의미 있는 문화적 패턴을 찾고자 하였다. 그리고 1936년, 밴 윅 브룩스가 오랜 침묵을 깨고 나타나 《뉴잉글랜드 지방의 개화》(*The Flowering of New England*) 로 기념비적 연작의 문화사를 시작했다. 그는 사고방식 — 그는 여전히 유용한 과거나 고급 교양인(*highbrow*) 과 저급 교양인(*lowbrow*) 이 만날 수 있는 공통영역을 추구했다 — 을 변화시켰다기보다는 그의 분석방식을 바꾸었다. 어떤 의미에서는 그는 콘스탄스 루크를 시작으로 자신의 방식으로 문화의 기본적 패턴, 기본적 가치와 태도를 찾고자 시도했는데, 주요 작가뿐 아니라 사소하고 잊힌 인물을 이용하여 그들이 출현한 문화의 토대가 되는 구조를 보여주고자 했다.[34]

그렇다면 문제는 1930년대가 단지 새로운 국민주의(*nationalism*) 시대를 낳았다는 점이 아니다.[35] 미국 역사에서 명백히 몇몇 10년들(*decades*)

---

34) 브룩스는 루크의 논문 선집을 편집했으며 매우 의미심장한 서문을 제공했다. *The Roots of American Culture and Other Essays*(New York, 1942). 비코와 헤르더는 문화에 대한 새로운 관심에 중요한 역할을 했다. 브룩스는 헤르더를 "민속-형식은 어떤 공동체적 집단에 있어 본질적이며, 이들은 공동체적 경험과 표현의 구성(*texture*) 이다"라는 취지로 인용한다. 키워드의 모든 것은, 우리가 보게 되겠지만, 특히나 1930년대에 중요하다.

35) Harvey Swados의 1966년 선집을 소개하는 논문을 읽어볼 것. *The American*

만이 영화, 음반, 회화의 엄청난 양은 말할 것도 없거니와 미국적 삶의 모든 면을 묘사하고 정의한 방대한 문헌을 낳았다고 주장할 수 있을 것이다. 그렇다면 그것은 단지 많은 작가, 예술가, 비평가가 미국적 삶과 미국의 과거를 열렬하게 노래하기 시작했다는 것이 아니다. 그것은 차라리 하나의 문화로서의 미국을 정의하고 찾고자 하는, 이해할 가치가 있는 하나의 삶의 방식의 패턴을 만들려는 좀더 복합적인 노력이었다. 그 운동은 1920년대에 시작되었으며, 1930년대에 이르면서 하나의 십자군 운동이 되었다. 윌리엄 오튼(William Aylott Orton)은 1933년 자신이 쓴 《문화를 찾는 미국》(*America in Search of Culture*)이 이러한 현상에 대해 항상 우호적인 분석은 아니었다고 환기했다. 그 탐사는 1930년대 내내 지속되었는데, 이는 예술, 르포, 사회과학, 역사에서 미국인의 삶과 가치를 기록하고자 한 시도 중 가장 압도적인 것이었다.[36]

만일 미국적 방식 혹은 토착적 가치 문화에 대해서 자의식이 늘어날 뿐 아니라 문화의 개념과 그 암시에 대한 인식이 늘어났다면, 하나의 문화로서 그것을 자체의 고양된 감수성으로 형성하는 데 작동하는 세력들도 존재했다. '보통사람들'(*the people*)이 생각하고 믿는 방식을 측정하는 체계적이고 과학적인 방법을 개발하는 것은 분명 중요한 예이다. 여론이라는 관념은 오래된 것이었으며(그것은 적어도 토크빌까지 추적할 수 있다),

---

*Writer and the Great Depression*.

36) 1928년 니부어는 《문명은 종교를 필요로 하는가?》(*Does Civilization Need Religion?*)를 출간했는데, 이 주제에 관한 많은 중요한 작품 중 첫 번째 것이다. 멈퍼드는 인간을 위한 더 나은 삶이라는 관심에서 과학과 기술이라는 장치에 호소하는 4권의 시리즈를 《기술과 문명》(*Technics and Civilization*)으로 시작했다. 그 시리즈는 전체로서 삶의 재생(*The Renewal of Life*)으로 불린다. 1930년대에는 *The Dictionary of American Biography*뿐 아니라 *The Encyclopedia of the Social Sciences*, *Recent Social Trends* 그리고 *Recent Economic Trends*가 출간되었다. Merle Curti, ed., *American Scholarship in the Twentieth Century* (Cambridge, Mass., 1953)를 볼 것.

그러한 의견에 대한 정치적, 사회적, 심지어 경제적 결과는 여러 진지한 연구자들, 특히 로웰(James Russell Lowell), 리프먼(Walter Lippmann), 버네이스(Edward Bernays)에 의해 연구되었다. 제1차 세계대전 시기 크릴 위원회는 이미 그러한 의견을 조작하는 특수기법과 우위에 대해 조심스런 관심을 기울였다. 그러나 조지 갤럽(George Gallup)이 '미국 여론 연구소'(American Institute of Public Opinion)를 창립하던 1935년이 돼서야 '여론조사'는 비로소 미국인의 삶 속에 평범한 것이 되었다. 이제 미국인은 그 시대의 주요 이슈에 관해 그들이 어떻게 느끼고 생각하는지와 일반적으로 공유하는 태도와 신념에 대한 '실증적' 자료를 갖게 되었다. 미국인을 단합시키는 핵심 가치와 견해를 찾는 것이, 그들을 함께 묶고 미국적 방식이 무엇인지를 돕는 상징을 찾는 것이 이제는 더 쉬워졌다. 그것은 단지 원하는 결과를 만들기 위하여 전문가에 의해 조작될 수 있는 기법의 발견이 아니었다. 비록 이것이 실제로 발생했던 일의 일부이기는 하지만 말이다. 여론조사 그 자체는 주도적 문화패턴을 발견하고 주조하기 위해서뿐만 아니라 그것의 강화를 위한 하나의 세력, 하나의 의미 있는 도구가 되었다.[37]

다른 기술적 발전은 훨씬 더 중차대한 역할을 했다. 1930년대는 소리와 빛의 매우 극적인 시대였다. 그 시기를 특수한 음향에 의존하지 않고 회상하기는 불가능하다. 즉, '유성영화'(*talkies*), 버스비 버클리(Busby Berkeley)의 음악적 희가극(*extravaganzas*)에서 춤추는 발의 기관총 같은 정확성, '빅 밴즈'(Big Bands), 에이모스와 앤디(Amos and Andy)의 목소리, 프랭클린 루스벨트 대통령의 노변담화(*Fireside Addresses*)의 마력은 말할 것도 없다. 우리의 당면한 목적을 위해서, 새로운 음향 시대의 결과에 관한 실례는 전국적인 라디오 네트워크 효과를 간단하게 살펴보면 가

37) 이 주제를 역사적으로 접근한 간단한 입문은 Stow Persons, *American Minds* (New York, 1958), Chapter 21을 볼 것.

장 잘 알 수 있다. 미국인은 라디오를 통하여 세계에 대한 독특한 견해와 해석 방식을 알게 되었다. 가상의 화성인 침공에 대한 웰즈(H. G. Wells)의 이야기를 극화한 오손 웰즈의 머큐리 극장에 대한 반응보다 더 극적으로 이 새로 발견된 음향매체의 힘을 보여주는 것은 없을 것이다. 웰즈는 새로 개발된 뉴스 방송 기법을 전문적으로 이용하여, 수천 명의 사람이 라디오 쇼의 수사학을 실재의 묘사로 받아들이도록 만들었다. 그 결과 발생한 공황상태는 유명하다.[38] 소리는 하나의 전국적 반응을 만드는 데 도움을 주었다. 그것은 이전의 어떠한 매체도 할 수 없었던 방식으로 단일한 국가적 가치를 만들거나 강화하는 데 도움을 주었다. 루스벨트는 새로운 방식의 대통령 신분을 만들 수 있었으며, 매체를 탁월하게 사용함으로써 부분적으로 새로운 종류의 정치적, 사회적 권력을 만들 수 있었다.

사진과 영화 또한 미국에서의 문화 커뮤니케이션의 본질을 바꾸었다. 신문이나 책의 인쇄된 단어와 달리, 사진은 읽을 수 없거나 읽으려 하지 않는 사람들에게조차 영향을 미쳤다. 1930년대에는 좀더 보편적인 방식으로 사진에 의해 창조된 이미지의 영향력이 가정에 미쳤다. 1936년에 창간된 〈라이프〉 잡지는 일종의 '사진 에세이'를 발명했다고 볼 수 있다. 그러나 그것은 단지 미국인이 세계를 경험할 수 있는 새로운 방식의 한 예일 뿐이다. 헨리 루스의 특이한 제국은 또한 "시간의 행진"을 만들었는데, 그것은 새로 개발된 뉴스 영화 중에서 가장 뛰어난 것으로, 사건을 이해하는 신선한 방식을 제공했다. 다큐라는 단어만이 아닌 시각과 청각을 동반한 전체적인 아이디어는 삶의 세세한 것, 여러 다른 장소에서의 삶의 스타일을 보고, 알고, 느끼는 것을 가능하게 했으며, 자기 자신을 타인의 경험의 일부로 느끼게 만들 수 있었다.[39]

---

38) Hadley Cantril는 우리에게 이 문제의 사회-심리적 연구를 제공한다. *The Invasion from Mars* (Princeton, N. J., 1940).

39) Beaumont Newhall은 더 많은 분석을 위한 훌륭한 출발점을 제공한다. *The*

아직 우리는 이러한 사건의 모든 결과를 평가할 입장은 아니다. 그러나 다음과 같이 제안하는 것은 가능하다. 즉 분명히 새로 개발된 미디어와 그것이 호소하는 특별한 방식은 버티기에는 너무 거대한 경제적, 사회적 압력으로 인해 급속히 분해되는 사회질서를 강화하는 데 도움을 주었으며, 기아, 황진, 혹은 전쟁이건 간에 공통의 경험을 나누는 것이 행동과 개혁을 더욱 두드러지고 긴급하게 만들었던 환경을 조성하는 데 도움을 주었다. 준비된 단결은 1930년대 이야기에서 어떤 특별한 역할을 맡을 자격이 있다. 뉴딜과 뉴딜의 성공과 실패에 관해 언급될 수 있는 것이 무엇이건 간에, 그것이 사회학적, 그리고 심리학적 성공이었다는 것은 명백히 진실이다. 1932년 대통령 선거전 초반부터 프랭클린 루스벨트는 그 자신이 상징의 중요성을 완전히 의식하고 있음을 보여주었다. 그는 그 자신을 〔대통령 후보로〕 지명한 전당대회에서 "상징적이도록 하라"고 말했으며, 전례 없이 시카고로 간 후 수락 연설에서 자신에게 맡겨진 지도력을 개인적으로 받아들이면서, "나는 전통을 깼습니다. 지금부터 우리 당의 임무를 어리석은 전통을 깨는 것으로 합시다"라고 말했다.[40] 불운한 전국 부흥청(NRA)의 역사는 행정부 내에서 상징성을 위한 탁월한 의미의 일련의 실례를 제공한다. 즉 푸른 독수리(*Blue Eagle*), 깃발의 전시, 행진 말이다. 라디오를 통해 루스벨트는 그의 거실에서 미국 사람들과 개별적으로 접촉하고자 했으며, 그의 행정부가 그들 각각을 특별하게 생각하며 그들이 사회에서 하나의 자리를 차지한다고 느끼게 만들고 싶어 했다. 영화와 사진 에세이는 공적인 것뿐 아니라 사적인 것까지 활동의 모든 면에서 권력을 지닌 인물을 대다수 미국인의 직접적인 경험 속

---

*History of Photography*(New York, 1964), Chapter 10.

40) T. V. Smith, "The New Deal as a Cultural Phenomenon", *Ideological Differences and World Order*, F. S. C. Northrop, ed.(New Haven, 1949), p. 212에서 인용.

으로 들어오게 했다.

심지어 라디오의 혁신 중에서 가장 자주 조롱받는 저질 방송극(*soap opera*) 조차도 근본적 가치관을 강화하는 역할을 했으며, 타인의 삶의 내밀한 경험을 제공하는 역할을 하여, 그 결과 수백만의 가정주부가 그들이 혼자가 아니며 그들의 문제가 유일하지 않다는 것을 알게 되었다. 위기와 회복의 패턴에 대한 묘사가 시간 초월적이고 일관적이어서, 그 패턴은 연속적이라는 인식을 제공했다. 사회적·경제적 조건의 형태에서 '현실'이 무엇을 암시하건 간에, 일반적으로 공유된 가치와 신념의 승리를 확신하면서 말이다.[41]

악명 높은 '방송극'에서 신화의 힘과 권력으로 불릴 수 있는 것이 작동함을 볼 수 있다. 1935년 유명한 미국작가총회(American Writers' Congress) 연설에서 케네스 버크(Kenneth Burke)는 사회에서의 신화의 기능을 분석했다. 그는 신화가 "상호관련성의 의식을 결합하기 위한 사회적 도구로서, 목수와 기계공은 비록 서로 다른 일을 하지만 그것을 가지고서 공동의 사회적 목적을 위하여 같이 일할 수 있다"고 주장했다.[42] 그는 이 논문에서 혁명적 신화와 상징의 역할에 관심을 갖고 있었으나, 1930년대의 어떤 분석은 거대한 공중(*public*)에게 상징과 신화의 몸체를 제공하는 데 새로운 미디어가 얼마나 중요한 역할을 했는지를 보여준다. 이런 의미에서, 터무니없는 방송극이 행한 범상치 않은 신화적 역할을 고려하는 것이 불공평한 것은 아닐 것이다. 오늘날 일부에게는 그 형식이 어리석게 보일지도 모르나, 훗날 폐기된 많은 신화들이 당시에는 한

---

41) '방송극'에 대한 최고의 분석은 여전히 제임스 서버(James Thurber)가 〈뉴요커〉(*The New Yorker*)에 썼던 즐거운 연재물이다. 이것은 "Soapland"로 그의 *The Beast in Me*(New York, 1948)에 재수록되었다.

42) Kenneth Burke, "Revolutionary Symbolism in America", in *Perspectives on Modern Literature*, Frederick J. Hoffman, ed. (New York, 1962), p. 181.

때 사회적으로 작동했던 것처럼 보였다.

사진, 라디오, 영화. 이들이 새로운 것은 아니었지만, 정교한 사용으로 이전에는 생각해볼 수 없었던 모든 미국인의 특수 공동체(국제적 공동체도 가능할 것이다)를 창조했다. 빛과 소리의 문화로의 이동은 엄청나게 중요하다. 그것은 하나의 문화로서 우리의 자의식을 증대시켰다. 그것은 이전에는 가능하지 않았던 행동과 반응의 통일을 만드는 데 도움을 주었다. 그것은 문화와 사상을 주조할 사람들이 이전 어느 때보다도 더 영향을 받기 쉽게 만들었다. 이러한 결합에서, 어떻게 이러한 발달이 사회 및 정치 사상가 사이에서 상징, 신화, 그리고 수사학의 역할에 점차 관심을 고양시켰는가를 알 수 있다. 케네스 버크의 히틀러 수사학의 의미와 미국에서의 혁명적 상징주의의 섬세한 발전의 중요성에 관한 연구는 그러한 요소가 언어와 상징에 포함된 문화, 엄청난 힘(따라서 위험)을 형성하는 데 얼마나 중요한가를 보여준다.[43] 이 시기의 독창적인 사상가 중 하나인 서먼드 아놀드의 주요 저작은 이념이나 철학의 합리적 실행의 관점이 아니라 '민속'(*folklore*)과 상징이라는 관점에서 정치적 삶을 다룬다.[44] 그리고 아마도 정치생활에 대한 학계의 주도적 연구자인 해럴드 라스웰(Harold Lasswell)은 이전 시기에는 거의 손대지 않았던 심리학적 · 사회학적 요소를 다루는 정치 분석의 완전한 학파를 발전시켰다.[45]

---

43) Kenneth Burke, "The Rhetoric of Hitler's 'Battle'"은 그의 *The Philosophy of Literary Form*(Baton Route, La., 1941)에 재수록되었다. 이것은 본 논문의 목적을 고려할 경우 중요한 논문집이다.

44) Thurmond Arnold, *The Folklore of Capitalism*(New Haven, 1937). 나는 재판본을 가지고 있는데, 그것은 최소한 이 책이 1937년에서 1941년 사이 10번이나 다시 찍었음을 보여준다. 이 작업을 확대한 분석은 Richard Hofstadter, *The Age of Reform*(New York, 1959), pp. 317~322. 그 이전에 아놀드는 *The Symbols of Government*(New Haven, 1935)를 출간했다.

45) 라스웰의 경력은 *Propaganda Technique in the World War*(New York, 1927)로 시작했다. 1930년에는 *Psychopathology and Politics* 그리고 1936년에는

혁신주의 세대가 커뮤니케이션의 문제에 더 많은 관심을 지니면서 사진, 회화, 만화를 작지만 의미 있게 이용했다지만, 빛과 소리를 비범하게 인식하고, 상징, 신화, 언어에 대한 특이한 관심이 장벽을 무너뜨리고, 종종 수백만을 위해 새로운 공통의 경험을 창조하면서 새로운 종류의 공동체를 만든 1930년대의 발전과 이것을 비교하는 것은 가당치 않다. 왜냐하면 커뮤니케이션에 관심이 얼마나 크건, 예술의 사회적 역할에 대한 관심이 얼마나 깊건, 혁신주의자들은 우선적으로 그리고 매우 심대하게도 기록된 언어, 인쇄된 페이지 위의 합리적 논거에 의존했기 때문이다. 그들은 엄청난 정치적 문헌을 생산했던 작가 세대였으나, 1930년대에 개발된 놀라운 기법과 효과와 비교했던 상징과 수사학을 의식하면서도 그들은 눈과 귀에 호소하지 않았으며 호소할 수도 없었다. 이 두 시기의 의미심장한 차이 중 하나는 이것이다. 즉 혁신주의자가 책을 읽는 사람이라면, 1930년대의 자식 세대는 영상과 라디오를 보고 듣는 사람이었다.

'문화적 현상으로서의 뉴딜'에 관한 자극적인 에세이에서 스미스(T. V. Smith)는 "스포츠정신이 동시대 미국인의 삶을 이해하는 열쇠다"라고 제안했다. 미국적 삶의 방식에 대해 언급하면서, 그는 다음과 같이 주장했다.

> 게임은 어울리는 상징이다. 야구가 미국적 삶의 주요한 비유로 사용되기 훨씬 전에 또 다른 게임이 있었다(그리고 남아 있다). —카드라는 게임이다. 그것은 포커(*poker*)라 불리는데, '그 〔게임〕 안에서 카드를 돌린다(*to deal*)'는 것은 흥미로운 보상일 수도 있는, 심지어 자신의 명예를 '더럽혔던' 사람들에게도, 협력적인 행동의 시작일 뿐이다. 보통의 미국적 어법에서 정치는 하나의 게임이며, 전문가의 어법에서 그것은 '위대한 미국적 게임'이다. 게다가 그 상징성은 사업으로 넘어간다. 한 번의 카드 돌리기는 한 번의 거래

---

*Politics: Who Gets What, When, How*를 출간했다.

이며, 쌍방이 이익을 얻는다고 추정하는 이득을 위한 상거래(*transaction*)이다. 그리하여 문제가 되던 루스벨트 운동의 바로 그 이름은 미국 고유의 문화 속에서, 완전히 전면적으로 암시적인 반향을 일으킨다.[46]

이 구절에서 스미스는 상징의 선택에 있어 뉴딜의 문화적 조응성에 대한 추가적 증거를 강하게 암시했다. 문화는 문화의 게임에 의해 형성되고 반영되기 때문에, 그 게임은 1930년대 분석가들의 저술에서 이해될 성질의 것이다.[47] 대부분의 사회사가들은 각고의 노력을 기울여 이 시기 스포츠에서 대중적 참여가 상당히 증가하고, 새로운 게임과 유행이 발전하고, 여러 형태의 도박이 엄청나게 증가했음을 지적한다.[48] 그들이 제안하는 도피의 관점에서 더 많은 근본적 분석이 요구될 때, 너무 자주 이러한 사실들이, 분명 진부한 것이지만, 도피를 위한 추구로 설명된다. 특별한 종류의 게임, 경쟁과 운의 게임, 자주 협력을 포함하면서 규제와 한계를 조심스레 배치한 게임이 극적으로 증가했다. 1930년대 골프와 테니스의 '민주화'는 문화의 전통적 가치관이 요구하지만 경제적·사회적 생활의 '현실' 세계 속에서 쉽사리 충족되지 않는 경쟁 정신을 위한 특별한 출구를 제공한다. 환상적인 성공을 거둔 파커 형제(Parker Brothers)의 보드게임 "모노폴리"(Monopoly)는 기업가를 지망하는 사람이 그 시대

---

46) "The New Deal as a Cultural Phenomenon", in F. S. C. Northrop, ed., op. cit., p. 209.

47) 네덜란드의 탁월한 문화사가인 요한 호이징가가 놀이와 문명에 관한 기념비적 연구인 《놀이하는 인간》(*Homo Ludens*)을 출간한 것은 1938년이다.

48) 이미 인용한(각주 15) 버드의 책에 덧붙여 Frederick L. Allen, *Since Yesterday: The Nineteen-Thirties in America* (New York, 1940), Chapter 6의 탁월한 사회사를 볼 것. 이전에 인용한(각주 13) 호레이스 맥코이의 소설에 대한 로버트 코츠의 후기에는 계몽적인 시사점이 제법 있다. *America Learns to Play*의 개정판인 Foster Rhea Dulles, *A History of Recreation* (New York, 1965)을 볼 것.

의 경제적 조건이 거의 금지하는 '떼돈을 벌' 수 있게 했다. 댄스마라톤, 〔일종의 롤러 게임인〕 롤러 더비(roller derbies), 6일간의 자전거 경주, 깃대 앉기 시합, 금붕어 삼키기 경기, 이런 것들은 경쟁사회(*rat race*)로부터 벗어난 어리석은 방식에 지나지 않는 것이 아니라, (사회적으로 주변적일지라도) 대안적 패턴이었으며, 구조상 제도화된 사회가 요구했고 통상 사회가 제공할 수 있다고 상정된 것을 복제한 것이었다. 그리하여 뱅크-나잇(*bank-nights*)과 빙고게임, 아일랜드 복권(*Irish Sweepstakes*)에 대한 엄청난 관심, '행운'과 '성공' 패턴의 전체 범위는 사회적 체통의 끝자락을 제공했으나 분명 사회적 수용의 범위 안에 있었다. 이런 것들은 본질적 가치를 유지하고 강화하는, 희망에 대한 인식을 살아 있게 하는 하나의 방식을 제공했다. 로저 캐일러스(Roger Caillois)는 그의 뛰어난 책인 《인간, 놀이 그리고 게임》(*Man, Play and Games*)에서 사회질서의 경계에서 발견되는 문화적 형태뿐 아니라 게임의 '타락'도 존재한다고 제시한다. 폭력, 미신, 소외, 그리고 심지어 정신질환, 알코올 중독과 마약에 의존하기 따위 말이다.[49] 확실히, 1930년대 전체 인구에서 일부는 그러한 타락 상태에 있을 수 있다는 증거가 있다. 그럼에도 불구하고 놀라운 사실은 1930년대 생활의 그러한 면을 지배했던 특정한 종류의 게임의 증가가 상당한 사회적 강화를 가져오는 경향이 있었다는 것이다. 심지어 그 시기의 춤은 대규모 참여와 친밀한 협동을 하는 거의 민중-스타일(*folk-style*) 패턴으로의 복귀를 보여주었다. 심지어 대도시 슬럼가에서 벌어졌던 동네잔치가 유지된 것은 1930년대 삶의 특별한 성격, 즉 이 시기의 기억이 향수에 의해 채색된 사람들에 의해 간과되지 않은 하나의 사실을 보여준다. 캐일러스가 우리에게 말하듯이,

---

49) Roger Caillois, *Man, Play and Games*(New York, 1961), 특히 Chapters 3 and 4.

> 놀이의 원칙이 타락한다는 것은 그러한 불확실하고 의심스러운 관습이 포기됨을 의미한다. 놀이의 원칙을 부인하는 것이, 유익하지는 않겠지만, 언제나 허용됨에도 그것을 끈기 있게 받아들이는 것은 문명의 발전에서 하나의 이정표이다. 만약 놀이의 원칙이 사실상 권력 본능에 대응한다면 …, 그 원리가 이상적이고 한계가 정해진 조건에서 적극적이고 창조적으로 충족될 수 있음이 쉽사리 이해될 것이며, 모든 경우에 놀이의 규칙이 보급된다. 모든 본능은 그것들만 남겨질 경우 파괴적이고 광란적이기 때문에, 이러한 기본적 충동은 재난을 일으키는 결과만을 낳을 뿐이다. 게임은 본능에 규율을 부여하고 그것을 제도화한다. 게임이 공식적이고 제한된 만족을 제공하는 동안, 게임은 본능의 독성에 대항하여 정신을 교육하고, 풍부하게 하고, 면역시킬 것이다. 동시에 그것은 문화의 여러 패턴의 확립과 풍성함에 유용하게 공헌하기에 적합한 것으로 만들어진다.[50]

그렇다면, 논평자들이 1930년대에 즐긴 게임의 종류가 중요하다고 지적한 것은 옳다.

또한 작가가 삶의 의미 혹은 무의미를 지적하는 데 사용한 게임의 비유가 그 시기의 기업뿐 아니라 정치에서도 널리 그리고 지속적으로 사용되었다. 로버트 셔우드(Robert Sherwood)가 국민주의와 국제 비즈니스의 어리석으면서도 사악한 세력을 표현할 적절한 이미지를 찾고자 할 때, 그 역시 카드게임을 선택했다. 인간 조건에 무감각하고 파괴에 광분한 이러한 세력에 대한 평화주의적인 공격에서 그는 여주인공을 통해 신(*God*)에게 말했다.

> 그래 … 우리는 신에 대한 정의(*justice*)를 어설프게 행할 수는 없다. 가련하고 외롭고 늙은 영혼. 천국에서 똑바로 앉아, 아무것도 안 하면서, 단지 혼자 하는 놀이를 한다. 가련한, 신이여. 바보의 기쁨(*Idiot's Delight*)을 연기

---

50) Ibid., p. 55.

한다. 그 게임은 정녕 어떠한 의미도 없으며, 결코 끝나지도 않는다.[51]

완전히 다른 시각에서, 윌리엄 새로얀(William Saroyan)은 게임과 장난감의 전체 시리즈를 통해 점잖고, 순진하고, 착한 미국인에게 감상적인 찬사를 받았다. 아마도 매우 기억할 만한 것으로 핀볼 기계가 있는데, 그 바텐더는 윌리(Willie)에게 그가 맞출 수 없을 것이라고 장담한다. 윌리는 노력하기 시작한다. 그는

> 시합 전에 똑바로 경건하게 서 있다. 그 자신 대 기계. 윌리 대 운명. 그의 기술과 대담성 대 미국 신종 산업의 교활함과 속임수, 그리고 도전적인 세계 전체. 그는 미국 최후의 개척자로 기계 외에는 더 이상 싸울 것이 없으며, 전등이 켜지고 꺼지는 보상 말고는 없으며, 한 판의 게임을 위한 5센트 동전 여섯 개가 있다. 그 앞에는 최후의 승자인 기계가 있다. 그는 마지막 도전자이다. …

《당신 삶의 시간》(*The Time of Your Life*)의 마지막 장에서, 윌리는 마침내 그 기계를 이긴다. 새로얀은 "그 기계가 신음 소리를 낸다"고 우리에게 말한다. 그러고는

> 그 기계는 특별한 종류의 소음을 내기 시작한다. 전등이 켜졌다 꺼졌다 한다. 어떤 것은 빨간색, 어떤 것은 녹색. 종이 여섯 번 시끄럽게 울린다. … 미국 국기가 튀어 오른다. 윌리는 주목한다. 경의를 표한다. "맙소사, (그는 말한다) 얼마나 아름다운 나라인가." 〈미국〉이라는 노래의 시끄러운 뮤직박스 버전이다. (술집에 있는 모든 사람이 일어나서 노래 부른다.) "나의

---

51) Robert Sherwood's *Idiot's Delight*(1936)는 Harold Clurman, ed., *Famous American Plays of the 1930s*(New York, 1959)에 재수록되었다. 이 구절은 p. 253에 있다. Charles Scribner's Sons 출판사의 허락하에 인용했다.

조국, 그것은 그대의 것, 달콤한 자유의 땅, 나는 그대를 노래한다." 모든 것이 잠잠해진다. … 윌리는 전율하고, 놀라고, 기뻐한다. 모든 이들이 패배당한 기계의 연기를 응시한다. …[52]

1930년대 역사적 그림의 바탕에 놓인 구조분석은 이 지점에서 몇몇 잠정적인 결론을 제시한다. 첫째, 문화라는 관념의 발견과 그것을 광범위하게 적용하려는 비판적 도구가 존재했으며, 그 도구는 비판적 이상을 형성할 수 있었다. 특히나 그것은 도시-산업문명의 실패와 무의미함에 대해 반복적으로 대항했다. 그럼에도 그것은 자주 그러한 방식으로 발전되어 기존 구조의 상당 부분을 보존하는 주요 장치들을 제공했다. '진정한' 미국의 탐사는 새로운 종류의 국민주의가 될 수 있었다. 미국적 방식이라는 관념은 순응성(*conformity*)을 강화할 수 있었다. 여론의 더 나은 발달에 의해 강조된 기본적 문화패턴, 신화, 상징, 민속에 대한 연구, 매스미디어의 새로운 테크닉, 심지어 이 시기의 게임에 대한 의존은 급진적이기보다는 훨씬 더 보수적인 결과를 가져왔고 가져올 수 있었다. 관념과 성과를 이끌었던 사람들의 의도가 원래 무엇이었건 간에 말이다.

조직의 해체(*disorganization*)와 좌파 위협에 대하여 무엇을 언급하건 간에, 여타 연구도 이러한 보수적 경향을 확증한다. 린드 부부가 1930년대 미들타운에 다시 돌아가 발견한 것은, 예컨대 1920년대가 그곳의 학교들이 교육의 자유를 누리던 절정기였다는 사실이다. 1935년에는 "'오로지 올바른 것'을 가르치라는 것을 보장하기 위하여 문화가 학교에 통제를 가하던 중이었다".[53] 그리고 1930년대 고등교육에서 아마도 가장 의

---

52) William Saroyan's *The Time of Your Life*(1939). 또한 *Famous American Plays of the 1930s*에 재수록되었다. 이 구절은 pp. 388, 463에 있다. William Saroyan의 허락하에 인용했다.

53) Robert S. Lynd and Helen Lynd, *Middletown in Transition*(New York, 1937), pp.233~234, 그리고 Robert Lynd, *Knowledge for What?*, pp.236~237.

미 있는 실험은 로버트 허친스에 의해 시카고대학에서 이루어졌는데, 그것은 존 듀이 추종자의 교육철학으로부터의 후퇴 속에서 전통적 가치와 기준을 거듭 강조하려는 노력으로 보인다. 백인의 재즈 수용에 대한 중요한 연구는 다음의 사실을 기록한다. 즉, 그러한 음악이 소규모 흑인 하위문화의 한계를 벗어나 라디오, 레코드, 그 시기의 빅 밴드(Big Bands)를 통하여 더 큰 전국적 공동체에서 광범위한 유통과 인기를 누렸을 때, 새로운 작품뿐 아니라 오래된 재즈와 블루스의 가사도 1920년대와 그 이전에 발견되던 신랄한 맛과 사회 비평이 줄어드는 경향이 있었다. 사실상 가사는 부드러워지고, 심지어 평범하고 수용된 — 개인적이고 사회적인 — 가치와 신념을 더욱 강력히 과장되게 말하는 경향을 띠었다.[54]

도날드 마이어(Donald Meyer)가 탁월하게 제시한 것처럼, 어떤 분야에서도 대중 심리학의 영역만큼 혹은 자유주의적 개신교의 대체물로서 1930년대 빈번하게 우세했던 종교와 심리학의 그 기이한 결합만큼 기존의 문화패턴 역할을 강조하는 새로운 접근법의 결과가 의미 있고 충격적이지는 않았다.[55] 1930년대의 연구자들은 성공하는 방법에 대해 가르쳐주고 알려주기 위해 저술된 엄청난 양의 문헌에 깊은 인상을 받았다.[56] 1930년대는 위대한 실용서(*how-to-do-it book*)의 시대였다. 그러나 그러한 모든 문헌에 관해 가장 특이했던 것은, 자본주의에 대한 엄청난 비판적 공격과 심지어 많은 우파, 좌파, 중도파 사이에서 널리 견지된 자본주의

---

54) Neil Leonard, *Jazz and the White Americans*(Chicago, 1962), Chapter 6.

55) 상당한 분량이 마이어의 *The Positive Thinkers*(New York, 1965)에서의 탁월한 분석에 기초한다. 이 책은 미국 문명 분야에서 최근 가장 중요한 연구 중의 하나이다. 특히나 Chapters 14, 18, 19를 볼 것.

56) James D. Hart, *The Popular Book*(New York, 1950), pp. 255~256이 뛰어나다. 카네기의 책은 첫해 말까지 75만 부가 팔렸으며, 1948년까지 모든 판을 합쳐 325만 부를 팔았다. 또한 자조에 관한 수백 종의 손수 하는 부류의 책(*do-it-yourself books*) 중에서 대중적인 것은 Walter B. Pitkin의 *Life Begins at Forty*와 Dorothea Brande의 *Wake Up and Live*가 있다.

가 몰락할 것이라는 가정에서 보자면, 다음과 같은 우선적 원칙이었다. 즉, 실패는 개인적인 것이지 사회적인 것이 아니며, 성공은 적응에 의해서, 사회적 질서가 아닌 개인의 성격을 통해 성취될 수 있다는 것이다. 데일 카네기(Dale Carnegie)의 《친구를 얻고 사람에게 영향력을 행사하는 방법》(*How to Win Friends and Influence People*)은 이 시기의 베스트셀러였으며, 1936년 그 책의 출간은 미국 대중문화 연구의 획기적 사건이었다. 간단하게 말하자면, 카네기는 기존의 질서에 대한 적응을 요구했다. 모든 사람들이 중요하다고 느끼기를 원했고, 성공하는 방법은 타인을 중요하다고 느끼게 만드는 것이었다. 미소 지어라! 같은 해 헨리 링크가 《종교로의 귀환》(*The Return to Religion*)이라는 베스트셀러를 출간했다. 그 책에서 "자아의 힘이 아닌 굴복(*not ego strength but surrender*)을 촉구하기" 위해 종교는 심리학과 손을 잡았다. 사람이 "자신을 알기"보다는 "얌전히 굴" 것을 강조했다. 링크는 노동의 중요성과 계속 바쁘게 살기(춤추기, 카드 놀이하기, 혹은 클럽에 참가하기일지라도)의 중요성을 강조했다. 모든 것에서 가장 중요한 것은 개성(*personality*)의 계발이었다. 심리학적 시험에서 링크의 작업은 개성을 '시험'하는 방법, 즉 '개성지수'(*Personality Quotient*)를 측정할 수 있는 방식을 발명해냈다. 개성지수(PQ)는 IQ보다 훨씬 중요했다. 사람들이 당신을 좋아하게 만들고, 잘 어울리고, '다른 사람에게 봉사하고 관심가지는' 습관과 기술을 개발하자. 여기서 다시 한 번 라디오 연속극이 강화 역할을 했다. 그것은 카네기와 링크의 노선을 반복했다. 〈저스트 플레인 빌〉(Just Plain Bill)[57]은 계속해서 미소를 지었으며 〈마 퍼킨스〉(Ma Perkins)[58]는 계속해서 바

57) 〔옮긴이주〕 CBS와 NBC 방송국을 통해 전파를 탄 15분짜리 방송 드라마로서, 보통사람들의 이야기를 다루면서 23년이나 장기 방송을 했다. 주된 스폰서는 진통제 아나신(Anacin)을 제조하던 제약회사였다.

58) 〔옮긴이주〕 NBC 방송국에서는 1933~1949년 사이, CBS 방송국에서는 1942

빴다. 모든 사람이 어울리고자, 호감을 받고자 노력했다. 방송극의 현자의 지혜 — 남성 혹은 여성 현자가 없던 사람은 거의 없었다 — 는 1930년대를 통해 비슷비슷한 제안들을 제공했던 카네기, 링크, 노먼 빈센트 필(Norman Vincent Peale)에 의해 제시된 조언의 패턴을 면밀히 따랐다. 성공과 실패에 대한 개인적 동기의 강조 또한 전형적이다. 새로운 비즈니스 벤처는 새로운 매체에 의해 가능했던 광고의 새로운 방식에 상당히 의존하면서 실패로부터 지켜주고 성공을 이루려는 개인을 도와줄 다수의 성과를 제안했다. 새로운 '질병', 즉 입 냄새, 나쁜 냄새 나는 몸, 더러워진 치아, 설거지로 더럽혀진 손은 새로운 처방으로 상쇄될 수 있었다. 광고 또한 다수의 새로운 우편주문 코스가 통신교육을 통해 우리의 성공을 도울 수 있다는 확신을 주었다. 우리가 필요로 하는 것은 우리의 철자나 어휘를 개선하는 것이며, 우리의 개성을 계발하는 방법, 스케치나 작문을 위한 우리의 재능을 계발하는 방법을 배우는 것이었다.[59]

이 모든 것은 우리 주변 사회의 요구에 순응할 것을 강조한다. '잘 어울리기'를 강조하는 이 모든 것은 새로이 부상하는 인간관계 경영의 영역에서 더욱 정교한 상대방을 갖는다. 엘튼 메이요(Elton Mayo)는 1930년대 중요한 저서에서 산업조직의 패턴에 적응할 것을 촉구했다. 그런데 그 적응은 노동자의 시각에서가 아니라, '성공'을 목표로 효과적이고 행복한 노동력을 제공하기를 열망하는 경영자의 시각에서였다.[60] 하버드 경영

~1960년 사이 방송된 연속극으로, 버지니아 페인(Virginia Payne)이 과부 퍼킨스 여사 역할을 무려 27년 동안이나 하면서 대중들의 사랑을 받았다. "Oxydol's Own Ma Perkin"으로 불릴 정도로 세제인 옥시돌을 소유한 프록터 앤 갬블(Proctor & Gamble) 사가 주된 스폰서 역할을 담당했다. 옥시돌 덕분에 방송 연속극이 'soap opera'라는 명칭을 갖게 되었다.

59) 모든 사회사가가 이 점에 대해서 언급한다. Caroline Bird, *The Invisible Scar* (New York, 1966), p. 277은 특히나 흥미로운 자료를 지니고 있다.

60) 메이요는 나의 연구보다 더 진지하게 다룰 만하다. 그는 해럴드 라스웰의 연구에 영향을 미쳤는데, 예를 들어 그의 *The Human Problems of an Industrial*

대학원 교수로서 언급했던 메이요는 분명 데일 카네기나 헨리 링크보다 인간사에 관해서 좀더 학식이 있고 정교한 연구자였으나, 그럼에도 그의 저작은 문화발전의 기존 및 진행 중인 패턴에 대한 적응을 추구한다는 점에서 기이할 정도로 카네기와 링크 작품의 일부인 양 보인다. 대중문화의 발전에 영향을 받지 않은 여타 지식인은, 매우 흥미롭게도 이 시기 전문 심리학의 다른 영역에서 유사하게 발생한 어떤 것을 찾았을 것이다. 학문공동체에서 미국의 신(新) 프로이트주의로 호칭된 것의 출현은 의심할 여지 없이 가장 중요한 발전이었다. 1930년대 그 집단 중 카렌 호니(Karen Horney)의 《우리 시대의 신경증적 성격》(*The Neurotic Personality of Our Time*, 1937)보다 더 널리 읽히고 영향을 미친 작품은 없었다고 볼 수 있다. 불안 문제에 대한 그녀의 분석은 개인에게 특정한 신경증적 패턴을 초래하는 것이 문화 내의 모순이라고 주장한다. 우리와 연관된 문화 속에서 우세한 태도는 우리에게 기본적인 갈등을 제공하는데, 그것은 우리의 신경증을 낳고, 우리의 문화가 불안으로부터의 도피 시도를 제도화한 통로로 제공하면서, 불안이라는 바로 그 본성에 의해 패턴화된다. 신경증적 성격은 문화 속의 갈등을 반영한다. 그 문화는 불안으로부터의 도피에 대한 메커니즘을 제공한다. 신 프로이트주의적 입장이 더욱 심각한 불안의 문제를 치유하는 한 방식으로서의 문화패턴에 대한 적응을 옹호한다고 자주 비난받은 데에는 이유가 없지 않다. 그리고 이러한 점에서 1930년대 대중(*popular*) 심리학의 주류를 우리가 이미 제안했던 고급 지식인의 번역으로서 읽는 것이 아주 부당한 것은 아니다.[61]

---

*Civilization*(Cambridge, Mass., 1933)과 *The Social Problems of an Industrial Civilization*(Cambridge, Mass., 1945)은 중요한 저작이다. 마이어는 메이요를 위에서 인용한(각주 55) 책에서 간단히 다루며, Loren Baritz 또한 *The Servants of Power*(Middletown, Conn., 1960)에서 중요한 분석을 한다.

61) 클라라 톰슨(Clara Thompson)은 그녀의 책인 *Psychoanalysis: Evolution and Development*(New York, 1950)의 마지막 장에서 신-프로이트주의자에 대해

문화의 관념과 문화적 개입에 대한 자의식이 1930년대의 역사를 구조화하는 데 결정적 역할을 했다면, 또 다른 관념, — 우리가 보게 되겠지만 연관이 없는 것은 아니다 — 즉 헌신의 관념(*idea of commitment*) 역시 간과할 수 없다. 동시대 언어의 일상인 그 관념과 그 동시대 형태들은 1930년대에 의미심장한 결실을 맺었다.[62] 1920년대 헤밍웨이의 남자 주인공은 확실히 규범에 대한 복종의식을 지니고 있었으나, 아마도 미국 소설 중에서 1930년대 추리소설 작품만큼 기초적 관념을 의식의 중심으로 가져간 것은 없다. 이 장르는 이 시기에 특별히 중요하며, (양과 발행부수에서) 더욱 의미 있는 탐정소설은 다름 아닌 1930년대에 만들어졌다.[63] 불행히도 아주 소수의 역사학자들만이 윌리엄 에이들롯(William Aydelotte) 교수의 매우 도발적인 논문인 "역사적 사료로서의 탐정 이야기"를 추적했다.[64] 여기서 우리는 1930년대 그 형태의 인기가 가져온 모든 결과를 자세하게 언급할 수 없다. 그러나 우리는 이 시대의 초기적, 원형적 탐정을 볼 수 있으며, 헌신의 이념이 시작하는 형태를 볼 수 있다. 샘 스페이드(Sam Spade)는 대실 해밋(Dashiell Hammett)의 걸작인 《몰타의 매》

---

간단하게 분석한다. 또한 헤르베르트 마르쿠제(Herbert Marcuse)의 *Eros and Civilization*(Boston, 1955) 후기에는 이 운동에 대한 흥미를 불러일으키는 비판이 있다.

62) 그 단어는 아마도 1930년대에는 1940년대와 1950년대에 널리 사용하게 된 것만큼은 사용되지는 않았을 것이다. 그 단어는 '문화'라는 단어만큼 통용되지는 않았다. 그러나 그 관념은 그 시대에 중요한 개념이었다. 그 단어의 전체적인 질문, 동시대의 토론에서 그 단어의 기원과 의미에 관해서는 Edmund Wilson, "Words of Ill-Omen", in his *The Bit Between My Teeth*(New York, 1965), pp. 415~416을 볼 것.

63) Hart, op. cit., p. 259는 이 시기에 새로 출간된 소설 중 거의 4분의 1이 탐정-미스터리 이야기라고 지적한다. 이런 종류의 책은 1914년에는 단지 12권이 출간되었지만, 1925년에는 97권, 1937년에는 (재판은 말할 것도 없고) 새로운 제목의 출간이 217권에 이르렀다.

64) *The Yale Review*, *XXIX*(September 1949), pp. 76~95.

(*The Maltese Falcon*, 1930)에서 처음 등장하는데, 그 소설을 영화화한 존 휴스턴의 작품에서 험프리 보가트(Humphrey Bogart)가 맡은 역할로 영원성을 부여받았다. 그 책을 읽거나 영화를 본 사람은 거의 대부분 브리짓 오셔네시(Brigid O'Shaughnessy)에게 한 샘의 마지막 위대한 발언을 잊지 못할 것인데, 오셔네시는 그가 사랑한 여인이며, 그녀는 그에게 사랑과 돈(둘 다 문화적 가치가 높다)을 제공한다. 그럼에도 브리짓은 살인자이며, 샘은 그녀를 경찰에 넘기겠다고 단언했다. 그의 주장은 여러 세대 동안 전체적으로 새로운 문화적 위치를 형성한다.

> 듣기 바랍니다. 이것은 조금도 좋은 것이 아닙니다. 당신은 나를 결코 이해하지 못할 것입니다. 그러나 나는 다시 한 번 노력할 것인데. … 어떤 남자의 파트너가 살해되면 그는 그것에 대해 뭔가를 해야 한다고 기대됩니다. 당신이 그를 어떻게 생각하건 어떤 차이도 없습니다. 그는 당신의 파트너였으며 당신은 그것에 대해 뭔가를 해야 한다고 기대됩니다. 그런 다음 우리가 탐정사업을 했습니다. 글쎄요, 당신의 조직원 중 하나가 살해되었을 때 살인자를 도망가게 내버려두는 것은 사업에 해롭습니다. … 셋째, 나는 탐정이고 내가 범죄자를 추적하여 잡을 것을 기대하며, 그들이 자유롭게 가게 내버려두는 것은 마치 개에게 토끼를 잡으라고 요구하면서 토끼가 가게 내버려두는 것입니다. 그것은 가능하기도 하며, 좋습니다. 때때로 가능합니다, 그러나 그것은 자연스러운 것은 아닙니다. … 넷째, 내가 지금 무엇을 하기 원하던 간에, 나 자신을 남과 더불어 교수대로 끌고 가지 않는 한 내가 당신을 가게 내버려두는 것은 절대로 불가능할 것입니다. 다음으로, 신의 세계에서 내가 당신을 신뢰할 수 있다고 생각할 이유가 없습니다. 만일 내가 그러하고 그것과 더불어 도망갈 수 있다면 당신은 나의 약점을 쥐고서 당신이 원하는 때면 언제나 사용할 수 있습니다. … 여섯째 … 나는 당신의 약점을 쥐고 있기 때문에, 언젠가 당신이 내게 총을 쏘아 내 몸에 구멍을 내기로 결정하지 않으리라고 확신할 수 없습니다. … 당신에 대해 바보가 되는 것은 쉽습니다. … 그러나 나는 그것이 무엇이 될지는 모르겠습니다. 누가 그렇던가요?

그러나 내가 그럴 거라고 상상합니까? 무엇 때문에? 아마도 다음 달에 나는 그렇지 않을 것입니다. … 글쎄요, 내가 당신을 보낸다면 나는 지독하게 유감으로 여길 것입니다. 나는 썩은 내 나는 며칠 밤을 보낼 겁니다. 그러나 그것도 지나갈 겁니다. … 그것이 당신에게 아무것도 아니라면 잊어주기 바랍니다. 그리고 우리는 그것을 수행할 것입니다. 왜냐하면 나는 내가 원하기 때문에 결과가 엉망이 되었다고 말하고 싶습니다. 그리고 왜냐하면 — 빌어먹을 — 당신이 다른 사람과 더불어 그것에 의존했던 만큼 나와 더불어 당신은 그것에 의존해왔습니다. … 나는 당신에게 곤봉을 휘두르고 싶지 않습니다.[65]

이것은 놀랄 만한 구절이며, 오로지 1930년대에나 나올 수 있는 그것 나름의 특별한 구절이다. 힘들지만 낭만적인(스페이드는 브리짓이 감옥에서 석방될 때까지 그녀를 기다릴 것이다); 실용적인, 그럼에도 특별한 규범의 신념과 가치에 대한 완고한 집착; 흔한 일이지만 기이하게 고양된 분위기. 무엇보다 두드러진 점은, 샘은 브리짓이 이해하고 받아들이기를 기대하며, 해밋은 그의 독자가 이해하고 받아들이기를 기대하는 것이다. 그것은 놀랄 만한 자아의 욕망 삭제를 표상하며, 그럼에도 불구하고 그것의 특정한 가치(동시에 여전히 다른 것들의 가치 거부를 의미하는) 체계에 대한 집착이 생존 자체를 허용한다.

문화의 관념에서 새로운 주도적 접근과 시대의 본질은 개인에 대한 특별한 문제를 만들었다. 확실히, 토크빌이 그 표현을 만들었던 1830년대처럼 초기에 '개인주의'가 시사하는 문제는 개인이 대중문명(*mass civilization*)과 산업화 시대에 살아남을 수 있는가였다. 그럼에도 불구하고 노력의 성과는 있었다. 열광적인 도덕률 폐기론적(*antinomian*) 정신이 1920년대의 그렇게 많은 젊은 지식인에게 자주 영향을 미친 것을 목격하

---

65) 나는 델 사의 염가본 재판을 사용하고 있다. (New York, 1966), pp. 188~189.

기 바란다. 더불어, 그들은 자신의 독특한 개성의 우수성과 지속 그리고 그들 자신의 에고가 생존하리라 주장했다. 그러나 1930년대의 '문화적' 접근은 (심지어 그것이 '문명'의 요구에 저항했듯이) 여전히 손쉬운 해결보다는 어려운 문제를 제기하는 것처럼 보였다. 존 듀이는 다음과 같이 말했다.

> 인간본성의 어떤 요소가 우세한가와 그것이 서로 연결되는 패턴 혹은 배치를 결정하는 문화의 기능은 주의력이 요구되는 특정한 지점을 넘어선다. 그것은 개체성이라는 관념에 영향을 미친다. 인간본성이 내재적인 것이고 배타적으로 개체적이라는 생각은 그 자체로 문화적 개인주의 운동의 산물이다. 정신과 의식이 본질적으로 개체적이라는 생각은 인간 역사의 훨씬 더 긴 시간 동안 어떠한 사람에게도 떠오르지 않았다.[66]

그리하여 개인주의는 문화가 그것을 허용하는 한에서만, 즉 그것이 문화 자체의 구조 안에서 필요한 기능을 지니고 있다면 존재할 수 있다.

1930년대 개인주의가 생존할 것인가에 대해 깊은 염세주의 흐름이 있었다. 1935년 로버트 셔우드는 브로드웨이 청중에게 〈돌이 된 숲〉(*The Petrified Forest*)이라는 연극을 선보였는데, 그 안에서 뿌리 없이 방황하는 시인-지식인과 흉포하지만 홀로 선 갱은 사회에 의해 사멸할 운명인 유형, 즉 돌이 된 숲 그 자체의 나무처럼 죽은 유형을 대표한다. 이 시기의 역사에서 너무나 두드러진 사실로서 나타나는 단일성과 순응성(문화 개념 그 자체에 의해 종종 강화되는 이상)을 향한 동인(動因)은 그 목적이 아무리 고상하고 바람직할지라도 개인주의의 생존을 위협한다. 불안의 문제에 대한 해결책을 토의할 때 카렌 호니는 어느 곳에서도 홀로 설 수 있는 자아를 재건해야 한다고 제안하지 않는다.[67] 그럼에도 '나'에 대한

66) John Dewey, *Freedom and Culture*(New York, 1939), p. 21.

그러한 생존의 목마름은 여전히 남아 있다. 불멸성에 대한 추구는 불안의 날카로운 원천으로서 지속한다.

1931년 영화 〈리틀 시저〉(*Little Caesar*)에서 에드워드 로빈슨(Edward G. Robinson)이 했던 주인공 역(役)의 기억할 만한 성격묘사를 알아보자. 초기 장면에서, 그는 친구에게 왜 그가 범죄 경력을 쌓았어야만 했는지에 대해 설명한다. 그는 그에게 가해진 사회의 부정의에 대항하여 싸운 것이 아니다. 그는 게토(*ghetto*)나 빈민가를 탈출하려고 노력한 것이 아니다. 여자와 돈에 매력을 못 느꼈으며, 법과 불법 사이의 투쟁이라는 흥분상태에도 관심을 표하지 않는다. 그는 리코(Rico)이고, 그는 자랑스럽게 "나는 어떤 사람이고 싶다"고 선언한다. 영화의 마지막 장면에서, 옥외 광고판 아래 총에 맞아 쓰러져 죽으며, 그는 거의 신념 없이 외친다. "자비의 어머니시여, 이것이 리코의 최후인가요?"

그리하여, 또한, 한 시기의 — 그리고 명백히 1930년대의 — '운동'과 '이데올로기'는 보통사람들이 누군가'이고자' 하는 데 기여했다. 말콤 카울리는 공산당 당원이 제공하는 이점에 대해서 다음과 같이 언급했다.

> 그 당시 정당에 소속된 사람에게는 엄청난 명성이 존재했다. 마치 그들이 신으로부터 직접 조언을 받는 것처럼 그들에게 귀를 기울였다. 그들이 확실히 신의를 받은 예언자는 아니었을지라도 시나이(Sinai) 산으로부터 말씀이 전달되었던 모임에 참석했었다는 듯이 … 그리하여 그들은 자신들을 둘러싼 일종의 신비로운 힘(*mana*)을 갖게 되었다. …[68]

---

67) Karen Horney, *The Neurotic Personality of Our Time*(New York, 1937) p. 47 ff. 린드 교수가 이전에 인용한 그의 책 *Knowledge for what?*에서 호니의 분석을 얼마만큼 이용하고 있는지에 주목하는 것은 흥미롭다.

68) "Symposium: The First American Writer's Congress", *The American Scholar*, *XXXV*(Summer 1966), p. 505.

정치적이라 불릴 수 있는 이 시기에 쓰인 첫 번째 소설 중의 하나인 테스 슬레싱어(Tess Slesinger)의 《소유하지 못한 자》(*The Unpossessed*, 1934)는 상당한 풍자적 효과와 함께, 중간계급 지식인과 작가들이 자신들의 정치적 좌파 참여를 사회적, 심리적으로 사용하였다는 것을 다루었다.

그럼에도 지위와 명성은 에고의 생존에 관한 이야기 중 단지 한 부분을 대표한다. 이 시기는 사회의 불안이 개인의 불안을 증폭시켰던 시기였다. 카울리는 지식인 가운데 많은 사람들이 좌절한 것에 대해 언급하면서 자신의 신념을 표현했다. 즉 "심리적 문제가 있는 이 사람들이 자신의 외부에서 치유를 찾는" 데 공산당 당원 지위가 도움을 주는 방법을 제공했다는 것이다.[69] 확실히 그 방법은 우리가 불안으로부터 도피하기 위한 노력을 통해 우리의 문화 안에 자리 잡은 것으로, 카렌 호니가 우리에게 "묘안들"(*dodges*)이라고 말한 것 중 하나 혹은 그 이상에 쉽사리 들어맞을 수 있다. 캐서린 앤 포터는 1939년의 글에서, 1930년 이후의 정치적 성향을 다음과 같이 보고 있다.

> 극도로 혼란스럽고 발버둥치는, 물에 빠진 사람이 지푸라기라도 잡는 종류의 것, 공황상태에 빠진 군중이 앞 다퉈 달아나는 상태, 자신을 살리고자 애쓰는 각각의 사람 — 한 번에 무시무시한 혼란을 제거하려 애쓰는 사람. … 나는 그것으로 인해 고통 받는다. 그리고 타인도 그러하듯이 나는 개인적 신념의 견고한 토대를 향해 내 길을 헤쳐 나가려 한다. 나는 공포와 의심과 우유부단의 시간을 갖는다. 나는 소리를 질러대는 미친 목소리의 소동에 온통 혼란스럽다. … 나는 나 자신을 구원하고 싶다. 그러나 내가 할 수 있을지 확신은 없다. …[70]

---

69) Ibid., p. 500.

70) 1939년에 처음 출간된 〈파르티잔 리뷰〉의 질문지 "미국적 글쓰기의 현황"(*The Situation in American Writing*)에 대한 그녀의 답변. 나중에 William Phillips and Philip Rahv, eds., *The Partisan Reader*(New York, 1946), p. 617에

"나는 나 자신을 스페인으로 데려간 것이 그 나라에서 진행된 실제적인 격변만큼이나 나 자신의 운명의 문제였는지 의심한다"고 조세핀 헙스트는 날카롭게 언급한다.[71)]

물론 갱이 되는 것과 파시즘에 대항하는 전투에 합류하는 것 사이에는 상당한 차이가 있다. 좌파의 10년(*Red Decade*)에 반대했던 십자군 전사가 어떻게 생각할지라도 말이다. 그러나 헌신 행위 그 자체는 심리학적이고 사회학적인 의미를 지니지만 종종 직업이나 운동의 특정한 본질과는 관련이 없다. 몇몇 사람에게 행위는 그 자체로 충분한 것으로 만드는 방식에서 규정될 수 있다. 어니스트 헤밍웨이에게, 스페인 내전은 개인(헙스트는 헤밍웨이가 스페인에서 '마음 편히' 있었지만 그녀는 그러지 못했다고 말한다)을 위해서 쉽고도 적극적인 답변을 제시했다. 헤밍웨이에게 그 전쟁이 제공했던 것은,

> 당신은 전적으로 그리고 완전히 믿을 수 있는 어떤 것의 일부였고, 그 안에서 당신은 거기에 참여하고 있던 타인과 완전한 형제애를 느꼈다. … 당신 자신의 죽음은 완전히 하찮은 것으로 보인다. 단지 한 가지는 피해야 하는데, 왜냐하면 그것이 당신의 의무수행을 간섭하려고 하기 때문이다. 그러나 최고의 것은 여기가 당신이 이러한 감정에 대해 할 수 있는 어떤 것이고, 당신은 이러한 필연성을 위해 또한 싸울 수 있다는 점이다.[72)]

그러한 헌신 행위의 단순성은 거의 압도적이다. 특히 헤밍웨이의 수사

---

재수록되었다.

71) "The Starched Blue Sky of Spain", *The Noble Savage I*(Cleveland, Ohio, 1960), p. 78.

72) 《누구를 위하여 종은 울리나》(*For Whom the Bell Tolls*, 1940)에서. Norman Holmes Pearson, "The Nazi-Soviet Pact and the End of a Dream", in Daniel Aaron, ed., *America in Crisis*(New York, 1952), p. 337에서 인용. 《누구를 위하여 종은 울리나》는 원래 Charles Scribner's Sons에서 출간되었다.

학적 도주(*rhetorical flight*)에서 그러하다. 헤밍웨이가 묘사하는 이러한 행위는 단순하고, 분명하고, 직접적이다. 그것은 명백하고 본질적이다.

그럼에도 모든 사람이 그의 헌신의 행위에서 그러한 즉각적인 만족을 찾을 수 있었던 것은 아니다. 그 행위는 필요했을지도 모른다. 그러나 사실상 그 행위 자체의 결과로서 전개된 새로운 딜레마가 여전히 남아 있었다. 헙스트의 반응을 헤밍웨이와 비교해보라.

> 나는 아마도 내 자신의 마음속 혼란에 대한 몇몇 대답을 찾고자 노력하고 있었다. 1930년대는 허리케인처럼 왔다. 전반적인 젊은 세대는 사건의 실체에 대한 격렬한 저항에 휩쓸려갔다. 그러나 대답은 마비되었다. 구호는 발버둥치는 어떤 것을 숨 막히게 하는 꼬인 실조각이었다. "고생하는 대중" 같은 구절은 끔직한 질문들에 대답하지 않았다. 거기에는 항상 사람들, 진짜 사람들이 있었으며, 각자는 그 자신의 고유한 과거를 지닌 하나의 개체적 영혼이었다. 스페인 내전은 의심할 여지 없이 개인이 완전하게 그들의 개체적 힘을 지닌 채 참여한 마지막 전쟁이었다. 그러나 이는 얼마나 뒤죽박죽이고 갈등하는 시각을 암시하는가! 군인은 적과 싸울 뿐 아니라 그 이상의 무언가를 위해 싸우고 있다.[73]

이 구절이 드러내는 지식인에게 있어서의 특별한 딜레마는 1930년대 어떤 진지한 연구에서든 중심적이나, 헤밍웨이의 동시대적 반응은 아마도 그 시대의 작가에게 있었던 더 큰 특징이다.

헌신하는 능력이나 문화의 관념과 연관 짓는 능력이 얼마나 중요한지는 우리가 그것이 부족한 사람을 일별해본다면 최상으로 알 수 있을 것이다. 프레더릭 호프만(Frederick J. Hoffman)은 우리에게 말한다.

---

73) Josephine Herbst, "*The Starched Blue Sky of Spain*", op. cit., pp. 79~80.

대공황의 시대는 … 물론 **주변인**(*malgre lui*)의 시대였다. 몇 번이고, 그는 불가피하게 이곳저곳으로 옮겨 다닌다. 헛되이 일자리를 찾으면서, 그의 지위가 모자람을 지독하게 의식하면서, 그의 정서적 반응은 극단적 절망에서 극단적 분노까지 다양하다.[74]

1930년대에는 강요된 방랑자와 유랑자, 떠돌이가 있었다. 진실로, 그러한 '주변인'은 그 시대의 특별한 유산으로 등장한 문학의 주제가 되었다. 그러한 주변성은 바라던 것도 자발적으로 받아들인 것도 아니었다. 길 위의 인생은 낭만화되지 않았으며, 진정한 기쁨이나 특별한 지혜의 원천도 아니었다. 그것은 발견 혹은 탐사로 끝나는 여행이 아니었다. 어떤 특정한 이데올로기의 (심지어 이전 시기 주변인의 문헌에 그렇게 인기 있던 아나키즘도 놀랄 정도로 부재했다) 호소조차 거의 제안하지 않았다. 간혹 방랑자는 지속하던 집단 혹은 공동체를 지지하여 고통과 불안을 줄일 수 있었다. 주변인은 실재건 가상이건, 어떠한 문화에도 참가하지 않았다. 그들은 라디오도 듣지 않고, 영화관에도 가지 않고, 〈라이프〉 잡지도 읽지 않았다. 그들은 스포츠에 참가하지도, 전통적 게임을 하지도 않는다. 차라리 여기 경계인들 사이에서 우리는 캐일러스가 말했던 게임의 그러한 타락을 찾는다. 여기 (때때로 개인적이며, 때로는 사회적이나, 전반적으로는 끝내 아무런 의미도 없는) 폭력, 소외, 만취 같은 '놀이'의 수용 불가능한 반(反)사회적 형태가 존재한다. 심지어 파업도 이러한 측면을 띤다. 파업은 목적이나 의미가 없는 거의 스포츠의 남용인 것으로 보인다. 왜냐하면 그것이 일반적으로 정도를 벗어나고 거칠기 때문이다. 잠시 동안 파

---

74) 서문, *Marginal Manners*(Evanston, I11., 1962), p. 7. 호프만 교수의 이 탁월한 선집은 1930년대에 관한 중요한 일부를 담고 있다. "The Expense of Poverty: Bottom Dogs", pp. 92~126. 그리고 Dos Passos, Steinbeck, Dahlberg, 그리고 Maltz의 저작으로부터 재판된 자료와 호프만에 의한 매우 지적인 두주(*headnotes*).

업은 공동의 목적과 형제애, 신념의 패턴 혹은 삶의 방식 — 여타 사건 혹은 행동 또한 가끔씩 할 수 있다 — 의 시작을 제안할 수도 있지만, 그러한 공동의 행동은 너무도 쉽게 해산되고, 개개의 주변인은 다시 길 위에 있게 되며, 그 길은 어디에도 이르지 못한다. 그에게는 헌신도 문화도 없다. (이러한 단어가 여기서 사용되는 의미에서 말이다.) 그 현상은 강력한 작품들을 낳았는데, 에드워드 달버그(Edward Dahlberg)의 《패배자》(*Bottom Dogs*, 1930), 잭 콘로이(Jack Conroy)의 《기득권을 빼앗긴 사람들》(*The Disinherited*, 1933), 넬슨 앨그린의 《부츠 속의 누군가》(*Somebody in Boots*, 1935)는 최고 중의 하나이다. 그러나 이러한 작품들은 1930년대보다는 요즘 시대에 좀더 풍성한 비판적 진지함으로 더 많은 찬사를 받고 다루어진다.

같은 장르라고 말할 수 있는 단 하나의 소설은 존 스타인벡(John Steinbeck)의 《분노의 포도》(*The Grapes of Wrath*, 1939)인데, 그 소설은 출간되었을 때 상당히 열광적으로 환영을 받았다. 그럼에도 그것은 다른 종류의, 사실상 여러 결정적 차이를 지닌 주변인의 강요된 방랑에 관한 소설이었다. 여기서 주변인은 외롭지 않았다. 단위로서의 가족의 세력과 힘이 그와 동반했다. 그는 자주 다른 여행자와 공동의 목적과 운명, 심지어 문화의 초기 행태에 대한 강력한 의식을 공유했다. 관점에는 하나의 목적이 있었다. 즉, 때로는 낭만적, 농업주의적 유토피아, 때로는 적어도 혁명적 열정과 낙천주의의 의식이었다. 그리고 매우 특별하게도 조드(Joad) 가족은 따라서 헌신의 의미로 정의될 수 있는 것을 지니고 있었다.

그리하여 헌신의 관념이 문화의 관념과 합쳐지고, 적어도 당분간 어떠한 집단, 공동체, 혹은 운동에 참여를 가져온 것은 1930년대의 특징이었다. 1930년대는 참여와 소속의 10년이었다. 이것은 거의 모든 수준의 문화 발전에서 명백하다. 1920년대는 관람(*spectator*) 스포츠의 성장을 목격했다. 1930년대는 스포츠 참여의 신기원을 이룩했다. 1920년대가 지식인이 마을(*village*)에 대해 반발하는 모습을 보았다면, 1930년대는 지식인이 마을로 도피하는 것을 보게 되었다. 그러한 일반화는 분명 극단적이지만, 그럼에도 불구하고 그것은 1930년대에 대한 하나의 기본적 진실을 암시한다. 즉, 어떤 사람의 자아를 더 큰 조직의 일부로, 더 큰 목적의식의 일부로 느끼고자 하는 요구 말이다. 집단 연극과 1930년대에 대한 탁월한 회고인 해럴드 크러만(Harold Clurman)의 《격정의 시대》(*The Fervent Years*, 1945)는 그 모험을 기억할 만하게 만든 것이 새로운 연극에 대한 흥분, 새로운 연극적 이념, 혹은 심지어 사회목적에 대한 새로운 의식만이 아니라는 것을 분명히 했다. 그것은 같이 일한다는 느낌, 사상과 신념을 나누어 갖는다는 것, 하나의 '집단'이라는 느낌이었다.

이 시기의 문헌을 폭넓게 읽을 때, 많은 사람이 공유하는 어떤 흥분감, 심지어 열정과 낙관주의를 의식하지 않을 수 없다. 이 시기는 '격정의 시대'였다. 그 시대의 지적인 삶의 한 참여자는 "보편적 고통을 상쇄하는 거의 보편적인 생동감"이 있었다고 언급했다.[75] 역사학자는 '사실'이 그러한 열정을 정당화하는지 아닌지를 생각해보아야 한다. 불황의 문제는 비록 상당히 감소했다 치더라도 이 시기 동안 해결되지 않았다. 그럼에도 국내의 정치적 사건이 희망(분명 노동자의 '혁명적' 승리를 기대한 어떠한 근거는 없었지만)에 대한 몇몇 근거를 제시하는 동안, 해외에서 국제적 질서는 급격히 붕괴되었으며 파시즘의 위협은 꾸준히 증가했다. 이런 분위기에 대한 설명은 참여가 늘었다는 부가적 '사실'에서 잘 볼 수 있다. 집단에서, 운동에서, 이 시기의 주요 행동으로 보이는 것에서 말이다.

정치적 '참여'는 1930년대를 다시 방문한 학자와 시민에게 매우 일관적으로 주목을 받고 있다. 공산당의 성장과 활력 회복점으로서의 공산당의

---

75) Josephine Herbst, "Moralist's Progress", *The Kenyon Review*, *XXVIII* (Autumn 1965), p. 776.

위치, 적어도 당분간, 상당한 수의 뛰어난 미국의 지식인과 예술가가 이 시기의 이미지를 정치적인 것으로 무겁게 만드는 데 도움을 주었다. 그러한 정치적 참여는 최근 탁월한 학문적 조명을 받았다. 우리는 이제 그러한 행동을 그 이전보다 더 완전히 이해할 수 있다. 그럼에도 1930년대 문화를 분석하는 역사학자는 이러한 활동을 전체적 기록의 관점에서 평가하고자 시도해야 한다. 정치적 소책자가 있었으며, 탄원서와 선언문이 있었다. 공산당은 특히 1932년에 지도적 지식인으로부터 상당한 정치적 지지를 받았다. 그러나 어찌되었건 정치사상은 적었으며, 더 중요한 것은 〔프랑코(Franco) 장군에 반대하는, 파시즘의 위협에 반대하는, 공황기 미국의 비인간화에 반대하는〕 부정적 이슈 이외에는 효과적인 정치적 입장을 유지하지 못했다는 점이다. 사상에 대한 헌신과 종종 더 모호한 이상과 구별되는, 즉 실제 정치운동에서 활력의 근원이 되는 권력, 전략 그리고 조직의 문제 같은 정치적 참여의 사활이 걸린 이슈가 등장했을 때 공산당은 얼마 지나지 않아 분열되었다. 진정한 정치적 중요성을 지닌 각 이슈는 분열에서 분파를 초래했을 뿐 아니라 점차 많은 지식인들을 탈당하게 만들었다.[76] 헙스트가 암시했듯이 반대하는 것은 쉬웠다. 그러나 어떤 것을 위해 그 너머를 보는 것은 훨씬 더 어려웠다.

1930년대 공산주의 운동의 천재성은 이 시기의 명백한 사회적·심리적 욕구를 이용하는 능력이었다. 그것은 갈 곳이 없으나 소속되고자 하는 개인, 그 이데올로기에 대한 완전한 지식이나 이해가 없을지라도 공산당 내부의 사람들이 공유하던 이상에 헌신하겠다는 사람들을 효과적으로 받아들였다. 당원을 단합시켰던 정서와 가치도 있었다. 두드러지게 혼란스럽고 복잡한 시기에 지식인들 사이에도 정치적 지식과 지성이 거

---

76) Norman Holmes Pearson의 논문인 "The Nazi-Soviet Pact"는 전반적인 문제에서 뛰어나다. 그것은 1930년대 지식인과 좌파에 대한 중요한 논문이다. 이전에 인용한(각주 6과 8) Daniel Aaron의 저작은 기본적이다.

의 없었으며, 그들의 훈련과 준비는 몰락하는 자본주의 질서의 정치적 현실을 직면하는 데 여전히 적합하지 못했다. 그리고 공산당은 정치적 참여 그 이상을 제공했다. 거기에는 캠프, 토론집단, 기관지, 심지어 춤과 사교모임, 강사, 작가 총회가 있었다. 20세기 최초로 공산당은 작가와 지식인을 조직하고자 했으며, 그들을 불러 모아 정치적, 미학적 견해를 교환하게 하고, 그들을 미국적 장면의 중요한 일부로 느끼게 했다. 이것은 작가들에게 중요한 발전이자 공산당의 주요한 공헌이었는데, 왜냐하면 이들이 1920년에 자라났으며 미국이 예술가와 지식인을 위해 어떠한 장소도 제공하지 않는다는 견해를 지녔기 때문이다. 물론, 이 영역에서 뉴딜은 예술, 연극, 연방 작가 프로젝트(*Federal Writers' Project*) 같은 자체 사업을 지녀 상당한 경쟁력이 있었다. 나아가, 많은 사람들이 다음과 같이 커다란 만족을 느꼈다.

> 그들 자신을 대중이나 집단과 결합한다는 생각, 그리고 지도자가 아니라 새로운 여명을 향해 전진하는 대군의 병사 중 하나라는 생각. 만약 그들이 자신을 잊을 수 있다면, 그들은 자신의 심리적 문제를 해결할 수 있었다. 그리하여 거의 종교적인 감정이 지속되었으며, 동시에 그들이 그것을 가졌음을 당신이 결코 의심하지 않았던 사람들 사이에, 마르크스주의적 변증법을 언급하면서 그들의 종교적 감정을 숨기려고 애썼던 사람들 사이에 … 그런 감정이 존재했다.[77]

좌파에의 헌신을 종교적 대행(*surrogate*)으로 묘사하는 것은 너무 손쉽다. 그럼에도 미국의 개신교는 1930년대에 고통을 겪고 있었다. 자유주의적 개신교는 정신 치유와 적극적 사고라는 이상한 계통으로 분열하는

77) Malcolm Cowley, "Symposium: The First American Writers' Congress", op. cit., p. 500.

경향이 있었다. 사회복음은 뉴딜이라는 정치적 마력과 행동에 자신의 자리를 빼앗긴 것을 알게 되었으며, 개신교의 지적인 지도자 가운데 일부는 '정치적 현실주의'를 강력하게 추구하고 있었다.[78] 시카고대학에서의 신(新) 토마스주의(*Neo-Thomism*)의 등장과 이 시기 남부 농본주의자들 또한 종교와 종교적 가치를 사회와 연관 지으려 시도하고 있었다. 따라서 일부 사람들이 정치적 좌파를 향한 운동에서 유사 종교적 동기를 보는 것은 억지는 아니다.

어떤 의미에서 그랜빌 힉스(Granville Hicks)는 보편주의 교회의 젊은 집단, 신학교, 그리고 스미스 칼리지에서의 성경 가르침을 통하여 공산주의로 다가갔다. 그러나 이 시기 그의 회고록의 한 평자가 목격했듯이, 아마도 더욱 중요한 어떤 것이 있었다.

> 분산화에 대한, 소규모 집단의 친교에 대한, 공동의 목표를 위해 같이 끌린 개인으로부터 유래하는 집단적 행동에 대한, 공동의 목표에 대한 그들의 역할을 실행에 옮기는 것에 대한 그의 타고난 감정은 〈진리의 일부〉(*Parts of the Truth*)에서 우리에게 드러난 것처럼 그의 생활패턴과 완전히 일치했다.[79]

그리하여 힉스의 1930년대 공산주의 운동에의 참여는 여하튼 조그만 마을을 미국문화에 영향을 미치는 요소로 만들려는 그의 말년의 열광적인 노력과 관련된 것으로 보인다.[80]

메리 맥카시(Mary McCarthy)는 그녀가 1930년대에 관한 자신의 소설

---

78) 이 주제에 관해서 Donald B. Meyer는 1930년대의 이해에 핵심적인 저서를 썼다. *The Protestant Search for Political Realism*(Los Angeles, 1960).

79) Josephine Herbst, op. cit., p. 777.

80) Granville Hicks, *Small Town*(New York, 1946). 이 책은 힉스가 공산주의자와 갈라선 이후 뉴욕 공동체 참여에 관한 자전적 평가이다.

을 《집단》(*The Group*) 이라고 불렀을 때 매우 적절한 이미지를 선택했다. 공산당, 그 내부의 여러 집단, 작가 연맹에 덧붙여, 거기에는 남부 농본주의자들이 있었다. 그들은 1930년 집단 선언문인 〈나의 입장을 고수할 것이다〉(*I'll Take My Stand*) 를 발표하고, 1936년의 또 다른 선언문인 〈누가 미국을 소유하는가〉(*Who Owns America?*) 에 합류했다. 앨런 테이트(Allen Tate) 는 산업 자본주의에 의해 제공된 것보다 더욱 진실되고 의미 있는 집단생활에 참여하고자 하는 그의 욕망을 표시했다. 즉, 생산자 자본주의, 농민공동체, 종교공동체, 혹은 지역공동체 의식 말이다.[81] 랠프 보소디(Ralph Borsodi) 는 현대 도시적 삶에 대한 저술로 유명해진 비평가로, 《도시로부터의 도피》(*Flight from the City*, 1933) 를 썼을 뿐 아니라, 이 시기의 공동체주의 사업 중 하나인 홈스테드 유닛(Homestead Units) 을 조직했다. 안티옥대학과 TVA〔테네시 계곡 개발공사〕에 관여했던 아서 모건(Arthur Morgan) 은 1939년 하나의 조직을 고안했는데, 이는 "기초적 사회 제도로서 공동체의 이해를 증진하고 회원의 경제적, 오락적, 교육적, 문화적, 그리고 영적 발전에 관심을 갖기 위해서였다".[82]

부분적으로 이것은 혁신주의 시대에 잘 확립된 전통의 지속이었으며, 아마도 19세기 중반 운동까지 추적할 수 있지만, 1930년대에 공동체주의적 관심이 전반적으로 부활했다는 것은 의심의 여지가 없다. 스튜어트 체이스의 멕시코 촌락에 대한 묘사는 이미 인용했다. 루이스 멈퍼드는 상당한 열정을 가지고 중세 도시의 성취를 되돌아보면서 새롭고 인간적인 도시가 만들어지기를 기대했다.[83] 1934년 9월에 개교한 블랙 마운틴

---

81) 앨런 테이트의 1939년 〈파르티잔 리뷰〉 질문지에 대한 답변으로 *The Partisan Reader*, p. 622에 재수록되었다.

82) 여기서 인용한 모건은 그 조직에서 간행된 팸플릿에서 인용했다. "About Community Service Incorporated", 연대 미상임.

83) *The Culture of Cities*(New York, 1938) 는 이미 인용한 《삶의 갱생》 시리즈(각주 36) 의 두 번째 책이다. 멈퍼드는 1920년대 그의 경력을 시대를 관통하

칼리지는 대학 생활의 특별한 공동체주의적 이상을 진척시켰다. 학생과 교수 사이에 보기 드문 평등이 존재했다. 그들은 학교를 같이 건설했으며, 문자 그대로 건물을 짓는 임무조차도 나눠가졌다. 학생은 그들의 대학 경험의 일부로서 토착 예술과 공예의 강한 전통을 발전시켰다.

손튼 와일더의 1938년도 감상적 히트작인 《우리 마을》(*Our Town*) 은 예를 들어, 1919년에 출간된 셔우드 앤더슨의 '기이한 책'인 《와인즈버그, 오하이오》(*Winesburg, Ohio*) 와는 훨씬 다른 마을 생활의 모습을 제공했다. 클리퍼드 오데츠(Clifford Odets) 는 파업의 이념을 거의 의례(*ritual*) 처럼 취급했다. 《좌파 사람을 기다리며》(*Waiting for Lefty*, 1935) 는 그의 노동자의 단합과 공동 행동에 대한 비전인데, 극중 노동자와 특별 공동체에 청중이 참여의식을 느끼게 만들었다. 노조는 경제적 조직이거나 그 이상이었다. 노조 조합원은 집단의식을 의미했고, 노조는 중요한 사회적 기능을 제공했으며, 때때로 심지어 문화적 기능까지도 제공했다. 예컨대, 《핀과 바늘》(*Pins and Needles*, 1937) 은 국제여성의류노동자(*International Ladies' Garment Workers*) 의 놀라운 연극 논평인데, 그것은 1930년대의 청중을 기쁘게 만들었으며, 1960년대 또다시 청중을 기쁘게 했다. 맥도웰 콜로니(The MacDowell Colony) 는 예술가에게 직업의 요구와 여타 사회적 압력에서 벗어나 일하고 살 수 있는 기회를 제공해주는 센터로서, 이 시기 공동체주의적 꿈이 거의 실현될 것으로 보였다. 그리고 메리 맥카시는 《오아시스》(*The Oasis*, 1949) 에서 1930년대 일부 지식인이 시도한 공동체주의적 모험을 풍자했다. 거기에 '민중사회'(*folk society*) 에 대한 새로운 관심이 존재했고 그것은 아메리카 선주민(*Indian*) 생활, 특히 유럽 문명의 도래에 의해 약탈된 콜럼버스 이전의 선주민 생활에 대한 재평가로 이어졌다.[84]

---

여 고안된 여러 유토피아 사상가에 대한 연구로 시작했다.

84) 에드워드 달버그의 공동체주의에 관한 흥미로운 논문을 볼 것. *Alms for Ob-*

개인의 헌신 행위는 종종 특정 집단이나 운동에 대한 참여 혹은 이상적인 집단이나 운동에 대한 희망 섞인 참여를 통하여, 특정한 문화의 비전에 이르렀다. 이러한 추구는 종종 전통에 대한 새로운 강조를 포함했다. 이미 미국적 전통의 추구에 대해 언급했다. 그러나 운동은 이것을 넘어섰다. 로버트 펜 워런(Robert Penn Warren)은 "과거는 항상 현재에 대한 비난이다"[85] 라고 말했으며, 혁신주의 시기 혹은 폭로의 1920년대에 역사가 이용된 것과는 아주 다르게 1930년대는 역사의 이런 특별한 활용을 진실로 증명했다. 농본주의자는 20세기 농본주의자 입장을 발전시키는 데 도움을 주고자 남북전쟁 이전의 남부에 대한 그림을 만들어내려고 시도했을 뿐 아니라, 심지어 좌파 신념을 가진 사람도 캘버튼이 《미국의 각성》(*The Awakening of America*, 1939)에서 보여주듯이, 과거, 예컨대 축소된 계급전쟁, 노예반란, 혁명적 영웅 등에서 많은 것을 알아낸다. 길버트 셀즈의 《본토》(*Mainland*, 1936)는 미국의 과거를 상당히 기리고 있다. 하나의 작품으로서 그것은 공황기 미국에 관한 그의 음울하고 부정적인 보고서인 《메뚜기 해》(*The Year of the Locust*, 1932)와는 뚜렷한 대조를 이룬다. 전문적 역사학자들은 이전에는 경멸하던 청교주의(*Puritanism*)를 좀더 호의적으로 평가하게 되는데, 이 또한 전반적으로 미국의 지적인 과거를 재평가하기에 이르렀다. 그리고 멈퍼드의 작품은, 다시 한 번, 현대 기술의 도래와 도시 문명에 의해 파괴된 초기 역사에서 많은 것을 본다.

---

*livion*(Minneapolis, Minn., 1964), "Our Vanishing Cooperative Colonies", pp. 91~103에 재수록되었다. 달버그뿐 아니라 하트 크레인과 아치볼드 매클리시 또한 콜럼부스 이전의 아메리카 선주민의 삶과 정복에 의한 소멸에 관심을 갖게 되었다. 윌리엄 카를로스 윌리엄스는 일찍이 1923년 *In the American Grain*에서 길을 안내했을지도 모른다. 인용된 달버그의 논문 끝에서 그는 묻는다. "고독한 미국인이 공동체적인 아메리카 선주민보다 우월한가?"

85) Louis Rubin, Jr., *I'll Take My Stand*(New York, 1958), p. xiii에서 인용.

전통 자체의 이념과 산업혁명과 프랑스 혁명 이전 서구에서 매우 특별하게 추정된 문명의 전통은 이 시기에 점차 중요해진다. 남부 농본주의적 전통과 미국적 전통의 여러 버전에 대한 호소가 있었을 뿐 아니라, 인문주의자인 어빙 배빗(Irving Babbitt)과 폴 엘머 모어(Paul Elmer More) 또한 1930년대 전반 논쟁의 생생한 원인을 제공했으며, 지식 세계에서 널리 연구되었다.[86] '전통과 개인적 재능'에 오랫동안 관심을 기울였던 T. S. 엘리엇은 1930년대 더 많은 관심을 전통에 두었으며, 특히 《기이한 신들 이후》(*After Strange Gods*, 1934)와 《기독교 사회의 이념》(*The Idea of a Christian Society*, 1939)이 그러했다. 시카고대학에서 로버트 허친스는 그 학교를 조직했을 뿐 아니라 《미국의 고등교육》(*The Higher Learning in America*, 1936)에서 대학 교육에 대한 그의 해석을 의미심장하게 옹호했다. 그의 작품은 소스타인 베블런의 이전 작품에 대한 직접적인 대결과 실용주의자들에 대한 특정한 도전이었다. 그는 문화를 형성하고 강화하는 데 전통을 사용하곤 했다.

> 교양교육(*general education*)에서 우리는 공통된 본성의 요소를 추출하는 데 관심이 있다. 우리는 개인의 부수적 성질이 아닌 인종의 속성에 관심을 갖고 있다. … 우리는 영속적인 연구를 제안하는데, 왜냐하면 이러한 연구가 … 인간과 인간을 연결하기 때문이며, 그것이 우리를 인간이 생각했던 최상의 것과 연결하기 때문이며, 그것이 그 이상의 연구와 세계의 이해에 기초적이기 때문이다. … 진정한 단일체(*unity*)는 진리의 위계에 의해서만 성취될 수 있는데, 그 위계는 우리에게 무엇이 근본적이고 무엇이 부수적인지를, 무엇이 중요하고 무엇이 중요치 않은가를 보여준다.[87]

86) 말콤 카울리의 비판, "Angry Professors"을 볼 것. 1930년에 썼지만, *Think Back on Us*, pp. 3~13에 재수록.

87) Robert M. Hutchins, *The Higher Learning in America*(Chicago, 1936), pp. 73, 77, 95.

1920년대에 이미 공격을 받았던 실용주의자들은 전통주의자와 반(反) 자연주의자의 심한 공격을 받으며 그들의 지적인 삶을 위해 싸우고 있음을 알게 되었다.[88]

심지어 형식과 내용에서 다양하고 서로 다른 이 시기의 저술은, 개인의 참여가 어떻게 되건 간에, 여러 운동에서 공동의 헌신을 나누어 가졌다. 마르크스주의 비평가들은 특별한 종류의 프롤레타리아에 관한 저술을 만들고자 노력했겠지만 그들은 당원 사이에서조차 성공하지 못했다. 대단한 관심에도 불구하고 그 운동은 놀랍도록 짧았다. 그렇지만 조셉 프리먼(Joseph Freeman)이 선집 《미국에서의 프롤레타리아 문학》(*Proletarian Literature in the United States*, 1935)에 쓴 흥미로운 서문은 검토할 가치가 있다.

> 그렇다면, 예술은 행동과 같은 것이 아니다. 그것은 과학과 동일한 것도 아니다. 그것은 당의 프로그램과도 구별된다. 그것은 그 자체의 특별한 기능, 경험의 포착과 전달이라는 기능을 지니고 있다. 올가미(*catch*)는 '경험'이라는 단어에 놓여 있다.[89]

그것은 진실로 올가미가 놓인 곳이었다. 존 듀이조차도 예술을 경험으로 규정했으며, '경험'이라는 단어는 혁신주의 세대에게 결정적인 단어였던 것이다. 프리먼 자신은 1912년의 시적(*poetic*) 르네상스에서 1929년

88) *Pragmatism and American Culture*, Gail Kennedy, ed. (Boston, 1952)는 독자가 이러한 발전을 추적할 수 있게 훌륭한 참고문헌을 지닌 탁월한 선집이다. 듀이 자신의 최상의 대답 중의 하나는 1943년 *The Partisan Review*: "Anti-Naturalism in Extremis". 그것은 *The Partisan Reader*, pp. 514~529에 재수록되었다.

89) *Proletarian Literature in the United States*, Granville Hicks et al., eds., 조셉 프리먼이 비판적 서문을 썼다. (New York, 1935), p. 10.

의 경제 위기까지의 미국에서 아방가르드의 미덕을 주장했다. 이 시기 미국의 작가는 전통적 작가의 '영원한 가치'를 논박했으며 당면한 미국의 경험을 강조했다.

> 그 운동에는 월트 휘트먼이라는 예언자가 있었는데, 그는 중세문학의 '영원한 가치'와 헤어졌으며, 여기와 지금(*here and now*)을 선언했다. 시학은 공간과 시간에서 자유로이 움직이던 자세를 포기했다. 그것은 이제 20세기 뉴욕, 시카고, 샌프란시스코, 아이오와, 앨라배마에 관심의 초점을 맞추었다.[90]

다음 단계는 계급투쟁 자체의 경험에 대한 표현이었으며, 1929년의 공황과 더불어 그것은 의식으로 부상하였다. 그리고 마침내 공산당의 문학이 나타날 것이라고 기대되었다.

그러나 개별 작가의 정치적 충성이 무엇이었건 간에 일반 문학은 정치적 지도부의 요구에 대체로 반응하지 않았다. 경험의 범위가 극적으로 확대된다는 새로운 인식이 있었는데, 이는 시대의 사건과 미디어에 의한 광범한 전파 때문이었다. 잭 콘로이는 당의 활동과 연관되어 있었지만, 《기득권을 빼앗긴 자》(*The Disinherited*)는 이념적 소설이 아니었다. 콘로이 자신이 주목했던 것처럼, "나는, 개인으로서, 나 자신을 소설가라기보다는 시대의 증인으로 간주했다. 나의 것은 휘트먼의 '당대의 사실에 생명을 주라'(*vivify the comtemporary fact*)는 명령에 복종하려는 노력이었다".[91] 앨런 테이트는 남부 농본주의자였으나, 그가 제시했듯이, "정치적 관념의 성공이나 실패는 나와 상관이 없다. 어떤 사상운동이 그

---

90) Ibid., p. 19.

91) Jack Conroy의 기고, "The 1930's: A Symposium", *The Carleton Miscellany*, *VI*(Winter 1965), p. 39.

들을 사로잡았건 간에, 나의 할 일은 사람의 경험을 말로 옮기는 것이다”.[92] 그리고 알프레드 카진(Alfred Kazin)은 그 자신의 《1930년대에 시작하다》(*Starting Out in the Thirties*)에서 다음과 같이 선언했다.

> 1930년대의 젊은 작가들이 원했던 것은 우리 경험의 문학적 가치를 증명하고, 우리 자신의 삶 속에서 예술의 가능성을 인식하고, 우리가 길거리, 가축 사육장, 직업소개소를 문학 속으로 옮겼다고 느끼는 것, 바로 우리의 급진적 힘이 현대문학의 실험욕구를 지속시킬 수 있다는 것을 보여주는 것이었다.[93]

그러나 많은 경우 경험과 그것을 기록할 방식에 대한 이러한 목표, 이러한 추구〔몇몇 흥미로운 새로운 형식들이 만들어졌는데, 특히 이 시기의 특징적인 '다큐' 기법, 돈 파소스의 《미국》(*U. S. A.*)뿐 아니라 제임스 에이지(James Agee)와 워커 에반스(Walker Evans)의 《우리 이제 유명한 사람들을 칭찬합시다》(*Let Us Now Praise Famous Men*)가 그러했다〕는 문화 그 자체로부터의 의미심장한 신화, 상징, 이미지의 발견과 연관되었으며, 그런 발견은 사실상 문화 자체의 강화, 재창조 혹은 개조의 토대로서 사용될 수도 있었다. 윌리엄 포크너는 남부를 다룬 소설에서 그리고 하트 크레인은 《다리》(*The Bridge*, 1930)에서 자의식적으로 미국의 역사를, 심지어 미국의 기술을 신화적이고 상징적으로 이용하고자 애썼다. 그러나 이 시기의 많은 문헌에 등장하는 가장 지속적인 상징은 '보통사람들'이었다. 그것은 케네스 버크의 '미국의 혁명적 상징주의'에 관한 강의주제였다. 1936년 칼 샌드버그(Carl Sandburg)는 예사롭지 않은 길이와 상당한 감

92) 1939년 *Partian Review* 질문지에 대한 그의 답변으로 *The Partisan Reader*, p. 622에 재수록되었다.

93) Alfred Kazin, *Starting Out in the Thirties*(Boston, 1965), p. 15.

상주의를 지니고 〈그래, 보통사람들〉을 강조했다. 다른 사람들은 '노동자'(버크가 '노동자'보다 '보통사람들'을 선호했다는 점이 1차 미국작가총회에서 일종의 문학적 쟁투를 만들어냈다), [94] 형제애 혹은 (언제나 대문자로) 인간(*Man*)을 지목했다.

신화, 상징, 그리고 이미지에서 이러한 자의식적 관심(작가와 학자 사이에서 숭배는 아닐지라도, 이후 수십 년 동안 비평과 철학의 특수 분야가 되었다)은 1930년대에 하나의 방식이 되었는데, 그 안에서 문학은 반드시 정치적 행동으로는 아니지만 다시 한 번 경험을 문화로 연결시킬 수 있었다. 허버트 에이가(Herbert Agar)는 《누가 미국을 소유하는가?》(*Who Owns America?*, 1936) 서문에서 미국의 사회적·경제적 체제는 암초에 걸렸다고 선언했다. '더 나은 세상을 건설'할 필요가, 그리고 '인간적인 용어로' 그것이 무엇일 것 같은가에 대한 그림을 제공할 필요가 있었다. 개혁은 필수적이었으며, 사회적·경제적 이론들은 충분치 않았다. "실로 만약 개혁을 시작하려면, 인간의 마음을 흔들 수 있는 이상에 토대를 두어야 한다."[95]

이미지 — 혹은 신화 또는 상징 — 를 요구하던 시대에 사회적·정치적 운동은 충분히 효과적인 것을 제공했던가? 조세핀 헙스트는 '고생하는 대중'(*toiling masses*) 같은 구절이 충분한지 아닌지를 물었으며, 1941년 한때 좌파 정치와 연관된 전직 '무산계급 소설가', 에드워드 달버그는 좌파가 의미 있는 상징과 신화를 제공하는 데 실패한 것에 관해 통렬하게 쓰고자 했다. 예를 들어, 신화적 파업(*Mythic Strike*)의 수수께끼는 충분치 않았다. "비극적 정화로서, 영혼의 정화(*ablution*)로서 파업은 실패한다.

94) 이 이야기는 버크가 "Symposium: The First American Writers' Congress", *The American Scholar*, *XXXV*(Summer 1966), pp. 505~508에서 한 논평에서 나온다.

95) Herbert Agar, *Who Owns America?*(Boston, 1936), p. vii.

파업은 물물교환, 실용적 수단이지 하나의 보는 방식이 아니다. 그리하여 그는 이념이 제공할 수 있는 것 이상을 이념에 요구했다. 그의 특이한 수사법 안에서 공산주의와 파시즘에 대한 불만족을 지적하면서 말이다. 그런데 그러한 불만족이 다른 사람들을 일찍이 1930년대 추구했던 종류의 정치적 참여에서 빠져나오게 했을지도 모른다. "빵의 드라마는 포도주와 성체(*Wafer*)를 대신할 수 없었다. 왜냐하면 인간은 그의 빵 쪼가리를 가져야 할 뿐 아니라, 또한 먹기 위한 하나의 이미지를 가져야만 한다. 공산주의와 파시즘은 두려움이나 경외의 대상이 되지 못한다. 그것들은 이미지 만들기 재료로서는 약하다."[96] 달버그는 1930년대 신화, 상징, 이미지에 그다지도 흥미 있어 하던 다른 사람들이 다양한 방식으로 찾고자 노력했던 것을 필요로 했다. 아마도 결국은, 제한된 방식일지라도 뉴딜은 성공을 거두었다. 왜냐하면 예술가 혹은 지식인, 공산당 또는 기술관료주의(*Technocracy*) 같은 여타 정치 및 사회운동이 아닌 뉴딜이 대부분의 미국인들에게 가장 큰 의미를 지닌 일련의 이미지, 상징, 그리고 신화를 자유롭게 구사했기 때문이다.

적어도 1930년대에 관한 2명의 최근 비평가들은 이 시기 좌파 진영의 커다란 실패 중 하나는 좌파를 미국의 '지적' 전통보다는 '민중'(*folk*), 즉 '대중문화'(*mass culture*)와 연관 지으려는 노력이었다고 주장했다.[97]

> 1930년대 지적 생활의 가장 중요한 결과와 그것에서부터 성장한 문화가 왜곡되었으며, 마침내 경험의 정서적, 도덕적 내용이 파괴되었는데, 경험의 그 자리에 관례화된 '반응'의 체계를 놓아두었다. 사실상, 대중문화의 주요

96) Edward Dahlberg, "The Proletarian Eucharist", in *Can These Bones Live?* (New York, 1941). pp. 73~74.

97) William Phillips, "What Happened in the '30s?", *Commentary*, *XXXIV* (September 1962), 204~212; Robert Warshow, "The Legacy of the '30s"는 그의 *The Immediate Experience*(New York, 1962)에 재수록되어 있다.

한 기능은 어떤 사람이 개인의 삶을 직접적으로 경험할 필요성을 경감하는 것이다.[98]

윌리엄 필립스는 콩코드 학파(Concord School)의 작가들이 미국 지식인 계급의 첫 출현을 알렸다고 주장해왔다. 상업주의와 청교도 유산에 대항한 그들의 반란에서, 그는 "그들이 에머슨이 표현했듯이 의식적으로 '식자계급'(*a learned class*)을 형성하기 시작했다. 그리고는 유럽 문화를 토착전통으로 동화시키기 시작했다"[99]고 제시한다. 1930년대, 자의식적인 미국의 지식인 계급은 '무(無)식자 계급'이 되는 일에 착수했으며, 전수받은 유럽의 전통, 아마도 특히나 1920년대 오랜 해외 체류에서 가져온 그러한 이념과 형식에 '보통사람들'의 문화를 동화시키기 시작했다.

위에서 목소리를 낸 비판이 이 시기의 타당한 관점을 구성하건 아니건 간에, 이 시기의 문학과 사상의 많은 것에 일종의 감상주의, 종종 너무도 뚜렷한 지적인 유약함의 특성이 남아 있었다. 윌리엄 사로얀의 '온순한 사람들', 클리퍼드 오데츠가 그렇게 자주 그의 연극을 끝냈던 특이한 희망의 메시지, 그리고 정당한 근거 없는 그 연극의 내용들, 칼 센버그의 '보통사람들'에 대한 긍정적 끄덕임, 아치볼드 매클리시의 남자에 대한 찬가. 헌신의 관념은 문화의 관념과 결합되었을 때, 종종 혁명이 아니라 묵인에 이르게 했다.

의미심장하게도 1930년대 두 개의 다른 방으로부터 두 개의 다른 목소리가 등장했으나 그것은 우선적으로 공황 이후 시기에 완전한 문화적 목소리와 힘을 성취했다. 무책임에 대한 헌신을 문화적 자세로 부를 수도 있을 것이다. 자아의 경험을 기뻐하고 나머지 모두에 대해서는 지옥을

98) Warshow, op. cit., p. 7.

99) William Philips. "The Intellectuals' Tradition", *The Partisan Reader*, p. 489에 재수록되어 있다. 이 논문은 원래 1941년에 쓰인 것이다.

얘기하는 극단적인 도덕률 폐기론. 처음에는 일종의 문학계의 지하에서, 1934년 헨리 밀러는 《암의 회귀선》(*Tropic of Cancer*)으로 나타났다. 1940년 스페인 내전에서 집으로 돌아온 조지 오웰은 밀러를 "지난 몇 년간 영어를 사용하는 인종 가운데서 출현한, 하등의 가치는 없으나 오로지 상상력을 갖춘 산문 작가"로서 환호했다.[100] 밀러는 패배주의자도 예스맨도 아니었다. 오웰은 설명하기를, "밀러의 작품에서 징후상 중요한 곳은"

> 이러한 태도들 중 어떤 것도 회피하는 것이다. 그는 세계-과정을 앞으로 밀려고 하지 않으며, 그것을 뒤로 잡아당기려 하지도 않는다. 그러나 한편으로 그것을 결코 무시하는 것은 아니다. 나는 그가 서구문명의 임박한 파멸을 대다수 '혁명적' 작가들보다 훨씬 더 굳게 믿고 있다고 말해야 할 것이다. 다만 그는 그것에 대해 어떤 것을 하기를 요구받을 거라고 느끼지는 않고 있다. 그는 로마가 불타는 동안 장난을 하고 있으며, 이렇게 하는 대부분의 사람과 다르게 화염 쪽으로 얼굴을 들이밀고 장난을 하고 있다. … 그는 자신이 겪는 과정을 변경하거나 통제할 어떤 충동도 느끼고 있지 않다. 그는 그 자신이 삼켜지도록 내버려두고, 수동적 상태로 남아, 받아들이는, 본질적으로 요나(Jonah)의 행동을 해왔다.[101]

밀러의 작품은 헌신의 행위로, 그 안에서는 행위 자체가 가장 중요한 것이다. 거기에는 어떠한 '참여'의 필요성도, 실재건 가상이건 집단이나 문화의 일부로서 '소속'의 인식도 없다. 만일 그가 전통의 일부라면, 그것은 역사 뒤편에 남아 있던 파편 가운데서 끄집어낸 개인적 전통이다. 밀러에게는 역사에 대한 인식이 거의 없다. 종교적 인식은 있으나, 도덕

100) George Orwell, *An Age Like This*: *1940~1943*, Sonia Orwell and Ian Angus, ed. (New York, 1954: Harcourt Brace Jovanovich, 1968).

101) Ibid., pp. 248~249.

률 폐기론적이고 지극히 개인적이다. 그의 작품은 철학, 이념, 사회에 의해서, 그리고 전통적 신화나 상징에 의해서 구조화되지 않았으며, 그 자신의 경험을 직접적으로 표현하려 한다. 거기에는 '민중'에 대한 영광이나 '보통사람들'의 문화에 대한 특별한 관심도 없다. 미국의 역사는 그에게 유럽만큼이나 의미가 없으며, 그의 관심을 끄는 미국이란 단지 그 자신이 경험한 미국일 뿐이다. 밀러의 입장은 1930년대의 문화사에 속한다. 그것은 헌신의 관념에 대한 중요한 수정을 대표하며, 후일 몇십 년 동안 점차 중요해질 것이었다. 오웰에게 밀러의 저작은 징후적이다. "그것은 세상이 스스로 흔들어 새로운 형태를 갖출 때까지 어떠한 주요 문학도 불가능하다는 것에 대한 예증이다."[102)]

또 다른 방은 그 실내장식을 보면 '키르케고르(Kierkegaard)의 방'이라고 부를 수 있겠다. (그리고 이 덴마크 철학자의 책이 영어로 처음 번역된 것이 1930년대라는 점을 주목하는 것은 중요하다. 비록 논의 중인 운동이 그의 사고에 의존한다고 말하는 것은 적절하지 못하지만 말이다.) 1932년 라인홀트 니부어는 "《도덕적 인간과 비도덕적 사회》(*Moral Man and Immoral Society*)를 통해 개인주의적이고 유토피아적인 사회사상에 폭탄선언을 했다".[103)] 이때부터 니부어와 여타 비슷한 생각을 지닌 〔일반적으로 신(新)정통주의로 불린〕 신학자들은 하나의 입장을 개발했는데, 그것은 마침내 앞선 개신교 사상을 지배하게 되고, 궁극적으로 미국의 많은 지식인에게 중요한 세계관을 제공하게 되었다.

신정통주의적 입장의 기초적 구조에 대한 일반화된 그림은 필연적으로 어설픈 패러디가 될 위험부담이 있다. 그러나 그것이 인간에게 매우

---

102) Ibid., p. 256.

103) Sydney E. Ahlstrom, "Theology in America", in *The Shaping of American Religion*, Vol. I, James Ward Smith and A. Leland Jamison, eds. (Princeton, N. J., 1961), p. 312.

어려운 헌신을 요구한다고 제시하는 것은 정당하다. 인간은 세계 안에서 (*in the world*) 살아야 하지만, 세계에 속해서는(*of the world*) 안 된다. 인간은 피조물이자 창조자이다. 그는 역사 속에 포함되지만, 그럼에도 그것을 초월한다. 원죄의 교리를 중심적 위치에 복원시키면서, 니부어는 인간이 자신의 한계 때문에 완전하게 성공하는 것이 불가능하다는 점을 충분히 잘 알고 있었지만, 인간에게 정치적 개혁이라는 일에 계속해서 참여하기를 요구했다. 그는 역사에 대한 성경적 견해와 '현대적'이거나 '진보적' 견해 사이에 존재해야만 하는 구별과 긴장을 극적으로 만들었다. 인생은 패러독스인데, 당연한 진지함을 지니고서 받아들여야만 한다. 시드니 알스트롬(Sydney Ahlstrom)은 그 운동의 주요한 특징을 요약했는데, 그것은 개신교 신정통주의로서 출현하여 자유주의적 개신교와 사회복음 개신교 모두에 내포된 문화적 투항(*cultural surrender*)의 유형에 대한 대안을 추구했다.

> 집단, 계급 그리고 개인적 자기만족에 대한 비판. 기독교 진리의 개인적 전유(*appropriation*)에 대한 요구. 복음 아래 인간의 도덕적 의무는 법리주의적 지침이라는 용어로 진술될 수 없다는 주장. 거대한 성경의 패러독스를 합리화하는 위험에 대한 경고. 자아와 신에 대한 급진적인 인격주의적 이해에 대한 강조. 무엇보다도 실재, 객관성, 신의 주권(*sovereignty*)과 그의 심판.[104)]

실제로 예수의 근본적인 역할은 문화와 대립하는 것이다. 인간은 여하튼 그 사이에 붙잡혀 있다. 예수는 세상 속의 삶과 문화에 대해 끊임없는 비판을 제공할 것이다. 그럼에도 불구하고 인간은 문화 안에서 상황에

---

104) Idid., pp. 315~316. Donald Meyer, *The Protestant Search for Political Realism* (Berkeley, 1960) 도 볼 것.

대한 좀더 현실주의적 감각을 지니고서 계속 움직여야 한다. 어떠한 집단, 정당 혹은 계급에도 본질적인 도덕성은 존재하지 않았다. 궁극적으로 문화 안에서 인간의 투쟁은 외로우며, 그를 지탱하기 위해서는 그의 헌신, 예수에 대한 믿음에 의존해야만 한다.

그리하여 1930년대 말 두 개의 새로운 일반적 입장이 이 시기의 혼란으로부터, 그리고 문화의 관념과 헌신 자체의 관념으로부터 출현했는데, 두 개의 입장은 이 시기를 특징짓던 문화와 헌신에 대한 서로 다른 견해에 대한 중요한 비판을 내포했다. 제 2차 세계대전 시기와 그 이후 미국의 지식인에 의해 이러한 입장이 점차 받아들여짐으로써 1930년대는 종말을 맞게 되었다.

그럼에도 불구하고 1930년대가 성취한 것을 솔직하게 이해하려는 노력에 보충이 요구된다. 1941년, 제임스 에이지와 워커 에반스가 (1936년에 시작한) 그들의 특이한 책인 《우리 이제 유명한 사람들을 칭찬하자》를 마침내 출간했다. 그 책은 1930년대의 위대한 고전일지도 모른다. 왜냐하면 1930년대의 최상의 공헌에 대한 특징 중 많은 것을 나타내기 때문이다. 그 책은 물론 다큐멘터리이다. 그 책은 '보통사람들'이 아니라 미국 남부의 소작농 세 가족이라는 특정한 일원을 내밀히, 자세하게 다룬다. 사진과 텍스트를 놀랍게 결합하여, 그 책은 빛과 소리의 시대의 요구에 특히나 부응한다. 에이지는 우리에게 말하기를 텍스트는 "마음속으로 크게 읽으면서 쓴 것이며 … 독자에게는 그가 지면에서 제거한 것(*take off the page*)에 귀를 열고 주의하라고 제안했다. 왜냐하면 어조(*tone*), 속도(*pace*), 형태와 강약법은 여기서 특히나 눈만 갖고서는 활용할 수 없는 것들이며, 그것들을 잃어버리면 의미의 많은 부분을 잃게 되기 때문이다".[105] 텍스트는 '음악을 듣거나 영화를 보는 것처럼' 계속적으로 읽게

105) James Agee and Walker Evans, *Let Us Now Praise Famous Men*(Boston, 1941), p. xv.

끔 의도되었다. 그는 자신이 단어를 사용할 필요가 전혀 없기를 소망했으나 옷 조가리, 흙덩어리, 나무와 쇠 조각, 향수병, 음식 접시와 배설물 접시를 합칠 수는 있었다.

"무엇보다도, 신의 이름으로 그것을 '예술'이라고 생각지 마시기를." 왜냐하면 에이지는, 그의 독자에 의해, 그 사람들 자체의 경험, 그들의 삶의 양식, 바로 그들의 존재와 더불어 직접적인 대결을 이루어내고자 애쓴다. 그는 작품에서 어떤 등장인물의 진정한 의미는 "당신이 존재하는 것처럼, 내가 존재하는 것처럼, 그리고 상상의 인물은 결코 존재할 수 없는 방식으로, 그가 존재한다는 것이다. 그의 커다란 무게, 신비, 존엄은 이러한 사실 속에 있다"라고 주장했다.[106] 그리하여 직접 경험에 대한 집중과 풍부한 자세함에서 전체의 문화적 환경의 재창조가 그 작품의 특징이다. 그것은 열정의 작품이고, 작가에 의한 근본적인 헌신의 행위를 포함하는 작품이며, 그러한 사람들의 삶이 의미심장하다는 믿음이자 인간의 존엄에 대한 믿음이다. 가르치기 위한 특정한 '사회적' 혹은 '정치적' 교훈이나 설교를 위한 교의가 없음에도 불구하고, 거기에는 도덕적 강렬함이 있다. 리오넬 트릴링이 제시하듯이, 우주에서 어떠한 악(*evil*)도 직면하기를 거부한 그의 작품에는 도덕적 결함이 있었을지 모르지만 열정과 순진무구함 또한 보는 방식(*ways of seeing*)이었으며, 아마도 1930년대 최상의 작품에서 특징적인 보는 방식, 우리가 잊어버릴 수도 있는 보는 방식은 1930년대의 참되고 가치 있는 유산의 일부이다.[107] 훗날의

---

106) Ibid., p. 12.

107) 트릴링의 비판은 *The Mid-Century*, *XVI*(September 1960), pp. 3~11에 실린 탁월한 비평문에 있는데, 새로이 개정판에 실린 것이다. 최근의 미국 학계와 비평계에서의 미국의 '순진무구함'에 대한 여러 공격에 관해서는 Robert A. Skotheim, "'Innocence' and 'Beyond Innocence' in Recent American Scholarship", *The American Quarterly*, *XIII*(Spring 1961), pp. 93~99의 흥미로운 논문을 볼 것.

비평가들은 순진무구함의 종말(*the end of innocence*), 즉 인격주의에 대한 인식 부족, 감상주의, 세상 속에 내재한 악과 복잡성에 대한 몰이해, 모든 인간 문제에 대한 단순한 해결책에 대한 낙관적 믿음을 환영할 것이다. 이 동일한 비평가들은 새로운 '현실주의'를 상당한 열정을 갖고서 환영했다. 이 시기의 순진무구함은 기록될 수 있다. 즉 그것은, 아마도 그리 쉽지는 않을지도 모르지만, 바로 유약함이었다. 1930년대는 또한 '이데올로기'에 대한 헌신 때문에 비판받아야만 했다. 그러나 애석하게도 우리는 이러한 비난을 언급할 수 없는데, 그러한 헌신이 존재했다는 증거가 거의 없기 때문이다. 차라리 1930년대가 놀랍도록 유약하게 보이도록 하는 것은, 양자〔헌신과 순진무구함〕가 사실상 본질적일 수 있을 때 모든 이념적 의미를 대체했던 그 순진무구함이다.

이 논문이 묘사하고 이해하려고 시도한 1930년대는 신화와 기억 속에 존재하는 1930년대와 일치하지 않을지도 모른다. 그것은 자신의 몫을 넘어서는 심대한 유약함을 지녔다. 그러나 그 시대가 문화의 관념과 헌신의 관념의 변용에서 우리의 발전에 중요한 공헌을 했다는 사실은 남는다. 수십 년이 지나야 이러한 발견에서부터 더 나은 활용이 가능할지 아닐지를 결정할 수 있을 것이다.

제 10 장

# 문화와 헌신*

## I

어떤 저명한 영국 역사학자는 매우 효과적인 수사법을 구사해 그의 청중을 부끄럽게 만들어, 그렇지 않았더라면 일부에게는 그것이 유별나거나 심지어 미심쩍을 수도 있는 명제를 쉽사리 받아들이게 했다. 그는 "모든 학생이 알고 있는"이라는 문구로 그러한 진술을 시작했으며, 학교를 떠난 지 오랜 상태에서 그의 글을 읽은 사람들은 종종 처음의 무지함이나 의심이 무엇이건 간에 부끄러움을 느끼거나 묵인하게 된다. 이 논문은 여기에 해당하는 케이스는 아닌데, 왜냐하면 모든 학생이 증권시장의 붕괴와 제2차 세계대전의 종말을 표시하는 항복 사이의 시기 동안 미국인이 두 가지 특이한 경험을 했다는 것을 알고 있기 때문이다. 즉, 오래 지속된 심각한 경제적 불황과 오래 끈 세계대전에의 참여가 가져온 부담 말

* 〔옮긴이주〕 'commitment'는 전념, 공약, 몰두, 책무, 위임 등의 의미로도 번역될 수 있으나, 여기서는 '헌신'으로 옮긴다.

이다. 비록 종종 더 모호하지만, 그는 이러한 경험이 미국 역사에 중대한 결과를 가져왔을 뿐 아니라 수백만 미국인의 삶에 심각하게 그리고 자주 파괴적인 영향력을 지녔던 것도 의식하고 있다.

모든 학생이 알고 있기는 하지만, 이 글에서는 그러한 경험에 거의 관심을 두지 않는다. 그리고 그 경험이 연구 중인 시기 대부분을 설명하는 데 아주 핵심적이기 때문에, 어떤 설명은 그 시기가 제시하는 것뿐만 아니라 내가 설명하지 않는 것에도 합당하다. 현재 추세는 역사적 재구성의 기술(*art*)을 아마도 지나치게 강조하는 경향이 있는데, 그 재구성은 우리가 과거의 경험, 즉 그것이 무엇이었는지, 어떻게 그것을 느꼈는지를 재경험하기 위해서이다. 가장 대중적인 형태로, 그러한 역사는 일종의 향수(*nostalgia*)가 되며, 과거로부터의 대상은 우리의 청춘을 되살리거나 과거에 살지 않았던 사람들에게 과거를 경험하게 하는 것이다.

문화사가는 과거의 경험을 알려고, 즉 어떤 의미이든 간에 과거를 재경험하려고 애쓰지 않는다. 차라리 그는 사람들이 경험했던 세계 내의 **형식**(*forms*), 즉 삶의 패턴이나 세상을 영위할 수 있었던 수단인 상징을 발견하고자 한다. 어떠한 개인도 존 로크적인 백지(*Lockean tabula rasa*) 상태 같은 종류의 경험을 할 수 없기 때문에, 그는 어떤 확립된 형식이 어떤 반응의 패턴을 사용하여 어떤 방식으로 경험을 수용하는 조건하에 놓이게 된다. 자주 경험과 그러한 대결을 하는 도중에, 새로운 형식이 만들어지거나 낡은 패턴은 변경된다. 문화사가는 이러한 형식의 변화하는 양상에 계속해서 주의를 기울인다. 그는 그 자신의 문화, 패턴, 상징, 형식만 가지고서는 경험 그 자체에 뛰어들지 않는다.

그러나 문제는 역사학자에게 복잡한 것이다. 왜냐하면 그는 자신의 일을 하기 위해서, 사실상, 형식을 창조해야만 하는데, 그래야 자신이 연구하는 문화를 형성하는 형식을 가장 잘 이해할 수 있기 때문이다. 위대한 문화사가인 요한 호이징가[1])가 우리에게 말하기를, "역사의 모든 작업은 콘텍스트와 디자인 형식을 구성하는 데서 과거의 실재를 이해할 수 있다. 역사는 우선적으로 사실을 의미 있게 배열함으로써 그리고 매우 제한된 의미에서만 엄격한 인과관계를 확립함으로써 이해 가능성을 만든다". 두 가지 흥미로운 생각이 뒤따른다. 첫째, 연구 대상이 되는 문화를 다루는 역사학자는 문화가 직면하는 경험을 다루는 문화 그 자체와 매우 유사하다. 대항하고 의미 있는 것으로 만들려는 노력 속에서, 사람들은 경험을 다루기 위한 일련의 형식들, 패턴들, 상징들의 조합인 문화를 만들어낸다. 그리하여 역사학자 또한 그의 '경험'을, 분석 중인 문화를 다루게 된다. 둘째, 역사학자의 콘텍스트와 형식은 물론 그의 진행형 문화로부터 호출된 것이며, 따라서 그의 역사는 그 문화의 일부, 즉 그것의 콘텍스트와 형식의 일부이다.

여기서 나의 초점은 형식, 패턴, 그리고 상징에 관한 것인데, 이것들은 대체적으로 미국의 중간계급이 그들 자신의 경험이 아니라 공황과 전쟁의 경험을 다룰 때 사용하곤 했던 것이다. 그러나 역사학자로서 내가 형식을 디자인하고 콘텍스트를 구성함으로써 이 문화사를 '이해할 수 있'게끔 만들려고 노력하는 자신을 발견하는 것처럼, 나 또한 연구 중인 이 시기 사람들이 문화와 헌신이라는 관념의 중요성을 자의식적으로 깨달음으로써 그리고 경험의 세계를 다룰 수 있게 하는 문화와 그들의 삶을 의미 있게 만드는 형식, 패턴, 상징에 대한 헌신의 중요성을 의식적으로 추구함으로써 그들 자신의 세계를 이해하게 하고자 노력하고 있음을 발견한다.

1926년 고전세계의 위대한 역사학자인 미하일 로스토프체프(Mikhail Ivanovich Rostovtzeff)[2]는 자신의 가장 비범한 작품의 마지막 부분에서

---

1) 〔옮긴이주〕 Johan Huizinga(1872~1945): 네덜란드를 대표하는 역사학자로서 《중세의 가을》(*The Autumn of the Middle Ages*)이라는 책으로 후세 사가에게 많은 영향을 미쳤다.

그를 사로잡던 문제를 제기했다.

> 그러나 궁극적인 문제가 유령처럼 언제나 현존하면서 갈피를 못 잡고 남아 있다. 고급 문명을 하층 계급에까지 연장하는 것이 문명의 기준을 낮추지 않고 그 품격을 소실점까지 희석하지 않고도 가능할까? 모든 문명은 그것이 대중에까지 스며들기 시작하자마자 부패하게 되어 있지 않았던가?

그리고 1920년대 후반과 1930년대에 대한 이러한 특징적인 질문을 염두에 두면서, 특히나 나의 작업을 사로잡는 여타의 문제들이 존재한다. 갑작스럽게 나의 작업이 하나의 문화임을 알게 된 문화에는 무엇이 발생했을까? 문화뿐 아니라 문화의 관념(*idea*)과 헌신의 관념에 대해 자의식적 인식을 지닌 문화의 결과는 무엇일까? 합리화된 나머지 완전히 인식을 갖고서 그 자신의 문화를, 그 자신의 헌신을 추구하는 문화에는 무엇이 일어날까?

## II

그것은 엄밀하게는 경험과 문화 사이의 관계에 관한 질문인데, 그 관계는 제 1차 세계대전 직전의 시기부터 젊은 세대의 문화비평가를 매료시켰다. 루이스 멈퍼드[3]의 미국 문명과 문화에 관한 개척자적 3부작 연구서인 《막대기와 돌》(*Sticks and Stones*, 1924), 《황금기》(*The Golden*

2) 〔옮긴이주〕 Mikhail Ivanovich Rostovtzeff(1870~1952): 오랫동안 예일대학에서 교편을 잡은 역사학자이다. 특히나 로마사의 대가로서 무엇보다도 고대 경제를 자본주의적 시각에서 해석하고자 했다.

3) 〔옮긴이주〕 Lewis Mumford(1895~1990): 20세기를 대표하는 미국의 지식인으로 특히나 과학과 기술, 도시와 도시 건축 등에 관한 많은 저작을 남겼다.

*Day*, 1926), 《갈색 시대》(*The Brown Decades*, 1931)는 아마도 지식인 전체 세대의 관심이 절정에 이른 것으로 볼 수 있을 것이다. 1920년대가 끝나갈 즈음, 미국이 진실로 아메리카 대륙에 새로운 문명을 낳았다는 생각에 대하여 일반적인 동의가 있었다. 1927년 탁월한 프랑스 사회과학자인 앙드레 지그프리드(André Siegfried)는 희망과 약속으로서 그리고 문제와 위협으로서의 미국 문명에 대한 분석을 출간했는데, 그것은 널리 읽히고 토론되었다. 1929년에 그의 책 《성숙한 미국》(*America Comes of Age*)은 14판을 찍었으며, 그 책의 메시지는 여타 발전에서도 수용과 전반적인 강화가 발견되었다. 즉 그 책은 더 이상 단순히 소규모 지식인 집단의 관심사가 아니라 전반적으로 전국적인 관심을 받게 되었다. 지그프리드는 "오늘날 생산의 현대적 방식이 가져온 혁명적 변화의 결과로서, 〔미국은〕 다시 신세계가 되고 있다. … 미국인은 이제 거대한 규모로 완전히 독창적인 사회구조를 만들고 있는데, 그것은 유럽인과 표면적으로만 유사성을 지니고 있다. 심지어 그것은 새로운 시대일지도 모른다 …"라고 선언했다.

1936년이라는 관점에서 뒤돌아보면서, 셸던(Sheldon)과 마사 체니(Martha Cheney)는 1927년에 "기계시대 의식이 퍼져가고 있었다"고 선언할 수 있었다. 이후로 다른 연구자도 그러한 의식을 고양했던 그해의 기술적 업적의 일부를 지적했다. 뉴욕과 런던, 샌프란시스코, 그리고 마닐라 사이에 라디오-전화 서비스가 확립되었으며, 최초의 전국적인 라디오 네트워크가 개발되었으며, 세계 최초로 수중 교통 터널인 홀랜드 터널이 개장했으며, 〔최초의〕 유성영화 소개가 있었으며, 헨리 포드의 1,500만 번째 자동차가 생산되었다. 그러한 발전의 목록은 그해만으로도 끝없는 것처럼 보였는데, 로버트 스턴 교수는 1927년에 관한 중요한 에세이에서 그해를 문명의 발전에 있어 전환점이라고 제시했다.

마치 기계시대 — 즉 산업문명의 시대로, 그 문명 내에서 새로운 기술이 사회의 물질적 토대에 변화를 가져왔으며, 그 변화는 사회 조직과 구조의 패턴을 바꾸는 중이었다 — 에 생활의 완전한 결과가 충분한 문제가 아닌 것처럼, 거기에는 또한 가치구조에서도 미묘한 변화에 대한 의식이 증가했다. 그리고 그러한 변화는 부분적으로 바로 그 산업문명의 운영과 요구에 의해 촉진되었다. 다시 한 번 1930년대 전반의 시각에 입각한 저술에서, 말콤 카울리는 다음과 같이 날카롭게 알아차렸다. 당시 그리니치빌리지의 보헤미안들은 "《새터데이 이브닝 포스트》(*Saturday Evening Post*)에 의해 대표되었던 기업-기독교 윤리"에 저항하고 있었는데, 이들에 의해 처음 전파된 새로운 윤리 규정은 1920년대 말이면 새로운 산업질서에 필수적인 것이 되었다. 비록 1920년대에 관한 연구지만 1930년대의 고전적 작품인 《망명자의 귀환》(*Exile's Return*, 1934)에서 그는 우세한 윤리는 사실상 실질적으로 생산윤리였다고 지적한다. 즉, "그것이 가르치는 위대한 미덕은 근면, 통찰력, 절약, 그리고 개인적 솔선이었다". 그러나 제 1차 세계대전 이후, 새로운 산업문명의 성숙한 자본주의는 새로운 윤리를 요구했는데, 그 윤리는 사람들에게 구매를 권하는 소비윤리였다. 보헤미안의 역할을 과장하지 않고, 그리니치빌리지를 도덕상의 혁명의 원천으로 지적하지 않으려 노력하면서, 카울리는 다음과 같이 진술했다.

> 그리니치빌리지의 많은 아이디어가 변화된 상황에서 유용했음을 증명하는 일이 벌어졌다. 그리하여, **자기표현**과 **쾌락주의**(*paganism*)는 모든 종류의 생산품, 현대적 가구, 바닷가 파자마, 화장품, 채색된 화장실과 그곳에 어울리는 화장지에 대한 수요를 권장했다. **지금을 위한 삶**(*Living for the moment*)이란 자동차, 라디오 혹은 집을 구입하는 것을 의미했으며, 그것을 당장 사용하고 내일 지불하는 것을 의미했다. **여성 평등**이란 이전에는 남자만이 사용하던 생산품의 소비를 두 배로 만들 수 있는 것이었다. 심지어 **변화하는 장소**란 예술가가 국외 추방된 국가에서 비즈니스를 촉진하는 데 도

> 움을 주는 것이다. 즉, 그들은 본의 아니게 만년필, 실크 스타킹, 자몽(*grapefruit*), 이동이 간편한 타자기에 대한 해외 수요를 증가시켰다. 그들은 자신들을 따라 온 한 무리의 관광객을 끌어들여 증기선과 여행사의 이윤을 부풀려주었다. 모든 것이 비즈니스 그림에 딱 맞아떨어졌다.

미국인은 기계시대에 살고 있음을 인식하고 있었는데, 그 시대는 새로운 시대로서 미국이 토대로 했던 그리고 미국의 기본적인 제도와 사회구조가 형성된 농업적 세계관과는 엄청나게 다른 것이었다. 찰스 비어드와 메리 비어드는 가장 대중적 성공을 거둔 《미국 문명의 흥기》(1927)의 첫 권을 《농업 시대》로, 둘째 권을 《산업 시대》로 불렀는데, 이 책은 새로 만들어진 이달의 책 클럽(Book-of-the-Month Club)을 통해 중간계급 독자 사이에 널리 퍼져서, 〔향후〕 20년 동안 미국의 역사에 관한 미국적 사고에 굉장한 영향을 미쳤다. 그러나 그러한 인식은 생산의 시대와 소비의 시대 사이의 갈등과 이동 때문에 더욱 복잡해졌다. 미국인은 소비자로서 새로운 방식으로 생각하고 행동하기 시작했다. 이러한 전환을 보여주는 것으로 헨리 포드가 제공한 것보다 더 나은 상징은 없을 것이다. 같은 해인 1927년, 포드는 오랜 표준인 검정색 모델 T 자동차의 생산을 종식하고 소비자 지향적이며 (그리고 여러 색깔이 적용 가능한) 상당히 스타일을 갖춘 모델 A 자동차를 출시했다.

그리하여 미국인들은 기계시대 문명을 자신 주변의 물질적 세계 내에서 볼 수 있었으며, 엄청나게 다양한 사회적 변화와 생활의 패턴을 감지할 수 있었다. 문명이란, 루이스 멈퍼드가 말했듯이, "하나의 물질적 사실"이다. 멈퍼드가 또한 《황금기》(*The Golden Days*, 1926)에서 정의했던, '정신적인 형태'로서의 문화는 무엇으로 이루어져 있는가? "문명과 문화는 …", 그가 독자들에게 확신시키기를, "배타적 용어가 아니다. 왜냐하면 〔둘 중〕 하나는 적어도 나머지의 흔적 없이는 결코 발견되지 않기 때문이다.” 요점은 분명하다. 그러한 새로운 기계시대 문명의 기초 위에 어떤 종류의 문화가 나타나겠는가? 그리고 심지어 더욱 중요하게는 어떤 종류의 문화가 나타날 수 있겠는가? 우선적으로 지식인을 사로잡았던 하나의 질문이, 즉 점점 더 문화의 전체 관념과 매우 특이한 미국문화가 미국의 중간계급을 붙잡기 시작했다. 물질적 토대에서 발생했던 이러한 명백한 변화는 삶에 어떤 의미가 있었는가? 반복적으로 '미국적 생활방식'으로 불린 것에 대한 논쟁이 1930년대로 옮겨오면서, 점점 더 '생활방식'(*ways of life*), '라이프스타일'에 대한 관심이 증가했다. 그 개념은 하나의 논쟁의 산물일 뿐 아니라 공황 이후 시기의 논쟁에서 손꼽히는 진부한 생각이었다. 그러한 방식으로 기계시대의 경험을 조직하고 표현하려는 형식 찾기는 (1926년 루이스 멈퍼드의 단어 속에서) “훌륭한 삶의 양육에 이를 것이며; 인간의 자연적 기능과 활동의 완전한 사용 혹은 승화(*sublimation*)를 〔허용하는 데〕 이를 것이다”. 문화 추구는 의미 있는 형식 추구, 삶의 패턴 추구였다. 그러한 추구는 1920년대에 시작하였고 1930년대에 절정에 이르렀다.

1927년에는 '현대'(*modern*)와 '유선형'(*streamlined*)이라는 단어가 특정한 대상의 디자인에 대한 언급에 사용되었을 뿐 아니라 삶의 질, 라이프스타일에 대한 언급에도 사용되었다. 이들은 문화를 찾는 새로운 기계질서의 단어였다. 1934년, (1929년에 설립되고 어떤 의미에서는 산업시대의 문화에 제기되었던 질문의 산물인) 현대미술관(Museum of Modern Art, MOMA)은 '기계예술'이라 불린 중요한 전시회를 열었다. 평범한 가정 및 산업용 물건 — 난로, 토스터, 주방용품, 의자, 진공청소기, 금전등록기, 실험실 장비 — 이 **예술작품**으로 전시되었다. 영국의 사회비평가인 L. P. 잭스(L. P. Jacks)는 그 전시의 주제 중 하나를 제공했다. “산업문명은 그 문명의 산업과 '문화' 사이의 분리를 종결짓는 수단을 찾지 못하면 파멸할 것이다.” 그 박물관의 책임자인 알프레드 바 2세[4]는 다음과 같이 상세히 설명했다.

> 인간이 자연의 적대적인 무질서를 영적으로 정복해온 것은 부분적으로는 자연적 형태에 대한 미학적 인식을 통해서이다. 오늘날 인간은 산업 및 상업 문명의 훨씬 더 믿을 수 없는 황야에서 길을 잃었다. 모든 수동식 기계는 문자 그대로 우리의 곤경을 증가시키고 우리의 운명을 지시한다. … 우리의 산업과 문화 사이의 '분리를 종결지으려' 한다면 우리는 기계를 경제적으로뿐 아니라 미학적으로도 동화시켜야 한다. 우리는 프랑켄슈타인을 결박해야 할 뿐 아니라 그를 아름답게 만들어야 한다.

1935년 4월, 산업예술박람회가 잘 어울리게도 신설된 록펠러 센터(Rockefeller Center)에서 열렸다. 이 센터는 1920년대 후반에 기획되고 1930년대 전반에 건설되었으며, 기계시대 도시의 새로운 필요에 맞추기 위해 새로운 형태로 디자인되었다. 이 박람회는 "평균적 사람의 실제적, 예술적, 사회적 욕구에 대한 현재적 산업의 해법" 전시를 제안했다. 전시자는 일련의 모형실을 통하여 보통 가옥을 위한 새로운 아이디어를 보여주었는데, 그 집에서는 저비용과 효율, 노동절약적 설비, 새로운 방식의 장식이 강조되었다. 거기에는 가정을 위한 새로운 방식의 난방장치, 에어컨, 침실과 부엌에 효율을 갖춘 새로운 모델이 전시되었는데, 심지어 프랭크 로이드 라이트[5]의 미래 계획도시 '브로드에이커 시티'(Broadacre City)의 모형도 있었다. 게다가 아이오와 주 포트 매디슨에 사는 로이 그레이는 몇 년 전에 평균적 미국인(*Average American*)으로 선발된 바 있는

---

4) 〔옮긴이주〕 Alfred Barr, Jr. (1902~1981) : 예술사가로서 뉴욕 시 현대미술관(Museum of Modern Art, MOMA) 최초의 관장이 되었다. 그 자리에 있는 동안 현대예술에 대한 가장 영향력 있는 인사 중 1명이 되었다.

5) 〔옮긴이주〕 Frank Lloyd Wright(1867~1959) : 20세기 미국을 대표하는 건축가이다.

인물로서, 쇼를 판단하고 우승 전시자에게 상을 주는 100명의 평균적 미국인으로 구성된 위원회의 우두머리로 선발되었다.

그럼에도 모든 미국인이 기계시대 라이프스타일이 추구하는 것과 똑같은 방식으로 반응한 것은 아니었다. 예를 들어 같은 해인 1935년에 200쪽짜리 책이 출간되었는데, 도대체 1930년대 책 같아 보이지 않았다. 책의 제목은 《버지니아 주 윌리엄스버그에 관한 여행자를 위한 짧고도 진실한 보고서》로서, 1920년대 후반 시작된 프로젝트를 사람들에게 공개하는 것과 연관되어 발행되었다. 그 프로젝트는 18세기부터 존재했던 오랜 식민지 수도인 윌리엄스버그(Williamsburg)의 복원이었다. 그것은 또한 록펠러의 사업이었다. 이 비영리 기업은 독특한 시도를 했는데, 구도시를 물질적으로 복원할 뿐 아니라 각 직종에서 장인의 생생한 예와 그 시대의 전통 복장을 한 여주인을 보여줌으로써 '살아 있는 공동체를 재창조'하고자 했다. 이 비영리 기업은 '과거로부터 배우는 미래'를 모토로 삼았다. 그것은 "'중간층'(*middling sort*) 사람들이 비록 소규모 사업을 하지만 체통 있는 행동을 하며, 건설 중인 새로운 국가에 도움을 제공했다는 이야기를 하려는" 시도였다.

복원자들은 미국인에게 사회적으로(예를 들어, 노예제의 자취도 없는) 그리고 물질적으로(사람들이 그곳에서 살고 일하게끔 전기, 실내 배관, 가려진 차고, 스크린이 있는 베란다 따위의 현대적 기계시대의 편리품이 제공되어야 했다) 상당히 정화된 공간을 매력적이고도 즐겁게 보이고, 윌리엄스버그가 재현하는 '삶의 도덕적, 영적 가치 인식의 중요성을 강조함'으로써 더 깊은 의미를 새기기를 원했다. 비록 복원을 통해 그 도시가 주로 대농장주의 중심지였음을 분명히 했지만, 강조점은 소규모 자작농으로 정의된 평균적 사람이었다. 복원자들이 강조하고자 했던 그들이 벌인 거대하고 값비싼 작업의 가치에 대해 분명하게 언급했다. 그것은 개인의 고결함이라는 개념, 책임 있는 리더십이라는 개념, 자치정부의 신념, 개인의 자유와 기회에 대한 개념이었다. 이러한 것들은 18세기의 미덕일 뿐 아니라 '어디에서든 모든 사람에게 영속적인 중요성이 있는' 것들이었다.

그럼에도 그 프로젝트가 진행 중이던 1920년대 후반과 1930년대 전반, 많은 사람에게 이러한 가치의 상당 부분은 시대에 뒤처지는 않을지라도 미국이 기계시대로 접어들면서 위협받고 있었던 것으로 보였다. 예컨대, 앙드레 지그프리드는 미국 산업문명의 "엄청난 물질적 성취"가 "개인의 몇몇 권리를 희생함"으로써만 가능했던 것이라고 주장했다. 그리고 윌리엄스버그 같은 생활방식 혹은 문화가 기계시대에 가질 수 있는 의미가 무엇인지 숙고할 수 있었다. 그것은 꾸준히 증가하는 방문객의 흐름을 멈추게 하지도 않았고, 윌리엄스버그형 집과 가구에 대한 미국 소비자의 요구가 증가하게 된 마법을 종식시키지도 않았다. 윌리엄스버그형 집은 말하자면 모든 '현대적 편리함'을 갖추고 있었다. 루이스 설리번[6]과 여러 사람들이 1893년 시카고 세계박람회에서 디자인이 촉발한 르네상스 양식의 갑작스런 인기를 발견했던 것처럼 페리, 쇼, 헵번의 윌리엄스버그 복원을 건축과 문화의 영향력에서 반동적으로 이해했던 비평가도 있었다.

1930년에는 문화의 본질에 대한 논쟁이 잡지, 저널, 책, 심지어 신문에까지 등장했다. 1927년의 시 〈남부 연합군 전사자 부(賦)〉를 통해 신질서에 의해 야기된 변화에 저항하는 증인으로서 구전통을 요청했던 시인 앨런 테이트는 1930년대 끝자락에 《나의 길을 가련다》(*I'll Take My Stand*)라는 선언을 출간하는 11명의 탁월한 남부 지식인에 합류했다. 이 선언문은 문화라는 것이 산업주의의 토대에서 만들어질 수 있는지 의문을 제기하면서, 산업주의의 전조인 남북전쟁에 의해 파괴된 남부에서, 추정컨대, 파묻힌 채 발견된 기독교적-농본주의적 삶의 형태와 패턴에

---

6) 〔옮긴이주〕 Louis Henri Sullivan(1856~1924) : '모더니즘의 아버지'로 불리던 미국의 건축가로서, 현대 마천루의 창조자로도 간주된다. 프랭크 로이드 라이트의 스승이자 대평원 유파(*Prairie School*)에 큰 영향을 미쳤다.

기초한 문화를 재검토할 것을 요청하였다. 거의 동시에, 이른바 신 인문주의자 — 우선적으로 어빙 배빗[7] 과 폴 엘머 모어 — 는 산업 야만주의의 침입에 대한 하나의 문화적 방어로서 위대한 고전 문명의 신성성(*sanctity*) 을 제시했다. 1931년 스튜어트 체이스는 그의 《멕시코: 두 개의 아메리카에 대한 연구》에서 더 많은 방어 수단을 제공했다. 이 책에서 그는 손기술과 기계의 두 가지 경제 시스템과 그 결과로서의 삶의 방식에 대해서 비교한다. 그는 인류학자 로버트 레드필드가 정교하게 연구한 인구 4천 명의 촌락인 테포츠트란(Tepoztlan) 을 언급하면서, 어떻게 이 기계 없는 인간의 공동체가 운영되는지, 그리고 어떻게 린드 부부가 연구한 미들타운(Middletown) 과 그 촌락을 비교하는지를 보여준다. 기계시대의 모든 업적을 전혀 부정하지 않고 그는 매우 효과적으로 기계 없는 세계에서 투사된 가치와 삶의 기본적 품성을 향유한다. '현대'와 '유선형'의 세계에서 모든 사람이 그들의 문화 추구에 대한 대답을 찾아냈다고 말할 수는 없다.

그리하여 미국인은 불황과 전쟁의 시대에 접어들면서 여하튼 두 시대 사이에 낀 세계에서 일종의 헌신이 필요함을 느끼며, 문화라는 관념 그 자체에 매료되어, 이미 처음부터 만족스러운 미국적 생활방식을 추구한 문화가 위기에 빠졌음을 알아채고 있었다. 1927년 독일 작가인 헤르만 헤세(Hermann Hesse) 는 그의 영웅인 해리 핼러(Harry Haller) 와의 추정상 기억에 의거한 대화를 그의 소설 《스테펜볼프》(*Steppenwolf*) 의 서문에서 다음과 같이 보고했다.

> 모든 시대, 모든 문화, 모든 관습과 전통은 그 나름의 특성, 그 나름의 약점과 그 나름의 강점, 아름다움과 잔인함을 지녔다. 그것은 당연한 일이지만

7) 〔옮긴이주〕 Irving Babbitt(1865~1933): 문에 비평가로서 보수적 사고를 지닌 '신휴머니즘'(*New Humanism*) 사조가 만들어지는 데 큰 역할을 하였다.

특정한 고통을 수용하며, 끈기 있게 특정한 악을 견뎌낸다. 두 개의 시대, 두 개의 문화와 종교가 겹칠 때만, 인간의 삶은 진정한 고통과 지옥으로 한정된다.

일찍이 1920년대를 살면서 어떤 의미에서 두 개의 시대 사이에 존재한다는 것을 알기 시작한 사람들이 있었다. 그들은 기계시대에 존재하면서 그럼에도 여하튼 완벽하게 그 시대에 살고 있지 않았다. 그들은 구질서와 구가치 그리고 신수요를 지닌 신질서 사이에 갇혀 있었다. 일찍이 1920년대 중반, 린드 부부가 조사했던 미들타운의 한 시민은 그의 동료 마을 사람을 보면서 느낄 수 있었다. "이 사람들은 뭔가를 두려워한다. 무엇일까?" 그 막연한 공포 — 부분적으로는 적어도 두 시대 사이의 어떤 미결정에 대한 인식 — 는 불황과 전쟁에 대한 무시무시한 경험으로 강요된 위협 아래 엄청나게 정교해졌다. 그러나 심지어 그 이전에도 자연적 질서에서, 도덕적 질서에서, 기술적 질서에서, 그리고 매우 특별하게 이들 사이의 관련성에서도 뭔가 상황이 상당히 옳지 않다는 인식이 이미 자리 잡고 있었다.

## III

그리고 대공황은 '진정한 고통' — 해리 헬러의 단어 — 을 거대한 미국의 중간계급에게 남겨주었는데, 그들은 자신들이 두 시기 사이에 걸려 있다고 최대한 느끼면서, 동시에 그러한 결과를 낳는 '진보'를 최소한으로 기대하던 집단이었다. 왜냐하면 미국문화의 이야기는 대체로 이 중간계급의 이야기로 남기 때문이다. 이 시기를 다룰 때 역사학자는 갑자기 그들의 초점을 옮겨 새로 발견된 가난한 사람, 경계에 위치한 남녀, 이주 노동자, 계절노동자(*hobo*), 햇빛 받는 장소를 박탈당한 다양한 인종적 소수집단에 집중하는 경향이 있다. 또한 이 시기의 문제에 대한 가장 급진적 대응이라는 시각에서 이 시기를 보는, 즉 정치적 삶뿐 아니라 문화적 삶도 그럭저럭 좌파에 의해 지배된 붉은 10년(*Red Decade*)으로 보는 경향이 있다. 그럼에도 불구하고 우리가 그 시기와 미국문화의 본질을 이해하고자 한다면 다음의 사실은 반드시 필요하다. 즉, 지배층 바깥에 존재하던 집단이 이전 어느 시기보다도 더 의미심장하다고 인정하면서 심지어 급진적 응전을 중요하게 받아들이지만, 이 시기 미국문화가 대체로 중간계급 문화로 지속했다는 사실은 남아 있다.

이것은 중요한데, 왜냐하면 대공황의 경험으로 특별한 종류의 충격을 겪고 그 결과 특이하게 반응했던 사람들은 엄밀하게 말해 중간계급 미국인이었기 때문이다. 미국 사회에서 '주변적'이었던 사람들에게 대공황은 더더욱 그러했다. 고통은 주변인에게 새로운 것이 아니었는데 왜냐하면 그들에게 미국 산업주의 성취의 특징으로 선전되던 진보와 번영의 상당한 몫이 부정되었기 때문이다. 우리가 계속적으로 중간계급에 초점을 맞춘다면, 우리는 또한 왜 일부 사람들이 좌파로 이동한 것이 임시적이거나 들쑥날쑥했는지를, 왜 이 시기가 종국에는 근본적으로 보수적이어서 그 결과 이들이 미국적 생활방식을 찾고 영광스럽게 만드는 데 집중했는지를 더 잘 이해할 수 있을 것이다.

그리하여 일찍이 1944년, 극작가 테네시 윌리엄스[8]의 《유리 동물원》(*The Glass Menagerie*)에서 극 중 서술자〔톰 윙필드(Tom Wingfield)〕는 이 시기를 다음과 같이 규정할 수 있었다.

---

8) 〔옮긴이주〕 Tennessee Williams(1911~1983): 20세기 미국을 대표하는 극작가로서 《욕망이라는 이름의 전차》(*A Streetcar Named Desire*, 1947)와 《뜨거운 양철 지붕 위의 고양이》(*Cat on a Hot Tin Roof*, 1955)로 각각 퓰리처상을 수상했다.

> 그때는 미국의 거대한 중간계급이 맹인학교를 졸업하던 기이한 시기였다. 앞이 보이질 않거나, 앞을 보지 않았던 그들은 보이지 않는 글자를 읽기 위해 경제 파탄이라는 점자책에 손가락을 억지로 눌러대고 있었다. 스페인에서는 혁명이 일어났으나, 여기 미국에서는 함성과 혼란과 노동 분규만이 있을 뿐이었다. 때로는 격렬했지만 대체로는 평온한 클리블랜드, 시카고, 디트로이트 같은 도시에서 … .

그러나 여기서 결정적인 중요성은 경험 그 자체라기보다는 경험에 대한 특징적인 반응이다. 왜냐하면 이것이 형식을, 말하자면 문화를 결정하기 때문이다. 프랭클린 루스벨트가 훌륭하게 이해했듯이, 우선적인 반응은 공포였다. 그것은 불안정이 가져온 일종의 두려움이었다. 새로운 기계시대에 살고 있다는 인식이 늘면서 생성된 기존의 거대한 혼란에, 대공황과 (그보다는 덜하지만 제 2차 세계대전 때문에) 새로운 불안감이 더해졌다. "미들타운에 있는 모두에게 한 가지는 공통적이었다. 복잡한 세상에 직면한 불안정. … 안정에 대한 개인적 인간의 요구가 너무 커서 대부분의 사람은 삶의 모든 영역에서 변화와 불확실을 즉각적으로 용납할 수 없었다." 1930년대 미들타운으로 되돌아가 작성된 린드 부부의 보고서에는 그렇게 쓰여 있었다.

물론 그러한 불안정과 공포를 대공황 탓으로만 돌리는 것은 실수일 것이다. 예를 들어, 기계시대 때문에 더 많은 미국인에게 제공된 이동성(*mobility*)은 부족한 안정성을 높이는 데 도움을 주었다. 오랫동안 미국 문명의 특징이던 그러한 이동성은 1930년대에는 심지어 삶의 방식의 더 많은 일부가 되었다. 이 시기 미국을 방문한 2명의 러시아인 작가인 일랴 일프(Ilya Ilf)와 예브게니 페트로프(Yevgeni Petrov)는 도시와 마천루의 이미지 혹은 기념물이나 언덕, 공장의 이미지가 아니라 '전신줄과 광고판이 배경으로 있는 도로 교차로와 주유소'의 이미지에 압도되었다. "미국은 대규모 자동차 고속도로 위에 위치한다"고 《작은 황금의 미국》(*Little Golden America*, 1937)에서 그들은 적고 있다. 이 시기 모든 새로운 단어와 구절 중에서, 아마도 많은 미국인이 직면한 문제를 대공황기 '이동 주택'(*mobile home*)의 개념과 트레일러 산업의 성장이 안고 있는 모순적 이념보다 더 잘 상징하는 것은 없을 것이다.

그런 불안정은 물론 이 시기의 정치사와 법제사에 엄청난 결과물을 가져왔다. 이 결과물은 엄청난 양으로 연구되고 기록으로 남았다. 덜 주목받은 것은 문화적 결과였다. 중간계급 미국인은 단지 정치적 행동과 상징만을 추구하지 않았다. 또한 그들은 선뜻 이것들을 좀더 개인적으로 쉽게 동일시할 수 있는 문화적 상징으로 변화시키려 노력했다. 예를 들어, 저 유명한 4개의 자유(*Four Freedoms*)라는 사례를 통해 루스벨트 대통령의 정치-경제적 목표에 대해 언급함으로써 이런 종류의 변형을 목격해보라. 4개의 자유가 1941년 대통령에 의해 처음 선언되었을 때, 공포로부터의 자유는 무엇보다도 특히 국제협약을 통해 무시무시한 무기 경쟁을 끝내려는 노력을 의미했으며, 결핍(*want*)으로부터의 자유는 타국의 원료와 생산물에 대해 모든 국가가 좀더 쉽게 접근할 수 있도록 무역협정을 추구해야 한다는 내용과 관련된다. 1943년 인기 있는 화가 노먼 로크웰은 중간계급 잡지인 〈새터데이 이브닝 포스트〉를 위하여 4개의 자유에 대한 유명한 4개의 그림을 제작했다. 결핍으로부터의 자유는 퉁퉁한 미국의 어머니가 엄청나게 크고 육즙이 풍부한 칠면조를 제공하는, 잘 차려진 식탁에 앉아 있는 건강하고 풍만한 가족이 되었다. 공포로부터의 자유는 안락한 침대에서 이불을 덮고 잠자는 아이들이 있는 어린이 방을 상냥하고 정다운 부모가 조심스럽게 지켜주는, 아이들 침실에 대한 감상적 방문이 되었다. 다른 어떠한 그림도 로크웰의 그림만큼 미국인의 상상력을 사로잡은 것은 없었거니와 미국의 가정에 대한 갈망을 그것만큼 그림으로 되살려 널리 배포한 것은 없었다.

불안정한 느낌을 깨닫고 그러한 공포를 누그러뜨리겠다는 문화와 헌신의 패턴을 추구하는 것은 분명 결코 놀라운 발견은 아니다. 그러나 또 다른 압도적인 심리적 반응은 이 시기의 문화적 발전을 분석하는 데 심지어 더 중요하고 더 별나 보인다. 철저한 연구의 증거들은 저항할 수 없는 수치심(*shame*)의 감정을 드러내는데, 그것은 대공황의 충격에 의해 영향을 받은 수많은 중간계급 미국인을 삼켰던 것처럼 보인다. 결코 굶주리지는 않았으나 그들의 익숙한 삶의 방식이 바뀌었음을 알게 된 수치심 말이다. 사실상 이러한 느낌이 매우 널리 퍼졌기 때문에 스터드 터클[9] 이 사건이 40년가량 지난 후 그 시대의 생존자와 대담을 나누려 할 때, 이러한 부끄러움, 당혹감, 혹은 심지어 굴욕의 느낌이 기억의 생생한 일부로 남아 있었다.

어느 부잣집 소녀의 가족은 더 이상 사립 기숙사학교에 등록금을 낼 수 없었다. 그녀는 "나는 과거의 신념에 굴욕을 느꼈다"고 말했다. 어떤 소녀는 장티푸스에 걸려 머리카락을 잃었지만 가발을 살 수 없게 되었다. 그녀는 "이것은 부끄러운 일이었다"고 증언했다. 시카고 부근의 교외지역에 사는 한 중간계급 사람은 "많은 사람이 자살하고, 건물에서 뛰어내려 자살했다. 그들은 불명예를 직시할 수 없었기 때문이다. 마침내 똑같은 일이 나에게도 벌어졌다"고 얘기했다. 영화 평론가 폴린 카일(Pauline Kael)은 1936년의 버클리대학을 기억했다. 그녀는 "많은 학생이 부유했던 학교에 당혹감을 느꼈다"고 말했다. 어떤 탁월한 연극 제작자이자 연출가는 "나는 그들이 자신들이 겪었던 고통과 고뇌 그리고 부끄러움을 기억하고 있는지 의아해한다"고 언급했다. 한 사업가는 "부끄러움? 당신 나 말하는 거요? 나는 구호를 기다리던 줄에 서 있었으며, 이 길 저 길을 바라보면서 거기에 나를 아는 사람이 있는지 없는지를 보았소. 나는 고개를

9) 〔옮긴이주〕 Louis 'Studs' Terkel(1912~2008): 작가이자 방송인으로, 구술사의 개척자로, 시카고 지역방송국의 장기 라디오 쇼 진행자로 기억된다.

숙여 아무도 나를 못 알아보게 했소. 나에게 남아 있는 유일한 상처는 나의 자존심, 나의 자존심이오"라고 고백했다.

터클의 《고난의 시기》(*Hard Times*) 에서 임의 추출한 짧은 실례는 이 시기에 작성된 자료뿐 아니라 이 글에서도 여러 번 되풀이할 수 있다. 전혀 다른 문맥에서, 린드 부부는 우리에게 이런 특별한 종류의 반응에 대해 설명해줄 수 있다. 그들은 다음과 같이 주장한다. 한 개인이 "여러 패턴이 상충하는 혼돈에 사로잡혀 있을 때, 어느 것도 전적으로 비난받지 않으나 어느 것도 명백하게 인정받지 않고 혼란에서 벗어나지 못할 때, 또는 집단적인 재가가 분명하게 남자나 여자의 특정한 역할을 요구하는 곳에서, 개인은 문화적 요구에 대처할 만한 직접적인 수단도 없이 그 요구와 마주친다". 아마도 그러한 상황 — 그리고 그들은 1930년대 미들타운에서 그 상황을 본다 — 에서 나타나는 결과는 수치심일 것이다.

터클은 《고난의 시기》에서 한 뛰어난 정신의학자에게 묻는다. "어떤 징후가 사회에서 지위와 관련되어 있습니까, 즉 직업을 잃고 그리하여 체면을 잃는 … ?" 정신의학자는 다음과 같이 답변한다.

> 아닙니다. 그것은 내적인 고통입니다. 실제는 전적으로 중간계급임을 기억하기 바랍니다. 나는 실업자 사이에서 현장 조사(*field work*) 를 약간 한 적이 있습니다. … 그들은 길거리 구석에서 집단으로 어슬렁거렸습니다. 그들은 서로를 위로해주었습니다. 그들은 집에 가기 싫어했는데, 그것은 그들이 마치 자신의 잘못 때문에 실직된 것처럼 비난받았기 때문입니다. 실직자는 게으르고 쓸모없는 사람이었습니다. 부인들은 그들을 … 성적으로(*sexually*) 멀리함으로써 벌을 주었습니다. 그 남자들을 왜소하게 하고, 무력하게 하고, 그들의 부권을 훼손시키고 장남에게 넘겼습니다. 그 남자들은 우울증으로 고통 받았습니다. 그들은 경멸받는다고 느꼈으며, 그들 자신을 치욕스럽게 생각했습니다. … 30~40년 전, 사람들은 지나친 양심에 의해 마음의 짐을 지고 있었습니다. 지나친 죄의식과 잘못 말입니다.

그리고 또 다른 정신의학자도 다음과 같이 보고했다. 우리가 보게 되겠지만, 1930년대 중반 정신의학은 기성문화의 중요한 일부, 중간계급 삶의 미국적 방식의 한 측면이 된다.

> 그 시절에 모든 사람은 자신의 역할, 그 자신의 운명에 대한 책임을 받아들였다. 다소간 차이는 있지만 모두는 태만(*delinquency*) 혹은 재능의 부족 혹은 불운에 대해 자신을 탓했다. 그것은 당신 자신의 잘못이고, 당신 자신의 게으름, 당신 자신의 능력 부족이라는 생각이 받아들여지고 있었다. 당신은 그것을 인정하고 침묵한다. 당신 자신의 개인적 실패에 대한 일종의 수치심이다. 나는 도대체 이것이 무엇인지에 대해 의아해했다. 나는 고통 받지 않았다.

그러한 심리학적 배경, 즉 공포와 수치심에 대해 우리는 그 시대의 문화적 반응을 더 잘 이해할 수 있게 된다. 예를 들어, 우리는 어떤 유형의 코미디가 그렇게 중대한 역할을 담당한다는 것을 감지하기 시작할 수 있는데, 그것이 서버[10]의 글이건〔아마도 '피버 맥기와 몰리'(Fibber McGee and Molly) 같은〕 선두적인 라디오 코미디 쇼건, 혹은 프랭크 카프라[11]의 고전적인 코미디 영화건 간에 말이다. 모든 것이 어느 정도는 우선적으로 주인공이 일종의 의례적인(*ritual*) 치욕을 당하는 것에 의존하는데, 그것은 종종 고통스럽고 심지어 잔인하기도 하지만 그것으로부터 주인공은 궁극적으로 사소한 것일지라도 일종의 승리 상태로 부상한다. 물론

---

10) 〔옮긴이주〕 James Grover Thurber(1894~1961) : 미국의 작가 겸 만화가로서 주로 〈뉴요커〉(*New Yorker*) 지에 단편소설 및 만화를 기고했다.

11) 〔옮긴이주〕 Frank Capra(1897~1991) : 이탈리아 출신의 미국 영화감독으로서 특히 1930년대와 1940년대가 전성기였다. 〈어느 날 밤에 생긴 일〉(*It Happened One Night*, 1934), 〈잃어버린 지평선〉(*Lost Horizon*, 1937), 〈스미스 씨 워싱턴에 가다〉(*Mr. Smith Goes to Washington*, 1939), 〈존 도우를 찾아서〉(*Meet John Doe*, 1941) 등의 대표작이 있다.

그러한 주제는 이 시기 코미디에서 새로운 것은 아니다. 그러나 이 시기는 모든 매체에서 코미디의 황금기가 될 예정이었다. 그리고 단순한 도피라기보다는 자신의 이미지가 호감가지 않는 사람들을 위한 특별한 종류의 신분증명을 제공했다. 이것은 특히나 엄청나게 늘어난 라디오와 영화의 중간계급 관객을 위한 사례이다.

가장 중요한 상징을 창조했던(그리고 그것을 만들기 위해 기술시대의 과학과 기술을 사용했던) 시대의 진정한 천재 중 1명인 월트 디즈니(Walt Disney)는 미국인의 공포와 굴욕감을 이용하여 그것을 수용할 수 있는 방식으로 변형함으로써 미국인이 그것과 더불어 살 수 있는 방법을 아는 것처럼 보였다. 1933년의 〈아기돼지 삼형제〉(*The Three Little Pigs*, 1933)에서 〈판타지아〉(*Fantasia*, 1940)의 두 개의 에피소드인 "민둥산에서의 밤"(자연적 질서의 공포)과 "마법사의 도제"(기술적 질서의 공포)까지, 디즈니는 우리의 가장 기이한 악몽을 동화와 즐거운 꿈으로 변형시키는 방식을 제공했다.

그렇다면 프레스턴 스터지(Preston Sturges)가 영화제작자에 관한 놀랄 만한 영화인 〈설리반의 여행〉(*Sullivan's Travels*, 1941)을 만든 것은 아마 전혀 이상한 일이 아닐 것이다. 그 영화에서 그는 젠체하는 코미디 영화감독에 관한 이야기를 하는데, 그 감독은 진정한 사회적 의미가 있는 영화인 〈형제여, 그대는 어디에 있는가?〉(*Brother, Where Art Thou?*)를 만들기로 결정한다. 그렇게 함으로써 그는 '나머지 절반은 어떻게 살고 있는가'를 보기 위해 방랑자로서 길을 떠나는 것으로 — 트레일러에서 그를 따르는 엄청난 조력자들에 의해 얼마쯤 거리를 두고 조심스럽게 수행되는 — 마음의 준비를 한다. 그러나 영화의 말미에 이르러 계속 발생하는 사건을 통하여, (실제 상황에서) 가장 흉악한 형무소 중의 하나에 엉뚱하게 갇힌 그는 그곳에서 독특한 경험을 하게 된다. 흑인 교회는 '운이 좋지 않은' 수감자에게 충분치 않은 행복을 나누는 기회를 제공한다. 그 영화는 전형적인 미키 마우스 만화이다. 감독은 많은 수감자와 가난한 흑인의 웃는 얼굴 사이에서 그들과 같이 웃고 있는 그 자신을 발견한다. 그리하여 그는 종국에 코미디의 커다란 사회적 중요성을 깨닫게 된다. 그리고 아마도 우리 또한 이 시기의 위대한 코미디의 문화적 의미를 배울 수 있을 것이다. 우리가 겁먹고 굴욕감을 지닌 미국의 중간계급에게 그들이 행하는 여러 사회적 역할을 깨닫게 만들면 말이다. 또한 그들은 자신들을 둘러싼 세계에서 그들이 이해하는 어떤 질서가 부족하다고 느끼며, 공포에 대한 비난을 자주 내재화하는 경향이 있고, 항상 이해하지 못한 기술적·경제적 질서에 대한 노골적인 적대감 대신 그 질서를 다루지 못한 것에 대한 수치심을 느끼는 경향이 있었다.

## IV

그리하여 정치사가가 일반적으로 이 시기를 프랭클린 루스벨트의 시대로 보는 반면, 문화사가는 오히려 이 시기를 국제적 의미를 지닌 문화 영웅인 미키 마우스의 시대로 부르려 한다. 우선적으로, 월트 디즈니의 세계는 불합리하고 심지어 무시무시한 장소로 보인다. 죽은 것이 살아 있는 것이 되고, 인간이 인공적인 것이 되고, 자연이 인간이 되고, 세계를 지배한다고 생각되는 과학적 법칙은 여하튼 더 이상 적용되지 않는 것처럼 보이고, 가족은 떨어져 있으며, 아이에게는 친엄마가 거의 없다. 디즈니 세계는 고장 난 세계이다. 모든 전통적 형식은 기능하지 않는 것처럼 보인다. 그럼에도 결과는 연민과 공포의 악몽의 세계가 아니라 최후의 소원 성취, 전통적 방식과 전통적 가치의 궁극적 강화가 있는 즐거움과 환상의 세계이다. 예컨대, 〈판타지아〉(*Fantasia*)에서 광란에 빠진 기계의 공포("마법사의 도제")는 "전원 교향곡" 속 자연의 달콤한 비전에 이어지고, "민둥산에서의 밤"에서 미쳐버린 자연의 공포는 "아베 마리아"에서 거의 물릴 정도의 종교적 감상주의에 의해 정화된다. 세상이 아무리 무질서해보일지라도 디즈니와 그의 미키 마우스 혹은 남녀 주인공은 선언된 게임의 규칙을 좇아 행복한 성취로 이르는 길을 찾을 수 있다.

진실로, 이 시기의 주도적 게임은 바로 이 사실을 강조한다. 특히나 일라이 컬버트슨(Ely Culbertson)에 의해 미술로까지 발전된 '콘트랙트'(Contract) 브리지는 입찰과 놀이의 정교한 '시스템'의 창조로 보자면 단순한 운과 우연을 허용하지 않는다. 파커 형제가 만든 "모노폴리"(*Monopoly*)는 부동산 투기에 기초한 이 시기의 보드게임으로 널리 즐겼는데, 한 번에 그리고 동시에 운과 우연(한 번의 주사위 굴리기)의 극단성과 엄격한 규칙, 심지어 철저한 도덕적 의무(예를 들어, 한 번의 주사위 굴리기로 '바로 감옥으로 가기'가 강제될 수도 있다)의 복잡한 조합의 중요성을 강조했다. 핀볼(*pinball*) 기계는 기계시대의 이상적 장난감으로, 회전하는 공들이 일련의 장애물 핀을 통과하면서 그것들이 마주칠 경우 경기자가 점수를 얻는다. 비록 동시에 공의 우연한 운동을 간섭하려는 경기자의 기회가 "기울이지 마시오"라는 엄숙한 명령에 의해 엄밀하게 제한되지만 말이다.

그렇다면, 기계시대에 떠맡은 새로운 역할과 요구된 다른 역할 때문에 점차 갈등을 의식하게 되어 이미 불편해진 중간계급 미국인은 갑작스럽게 사회에서 벌어진 일련의 상황에 직면하게 되었다. 그러한 상황으로 인하여 자신의 문화가 요구한 모든 역할은 아닐지라도 많은 역할을 감당할 수 없게 되자, 그는 두려워하고 수치스러워하는 자신을 발견하게 되었다. 모든 측면에서 그의 세계는 고장 난 것처럼 보였다. 그 자신이 일반적으로 세계, 특히 그 자신의 사회경제체제의 좀더 거대한 질서와 점증하는 합리성을 인정하는 전향자 또는 그것에 대한 신봉자가 되었을 때 어디서든지 그는 운이며 우연한 기회며 비합리적인 것에 직면하게 되었다. 그럼에도 그가 오랫동안 배워온 엄격한 도덕적 명령이 있는데, 자신의 위험을 무릅쓸 경우에만 그것을 위반할 수 있음을 그는 알고 있다.

우리가 '모든 익숙한 형태로부터의 소외'라고 부를 수 있는 것을 목격한 미국인은 무엇보다도 헌신 혹은 헌신의 체계를 찾고자 애쓰는데, 그것이 그를 지속할 수 있게 하고, 그에게 공포심과 심각한 수치심을 극복할 메커니즘을 제공할 것이기 때문이다. 기계시대의 산물인 미국인은 과학과 기술에 대한 그의 신념을 버리지 못한다. 차라리, 그는 자주 그의 곤경을 과학과 기술에서 그러한 성취의 가치가 있는 문화를 만드는 데 그 자신을 좀더 엄격하게 적용하지 못한 탓으로 돌린다. 국가의 서비스에서 과학은 점차 도전이 되었으며 과학자는 심지어 더욱 영웅이 되었다. 그 시기의 많은 전기 영화(과학자 이야기가 많다) 중 하나로서 아카데미상을 받은 〈루이 파스퇴르 이야기〉(*The Story of Louis Pasteur*, 1936)에서 폴 무니[12]의 뛰어난 과학자에 대한 연기는 먼저 탄저균(*anthrax*) 치료를 통해 그의 천재성을 보여주었다. 그 질병은 양들을 쓰러뜨리고 따라서 프랑스의 중대한 경제자원을 괴멸시켰다. 악전고투 끝에 이뤄낸 그의 업적은 환영받았다. 왜냐하면 그 치료제 보급의 영향이 분명히 국가 전체에 미쳤기 때문이다. 그러나 파스퇴르의 후기 작업은 인정받는 데 어려운 시간을 갖게 되는데, 그것이 전문가 의견과 조직에 반할 뿐 아니라 국가 권력에 대한 공헌으로 정당화하기가 쉽지 않았기 때문이다. 그것은 차라리 개인들의 개선된 건강과 삶을 다루었다.

사회에 대한 과학적 서비스의 이념은 흔히 정부의 지원이 따르는 일련의 활동에 반영된다. 예를 들면, 제 2차 세계대전 중 탁월한 사회심리학자인 커트 르윈[13]은 인류학자인 마거릿 미드[14] 같은 여타 사회과학자의

---

12) 〔옮긴이주〕 Paul Muni(1895~1967): 연극배우 및 영화배우로 활동했으며, 1930년대 워너브라더스 영화사의 대표적 배우 중 하나였다.

13) 〔옮긴이주〕 Kurt Lewin(1890~1947): 독일 출신의 사회심리학자이다.

도움을 받아 최신 과학 지식에 따라 미국인의 식생활 습관을 변화시키려는 정부 후원 캠페인에 착수했다. 그렇게 해서 이 시기에 과학과 사회과학은 생활방식을 개선하기 위한 길을 찾고자 서로 결합했다. 그러한 과학에 대한 헌신은 하나의 특징적 반응이었는데, 뛰어난 과학자 집단의 원자력 에너지에 대한 연구는 원자폭탄의 제조와 폭발—그 시대의 상징적 종말—에 이르게 된 깊고도 중대한 도덕적 문제를 만들 것이었다.

그래서 지속된 기술적 발전과 유용화뿐 아니라 계획, 조직, 미래 설계를 위한 더욱 중요한 목소리에 대한 헌정 또한 존재했다. 1930년대 초 하워드 스콧(Howard Scott) 같은 기술관료로부터 뉴딜(New Deal) 행정부 내부의 렉스퍼드 터그웰[15] 같은 신(新) 베블런주의자를 관통하여 새로운 산업 디자이너와 심지어 국가 기획자에 이르기까지, 이 시기는 좀더 합리적인 사물의 설계에 따라 세계를 디자인하고 재정리할 필요성을 강조했다. 1939년의 거대한 세계박람회는 이러한 헌신을 증명하는 빛나는 상징적 문화 행위였다. 1930년대에는 훈련받은 전문가다운 디자이너가 어느 의미에서는 디자인의 신으로서 신에 대한 18세기의 비전을 대체했다. 점점 무질서해지는 세계에서, 점점 종말론적 파괴의 언저리 혹은 한가운데에서, 디자이너로서의 인간은 세계 내의 새로운 질서를 찾기 위하여 소환되었다.

그 시기에는 또 다른 종류의 헌신도 존재했다. 즉, 남부 농본주의자(*Southern Agrarians*)[16]의 전통 같은 미국적 경험 내에서의 전통 혹은 신

---

14) 〔옮긴이주〕 Margaret Mead(1901~1978) : 컬럼비아대학의 문화 인류학자로 사모아 섬 등 태평양의 원시부족을 중심으로 연구하였다.

15) 〔옮긴이주〕 Rexford Tugwell(1891~1979) : 프랭클린 루스벨트 대통령의 '브레인 트러스트'의 일원으로 활동했던 컬럼비아대학의 농업 경제학자였다.

16) 〔옮긴이주〕 이들은 남부 출신의 소설가, 시인, 에세이스트 등을 포함한 12명으로 구성되어 있었다. 친남부농업에 대한 선언문을 비롯하여 이들의 에세이를 모은 《나의 길을 가련다: 남부와 농본주의적 전통》(*I'll Take My Stand*:

휴머니스트(*New Humanist*)에 의해 제의된 고전적인 전통에 대한 헌신도 있었다. 사람들이 자기 자신을 찾을 수 있었던, 혹은, 아마도 감상적이었겠지만, 더 나은 세상을 만들기 위해 다른 사람들과 긴밀하게 협력함으로써 일종의 정체성을 확립할 수 있었던 강렬한 정치적, 문화적, 심지어 심리적 경험으로서 좌파에 대한 헌신도 있었다. 정체성의 신화적, 상징적 원천을 위한 더 큰 탐사의 일부로서 칼 샌드버그[17]의 장시(長時)에서 표현된 '보통사람들'의 신화에 대한 헌신도 존재했다. 많은 사람이 이전에는 결코 참여한 적이 없었던 방대한 수의 시민을 참여시킴으로써 개인적 일체감을 확립하고자 했던 정치적 운동(그리고 날카로운 인식을 통하여 루스벨트와 그의 행정부는 문제에 대한 경제적 해법을 만들 필요뿐 아니라 심리적 욕구에도 대처했다)으로서의 뉴딜 그 자체에 대한 헌신 등 물론 다른 종류의 헌신도 있었다. 전문적 사회활동가인 사울 앨린스키[18]는 터클의 구술사에서 1930년대의 교훈을 회상한다.

> 1930년대에 나는 … 통 큰 생각, 즉 보통사람들에게 권력에 대한 인식을 제공하기를 배웠다. 단지 가난한 사람들만이 아니었다. 가난한 사람들에 대해 특별히 고상한 것은 없었다. 모두였다. 그때는 우리가 가장 창조적인 시기였다. 그때는 참여(*involvement*)의 10년이었다. 지금은 차가운 세상이나 그때는 뜨거운 세상이었다.

참여와 헌신에 대한 그러한 탐구는 그 이상의 문화적 결과를 갖게 되었다. 그것은 한편으로는 미국적 생활방식의 정체성을 획득하려는 단호한

---

*The South and the Agrarian Tradition*)을 1930년에 출간했다.

17) 〔옮긴이주〕 Carl Sandburg(1878~1967) : 퓰리처상을 두 번이나 수상한 시인이자 링컨의 전기로 또 다른 퓰리처상을 받은 작가이기도 하다.

18) 〔옮긴이주〕 Saul David Alinsky(1909~1972) : 현대 공동체 운동의 창설자로 간주된다.

투쟁과, 좀더 새로운 문화형식(특히 기계시대와 관련된 형식)과 공황 및 전쟁의 극심한 경험에 의해 심각하게 위협받는 기초적인 문화 제도를 점차 더 강조함과 아울러 미국인을 위한 미국문화를 정의 내리려는 단호한 투쟁에 이르렀다. 동시에 그것은 개인의 역할을, 특히나 그러한 1차 제도(*primary institutions*)에 대한 언급에서 적응이라는 이념을 강조하는 방식으로 재정의하는 데 도움을 주었다. 만일 문화사가에게 비유를 사용하는 것이 허용될 수 있다면, 이 시기를 알프레트 아들러(Alfred Adler)의 시대로 생각하는 것이 도움이 될 것이다. 그것은 이 탁월한 심리학자의 저술—비록 그의 《인간 본성 이해하기》(1927)와 《사회적 관심》〔1933년에 쓴 《인생의 의미》는 1938년 《사회적 관심》이라는 제목으로 영역되었다〕이 이 시기에 나타났지만—이 매우 중요한 영향력을 지녔다고 제안하는 것은 아니다. 그러나 알프레트 아들러 사상의 사조와 방향은 일반적으로 미국문화에서 이 시기의 분위기와 반응에 놀라울 정도로 맞는 것처럼 보인다. 문제는 에고(*ego*)를 강화하는 좀더 전통적인 프로이트 사상이 아니었다. 차라리, 사람들을 '어울리'게 만들고, 소속하게 만들고, 동일시하게 만드는 라이프스타일을 받아들임으로써 아마도 아들러의 '열등감'(*inferiority complex*)에 해당하는 수치심과 공포심을 극복하기 위한 길을 찾는 것처럼 보였기 때문에, 대중 심리학과 떠오르는 전문가 분석학파 양쪽 모두 개인적 적응을 위한 길을 찾고자 애쓴 것으로 보인다. 인간은 언제나 열등한 자리에 자기 자신을 위치시키기 때문에 이것을 극복하는 방법을 찾는 것은 그에게 달려 있다. 사회 속에서 만족스러운 역할을 찾고 연기함으로써, 인간은 그의 정체성을 찾고 열등감을 상실할 수 있다.

1936년의 베스트셀러인 데일 카네기의 《친구를 얻고 사람들에게 영향력을 행사하는 방법》은 이 시기의 문화를 이해하려는 시도 중에서도 확실히 중요한 작품인데, 여기에서 제시하는 성공의 정의는 더 이상 단순히 부의 축적이나 심지어 지위나 권력에 의해 측정되는 개인적 성취가 아니라는 관점을 포함한다. 성공은 어떤 사람이 얼마나 잘 어울리는지, 다른 사람들이 그를 얼마나 좋아하는지, 그가 하는 역할에 다른 사람들이 얼마나 잘 호응하는지로 측정된다. 그것은 개인주의적인 미국에서 이상한 종류의 개인주의이다. 그리고 그것이 흔히 의미한 것은 전통적이고 우선적인 관계에 의해 요구되는 역할의 강조이다. 아들러주의자가 말한 바와 같이, "무엇보다도, 그것은 인간 공동체의 자연적이고 정당한 요구에 순응하여 살기 위한 자발적 수용이다".

이 시기를 아들러의 시대로 생각한다면 우리는 하나의 콘텍스트를 찾을 수 있는데, 그 안에서 우리는 하나의 생활방식을 찾는 것과 대중적 종교의 역할, 가족, 학교, 이 시기에 발생한 종류의 공동체에 대한 거듭된 주장을 상당히 이해하기 시작할 수 있다. 아들러의 좀더 정교한 과학적 정의를 특이하게 그리고 문학적으로 연장하는 것을 허용한다면, 심지어 이 시기의 정치적 지도자인 프랭클린 루스벨트는 '신체 열등감'을 지녔으나 그 열등감을 '상쇄한' 아들러적인 영웅이 된다.

1927년, 앙드레 지그프리드는 미국의 가족이 이미 파괴의 위협 아래 있으며, "그 행동 영역이 심히 제한되어 있는데, 왜냐하면 효율의 주창자들의 눈으로 보면 가족이 현 조류를 방해하는 장애물로 간주되기 때문"이라고 보았다. 그럼에도 1930년대 전반 미디어의 모든 제안들이나 심리학자와 사회과학자는 적극적으로 가족의 우선적 중요성에 다시 힘을 불어넣고 재삼 강조하는 쪽으로 방향을 잡고 있었다. 과학적 결혼 상담은 하나의 전문직으로서 출현했다. 강력한 가족 배경 안에서 육아의 중요성은 재삼 강조되었다. 다시 한 번 여성의 역할이 우선적으로 가정 안에 있는 것이지 가정 바깥에 있지 않다는 점이 확인되었다.

과학적 전문가에 의한 상담은 미국적 방식의 특징적 일부가 되었다. 즉 개인, 가족, 노동자, 심지어 공동체까지 살리기 말이다. 전문가적 상담은 심지어 이제 소비자에게까지 확대되어, 그에게 효과적인 소비자가 되는 법을 가르쳤다. 거의 모든 영역에서 우리는 전문 상담가의 출현을 볼 수 있는데, 그는 미국인들이 커다란 어려움을 겪고 있는 그러한 역할을 행하는 데 도움을 주며, 그러한 상황과 환경에 적응하여 자신의 공포심과 수치심을 극복할 수 있게 하고, 만족할 정도로 역할을 수행할 수 있는 그들 자신의 능력을 인식하는 데 도움을 준다. 제 2차 세계대전쯤에는 '사기'(*morale*) 라는 단어가 일반적으로 사용되었으며, 그러한 사기를 유지하는 방법의 문제는 증가하는 전문가의 관심사가 되었다. 그리하여 미국인 자신이 그들의 문화를 찾고 그 안에서 그들에게 요구된 역할을 행하는 데 도움을 주려 했을 때, 사회과학과 디자인은 미국에서 인간과 그의 문화를 재형성할 아들러적인 비전에 가세했다. 교육이 그 노력에 합류했다. 많은 실례 중 하나로서, 몬테나 주에서 어떤 록펠러 장학금은 "소규모 공동체의 삶을 풍부하게 만들기 위한 교육의 실행 가능한 활동"을 제공하는 연구를 지원했다.

1942년, 플로렌스 빙햄(Florence C. Bingham) 은 '부모와 교사의 전국총회'(*National Congress of Parents and Teachers*) 를 위해 선도적 사회과학자와 교육자가 준비한 에세이인 《민주주의 안에서의 공동체 생활》을 편집했다. 그 책에서는 대공황과 제 2차 세계대전을 미국에서 진정한 집단적 민주주의(*collective democracy*) 를 만드는 데 도움을 줄 풍부한 기회로 보았다. 시카고대학의 사회학자인 루이 워스(Louis Wirth) 는 아마도 "집단생활의 여타 위기처럼, 전쟁은 공동체 단합, 상호 협력, 그리고 위력 그 이상의 원천을 드러낼 수 있는데, 이것들은 전쟁이 끝난 후 프런티어 시절 이래로 우리가 알고 있는 것보다 더욱 진정한 민주 질서를 수립하는 데 사용될 수 있다"고 썼다. 책의 전체 내용은 모든 사람이 할 수 있는 분명하고 잘 규정된 역할과 더불어 미래를 위한 안정된 질서를 제공하면서 공동체, 가족, 학교, 교회 — 전체 문화 — 의 역할을 강조한다. 그 질서 안에서 아이가 훈육될 수 있고, 그러한 기초적 제도는 진실로 자신의 역할을 알고 어떻게 그들답게 처신할 수 있는지 아는 어린이들을 생산하는 전문가에 의해 재평가받고 재형성될 수 있다. 한 아동 복지 전문가는 "미국적 생활방식을 생각할 때 우리는 공동체 기능들의 패턴을 생각하는데, 각각은 공동체에서 살고 있는 모든 사람의 복지에 어떤 방식으로든 공헌한다. 그러므로 좋은 학교, 좋은 병원 시설, 좋은 사회 서비스는 더불어 발전하는 경향이 있다"고 보고했다.

무시무시한 공포와 당혹스러운 수치심의 고통스러운 시작에서 새로운 미국인이 출현할 수 있었다. 이것은 기계시대의 전문 지식과 아들러의 시대의 인간에 대한 특징적 비전이 결합된 최종 신화였다. 이것을 《민주주의 안에서의 공동체 생활》이라는 책에서 '부모와 교사의 전국 총회'의 장보다 더 잘 표현한 사람은 없었다.

> 미국은 공동체 생활의 새로운 개념에 눈떴다. 이 해안에서 저 해안까지, 이 끝에서 저 끝까지 통일과 단결의 의식이 샘솟고 있는데, 이것이 시민을 그들의 공동체에 결속시키고 이웃과의 붙임성(*neighborliness*)에 대한 우리 국가의 명성과 더불어, 우리가 이전에는 경험해보지 못했던, 국가라는 더 큰 삶 속에서 우리의 공동체를 묶고 있다. 오늘날 우리는 인간으로서 서로를, 서로의 자식들을 잠재적 지도자와 인류의 구원자로서 예리하게 의식한다. 특히나 어린이와 젊은이가 관련되는 곳에서는 '나의 것'과 '너의 것'이라는 오랜 견고한 개념이 붕괴되고 있다. 부모와 그들의 욕구가 발견되고 인종, 신념, 혹은 사회적 지위가 상관없는 곳에서 그들의 애정과 관심이 자식에 대한 가족의 울타리를 넘어 바깥의 아이들까지 미치는 것이 명명백백하며, 그것은 웅장한 발전이다.

그러나 이 책이 등장한 바로 그 시기에 군나르 뮈르달[19]과 그의 동료

19) 〔옮긴이주〕 Gunnar Myrdal(1898~1987): 스웨덴의 경제학자로 1974년 프리드리히 하이에크와 더불어 노벨경제학상을 수상했다.

는 《미국의 딜레마》(*An American Dilemma*, 1944)를 준비 중이었다. 이 책은 기본적 사회 문제에 관한 많은 연구 중 하나로서, 이 경우 인종관계의 문제는 위대한 적응의 시대에도 결코 '해결'되지 않았던 것이다. 그러나 미국인은 자신이 미국적 생활방식을 찾아냈다고, 하나의 문화를 창조했으며 그것은 훌륭한 것이라고 믿기 시작했다. 그러한 믿음이야말로 문화 그 자체의 일부가 되었으며, 해야 할 역할을 찾고 (종종 '상담자'의 도움을 통해) 그 역할을 하는 방법을 배우는 데에서 나타난 하나의 반응이었다. 이는 근본적인 제도와 가치를 다시 강조하고 그것을 그 문화의 다양한 형식들 속에서 강화하는 것이었다.

## V

그렇다면 그것은 아들러 식(式) 적응의 시대였다. 그렇게 의식적으로, 남녀 다 같이 장소를 찾아 역할을 하고자 했으며, 명백히 그런 적응을 제공하려는 의도가 깃든 새로 제도화된 일련의 기관들에 더욱더 의존하게 된 시대, 또한 새로운 직업이 이러한 요구에 부응해 등장하고 옛 직업도 점차 이런 기능을 떠맡게 된 시대였다. 과학, 특히나 사회과학과 정신의학은 대중적 종교와 대중적 자조(*self-help*) 운동에 합류했다. 기초적 제도를 강화하려는 강력한 노력이 있었다. 폴 포피노[20] 박사 같은 상담가들은 커다란 자부심을 가지고 가족을 단합시키는 데 성공했음을 지적할 수 있었다. 엘튼 메이요[21] 교수 같은 사회과학자는 산업적 운용을 노동자가 소

20) [옮긴이주] Paul Bowman Popenoe(1888~1979): 미국의 우생학자로 정신적으로 이상이 있는 사람들에게 강제 불임 수술이 필요하다고 역설했다.

21) [옮긴이주] Elton Mayo(1880~1949): 오스트리아 출신의 사회학자 겸 심리학자로 하버드 경영대학원에서 교수로 재직하면서 조직론, 인간 관계론을 중

외감을 덜 인식하면서 더 행복하도록 작동하게끔 하는 적절한 '인사 경영'(*personnel management*)의 역할을 강조할 수 있었다. 그리고 카렌 호니[22] 박사는 '우리 시대의 신경증적 퍼스널리티'를 극복하기 위하여 의미심장한 적응을 하나의 해결방식으로 보여줄 수 있었다.

한편, 이 시기의 거대한 정치운동인 뉴딜이 탁월하게 새로운 미디어(특히 대통령의 노변담화와 더불어 라디오)와 더 많은 미국인에게 소속감과 역할을 줄 수 있는 의미 있는 상징을 사용하는 동안, 대중예술은 일종의 코미디를 제공하기 위해 특이한 기술을 개발했다. 대중예술은 애호가를 위하여 굴욕, 수치, 공포로부터의 상상을 통한 회복(*vicarious recovery*)을 강조했다. 참여, 혹은 적어도 참여의식이 결정적이 된 시대였다. 그 참여가 스포츠건, 도시 공동체에서의 가구(街區) 주민잔치(*block parties*)건, 혹은 정치 그 자체이건 말이다.

심지어 1935년에는 공산당조차도 적응의 시대에서 그 역할을 할 준비가 되어 있었다. 인민전선(*Popular Front*)은 의심할 여지 없이 국내뿐 아니라 국제적 정치발전에서 영향을 받고 있었다. 그러나 미국에서 공산주의를 '아메리카니즘'과 연결하려는 열렬한 노력은 더 견고한 소속감과 참여의식을 낳았다. 공산당은 그들의 운동을 역사적인 미국의 전통과 연결했으며, 그들은 자신들을 위한 공간을 찾기 위하여 미국의 역사를 다시 쓰고 그 결과 사회주의 운동은 더 이상 미국적 삶에서 소외되지 않게 될 것이며, 당원에게는 의미심장할 수 있는 중요한 작업과 역할에서 참여의식을 제공하고자 했다. 그것은 한쪽에 이념적 조건을 내려놓고 미국적 생활방식과의 관련성을 강조했다.

그럼에도 불구하고 어느 정도는 인민전선에 의해, 수치와 공포의 시기

---

심으로 연구했다.

22) 〔옮긴이주〕 Karen Horney(1885~1952) : 독일의 정신분석학자로 전통적 프로이트 이론에 반기를 든 이른바 신프로이트주의자(*Neo-Freudian*)로 분류된다.

에 소속감과 신념을 제공하려 애쓰던 여타 세력에 의해 만들어진 바로 그 문화는 마침내 아들러 식 적응의 시대를 넘어 형이상학적 확실성을, 초월적 존재 의식을, 깊이 느껴지던 욕구와 열망에 깊이 반응하던 집단적 정체성을 추구하기에 이르렀다. 특히나 1930년대 중반 이후 제 2차 세계대전까지의 시기를, 또 다른 심리학적 비유를 사용할 경우, 융의 시대로 생각하는 것도 아마 허용될 것이다. 다시 한 번, 아마도 소수의 사람이 의식적으로 칼 융(Carl Jung)의 책을 읽거나 융 자신을 따르고 있었다. [비록 필립 와일리(Philip Wylie)는 특히 미국 비판서인 《독사 세대》(*Generation of Vipers*, 1942)가 신화와 원형에서 드러나는 인간 본능에 대한 융의 분석을 독해한 데 기초한다고 주장하지만 말이다.] 이 시기는 새로운 영웅, 새로운 상징, 심지어 새로운 신화를 의도적으로 추구했던 시대였으며, '민중'과 그들의 작품을 재발견하고 의도적으로 이 문화와 동일시하려고 애쓰던 시대이기도 했다. 이 시기는 확정되고 정규 휴일을 추구하던, 의례를 미국적 삶에 그 '고유한' 자리로 복귀시키고자 일련의 새로운 애국적 노래를 찾던 시대였다.

광고가 경제생활의 결정적 요소가 되어버린 소비문화는 머지않아 일련의 영민한 광고 캠페인을 보았을 뿐 아니라 이러한 광고 배후에 있던 광고인은 종종 그들의 재능을 정부가 연방정부 및 연방정부의 목표와 동일시할 상징적 수단을 만드는 데 시민을 이용하는 것을 보았다. 다른 사람들도 국가적 사기(*morale*), '적합한' 목적을 향해 '적합하게' 조정되는 국가 공동체를 만들기 위한 상징 — 심지어 '보통사람들'(*people*) 같은 단어 — 조작의 중요성을 보았다. 상징의 중요성은 1939년 세계박람회를 만든 사람에게도, 유명한 '푸른 독수리'[23]나 슬로건, 혹은 전국부흥청(National Recovery Administration, NRA)의 행진을 만든 사람들에게도

23) [옮긴이주] '푸른 독수리'는 전국부흥청(NRA)의 상징이었는데, 푸른 독수리가 발톱으로 산업을 상징하는 톱니바퀴를 붙잡고 있는 문양이었다.

명백했다.

영웅의 시대가 아마도 특히 젊은이에게 얼마나 중요했던가. 대중잡지 속의 '새비지 박사'(Doc Savage), 라디오에서의 '그림자'(*Shadow*), 새 만화책에서의 '슈퍼맨'(Superman). 이것들은 1930년대 말 많은 미디어를 사로잡던 유형의 몇몇 예이다. 소년 시절 환상의 세계에서의 원형인 이 영웅적 인물들은 대실 해밋[24]과 레이먼드 챈들러[25] 소설 속 주인공 같은 비정한 탐정, 혹은 영화 속 거친 사나이 영웅에 합류했다. 비록 종종 소수의 신뢰할 만한 동료 노동자나 추종자와 밀접하게 연결되기는 하지만, 이 영웅적 인물들은 가족 구성원 누구와도 연결되어 있지 않은 남자인 경향이 있었다. 그들은 간혹 자연의 법칙이건 기존의 제도에 의해 금지된 요구이건 간에 규칙을 따랐다. 자신에 대한 단호하고 강력한 믿음을 지니고 공포감, 수치심, 혹은 역할이나 정체성에 대한 어떠한 의심도 없이, 그들의 헌신은 언제나 자신을 떠맡는다. 그러나 그러한 헌신은 거의 언제나 강력한 개인적 도덕 코드를 포함하는데, 이 코드로 인하여 그들은 '좋은 일을 하고' 그들 자신을 악의 세력을 극복하는 데 바친다. 그들은 전통적 인간과 제도가 할 수 없는 때와 장소, 바로 그러한 상황 속에서 승리한다. 그들은 전통적인 미국의 가치와 목적을 위해 일했으며, 그러나 종종, '적절하게' 행동하기 위한 도덕적 질서뿐 아니라 자연적 질서도 실패하는 것을 목격하는 시기, 무질서한 세상에 그들 자신의 질서를 강요했다. 라디오 세계의 그러한 초기 영웅 중 하나인 〈외로운 무장순찰대원〉(*The Lone Ranger*) 처럼, 그들은 그러한 질서를 확립한 후 말에서 내려 감사를 요구하지도 않고 등장할 때만큼이나 신비하게 떠나가 버린다. 나

---

24) 〔옮긴이주〕 Samuel Dashiell Hammett (1894~1961): 미국의 단편소설 및 탐정소설 작가이다.

25) 〔옮긴이주〕 Raymond Thornton Chandler (1888~1959): 소설가 겸 영화 극작가로 현대 탐정소설에서 글의 문체를 강조했다.

아가, 영웅적 변장을 하지 않아서 보통의 시민으로 여겨진 그러한 영웅 중 많은 이들이 동료에 의해 모욕을 당하거나 어느 정도 경멸적 취급을 받고 있는 것을 알게 된다. 오로지 정체가 감추어져 있을 때만 찬사와 탄복을 받음을 그들은 알게 된다.

흔히 그러한 영웅적 인물들은 그 시대의 영화 속에서 점차 더 중요해진 특별한 종류의 신화에 수렴되었다. 예컨대, 존 포드[26] 감독의 새로운 서부영화와 완전히 새로운 부류의 도시적 서부영화, 그 출현이 의미 있는 장르로서의 갱 영화는 폰 스턴버그[27]의 탁월한 작품인 〈암흑가〉(*Underworld*)까지 추적할 수 있다. 미국의 과거와 현재에 대한 새로운 거대한 비전이 만들어지고 있었으며, 이야기 자체의 전개에 의해 창출되는 참여와 실현에 대한 그 신화적 인식 속에 연출 — 일종의 의례화된 연기(*ritualized performance*)로 그 안에서 적당한 때에 모든 기대가 충족된다 — 의 바로 그 형식이 질서와 연속성의 인식을 제공했다.

민중과 민중 문화, 현재와 과거에 대한 매료는 많은 사람이 일종의 집단적 정체성을 미국과 미국인의 모든 것에서 찾는 데 도움을 주었다. 동시에 과거의 민속자료를 모으고 보전하려는 노력과 자신의 진실한 경험 때문에 현재 가수가 된 사람에 의해 만들어진 노래, 즉 틴 팬 앨리[28]로부터 나온 노래가 아니라 농장과 광산에서, 돌아다니던 외판원과 파업 중인 노동자에게서 나온 노래에 대한 관심이 있었다. 특별한 사람들의 특별한 경

---

26) 〔옮긴이주〕 John Ford(1894~1973): 서부영화 장르를 확립한 아일랜드계 미국의 영화감독으로 〈역마차〉(*Stagecoach*, 1939), 〈분노의 포도〉(*The Grapes of Wrath*, 1940) 등의 대표작이 있다. 네 차례나 아카데미 감독상을 수상하기도 했다.

27) 〔옮긴이주〕 Josef von Sternberg(1894~1969): 오스트리아 출신의 극작가, 영화 촬영기사를 겸한 영화감독으로 '필름 누아르'(*film noir*) 계열의 영화에 영향을 끼쳤다.

28) 〔옮긴이주〕 Tin Pan Alley는 19세기 후반과 20세기 전반 뉴욕 시를 중심으로 한 작곡가와 음악 출판사의 동호인적인 수집곡을 의미한다.

험의 표현인 이러한 노래들은 많은 중간계급 미국인에 의해 그들 자신의 문화의 일부로서 널리 채택되었지만, 이 노래들이 말하는 경험은 그것들을 듣고 부르기를 즐기던 중간계급 시민을 종종 소외시키는 것이었다. 그러한 대리적 경험은 흔히 문화적 행위만큼이나 정치적인 행위가 되었다. 1939년, 미국에서 인민전선의 절정기에 2명의 좌파 성향 작가인 존 라 투슈(작사가)[29] 와 얼 로빈슨(작곡가)[30] 은 사업추진청(Works Progress Administration, WPA)의 익살극을 위해 특별한 종류의 포크 발라드와 유사한 것을 만들었다. 그 작품은 후일 폴 롭슨(Paul Robeson)의 녹음과 프랭크 시나트라(Frank Sinatra)가 주인공인 할리우드 영화를 통해 대중화되었으며, 엄청나게 인기 있는 곡이 되었다. 노래와 레코드로서 '히트'치고, 심지어 1940년 공화당 전국 대회에서 연주되었다. '미국인을 위한 발라드'는 융의 시대에 창조된 새로운 종류의 '민속' 자료를 대표한다. 그것은 미국과 미국의 역사 그리고 그것을 만든 사람들에 관한 것이다. 그것은 신념의 역할, "무명씨는 어중이떠중이였다"(*nobody who was anybody*)와 "어중이떠중이는 모든 사람이었다"(*anybody who was everybody*)에 관한, 그리고 궁극적 정체성인 "당신은 내가 누구인지 안다: 보통사람!"에 관한 것이었다. 그 발라드는 모든 인종 집단, 신조, 색깔을 포함한 생활방식에서 단합에 대한, 노먼 로크웰(Norman Rockwell)의 〈새터데이 이브닝 포스트〉 표지들만큼이나 감상적인 하나의 입증이었다.

신화적 미국을 초월적으로 동일화하려는 탐사는 미국인을 짧은 몇 년 내에 심대한 사회적, 인간적 문제로서 황진 지대(*Dust Bowl*)의 이주 농

---

29) 〔옮긴이주〕 John La Touche(1914~1956): 작사가로서 "Cabin in the Sky", "Banjo Eyes", "Beggar's Holiday" 등의 곡이 있다.

30) 〔옮긴이주〕 Earl Hawley Robinson(1910~1991): 시애틀 출신의 작곡가로서, 1930년대에는 공산당에 가입했으며 좌파적 성향을 띤 곡을 많이 만들었다. "Joe Hill", "Black and White", "Ballad for Americans" 같은 대표곡이 있다.

업 노동자(Okies)에 대한 깊은 관심에서부터 감상적일지라도 역사적인 미국 민중의 순진무구한 생명력을 다시 사로잡는 데 엄청난 성공을 거둔 리처드 로저스와 오스카 해머스타인[31]의 〈오클라호마!〉(*Oklahoma!*, 1943)의 "코끼리 눈만큼 높은 옥수수"와 기쁨에 찬 "오! 이 얼마나 아름다운 아침인가"에 이르게 했다. 그러나 때때로 그 성과는 더욱 흥미롭고 더 큰 의미가 있었다. 1935년 조지 거슈윈(George Gershwin)은 팝과 예술, 브로드웨이 뮤지컬과 대규모 오페라, 재즈, 포크, 대중음악, 민중과 신화에 관한 자료, 그리고 현대 연극을 대담하게 융합하려는 시도를 했다. 흑인 저술가인 뒤보스 헤이워드[32]가 제공한 자료 — 그것 자체는 포크에서 온 자료에 의존했다 — 를 가지고 작업한 거슈윈의 오페라 〈포기와 베스〉(*Porgy and Bess*)는 한때 식민지 궁전이던 빈민가를 무대로 했다. 윌프리드 멜러즈[33]에 따르면, 그의 주제는 "한때는 '풍족한 생활'(*good life*)에 이르렀던, 이르고 싶었던, 여전히 이를 수도 있는 사람에게 끼친 상업 세계의 영향력"으로, 인간과 자연의 친밀한 관계에 기초해 있었다. 기본적인 인간관계, 즉 어머니와 자식, (소풍과 기도 모임 같이) 촘촘히 엮인 공동체의 의례, 사랑 등은 무질서한 세계, 폭력과 도박의 유혹, 거대 도시의 악덕, '그 외진 길'의 소외, 싸움의 야만성, 자연의 흉한 모습(포기의 다리, 허리케인의 참상)과 대조적이다.

---

31) 〔옮긴이주〕 Richard Rodgers(1902~1979) and Oscar Hammerstein II(1895~1960): 이 두 사람이 미국 대중음악에 공헌한 것은 1940년대와 1950년대에 일련의 브로드웨이 뮤지컬을 만들어 성공시켰다는 점일 것이다. 그들이 만든 작품은 15번의 아카데미상, 34번의 토니상, 2번의 그래미상을 받았다.

32) 〔옮긴이주〕 Edwin DuBose Heyward(1885~1940): 무엇보다도 소설 《포기》(*Porgy*, 1926)로 유명한 작가이다. 후일 그의 작품은 거슈윈이 작곡한 오페라 〈포기와 베스〉로 탈바꿈하였다.

33) 〔옮긴이주〕 Wilfrid Howard Mellers(1914~2008): 영국의 음악학자 겸 작곡자, 비평가였다. 특히 그는 음악 장르를 통해 사회를 이해하는 것이 중요하다고 강조했다.

그 드라마는 역사나 인간 이전에, 의식(“나는 결코 부끄럽지 않아”) 이전에 에덴동산으로의 회귀에 대한 갈망에 흠집을 낸다. 그리고 ‘종족적 순진무구함(*tribal innocence*)의 재확립’에 대한 동경과 에덴동산으로의 회귀에 대한 갈망이 존재하면서, 그 오페라는 포기의 상징적 몸짓으로 끝난다. 즉 다시 멜러즈가 제시하듯이, 뉴욕과 그의 베스를 향한 “약속의 땅은 뉴욕이며, 오로지 그와 베스가 만날 수 있을 때, 그곳에서 새로운 생명이 자랄 수 있으며, 그 도시를 하나의 가정(*home*)으로 받아들일 때만 그러하다”는 인정(*recognition*). 그리하여 거슈윈의 손에서 민속자료는 새로운 사물의 질서 수용 거부를 정당화하는 것이 아니라 우리가 궁극적으로 파악해야 하는 것을 이해하는 데 사용된다. 한편 그가 집단적 꿈과 희망, 원초적 본능, 그리고 환상을 이용하는 것은 자신들이 소외된 세계에서 이방인임을 깨닫는 사람들에게 정체감(*a sense of identity*)을 제공한다.

위대한 미국 무용가 마사 그레이엄[34] 역시 거의 고전적 의미에서 의례로서의 연극에 대한 비전에 끌렸다. 그녀는 일찍이 그녀의 최고작품의 토대로서 신화의 사적인 세계로 선회했는데, 상당히 개인적인 〈원시적 신비〉(*Primitive Mysteries*, 1931) 같은 작품에서 그녀는 시적인 동정녀(*Virgin*), 즉 기독교 신화의 신성한 여성이었다. 1934년, 그녀는 미국과 자신의 개신교적 배경을 탐사할 준비가 되어 있었다. 르로이 레더먼(Leroy Leatherman)은 《마사 그레이엄: 예술가로서의 한 숙녀의 초상》(*Martha Graham: Portrait of the Lady as an Artist*)에서 다음과 같이 말했다.

> 〈세계에 대한 편지〉(*The Letter to the World*, 1940)에서 … 그녀는 그러한 어두운 비인간적 세력에 직면했다. 그러나 결말은 쓸쓸했다. 1944년, 당시 그녀는 〈애팔래치아 산맥의 봄〉(*Appalachian Spring*)을 공연할 수 있었다.

---

34) 〔옮긴이주〕 Martha Graham(1894~1991): 무용 안무가로서 현대무용을 만드는 데 누구보다 선구자적 역할을 했다.

〈세계에 대한 편지〉의 불길한 (여성) 조상, 코튼 매더의 정수(*distillation*)와 죽음으로 끌어당기는 과거의 원형적 인물, 이런 것들이 놀라운 변형을 경험했다. 〈애팔래치아 산맥의 봄〉에서 그녀는 변경의 여성(*Pioneer Woman*)이었으며, 지배적이고 강하지만 사랑스럽고 미래에 헌신한다. 신부는 기쁨에 차 있으며, 불과 유황으로 가득 찬 지옥의 고통(*hell-fire-and- brimstone*)에 관한 설교로도 침묵하지 않을 것이다.

미국 작곡가인 애론 코플랜드[35]의 작품을 무용으로 만든 그것은 그녀의 가장 인기 있고 지속적인 작품 중 하나임을 증명했다. 그 작품 혹은 민속적인 곡의 음악조차도 의미가 없었으며, 의미가 있는 척하지도 않았다. 그러나 그것은 그것 자체를 특별한 종류의 미국적 의례 혹은 일련의 의례, 즉 설교, 구애, 결혼, 상량식(*house-raising*) 등으로 제시하면서 미국의 과거와 유머, 즐거움, 부드러움을 지닌 미국적 성격(특히나 미국의 여성)을 찬양한다. 코플랜드의 음악은 비록 단지 한 가지 민속적인 선율만을 사용하지만, 작곡가 자신의 천부적인 재능이 깃든 방식에 따라 독특하게, 미국음악의 특징과 관련 맺으려는 노력을 기울인다. 그것은 미국에서 서정적인 연극 예술의 발달에 의해, 또한 (라디오와 영화 같은) 새로운 미디어가 필요로 한 시간 동안 음악의 일부였다. 이 시기 그의 음악의 상당 부분과 마사 그레이엄 작품에서의 상당 부분은 분위기의 전환을 보여주었는데, 그것은 모든 미국인이 과거뿐 아니라 미래라는 관점에서 공유할 수 있는 특별한 집단적 연관성을 찾고자 하는 욕망이었다. 코플랜드 자신이 우리에게 말하기를, 작곡가는 "이전에는 결코 그렇지 않았던 것을 필요로 함을" 느낀다. 이것은 "보통사람의 고난에 대한 동일시와 공감의 물결"과 결합되었다. 그러나 전성기에 서정적 연극(그리고 충분히

35) 〔옮긴이주〕 Aaron Copland(1900~1990) : 유럽과는 달리 미국 고유 스타일의 작곡을 했다고 인정받았으며, 그의 음악은 현대 음악과 미국 포크 음악을 잘 결합했다고 평가된다.

흥미롭게도, 이 시기의 그렇게 많은 주요 문화적 업적들이 발견되는 곳은 이곳이었다) 은 공통의 신념, 공통의 의례의 준수, 공통의 정서적 공유에 대한 새로운 인식을 제공하고자 애썼는데, 이것들은 그 시대의 심리학적 조건이 요구하는 것처럼 보였다. 영웅, 상징, 신화, 의례는 미국에서 융의 시대를 보여주었다.

## VI

에즈라 파운드에 따르면, 모든 시대가 하나의 상징을 요구한다. 우리가 여기서 언급하는 시대보다 더 자의식적인 시대는 없었다. 우리는 새로운 산업적 질서에 대항하는 울타리로서 역사적 윌리엄스버그의 재건이라는 하나의 상징으로 시작했다. 우리는 새로운 시대 그 자체에 어울리는 기념물로서 윌리엄스버그 재건이 건립된 시기에 생각되었던 또 다른 상징으로 끝낸다. "가장 흥미롭고 효율적으로 고안된 대규모 사무용 빌딩 … 이 세상에서 가장 거대한 건물." 펜타곤은 구체적인 것을 강화했으며, 펜타곤의 디자이너와 건축자는 (자신들과 자신들의 업적을 영속화하기 위해 즉각적으로 펜타곤 협회를 만들었다) 펜타곤이 미국만큼이나 지속할" 것이라고 예언했다. 펜타곤은 현저히 짧은 시간인 14개월 이내(전시가 아니라 평시였다면 7년이 걸렸을 것이다) 에 건립된 '현대의 건축 기적'이었으며, '전시 상상력에 대한 자극'을 제공했다. 그 자체로 완결된 세계로서, 펜타곤은 약 16마일(약 25.75킬로미터) 의 회랑, 60만 제곱피트(약 55,742제곱미터) 의 사무실 공간, 우선적으로 3만 2천 명의 근무자를 위한 방을 포함하고 있었다. 그것은 군의 거대한 뇌세포가 될 예정이었으며, 한 비평가는 그것을 "전쟁에 나간 세계박람회"라고 불렀다. 길을 찾기 위해 여러 파스텔 색조로 칠해진, 이렇듯 엄청난 복도 안에 음식 서비스, 의료 시설, 심지어 개인 출판사까지 존재했다. 그곳의 도로는 헌병에 의해 순찰되었으며, 접근로가 조경되는 동안 그곳을 방문했던 한 작가는 제시된 사진에 대해 언급했다. "흑인 여성 팀이 (조경) 일을 거의 전적으로 했는데, 이들은 모두 밀짚모자를 쓰고, 작업복과 청바지를 입고 있어 시골 농원 분위기를 주었다."

그럼에도 불구하고 식민지 시기 버지니아의 농원과 조금이라도 다르지 않을까 상상할 수도 있다. 산업적 질서와 권력의 거대한 신세계의 마지막 상징인 펜타곤은 전쟁에 뛰어든 모험에 의해 필요해졌다. 아마도 그곳의 옹호자가 암시하듯이 전쟁 후에 펜타곤은 군대에게는 불필요해질 것이다. 그 경우 그곳은 문서고로 쉽사리 바뀔 수 있을 것이다. 그러나 그러한 절박한 상황은 지나가지 않았으며 펜타곤은 여전히 우리와 함께 있다. 그런데 오늘날 그곳의 상징적 가치는 1942년 완성되었을 때 제시했던 것과는 한참 다르다. 혹은 아마도 몇몇 사람들은 그 당시에도 그 디자인에서 다른 이미지를 보았는지도 모르겠다. 그 이미지는 1927년 체코 작가인 프란츠 카프카(Franz Kafka)가 썼던 그렇게 으스스한 《성》의 이미지였다.

1940년대 전반까지 이 시기 초기의 상당 기간을 지배했던 공포와 수치심에 대한 반응으로 문화는 종종 상당히 자의식적으로 계발되었으며, 미국적 생활방식의 최종적인 찬양과 그 방식에 대한 강력한 헌신을 하기에 이르렀다. 많은 사람이 합리적이거나 과학적인 질서가 충분한지에 대해 의심하기 시작했으며, 일부는 사실상 헌신의 관념 그 자체에 대한 의구심을 드러냈다. 즉 실존주의적 양식, 종교상의 신(新)정통주의, 철학상의 신토마스주의에 대한 전반적인 새로운 관심이 철학 학파에서 지배적인 미국의 실용주의뿐 아니라 (로버트 허친스하의 시카고대학에서처럼) 교육철학 자체에 대해 도전했다. 시드니 후크는 1943년 생생한 논쟁을 촉발했는데, 그 논쟁은 그가 실용주의와 과학, 합리성과 사회 공학을 새로운 '신경의 실패'로 공격할 때 일어났다. 그러나 이미 필립 와일리는 미국의 신화, 영웅 그리고 가치관에 돌풍을 일으키는 베스트셀러를 출간했다. 전쟁에서 출현한 새로운 질서의 비전은 1942년 칼 베커의 《더 나은 세상은 얼마나 새로울 것인가?》(*How New Will the Better World Be?*)에 의해 도전 받았으며, 1943년 에인 랜드(Ayn Rand)는 블록버스터 소설 《근원》(*Fountainhead*)을 썼다. 특히나 대학에서 많은 독자를 확보한 이 소설은 '정체성'을 제공하며 종종 행복했던 공동체주의의 면전에서, 하나의 미덕으로서 사실상 고양된 이기심인 새로운 개인주의를 설파했다. 그 다음해 하이예크[36]의 《노예의 길》이 경제 및 사회이론의 관점에서 랜드의 개인주의를 강화했다. 전쟁에서의 궁극적인 승리와 복지국가의 틀을 마무리하기 위한 전후 총체적 정부 구조의 확립조차도 기술적 승리를 붙잡지 못했다. 비평가들은 의미 있는 문화나 존속할 가치가 있는 문명도 발견하지 못했다. "문명-치워버려라"라는 전후 노래가 그것을 보여주었다.

수치와 공포의 시대는 역사 속으로 지나갔다. 그 시대 다음으로 어찌되었건 그 자체를 불안의 시대로서 솔직하게 생각하는 시대가 뒤따랐다. 사람들은 제안하리라. 아들러와 융의 시대는 빌헬름 라이히[37]의 시대 뒤로 물러났다고.

> 이제는 한 세대 전체가 … 두 시대 사이에, 두 가지 생활양식 사이에 사로잡혀 있는 시기이다. 그리하여 전체 세대는 그 자체를 위한, 자명한 것을 위

36) 〔옮긴이주〕 Friedrich August Hayek(1899~1992): 사회주의 사상에 적극적으로 반대했으며, 시장경제와 정부간섭 배제를 강조한 신자유주의 경제학의 원조로 칭송되었다. 《노예의 길: 사회주의 계획경제의 진실》(*The Road to Serfdom*, 1944)은 그의 대표작이다.

37) 〔옮긴이주〕 Wilhelm Reich(1897~1957): 오스트리아 출신의 정신의학자로서 대표작으로는 《파시즘의 대중 심리학》(*The Mass Psychology*, 1933)과 《인성분석》(*Character Analysis*, 1933)이 있다.

한, 모든 도덕을 위한, 안전하고 순수함을 위한 감정을 잃어버린다.

그리하여 헤세의 해리 핼러는 앞서 인용했던 구절 다음에서 계속한다. 그리고 하여간 이것은 펜타곤과 원자탄을 만든 기술적 성취에 뒤따르는 시대에 너무나 완벽하게 맞는다. 문화와 헌신의 시대, 적응의 시대는 일시적 유예를 제공한다. 공포와 수치심은 그 시대를 연속해서 보수적 위치로 내쫓아버리고 문화적 형식의 사용과 힘을 제공하는데, 그것은 그 시기의 경험이 요구한 문제에 대한 잠정적 대응으로서 작용했다. 그러나 1945년이 되면 이러한 것들은 소진되고 아마도 심지어는 혐오스러운 형식으로 보였는데, 이 형식은 더 이상 소용이 될 수 없고 소용없을 것이다.

그리하여 펜타곤은 두 개의 얼굴을 지닌 상징으로 보일 수 있다. 정점에 이른 시대에 펜타곤은 진실로 질서, 과학, 이성의 승리였으며, 단합, 목적, 사기의 성취이자 정체성과 역할의 확립이었다. 그럼에도 불구하고, 펜타곤이 만들어졌을 때 그곳은 원자탄의 (적어도 가장 모순적 의미에서 영적인) 발상지이자 겁주는 관료 구조였으며, 불안으로 가득 찬 멋진 신세계의 시작이었다.

제 11 장

# 보통사람들의 박람회

## 소비사회의 문화적 모순

1935년 미국의 비평가 케네스 버크[1]는 미국에서의 혁명적 상징주의에 관한 세 번에 걸친 미국작가총회 중 첫 번째 회의에서 연설을 했다. 그의 의도는 대체로 친공산주의적 청중에게 효과적 관계를 맺고 공동의 목적을 달성하기 위한 조직을 결성하는 데 필요한 사회적 연장(*tools*)으로서 신화의 중요성을 설득하고자 하는 것이었다. 그가 변론한 특정한 신화는 그가 긍정적 상징으로 부른 '보통사람들'(*the people*)에 관한 것이었다.

> 우리 상징의 위계상 최고의 자리에 '노동자'가 아닌 '보통사람들'을 제안하면서 … 나는 중간계급의 가치관을 사용치 않고는 하층 중간계급 사이에서 혁명적 사상의 독트린을 확대할 수 없다고 근본적으로 제안하고 있다 … '보통사람들'이라는 상징은 또한 단합의 방향을 더욱 분명하게 가리키는 전략적 이점을 지니고 있다 … 그것은 혁명이 가져올—그리고 이러한 이유 때문에

1) 〔옮긴이주〕 Kenneth Burke(1897~1993): 문예 이론가이자 철학자로서 주된 관심은 수사학과 미학이었다. 그는 소스타인 베블런의 영향을 많이 받았다.

> 그것은 충성의 상징으로서 좀더 풍부해 보인다 — 이상적이고 궁극적인 무계급 특징을 포함한다. 그것은 국민주의적(*nationalistic*) 조건의 이점을 빌릴 수 있으며, 동시에 공동의 이데올로기 배후에 그들의 계급적 특권을 숨기는 세력과 싸우기 위해 사용된다.

"우리는 그와 우리가 공통으로 지닌 가치관 때문에 그 사람을 설득한다"고 버크는 말했다. 그리고 사실상 보통사람들이라는 관념은 미국의 사회적 습속(*folkways*)에 기초적이었다.

우리는 그 비평가가 청중들을 설득시켰는지 아닌지 모른다. 1930년대 문화에 관한 어떠한 글을 읽어보아도 확인할 수 있지만, 우리는 보통사람들이라는 개념을 그 시기의 수사학적 표현에서, 미국인의 의식에 대해 깊이 언급하는 근본적 이미지에서 풍부한 증거를 찾을 수 있다는 것을 알고 있다.

한 시대의 수사학은 문화의 본성에 대한, 종종 모호할지라도, 진정한 이슈들을 왕왕 배반하기 때문에 진지하게 검토할 필요가 있다. 1935년부터 제 2차 세계대전이 끝날 때까지의 시기 동안 명백히, 미국의 대중적 언어에 어디에서나 나타났던 감정에 대하여 하나의 구절, 하나의 감정, 하나의 특별한 요청이 있었다. 바로 '보통사람들'이다. 그 용어는 확실히 새로운 수사학적 미사여구는 아니었으나, 1930년에 새로운 기능을 얻었다. 이데올로기적 개념으로서는 매우 정교하지 않았으나 어쨌든 그것은 바야흐로 국가 전체의 정서적 토대를 제공하는 감정이 두드러지게 쏟아져 나오는 데 사용될 것이었다. 서유럽에서 이른바 인민전선(*Popular Front*)이 형성되던 시기에, 미국에서도 '보통사람들'은 계급, 인종, 좌우의 이념 구분을 가로지르는 의미를 지닌 용어이자 국민문화에 토대를 놓는 기본적 감정을 형성하는 말이 되었다.

그리하여 칼 샌드버그는 시집 《그렇다, 보통사람들》(*The People, Yes*,

1936)을 출간했고, 사업추진청 프로젝트는 보통사람들을 위한 예술(*Art for the People*)과 보통사람들의 극장(*The People's Theater*)을 제안했으며, 프랭크 카프라는 '중요하지 않은 사람'(*the little man*)을 기리는 엄청나게 성공적인 일련의 민중주의 영화(*populist films*)를 제공했다. 그리고 존 포드는 1930년대 끝자락에 만든 매우 중요한 여러 영화들에서 신화적이고 민중주의적인 용어를 사용하여 미국 역사를 다시 썼다. 통계학적 평가는 가능하지 않겠지만, 스타인벡 소설의 마 조드(Ma Joad) 역을 포드 영화 버전인 〈분노의 포도〉(*The Grapes of Wrath*)에서 연기한 제인 다웰(Jane Darwell)의 이미지보다 수많은 관중을 울린 장면은 없을 것이다. 특히 그녀가 영화가 끝날 무렵 마지막 도발적인 연설에서 "우리는 살아 있는 보통사람들이야. 누구도 우리를 지울 수 없어. 누구도 우리를 이길 수 없어. 우리는 영원히 나아갈 거야. 우리는 보통사람들이야"라고 말했을 때 말이다. 다웰은 1940년도 아카데미 여우조연상을 받았다. 그때가 보통사람들의 전성기였다.

1930년대 후반 이 개념의 우선적 유용성은 하나의 기초적 통합(*a basic unity*)이 미국의 사회적, 문화적 구조의 토대를 놓는다고 제안할 수 있다는 점이었다. 사회 내의 구분은 피상적으로 보였다. 그래도 말하는 것이 허용되거나 혹은 뭐라 말해야 할지 지시받는다면 보통사람들은 쉽사리 하나의 목소리로 말할 수 있었다. 아마도 그렇게 많은 것들이 나뉘는 것처럼 보였기 때문에, 통합의 이념은 결정적으로 보였다. 이러한 통합을 측정하고 정의하는 어떤 방식, 그리하여 그것을 제대로 다룰 수 있는 방식을 찾는 시도가 시작되었다. 통계학은 해답을 매우 잘 증명할 수 있었다. 평균이라는 개념이 만들어졌는데, 이는 하나의 단위로서의 보통사람들에 대한 일종의 통계학적 평가였다. 원래 개인주의를 핵심적 미덕으로 소중히 간직했던 문화에서 평균에 대한 관심이 이제는 압도적이 되었다. 평균적 미국인(*Average American*)과 평균적 미국 가정은 미래 문화의 새로운 비전에서 중심이 되었다. 그리고 1930년대에는 추가적으로 통계학적 사실이 평균적 미국인의 그림을 완성하는 데 더해졌다. 즉 1930년대 중반에 개발된 기법을 통해 여론조사(*public opinion polls*)는 사상과 태도에 관한 '과학적' 증거를 제공했다. 점차 이러한 통계적 피조물, 즉 평균적 미국인이 문화적 사고와 계획의 중심이 되었다. 그 혹은 그녀는 보통사람들이라는 더욱 신비한 관념과 동행하던 감상적 분위기에 얼마 지나지 않아 둘러싸이게 되었다. 만약 보통사람들이 즐거이 시적으로 보이고 평균적 미국인이 적절하게 과학적이라면, 그 개념에 대한 두 개의 비전은 1930년대 미국문화에 대한 진지한 평가를 할 때 필수적이다.

미국의 19세기 현인인 랠프 왈도 에머슨은 한때 그의 동포에 대해 "우리는 우리의 꿈과 수학을 원한다"(*We want our Dreams and our Mathematics*)고 주장했다. 자주 이것들은 같은 동전의 양면, 즉 동일한 보통사람들의, 평균적 미국인의 양면이었다. 1939~1940년의 뉴욕 세계박람회(*World's Fair*)는 그 동전을 집은 것이며, 그것도 꽉 집은 것이다. 그 박람회는 보통사람들의 박람회이며 그 자체가 평균적 미국인을 위해 개발되었다고 주장했다. 그것이 추구하고 얻고자 했던 바로 그 호소는 근본적 모순을 드러냈는데, 이 모순은 그 박람회의 역사뿐 아니라 그것에서 기인한 문화에도 결정적이었다.

아마도 그것은 필연적이었을 것이다. 왜냐하면 마치 에머슨의 말에 의식적으로 귀 기울인 양, 그 박람회가 꿈과 수학을 동시에 요구했기 때문이다. 처음부터 그 박람회가 지닌 이념적 꿈은 그것의 수학의 가혹한 현실, 즉 미국의 소비자를 만족시키려는 욕망에 대한 비난이었다. 이 갈등은 그 박람회의 역사에 널리 퍼지게 될 것이었다.

그 박람회를 건립한 법인은 1945년 해체될 때 특이한 일을 했다. 약간의 돈을 남겨 "미래 박람회를 조직하고 운영하는 책임을 질 사람들에게 유용한" 박람회의 역사를 기록하고 출간하는 일을 위임한 것이다. 그 조그마한 책이 《세계박람회 만들기》(*Making a World's Fair*) 로서, 주로 16권으로 된 이사회 모임의 의사록에 기초했다. 기업 취재기자인 에디 타잉(Ed Tying) 이 쓴 이 책은 1958년이 되어서야 자비(自費) 출간을 전문으로 하는 출판사에서 출간되었다. 그것은 사실상 거의 알려지지 않았으며, 훗날의 박람회를 책임질 사람들에게 어떤 가치가 있었다는 증거는 거의 없다. 그러나 《세계박람회 만들기》는 역사학자에게는 놀라울 정도로 유익한 것이었다. 박람회 건립자가 자신의 업적을 어떻게 바라보았는지, 특히 그들이 그들의 생각과 수사학에 그렇게나 중심적이었던 보통사람들이라는 개념과 평균적 미국인을 어떻게 이해했는지를 알고자 하는 역사학자에게 그러했다.

이 책의 서문에서, 박람회 의장이었던 그로버 웨일런[2] 은 "박람회는 보통사람들을 위해 건립되었고 그들에게 바쳐진 것이다. 그것은 그들을 기쁘게 하고 가르치기 위해 건립되었다"고 회상했다.

이 진술은 박람회 계획이 시작된 1935년부터 발행된 연설, 뉴스 발표, 소책자에 있는 수십 개의 유사한 진술을 반영한다. 웨일런 자신은 박람회 〈공식 가이드북〉의 바로 첫 페이지에 그의 민중주의적 호소(*populist appeal*) 를 강조했다. "이것은 여러분의 박람회이며, 여러분을 위해 건립되었으며, 여러분을 위해 헌정된 것이다." 자서전인 《미스터 뉴욕》(*Mr. New York*) 에서 그는 그 박람회가 '모든 사람'을 위한 것이며 박람회의 목적은 "평균적 사람을 내일의 세계(*World of Tomorrow*) 로 투사"하는 것이라고 또 다른 소책자를 인용하면서 선언했다. 《세계박람회 만들기》에도 이사회가 동의한 초기 성명서가 다시 실려 있는데, 그 성명서는 그들의 사업을 "모든 사람의 박람회"로 언급하며, 그들의 사업이 "다수의 보통사람들의 삶에 효과가 있게" 바쳐진 것이며, "평범한 미국 시민"을 위한 특

---

2) 〔옮긴이주〕 Grover Aloysius Whalen (1886~1962) : 정치가 겸 사업가이기도 했다. 그는 금주시대 뉴욕 시 경찰국장을 역임했다.

별한 통찰력을 제공한다고 언급했다.

유럽이건 미국이건, 이전 어떤 박람회도 그러한 보통사람들의 관심에 대한 수사학, 그것이 연유할 수 있던 관용구와 그렇게 밀접한 수사학을 발전시킨 적이 없었다. 웨일린이 그의 서문에서 주장하기를, 이전 박람회들은 "최고의 산업기술, 사회사상과 서비스, 그 시대의 가장 진보된 과학적 발견"을 전시하는 것이었다. 그러나 어떤 박람회도 그렇게 공개적으로 명백히 보통사람들을 위한 분명한 메시지나 교훈을 갖지는 못했다. 다시 한 번, 웨일린의 언어 속에서, 박람회는 "사람에 대한 사람의, 계급에 대한 계급의, 국가에 대한 국가의 상호의존이라는 그림을 전달했다. 그것은 당시 알려진바 최고의 현대문명을 보전하고 구하기 위하여 개화되고 조화로운 협력이 즉각적으로 필요하다고 말하려 했다".

그 수사학이 전에 언급했던 보통사람들에 대한 일반적 개념과 얼마나 의미 있게 연결되는가에 주목하라. 통합, 협력, 상호의존, 조화에 대한 강조, 이 모두는 중요한 방식으로 보통사람들이라는 일반적 개념과 연관되어 있었다. 그리고 박람회 문헌이 미래, 즉 내일의 세계에 관해 많이 언급하지만, "당시 알려진바 최고의 현대문명을" 구한다는 점을 상당히 강조했다.

모든 박람회가 교육을 위한 것이라고 말할 수 있으나, 이 박람회는 학습 받아야 할 특별수업을 지닌 특정한 핵심 교과과정을 주장했다. 책으로 재출간된 하나의 주요한 박람회 문서에서 보고하기를, "평범한 미국 시민은 공동체와 그 자신을 위해 지적으로 통합된 노력을 통해서 그가 얻을 수 있는 바를 여기서 볼 수 있을 것이며, 삶과 일의 여러 기여 형태들의 상호의존성을 깨닫게 될 것이다". 그리하여 그 박람회는 기획자의 눈으로 보면 보통사람들을 초대할 뿐 아니라, 그 개념의 가장 이상적 의미에서 보통사람들을 **창조할**(*create*) 것을 제안했다.

《세계박람회 만들기》는 모든 박람회가 좀더 일반적이고 보편적인 목적을 지니고 있음을 인식했다. 즉 "그것〔박람회〕은 국내 물품의 더 큰 상호교환뿐 아니라 증가하는 국제무역을 직접적으로 고무하기 위해 고안되었다. … 일반적으로 타국과 비교하여 그 자신의 장점과 단점을 의식하는 모든 국가에서 사업을 하는 데 그것이 취할 성공은 매우 크다".

어떤 의미에서 박람회의 본질에 대한 이러한 인식이 보통사람들의 개념에 자리 잡고 있는가? 여기 문제가 되는 두 개의 주요 쟁점이 있다. 이 박람회는 이전의 노력 그 이상으로 주요 목적의 하나로서 소비제품과 서비스가 널리 이용될 수 있게 했다. 처음부터 보통사람들을 관람자일 뿐 아니라 전시 상품의 잠재적 소비자로서 바라본 것은 박람회였다. 실제로, 우리가 보게 되겠지만, 가장 인기 있는 전시관은 소비제품 생산 회사의 전시관인 경향이 있었다. 그리하여, 박람회의 광고 잠재력과 그 시대의 증가하는 소비문화 촉진은 보통사람들을 위한 박람회 역할에서 미묘한 변화를 나타냈다. 따라서 이 측면이 세계박람회 법인에 매우 중요했기 때문에 그 박람회는 효과적인 소비자 프로그램을 개발하기 위하여 초창기에 〈소비자 이해 자문위원회〉를 만들었다. 그럼에도 1939년 2월, 박람회가 열리기 수개월 전 정부 관리, 소비자 전문가, 학계 및 재계 인사로 구성된 21명의 위원회 위원들은 위원회가 전시(*exhibits*) 공간 판매 촉진에 이용되었지만 "전시 계획에서 소비자의 이해를 증진할 기회를, 혹은 박람회에서 소비자에게 전달할 정보의 가치나 신뢰성에 대한 보장 조항을 제공할 기회를" 전혀 제공하지 않았다고 비난하면서 사임했다. 박람회와 소비자로서의 보통사람들과의 이같이 애매한 관계는 향후 2년 동안 널리 퍼졌다.

《세계박람회 만들기》는 박람회가 재정적 손실이 있더라도 성공적일 수 있다고 인정하지만, 만약 그렇더라도 세계 비즈니스와 사회진보에 대한 박람회의 공헌은 좀더 '제한적'일 것이라는 점 역시 확신했다. 그리하여 처음부터 박람회 사업단은 두 개의 추가적이고 긴급한 기능을 맡았다.

즉 사업단 자체는 돈을 벌고 그것의 채권 투자자는 적당한 이윤을 거둔다는 것이다. 뉴욕 시 또한 엄청난 재정적 수익을 올릴 것이라는 상당한 확신이 있었다. 웨일린은 박람회가 구매, 오락, 호텔 등에 총 10억 달러를 쓸 방문자들을 뉴욕 시로 데려와야 한다고 강조했다. 실제로, 그는 평균적 박람회 방문자가 뉴욕 시에 56달러를 쓰고, 그중 3.92달러를 박람회 자체를 위해 쓸 것이라고 계산했다.

이러한 방식으로 보통사람들 혹은 박람회 임원들이 부른 대로 하자면 이른바 평균적 미국인이란 《세계박람회 만들기》에서는 '입장료'(*gates*)라 부른 것을 의미했다. 교훈은 분명했다. "모든 박람회의 으뜸가는 원리는 대규모 관중 입장을 방해하지 않을 입장료에, 엄청난 사람을 끌어모으기 위해서 충분히 특이하고, 다양하고, 그리고 선별적으로 '혁명적인' 볼거리와 오락거리를 가져야 한다." 소비자로서의 새로운 역할에 더하여, 보통사람들은 이제 고객(*customers*)이었다.

보통사람들에 대한 박람회 시각의 또 다른 면은 기록하기가 더욱 어려운데, 거의 모든 세계박람회와 관련하여 특히나 이 박람회와 관련해서는 거의 논의된 바가 없다. 《세계박람회 만들기》 서문에서 웨일린은 박람회의 "색상, 리듬, 음악과 축제"에 관해 썼다. 그의 자서전에서 그는 그 박람회를 "호화롭고 화려한 축제"라고 불렀다. 물론, 우리는 박람회에서 색상의 중요성과 두드러진 조명을 통해 얻어진 특별한 우수성을 알고 있다. 그러나 축제로서의 박람회를 고려해보자. 즉 퍼레이드, 행렬, 의식적 행사, 즉 매일매일의 프로그램, 국가경례(*state salutes*), 이러한 의례적 활동에 대한 박람회 관람객(보통사람들)의 활기 넘친 참여로 가득 찬 축제 말이다. 웨일린 자신은 행렬과 의식의 대가였다. 그는 1927년 찰스 린드버그(Charles Lindbergh)를 위한 뉴욕 시의 특별한 환영식을 준비했으며, 뉴욕 시의 전국부흥법(National Recovery Act)을 위한 탁월한 퍼레이드 또한 연출했다. 심지어 매일매일의 달력을 채우는 박람회의 많은 의례적 이벤트에 대한 신문의 기사는 보통사람들의 참여 정신, 의례화된 참가 의식으로 생동감이 있었다.

그 박람회가 프랑스나 이탈리아의 작은 중세 축제였다면, 의심할 여지없이 그것의 의미와 중요성에 관한 학술적 단행본이 있었을 것이다. 그러나 미국에서는 우리 축제의 삶을 진지하게 받아들이는 일이 드물다. 그러나 웨일린과 이사회는 충분히 진지하게 생각하면서 그 박람회에 축제적 의미를 더했다. 웨일린은 으뜸가는 쇼맨으로, 그 자신을 《인명록》(*Who's Who*)에 장사꾼으로 등재했으며, 박람회를 판매하는 재주는 종종 천재적이었다.

그 박람회는 하나의 계획 이상, 즉 잘 질서 잡힌 건축학적·예술가적 전시였기 때문에 놀랍도록 빛나고 효과적으로 채색된 것이었다. 그것은 또한 구경거리와 소리 — 언제나 소리로 넘쳐나던 — 의 축제였다. 박람회장을 돌아다니던 화려한 트랙터 기차는 "뉴욕의 보도(*sidewalks*)"라는 노래의 몇 소절을 연주했으며 그곳에는 언제나 밴드, 오케스트라, 심지어 일부 전시장에서는 일반적 공간을 떠다니던 내부 소리의 유혹이 있었다. 1939년 5월 5일 자 〈뉴욕타임스〉의 한 기사는 100개 혹은 그 이상의 유사한 보도를 대변하고 있었다.

> 돌아다니는 연주자 — 프라이데이(Friday) 기획사에게 고용된 가수, 댄서, 연주자, 곡예사, 광대 — 의 무리가 박람회를 배회하고 있었다. 전시회장과 오락 지역에서 보이는 그들은 밴조를 퉁기고, 대중가요를 부르고, 스윙 음악을 내보내는 중이다. 그들은 어디에 가건 언제나 군중에 둘러싸여 있다.

웨일린은 그 박람회가 교육에 관한 꿈의 세계와 박람회 설계자가 구상한 계몽에 결코 국한될 수 없음을 알고 있었다. 그 박람회는 박람회 공간을 임대하는 사람들의 수요에 맞추어야 했다. 즉, 그들은 자신들의 참여를 단순히 돈 버는 것으로 생각했던 상업적 세력이었다. 그러나 계몽과 소비자의 환희를 동시에 약속하면서, 웨일린은 어떠한 박람회도 전달할 수 있는 것 그 이상을 제공하고자 했다.

박람회의 계기는 뉴욕 시의 연방 홀(*Federal Hall*) 계단에서 행한 조지 워싱턴의 대통령 취임 150주년 기념식이었다. 1939년 8월 박람회 입장권 판매가 기대에 미치지 못하자 웨일린은 2주 내에 60만 장의 표를 팔려는 '희년(禧年) 캠페인'을 조직했다. 경찰, 출납원, 가이드, 해스켈 인디언, 안내 직원, 박람회 유인책 남녀 연기자 등을 포함한 300명의 박람회 직원들이 박람회 마당에서부터 워싱턴의 취임의식이 열린 장소인 월 스트리트까지 엄청난 자동차 퍼레이드를 벌이며 행진했다. 그곳의 워싱턴 동상 아래서 노래와 묘기가 펼쳐졌다. 트라이튼의 뮤직, 박람회 밴드, 그리고 ["즐거운 잉글랜드"(*Merrie England*)[3]로 시작한] 다겐햄 파이퍼(Dagenham Pipers)[4]가 만 명이 넘는 군중을 즐겁게 했다. 은행가이자 박람회 이사회 의장인 조지 매카니니(George McAneny)는 군중에게 입장권을 사서 '여러분 자신의 박람회'로 만들 것을 요구하는 연설을 그들 앞에서 했다. 그는 약속했다. 박람회는

> 여러분 일생을 통해 기억에 남을 경험과 기회가 될 것입니다. 우리는 여러분 모두가 오시기 바라며, 우리는 여러분 대부분이 그럴 것임을 알고 있습니다. 그러나 수천 명 중에는 여전히 일부 게으른 사람들이 있을 것이기 때문에 결국 일부 박람회 직원들이 여러분에게 박람회에 대해 좀더 이야기하게 되었습니다.

---

3) [옮긴이주] 영국의 음악가인 에드워드 저먼(Edward German, 1862~1936)이 작곡한 코믹 오페라로서, 엘리자베스 1세 시대 궁정에서 벌어진 사랑 이야기를 담고 있다.

4) [옮긴이주] 1930년 영국의 런던에서 시작된 백파이프 행진 악대로, 여성들로만 구성되었으며 국제적으로도 많은 공연을 했다.

당시 〈핫 미카도〉(*The Hot Mikado*)[5] 에 출연 중이었던 유명한 흑인 탭댄서 빌 로빈슨(Bill Robinson)이 춤을 추었고, 또 다른 인기물에 출연하는 합창단 소녀는 캉캉춤을 추었다. 그리하여 역사적 기념행사는 상업적 벌이로 바뀌었고, 박람회 참석은 애국적 의무와 동일시되었으며, 전체적 행사는 카니발이 되었다.

1930년대 보통사람들을 정의하는 하나의 방식은 여론을 통해서였다. 이 개념은 1935년 조지 갤럽이 미국 여론연구소를 창립한 이후 공식적 매력을 얻게 되었다. 갤럽의 조직은 여론조사 방식을 개발하여, 당시의 주요 이슈에 대해 평균적인 혹은 전형적인 미국인이 어떻게 생각하는지 모든 미국인이 알게끔 했다. 그리하여 1939년 8월 갤럽은 박람회에 참가했던 사람들 중 적어도 85%가 그것을 즐겼다고 보고할 수 있었다. 여성이 남성보다 훨씬 더 박람회에 열렬하게 반응했음도 발견된다. '전형적인 박람회 방문자'는 평균 2.3회 정도 구경 왔으며, 이 중 단지 3%만이 박람회를 전혀 좋아하지 않았다. 의미심장하게도, 박람회를 구경하지 못한 사람 중에서 63%가 참석할 경제적 여유가 없다는 생각이 들었다.

5월에 갤럽은 보고하기를, 박람회 방문객은 GM(General Motors), 테마관인 데모크래시티(Democracity), AT&T(American Telephone and Telegraph), 포드 자동차 회사, 소련관, 영국관, 그리고 기차전시관을 가장 좋아했다.

같은 해 갤럽은 보통사람들과 박람회 사이의 관련성에 관한 최종 평가에서 매우 중요할 수도 있는 보통사람들의 여타의 대중적 태도들을 보고했다. 미국인의 다수는 미국이 직면한 가장 심각한 문제를 실업(두 번째로 중요한 문제)이 아니라 전쟁에서 벗어나는 것이라고 생각했다. 압도적

---

5) 〔옮긴이주〕 원래는 1939년 길버트와 설리번(Gilbert and Sullivan)의 〈미카도〉를 흑인 배역으로 각색한 극장용 뮤지컬이었으며, 뉴욕 세계박람회에서도 두 번의 시즌 동안 공연되었다.

이슈로서 이런 비율은 그해가 끝나갈수록 증가했다. 소수의 사람들만이 텔레비전 수상기를 구입(13%)하는 데 관심을 보였으며, 실업자 사이에서 상당수(47%)는 향후 2년 내에 남편이나 아내가 직업을 가질 수 있는가에 대해 여전히 의심했다. 그리고 박람회의 '내일의 세계'와 기계 기술의 놀라움에 대한 열정을 고려해본다면, 모든 것 중에서 가장 흥미로운 것은 구호대상자에 대한 6월의 여론조사에서 실업의 가장 큰 원인(23%)으로 기계사용의 증가를 꼽았다는 점이다. 여기에 기술적 미래에 대한 박람회 기획자들의 낙관적 전망에서는 거의 상상치도 못한 패러독스가 존재했다.

박람회 전시자들과 박람회 디자인위원회의 진정한 천재성은 1851년의 수정궁(Crystal Palace)[6] 이후 모든 세계박람회에서 전통적으로 그러했던 것과는 달리 기계가 중심이 아니라는 인식이었다. 차라리 그들은 소비자 중심 사회에서 보통사람들이 기계보다는 결국 만드는 **과정**(*process*)에 더 매료된다는 것을 깨닫고 있었다. 이 박람회는 방문객에게 과정을 보여주었다. 이러한 면에서 박람회를 계획한 지식인과 거기에 참석했던 보통사람들은 어느 정도 상호작용을 알게 되었는지도 모른다.

보통사람들은 여전히 또 다른 역할을 했다. 기획자와 주제 위원회는 박람회 볼거리를 극화할 수 있는 모든 것을 했으나 박람회의 보통사람들은 유례없는 혁신의 새 요소에 공헌했다. 그것은 잡지 〈건축 기록〉(*Architectural Record*) 1940년 8월 호에 실린 논설인 "드라마와 군중 - 디자인을 위한 직접적 원천과 재료"에 최상으로 묘사되었다. 즉, "그럼에도 뉴욕에서의 최대 발견은 행위자로서 그리고 거대 권력의 장식으로서 군중의 발견이었다". 그 잡지에는 가장 성공적인 전시에 대한 훌륭한 리뷰

---

6) 〔옮긴이주〕 1851년 런던에서 최초의 세계박람회가 열린 공간으로, 철골과 거대한 유리로만 이루어진 전시장 공간의 특징 때문에 흔히 수정궁 박람회로 불린다.

가 뒤따랐다. AT&T, 웨스팅하우스, GM에서는 군중이 장식 패턴을 취하거나 다른 방문객의 흥미를 자극하기 위해 효과적으로 공간을 채우는 데 이용되었다. "세계박람회 '테마 센터'에서 사람들이 자신 있게 하늘을 등지고 길게 줄 서 있는 '헬리클라인'(*helicline*)[7]이 가장 훌륭한 요소가 아니었던가?"라고 평자는 물었다. "보통사람들 자신이 충분히 주요 드라마이자 공공건축의 장식일 수 있다. …"

박람회 경험에 대한 상업적 뉴스영화와 전문적으로 위촉하여 수집된 공식적 사진 해석은 훨씬 광범위한 기록의 단지 한 면만을 제시한다. 개장 첫날부터 보통사람들은 그들의 박람회를 자신들에게 각별하고 중요한 것으로 바꾸고자 하였다. 즉, 일련의 중요한 개인적 사진 선물을 위한 장치 말이다. 어느 누구도 아마추어 사진사가 박람회에서 찍은 사진의 숫자 혹은 전체 사진앨범의 숫자를 가늠할 수 없었다. 신문은 끊임없이 즉석에서 사진을 찍는 도중 자신이 위험한 상황에 빠진 것을 알게 된 아마추어 사진사의 구출에 대해 보고했고, 박람회 매니저들은 즉석에서 카메라로 찍는 방문객이 박람회 유효기간에 간섭하지 않고도 그들의 사진을 끝낼 수 있게 하는 데 점점 더 많은 시간을 투자했다. 그들이 수집한 이미지와 어떻게 그들이 박람회의 환경 내에서 자신을, 자신의 가족과 친구를 시각화했는가에 대한 연구는 우리가 보통사람들의 시각에서 본 박람회를 이해하는 데 매우 소중할 것이다.

박람회는 보통사람들이 기획자와 상업적 이해관계자에게 그들을 위해 그렇게 조심스럽게 장만한 설치물을 따르는 데 얼마나 성마를 수 있는지

7) 〔옮긴이주〕 뉴욕박람회의 상징 조형물은 중앙에 위치한 트라일론(Trylon)과 페리스피어(Perisphere)였다. 트라일론은 높이가 약 230미터나 되는 거대한 첨탑이었으며, 페리스피어는 지름이 약 60미터인 거대한 구로서, 315미터의 나선형 보행로인 헬리클라인을 통해 진입이 가능했다. 페리스피어 안에는 '데모크래시티'(Democracity)라는 테마관이 자리 잡고 있었다.

를 보여주기 전까지 오랫동안 열리지 않았다. 한 사건이 현대 자본주의 세계에서 그러한 박람회를 감히 계획했던 사람들을 위한 하나의 상징으로서 자리했다. 1939년 6월과 7월 동안, 신문은 자주 딜레마를 보고했으며, 계획자, 심리학자, 그리고 여러 전문인 집단은 최상의 공식적인 의견과 조언을 제공했다. 방문자들의 75%가 지하철과 철도에서 내려 박람회 부지에 입장한 후, 그들에게 제공한 양쪽 진입로 사용을 단연코 거부하면서 오른편으로 돌아서는 일이 벌어졌다. 박람회 관계자와 신문은 그들이 '양떼처럼' 집단으로 그렇게 했으며, 그 상황은 심각한 교통문제를 야기했을 뿐 아니라 왼편에 자리 잡았던 전시자들을 격분시켰다. 다수의 공식적인 해결책에도 불구하고, 결국 보통사람들은 그 자신의 방식대로 진행했다.

전형적이거나 평균적이라는 개념보다 더 1930년대의 보통사람들에 대한 비전을 특징적으로 보여주는 것은 없다. 여러 암시적 예가 이미 제공되었지만, 몇 개의 부가적인 예는 이 비전이 2년 동안의 박람회에서 얼마나 중심적이었는지를 확신시켜줄 것이다.

심지어 박람회가 열리기도 전인 1939년 2월, 통합 에디슨 회사(Consolidated Edison Company)는 테마의 일부로서 3만 7천 명의 종업원이 달성한 높은 생활수준을 전시할 것이라고 발표했다. 이것은 빌 존스(Bill Jones)의 수치를 이용하여 성취된 것으로, 모든 에디슨 회사 종업원의 전형으로서 1938년 그가 도달한 생활수준의 전시였다. 존스의 상(像)은 전시를 위압할 것이었는데, 이것은 그가 1929년보다 더 짧은 주간 노동(*work week*) 시간에 6 분의 1을 더 벌어들였다는 사실을, 그가 에디슨 저축 및 대부 조합의 회원이었다는 사실을, 그가 에디슨 종업원 생명보험 프로그램의 행복한 가입자라는 사실을 부각하고자 했다. 빌은 또한 비(非)에디슨 노동자보다 사고로부터 더욱 안전한 것으로 묘사되었으며, 평균적인 산업 노동자보다 30% 높은 건강 평점을 자랑했다. 그를 주택 소유자로 만든 낮은 이자의 대부를 얻을 수 있는 능력처럼, 종합(*comprehensive*) 의료보험은 그의 몫이었다.

1940년 9월, 박람회는 외모와 전형적인 미국 소년에 관한 에세이에 기초하여 뉴욕 시를 대표하는 소년을 선출했다. 충분히 어울리게도, 우승자는 전형적 미국인 소년 상(*statue*)을 위해 포즈를 취할 것이었다. 그는 알프레드 로버츠 2세(Alfred Roberts Jr.)로서 P. S. 53 학교 8학년 학생이었으며, 그의 수상 에세이는 〈뉴욕타임스〉에 다시 실렸다. 그것은 박람회가 소중하게 간직했던 가치관을 명백하게 반영한 글이었다.

> 전형적인 미국 소년은 초기 미국의 개척자가 지닌 것과 동일한 품성을 지녀야만 한다. 그는 손재주 있고, 신뢰할 수 있고, 용기 있으며, 그의 신념에 대해 충성스러워야 한다. 그는 깨끗하고, 쾌활하고, 친근하고, 다른 사람을 기꺼이 도우려 하고 친절해야 한다. 그는 스포츠, 취미, 그를 둘러싼 세계에 대한 관심을 비롯한 모든 것을 잘하는 소년이다.
>
> 전형적인 미국 소년은 그가 사용하는 공공재산을 잘 보살핀다. 그는 만화, 영화, 야외 경기, 애완동물, 그리고 라디오 프로그램을 즐긴다. 그는 보통 손으로 만드는 것이나 취미를 즐기며, 항상 뭔가 새로운 것을 만들거나 할 것을 생각해낸다. 그것이 미국에 여전히 미래가 있는 이유이다.

박람회에서 가장 인기 있던 영화 중 하나인 〈나는 공언할 것이다〉(*I'll Tell the World*)는 매 30분마다 맥파든(Macfadden) 출판사 전시장에서 볼 수 있었다. 그것은 1930년대 그렇게 성공적이었던 가족 시리즈의 패턴을 따르고 있었다. 제드 프라우티(Jed Prouty), 모치 쌍둥이(Mauch Twins)와 기타 주연배우로 구성되었는데, 그것은 아버지가 사업의 실패에 직면한 경우 전형적인 미국 가정이 어떻게 "아버지가 광고의 기적적인 힘을 발견했을 때 안전과 행복을 되찾았는가"에 대한 무용담이다(인용은 1939년 3월 5일 자 〈뉴욕타임스〉 보도에서 나온 것이다). 1920년대에 전문적으로 발달한 광고의 솔직한 목표는 생산자의 재화와 서비스를 위한 수요를 창출하는 것이었다. 그렇다면, 기계로 만들어진 국가에서 오랫동안 미국의 결점을 탐구했던 사일러스 벤트[8]가 1932년에 요약했듯이, 광고가 작동하는 네 가지 주요 정서는 유머, 건강, 공포 그리고 감정(*sentiment*)이었다. 많은 소비자 옹호자는 그러한 대중 심리학에 저항할 것을 주장했다. 예를 들어, 스튜어트 체이스는 미국 사회가 진정으로 작동하려면 광고는 새로운 제품, 발명품, 그리고 기회의 실질적인 장점을 가르치는 데 사용되어야 하며, 인위적 수요를 조장하기 위한 심리적 조건에 의존할 필요가 없다고 주장했다. 1928년 11월 1일 자 〈서베이〉(*Survey*) 잡지에 실린 논문에서, 체이스는 광고가 아름다울 뿐 아니라 기능에 충실한 국가로서 러시아를 언급했다.

박람회는 이러한 주장을 진지하게 받아들여, 기능본위의 사회를 위한, 그리고 그러한 사회를 낳을 수 있는 이상과 가치관을 위한 거대한 광고가 되었다. 주요 전시자들은 오래된 대중 심리학의 호소를 버리고 선례를 따랐다. 1933년 GM은 "고객 연구의 철학"이라는 팸플릿을 발행했는데, 그것은 제품의 잠재적 소비자인 일반대중(*the public*)과의 관계에 대한 새로운 버전을 다루었다. 그 작업에서 나온 요약 진술은 1930년대 거의 매년 발행되었는데, 이는 GM의 시각을 드러내고 있었다.

> 만일 회사가 구매자들이 무엇을 갖고 싶어 하는지를 구체적이고 자세히 확신할 수 있다면, 판매와 광고 메시지에서 그들의 욕망과 디자인에 맞추어 물품을 만들 수 있어 운전자의 마음에 가장 먼저 떠오른 질문들에 확실히 답하게 된다면, 판매 과정과 제공되는 서비스를 확장하는 데 지속적인 개선이 있

8) 〔옮긴이주〕 Silas Bent(1882~1945): 20세기 미국 언론인으로서 주로 〈세인트루이스 포스트-디스패치〉(*St. Louis Post-Dispatch*) 신문에서 활동했으며, 후일 뉴욕에서 프리랜서로서 〈뉴욕 타임스〉, 〈하퍼스 위클리〉 등에 기고했다.

을 것이다.

박람회에서 가장 인기 있던 많은 전시장도 이러한 제안을 따르고자 했는데, 이는 잠재적 고객을 참가시키기 위한 과정을 보여줌으로써, 그 혹은 그녀의 질문에 답변함으로써, 극적인 방식으로 방문객이 작동과정의 일부로 느끼게 만듦으로써 가능했다. 이는 특정 스타일과 접근에서 의견을 조성하고 흥미를 일으키려는 적극적인 판매가 전혀 없었다는 것은 아니다. 그러나 방문객의 개입과 참여가 보여주는 사실은 새로운 양식의 광고가 박람회에서 주요한 방식에 있어 선구적이었다는 것이다. 이것은 진실로 보통사람들과 생산자 사이의 새로운 관계였다.

그러나 보통사람들에 관한 박람회의 이데올로기에는 모순이 존재했다. 그 중 우울한 사실은 기획자들이 세 개의 중요 센터를 제안했는데, 그곳들이 처음부터 명백히 보통사람들에게는 출입금지 지역이었다는 점이다. 박람회에는 세 개의 사적인 클럽이 있었는데, 공식적인 오락 센터였던 페릴런 홀(Perylon Hall), 전국자문위원회 클럽, 그리고 테라스 클럽으로, 이곳의 출입은 심지어 더욱 제한된 회원제이자 특정한 박람회 공채 소지자에게 국한되었다.

비록 박람회 기획자가 그들의 경험과 이데올로기가 후대를 위해 보전되도록 조치를 취했지만, 거꾸로 우리가 보통사람들이 그 박람회를 어떻게 인식했는가를 평가하는 데 이용할 수 있는 자료는 더 적다. 우리는 단지 박람회에 참석했던 사람 혹은 그것에 관해 읽기만 한 사람, 그 사진이나 영화를 본 사람, 혹은 참석했던 사람으로부터의 평가를 수용한 사람, 이들 모두의 인상을 간접적으로 해석할 수 있을 뿐이다.

사업 그 자체는 경제적으로는 실패했다. 1933년의 시카고 박람회는 이익을 남겼다. 뉴욕 시는 더 잘할 수 있다고 확신했다. 그러나 그렇지 못했다. 참여는 결코 기대에 미치지 못했다. 여론조사와 언론사는 박람회의 두 시즌 중에 첫 시기에 5천만 명이 방문할 것이라고 예측했으나, 박람회 2년 동안에도 그 숫자에 못 미쳤다. 왜일까? 대부분의 해석자를 만족시킨 하나의 일반적인 해석은 비용이었다. 75센트의 입장료는 지나쳤다는 것이다.

박람회 이사회 이사로 활동한 은행가이며 1940년 박람회를 운영했던 하비 다우 깁슨[9] 은 당시 모든 여타 박람회의 보편적 입장료인 50센트가 더 많은 사람을 끌어들여 사업을 성공적으로 만들 수 있다고 주장했다. 가드너 하딩(Gardner Harding)은 〈하퍼스〉(*Harpers*) 잡지에 실린 분석을 통해 "박람회의 가격 범위가 5천만 보통사람들의 주머니 사정과 맞지 않는다. 박람회의 명성(그리고 공채 소유자에게 돌려줄 수익)이 그들을 회전식 개찰구로 끌어들이는 데에 달려 있다"고 주장했으며, 다른 비평가들도 대체적으로 그의 의견에 동의했다. 그는 두 사람이 적당한 식사를 하면서 박람회의 주요 장소를 평균적으로 구경하는 데 7달러라는 놀라운 비용이 들 것이라고 계산했다.

그럼에도 깁슨이 1951년 개인적으로 출판한 자서전은 또 다른 가능성을 제시한다. (그리고 부수적으로 그가 책임지고 있던 1940년 시즌 동안 벌어진 약간의 변화에 대한 설명을 제공한다.)

> 박람회는 압도적인 의례, 거대한 장관, 제왕 같은 화려함으로 열렸다. 그렇게나 많은 보통사람들이, 특히 전국의 군소 지방에서 온 보통사람들이 관람객의 중추를 형성할 것으로 여겨졌는데, 그 관람객들은 그 모든 것에 꽤 놀라고 그들에게는 위압적으로 보이며 불행히도 높은 실크 모자를 쓴 집단으로 전국에 알려진 상류층 집단과 팔꿈치를 부딪치면서 불편했던 것으로 보이며, 그럴 것으로 예상되었다. 문을 향해 몰려들 것이 예상되었던 대중들

---

9) 〔옮긴이주〕 Harvey Dow Gibson(1882~1950) : 보든대학(Bowdoin College) 졸업생으로 미국 적십자 회장을 역임한 사업가였다.

사이에서 그들이 그러한 분위기에 어울리지 않을 것이라는 느낌이 커지고 있는 듯했다.

그러나 구경 온 사람들은 어떠했는가? 인쇄된 자료에서 명백해 보이는 첫 번째 결론은 테마 혹은 박람회의 세심한 계획에 거의 관심이 없었다는 점이다. 조심스럽게 구획된 영역, 초점 있는 전시, 색상의 상상적 그리고 상징적 사용, 이런 모든 것들은 박람회 기획자들이 자신의 메시지로 의식했던 인상을 결코 주지 못했던 것 같다. 조셉 우드 크러치[10]는 〈네이션〉(*Nation*) 잡지에서 조심스럽게 박람회 관람객에게 "'음식', '커뮤니케이션', '소비자' 등과 같은 커다란 간판이 붙은 건물"을 피하라고 추천했다. 그는 박람회를 공공의 놀이터로서 강조했으며 내일의 세상을 정의하는 전체적 노력을 비웃었다. 교육적, 문화적 전시의 정체를 폭로하면서, 그는 "쇼맨십이 … 매우 훌륭하여 … 과학과 산업이 쉽사리 묘기와 통상의 서커스에서 훈련된 물개와 경쟁할 수 있는 스펙터클을 제공했"음에 기뻐했다.

〈라이프〉 잡지는 박람회에 대한 두드러진 사진 에세이("〈라이프〉 지 세계박람회에 가다", 1939년 7월 3일)를 제공하면서 마음에 드는 순간과 전시관을 자세하게 기록했으나 사회적 메시지에 대해서는 두드러질 정도로 관심을 보이지 않았다. 그 대신 잡지는 '미국의 기업에 의한 그리고 기업에 대한 굉장한 기념물'을 보았다. 월터 리프먼[11]은 그의 영향력 있는 칼

10) 〔옮긴이주〕 Joseph Wood Krutch(1893~1970): 미국의 작가로서, 특히 잡지 〈네이션〉에 연극비평을 기고했다. 새뮤얼 존슨(Samuel Johnson)이나 헨리 소로(Henry David Thoreau)에 관한 전기를 쓰기도 했다. 훗날 컬럼비아대학 교수(1937~1953)도 역임했다.

11) 〔옮긴이주〕 Walter Lippmann(1889~1974): 20세기 미국을 대표하는 언론인으로서, 제2차 세계대전 후 냉전 개념을 널리 소개했다. 두 번의 퓰리처상을 받았다.

럼에서 미국의 놀라운 기술적 업적에 대해 언급하고 있으나, 인간의 "동료와의 도덕적 단결과 그들 내부의 도덕적 평형"의 결핍을 고려하여 그것이 역설적 상황에 빠졌음을 지적했다.

계속해서 비평가는 박람회의 오락을 감탄하고 즐겼으나, 그 주제와 더 높은 목적은 인상적이지 못했던 것 같다. 크러치는 잡지 〈네이션〉을 통해 '데모크래시티'의 메시지에 지루해했음을 밝혔다. 그는 25센트의 입장료에 대해 불평했으며, 방문하는 동안 경험한 몇몇 기술적 어려움에 안달했다. 그러나 그는 벨 게디스(Bel Geddes)의 '크리스털 래시즈'(Crystal Lassies)의 스펙터클에는 매료되었다. "누드 댄서들이 거울 바닥 위에서 춤을 추는 동안 빛의 반사로 여러 겹으로 보일 때, 어떤 사람이 엄청나게 큰 다각형 수정 바로 밖 플랫폼 위에 서 있다." 그 정도가 박람회의 메시지였다.

박람회에 대해 가장 우호적인 비평가인 가드너 하딩은 한 박람회 행정가의 변명을 인용하면서 실제 박람회에 가장 근본적인 반대를 늘어놓았다. 처음부터 프로젝트에 관여한 그 행정가는, "… 충분히 공동체 이해를 대표하기 위해 박람회는 협동조합운동, 농업협동조합(*granges*)과 농민집단, 모든 미국의 공동체 삶을 구성하는 많은 유용하고 중요한 사회조직을 포함했어야만 했다. 그러나 당신은 그런 사람들에게 공간을 팔 수는 없다. 그들은 돈이 전혀 없으니까"라고 말했다. 하딩은 이런 돈 없는 사람이 "우리와 더불어 '내일의 세계'를 기대하고" 있었다고 언급했다. 이러한 실패의 예로서 그는 박람회가 제공한 '내일의 타운'에 대해 장황하게 분석했는데, 그는 이것을 "신념의 파기"라고 묘사했다. 그 전시는 사실상의 현대적 주거 공동체가 모든 사람의 재력에 걸맞은 현재의 재료를 가지고 건설될 수 있음을 증명하고자 했다. 미국인의 4 분의 3이 연소득 3천 달러 미만을 번다는 점을 그의 독자에게 상기시킨 후, 하딩은 전시된 16개 주택 중에서 오직 6개만이 "1만 달러 이하의 비용으로 사회적 유용성의 절대적 최소요구를 만족시킨다"고 지적했다.

박람회를 다룬 미디어 중에서 아마도 가장 집중적인 흥미와 관심을 보인 곳은 비즈니스 잡지였다. 그들에게 박람회 이야기는 순전히 마케팅, 즉 광고, 판촉, 판매의 문제였다. 〈비즈니스 위크〉(*Business Week*)는 1939년 11월 4일 자에서 "박람회에서 잡아끄는 쇼"의 성공을 설명하고자 했다. GM의 퓨처라마(Futurama)(〈비즈니스 위크〉는 사람들이 그곳에서 움직이는 안락한 의자를 좋아했다고 보았다)는 명백히 인기거리였다. 여타 인기 있는 장소는 사진의 눈부신 쇼를 보여준 이스트만 코닥(Eastman Kodak), AT&T의 공짜 장거리 전화와 인간처럼(〈비즈니스 위크〉는 키와 페달을 작동한 예쁜 교환원이 성공의 비밀이라고 생각했다) 말하는 장치인 보더(Voder), GE의 '마법의 집'("밀집된 청중 속에서 많지 않은 사람들이 그들이 본 열음극 격자 제어방전관(*thyratrons*)과 섬광 촬영장치(*stroboscope*)로 연출된 트릭의 의미를 이해했다.")이었다. 또한 GE는 부엌용품이 말을 하는 주방을 특색 있게 꾸몄다.

GM 팸플릿에 표현된 일반 철학의 성공을 반영하면서, 〈비즈니스 위크〉는 "소비재 생산 회사가 산업재 생산자보다 보통사람들과 접촉하는 데 있어 더 나았다"고 말했다. 그 잡지는 포드 전시장에 감탄했는데, 시설의 편안함과 보통사람의 언어로 기술적 문제를 설명할 수 있었던 담당자의 자질 때문이었다. 맥파든 출판사는 박람회가 영화, 즉 "만질 수 없는 것을 팔려는 전시자를 위한 이상적 매체"를 현명하게 사용한 것을 높이 평가했다.

그 잡지는 또한 제조공정을 보여주는 실질적 전시장을 인정했는데, 파이어스톤(Firestone), 포드(Ford), 크라이슬러(Chrysler), 화이트 아울(White Owl)과 스위프트(Swift)가 '확실한 매력'을 보여주었다. 전시자들은 판매촉진의 이유 때문에 박람회 건축물에 대해 비판적이었다고 보고되었다. 몇몇 사람은 "들어와 달라는 초대의 느낌을 더욱 강력하게 제공하기 위해" 외부가 다시 디자인되어야 한다고 느꼈다.

비록 시각이 특별하지만, 가장 인기 있던 전시장의 목록은 전형적이다. 평가하고 또 평가한 다음 모든 다른 가치 위에 쇼맨십을 강조했다. 보통사람이 압도적으로 지지하지 않는 것을 믿기는 어려운 노릇이다.

박람회 이념에 대한 하나의 주요 위반은 투자에 대한 중대한 이익이라는 면에서 놀랄 만한 성공을 거뒀다. 빌리 로즈(Billy Rose)의 수상 쇼(*Aquacade*)는 〈타임〉 지가 표지 스토리로 올릴 만큼 높게 평가되었다. 로즈의 승리에 대한 무용담은 쇼 비즈니스의 전설이다. 박람회를 방문한 6명 중 대략 1명이 40센트를 주고 그의 쇼를 보았다. 많은 박람회 관리자들이 로즈 같은 종류의 제작사가 '내일의 세상'이라는 고매한 비전에 전혀 걸맞지 않는다고 생각했음에도 불구하고, 로즈는 최고 입찰자보다 10% 덜 주고 최우량의 기존 이권을 낚아챘다.

월터 리프먼은 GM의 '퓨처라마'의 뛰어난 성공이 지닌 아이러니에 주목했다. 그는 "GM이 미국의 대중을 설득하는 데 조그만 밑천을 쓰면서 자동차 제조라는 사적인 사업(*private enterprise*)에서 최대한의 이익을 누리기를 원하면서, 공공사업(*public enterprise*)으로 도시와 고속도로를 재건해야만 한다"고 썼다. 보통사람들이 안락한 의자에서 매력적인 쇼를 보면서 그 모순에 주목했을까?

박람회에서 상영된 200편 이상의 영화 중 많은 것들이 오락, 교육, 그리고 교묘하게 끈질긴 상업적 메시지 사이의 새로운 복합관계를 관객들에게 제공했다. 〈뉴욕타임스〉는 1939년 6월 18일 자에서 "단지 극소수만이" 순수한 오락으로 분류될 수 있다고 보고했다. 웨일런의 '내일의 세상'에서 은막은 말주변 좋은 세일즈맨으로 바뀌었다.

〈타임스〉는 〈뉴욕 세계박람회에서의 미들턴 가족〉(*The Middleton Family at the New York World's Fair*)이라는 새로운 종류의 내용과 선전 자료를 길게 분석했다. 웨스팅하우스가 만든 이 작품은 인디애나 주에서 온

중간계급 가족과 박람회에서의 그들의 모험에 관한 이야기였다. 정교한 광고와 유통 계획에 따라 웨스팅하우스는 전국을 통해 지역 딜러에게 인쇄물을 제공했는데, 그 결과 집으로 돌아간 보통사람들은 박람회에서의 즐거운 경험을 박탈당하지 않을 것이 명백했다. 그러나 미들턴 가족은 전문 배우에 의해 그려진 가상의 가족이었으며, 웨스팅하우스 박람회 건물은 영화가 이름을 밝힌 유일한 건물이었다. 박람회는 〈타임스〉가 헤드라인을 통해 "내일의 선전물"이라고 부른 선구적인 장소가 되었다.

다른 이벤트도 미국의 보통사람들이 사실상 '내일의 세상'을 준비하고 있는지에 대한 문제를 제기했다. 박람회 자체와 그 기획자와 행정가는 낙관주의와 의욕을 내보였으며, 이것은 종종 제 2차 세계대전을 목격한 유럽의 방문객을 당황시키고 심지어 분노하게 했다. 그러나 이러한 낙천성이 특징적이었던가? 미국인은 진정 그들의 미래에 대한 이러한 비전에 몸을 맡겼는가? 미국 사진계의 거장 중 하나였던 에드워드 스타이컨[12] 은 그렇게 생각지 않았다. 시민주택협의회(*Citizens' Housing Council*)가 제공하는 사진 콘테스트 시상식에서의 수상소감 발표를 통해서 그는 미국 예술의 어두운 주제를 공격할 계기를 잡았다. "어떻게 뉴욕이 살아 있는가"에 관한 사진 콘테스트에 702장의 사진이 제출되었는데, 그중 678장이 빈민가의 모습을 담고 있었으며, 나머지 24장이 신형주택을 찍은 사진이었다. 스타이컨은 이것을 박람회 소련관에서 보았던 사진벽화의 경우와 대조해서 언급하고자 했다. 그가 주목하기를, 사진술 자체는 미국의 어떠한 대규모 거래소(*commercial house*)에서도 가장 저급한 유형의 작품으로 간주할 종류였으나, "그러나 당신은 이러한 사진들을 보고난 후 유쾌한 기분을 갖고서 그 방을 떠난다. 이 사진들은 즐거움, 쾌활함, 생명을 지녔다. 메시지가 있었다. 그들은 자신들이 하는 바를 신뢰한다".

---

12) 〔옮긴이주〕 Edward J. Steichen(1879~1973): 사진작가 겸 박물관 학예사(*museum curator*)로도 활동했다.

스타이컨은 1930년대의 고전적 영화로 박람회에서 개봉된 〈도시〉 같은 예술에 스며든 미래에 대한 열광적인 약속을 잊은 것처럼 보인다. 그러나 이들 중 어느 태도가 보통사람들의 진실에 좀더 가까운 것일까?

박람회의 계획과 주제에 관한 생생하고도 지속적인 토론이 박람회가 열리기 전 3년 동안 신문과 대중잡지 지면을 차지하다가, 일단 박람회가 현실이 되자 사라진 것처럼 보이는 사실로부터 역사학자는 무엇을 만들어낼까? 보통사람들은 박람회의 이데올로기를 '양떼처럼' 받아들이기를 거부했던가? 그들이 그들 방식대로 하기를 주장했던 것처럼 말이다.

박람회의 모순은 문화 자체의 모순이었다. 아마도 새로 발전 중인 광고와 마케팅의 천재들을 제외하고, 보통사람들을 얼마나 잘 이해할까 하는 질문은 진지한 문제로 남아 있다.

사실상 그로버 웨일린을 대체했던 은행가 하비 다우 깁슨과 더불어 박람회가 1940년 재개장했을 때 일어난 몇몇 주요 변화를 검토하는 것은 흥미롭다. 웨일린은 연봉이 10만 달러에서 7만 5천 달러로 삭감되면서 명목상의 최고 지위 자리에 머물러 있었다. 깁슨은 그 유한회사를 파산으로부터 구하려는 노력으로 돈 한 푼 받지 않고 일했다. 그는 성공하지 못했으나 1940년대는 이윤을 남길 수 있었다.

전반적 분위기는 바뀌었다. 깁슨은 박람회가 이제 "슈퍼 컨트리 박람회"가 될 것이라고 선언했으며, 그 설명은 정확한 것으로 보였다. 그는 상호의존성의 교훈에 대한 어떠한 언급조차도 삼갔다. 심지어 '내일의 세계'도 "평화와 자유를 위하여"라는 새로운 기치 아래 사라지는 경향이 있었고, 국제주의는 억제되었으며, 강조점은 분명히 미국적이었다. 박람회의 1940년 포스터는 불그스레한 볼을 지닌 중년의 중간계급 미국인이 "당신의 나라를 자랑스럽게 만들자"라는 표제와 같이 커다란 즐거움을 의미하는 모습을 띠고 있었다. 10년쯤 전에는 보통사람들이 포스터의 사람을 배빗(Babbitt)이라고 불렀겠지만 박람회는 그를 엘머(Elmer)라고 이름 지었다. 그 역할을 한 연기자는 미국인 동포들이 박람회에 올 것을 권하면서 전국에 얼굴을 들이밀고 있었다.

소련관은 해체되었다. 새로 조경을 하고 야외 음악당을 만든 그 지역은 '아메리칸 커먼'(American Common)이라고 새로이 명명되었다. 여기서 미국화된 여러 외국인 집단과 여타 미국인 민속 연주자가 주(*weekly*)별로 노래와 춤의 다양한 프로그램을 보여주었다. 처음부터 테마위원회와 디자인위원회에 소속되었으며 박람회의 원래 이념의 가장 솔직한 지지자였던 로버트 컨[13]의 일은 이제 그곳에서 오락을 담당하는 것으로 축소되었다. 아마도 보통사람들을 정의하는 또 다른 방식인 '민중'에 대한 관심이 1939년 이전의 계획을 지배했던 사회사상들을 대체했다는 것은 중요했다.

박람회에 대한 물리적인 계획 자체와 그 기본적 도상학을 제외하면, 박람회가 사고와 행동의 기초적 통일성의 일부로서 작용하지 못했기 때문에 이제 거의 기이해져 박람회의 첫 시즌에서 두 번째 시즌까지 계승된 것들을 많이 추적하기가 어려워졌다. '소비자 빌딩'은 이제 패션쇼로 가득 찬 '패션의 세계'가 되었다. FHA 기준에 따라 건립된 두 개의 새로운 모델하우스가 '전력이 공급되는 농장' 앞 부지에 존재했다. 이것들은 "40개 이상의 미국 가족을 대표하는 집이 되었다. 가족들은 언론에 의해 전국의 여러 지역에서 선출될 예정이었으며, 하나의 아버지 미국, 하나의 어머니 미국, 그리고 선별적으로 소년과 소녀로 이루어진 2명의 작은 미국으로 구성될 예정이었다". 박람회를 잊을 수 없는 한 가지는 평균적 미국인과 평균적 미국 가정에 대한 헌정이었다.

GM이 1940년에 추가한 것에는 기차와 전시장의 도로에 깔린 더 많은

13) 〔옮긴이주〕 Robert D. Kohn(1870~1953): 미국 건축학회(American Institute of Architects) 회장을 역임했으며 주로 뉴욕 시에서 활동한 모더니즘 계열의 건축가이다.

차가 포함되었다. [‘퓨처라마’의] 1960년 비전에서 중대한 착오를 발견한 사람에게 양보한 벨 게디스는 600개 이상의 교회, 수백 개의 주유소, 한 개의 대학을 추가했다.

민속적이고 편안함을 강조한 1940년 박람회는 정신을 자극하는 이벤트에 대립하는 것으로서 즐기고 기분을 전환하는 것을 목적으로 한 이벤트를 명백히 제안했다. 깁슨의 운영체제는 박람회 오락 공간을 ‘위대한 백인의 길’로 다시 이름 붙였으며, 박람회 매니저는 웨일린 체제하에 있을 때보다 임대인에게 더욱 협조적이었다.

1940년의 〈공식 가이드북〉은 스타일 면에서 1939년 것보다 좀더 활발하고 더욱 대중적인 형태로 완전히 개정되었다. 스탠리 애플범(Stanley Appelbaum)은 전문가 사진 선별집인 《뉴욕 세계박람회 1939/40》(*The New York World's Fair 1939/40*)의 뛰어난 서두 에세이에서 1939년 〈가이드북〉의 목차와 1940년 것을 비교한다. “스타인메츠 홀(Steinmetz Hall)에서의 생생한 번개, 천둥소리, 30피트 위의 1천만 볼트 섬광의 아크등”은 1940년 목차에서는 “스타인메츠 홀에서 당신을 두렵게 하는 천둥소리와 함께 공중 30피트를 도약하는 1천만 볼트의 인공번개”가 되었다.

유럽에서의 전쟁 발발과 어찌되었건 그 전쟁에 끌려갈지도 모른다는 미국인의 공포에 대한 상세한 보도는 박람회가 존재하던 2년 동안 명백히 그 그림자를 드리웠다. 나치 독일과의 전쟁의 와중에 영국에서 박람회를 구경하러 왔던 윈덤 루이스[14]는 《미국, 나는 추정한다》(*America, I Presume*, 1940)에서 냉정한 비교를 제공한다. 그 박람회가 보이는 것만큼 결백하다는 것을 믿을 수 없었기 때문에, 그는 ‘권력의 궁정’(*Court of Power*)을 뉘른베르크 집회에 비교했다.

---

14) [옮긴이주] Percy Wyndham Lewis(1882~1957) : 영국의 화가 겸 작가였다. 그는 예술에서 소용돌이파 운동(*Voriticist movement*)의 창시자이자 문예잡지인 〈소용돌이파〉 편집자로서 활동했다.

관리자들은 일찍이 박람회장에서 전쟁 뉴스를 방송하지 않기로 결정했으나, 이 결정으로 그 전쟁이 무엇을 의미하는지에 대해 미국인의 관심이 증가하는 것을 없애는 것은 거의 불가능했다. 테마 위원회는 평화를 보장할 상호의존 사상을 가르치려고 애썼으나, 예컨대, 이제 1940년 박람회는 망명 중인 사람과 정부에 대한 특별한 행사를 제공하여 전쟁의 도래를 인정했다.

보통사람들의 박람회에 대한 최종 평가는 어려운데, 보통사람들이 변칙 상태로 남아 있었기 때문이다. 그들은 축제로서의, 마술쇼로서의 삶의 가능성을 보여주었으며, 그들 앞에 펼쳐진 과정의 경이로움 때문에 소비 자본주의를 비판적 성찰 없이 받아들였다. 그리하여 박람회는 1930년대에 '미국적 생활방식'이라 부르기 시작한 어떤 것을 위한 다소 일반화된 광고가 되었다.

과학, 기술, 그리고 예술의 방향에 대한 박람회의 영향력은 가시적인 것이었다. 잡지 〈주택과 정원〉(*House and Garden*)은 '내일의 경향'에 관한 글에서 그곳에 전시된 주택 장식의 새로운 아이디어가 "미국인의 집단적 생각이 건축, 장식, 조경에서의 현대 관용구를 훨씬 더 광범위하게 수용하는 방향으로 분명히 기울어지게 할 것"이라고 예측했다. 그 잡지의 예측은 정확했으나, 그것이 특집으로 선택했던 영역인 박람회의 세 개의 비공개 클럽, 주요 전시자의 중역 스위트룸, 폴란드, 핀란드, 스웨덴의 해외 전시관들은 볼거리로서의 더 큰 매력을 위해 보통사람들의 출입을 제한하거나 간헐적으로 방문객을 받았다. 소스타인 베블런이 1899년 〔《유한계급론》에서〕 암시했던 것과 상당히 동일한 방식으로, 유용한 광고가 된 것은 박람회 자체였다. 즉 고급문화는 유한계급과 그들을 따르려는 사람들을 위한 일종의 광고가 되었다. 보통사람들에게 '내일의 세계'는 새로운 세계를 투사한 것이 아니라 현대기술의 가능성에 기초한 새로운 환상을 투사했으며, 또한 그것은 즐길 수 있는 세계였는데, 왜냐하면

이는 통제될 수 있는 진정한 디즈니랜드였기 때문이다.

비록 물질적으로는 사라졌지만, '트라일론'과 '페리스피어'는 모든 미국인을 위한 우상만큼이나 지워지지 않고 남아 있다. 비록 소수의 사람들만이 그것의 특정한 상징적 중요성과 교훈을 기억할 수 있겠지만, 보통사람들 모두는 그 이미지를 잊지 않았다. 그것은 1930년대 유산의 일부이고, 어찌되었건 과학과 기술이 성취할 수 있는 세계에 대한 눈부신 백색 기념품이며, 날렵하고 질서 잡힌 기하학적 패턴은 미학적으로는 만족스런 것이었지만, 실제로 체험될 때 그것은 공상과학(*SF*) 영화의 세트처럼 실생활에서는 생경해보였다.

그 이미지가 무엇을 의미하는지 소수의 사람들이 기억한다면, 더 소수의 사람들은 사실상 무엇이 그 이미지가 되었는지를 여전히 의식한다. '트라일론'과 '페리스피어'를 만드는 데 사용된 4천 톤의 강철은 폭탄과 여러 전쟁도구를 만들기 위해 조각났다. 모든 미래의 전쟁을 불가능하게 만들 상호의존의 교훈을 가르치기 위해 고안되었으나, 자체의 최종 기능에서 그 상징은 전쟁의 도구가 되었다.

기획자의 이데올로기와 소비 자본주의 수요 사이의 모순을 고려해본다면, 우리는 1939~1940년 뉴욕 세계박람회가 역사로서 무엇을 의미하는지 단지 추측할 수 있을 것이다. 박람회 폐막 후 잡지 〈뉴요커〉에 기고한 "그것이 뉴욕 세계박람회였다"에서 존 베인브리지(John Bainbridge)와 세인트 클레어 맥켈비(St. Clair McKelvey)가 언급했듯이, 아마도 허튼소리(*double-talk*)의 대가인 뉴욕 WOR 방송사의 데이브 드리스콜(Dave Driscoll)이 사건 전체를 가장 설득력 있게 요약했을 것이다.

> 폐막일 날, 모든 사람들이 박람회에 대해 작별을 고한 후, 드리스콜은 중절모와 연미복을 입고 〈평화의 법정〉에 있는 연단에 올라가 바넘(Barnum)에게는 알려지지 않은 말투로 다음과 같이 즉흥 연설을 했다. "이 거대한 반원

형 극장에서 전 세계와 미국 모든 곳에서 온 수백만 명의 사람들은 정치가, 웨일런, graisnas, 매카니니, cabishon, 깁슨, forbine, 그리고 귀족이 하는 연설을 들었다. 여기에 평화의 맹세가 있는데, 그것은 이 거대한 탐험의 fiederness, bedistran, goodle이었을지도 모른다. 이제 그 맹세는 잊혀졌다. sleedment, twaint, broint forbish, 모든 세상의 답답함이여!"[15]

우리 모두는 허튼소리를 배웠을지도 모른다. 혹 아마도 우리는 그 모순에 직면하고 해결하는 법을 배웠을지도 모른다.

15) 〔옮긴이주〕 인용문에서 한글이 아닌 영어로 쓰인 단어는 영영사전에도 나오지 않는다. 'double-talk'는 단어 철자에 계속적으로 무의미한 음성을 삽입해서 말하는 방식이기 때문에, 이 방면의 전문가인 드리스콜이 이런 방식으로 허튼소리를 나열한 것으로 보인다.

# 제 4 부

# 이행과 변형

Library of Congress

The Alfred Stieglitz Collection 1949.
The National Gallery of Art, Washington

## 우리 마을

도시 경험은 열광과 에너지, 낙담과 절망의 원천이었다. 거기에는 많은 종류의 도시와 도시거주자가 있었다. 하나가 아닌 많은 수의 도시 경험이 있었으며, 동일하게 기록의 많은 방식과 그리하여 도시문화에 공헌하는 많은 방식이 있었다. 사진 예술의 두 거장의 강렬한 개인적 표현은 심지어 점차 기계화된 도시 환경 속에서도 어떻게 개별적 시각이 여전히 우리가 보고 믿는 고유한 방식을 예시하는가를 암시한다. 워커 에반스의 "모건타운(Morgantown) 풍경, 웨스트버지니아, 1935년", 그리고 알프레드 스티글리츠(Alfred Stieglitz)의 "나의 창문으로부터, 뉴욕, 1900~1902년".

모든 훌륭한 선생은 학생들에게 졸업 후에 유용할 최소한 하나의 소중한 실제적 도구를 제공해야만 한다. 나는 학생들에게, 언제든 학구적인 방법으로 수행하기를 요구받을 때, 어떠한 시간과 장소에서도 좋을 이상적인 역사 강의 모델을 제공한다. 그것은 보편적 역사 모델을 제공하지만 그럼에도 실행을 위해서는 단지 최소한의 지식만을 요구한다. 당신이 기억해야 할 모든 것은 네 개의 주요 명제이다. 당신이 지니고 있어야 할 모든 것은 약간의 빠른 발놀림과 빠른 말투이다.

개요는 다음과 같다.

당신은 (토의하기로 상정된 시간과 공간이 무엇이건 간에) 이 시기가 위기의 시기였다고 선언하면서 시작한다. (공간과 시간에 대한 짧은 환기는 적절한 논조를 정한다.) 결국, 역사학자는 언제나 위기를 찾고 있다. 어떤 종류의 위기건 그것은 항상 발견된다. 그래서 당신의 청중은 확실하게 당신을 믿는다. 그때는 위기의 시기였고, 누가 그것을 부정할 수 있겠는가?

물론, 그 위기는 (충분히 모호하게 혹은 전반적으로 규정해야 한다는 점을 확실히 해야 한다) 자연스럽게 위기의 원인에 관한 토론에 이르게 된다. 그것 역시 언제나 쉽다. 그것은 이행(*transition*)의 시기였다. 다시 한 번, 당신이 어떤 종류의 이행을 찾을 수 없다면 당신은 어떤 종류의 역사학자인가? 세상은 언제나 이도 저도 아닌 것으로 보인다. 봉건주의에서 자본주의로, 농촌에서 도시로, 가능한 목록은 사실상 끝이 없다. 이행은 우리가 살고 있는 이 덧없는 세상에서 참으로 하나의 안정된 것으로 보인다. 언제나 이행은 발생한다.

이제 약간 더 어려워진다. 그 이행은 어찌되었건 사회구조 내에서 의미심장한 이동(*shift*)을 만들어낸다. 이전에 지배하던 어떤 계급이 이행기 사이에 권력이나 우아함에서 미끄러져 몰락해야만 한다. 자주, 그것은 구(舊) 중간계급(어찌되었건 오래된 계급, 특히나 구중간계급은 자연스럽게 사라질 운명으로 보인다)이다. 그래서 구중간계급을 떠나가게 한다. 그러나 그 계급의 과거의 영광과 성취에 관한 약간의 슬픈 말이 없어서는 안 된다.

이제 우리는 의기양양한 결론을 준비한다. 하나의 새로운 계급 — 여기서는 신중간계급이 바람직하다 — 이 등장하여 사물의 질서 속에서 어울리는 자리를 차지한다. 물론, 어떤 사람은 다른 계급을 선호할지도 모른다. 그것은 그 계급이 흥기하는 한, 그리고 당신이 조만간 그 계급 또한 몰락하도록 조정해서 말해야 할 강의가 있다는 것을 의식하는 한, 항상 선택적이다.

나의 패러디(*parody*)는 조야하고 과장되었다. 그럼에도 나는 이것에 매우 가까운 패턴을 나 자신이 (때때로 바로 이 책에서도) 받아들이고 있음을 깨닫게 된다. 나는 결국 그것이 전적으로 어리석거나 말이 안 되는 것은 아니라고, 농담의 어딘가에 저 유명한 진리의 핵심이 있다고 확신한다. 왜냐하면 역사는 이행과 변형에 관한 연구이기 때문이다. 나는 모든 역사학자가 동의할 수 있는 하나의 명제는 '역사는 시간의 변화에 관한 연구이다'가 아닌가 생각한다. 그 영역은 사실상 역사학자에게 독특한 것이다.

문화들은 끊임없이 긴장상태에 있기 때문에, 역사는 문화를 구성하는 근본적인 부분이기 때문에, 역사 그 자체가 본질적으로 모순이기 때문에, 역사 과정의 동력은 이러한 긴장의 산물로 구성된다. 18세기의 상당한 정치적·지적 생활에 대한 계몽주의 지배가 가장 격렬했던 시기에 종교적 열광과 고딕 전통 및 비합리주의 전통이 끊임없이 도전하고 있었다. 나아가 현실의 비전과 대안적(*alternative*) 비전, 여타 이데올로기와의 대결이 늘 존재했을 뿐만 아니라 어떤 상황에서는 현실의 비전과 진짜로 몇몇 이데올로기들이 부서질 수도 있는 까다로운 경험과의 대결도 언제나 존재했다.

변형(*transformation*)은 19세기 후반과 20세기 전반의 키워드였으며,

과학과 마법의 세계뿐 아니라 역사와 사회과학의 세계에서도 중요해졌다. 종종 기술 혁신으로 인한 급격한 변화로 역사는 점차 경험이 표현할 수 있는 형식의 변화에 직면해야만 했다. 그러한 변형은 게다가 소리 없는 다른 것들의 필요를 낳았다.

4부의 세 논문은 이러한 일반적 문제와 관련되어 있다. 도시의 역할에 대한 논문은 초기 것으로 이 책에 다시 실렸는데, 왜냐하면 그것이 두 개의 중요한 질문을 다루기 때문이다. 첫째, 역사학자는 계속 존재해왔으나 본질적 성격이나 의미가 변화하는 단어에 종종 직면한다. '도시'(*city*)가 그중 하나이다. '가족'(*family*) 또한 그렇다. 우리는 기원전 5세기의 아테네와 19세기의 뉴욕에 대해 언급할 수 있고 그것들 모두를 도시로 부른다. 그러나 이 둘을 연결한다고 해서 각각의 도시가 주민에게 제공했던 근본적으로 다른 경험을 간과할 수는 없다. 17세기의 가족과 20세기의 가족을 언급할 때, 우리는 물론 친족관계를 본다. 그러나 역사 형태학(*historical morphology*)이라는 관점에서 볼 때 어떤 의미에서 우리가 같은 것에 대해 이야기하고 있는가? 둘째, 이 논문은 친도시주의와 반도시주의의 논의를 다른 문화적 콘텍스트에서 다루고자 한다. 이 논문이 전하는 메시지의 절박함은 아마도 토마스 벤더(Thomas Bender)와 윌리엄 테일러(William Taylor) 같이 탁월한 도시문화사가의 저작 앞에서는 그렇게 크지 않겠지만, 그럼에도 나는 그것이 하나의 공헌을 한다고 믿는다.

"문화와 커뮤니케이션"은 이행과 변형의 문제를 기술결정론의 유혹에 빠지지 않으면서 기술의 문화적 역할에 대한 좀더 조심스러운 검토와 함께 다루고자 시도한다.

'개성'(*personality*)이라는 개념에 관한 논문은 이행과 변형의 문제를 구체적으로 공략하고, 새로운 문화적 배열을 규정하고자 애쓰는 데 있어 하나의 열쇠이다. 분명히, 문화사가에게도 문화적 자료의 우선순위를 정하기 위한 근본적인 심리적 토대가 중요하다고 믿는다. 문화는 그러한 심리적 비전을 요구한다.

문화적 변화라는 개념은 사회적, 기술적, 그리고 도덕적 질서 안에서의 변형을 내포한다. 변형은 동시적으로 혹은 심지어 멋지게 연속적으로 발생하지 않을 것이다. 그러나 그러한 변형은 또한 욕구, 결핍, 욕망을 계산할 때 기본적인 변화를 지적한다. 각각의 문화는 고유한 욕망의 패턴을 낳는다. 또한, 그리하여 모든 문화는, 각기 고유한 정의에 본질적인 특정하고 독특한 심리적 모델 위에 기초를 둔다. 이 모든 것이 지속적인 이행과 끊임없는 변형의 세계를 제안한다.

제 12 장

# 미국문화에서의 도시

1950년 인구조사국장은 몇몇 주요 자료를 보고하면서 중요하지만 상대적으로 주목받지 못한 변화에 주목했다. 그 자료에는 미국인의 생활과 역사에 일어나고 있는 중요한 변화가 엿보인다. 도시인구는 더 이상 이른바 **도시**(*cities*)만이 아닌 **도시화된**(*urbanized*) 지역을 대상으로 보고되었다. 또한 개인 재산 소유자가 자신의 땅을 목장이나 농장으로 특징짓는 것을 제외하면 **시골**(*rural*)이라는 용어에 대한 정의도 불가능했다. 인구조사국장은 사실상 미국에는 더 이상 도시가 존재하지 않는다고 보고했다. 농촌과 도시의 구분은 적어도 통계학적으로는 더 이상 의미가 없게 되었다. 미국적 삶에서 도시의 이러한 '소멸'은 미국문화의 발전에서 도시적 경험을 전반적으로 재평가할 것을 요구한다. '언덕 위의 도시'(*City on a Hill*)에서 시작된 것으로 추정되는 문명 속에서 우리는 언덕에서 어떤 일이 발생했는지에 대해서는 많은 것을 배웠지만, 정작 도시에서 어떤 일이 발생했는지에 대해서는 거의 모른다.

처음부터 지구상의 대부분 국가들보다 더 심하게 도시화되었던 국가에서 반(反) 도시주의의 신화가 지속된 것은 기이하리만치 역설적이다. 이에 관한 유용한 시각이 출현한 것은 도시에 대한 새로운 의식과 사회적, 정치적, 문화적, 지적인 발전에 중요성이 더해지면서였다. 세 번의 '혁명'이 대략 1820년대와 1870년대 사이에 발생했다. 첫 번째는 커뮤니케이션 혁명이었다. 이것은 교통뿐만 아니라 사람들이 의미 있게 소통할 수 있는 모든 방식을 포함한 혁명이었으며, 증기 및 전기의 발견과 응용이 토대가 되었다. 극적인 발명들이 단번에 한 시대에서 다른 시대로, 다시 말해 통신이 어려웠던 시대에서 즉각적인 국제통신 시대로의 이동을 가능하게 했다. 두 번째 혁명은 '조직 혁명'(*organizational revolution*)이며, 이는 어느 의미에서는 첫 번째 혁명의 연속이었다. 미국 사회의 모든 제도와 마찬가지로 산업구조에서도 노동과 생산성뿐만 아니라 관료제와 노동, 생산, 소비, 그리고 분배의 조직자를 더욱 장려했다. 이 두 번째 혁명은 전체적으로 새로운 계급, 즉 재산 소유자가 아니라 공학, 관리 임무, 행정 과학에 헌신하는 봉급 노동자로 구성된 중간계급을 발전시켰다. 이 계급은 자신의 기능을 사회 내의 엔지니어, 관리자, 기능인(*technician*)을 위한 새로운 종류의 전문가적 리더십으로 보았다. 이러한 혁명과 동시에 '유기 혁명'(*organic revolution*)이 발생했다. 이 세 번째 혁명은 지식인 담론의 기본 이미지에서 극적인 변환을 내포했다. 초기 사상을 지배했던 고립된 원자적 이미지는 유기적 상호작용, 성장과 진화, 과정과 결과, 타자와의 연관성을 고려한 집단과 자아의 정체성의 이미지로 대체되었다.

이 '혁명들'의 중요성은 현재의 맥락에서 볼 때 미국인들이 이것들을 더욱 의식한다거나 그 결과를 잘 다루려 한다는 사실만큼 의미심장하지는 않다. 왜냐하면 도시 및 신도시는 무엇보다도 불가피하게 이런 혁명들의 우선적 결과로 보였기 때문이다. 도시는 궁극적으로 이러한 혁명적 발전의 희망이자 이상이었으며, 바로 그 이상에 의해 혁명에서 발생한 문제가 해결될 것 같았다. 따라서 매우 특별한 도시 및 매우 특별한 일련의 도시 이미지를 상상하게 되었다. 19세기의 가장 두드러진 사회적 발전의 두 현상, 즉 세상이 목격했던 도시화의 최대 발전과 기독교인의 최대 증가는 서로 무관한 것이 아니었다.

《지식인 대 도시》(*the Intellectual Versus the City*)는 모튼과 루시아 화이트(Morton and Lucia White)가 편집한 책인데, 여기서 보이는 미국 지식인의 다소 메마르고 무의미한 반(反)도시 정서에 맞설 수 있는 친도시적 이미지들을 제공하는 것은 상대적으로 쉽다. 그러나 일반적으로 반도시적 정서를 지닌 인물의 모델로 받아들여지는 에머슨을 살펴보는 것이 좀 더 유용할 듯하다. 에머슨은 결코 도시의 옹호자가 아니었다. 그러나 1844년 발표한 에세이 〈젊은 미국〉(*The Young American*)에서 그는 도로와 철도건설의 시대에, 과학과 공학의 시대에, 그리고 미국적 정서를 만들 수 있다는 암시에까지도 관심을 보인다. 에머슨은 커뮤니케이션 혁명을 기꺼이 받아들인 것으로 보인다. 그는 어떤 조직적 변화들은 매우 중요해 그것이 선구적으로 유익한 사회주의(*beneficent socialism*)에도 접근했다고 주장했다. 확실히 실증주의자도 에콜 폴리테크닉 졸업생도 아니었던 에머슨은 다음과 같은 진술을 준비했다. "공동체는 결국 제조업, 광산업, 보험, 은행 등을 위하여 합자회사를 만든 동일한 운동의 연속일 뿐이다."

에머슨은 분명히 도시에 관심을 두었다. '시골에서 최고 지성을 빼내는' 도시 때문에 시골은 '열등한 사람'에 의해 경작되었다. 전원적 분위기와는 거리가 먼 상황에서, 에머슨은 농부들이 종종 쾌락, 자유, 사상, 자신의 일에 대한 사랑을 빼앗기고 결국에는 파산으로 이어지는 상황에 탄식했다. 1860년에 쓴 에세이 〈삶의 경영〉(*The Conduct of Life*)에서 에머슨은 부(富)라는 것이 기본적으로 중요하다는 신념을 명백히 했다. "부자가 되는 것은 최상의 작품과 각 인종의 우두머리가 될 허가서를 갖는 것이다.” 사색의 천재가 광산, 전신, 공장을 건설하기에, 보통사람들은 재산을 얻는다. 시골 소년은 도시를 가능성이자 기회로 본다. 에머슨은 자신을 도시적 존재로 언급하지는 않았다. 그러나 그는 도시가 지적인 목적을 위해 존재해야 하며, 예술과 음악을 정착시켜야 한다고 보았다. 그래야만 공중(*the public*)은 이익을 거둘 수 있다는 것이었다. 아마도 문명의 가장 큰 문제는 어떻게 모든 사람들을 '예술과 자연의 걸작에 접근'할 수 있게 하느냐일 것이다. 이런 목적을 위하고 이웃 간에 결속을 더욱 강화하기 위해서 예술, 음악, 그리고 '지적인 생산'의 작품들은 '국가, 도시, 문화단체(*lyceum*)'에 의해 소유되어야 한다. 그는 사실상 도시가 재구성되어 '지적인 목적'을 위해 존재해야 한다고 제안한 것이다. 그는 "사람들이 둘 다 없이는 살 수 없는 도시와 시골 생활의 이점을 연결하는 철도의 미학적 가치를 칭찬했다. 사람은 큰 도시나 그 근방에 살아야 한다. 왜냐하면 자신의 재능을 놔두면, 호감을 주는 가치 있는 능력을 방치하게 되기 때문이다. 또한 도시에서 모든 시민에게 인기 있는 것은, 조금 이르거나 늦을 수는 있어도, 모든 반감을 확실하게 정복하여 가까운 시일 내에 도시에 적합하지 않은 은둔자를 끌어내는 일이기 때문이다." 에머슨은 도시가 없다면 그 누구도 개인이 될 수 없다는 점을 매우 분명히 했다. 도시가 "조심스럽고 도도하게" 사용되어야 하는 것은 사실이지만, "우리는 도시의 사회적 혜택들을 잘 이용하지 못할 수 있다. 그것들은 사용되어야 한다". 그는 1867년 〈문화의 진보〉(*The Progress of Culture*)에서 협동조합, 과학 및 행정 협회들을 위해 더욱 강력하게 다음과 같이 주장했다. "강철과 황금, 석탄, 석유, 면화, 증기, 전기, 분광기(*spectroscope*)의 시대를 누가 선호하지 않겠는가? 이러한 행동의 모든 것이 삶의 가치와 지성의 영역에 더해진다." 게다가 제도와 조직의 진보, "사회과학의 새로운 영역", "과학의 재능", 행정의 재능, 실제적 기술의 재능에 대한 찬양이 있었다. 결과는 그가 "진정한 귀족계급 사회에 대한 급속한 추가"라고 불렀던 관리자, 기능인, 조직자와 엔지니어의 신중간계급을 기리는 최초의 거대한 계약 중 하나였다. 에머슨에게 이런 모든 것의 주요 가치는 물질적이라기보다는 형이상학적인 것이었다. 에머슨이 사용한 이미지는 그가 추구했던 "더럽혀지지 않은 영혼"이 "사건의 출처와 영구적인 전신 통신"을 하고 있음을 암시한다.

이런 주제는 에머슨만 다룬 것이 아니다. 이는 그와 동시대 사람들에 의해서도 계속 반복된다. 통신, 조직, 세계와 그 본성에 대한 인식과 관계된 세 번의 혁명은 기본적 가치가 변하고 있음을 암시한다. 그것들이 수용되면, 점차로 혁명 자체의 결과로서 도시화의 불가피성에 대한 믿음뿐만 아니라 이 새로운 가치의 결과인 도시 혹은 하나의 도시(*a city*)의 가능성에 대한 믿음도 수용된다. 이것은 도시 생활에 대한 무비판적 수용이 아니라, 도시화의 수용이 완전한 재난(*unmitigated disaster*)이 아니라는 것을 의미한다. 도시는 미국에서 거대한 문명을 만드는 데 특별한 역할을 할 수도 있다. 예컨대 조지 터커[1]의 유명한 《미국의 진보》(*The Progress of the United States*, 1843)에 귀를 기울여보자.

> 도시의 성장은 일반적으로 예술에서 지성의 진보를 나타내고, 사회적 향락의 총합을 측정하고, 과도한 정신적 활동을 암시하는데, 그것은 때로는 건강에 유익하기도 하지만, 때로는 유해하기도 하다. 인간들의 집합은 일부 삶의 안락함을 축소시키지만, 다른 것들을 증가시키기도 한다. 비록 농촌보다는 건강에 덜 우호적이지만, 질병에 대한 더 나은 방어와 치료 수단을 제공하기도 한다.

이러한 구절에서 드러나는 그의 결론은 다음과 같다.

---

1) 〔옮긴이주〕 George Tucker(1775~1861) : 1827년 풍자적인 글인 《달로의 여행》(*A Voyage to the Moon*)을 써서 미국인 최초의 SF(*Science Fiction*) 작가로 여겨지기도 한다.

> 도덕주의자가 보기에 도시는 미덕과 악덕 모두를 위해 더 넓은 영역을 제공한다. 또한 도시는 선한 것이건 악한 것이건 간에 혁신으로 기울어지는 경향이 있다. 시민적 자유에 대한 사랑은 도시보다는 농촌에서 더욱 강하고 지속적일 것이다. 그리고 더욱 예리한 감시와 좀더 선견지명이 있는 질투로 도시에서 보호받는다 해도, 법과 질서와 안전은 더 큰 편익으로부터의 위험에 노출되며, 그런 편익으로 음모와 야심이 무지와 결핍에 영향을 끼칠 수 있다. 인구가 많은 도시들의 선한 혹은 악한 성향이 무엇이건 간에, 그것들은 한때 비옥하고, 자유롭고 지적인 시골 모두가 불가피하게 이바지한 결과이다.

터커의 구절은 많은 핵심 개념들을 제공한다. 즉 도시의 불가피성, 도시와 진보 사이의 필연적 관련성, 효과적으로 대처한다면 인간과 제도를 어느 정도 개선시킬 수 있는 도전을 제공하는 도시의 시련 같은 개념들 말이다.

이런 구도에서 역사상 거대한 유럽 수도로서의 도시 이미지를 회상해 보라. 새로운 도시들〔신 카르타고(a new Carthage), 중서부의 아테네(Athens)〕이 서로 경쟁하고 싶어 했다. 조지 런트(George Lunt)라는 시인의 시에서 몇 줄을 언급해보자. 런트는 1843년 〈문화〉(*Culture*)라는 시를 써서 보스턴 상인도서관협회의 회원들에게 헌사했는데, 그 협회의 목적은 "부의 축적이 유용하다"는 것을 증명하는 데 있었다. 그 협회는 "도시의 특성을 예시하고, 언제나 교양과 관대함으로 유명"하다. 〔서투른 스탠자(*stanza*) 형식의 시 한 편이 이를 보여줄 것이다.〕

> 그리고 그대, 서쪽 물결의 매력적인 도시여,
> 삼림-사냥꾼의 사라진 무덤 위에 세워진 그대여,
> 그대의 이야기는 어떻게 해서 사라져버린 자연이
> 득의양양한 사상을 낳는지를 가르쳐준다!
> 그대의 모든 세월이 그 풍경의 베일을 벗기며,

예언하는 나의 마음은 기꺼이 그대의 이야기를 읽노라!
바다에서 태어난 베네치아가 품고 있는 것보다 더 풍부한 재화
황금기의 피렌체가 지니고 있는 것보다 더 고상한 지참금
그 어떤 예술도 만들지 않았으며 그 어떤 가격으로도 살 수 없도다
오퍼(Ophir)[2]의 쐐기나 티레(Tyre)[3]의 양질의 염료로도,
은총 받은 딸과 국가를 건설한 아들
운명에서 벗어나 깊은 토대를 내리고,
풍부한 미덕과 안정적인 축복이 내리니,
인간은 그것을 받으리라, 관대한 하늘로부터!

1839년 다니엘 버나드(Daniel B. Bernard)는 도시를 가리켜 "모든 나라의 정교함과 문명의 중심지"라고 했다. 도시는 언제나 필연적일 것이기 때문이다. 1850년 가드너 스프링(Gardner Spring)은 도시에서 그러한 집중은 영향력과 권력을 의미한다고 선언했다. 그리고 채핀 목사[4]는 시골의 젊은이들이 도시를 "자신들 운명의 마법 세계"로, 꿈의 중심으로 희망하며 바라보는 것이 자연스럽다고 했다. 왜냐하면 도시는 "상업적 사업의 필수적 수단이자 국가적 위대함의 건설자"이기 때문이다. 위대한 국가를 갖는 것은 실로 위대한 도시를 갖는 것을 의미했다. "인간이 자연에 대해 우월하듯, 영혼이 형식보다, 힘이 물질보다, 존재의 거대한 드라마가 그것이 공연되는 극장보다 우월하듯, 도시의 이해는 농촌의 그것보다 우월하다." 그러나 인용된 이 모든 것에서도, 채핀이 말한 것처럼, "도시는 존재의 도덕적 목적을 드러내며, 삶의 무시무시한 문제를 제기

---

2) 〔옮긴이주〕 구약 열왕기상 10장 11절에 '오빌'로 표기되는 솔로몬 왕이 보물을 얻었다는 지역.
3) 〔옮긴이주〕 성경에는 '두로'로 등장하는 고대 페니키아의 항구도시였음.
4) 〔옮긴이주〕 Edwin Hubbell Chapin(1814~1880): 19세기 미국의 성직자로 *Christian Leader*의 편집자였다.

한다"는 데 동의했다. 무엇보다도 도시는 실험장이고, 강철을 불리는 데 필요한 불이며, 갈등을 통해 인간과 도덕을 강화한다.

세 혁명의 결과는 도시의 수용이었다. 도시는 이제 유럽의 과거와 연결된 운명의 영광 같은 식으로 이해되었다. 도덕적 도전으로서의 도시는 적어도 1830년대부터 현재까지 고급, 저급, 중급 지식인(*middlebrow*)의 문헌에 거듭된다. 이런 도덕적 도전은 1850년대의 특별한 도시 신앙부흥운동에 이르는 종교적 부흥주의의 성장이라는 문맥에서 볼 때 가장 극대화된다. 신앙부흥운동은 도시로 강력하게 이동하면서 그 과정에서 공동체를 위한 노력이 되고, 이를 통해 국가 전반을 구원하는 수단이 된다.

기독교 문학에서 도시에 대항하는 특정 기독교의 도덕적 도전은 우리가 종종 느끼는 것보다 더 오래되고 지속적인 주제이다. 존 버니언이 바라본 기독교인은 천국의 도시에 이르기 위해 '허영의 시장'(*Vanity Fairs*)을 통과해야 한다. 신성한 도시에 이르기 위해 미국인이 도시적 경험을 할 필요가 있다는 개념은 계속해서 특히 19세기 후반 미국 문학까지 이어진다. 이런 주제는 성직자뿐만 아니라 강한 종교적 성향을 지닌 평신도에 의해서도 반복된다. 그 원형은 대부분 버니언이나 《천로역정》에 대한 특별한 언급이 없지만 그럼에도 불구하고 중요하게 남아 있다. '허영의 시장'은 존재하며, 그것은 천국의 도시와의 관련에서 그 의미를 지니는 것이다. 이것은 '이교도'가 농촌의 지방민(*countryside*)과 연관된 어떤 것을 의미하는 기독교인들의 문학에서는 특이한 생각도 아니다. 결국 성 토마스 아퀴나스(St. Thomas Aquinas) 같이 위대한 기독교 사상가의 종교적 비전은 선량한 기독교인이라면 진실로 도시에 살아야 한다고 주장했다.

지금껏 기록된 것 가운데 가장 강력한 신앙부흥주의자와 전도 활동을 진행했던 기독교인들에게서 도시에 대한 관심이 커지는 것을 어렵지 않게 예상한다면, 도시에 대한 대중적 비전이 남북전쟁기 이후 새로이 등장하기 시작했음을 발견하는 것도 그다지 놀랄 만한 것은 아닐 것이다. 그런 이미지는 반(反) 도시적 미국과 잘 어울리는 것은 아니다.

예컨대 쿠리어 앤 아이브스는 '판화제작자'로 1835년에서 1907년까지 영업을 했는데, 농촌과 스포츠 그리고 역사적 장면들뿐만 아니라 향수(*nostalgia*)로 뒤덮인 도시 장면도 많이 인쇄했다. 대중적 열정과 도시에 대한 향수와 감상적인 표현은 통속적인 인쇄물뿐만 아니라 통속적 운문에서도 흔했다. 엄청난 판매고를 기록한 작가 윌 칼턴(Will Carleton)은 모든 위대한 시인들과 마찬가지로 진실한 시는 자기 시대의 감정을 표현하면서 '살아 있는 세대의 피'를 자극한다는 느낌을 가졌다. 1845년에서 1917년까지 살았으며 《언덕 너머 빈민원까지》(*Over the Hill to the Poor House*)를 쓴 칼턴은 하퍼스 출판사에서 엄청난 성공을 거둔 시집 총서를 만들었다. 첫 권은 《농장 발라드》(*Farm Ballads*)로, 1873년에 나왔다. 그 뒤를 이어 《농장 전설》(*Farm Legends*)이 나왔고, 1881년에는 《농장 축제》(*Farm Festivals*)가 출간되었다. 그러나 쿠리어 앤 아이브스처럼, 칼턴은 단순히 미국의 농촌 향수에 머물지 않았다. 몇 년 후 칼턴은 《도시 발라드》(1885), 《도시 전설》(1889), 《도시 축제》(1892)를 썼다. 만약 누군가 칼턴의 운문(그것을 시라고 부르는 것은 어울리지 않는다)을 본다면, 이상한 현상을 발견할 것이다. 쿠리어 앤 아이브스와 마찬가지로 농촌과 도시의 경험이 동일한 감상주의, 동일한 다혈질적 열정, 동일한 가치관으로 간주되는 것이다. 사실 두 종류의 경험들을 식별하는 것은 어렵다. 칼턴은 양쪽 모두를 즐기면서 광범위한 미국 청중의 기본적 감정을 표현하고자 애썼다. 〈불타는 시카고〉(*The Burning of Chicago*)는 놀라울 정도로 긴 시인데, 다음과 같이 끝난다.

> 오, 산산조각 났지만 무적의 도시여 ….
> 그들은 다시 행복하게 번성할 것이며, 신의 은총을 입을지어다

> 다시 한 번 그대는 도시들 가운데 서 있을 것이며, 순조로운 바람이 쓰다듬을 것이다
> 오, 정복되지 않는 거대한 시카고여, 여전히 북부와 서부의 여왕이여!

칼튼의 운문 구조와 농촌과 도시를 다루는 방식은 쿠리어 앤 아이브스의 작품과 대중적으로 유사하며, 대부분 비평가가 허용했던 것보다 더 복잡한 통속적 패턴을 보인다.

이 시기에 도시에 관한 또 다른 대중적 비전이 등장했다. 내가 제안하는 방식과는 상당히 다르지만, 역시 친숙한 것이다. 호레이쇼 앨저는 1867년과 1910년 사이에 엄청난 양의 책들을 출간했다. 그러나 그의 책이 너무나 인기 있었기 때문에, 출판인은 그가 1889년에 죽은 뒤에도 연작을 계속했다. 앨저의 책은 물론 일반적으로 미국 중간계급의 성공 관념에 대한 찬양으로 다루어졌지만, 그러한 관심의 집중이 그 책의 문화적 의미가 지닌 전체성에 대해 대부분 문화사가들의 시야를 가렸다. 왜냐하면 앨저의 책이 성공에 대해 뭐라고 언급했건, 그것은 도시인들이 아니라 농촌 사람들에 대한 것이었기 때문이다. 그의 책에 대한 도시 또는 대도시의 반응은 농촌이나 소규모 타운의 반응만큼 압도적인 것이 아니었다. 많은 도시 거주자들은 그 작품이 따분하고 재미가 없다고 느꼈다. 그들은 앨저가 말한 것이 도시적 삶의 현실과 거의 맞지 않다는 것을 깨달았다.

더 중요한 점은, 그의 많은 책들이 뉴욕 시를 무척 상세하게 다루었다는 것이다. 이 점이 결정적인데, 왜냐하면 대부분 이 책들은 농촌 사람들이 도시 생활에 공포 없이 쉽게 적응하는 방법을 제공했기 때문이다. 무엇을 할지, 어디에 갈지, 어떻게 시작해야 할지, 어떻게 도시에서 앞으로 나아가야 할지를 알 수 있게 해준 것이다. 그것은 성공과 도시에서의 삶에 대한 손쉬운 안내서였다. 그것은 단지 부를 발견하는 방법뿐 아니

라 도시의 생활패턴에 어떻게 적응할 것인가에 대한 실용서(*how-to-do-it books*)였다. 시골에서 올라온 젊은이는 도시 주변의 교통에 대해, 잠잘 곳과 취업을 하는 방법에 대해 간략하게 정리할 수 있었다. 앨저의 책의 이러한 측면은 간과되었으며, 좀더 강조할 가치가 있다. 그것은 반(反) 도시적이지 않다. 그 기본적 가치구조를 믿지 않거나 풍부한 현실적 세부묘사의 많은 부분들에 관심이 없었던 많은 사람들조차 그런 책들을 열광적으로 사들였다. 사실 도시적 삶에 대한 적응을 위한 많은 연구가 필요한데, 그런 주제는 어느 모로 보나 이민자의 미국화만큼이나 중요한 것이다.

19세기 후반 미국의 지성사에서 몇몇 주요 발전은 새로이 전개되는 문화, 특히 도시적 경험의 요소들을 쉽사리 수용할 방식을 마련하는 데 도움을 준다. 로버트 워커(Robert H. Walker)의 연구 《시인과 도금시대》(*The Poet and the Gilded Age*)는 명백한 모순을 지적한다. 그중 하나의 장은 수준은 높지 않지만 인기 있는 시인이 도시에 대해 얼마나 부정적으로 반응했는가를 보여주는 데 몰두한다. 통계를 보면 그가 조사한 시인 중 19%는 도시적 성취에 전념하고, 23%는 도시의 '사악함'에 반응한다. 또한 시인은 미국의 서부에 대해 열광적인 반면, 많은 사람들은 1890년대 서부에서 발흥한 새로운 주요 도시의 영광에 대해 언급한다. 그들의 서부는 시카고의 서부이고, 대평원과 산악지대뿐만 아니라 샌프란시스코이다.

오래되고 변함없는 사소한 주제를 더하자면, 농촌적 삶의 근본적인 고립과 퇴보의 발견은 19세기의 마지막 10년과 20세기 초의 몇십 년 동안 절정에 이르렀다. 하우[5]의 《어느 농촌 마을 이야기》(*Story of a Country Town*, 1883) 이래 문학에서는 미국 농촌의 사악하고 편협하며 심지어 유

---

5) 〔옮긴이주〕 Edgar Watson Howe(1853~1937): 미국의 소설가이자 신문 편집자였다. 아마도 그가 만든 잡지인 *E. W. Howe's Monthly*로 유명하다.

해한 삶, 그리고 더 오랜, 더 이상적인 형태에서 퇴화되는 과정에 대한 지속적인 논의가 있었던 것으로 보인다. 누군가 길핀(Gilpin)과 리버티 하이드 베일리[6] 같은 사람이 해놓은 '농촌 사회학'의 새로운 발전을 이렇듯 잘 알려진 허구적 평가와 결합할 때, 의미 있는 시골생활의 소멸에 대한 관심이 커진 것은 명백해진다. 더 이상 우리는 벽지의 공동체에 기대는 즐거운 원시주의를 발견하지 못한다. 켄터키 주 시골 산악지대 사람들에 관한 통찰력 있고 예리한 일련의 논문을 예로 들 수 있다. 1870년대와 1880년대 원래 지역의 채색화가에 의해 발견된 그들은 일종의 모험소설로 다루어졌으나, 1880년대와 1890년대에는 그들 사이에서 벌어진 퇴보와 범죄, 그리고 비열한 요소에 관한 진지한 토론이 부상했다. 그들을 '끌어올리'려는 사회적 행동이 요구된 것이다. 〈미국사회학보〉(*American Journal of Sociology*)에 게재된 장문의 논문 "스모키 산맥의 순례자"(*The Smoky Pilgrims*)에서는 특이하게도 사진까지 실었는데, 도시로의 행진이 '우월한 사람'을 꾀어낸 것으로 제시했고, 사악한 사람, 방랑자, 떠돌이 그리고 쓸데없는 사람만이 뒤에 남겨진 것처럼 보여주었다. 또한 이 논문에서는 농장 생활의 위험, 즉 다양성 결여, 기본적인 도덕의 빈약함, 거짓말, 상스러운 언어의 사용 등이 묘사되었다. 이 논문의 저자는 "세상에 자신의 자리가 없는 사람은 넓은 들판을 만나도 분주한 산업이 몰려드는 대도시에서처럼 밀려난다"고 주장했다. 문제는 단순히 농촌 대 도시가 아니다. 수많은 논문은 진보와 문명이 이러한 사람들을 지나쳐갔다는 것을 암시한다. 이제 같은 시기에 농촌의 향수가 지속되는 것을 예증하는 엄청난 양의 문헌을 찾을 수 있다. 그들은 농촌 공동체를 지속하려고 노력했다. 미국인들은 새로운 농촌 교회, 농업부의 새롭고 확장된 기능,

6) 〔옮긴이주〕 Liberty Hyde Bailey(1858~1954) : 미국의 식물학자 겸 원예학자로서 미국원예학회(American Society for Horticultural Science)의 공동 창립자이기도 하다.

시어도어 루스벨트의 시골생활위원회(Country Life Commission), 농촌 사회학자들의 수많은 회합과 책을 통하여 농촌 공동체를 복원하려고 노력했다. 그러나 이야기는 그렇게 단순하지 않다. 농촌 관념에 대한 엄청나고도 근본적인 의구심이 지속되었으며, 그 관념은 농촌의 가치와 도시의 경험을 전반적으로 다시 생각하게 만들었다.

막스 베버(Max Weber)는 근본적 딜레마를 멋지게 밝혔다. 1904년 세인트루이스 세계박람회와 관련하여 개최된 많은 회의 중 한 곳에 초대받은 베버는 주제를 '농촌 공동체'로 정했다. 그는 신비화에 대한 표현으로 시작했으며, 그를 초대한 위원회가 의미했던 것이 분명 '농촌 사회'였다는 사실을 문자 그대로 받아들일 수 없었다. "도시의 사회공동체와 분리된 농촌 사회는 지금 문명화된 현대 세계의 거대한 일부로 존재하지 않기 때문이다." 미국의 농부란 결국 다른 사람처럼 단지 사업가였다. 거기에는 (종종 '커뮤니케이션 정치'와 연관된) 기술적인 농업 문제가 있지만, 베버에 따르면 어떤 특정한 농촌의 사회 문제도 아직 없었다. 베버는 미국의 농촌 생활이 자본주의에 의해 영향을 받았다고 주장했으며, 밀 생산지인 서부를 예로 볼 때 농촌 조건의 거의 유일한 특별한 혹은 특징적인 모습은 "농부의 경제학에 있어 절대적 개인주의, 단순한 사업가로서의 농부의 자질"이라고 주장했다. 사회학자들에 의한 연구와 소설가들이 내린 많은 처방들은 사실상 동일한 결론을 보여주었다. 베블런[7]은 말년의 에세이에서 더욱 신랄하게 진술했다. 문제는 그곳에 이상적인 농촌 공동체도, 도시화된 미국의 현실로부터의 향수 어린 탈출도 없었다는 점이다. 1880년대의 유토피아는 종종 특정한 종류의 도시인 경향이 있으며, 조직 면에서는 군사적이고, 발전에서는 기술적인 종류의 도시인 경향이

---

7) 〔옮긴이주〕 Thorstein Veblen(1857~1929): 미국의 사회학자 겸 경제학자로 제도학파 경제학을 만드는 데 공헌을 했다. 그럼에도 그는 우리에게는 《유한계급론》(*The Theory of the Leisure Class*, 1899)으로 널리 알려져 있다.

있었다. 그것들이 농촌 천국(*rural heaven*)인 경우는 드물었다.

문학, 예술, 정치적 발전을 하나의 전체로 다룬다면 미국문화는 1890년경에 의미 있는 종합(*synthesis*)에 이르렀다. 처음으로 크레인(Crane), 노리스(Norris), 드라이저(Dreiser) 같은 작가와 더불어 국민 문학을 이루었다. 미술에서도 거대한 도시중심적인〔슬론(Sloan), 헨리(Henry), 애쉬 캔 유파(Ash Can School)〕, 강력하고 자의식적인 미국의 유파가 개발되기 시작했는데, 그 유파의 도시적 비전은 때로는 고통스러울 정도로 자기의식적이나 감상적이고, 심지어 향수적이었다. 새로운 건축의 승리는 시카고 같은 거대 도시의 빌딩과 마천루로 대표되는 도시 디자인이라는 개념의 진화에 집중되었다. 그러나 가장 특징적인 것은 사회적, 정치적 논평자의 문헌이 국가를 다른 종류의 도시와 타운 연합체의 일종으로 간주하기 시작했다는 점이다. 이제 미국에 대한 정의는 대체로 뉴욕, 시카고, 클리블랜드, 샌프란시스코 따위의 도시로 여겨졌다. 거대 도시들과 소도시들, 그리고 농촌을 배경으로 하는 한 국가의 놀라운 이미지. '사실주의적' 국민문학은 그 자체로 지방색 내에서 정의하는 것이다. 뚜렷한 지역 및 지방색을 지니면서도 국가적 성격에 대한 개념은 양키(*Yankee*)를 대표적 미국인으로 채색한다.

이렇게 부상하는 국가적 통합(*national synthesis*)은 통신과 조직, 새로운 기술적 발전과 공학 솜씨의 가치를 강조한다. 1890년대까지 삼중 혁명은 새로운 통합으로 완결되었다. 이 시기까지 미국인은 호된 시련의 시기를 통과했다. 거기에는 (거대한 유토피아 운동은 말할 것도 없고) 10년 이상의 유토피아 소설이 존재했다. 이러한 유토피아 소설은 친도시적인 것도 반도시적인 것도 아니었다. 가장 특징적인 작품 중 하나로 1893년에 출간된 소설 《도시도 농촌도 아닌 세계》(*A City-less and a Country-less World*)를 들 수 있는데, 이 제목은 농촌적 이상과 산업 도시적 이상의 긴장 속에서 새로운 사회 형태가 출현하고 있음을 암시한다. 이런 이상적 형태는 미학적으로도 의미심장한데, 그것은 종교적 용어로 생각되는 일종의 미학적 경험이다. 미학적이며 종교적인 경험이 사실 동일한 경험일지라도 말이다. 또한 《천년왕국의 형성》(*The Making of the Millennium*, 1903) 같은 또 다른 유토피아 소설을 생각해보라. 이 책에서 전개된 새로운 사회 형태는 하나의 도시로 불리며, 그것은 특별한 도시의 비전이었다. 1930년대까지도 이 이미지는 미국적 경험에서 주요하다.

1893년 시카고 세계 콜럼버스박람회(*World's Columbian Exposition*)라는 하나의 상징적 사건이 최초의 국가적 통합으로서 개최되었다. '백색 도시'(*White City*)라 불린 그 박람회는 두 가지 중요한 사실을 보여주었다. 가장 중요한 것은 질서 있고 조직적이며, 계획적이며 아름다운, 욕구와 관심이 만나는 도시가 가능할 수 있다는 관념이다. 미시간 호수의 제방 위에 세운 백색 도시를 향한 열광은 많은 자료에 나타난다. 반도시적 지식인 중 한 사람인 윌리엄 하우얼스(William Dean Howells)는 뉴욕 시의 불쾌함에 대한 지적으로 종종 인용되지만, 〈코스모폴리탄〉 잡지에 보낸 편지에서 그는 상당히 다른 견해를 표현한다. 거기에는 도시란 무엇이며 무엇이 가능한가에 대한 미학적, 종교적, 사회적, 정치적 비전이 담겨 있다. 도시의 아름다움과 사회적 효율, 도시 서비스의 빛나는 조직, 기술적 혁신의 승리, 내부 통신의 용이함, 이 모든 것이 시카고 주변을 따라 덮고 있는 어두운 빈민가와는 대조된다. 백색 도시의 이미지는 이른바 미국의 혁신주의 역사에서 결정적인 순간 중 하나이다. 그것의 의미는 국제적일 것이다. 손문[8]은 설계자 대니얼 버넘[9]에게 중국에 와서 백색 도

8) 〔옮긴이주〕 Sun Yat-sen(1866~1925) : 중국 이름은 손문(孫文)으로 널리 알려진 손일선(孫逸仙)이다. 현대 중국의 국부로 불린 그는 공산당과 국민당 모두로부터 추앙받았던 20세기 중국의 정치지도자이다.

9) 〔옮긴이주〕 Daniel Burnham(1846~1912) : 미국의 건축가이자 도시설계가이다. 워싱턴 시의 기차 역사인 유니언 스테이션(Union Station)을 설계했으며, 1893년 시카고 세계박람회의 주 설계자였다.

시와 똑같은 혁신적인 수도를 건설해달라고 요청했다. 그리하여 그 도시의 특별한 비전은 국가적 통합이 나타나기 시작하던 그 시기에 백색 도시에서 모델 형태로 갑자기 실현된다. 그것의 천년왕국적인 희망은 미국 사상에서 독특한 방식으로 나타난다.

그러나 새로운 미국에 대한 이러한 이상이 나타나던 시기에, 이 이상은 물질주의와 기업조직, 그리고 새로운 인종집단과 그에 따른 문제에 의해 위협받게 되었다. 그리하여 많은 사람이 도시를 구하는 쪽으로 선회했다. 1890년대부터 1930년대에 이르기까지 도시주의와 도시개혁 그리고 도시의 성격에 대한 엄청난 양의 문헌에 깊은 인상을 받지 않은 사람은 없을 것이다. 농촌 사회학이 초창기의 학자 세계를 지배했다면, 제1차 세계대전 즈음에는 도시 사회학이 확실하게 자리 잡게 된다. 많은 역사학자들은 혁신주의가 도시적 현상이었음에도, 혁신주의가 본질적으로 도시적 이미지로 시작했다는 것을 이해하는 사람이 너무 적다고 주장했다. 새로운 미국에 대한 그 비전은 일련의 이상적 도시로 변형된 땅에 대한 비전이다. 그리고 이 비전에서 우리는 더 풍부한 미학적 경험에 굶주린 거대한 공동체를 향한 종교적 추진력이 새로운 행정-공학적 사고를 가진 중간계급의 장인적 이상과 합쳐지는 것을 본다. 이 모든 것은 세 개의 혁명 — 커뮤니케이션, 조직, 유기적 사고 — 의 결과이다. 조슈아 스트롱[10] 이 《20세기 도시》(*The Twentieth Century City*, 1898)의 뒷부분에서 하는 말에 귀를 기울여보라.

> 도시는 국가를 통제할 것이다. 기독교는 도시를 통제해야 한다. 그리고 그렇게 될 것이다. 최초의 도시는 최초의 살인자에 의해 건설되었으며, 범죄

10) 〔옮긴이주〕 Josiah Strong(1847~1916): 19세기 후반 사회복음운동의 창시자로 개신교 성직자였다. 대표작으로 《우리나라: 가능한 미래와 현재의 위기》(*Our Country: Its Possible Future and Its Present Crisis*, 1885)가 있다.

와 비참함과 사악함은 이후로 그곳에서 악화되었다. 그러나 마지막 도시에는 어떠한 것도 들어와 더럽히지 못하리라. 그곳에는 더 이상 슬픔 혹은 범죄가 없을지니, 왜냐하면 이전의 것들은 사라질 것이기 때문이다. 셸리(P. B. Shelley)가 말하기를 "런던과 유사한 도시는 지옥일지니". 그러나 되찾은 도시는 묵시록(*revelation*)의 비전이자 천국의 상징 그 자체이며, 지상의 천국이며, 그 왕국은 완전하게 나타난다.

놀랄 만큼 사이비과학으로 포장된 이미지들의 조합, 곧 낙천적이며 비범한 광인인 올리버 밥콕(Oliver Babcock)이 "미국의 우주론"(*Cosmonics of the United States*)이라 부른 물리적, 지리적 '연구'에 주목해보자. (밥콕의 생각에 필라델피아에서 실수로 열린) 1876년 세계박람회를 예상하며 쓴, 그리고 1893년에 재간행된 책에서 그는 하나의 수도 찾기, 전체 통합의 완결성을 달성하기 위한 어떤 힘의 필요성을 언급한다. 그는 이 모든 것이 미시시피 계곡에서 벌어진다고 보았다. 그곳은 상업과 농업의 중심지이며, 성공을 보장하는 모든 요소들이 결집되어 있다. 그렇다면 시카고는 이 모든 것의 여왕이므로, 이곳에서 세계박람회가 열려야만 했다. 이 거대한 지역에서 밥콕은 미래를 보았다. 드라마가 연속으로 상연되면서 전 대륙, 국가, 인간의 자유에 관한 신의 설계의 신비를 펼칠 것이다. 여기 시카고에서 "마침내 시련과 신뢰, 공포와 믿음, 불안과 기대 속에 만들어진 신의 의도와 계획이 드러날 것이다".

1909년에 쓴 글에서, 사이먼 패튼[11]은 그가 "절정"(*climax*)과 "인간을 새롭게 할 만족을 위한 … 수요"라 부르던 것의 희생으로 생산에 대한 관

---

11) 〔옮긴이주〕 Simon Nelson Patten(1852~1922): 20세기 초 영향력 있는 경제학자로서, 누구보다도 먼저 미국경제가 '희소의 경제학'(*economics of scarcity*)에서 '풍요의 경제학'(*economics of abundance*)으로 변화하고 있음을 목격했다. 따라서 그는 생산 위주의 경제 대신 소비 위주의 경제로 관심을 집중해야 한다고 보았다.

심이 증가하는 사회질서에 대해 우려한다. 그에게 문명의 전통적 수단인 학교, 교회, 도서관은 표현적이라기보다는 억압적이다. 그는 정통적인 절정이 '열정적인 시민권'에 있다고 믿는 반면, 그러한 것은 이런 바랐던 목적에 이르는 일련의 단계 없이는 달성될 수 없다. 시작할 곳은 도시의 도로들(*streets*)이다.

> 도로는 숲과 개울이라는 자연의 고속도로를 도시 인간이 대체한 것이며 도시 소년은 야만인이 사냥 길에서 그러한 것처럼 그 지식에 정통해진다. … 우리는 우리의 길을 하나의 제도(*Institution*)로 만드는데, 그 제도는 교회를 영적인 흥분에 대한 인간의 갈망을 표현하는 데 사용해왔던 것처럼 명료하게, 생명에 필수불가결한 흥분에 대한 인간의 좌절된 필요를 표현하고 지시하고 충족시켜줄 것이다.

그리고 1910년, 윌리엄 앨런 화이트[12]는 증기(*steam*)를 새로운 민주주의의 창조자로 자리매김한다. (세계역사에 대한 열쇠로서 발명의 사회화 문제로 명명하는 역사철학을 간략하게 제시하면서,) 그는 자기 시대의 주요 문제를 "증기의 사회화"로 본다. 화이트에게 도시는 구질서의 변화에 의해 제기되는 문제에 대한 해답이다.

> 우리는 우리 인종의 삶의 청춘기에 있다. 그럼에도 우리는 자신을 몽고족과 셈족의 정복자로 만든 인종적 제도 — 본국(*home*)과 민회(*folkmoot*) — 를 유지한다. 우리는 여전히 비전을 본다. 그리고 왕이나 군주의 통치하에서건 공화국하에서건 자치정부를 생각하고 수립할 수 있었던 사람의 천재성은 자치정부를 순수하고 무구한 상태로 유지할 것이다 … 우리는 지구를 서쪽으로 가로지르는 3천 년 동안의 순례에서 얻은 것을 유지하고 있으며, 우리는 본

12) 〔옮긴이주〕 William Allen White(1868~1944): 20세기 전반을 대표하는 신문 편집인이자 중간계급의 이해를 반영하는 대변인 역할을 했다.

국과 자치(*home rule*)를 유지하려는 투쟁에서 전보다 더 강해졌다. 그리고 순조롭게 이 대륙에서 지방 정부의 주도적 유형이 될 것으로 보이는 도시는 자유 도시일 것이다. 호기심을 끄는 기적은 — 얼마나 오래되었건 — 우리의 도시 생활이다. … 우리의 도시는 — 운명의 손에 있는 방추(*spindles*) — 설령 더럽고 더럽혀졌을지라도 마치 옷을 짜듯 끊임없이 움직여야만 한다.

도시를 유지하고 그것을 새로운 생활의 중심으로 바라보려는 욕구는 계속적인 반복구이다. 우리의 문헌은 이러한 주제를 발산한다. 1930년 윌리엄 먼로[13]는 개인적인 논쟁이 아닌 《사회과학 백과사전》에 다음과 같이 썼다.

도시는 어떤 경우에도 국가 생활에서 통제적 요소가 될 것이다. 도시가 그러하듯, 국가 또한 그러할 것이다. 도시 인구는 대부분의 국가 지도자를 공급했다. 일간지를 통하여 도시는 그 자신의 범위를 훨씬 너머 여론을 지배한다. 그것은 정치사상에 대한 영향력에서 인구 비율이 보장하는 것보다 더욱 강력하다. 도시는 의복과 마찬가지로 도덕과 예법에서도 유행을 만들어낸다. 도시의 태도는 그 자체에 대한 관심의 문제만이 아니다. 그것은 높은 국가적 열망이 확립되고 유지되기를 바라는 모든 사람들의 중대한 관심사이다. 왜냐하면 국가의 이상은 인구의 여러 요소 가운데 가장 영향력 있는 사람들에 의해 결정되기 때문이다. 그렇게 단호하기 때문에, 그것은 끊임없이 변화하는 과정에 있다. 인간이 도시를 만든다는 속담이 있지만, 도시가 인간을 만든다는 것 또한 사실이다. 도시를 만드는 남자는 국가를 만든다. 그리고 세계의 성격을 결정할 것은 진실로 미래의 도시이다.

1920년대 미국은 유럽의 오스발트 슈펭글러[14]에 필적하는 인물을 낳

---

13) 〔옮긴이주〕 William Bennett Munro(1875~1957): 캐나다의 사회과학자 겸 우생학자였다.

14) 〔옮긴이주〕 Oswald Spengler(1880~1936): 독일의 역사철학자로 순환론적

는 것과는 거리가 멀었다. 즉 슈펭글러의 작품에 대한 진정한 열정에도 불구하고, 도시의 죽음과 파괴를 문명의 바람직한 목표로 보던 일종의 농본주의적 신비주의는 결코 현실적인 상응물이 아니었다. 1880년대부터 (특히 1930년대에) 농업적 유행이 있었지만, 우리는 새로운 미국 문명의 출현을 언급하는 많은 논문을 보았고, 그 문명은 독특한 것이 될 것이다. 왜냐하면 그것이 '진정한' 문명이기 때문이었다. 1924년 〈하퍼스〉 잡지에서 어느 작가는 이를 "도시-문명"으로 불렀다. 우리는 도시의 집단으로서, 각 도시는 미국의 특이한 이미지를 그 자신의 방식으로 작동하면서 연합해 있고, 여러 다른 도시에 의해 구성되고 특징지어지는 문명으로서, 이 전반적인 도시-문명을 구성한다. 이러한 도시와 미국의 이미지가 문헌의 상당 부분에서 우위를 점한다. 도시를 구할 필요가, 이상적 도시를 창조할 필요가 존재한다.

분명 이 도시는 전통적인 산업 도시가 아니다. 이상적 형태의 도시는 어떤 의미에서는 기독교적이며 또 다른 면에서는 전(前) 산업적이다. 이상적 도시는 언제나 아름다우며 사람들이 공동체와 친교의 체험, 영혼의 아름다움에 대한 최종적인 경험을 할 수 있도록 허용한다. 작가들이 미국의 지식인이 반(反) 도시적이라는 가정에 이르게 하는 — 또는 잘못 이르게 하는 — 것은 이러한 이상이다. 왜냐하면 미국인은 여전히 '언덕 위의 도시'를 추구하기 때문이다. 이러한 관념이 지속된다. 미국인은 여전히 이러한 정치적, 사회적, 종교적 용어로서 도시를 중시할 수 있으며, 중시한다. 뉴욕 선교 협회의 역사에 관한 최근(1962년)의 연구 《사람들은 도시다》(*The People Are the City*)에서 케네스와 이셀 밀러(Kenneth and Ethel Miller)는 이러한 방식으로 종지부를 찍었다.

---

문명사관을 토대로 《서구의 몰락》(*The Decline of the West*)을 집필했다.

누가 도시를 칭송할 것인가? 그 장소를 사랑하는 사람뿐일 것이다. 도시는 오랫동안 성장해왔고 패배와 참화의 불쾌한 경험의 상처뿐만 아니라 도시가 지닌 연륜의 어둡고 고색창연함(*patina*)도 보여준다. 도시의 고집 센 자부심, 더없는 규모와 권력의 자기 식 오만, 이런 것들은 삶의 불가피한 고통과 굴욕에 의해 줄어들었다. 도시의 진정한 연인은 도시의 지속적인 영광에 의해, 도시의 활력과 생명력의 솟구침에서 각각의 빛나는 단면에 의해 충격 받는다. … 도시는 오랜 기념물이다. 아리스토텔레스는 아테네가 처음에는 시민의 안전을 위해 건설되었으나, 더 중요하게는 사람들이 그 도시 안에서 훌륭한 삶을 영위하는 장점을 찾을 수 있다는 것을 인정했다. 언덕 위에 세워진 도시라는 우화에서도 동일한 생각이 나타났는데, 그 도시에서는 아무것도 숨기는 것이 없고, 고매한 이상이 미와 진리를 추구하여 인간을 끌어올릴 수 있다. 왜냐하면 사람들이 도시이기 때문이다. 벽돌과 회반죽으로 물리적 조립을 한 형태는 도시의 물질적 성공의 외향적 표현이며, 문명화된 생활의 상징이다. 진정한 도시의 정신과 영혼, 사람들의 보물은 내부에서 보이지 않지만 매우 중요하다. 도시는 신을 위해 마련된 성찬이다. 신은 세상을 그렇게도 사랑하여 한 사람(*a Man*)을 보냈다. 사람 중의 사람은 인간의 무리와 더불어 섞였으며, 혼잡한 길을 변화시키고 변형시켜 신의 도시를 위한 고속도로로 만들었다. 인간의 아들은 연민을 지닌 채 도시 때문에 눈물을 흘렸다. 그리고 오늘날도 울음이 필요하다. 그러나 즐거워할 이유 또한 있다. 하나의 거대한 목적 — 공공의 복지 — 과 연결되어 각자 '도시와 사랑에 빠진' 나머지 그들은 순전히 도시의 서비스에서 그들 자신을 탕진할 것이다. 모든 거대한 도시는 종교에 그 기원을 두고 있다. 아테네에서 비잔티움까지, 로마에서 런던, 파리, 그리고 뉴욕까지 선 혹은 악의 우선적 요소는 종교였다. 종교는 도시를 변형하고 변화시킬 수 있을까? 선의를 지닌 인간이 새로운 예루살렘을 건설할 인류의 황금 재료에서 불순물을 없애도록 보장할 것인가?

이런 특징적 진술은 1620년에서 현재에 이르는 미국의 발전에서 거의 어느 때나 기록되었을 것이다. 솔직하게 미국적 사고를 검토해보면, 우리는 반(反) 도시적 이미지가 지속되지 않음을 알게 될 것이다. 목가적인 농촌의 과거에 대한 갈망보다 더 중요한 것이 존재한다. 왜냐하면 원시인에 대한 신화와 도시 중심적 국민 국가 — 앙리 보데(Henri Baudet)가 뛰어난 소책자 《지상의 천국》(*Paradise on Earth*)에서 탁월하게 사용했던 유럽적 경험의 극단 — 의 신화 사이에 미국인의 주의를 끌었던 방향으로 특별한 종류의 도시에 관한 또 다른 신화가 존재하기 때문이다. 그리고 있는 그대로의 도시가 문제로 가득 차 있음을 알게 된다면, 바로 이러한 문제는 도전으로, 즉 사람으로서, 기독교인으로서, 그리고 미국인으로서 그들에게 필요한 도전으로 수용된 것이다. 그들이 불만족스럽다고 믿는 방식대로 도시가 물질주의적이고 산업적인 것임을 알게 되었다면, 그들은 실패한 목표로서의 전체를 포기하기를 거절했을 것이며, 그 대신 그들 자신을 위해 도시에 대한 또 다른 이미지를, 그들이 변형시켜 이루려는 이상(*ideal*)을 만들었을 것이다. 왜냐하면 적어도 1830년에서 1930년까지 미국적 사고는 대체로 거대 도시의 이상이 커감을 전제로 한 구조 위에 건설되었기 때문이다.

제13장

# 문화와 커뮤니케이션

매스컴(*mass communication*)의 역사를 논하게 된다면 설사 비공식적인 경우라도 모든 에세이는 형식의 중요성에 주의할 수밖에 없다. 그리고 어떤 사람의 담론 형식 자체가 중요한 문제가 된다.

아무래도 인류학적 텍스트가 선호되긴 하겠지만, 이상적인 에세이라면 주의 깊게 선택한 텍스트를 포함하는 형식으로 구성될 것이다. 이 텍스트는 일련의 대담한 주장에 대한 서론으로서 여러 주요한 단서들(*caveats*)이 뒤따를 것인데, 성찰적 에세이에서 이런 주장은 보통 증명이나 예증이 없어도 유효할 것이다. 그리고 충분히 설득력 있는 마무리(*peroration*)로 결말이 나야 할 것이다. 독자들이 저자의 많은 실수를 기억하지 못하게 말이다. 텍스트, 단서, 주장 그리고 마무리는 문화와 커뮤니케이션에서 성실한 역사학자를 만족시킬 만큼 필요하고도 충분한 형식적 장치이다.

나의 (인류학적) 텍스트는 다음과 같은 내용이다.

커뮤니케이션은 문화의 핵심이자 진실로 삶 자체의 핵심을 구성한다.

— 에드워드 홀(Edward T. Hall)[1]

문화는 소통한다. 문화적 사건의 상호연관성은 사건에 참여하는 사람에게 정보를 전달한다. (…) 메시지를 해독하기 전에 우리는 문화적 콘텍스트, 즉 무대의 세팅에 관해 많이 알아야 한다.

— 에드먼드 리치(Edmund Leach, 1976)

나의 단서는 다음과 같다. 첫째, 매스컴을 공부하는 우리 중에서 너무 많은 사람들이 더 큰 문화적 콘텍스트에 대해 충분하게 인식하지 못한 채로 발견한 메시지를 해독하려 애썼다. 근본적으로 문화 자체인 일반적인 의사소통 과정의 여러 측면을 고립시키면, 저명한 영국의 사회인류학자가 말한 '복잡한 상호연관성'은 우리가 직면할 어려움과 감수할 위험을 피할 수 없을 것이라고 일깨워준다. 실제적이고 합리적인 관심사에 관해 논하기 위해 우리는 종종 일부 또는 특정한 매체(*medium*)나 어떤 특별한 주제를 검토하게 된다. 그러나 우리는 그런 매체나 주제가 더 큰 전체와 공유하는 다른 것들과 연관된다는 것을 잊어서는 안 된다. 이런 사실에 대한 감수성을 갖지 않는 한 우리는 모든 문화적 문제 중에서도 가장 본질적인 '**관계**'(*relationships*)라는 중대한 주제를 놓칠 것이다. 왜냐하면 매체는 일반 문화에 영향을 미치며 일반 문화 또한 매체를 형성하기 때문이다. 우리는 흔히 엄격하면서도 어설픈 인과적 용어로 생각하기를 고집한다. 차라리 우리는 전체적으로 상호작용하는 환경의 관점에서 '생태학적으로' 생각해야 한다. 커뮤니케이션 환경은 우리의 중심적 관심이어야 한다. 그리고 "문화는 소통한다"는 리치의 근본적인 주장을 기억한다면, 우

1) 〔옮긴이주〕 Edward Twitchell Hall, Jr. (1914~2009) : '전달 공간론'(*proxemics*)의 개념을 최초로 만들어낸 인류학자이다. 《감추어진 차원》(*The Hidden Dimension*), 《문화를 넘어》(*Beyond Culture*) 등의 저서가 있다.

리는 커뮤니케이션에 관해 쓰고자 할 때 의미하는 바를 더 잘 알게 될 것이다. 나의 다른 모든 단서들은 이런 접근에서 비롯된다.

나의 두 번째 단서는 여하한 종류의 기술결정론에도 반대하는 경고이다. 어떤 기술 혁신을 수용하느냐 마느냐는 제안된 혁신이 도입되는 문화의 본질에 명백히 달려 있다. 심지어 그런 혁신이 취하는 **형식**은 문화적으로 형성된다. 미국 사회에서 자동차가 끼치는 영향에 관해 언급한다면, 그것은 기술적 성취만이 아니라 공학적 성취의 특정한 형식까지 의미하는 것이다. 헨리 포드의 천재성은 대량생산 기술의 지배력에만 있는 것이 아니다. 오히려 자동차가 취할 형태의 진정한 의미의 '발명', 그러니까 문화혁명도 그의 덕이라 할 수 있다. 왜냐하면 무엇보다도 여가를 위해 가장이 소유하고 작동하며 수리하는 '가족' 자동차의 개념을 만든 사람이 포드이기 때문이다. 포드는 자동차를 발명하지도 않았고, 중요한 신공학부품을 발명하지도 않았다. 하지만 포드는 그런 발명을 부유한 계층의 장난감에서 모든 가족의 필수품으로 변화시켰다. 그는 기술적 혁신을 단행했으며, 이를 통해 특별한 문화적 형식을 만들었다.

문화는 또한 영화를 만들어냈다. 물론 처음 영화를 발명한 사람은 영화의 본질과 기능에 대해 제한된 비전만 가지고 있었다. 프랑스에서 영화를 제작할 초기에는 문화적 형식을 위한 상반된 두 가지 제안이 대립했던 것으로 보인다. 뤼미에르 형제는 영화 카메라를 기록하고 보도하는 데 사용하면서 일상을 담는 짧은 필름에 집중했다. 그러나 조르주 멜리에[2] (그는 1895년 뤼미에르 형제가 첫 번째 영화를 선보인 장소에 참석했다) 는 요술 사진을 이용해야만 가능한 환상의 세계에 자신의 노력을 집중했다. 오늘날 가장 잘 알려진 필름의 중요한 형식은 1915년 그리피스[3] 가 미국의 중간계

---

2) 〔옮긴이주〕 Georges Méliès (1861~1936) : 프랑스 영화제작자로서 초기 영화의 여러 기법을 선도했다. 특히 특수효과를 본격적으로 영화에 활용하였다.

3) 〔옮긴이주〕 David Griffith (1875~1948) : 초창기 미국 영화의 선구적 감독이

급 관객을 위해 만든 〈국가의 탄생〉(*The Birth of a Nation*)에서 만들어졌다고 할 수 있다. 이런 발전은 영화 산업이 '탄생'하고 10년이 지난 뒤에 이루어졌는데, 이후 미국 영화는 자신의 영향력을 증대시킨 문화적 형식이 되었다. 요컨대 나는 문화적 형식의 창조자에 집중할 뿐 아니라, 그 안에서 각각의 창조자가 일하고 각각의 작품이 수용되며 우리가 이해하게 되는 그런 문화적 콘텍스트를 바라보자는 것이다. 이런 콘텍스트 안에서 나는 생태학적 접근을 강조한다.

셋째, 우리는 형식과 내용 그리고 그 사이의 엄밀한 관계가 제기하는 문제에 조심스레 주의를 기울여야 한다. 우리는 문화 안에서 구체적으로 기술을 보아야 하며, 형식적 문제에 대한 추상적 토론과 내용의 쟁점들을 피해야 한다. 우리는 여러 문제를 안고 있다. 먼저 문화적 산물에서 피할 수 없는 분리의 문제부터 다루어보자. 예컨대 고급, 대중, 그리고 민중(*high*, *popular*, *and folk*) 문화 말이다. 밴 윅 브룩스의 시절 이후 고급 지식인과 저급 지식인으로 갈리는 현상이 그러하다. 이런 분리는 대중문화가 고급문화와 근본적으로 다르다는 가정에 이르게 한다. 그리고 어쩌면 정말로 그럴지도 모른다. 그럼에도 나는 생태학적 관점에서 다시 한 번 생각하게 된다. '형식'은 아닐지라도 내용(이슈, 문제, 주제)에서는, 또는 내용이 아니라면 아마도 형식(문예적 장치로서의 현대 예술, 영화 등의 '형식'에 대한 '고급' 문학의 매혹)에서는 어떤 관련성이 틀림없이 있다. 대중문화의 문제는 '공식'에 의해, 고급문화의 문제는 '관습'에 의해 작동하는가? 그것들은 서로 어떻게 다른가? 혹은 이런 문화적 산물들은 서로 어떻게 연결되며 어떻게 공존하거나 공존할 수 있는가? 이러한 문제는 일련의 다른 문제를 암시하는데, 가장 어려운 문제 중 하나는 형식과 내용 사이의 엄밀한 관계이다. 특히 미디어가 제공하는 대중문화가

---

었다. 그의 작품으로는 〈국가의 탄생〉 이외에도 〈불관용〉(*Intolerance*, 1916)이 유명하다.

그렇다. 새로운 기술적 발전은 종종 문화의 근본적 변화를 알리는 것처럼 보인다. 변화에 대한 휘그(Whig)적 해석은 일반적으로 문화적, 사회적 질서는 변형되는 것이며, 그러한 변형은 또한 삶을 '현대화'하거나 개선시킨다고 본다. 사실상 이미 존재해서 결과를 산출한 문화를 고려한다면("문화는 소통한다"), 압도적 변화가 필연적이라거나 문화의 근간이 실질적으로 변화했다고 가정할 이유는 없다. 어떤 형식적 요소들은 더 심오한 사회적 혹은 심리적 변화 없이도 변할 수 있는 것이다.

심지어 더 놀라운 것은 형식에서 가장 근본적인 변화가 가장 전통적인 내용을 여전히 유지할 수 있음을 드러내는 예들이 많다는 점이다.

예를 들면, 사실상 그리피스는 전위 예술가이기도 하다. 편집 방식, 특수효과에 대한 다양한 숏(*shots*)을 탁월하고도 복잡하게 사용하기 등, 모든 것이 그가 비평가와 연구자 모두에게 쉽사리 인식될 수 있는 영화의 새로운 가능성을 창조하는 거장 모더니스트이자 혁신가임을 암시한다. 관중들이 때때로 의아해하고 혼란스러워하는 그의 기법은 매우 앞서나간 것이었다(1916년 작 〈불관용〉을 참조하라). 하지만 그런 형식적 급진주의에도 불구하고, 영화의 기본 내용, 스토리 라인, 여성성과 남성성, 가족, 미덕에 관한 그의 생각에는 아주 급진적이거나 새로운 것은 없었다. 이런 점에서 그리피스는 19세기 중반 빅토리아 시대 사람으로 남아 있는 것이다.

또 다른 예로 1930년대 라디오 연속극의 보수적 내용을 들 수 있다. 연속극은 헤아릴 수 없을 만큼 많은 농담들의 원천이었다. 그러나 저급한 연속극의 형식적 방식에는 예외적인 면이 있었다. 시간은 거의 끝없이 늘어졌다. 몇 주 동안의 프로그램이 이야기에 등장하는 사람들의 '삶'에서는 단 몇 분에 불과할 수 있다. 이렇듯 시간 질서를 급속하게 재조정하면서 청취자에게 의미심장한 결과가 일어났다. 진짜 삶처럼 보이는 내용과는 완전히 다른 것으로 보이는 몇몇 방식에서 하나의 형식이 창조되었다. 그리하여 매체에서의 변화는 형식과 내용에서, 혹은 그 상호 관계에서 변화를 유발시켰다.

그러나 이 단서와 관련하여 적어도 하나의 최종 문제가 남아 있다. 분석자가 청취자의 반응에서 방송극의 메시지를 읽어내고자 할 때, 청취자는 사실상 무엇에 반응하는가? 청취자는 형식과 내용 모두에 반응하는가, 아니면 둘 중 하나인가? 연속극에서 형식은 내용만큼 중요하거나, 아니면 더 중요한 것으로 간주된다. 반복되는 프로그램에서 날마다 벌어지는 의례(*ritual*), 즉 의례적인 마감과 심지어 상업광고의 의례적 위치는 의사소통의 의미를 지닌다. 어쩌면 의례 자체가 메시지일지도 모른다. 나는 이런 식의 분석이 날마다 알약을 먹는 의례보다 알약이 더 중요하다고 믿는 사람들을 불쾌하게 한다는 사실을 알고 있다. 하지만 나는 "세 시간마다 복용할 것"이라는 사용설명서가 알약 삼키기의 효능에서 어떤 역할을 하는지 의문을 품는 사람들 가운데 1명이다. 심지어 듣거나 보는 행위도 문화적 의미를 갖는다. 만약 문화적 배경이 이런 행위에 의미를 제시한다면 말이다.

넷째, 생태학적 모델은 미디어에 완전히 굴복할 위험성, 혹은 특징적인 문화적 반응으로서의 새로운 기술적 혁신에 굴복할 위험성을 일깨워야 한다. 너무도 많은 당대 비평가들은 청중들이 모든 신기술에 항복하고 강력한 미디어에 의해 쉽사리 조작될 것이라고 가정한다. 그러나 복합 문화는 이런 방식으로 작동한다. 게다가 새로운 기술과 미디어가 제시하는 것에 종종 저항하기도 한다. 심도 있게 연구된 것은 아니지만, 이런 저항은 이미 심대한 의미를 지닌 문화적 사실이다. 거부자와 그들의 성취에 충분한 관심이 없기 때문에 군사 역사학자처럼 문화사가도 승리자와 그들의 승리에 대해 관심을 기울인다. 또한 기존의 문화적 패턴 때문에 요구되는 수정과 더불어 청중의 저항이 분석되면, 커뮤니케이션 역사학자가 언급하려는 것에서 아주 다른 이야기가 종종 생겨나기도 한다.

나의 다섯 번째 단서는 앞서 언급한 것에 내포되어 있다. 문화는 경험을 형성하기 때문에, 새로운 기술과 미디어에 반응하는 우리의 방식을 형성한다. 그것은 우리의 신기술에 대한, 우리가 살고 있는 세계에 대한 기대를 형성한다. 그리하여, 양차 세계대전 사이 우리가 논의하는 복합 문화에 세워진 기대가 존재했다. 문화는 우리에게 기대하는 방식과 더불어 기대하지 않은 것을 처리하는 방식도 제공한다. 따라서 우리는 기대한 것과 기대하지 않은 것에, 그리고 문화가 이 두 가지를 다루면서 제공하는 방식에 주의해야 한다.

나 자신의 작업에서 드는 몇몇 예는 내가 의미하는 바를 암시할 것이다. 1939~1940년 뉴욕 세계박람회에서 커뮤니케이션은 미래를 시각화하는 데 결정적 역할을 했다. 그럼에도 그 박람회는 '내일의 세계'를 위한 결과이기도 한 제 2차 세계대전이 시작되었음을 인정하려 하지 않았다. 또한 인간이 신기술을 이용하게 되리라는 뜨거운 열광에도 불구하고 박람회 전문가들은 종종 실수를 범했다. 그들은 자신만의 세계라는 덫에 걸려 있었다. GM을 위한 노먼 벨 게디스(Norman Bel Geddes)의 퓨처라마는 박람회의 인기 전시장이었다. 그는 GM의 주요 생산품인 자동차가 요구하는 새로운 도시를 기획했으나, 그만한 양의 자동차가 요구하는 주유소를 채울 장소를 고려하지는 못했다.

그들과 마찬가지로 프랭클린 루스벨트도 미래를 인식하는 데에는 실패했다. 그는 전쟁 대통령으로서 군부를 위한 엄청난 크기의 새로운 본부인 '펜타곤'을 지을 예산을 마련하고자 노력했다. 그러나 의회는 저항했다. 의회는 전후에 당시로서는 세계에서 가장 큰 사무실 건물인 그러한 방대한 구조를 필요로 하는 군부를 상상할 수 없었다. 그래서 루스벨트 대통령은 필요한 재원을 마련하기 위해 전쟁이 끝나면 국립 문서보관소를 위한 공간으로 사용할 것을 서약하는 편지를 보냈다. 요지는 우리들이 예상하지 않은 것을 취급하는 방식들이 문화적이듯, 기대(*antici-*

*pation*) 역시 문화적이라는 것이다. 실재적 방식의 상상력과 심상(*the imaginary*)은 문화에 의해서 형성된다.

내가 제시하는 마지막 단서는 연구자들도 그들이 연구하는 문화의 산물이라는 것을 항상 기억해야 한다는 점이다. 커뮤니케이션이나 문화에 대해 생각한다면, 우리는 오랫동안 미국문화의 특징이었던 논쟁에 참가한 셈이다. 우리가 그토록 미디어의 영향에 관해 언급하는 이유 중 하나는 미디어의 역할과 기술의 역할에 관해 생각하고 말하는 것이 이미 문화적 특징이 되었기 때문이다. 어떻게 보면, 우리가 미디어에 관해 생각지 않고 말하지 않는 것 자체가 거의 불가능하다. 우리는 특정한 질문과 처음부터 우리에게 제공된 특별한 언어를 가지고 이런 기획에 참여한다. 미디어가 우리들이 그것에 대해 생각하는 방식을 형성하는 데 도움을 주듯, 미디어에 대한 생각 또한 미디어가 문화 안에서 작동하는 방식을 형성하는 데 도움을 준다. 미디어가 사용되는 방식과 우리가 그런 사용에 관해 생각하는 방식 사이에는 복잡한 관계가 존재한다.

이제 몇 가지 주장을 할 때가 되었다. 나는 이미 첫 번째 것을 제안했다. 적어도 19세기 중반부터 역사학자들이 '커뮤니케이션 혁명'이라고 명명한 것이 발생했다. 이것은 일반적으로 상품, 서비스, 사람, 그리고 사상을 새로운 형태의 에너지(증기와 전기)의 응용과 새로 발달된 기계에 의해 공간상에서 움직이게 하는 근본적인 방식을 의미한다. 이런 혁명을 연구해온 사람들은 무엇보다도 그 경제적·사회적 결과에 대해, 다시 말해 세계시장의 창조, 거대한 물리적 이동, 국제적 청중의 발달에 관심을 기울였다. 이런 변화에서 근본적인 것은 세계에 대한 새로운 사고방식이었으며 시간과 공간에 대한 개념도 변했다. 그리고 이런 변화에 발맞추어 인간과 사회에 관한 다른 방식의 사유가 등장했다. 일반적으로는 알려져 있지만, 이런 변화들은 집단으로서 검토되거나 문화와 커뮤니케이션에 대한 사고의 토대로서 분석된 적이 별로 없다.

나의 주장은 다음과 같다. 1920년대에 커뮤니케이션 세계를 위해 의미심장한 결과를 갖게 될 사회, 문화, 그리고 커뮤니케이션에 관한 어떤 사고방식이 발전했다. 19세기 후반과 20세기 전반기에 활동한 사상가들이 이를 예증한다. 미국의 사상가들은 공동체에 관해 우려를 나타냈다. 그들은 매스컴의 새로운 도시적 산업세계가 진정한 공동체를 파괴할 것이라는 공포에 사로잡혔다. 따라서 그들은 종종 공동체에 관한 정의로부터 자신들의 주장을 시작하곤 했다. 미국의 주도적인 관념주의 사상가 조슈아 로이스(Josiah Royce)가 보기에 모든 지식은 기호를 통해 전달되어야 했다. 인간의 자아는 해석의 과정을 통해 자기 자신을 알고, 다른 사람이 그 자신에 관해 말한 바를 알고, 그 자신에 관해 다른 사람들에게서 그가 본 바를 아는 것이다. 따라서 어떤 자기 인식이라는 것이 존재한다면, 공동체는 본질적이며 진정한 공동체란 사실상 해석의 공동체이다. 그의 주장에서 핵심은 공동체를 커뮤니케이션 과정을 통해 정의한다는 점이다.

시카고대학의 실용주의자 조지 허버트 미드(George Herbert Mead)는 사회를 일련의 사회적 행동으로 정의했다. 그는 사회적 행동은 의사소통의 과정이라고 말했다. 또한 미시간대학의 사회학자 찰스 쿨리(Charles Cooley)는 《사회 조직》(*Social Organization*, 1909)에서 사회를 커뮤니케이션에 의해 결합된 정신적 복합체로 정의했다. 그는 말의 본질이 공동체와 커뮤니케이션을 연결한다고 믿었다. 커뮤니케이션 혁명이 시작될 무렵, 데이비드 웰즈(David Wells)와 프랜시스 워커(Francis Walker) 같은 사회 및 경제 사상가는 커뮤니케이션에서 일어나는 그러한 변화의 즉각적인 영향에 관심을 갖게 되었다. 그래서 사회사상은 커뮤니케이션 비유와 실재에서 일어나는 과정을 재평가하고 용어를 재규정하는 작업을 시작했다. 커뮤니케이션의 본질과 기능은 미국적 사회사상의 기초가 되었다.

이런 전환을 보여주는 최상의 증거는 1890년대에 세워진 신생 시카고

대학에서 발견할 수 있을 것이다. 시카고대학에서는 철학자, 사회학자, 교육자들이 커뮤니케이션 문제에 특별한 관심을 보였다. 듀이와 미드와 그 제자들이 행한 연구뿐 아니라 파크(Park), 스몰(Small), 버제스(Burgess), 토마스(Thomas) 그리고 그 제자들의 연구를 검토해보면 이러한 관심이 분명하게 드러난다. 이들은 미디어의 역할과 커뮤니케이션이 중요한 게토(*ghetto*)와 이웃 같은 집단의 역할을 연구했을 뿐 아니라, 이전에는 가족, 집단, 공동체의 구성을 가능케 했다고 여겨지는 '얼굴을 맞댄'(*face-to-face*) 커뮤니케이션의 소멸에 대해서도 깊은 우려를 표명했다. 이러한 관심은 종종 현대 문명에 대한 두려움으로 나타났다. 1881년 또 다른 목격자이자 의사인 조지 비어드[4]는 그가 "미국의 신경증"(*American nervousness*)이라 부른 것을 다음과 같이 설명하고자 했다.

> 현대 문명이 고대 문명과 다른 것은 증기력, 정기 간행물, 전신, 과학 그리고 여성의 정신 활동이라는 주된 다섯 가지 요소 때문이다. 이것들에 더해서 문명이 어떤 국가에 밀어닥친다면 그것은 신경증과 신경질환을 함께 가져올 것이 분명하다.

비어드에게 문제는 심리학적 차원이다. 다른 사람들은 커뮤니케이션을 공공 정책의 문제로서 바라보았다. 그리하여 1919년 우드로 윌슨 대통령은 의회에 보낸 메시지에서 다음과 같이 언급했다.

> 나는 전신과 전화를 철도의 경우처럼 제안할 수 있을 뿐이다. 어떤 법률의 제정을 고려함이 공공 관심사에서 바람직하다는 사실은 명백하다. 그 법률은 현대 생활의 필수적 도구를 단일하고 조정된 시스템에 도달하게 만들 수

---

4) 〔옮긴이주〕 George Miller Beard(1839~1883): 의사 겸 신경학자로서 1869년부터 사용한 '신경쇠약증'(*neurasthenia*)이라는 용어를 대중화시키는 데 공헌했다.

있다. 이런 시스템은 그것을 완벽하고 확실하게 사용하는 사람에게 공급될 것이며, 정부의 우편 시스템에 의해 그랬던 것처럼 국가의 모든 부분에 확고한 통신수단을 제공할 것이다. 국가의 중앙정부 당국이 통합하고 개선하는 데 이용될 수단과 전기통신의 전반적인 문제에 대한 철저한 연구는 커다란 공공의 혜택을 확실하게 가져올 것이다.

1919년 난해함과 심지어 질병의 원천인 새로운 커뮤니케이션이 미국 대통령에 의해 '현대 생활의 필수적 도구'로 제기된 것이다.

그러나 두려움의 표현과 더불어 새로운 낙관주의가 등장했다. 공동체를 커뮤니케이션으로 재정의했기 때문에, 많은 사회이론가는 매스컴이 얼굴을 맞댄 커뮤니케이션이 소멸하는 문제에 대한 하나의 해답이라고 실용적으로 보기 시작했다. 이런 이론가들은 커뮤니케이션의 수단이 더 이상 지리적 또는 어떤 종류의 접근이 아니라 전자(*electronic*) 커뮤니케이션에 기초한 공동체를 만드는 데 일조할지 모른다고 주장했다. 새로운 공동체는 새로운 전달자(*communicator*)의 도구로부터 만들어질 수 있을 것인가? 낙관적인 사람들은 여기에서 엄청난 가능성을 엿보았다.

전간기(戰間期) 초의 사상가들은 이런 가능성이 내포한 거대한 잠재력과 무시무시한 대가(*price*)를 검토했다. 에드워드 사피어[5]는 《사회과학 백과사전》(*The Encyclopedia of Social Sciences*, 1930)의 커뮤니케이션 항목에서 이런 경향을 드러낸다. 그는 커뮤니케이션 범위가 증가하고 지리적 중요성이 감소하는 변화에는 약간의 비용만 발생한다고 썼다. 커뮤니케이션은 '바람직한 한계 안에' 가둘 수 없다. 그것은 문학적, 예술적 가치를 값싸게 하는 경향이 있다.

---

5) 〔옮긴이주〕 Edward Sapir(1884~1939): 독일 태생의 인류학자 겸 언어학자였다. 구조 언어학의 선구자이기도 하다.

어떤 이해의 친밀성을 요구하는 모든 효과들은 어려워지는 경향이 있기에 기피하게 된다. 커뮤니케이션의 새로운 장애물이 만들어짐으로써 (…) 공공연한 커뮤니케이션의 뚜렷한 증가가 지속적으로 시정되고 있는지가 문제이다. 많은 경우, 너무 쉽사리 이해된다는 두려움은 너무 많은 사람들에 의해 이해된다는 두려움으로 규정될 수도 있다. 실로, 비자아(*not-self*)에 직면한 확대된 자아 이미지의 심리학적 실재를 위협할 정도로 그렇게 많은 사람들 말이다.

사피어는 전 세계를 '원시 부족의 심리학적 등가물'로 만드는 새로운 커뮤니케이션에 대해서도 열정적으로 논했다.

이런 분석은 마셜 맥루언(Marshall McLuhan) 이론의 설익은 형태였다. 시카고대학의 철학자와 사회학자들은 사실상 해럴드 이니스(Harold Innis)를 지도했으며, 캐나다의 위대한 커뮤니케이션 역사학자인 이니스는 마셜 맥루언을 지도했다. 시카고대학이 설립될 때, 생태학적 문화사의 논리에서 마셜 맥루언 사상의 도래는 거의 불가피한 것으로 보였다. 때마침 1880년대와 1890년대 미디어에서 커뮤니케이션의 역할에 관한 논쟁으로 시카고〔대학〕의 특정 센터가 커뮤니케이션의 중추임을 알게 되었다. 이런 논쟁은 커뮤니케이션의 역사에서 중요한 한 측면이었다.

1920년에서 1940년까지는 커뮤니케이션 연구가 사실상 고유한 영역이 되던 시기로, 특별한 위치를 지닌다. 1928년 문학비평가인 I. A. 리차즈는 인간 경험의 별개의 측면으로서의 커뮤니케이션에 대하여 최초의 규정 중 하나를 제공할 수 있었다.

어떤 사람이 자신의 환경에 대해 행동한 결과 다른 사람이 영향을 받고, 첫 번째 사람의 경험처럼 다른 사람에게서 하나의 경험이 발생하고, 부분적으로 그 경험에서 야기되어 커뮤니케이션이 발생한다.

1920년대쯤에는 문화와 커뮤니케이션이라는 이슈를 선명히 하고 거기에 초점을 맞추는 일이 있었다. 희망과 더불어 의구심도 번성했다. 그러나 모두는 새로운 세계가 존재하며 커뮤니케이션이 그것을 만드는 데 일조한다고 동의했다.

문학에 대한 다음과 같은 언급이 나의 주장을 좀더 분명하게 할 것이다. 1919년, 셔우드 앤더슨은 자그마한 중서부 마을인 《와인즈버그, 오하이오》에 관한 단편집을 출간했다. 그는 이 책을 "기이한 것들에 관한 책"이라 불렀다. 각각의 이야기는 와인즈버그 이곳저곳에 거주하는 사람들의 심리적 변화를 다루는데, 앤더슨은 이를 거의 사회학적 시각에서 설명한다.

> 지난 50년 동안 미국인의 삶에 거대한 변화가 이루어졌다. 사실상 하나의 혁명이 발생한 것이다. 산업주의의 도래와 이에 수반된 사건들의 소음과 울부짖음, 해외에서 우리들에게로 온 새로운 수백만 목소리의 날카로운 절규, 오고가는 기차, 도시의 성장, 마을과 예전 농장의 안과 밖을 잇는 도시 간 기차선로의 건설, 그리고 이윽고 자동차의 출현은 중산층 미국인(*people of Mid-America*)의 사고 습관과 생활에 엄청난 변화를 가져왔다. 우리 시대에 급조되어 어수룩하게 상상되고 집필되었지만, 책들은 모든 가정에 있고, 잡지는 수백만 부가 돌아다니며, 신문은 어느 곳에나 있다. 오늘날 마을에 있는 가게 안 난로 옆에서 그들의 지성은 다른 사람들의 말로 차고 넘치게 된다. 신문과 잡지는 그들을 가득 채운다. 어딘가 아름답고 유치한 무지(*innocence*)가 포함되었던, 오랜 야만적 무지의 많은 것들은 영원히 사라졌다. 난로 옆의 농부는 도시에 사는 사람들의 형제인지라, 당신은 그가 번드레한 도시사람만큼 언변이 뛰어나면서도 어리석게 말하는 것을 알게 될 것이다.

앤더슨에 따르면 그러한 변화가 있기 이전의 세계에서 사람들은 책과 잡지와 신문에 있는 말들이 필요하지 않았다. 추정할 수 있듯 그들에게는 영화와 라디오가 필요하지 않았다. 왜냐하면 그들은 책 속이 아닌 자신의 마음속에 신을 지녔기 때문이다. 이런 구절이 나온 이야기의 제목 "신성함"(*Godliness*)은 문제가 있다.

《와인즈버그, 오하이오》의 특징은 기막히고도 핵심적인 패러독스를 구성한 데 있다. 이 작품에는 가벼운 매스컴 — 출판, 영화, 라디오, 자동차, 전보, 전화, 사진 — 의 시대가 존재한다. 여기 누군가 아는 것을 모두가 알 수 있고 다른 사람들이 생각하는 바를 모두가 알 수 있지만, 진정으로 사적이며 인간적인 의사소통이 불가능한 시대가 존재한다. 작품의 주인공인 조지 윌러드(George Willard)가 저널리스트라는 사실은 의미심장하다. 그는 자신의 어머니가 경영하는 호텔에 사는데, 부근에는 철도가 있어 최종 이야기에서 그를 영원히 마을 밖으로 데려갈 것이다. 신문뿐만 아니라 전보도 여러 이야기에 나타난다. 작품의 등장인물 가운데 하나는 시인이 되는 전보 기사이다. 그럼에도 와인즈버그의 시민들이 방대한 통신 네트워크의 세계에서 서로 완전하게 의사소통할 수 없다는 사실은 아이러니하다. "조지 윌러드와 그의 어머니 사이의 교감은 의미 없는 외부를 향한 형식적인 것이었다." 앤더슨은 심지어 진정한 의사소통에 종교적 의미를 덧붙인 "교감"(*communion*)이라는 단어를 사용한다. 그러나 이 신문기자는 의미 없는 형식의 산물이다. (그런 것이 매스컴의 세계일까?)

공공 커뮤니케이션 대 사적 커뮤니케이션의 근본 문제, 그리고 공공 커뮤니케이션은 사적 커뮤니케이션을, 사적 커뮤니케이션은 공공 커뮤니케이션을 불가능하게 만든다는 이런 주제는 문화의 여러 측면을 지배하면서 20세기 문화의 이해에도 결정적이다. 이 주제는 근본적으로 사회학적, 심리학적으로 규정되어온 수많은 문제의 핵심에 자리 잡고 있다. 이 시기에 또렷하게 제시된 이런 문제는 그 무렵에 거둔 가장 위대한 문학적 업적 가운데서 가장 멋진 예를 찾게 된다. 오스트리아 소설가 로베르트 무질[6]의 《특성 없는 남자》(*The Man Without Qualities*, 1930)는 초반부에서 누군가 일생을 보낼 수 있는 장소 또는 머물기에 적합한 장소에 관한 토론을 제공한다. 무질의 분석은 미국인이 추구하지만 동시에 지불하게 될 대가를 나타내는 어떤 이상을 재현한다.

> 오랫동안 그런 사회적 고정관념(*idée fixe*)은 일종의 거대 미국 도시였다. 그곳에서는 모든 사람이 손에 스톱워치를 차고서 서두르거나 멈춰 서 있다. 하늘과 땅은 개미탑을 형성하고 한 층 한 층 올라가면서 교통 채널에 의해 뻗어간다. 고가 기차, 지상 위의 기차, 지하철, 인간이라는 위탁 화물을 운반하는 압축공기를 넣은 속달우편, 수평선을 따라 경주를 하며 이어지는 자동차들, 고속 승강기는 한 층에서 다른 층으로 수직으로 오르내리며 군중을 쏟아내고 있다. (…) 교차로에서 누군가 한 교통수단에서 다른 교통수단으로 건너뛰고, 그 리듬에 즉시 빨려 들어가며 낚아 채이고, 두 개의 울부짖는 듯한 폭발적인 속도, 휴식, 20초라는 작은 시차, 그리고 이런 간격의 일반적 리듬에서 누군가 급하게 몇 개의 단어를 다른 것으로 교체한다. 질문과 답변이 기계의 톱니바퀴처럼 맞물리면서 호흡이 맞는다. 누구나 유한한 임무를 맡는다. 여러 직업이 한정된 장소에 집중된다. 어떤 사람은 이동하면서 먹는다. 오락은 도시의 여타 부분에 집중된다. 그리고 다시 다른 지역으로 돌아가면 부인, 가족, 축음기, 그리고 영혼을 찾을 고층빌딩이 있다. 긴장과 이완, 활동과 사랑은 때맞추어 정교하게 분리되어 있으며 실험실에서 폭 넓게 연구하여 도달한 공식에 따라 무게가 실린다. 이런 행동을 하는 동안 누군가 어려움에 부딪히면, 그는 전체를 그만두게 된다. 그는 또 다른 것을 찾거나, 어쩌면 훗날 더 나은 길을 찾거나 혹은 누군가 그가 놓쳤던 길을 찾을 것이다. 그런 것은 전혀 문제되지 않으나, 명확한 개인적 목적을 묵과할 만큼 공동의 에너지를 더 낭비하는 경우는 없다. 에너지가 계속적으로 흐르는 공동

---

6) 〔옮긴이주〕 Robert von Musil(1880~1942): 오스트리아의 작가로서, 미완성작인 《특성 없는 남자》는 모더니즘 계열의 소설 중에서 가장 중요한 것 중 하나로 간주된다.

> 체에서 사람들이 망설이고 재고하는 데 너무 많은 시간을 보내지만 않는다면, 모든 길은 훌륭한 목표에 도달한다. 목표는 단기간에 설정되지만, 인생 또한 짧다. 그래서 이런 방식으로 인생에서 최대한의 성취를 얻는다. 인간은 자신의 행복이 더 이상 필요치 않다. 인간이 성취하는 것은 영혼을 형성하는 일인 반면, 원하는 것은 완수하지 않고 단지 비뚤어지게 할 뿐이다. 행복에 대해 말하자면, 인간이 원하는 것은 거의 문제가 되지 않는다. 중요한 점은 그것을 소유해야 한다는 것이다. 그밖에 동물학은 축소된 개인들의 합이 천재의 완전성을 형성할 수도 있다는 점을 분명하게 한다.

무질의 작품에서 이 구절을 인용하면서 제안하려는 것은 단순하고도 명백하다. 하지만 이런 사실은 종종 간과된다. 다양한 기술이 문화 속으로 들어와, 문화 자체에 의해 만들어진 형식과 기능으로 조정된다. 이것은 라디오, 전화, 텔레비전의 형식과 기능이 된 미국의 문화적 환경에서 분명해진다. 많은 예에서 보듯, 이런 형식과 기능은 다른 국가나 문화의 것과 다르다.

영화는 이런 점을 제법 잘 암시한다. 미국 초기 영화의 거장은 엄청난 군중을 다루는 능력을 개발했다. 〔바첼 린지는 자신의 탁월한 저서 《영화의 기술》(*The Art of the Moving Picture*)에서 이를 가리켜 "군중의 광채"(*crowd splendor*)라고 불렀다.〕 이런 발전에서 그리피스의 천재성은 클로즈업 샷(*closeup shot*)을 추가했다. 그것은 실재 세계에서는 불가능에 가깝지만, 카메라 덕분에 인간 얼굴에 독특하게 집중하는 기술이었다. 두 개의 이미지가 영화에서 결정적이 되었다. 그것은 대중과 개인이었다. 몽타주는 이런 이미지의 병렬을 가능케 했다.

이것이 지적인 문제에 대한 형식 미학의 반응이라고 한다면 지나친 것일까? 문화의 나머지를 검토해보아도 대중사회에서 개인의 문제에 대한 근본적으로 깊은 불안을 드러낸다. 필름은 그 문제를 도상학적으로 제시하거나 탐사하는 것을 가능케 했다. 게다가 '활동'사진은 공간에서의 이동성을 다루는 표본이기도 했다. (어떤 특별한 종류의 동작을 함축하는가? 초기 영화는 동작을 프레임에 국한했다.)

많은 미국인에게 공간에서의 움직임은 사회적 유동성과 등가이다. 그러나 오래전부터 미국인들은 공간의 방대한 파노라마를, 공간에서의 이동을 특별히 좋아했다. 오늘날 많은 비판적 관심을 끌고 있는, 빛을 효과적으로 이용한 19세기의 많은 루미니즘 회화들(*Luminist paintings*)은 방대함과 끝없는 공간 감각을 고양하기 위해 과장된 빛을 이용했다. 그리고 그런 공간에서 이동의 기회가 이념적으로 자유 또는 사회 운동의 관념과 결합된다는 것을 발견하려면, 그 전통의 후계자로서 영화를 검토할 이유가 더욱 뚜렷해진다. 공간상 혹은 시간상으로도 그런 움직임 없이 영화가 고유한 기술적 역량을 사용한다고는 생각하기 어렵다. 자동차, 기차, 인디언, 군인, 다른 남자를 쫓는 맨발의 남자, 여자를 쫓는 남자 등에서 보듯 추적은 근본적이다. 또한 영화는 도상학적으로 자신의 것으로 만들어 (적어도 호메로스만큼 오래된) 여행의 전통적 이야기를 각색한다. 서양에서 영화는 여행의 신화를 만들기도 한다. 이런 영화들은 기술적으로 우리의 근본적인 문화적 문제와 관심을 보여준다.

도상학에 관한 주장 하나를 더 해보겠다. 현대 미국문화의 특징 중 하나는 커뮤니케이션의 수단을 아이콘으로 바꾸는 것이다. 일상생활의 대상은 현대 세계에서 도상학적 중요성을 얻게 된다. 어떤 것도 커뮤니케이션의 영역에서 아이콘보다 더 유용한 것은 없거나 적어도 그렇게 보인다. 이런 현상은 영상 미디어에서 두드러지지만, 소리와 활자의 세계도 예외는 아니다. 이를테면 빨리 움직이는 기차는 라디오 부품의 소리나 삑 하는 호루라기 소리가 그렇듯 이미지 너머의 어떤 것을 암시한다. 리오 막스[7]와 다른 사람들은 기차가 어떻게 '정원의 기계'(*machine in the garden*)였는지를 보여주었다. 그리고 적어도 1876년 톨스토이의 《안나 카레니나》(*Anna Karenina*) 이후의 현대 문학 풍경에서 칙칙폭폭 하며 통과하는 기차는 강력한 의미를 가지게 되었다. 그리고 좀더 시간이 흐르면 와티 파이퍼(Watty Piper)가 유명한 작품 《작은 엔진》(*The Little Engine That Could*)에서 어린이를 위한 도덕적 규범을 제공하는 데 기차를 사용했다. 1930년대 후반과 1940년대 초반이 되면 문학에서 현대 커뮤니케이션의 도구는 매우 설득력을 갖게 된다. 그것은 장차 미국 단편소설의 고전이 되는 시리즈에서 상징이나 비유 이상의 것이 되었다. 델모어 슈워츠[8]의 〈꿈에서 책임이 시작되다〉(*In Dreams Begin Responsibilities*) (영화), 존 치버의 〈엄청난 라디오〉(*The Enormous Radio*), 라이오넬 트릴링[9]의 〈이 시간에 대하여, 저 장소에 대하여〉(*Of This Time, of That Time*) (사진)가 그런 예이다.

흔해빠진 전화도 신속하게 대중문화적 용도로 자리 잡았다. 그러한 도상학적 용법에 대한 카탈로그는 전화기를 커뮤니케이션 문제, 즉 의사소통을 위한 기술적 수단이 있는데도 의사소통할 수 없는 테마를 강조하는 하나의 이미지로서 드러낸다. 어빙 벌린(Irving Berlin)의 노래에서 가수는 '전화기 옆에 혼자' 있다. 영화 〈위대한 지그펠드〉(*The Great Ziegfeld*)에서 루이즈 레이너(Luise Rainer) (그녀는 이 영화로 아카데미상을 받았다)가 보여준 전화 장면과 셜리 부스(Shirley Booth)가 〈돌아와, 사랑스러운 쉬바〉(*Come Back, Little Sheba*)에서 그녀의 엄마와 나누는 통화는 전화를 하는 행위와 실망 심지어 비극과도 연결된다. 그리고 〈미안합니다, 잘못 거셨습니다〉(*Sorry, Wrong Number*)와 〈다이얼 M을 돌려라〉(*Dial

---

7) 〔옮긴이주〕 Leo Marx(1919~): MIT대학 교수를 역임한 미국학 분야의 전문가이다. 특히나 미국문화에서 차지하는 기술의 역할에 대해 연구했다.

8) 〔옮긴이주〕 Delmore Schwartz(1913~1966): 시인이자 단편소설 작가였다.

9) 〔옮긴이주〕 Lionel Trilling(1905~1975): 20세기 뉴욕의 대표적 지식인이자, 문학 비평가였다.

*M for Murder*)에서 전화는 테러와 살인의 대상까지 된다. 경쾌한 브로드웨이 뮤지컬 코미디 〈친구여, 안녕〉(*Bye Bye Birdie*) 2막의 시작 장면에서는 우리가 보는 아이들이 의사소통하는 것처럼 보이지 않는데도 바쁘게 전화로 얘기하고 있다. 전화 회사는 끊임없이 "손을 뻗어 누군가와 접속하라"(*reach out and touch someone*)고 광고하지만, 대중문화의 도상학은 그런 일을 할 수 없거나 심지어 그런 시도가 위험하다는 사실을 암시한다. (내가 어머니에게 전화를 걸 때면, 어머니는 곧바로 "무슨 일이니?"하고 묻는다. 나의 어머니는 사람들이 전화를 나쁜 소식을 전하는 용도 이외의 목적으로도 사용할 수 있다는 사실을 잘 이해하지 못한다.) 따라서 내게 낯선 문체의 문구가 허용된다면, 문화는 통신 수단들에 대해 어떤 태도를 지니게 된다. 그리고 문화적 작품들에서 그런 도구들이 도상학적으로 이용되는 것을 볼 때 그것은 하나의 메시지로서 명백해진다.

프랭크 카프라의 〈어느 날 밤 생긴 일〉(*It Happened One Night*)은 이런 긴장을 뛰어나게 포착했다. 물론 우리는 그것이 철부지 부잣집 딸과 거드름 피우는 신문사 기자가 미국 횡단버스 여행에서 변화된다는 내용에 관한 것임을 알고 있다. 그것은 분명 1930년대의 문화적 관심사인 사랑과 결혼에 관한 이야기이다. 또한 나는 로버트 리스킨[10]의 대본을 가져다 보여주고 싶다. 나는 그것만큼 모든 장면에서 커뮤니케이션 아이콘에 의존하는 영화를 알지 못한다.

대본의 각 파트마다 나오는 초기 장소에 대한 간략한 설명이 도움이 될 것이다. 1부는 많은 요트들 사이에 조심스럽게 정박되어 있는 한 요트에서 시작하며, 전보를 보내는 장면으로 끝난다. 2부에서 남녀 주인공이 처음 만나는 장면 설정과 일련의 샷(*shots*)은 무척 중요하다. 리스킨의 대본을 인용해보자.

---

10) 〔옮긴이주〕 Robert Riskin(1897~1955): 영화극작가로서, 특히 프랭크 카프라 감독과 손잡고 감독-제작자로서 많은 영화를 만들었다.

> 왁자지껄한 마이애미 터미널의 **기차역** 장면이 점차 뚜렷해진다. 기차를 타는 출입구로 장면이 움직인다. 서둘러 출입구로 이동하는 승객들이 보이고, 형사임에 분명한 두 남자가 지나가는 모든 사람을 훑어본다. 여기서 장면이 멈추어 그런 형사를 주시하는 **엘리**를 잠깐 보여준다. 이 장면이 지워지면서, 우리는 여러 명의 형사들이 주위를 감시하는 표정으로 서 있는 **공항**을 본다. 이 장면이 지워지면서, **웨스턴유니언 사**의 정면이 눈에 들어온다. 여러 사람들이 걸어 나가고 들어온다. 문 쪽에서는 형사 2명이 망을 보고 있다.
>
> 이 장면도 지워지면서, **버스터미널**의 **대기실**이 나타난다. 매표소 유리창 너머에 '**버스표 구매**'라는 표지가 있으며, 그 앞으로 하나의 줄이 늘어서 있다. 여기에도 형사 2명이 있다.
>
> 3부는 전신 사무실에서 시작된다. 그리고 장면이 버스터미널로 이동하면서, 우리는 장내 아나운서가 확성기로 버스 출발을 알리는 소리를 듣는다. 〔고딕체는 원 저자의 강조임〕

4부는 밤의 도로에서 시작된다. 버스가 긴급 정차신호에 의해 강제로 멈춘다. 그리고 커뮤니케이션 혁명에 의해 만들어진 제도인 듀크의 자동차 캠프(*Auto Camp*)에서 지내는 첫날밤 장면이 이어진다. 이것은 부유한 여자 주인공인 엘리 앤드류스에게는 전혀 익숙하지 않은 새로운 생활 방식을 암시한다. 이 부분은 영화에서 무척 중요한 단면이다. 코미디가 감칠맛 있을 뿐 아니라 삶이 커뮤니케이션의 새로운 방식에 의해, 여기서는 자동차에 의해 얼마나 변화할 수 있는가를 보여주기도 한다. 5부는 하늘을 보여주면서 비행기 조종석 안을 비춰준다. 6부는 전보들로 넘쳐나는 신문사 사무실에서 시작된다. 이 장면은 '일이 벌어졌을' 때가 '그 밤'인 것으로 절정에 이르는데, 기계적 커뮤니케이션의 세계에서 벗어난 목장 초지였다. 도로는 (이것은 유명한 히치하이킹 장면으로 이어진다) 7부의 시작을 위한 배경이다. 8부는 대본상 커뮤니케이션 수단의 측면에서 시작하지 않은 유일한 부분이다. 우리는 여주인공 아버지의 사무실에 있다. 마지막인 9부도 예외로 보일지 모르겠다. 왜냐하면 이 장면도 앤드류스 저택의 잔디밭에서 시작하기 때문이다. 그러나 우리는 곧 이 잔디밭이 비행기, 오토자이로(*autogyro*),[11] 그리고 웨딩카를 위한 출발지임을 발견하게 된다.

주인공은 도상학적으로 확인된다. 우리는 엘리 앤드류스를 그녀 아버지의 요트에서 만나는데, 그 요트는 부패한 부의 즉물적인 장면을 보여준다. 우리는 남자주인공인 피터 와니를 역의 전화 부스에서 만난다. 그는 술에 취해 있고, 건방지고, 유쾌하지 못하다. 전화 부스 배경은 이런 특징을 고조시킨다. 술에 취한 동료 기자가 주변을 맴돌면서 그를 직장인 신문사에서 사직하게끔 강요한다. 영화에서는 도상학적으로 검토해 보지 않은 의사소통 수단, 즉 전보, 라디오, 경찰 전화, 신문과 신문의 주요제목, 영화 카메라와 카메라맨, 사진, (결정적인 역할을 하면서도 오해를 불러일으키기도 하는) 전화, 경찰차와 오토바이, 타자기 등은 사실상 없다. 〔포드 사의〕 모델 T(Model T)부터 리무진까지 모든 종류의 차가 등장한다. 히치하이킹은 1930년대 전반 미국의 도로에서 모든 승용차와 트럭을 점검하려는 변명에 가깝다. 도상학은 커뮤니케이션 수단을 수용하는 새로운 시설인 버스정류장, 모텔, 식당차 등 모든 범위로 확대된다. 이렇듯 장황하면서도 현대적인 이야기는 모텔, 식당차 그리고 무엇보다도 히치하이킹이 시도되는 도로에서의 새로운 생활방식을 위한 요구를 담고 있다.

남자 주인공은 신문사 기자인데, 많은 미국 영화에서 전형적으로 등장하는 인물이다. 전체 영화는 '기삿거리' 문제에 초점을 맞추고 있다. 남

---

11) 〔옮긴이주〕 회전날개를 가진 항공기로서 헬리콥터의 이전 형태로 볼 수 있다.

자 주인공은 기사를 얻지만, 여자 주인공은 자기가 이용되었다고 생각한다. 왜냐하면 그녀가 그 기사의 대상이기 때문이다. 남자 주인공도 결국에는 기사보다 그 여자에 더 관심을 보인다. 전형적인 미국 이야기지만, 언론과 공공 커뮤니케이션에 대한 태도에 대해 뭔가를 말해주고 있다. (주목해야 할 것은 언론이 할리우드 이야기를 까발리는 것을 즐거워한다는 점이다. 영화와 배우는 뉴스가 되는 것이다.)

〈어느 날 밤 생긴 일〉은 커뮤니케이션에 관한 이야기이다. 그것은 거의 원형적이라 할 만큼 20세기의 미국적 방식을 보여준다. 즉 그렇게 멋지고, 끊임없고, 보편적이고 공적인 커뮤니케이션의 세계에서 개인은 사적으로 의사소통할 수 없다는 사실 말이다. (특히 부자와 유명인의) 모든 사적인 행동이 공적인 커뮤니케이션의 세계에서 회자된다. 남녀 주인공은 그 세계를 완전히 떠나야만 의사소통할 수 있다. 이 남녀가 밤에 길을 떠나면서 철조망(통신수단을 자르는 산업 미국의 산물) 을 넘어 건초더미로 기어오른다. 좀처럼 햇빛이 들지 않는 침침한 길과 끝없이 이어지는 여행으로 공간이 구성되어 있다. 제한되고 꾸미지 않은 세계, 캔탈롭과 홍당무의 자연의 세계에서 그들은 자신이 누구인가를 찾으며, 마침내 얼굴과 얼굴을 마주하는 만남에서 자신을 발견한다.

그 다음에 나오는 히치하이킹 장면 — 환한 아침과 끝없이 이어진 도로가 손짓한다 — 은 인간 육체의 이미지와 속도 기계인 자동차의 경주 이미지를 극적으로 대치시킨다. 남녀 주인공과 소매치기인 제삼자와의 첫 만남은 재난으로 판명난다. 소매치기는 그들의 물건을 훔쳐서 떠난다. 커뮤니케이션의 기계적 수단에 의존하는 행동은 오해와 파멸 직전에까지 이르게 된다. 엘리는 비행기와 오토자이로를 즐기는 바람둥이 연인과 결혼 준비를 한다. 해피엔딩으로 끝나긴 하지만, 카프카 식 결말이다. 피터와 엘리는 고물 자동차 안에서 눈이 맞아 달아나지만, 유명한 마지막 장면에서 그들은 모텔로 돌아온다. 하지만 우리는 아무것도 못 본다. 우리는 이것을 우리의 귀를 통해 알게 된다. 처음에 이들 미혼 남녀는 모텔에서 담요로 서로 경계선을 만든다. 그들은 이것을 "여리고의 벽"(*walls of Jericho*)이라고 부른다. 그러나 영화의 끝부분에서 결혼을 확신하면서 그 벽이 무너지는 것을 알리는 나팔 소리를 듣는다. 이것도 분명한 의사소통의 행동이긴 하지만, 20세기의 행동이라기보다는 현대적 의사소통 수단이 있기 전인 성경시대 혹은 신화시대의 행동이다. 〈어느 날 밤 생긴 일〉은 현대 미국문화의 근본 신화 중 하나를 표현했다.

로베르트 무질의 《특성 없는 남자》는 미국에서의 이런 상황을 특별한 방식으로 다룬다. 무질의 "소의 눈 같은 눈빛이 (…) 그렇게 그리스 사람을 황홀하게 했다"라는 부분을 읽는다면 〈어느 날 밤 생긴 일〉에서 결정적인 순간은 소를 키우는 목초지에서 발생했다는 것을 상기해야 한다.

> 사물들이 이런 방식으로 드러나는지가 확실하지는 않다. 그러나 그 상상은 우리가 동요하는 가운데 생겨났다는 인식을 반영하는 여행의 환상 가운데 있다. 이런 환상은 피상적이고, 불쾌하고, 불충분하다. 신(神)만이 사물들이 어떻게 드러나는지를 알고 있다. 매 순간 우리의 손에서 시작하기에 우리 모두를 위해 계획을 세워야 한다고 생각할지도 모르겠다. 우리는 속도가 빠른 사물을 좋아하지 않는다. 좋다, 그렇다면 다른 것을 가져보자! 이를테면 느릿느릿한 움직임, 얇게 비치는 물결, 해삼 같은 신비한 행복과 깊숙한 소의 눈 같은 눈빛이 오래전에 그렇게 그리스 사람들을 황홀하게 했다. 그러나 그런 것은 이 방식과 거리가 멀다. 우리는 사물의 손아귀에 있다. 사방으로 벽이 서 있는 것처럼 우리는 사물 안에서 밤낮없이 여행하며, 사물 안에서 면도를 하고, 식사를 하고, 사랑을 나누고, 책을 읽고, 전문적인 의무를 수행하고 모든 여타의 것들을 행한다. 그런데 기괴한 것은 우리가 알아차리지 못하게 벽들이 움직이고 있다는 사실이다. 어디로 향하는지 전혀 모르면서, 길고 더듬이처럼 굽은 안테나처럼 철길을 내달리는 것이다. 그럼에도 불구하고 우리 자신을 사건의 연속을 통제하는 힘들의 일부로 생각할 수 있다면

괜찮다. 그것은 매우 모호한 역할로서 가끔씩 발생한다. 좀더 긴 간격을 두고 누군가 창밖을 바라보면 장면이 바뀐다. 분열 비행을 하는 것은 분열 비행을 한다. 왜냐하면 다른 것이 될 수 없기 때문이다. 체념이 없다면, 우리는 점점 더 우리의 목표를 지나치거나 틀린 노선을 가고 있을지도 모른다는 불쾌한 감정을 의식하게 된다. 그러다가 어느 날 갑자기 거친 갈망을 갖는다. 나가라! 완전히 뛰어라! 정지하고자 하는 것, 발전하기를 멈추고자 하는 것, 움직이지 않으려 하는 것, 잘못된 기로 앞에 놓인 지점으로 되돌아가고자 하는 것은 향수어린 열망이다. 제국주의 오스트리아(Austria) 같은 장소가 존재한 예전 시절에는 연속된 사건에서 떠날 수 있고, 일반 노선 위에 놓인 보통 기차를 타고 집으로 돌아오는 여행을 할 수 있었다.

요약하면 미국인들은 자신의 문화를 커뮤니케이션 문화로 생각한다. 그들의 사회이론과 문화적 작업은 이런 기본적 관심을 반영한다. 우리 문화는 그런 만큼이나 문화적 산물에서 자기 성찰적이다. 우리는 미디어에 관한 작품을, 신문, 텔레비전, 라디오, 연극, 기차, 자동차, 비행기에 관한 작품을 즐긴다. 우리는 공적으로는 지나칠 정도로 급속하게 발전하는 일반적인, 심지어 대륙 간 커뮤니케이션 시스템에 관한 토론과 우려에 참여한다. 그러면서 또한 우리가 의사소통할 수 없는 능력에 대해서는 개인적으로 우려를 표한다.

1939년 세계박람회에서 마지막 실례를 들어보자. 여기에서는 기술, 특히 커뮤니케이션과 운송기술의 성취를 돋보이게 하는 노력이 두드러졌다. 수많은 사람들이 최초로 텔레비전 방송을 목격했다. 그것은 신나는 박람회였다. GM, GE, 벨 전화회사의 전시관들이 가장 인기 있었다. 미국인들은 한꺼번에 이 전시관들로 몰려갔으며 새로운 커뮤니케이션 수단의 기적과 기술의 새로운 가능성에 매료되어 경외감을 느꼈다. 갤럽 조직은 여론조사를 통해 대공황으로 인해 고통 받던 대부분의 미국인이 현대 기술이 발전한 결과가 대공황이라고 생각한다는 사실을 발견했다. 현대 기술 때문에 일자리가 없어졌다고 믿었던 그 사람들이 박람회에 몰려와 기술의 '성취'를 경이롭게 바라보았다.

1920년에서 1940년 사이의 시기는 문화를 형성한 극적인 긴장으로 특징지을 수 있다. 복합적 문화는 종종 어떤 주도적 비전의 실례라기보다는 사상, 구조, 계급, 생활방식 같은 긴장이 유지되는 '사물들'의 산물이다. 그렇다면 새로운 커뮤니케이션 수단에 의한 가능성을 꿈꾸고 기뻐하던 미국인들이 어떻게 문화를 만들고, 그 안에서 자신에 대항하는 의미 있는 창조적 작품을 아이콘으로 삼아 커뮤니케이션의 새로운 방식을 사용하게 되었는지는 명백하다. 미국인들은 오즈의 나라(*Land of Oz*)를 원하고 있음을 알면서도, 다시 집으로 돌아가고 싶어 한다. 그들은 마법과 끊임없이 움직이는 신나는 세계를 원했으나, 그럼에도 듣게 될 모든 사람에게 "내리자, 뛰어!"라고 소리치고 싶어 한다.

현대 커뮤니케이션의 세계에는 또 다른 위험이 있다. 우리는 그것이 스테레오타입을 만들어낸다는 사실을 안다. 우리는 커뮤니케이션의 세계가 끝없이 반복되는 이야기 속에서 거짓이 종종 '진실'이 될 때까지 '사실'을 반복한다는 것을 안다. 실상이 아닌 것을 그렇게 자주 듣다 보니 사람들은 사실이 아닌 것을 더 이상 믿지 않을 수 없게 된다.

몇 년 전에 나는 프랑스에 머문 미국의 국외 거주자들을 연구했다. 유행을 타기 오래전에, 오늘날 구술사(*oral history*)로 알려진 것을 하기로 나는 마음먹었다. 양차 세계대전 사이 프랑스에 살던 미국인들과 대담을 나누면서 나는 내가 다른 자료에서 알았던 것보다도 그들이 자신의 삶에 대해 더 잘 알지 못한다는 사실을 발견했다. 나는 그들이 자신에게 발생했던 사실을 내게 말해주지 않고 있다는 것을 깨닫게 되었다. 그들이 기억한다는 내용은 사실상 미디어에서 미국의 국외 거주자들을 다룰 때 등장했던 회상이었다. 그들은 다른 사람들의 자서전과 논문을 읽었으며, 쇼와 영화를 보았고, 다양한 언론의 평가를 받아들였다. 그들은 자신들이 있었던 장소와 함께 있었던 사람들을 기억했다. 하지만 내가 신빙성 있는 사료에서 알게 된 것은 그들이 나중에서야 프랑스의 그 장소에 도착했으며, 그들이 동료라고 말했던 이들이 그곳에 있었을 때 그들은 없었다는 사실이다. 나는 결국 구술사 작업을 포기해야만 했다. 그 일은 너무 많은 품을 팔게 했다. 그러나 나는 미디어에 의해 창조된 신화의 본질과 기능을 이해하기에는 너무 젊고 너무 무지했다. 신화는 너무 강력해서 똑똑한 사람조차도 그들이 공유했던 신화적 국외 거주의 경험이나 여행의 환상을 진실이라고 믿었다.

하지만 대담자들에게 비판적 시선을 던지기보다는 미디어의 신화 창조력에 대해 스스로 고백해야겠다. 국외 거주자 프로젝트에 관한 연구를 하면서 나는 1919년에서 1939년 사이 파리에서 발행된 세 종류의 영어 일간지를 읽었다. 나는 믿을 수 없을 만큼 그 시대와 파리 생활에 빠져들었다. 나는 거의 6개월 동안 하루에 8시간 내지 10시간을 신문과 씨름했다. 몇 달 뒤에 나는 아내에게 우리가 행동하고 본 것들을 상기시켰다. "기억해?" "아니." 그녀는 점잖게 꾸짖었다. "당신은 그것을 읽었을 뿐이야. 우리가 정말로 그곳에 있었던 것은 아니라고." 이런 일이 여러 차례 발생했다. 나는 아내에게 같이 모든 신문을 읽자고 설득하지 않은 것을 후회했다. 그녀 역시 '기억했으며' 우리는 스스로의 여행-환상 속에 남아 있었던 것일까?

따라서 미디어는 그 자신의 고정관념, 민속이야기, 신화를 유포시키므로, 커뮤니케이션을 다루는 연구자들은 주의해야 한다. 〔그럼에도 당신은 또 다른 단서를 본다.〕 나는 내가 묘사하고자 애썼던 그 긴장을 끝없이 반복하는 미디어에 의해 다시 한 번 넘어갔다. 그렇더라도 이것은 하나의 주요 요점을 강조한다. 즉, 문화에 강요하는 결과가 무엇이든 우리는 현대 커뮤니케이션의 세계에 살고 있다. 그러나 우리가 살고 있는 세계와 문화에서는 미디어와 미디어의 역할, 커뮤니케이션과 그 결과에 대한 끊임없는 토론이 환경으로서 문화가 갖는 근본적인 측면이다. 이 세계를 연구하는 우리들은 이 양쪽〔미디어와 커뮤니케이션〕을, 또한 양쪽 사이의 심대한 상호관련성을 인식하고 있어야만 한다.

이 논문의 접근성을 고려하여 나는 독자들에게 내가 지적으로 어떤 배경을 가지고 있는지, 그리고 나의 관심의 문화적 토대는 무엇인지에 대해 약간의 언급을 해야겠다. 학부생 시절에 나는 토지 정책과 프런티어에 대해서 거의 관심이 없었지만, 어찌하다보니 코넬대학에서 폴 게이츠(Paul Wallace Gates)의 학생이 되었다. 그의 여러 강의를 들으면서 나는 많은 것을 배웠다. 하지만 나의 배움과 세계 전체의 열림이 그 덕분이라는 사실을 그가 아는지 확신하지 못하겠다. 그를 위해서 나는 캐나다의 걸출한 역사학자인 해럴드 이니스의 모피 무역에 관한 글을 읽었고, 이어서 이니스의 커뮤니케이션에 관한 다른 저작인 《제국과 커뮤니케이션》(*Empire and Communication*) 그리고 《커뮤니케이션의 편견》(*The Bias of Communications*) 등을 읽게 되었다.

나는 또한 게이츠 교수를 통해 캔자스대학에 있던 제임스 맬린(James C. Malin) 교수의 놀라운 학문을 알게 되었다. 게이츠 교수는 존 브라운에 대한 맬린의 작품에 매료되었다. 비록 그의 대부분 작품과 반동적으로 보이는 편견에 대해서는 적잖은 회의가 있었지만 말이다. 그럼에도 맬린은 터너에 대한 뛰어난 비평가였으며, 커뮤니케이션 혁명과 그 결과에 대해 내가 읽은 최초의 학자였다. 개인적으로 출간한 이국적인 에세이로 구성된 일련의 시리즈물에서 맬린은 한 젊은이의 관심을 자극했다. 그것은 시간과 공간관의 결과에 관한 질문, 역사에서의 인식의 역할, 커뮤니케이션 변천과 새로운 형태의 에너지의 결과였다. 그의 저서인 《전쟁 이후의 미국》(*The United States since the War*)은 1930년에 출간되었다. 맬린은 전후 세계의 형성에서 커뮤니케이션의 근본적 역할을 중심 되는 것으로 만들었는데, 이것은 다른 어떤 역사학자도 하지 못한 작업이었다. 이 책은 거의 공공 기록과 사건 직후의 토론에 의거해 집필되었지만, 그 모든 한계에도 불구하고 놀라운 작품으로 남아 있다. 맬린, 그리고 이니스와 게이츠의 관심은 내가 코넬대학 학부생 시절 게이츠의 학생이었던 한 젊은 대학원생의 관심이기도 했다. 그는 나를 지적으로 위축시키면서도 많은 것을 가르쳐주었다. 그런데 이 영역에서 나의 생각을 근본적으로 변화시킨 것은 그의 초기 저작이었다. 리 벤슨(Lee Benson)은 유명한 터너 테제의 본질적인 사학사적 배경에 관한 치밀한 에세이(그의 논문집인 《터너와 비어드》에서 가장 쉽게 이용 가능한)를 썼다. 또한 벤슨은 이 예외적인 작품에서 커뮤니케이션 혁명의 본질과 일련의 경제학자, 정치학자, 사회이론가, 역사학자가 이 경험에서 끌어낸 관련성을 신중하게 연구했다. 벤슨의 작업은 앞에서 논했던 문제에 관한 나의 생각에 커다란 영향을 끼쳤다. 이렇게라도 그에게 감사할 기회를 갖게 되어 기쁘기 그지없다.

제14장

# '개성'과 20세기 문화의 형성

어떠한 역사학자일지라도 씨름해야만 하는 가장 큰 문제는 아마도 혁명의 파열이나 제국의 쇠퇴가 아니라 사상(*ideas*)이 사회적 태도가 되는 과정일 것이다.

— 플럼(J. H. Plumb)

나는 천상(天上)의 사상과 지상(地上)의 행동 사이에서 비범한 조화를 항상 목격해왔다.

— 몽테뉴(Montaigne)

사상의 전체 역사는 그것의 상징을 낳는 사회구조의 권력 관점에서 검토해야만 한다.

— 메리 더글러스(Mary Douglas)

사물에만 사상이 존재한다.

— 윌리엄 카를로스 윌리엄스(William Carlos Williams)

근대 세계를 '근대적'으로 만드는 것 중 하나는 자아에 대한 의식(*consciousness*)의 발달이다. 종교개혁, 새로운 자본주의 질서, 그리고 증가하던 국민국가(*nation-states*) 체제를 낳은 유럽의 세계는 우리에게 새로운 어휘를 제공해주었는데, 그것은 자아에 대한 새로운 비전을 드러내는 것이었다. '의식'은 17세기의 키워드가 되었으며, 자아에 대한 새로운 언어는 오웬 바필드(Owen Barfield)가 "인간을 둘러싼 우주로부터 개체적 인간 자신으로 의식의 중력 중심의 이동"이라 부른 것을 알렸다.[1] 그러한 이동의 결과는 의미심장했다. 세계를 지배하는 법칙이 더욱더 비인격적으로 보이는 바로 그 시기에 인간의 행위와 운명을 통제하는 충동은 개인 안에서 점점 더 발생하는 것으로 느껴졌다. 자아 바깥의 세계 속에 내재하는 영적인 생활과 활동을 느끼기가 더욱 힘들었을 뿐 아니라 외부 교회의 의식이 점차 약화될수록 내부적 자아의 욕구 또한 더욱 강해졌다.

이러한 이야기는 근대 사상사가에게는 익숙하다. 그는 루터(Luther)와 칼뱅(Calvin), 데카르트와 로크에게서 시작하는 격렬하고 변화하는 세계에서 새롭게 발전하는 자아의 길을 표시해왔다. 근대 시기에 사상의 역사가 자아에 관한 사고의 역사라고 주장하는 것은 과장일 것이다. 그러나 별도의 자아에 대한 이러한 비전의 결과는 심리학이건, 정치 이론, 인식론 혹은 경제학이건 모든 분야의 탐구에서 분명하게 감지되고 있다. 드물게 역사 분석을 하던 순간 중 하나였던 1917년, 프로이트(Freud)는 부서지기 쉬운 자아에 대하여 근대 과학이 가한 일련의 타격을 지적했다. 16세기에 코페르니쿠스(Copernicus)는 우주의 중심에서 인간을 제거하고 그가 물질의 조그만 파편에서, 그것도 단지 셀 수 없이 많은 파편 중 하나에서 산다고 주장함으로써 자아에 우주론적인 완충장치를 제공했다. 19세기에 다윈(Darwin)은 인간은 모든 동물과 본질적으로 인척관계

---

1) Owen Barfield, *History in English Words*(London, 1954), p. 166.

에 있다고 주장하고 이성과 문명의 특별한 역할에 의문을 제기함으로써 자아에 대한 생물학적 공격을 가했다. 프로이트가 생각하기에, 마지막 타격은 20세기에 전달된 심리학적인 것이었다. (그 자신의) 이러한 비전은 개성(*Personality*)의 중심은 에고 혹은 영혼이라는 것을 부정했으며, 그것은 나아가, 무의식이라는 새로운 견해로부터, 전통적 의미의 인간은 그 자신을 전적으로 통제하지 못한다고 제안했다.[2] 프로이트의 비전에서 과학의 역사는 특히나 중요한데, 왜냐하면 인간의 자신에 대한 견해에 과학의 역사가 미치는 영향력 때문이다.

이러한 모든 것들이 지성사가의 자료이다. 그는 새로운 지식의 더욱 새로운 비전이 초래한 각각의 사상의 '위기'를 연구한다. 그는 일류와 심지어 이류 '사상가'의 '영향력'을 평가하려 하고, 새로운 콘텍스트에서 오래된 문제의 재고(*reconsideration*)로 나타나거나 혹은 변화하는 환경에서 야기되는 새로운 문제에서 드러나는 사상의 새로운 '패턴'을 검토한다. 때때로, 그는 '사상'을 그것이 생성된 것으로 보이는 특수한 사회구조와 연관지으려 노력한다. 우리는 사회적 태도가 된 사상을 '보아왔다'. 우리는 로크, 다윈, 그리고 프로이트의 '영향력'을 인식해왔다. 간혹 우리는 사회적 태도가 진실로 '사상'이 되는가 하는 질문을 하기까지 한다. 역사학자가 '대중적' 사상에 관해 언급할 때, 그는 그것을 '사상'(실재 사상?)이 만들어진 세계의 일부로서 거의 이해하지 않는다.

그럼에도 불구하고, 자아의식(*self-consciousness*)이라는 새로운 관념(*idea*)이 발전했다는 그 세계는 새로운 사회적, 경제적, 정치적, 그리고 종교적 구조의 결합인데, 이는 다름 아닌 바로 홉스와 로크에 속한 것이었지, 데카르트나 파스칼(Pascal)의 세계를 의미하는 것은 아니다! 근대

---

2) 논문 "A Difficulty in the Path of Paycho-Analysis"는 *Standard Edition of the Collected Psychological Works of Sigmund Freud*, Vol. 23(London, 1955), XVII, pp. 135~144에 재수록되었다.

시기의 체계적 사고에서 그렇게 중요한 자아라는 동일한 문제는 이미 널리 감지되었다. 우리가 17세기와 18세기에서 찾아낸 언어와 용법, 새로운 단어와 단어 형태의 변화는 최소한 시사적이다. 예를 들면, 17세기라는 이른 시기에 '품성'(*character*) 이라고 불리는 것에 대한 관심과 품성 연구가 얼마나 의미 있는 문화형식이 되었는지를 깨닫는 것은 놀랍다. 분명히 19세기에 품성은 영국인과 미국인의 어휘에서 중요한 단어였다.

필립 리프(Philip Rieff) 는 문화가 변화하면 그것의 담지자인 사람들의 형식 유형(*modal types*) 또한 변화한다고 지적했다.[3] 1800년경 품성 개념은 사회질서의 유지를 위해 본질적이라고 느껴지는 특정한 형식 유형을 규정하게 되었다. 그 용어 자체는 "모든 집단적 적응과 사회적 교제의 필수 조건(*sine qua non*)"인 사회적 의미와 도덕적 품성을 지녔다고 믿어지는 일군의 특징을 의미하게 되었다.[4] 자아의식의 시대에, '품성'이라는 단어에 의해 규정되는 자아의 대중적 비전은 문화의 중요한 형태를 유지하고 심지어 형성하는 데 근본적인 것이 되었다. 그러한 개념은 두 가지 중요한 기능을 충족시켰다. 그것은 자아의 지배력과 계발을 위한 하나의 방식을 제안했다. 사실상, 그것은 일종의 자아통제가 자아의 도덕적 중요성을 최대한 계발하는 방식이라고 주장했다. 그러나 그것은 또한 자아를 사회에 소개하는 방식을 제공하기도 했다. 즉, '사회적인 것'과 '도덕적인 것' 사이의 상호관련성을 보장하는 행동의 표준을 제공함으로써 말이다. 품성의 중요성은 19세기 동안 생산된 수백 가지 책, 팸플릿과 논문, 경쟁을 위한 예시를 제공하는 품성 연구와 품성 계발 및 세속적 성공에 이르는 길을 약속하는 안내서(*manuals*) 를 검토해보면 가장 쉽게 확

3) Philip Rieff, *The Triumph of the Therapeutic Uses of Faith after Freud* (New York, 1966), p. 2.

4) A. A. Roback의 논문인 "Character"는 *Encyclopaedia of the Social Sciences*, Vol. 14 (New York, 1930), III, p. 335.

증될 수 있다. 이것들은 명백히 대중적이고 중요한 문화적 형식이었으나, 문학, 예술, 대중음악 등 문화의 다른 면에 대한 더 깊은 연구는 19세기 문화에서 품성이라는 개념의 중요성을 강화하는 데 도움을 준다. 그것은 품성의 문화였다.

이러한 콘텍스트에서 품성 개념과 매우 자주 연관되는 다른 주요 단어에 주목하는 것은 중요한 일이다. 200개가 넘는 그러한 항목을 검토하면 품성의 개념과 매우 빈번히 관련된 단어가 드러난다: **시민권**(*citizenship*), **의무**(*duty*), **민주정**(*democracy*), **노동**(*work*), **건축**(*building*), **훌륭한 행위**(*golden deeds*), **실외 생활**(*outdoor life*), **정복**(*conquest*), **명예**(*honor*), **명성**(*reputation*), **도덕**(*morals*), **예법**(*manners*), **성실**(*integrity*), 그리고 무엇보다도 **남성다움**(*manhood*)이 그것이다. 강조는 명백히 도덕적이었으며 관심은 거의 항상 일종의 상위 도덕법이었다. 가장 인기 있는 인용문 — 그것은 수십 권의 저작에서 나타났다 — 은 에머슨의 품성에 대한 정의였다. 즉, "개인의 본성이라는 매체를 통한 도덕적 질서" 말이다.

심지어 자아의 문제는 여기서 규정되는 것만큼 모호하게 그리하여 거의 모든 근대의 문화적 발전에 근본적인 문제가 되었다. 도덕적, 사회적 질서와 자유롭게 계발 중인 자아를 성취하려는 노력은 그 시대의 문화적 산물, 즉 고급문화, 중간문화, 저급문화를 형성한다. (그 숫자와 판매를 통해 볼 때 중간계급에서 명백하게 필요했던) 규범이라는 존재 자체가 문제의 실체를 보여준다. 제도가 발전하면서 행위의 패턴, 19세기 미국의 압도적인 아르미니우스적(*Arminian*) 비전의 지속, 생산자 가치를 끊임없이 강조하는 사회에서 본질적인 것으로서 노동에 대한 강조와 더불어 이른바 개신교 윤리에 대한 고집을 더욱 많은 탐구가 입증할 것이라고 나는 생각한다. 내가 제시했던 바의 일부인 이 모든 것들이 품성의 문화이다.

이것들은 주장이지 증명이 아니다. 이것들은 확립된 명제들(*propositions*)이 아니다. 그럼에도 우리가 각각의 문화적 질서에 기초인 자아에 대한 특정한 비전을 이해하고 규정한다면, 이것들은 모든 형식에서 근대의 문화 발전을 최상으로 이해할 수 있다는 나의 확신을 보여준다. 그러나 품성의 문화에 대한 나의 근본적인 관심은 품성의 문화가 사라지는 징표와 그 결과로서 나타난 요구에 있는데, 그 요구는 새로운 문화적 질서의 임무를 수행하기에 가장 적절한 형식유형에 대한 것이다. 품성의 문화가 갑자기 죽었다거나 자아에 대한 '품성' 비전을 강조하는 단행본과 규범집이 사라졌다고 말하는 것이 아니다. 사실상 그것들은 아직도 출판되고 있다. 그러나 자아에 대한 또 다른 비전, 자기계발과 지배에 대한 또 다른 비전, 사회에서 자아를 표현하는 또 다른 방식이 20세기의 첫 10년 중간 즈음에 시작되어 급속하게 발전해갔다. 첫째로, 특히 1880년 이후 사회질서에서 중대한 변화에 대한 인식이 있었다는 명백하고도 늘어나는 증거가 있다. 징후는 쉽게 제시된다. '미국적 신경증'(*American nervousness*)이라 불린 것과 그것의 진단을 위한 여러 가지 노력들, 빈번한 유토피아 저술, 학문 세계에서 체계적인 사회학적, 경제학적 분석의 발전, 사회적 질병에 대한 처리와 '객관적'이고 '과학적'인 자료 수집의 필요성을 이해하는 공공(*public*) 잡지들과 정부의 발전, 그리고 심지어 더 중요한 것, 심리학적 및 정신의학적 연구의 발전 말이다. 변화에 대한 이러한 인식은 또한 새로운 종류의 인간, 새로운 조건에 맞추기 위한 새로운 형식유형의 필요성을 제시했다. 아마도 사이먼 패튼 같이 특이한 사람은 소수였을 것이다. 《문명의 새로운 토대》(*The New Basis of Civilization*)에서 그는 궁핍에서 풍요로움으로 이동한 사회는 새로운 자아를 요구한다고 주장했다. 그러나 섬너, 워드(Ward), 베블런 같은 그 시기의 사회이론가들을 사회질서와 심리학적 유형 사이의 연관성에 대한 날카로운 관심 없이는 거의 읽을 수 없다. 사회질서 내에서의 변화가 그 질서 안에 있는 사람에게 변화를 요구하다시피 하는 신념의 경우 또한 마찬가지다.

19세기 중반 이탈리아 르네상스에 관한 글을 쓰면서, 최고의 문화사가인 야콥 부르크하르트(Jacob Burckhardt)는 다음과 같이 제안했다.

> 중세 시기 인간의식의 양면 — 외부에서 뒤집어졌을 뿐 아니라 내부에서도 뒤집어진 — 은 공통의 베일 아래 꿈을 꾸고 있거나 반쯤 깨어 있었다. 그 베일은 신앙, 환영(*illusion*) 그리고 유치한 선입관으로 짜여 있었다. … 인간은 인종, 민족, 가족, 혹은 조합의 일원으로서만 — 오로지 일반적인 범주를 통해서만 — 그 자신을 의식했다. 최초로 이탈리아에서 이 베일이 허공에서 녹았다. 국가와 이 세상의 모든 사물들에 대한 **객관적**(*objective*) 취급과 고려가 가능해졌다. 동시에 **주관적**(*subjective*) 측면도 그 정도의 중요성을 가진 것으로 나타났다. 인간은 영적인 **개인**(*spiritual individual*)이 되었으며 그 자신을 그렇게 인지했다. … 이러한 결과는 무엇보다도 이탈리아의 정치적 정황에 기인했다는 것을 보여주는 것은 어렵지 않을 것이다.[5)]

이러한 분석은 하나의 모델로서 우리에게 가치 있는 것이다. 역사학자들 사이에서는 일반적인 합의가 있는데, 그것은 어떤 중요한 물질적 변화가 우리가 다루는 이 시기에 발생했다는 것이다. 그것이 생산자 사회에서 소비자 사회로의 변화이건 아니건, 경제적 축적의 질서에서 경제적 분산의 질서로, 궁핍에서 풍요로움으로, 조직파괴에서 고도의 조직으로의 변화이건 아니건, 변화가 어떻게 정의되건 하나의 새로운 사회질서가 드러나고 있다는 것은 명백했다. 그러나 이것보다 더욱 중요한 것은 변화의 시기 내내 살아가던 사람들 사이에서 증가하는 자각인데, 그 자각은 사실상 일어나고 있었으며 그것은 근본적인 것이었다. 이러한 변화를 점차 '객관성'을 갖고 취급하는 능력은 위임받은 것 같은 주관적 혹은 심리적 변화에 직면하는 것을 가능케 했다.

이 모든 것은 세기가 바뀐 이후 등장한 일종의 조언집(*advice manuals*)

---

5) Jacob Burckhardt, *The Civilization of the Renaissance in Italy* (New York, 1954), pp. 100~101.

에서 급진적 전환이 시작되었음을 발견했다는 것을 알리며, 품성의 문화의 토대가 되는 핵심을 새롭게 공격하는 선점(先占)의 발단이다. 그러나 중요한 의미에서, 그 전환은 구문화의 바로 한복판에서 시작했다. 왜냐하면 그것은 에머슨—그의 초월적(*transcendent*) 자아의 비전—의 또 다른 면으로 불릴 수 있는 것으로 신사상(*New Thought*) 혹은 정신 치유(*Mind Cure*) 운동의 핵심을 형성했는데, 이는 품성의 문화에서 개성의 문화로의 진행에 매우 중요했다. 랠프 왈도 트라인(Ralph Waldo Trine), 엘라 윌러 윌콕스(Ella Wheeler Wilcox), 애니 페이슨 콜(Annie Payson Call), 호레이쇼 드레서(Horatio Dresser), 오리슨 스웨트 마든(Orison Swett Marden) 같은 주요 인물들은 품성에 관한 작품의 우수성을 자아의 영적인 비전을 강조하는 종교적 그리고 심지어 신비적 강조와 결합하고자 시도했다. 그들은 더욱 높은 도덕적 질서뿐 아니라 더욱 높은 자아와 하나가 되려는 노력을 통한 자아의 성취를 주장했다. 신사상 작업이 진행되면서, 도덕적 명령(*moral imperatives*)에 대한 관심이 줄어들고 이러한 노선을 따라 자기계발에 대한 관심이 늘어나는 것을 주목하는 것이 가능했다.

한편, 미국의 핵심지역에서 트라인의 주의 깊은 독자가 새로운 산업철학에 따라 생산방식을 개발했다. 모든 지역에서의 결과는 혁명적이었다. 그〔헨리 포드〕의 유명한 1907년 선언이 거대한 다중을 위한 자동차를 약속하고 있을 때, 그는 생산, 대량 소비, 대중사회를 선호했다. 그러나 또한 그는 가족(그것은 가족차가 될 것이었다)과 개인(소유자는 자동차를 굴리고 돌볼 수 있었다) 모두를 강조했다. 모두는 각자의 차를 가질 수 있었다. 그것은 최고의 사람들에 의해 최고의 재료로 만들어질 것이었다. 디자인은 단순할 것이다. 그 차의 목적은 무엇이었을까? “신의 열린 공간에서 쾌락의 시간의 축복을 … 즐기기” 위한, 즉 쾌락을 위한 기계인가? 포드의 세계는 얼마나 사이몬 패튼의 세계 같은가. 더 이상의 내핍과 희생은 없으며 오히려 모두를 위한 여가와 합리적 향락만이 있다.[6] 생산, 소비, 그리고 사용에 대한 새로운 사상과 더불어 디어본(Dearborn) 출신 사람, 즉 포드의 세계는 품성의 문화의 일부가 아니다.

개성, 개인적 특이함, 개인적 욕구와 이익에 대한 관심이 증가했다는 것은 19세기의 마지막 10년과 20세기의 첫 10년의 놀라운 일부이다. 자기희생의 비전은 자아실현의 비전에 양보하기 시작했다. 사람들은 자아, 특히나 병든 자아의 특이성에 매료되었다. 모턴 프린스(Morton Prince) 박사의 1905년 연구서인 《개성의 분열》(*The Dissociation of Personality*)에서 보샹(Miss Beauchamp)은 인기 있는 토론 인물이 되었다. 적어도 예수에 관한 다섯 권의 주요 저서가 1900년대에 나타났다. 그러나 이들 작품에서 나사렛 사람〔예수〕은 치유자도, 사회문제 해결사도, 인품을 지닌 사람도, 또한 도덕적 모범도 아니었다. 차라리 그는 병든 인물이자 불쌍할 정도로 적응하지 못한 광신자이다. 이러한 분석에 대한 토론이 워낙 진지한 나머지 알베르트 슈바이처(Albert Schweitzer)는 1913년 《예수에 관한 정신의학적 연구》(*The Psychiatric Study of Jesus*)로 이러한 연구서들에 대답할 의무를 느꼈다. 그리고 이는 미국의 문학도 윌리엄 무디의 《거대한 분열》(*The Great Divide*, 1909)에서 (어느 면에서 유진 오닐 희곡의 전조인) 특이한 문제가 있는 성격을 지닌 기이한 여주인공을 낳았으며, 아마도 어느 면에서 셔우드 앤더슨의 《와인즈버그, 오하이오》의 모델인 《3명의 삶》(*Three Lives*, 1906)을 통해 거트루드 스타인의 놀랄 만한 초상화를 낳았다. 문학이 점차 개성에 대한 탐구에 많은 관심을 가지게 되면서, 품성의 문화라는 전통적인 방식으로 도덕적 혹은 사회적 성

---

6) 나는 이 분석을 헨리 포드에 대한 논문에서 더 길게 발전시켰다. "Piety, Profits, and Play: The 1920s", in *Men, Women, and Issues in American History*, eds., A. Quint and M. Cantor, Vol. 2 (Homewood, Ill, 1975), II, Chapter 10.

취를 연구하는 것은 점차 흥미를 잃어갔다.

그러나 심지어 이러한 암시 없이도 1900년과 1920년 사이 출간된 수백 권의 자기계발 소책자와 안내서를 통해서 증거는 쉽사리 이용 가능하다. 레이먼드 윌리엄스의 '키워드' 중 하나인 개성은 현대적 용어이다.[7] 그것은 18세기 후반 나타났으며, 19세기에는 그에 대한 현대적 용법의 증거가 존재한다. 에머슨과 헨리 애덤스가 그 단어를 사용한 예들이 있지만, 내가 아는 한, 월트 휘트먼만이 19세기의 동시대적 의미에서 그 단어를 자주 그리고 지속적으로 사용했다. 1900년대가 되면, 그 단어는 미국 어휘의 중요한 일부가 되었다. 또한 바로 그 10년 동안 일련의 책과 논문이 개성을 계발하려는 사람을 돕는 문제를 다루기 시작했다. 처음부터 **개성**은 **품성**과 구별되었다. 1915년 펑크와 위그널스(Funk and Wagnalls)는 자조에 관한 연속물인 《정신적 효율 시리즈》(*Mental Efficiency Series*)를 출간했다. (효율과 에너지 또한 새로운 개성의 문화에서 그 사용이 의미심장하게 증가하는 중요한 단어였다.) 그 시리즈는 품성("그것을 어떻게 강화할(*strengthen*) 것인가")과 개성("그것을 어떻게 세울(*build*) 것인가")에 관한 책들을 포함했다. 처음부터 개성과 매우 자주 연관된 형용사인 **매력적인**(*fascinating*), **놀라운**(*stunning*), **마음을 끄는**(*attractive*), **매력 있는**(*magnetic*), **열렬한**(*glowing*), **능수능란한**(*masterful*), **창조적인**(*creative*), **우세한**(*dominant*), **강력한**(*forceful*)은 품성의 개념과 매우 다른 개념을 제시한다. 이 단어들은 심지어 간혹 품성이라는 단어를 수정하는 데 사용되었다. 한 작가는 요점을 분명히 했다. 품성은 좋거나 나쁘지만, 개성은 유명하거나 악명 높은 것이라고 그는 주장한다.[8]

---

7) Raymond Williams, *Keywords: A Vocabulary of Culture and Society*(New York, 1975), pp. 194~197. 'character'라는 단어는 윌리엄스의 책에 나타나지 않는다.

8) Henry Laurent, *Personality: How to Build It*(New York, 1915), p. iv. 이

"개성은 누군가의 특징이다."[9] 내가 분석했던 안내서의 거의 모든 곳에 다양한 방식으로 되풀이되는 이 정의는 또한 이 논문의 주요 주제이다. 문제는 분명하다. 우리는 이제 끊임없이 군중 속에서 살고 있다. 어떻게 우리 자신을 그 군중 속에서 타인들로부터 구별해낼 수 있는가? 그 용어는 결코 사용되지 않았지만, 문제는 대중사회 속에서 삶의 문제이다(군중은 가장 흔하게 쓰이는 단어이다). 우리는 그러한 세계에서 살고 있으므로 개개인의 자아를 계발하는 것은 중요하다. 즉, '도덕적, 지적, 육체적, 그리고 실제적' 특질은 우리가 우리 자신을 생각하게 만들 수 있으며 타인이 우리를 '누군가'로 생각하게 할 수 있다. "개성을 창조하는 것은 힘이다"라고 어떤 안내서 작가가 역설했다.[10] "당신 자신과 타인을 의식"함으로써 사람들은 개성을 만들어내고, 식별력 있고 참됨으로써, 에너지를 보여줌으로써, 타인에게 관심을 기울임으로써 그들도 당신에게 관심을 기울일 것이다.

누군가가 되기 위해서 사람들은 (그것이 무엇을 의미하건) 그 자신이어야만 한다. 그것은 거의 지나치게 완벽한 아이러니이다. 즉 자력으로 출간되고 대량으로 팔리는 대다수 작품이 효력 있는 개성을 계발할 때 개인들은 '그들 자신'이어야만 하고 다른 사람의 조언이나 지시를 따라서는 안 된다고 강조하기 때문이다. 다르고, 특별하고, 별난 것의 중요성, 군중 속에서 두드러지기의 중요성. 이 모든 것이 강조되면서 동시에 단지 그러한 목적을 달성하기 위해 특별한 연출이 제공된다. 사실상 같은 맥락 속에서 독자들은 다음과 같이 반복적으로 강요받는다. "당신의 개체성을

---

책은 Richard Duff에 의해 프랑스어에서 영어로 번역되었다.

9) Ibid., p. 25.

10) Ibid., pp. iv, 29. 나는 이 안내서를 전형적인 것으로 사용한다. 1부는 개성의 "형성", 2부는 "어떻게 영향을 줄 것인가"를 다룬다. 그것은 자기통제를 타인을 통제하는 한 방식으로서 강조한다. 나는 여기서 연구된 다른 안내서의 모든 주제가 좀더 대담하고 엄밀하게 진술하고 있음을 알게 되었다.

표현하라." 그리고 "사람들이 당신을 혐오하게 만드는 사소한 개인적 변덕, 습관, 특질을 없애라. 사람들이 '그는 굉장히 마음에 드는 녀석'이라고 생각하게끔 만들 섬세함, 예법, 말하는 방식 등에 대한 손쉬운 통제력을 갖도록 백방으로 노력해라. 그것이 개성을 위한 명성의 시작이다".[11] 그리하여 '품성'처럼 '개성'은 변화하는 사회구조 속에서 자아의 문제를 해결하려는 하나의 노력인데, 그 문제는 자아에 대한 특별한 요구를 강요한다. 다시 한 번, 자아에 대한 그러한 대중적 견해는 사회 속에서 자아를 제시하는 방식뿐 아니라 자기통제력과 자기 계발에 대한 방식도 제안한다. 두 방식 모두 품성의 문화에서 제안된 방식과 달랐으며, 그것들은 개성의 문화라는 신문화의 발전을 뒷받침했다.

이때는 또한, 물론 프로이트와 심리분석의 시대였다. 필립 리프는 "심리분석은 문화와 본능의 요구에 대항하여 사적인 인간을 옹호한다"고 주장해왔다. 그는 이 시기가 새로운 성격 유형인 '심리학적 인간'에 의해 지배되는 시기라고 주장한다.

> 우리는 심리학적 인간의 사례사(*case history*)를 통해 그의 아버지인 경제학적 인간의 신경질적인 습관을, 그가 반(反)영웅적이고, 빈틈없고, 그의 만족과 불만족을 조심스럽게 계산하고, 가장 피하고자 하는 죄악인 무익한 헌신을 연구하고 있음을 알게 될 것이다. 이 바로 앞선 조상으로부터, 심리학적 인간은 그 자신의 조심스런 내면생활(*inner life*)의 질서를 구성해왔으며 … 그리고 그 자신의 개성을 다스리면서 살고 있다.[12]

11) B. C. Bean, *Power of Personality*(Meriden, Conn., 1920), p. 3. 이것은 "성공을 위한 개인 능력을 조직하는 과학"(*The Science of Organizing Personal Powers for Success*)이라 불린 팸플릿 시리즈 중의 하나이다.

12) Philip Rieff, *Freud: The Mind of a Moralist*(New York, 1961), pp. 391~392. 10장 "The Emergence of Psychological Man" 전체는 중요한 주장을 한다.

일반적인 의미에서 내가 조사했던 인기 있는 개성 매뉴얼은 프로이트 영향력의 결과로, 본질적으로 리프도 동일하게 이해하는 새로운 성격 유형을 정한다. 나는 프로이트 이론이 이러한 작업에서 암시적이라고 제안하려는 것이 아니다. (비록 1920년대의 진일보한 일반 이론을 지지하는 경우에 프로이트가 종종 명시적으로 인용되었지만 말이다.) 나는 차라리, 사회구조에서 중대한 변화를 인식하여 주로 야기되는 자아와 자아의 문제에 대한 비전이 리프의 '심리학적 인간'의 태도와 비교할 수 있는 몇몇 기본적 태도를 지녔다고 본다. 프로이트는 의심할 여지 없이 지적인 천재지만, 그도 결국 사회적 세계에서 살았던 것이다. 내가 제시하고자 하는 바는 일반적인 사회 태도는 그것을 표현하는 공식적 '사상'이 일반적 이해의 수준에 이르기 전에 대중적 사고(*popular thought*) 속에 존재한다는 것이다. 이것이 아마도 왜 그렇게 많은 주요 사상가의 사상이 마침내 대중에게 수용되었는지에 대한 이유일 것이다.

연구 중인 특정한 사례에서 놀라운 예가 존재한다. 심지어 20세기 첫 10년 동안 초기 개성 매뉴얼에는 자기 확신의 필요에 대한 강조뿐 아니라 '열등하게' 느끼지 않기의 중요성에 대한 유례없는 강조가 있었다. 열등한 감정(그러한 감정에 사로잡히면 결코 다른 사람에게 좋은 인상을 줄 수 없으며, 또한 그 결과 나약한 개성을 보여줄 것이다)의 위험성에 대한 끊임없는 경고가 있었을 뿐 아니라, 우월하게 (그러나 지나치지 않게 혹은 그렇게 공격적이지는 않게) 보이라는 긍정적인 훈령이 있었다. 이러한 태도는 알프레트 아들러가 1920년대 후반 '열등감'(*inferiority complex*)의 중요성을 세상에 설명하기 오래전부터 중요했던 것이다.

이 시기의 가장 대중적인 작가 중 한 사람이 쓴 작품 두 개를 간단하게 검토하는 것은 품성에서 개성으로의 변화가 중요함을 강조하는 데 도움이 될 것이다. 1899년 오리슨 스웨트 마든은 《품성: 세상에서 가장 위대한 것》(*Character: The Greatest Thing in the World*)을 출간했다. 모범으로서 특별한 역사적 영웅의 품성 연구로 가득한 이 책은 매우 특이하게도 품성을 만드는, 그리하여 세상에서 성공을 가져오는 '정신적, 도덕적 특징'이나 '고상한 이상', '균형'을 자세히 설명한다. 진정한 기독교 신사가 되기, 순수하고, 올바르고, 지적이고, 강하고, 용감하고, 의무감 갖기, 관대함 지니기, 도덕적 용기, 개인적 성실함, 그리고 "최고의 영혼의 연대감"(*highest kinship of soul*) 갖기, 인류에 서비스로 헌신하는 "완벽하고 모순이 없는 전체"를 달성하기 위하여 "자신의 능력의 최고, 최대의 조화로운 발전"에 대해 유념하기. 이러한 것들이 논의를 지지하기 위해 사용된 주요한 단어와 구절이다. 이 책을 통해 마든은 근면("인간 노동의 신성함")과 절약을 포함한 생산자 지향 사회에 필요한 기본적 가치를 강조했다. 그는 이 책을 강력한 호소로 끝맺었다. 가필드(Garfield) 대통령("나는 나 자신을 남자로 만드는 데 성공해야만 한다")을 인용하면서, 마든은 품성이, 그것을 계발하는 데 관심이 있는 사람들을 위하여, 무엇보다도 "그를 우선적으로 남자(*a Man*)가 되게끔 하는 것"을 의미한다고 역설했다.

1921년 마든은 《능수능란한 개성》(*Masterful Personality*)을 출간했다. 그것은 두드러지게 다른 일련의 관심사를 제시한다. 이 책에서 마든은 "인간의 불가사의한 환경"과 "거대한 대중(*great masses*)을 좌지우지할" 수 있는 개성의 매력(*aura*)을 다룬다. 열등감정이라는 심대한 위험에 반대하면서, 그는 우월감을 찾을 것을 제안한다. '개인적 매력'에 많은 초점이 맞추어진다. 그는 여성에게 육체적 아름다움에만 의존할 것이 아니라 '매혹'(*fascination*)을 개발하라고 강조한다. 친구를 끌어당기고 붙잡는 능력은 중요하다. 마든은 "사람들이 당신을 좋아하게 만들 수 있다"고 주장한다. "인생에서 그렇게나 많은 우리의 성공은 다른 사람이 우리를 어떻게 생각하는지에 달려 있다." 예법, 적절한 의상, 멋진 대화("무엇을 말해야 할지 그리고 그것에 대해 어떻게 말해야 할지 아는 것"), 에너지, '삶의 효율', 자세(*poise*), 이런 것들이 이 책의 관심사이다. 20년이 흐르는 동안

마든은 다른 성격 유형의 필요성을 알게 된 것이다.[13]

품성의 개념에 표현된 자아에 대한 오래된 비전은 내적 모순에 근거했다. 그 비전은 종종 자아의 최고 발달이 더 상위의 법, 의무의 이상, 명예, 성실이라는 이름의 희생을 통해 성취되는 것을 의미했던 자기통제나 극기(*self-mastery*)라는 해석으로 끝났다. 사람은 법에 대한 복종과 이상을 통해 자아(*selfhood*)에 도달하게 되었다. 생산자 지향 사회의 인간적 욕구를 탁월하게 유지하면서, 그 비전은 사실상 자아-욕구의 승화 또는 그것들을 아르미누스적 용어로 재규정할 것을 요구했던 것이다. 그러나 개성의 새로운 비전 또한 모순을 지녔다. 그것은 자기실현, 자기표현, 자기충족을 너무 지속적으로 강조한 결과 거의 모든 작가들은 뒤늦게서야 용납하기 어려운 이기심, 과도한 자기 확신, 개인의 우월성에 대한 지나친 주장에 대해 부가적으로 경고했다. 더 고매한 법이 아닌 더 고매한 자아에 대한 견해와 더불어 본질적으로 도덕률 폐기론적이었던 그 비전은 자기 자신을 '매우 호감을 얻게' 만드는 방식으로 자아가 사회에 제시되어야 한다는 제안에 의해 조절되었다. 여기에 명백한 어려움이 존재한다. 사람은 독특하고, 차이를 나타내고, 그 자신의 감정에 충실해야 하고, 자신을 군중으로부터 돋보이게 해야만 하며, 동시에 매혹, 매력, 흡인력을 통해 군중에 호소해야만 한다.

문화의 바로 그 본질을 형성했던 자아에 대한 두 비전은 처음부터 자연스러운 것이 아니라, 내가 주장하기를, 연습을 통해, 그리고 성공에 대한 가이드북 연구에 의해 배울 수 있고 실행할 수 있는 것으로 가정되었다. 두 비전은 특정한 사회구조의 필요와 연관되었으며, 순수철학적인 추론의 분위기 안에서는 발전하지 않았다. 옛 비전은 더 이상 개인적 혹

13) Orison Swett Marden, *Character, The Greatest Thing in the World* (New York, 1899), pp. 7, 11, 16, 21, 25, 30, 37, 50; idem, *Masterful Personality* (New York, 1921), pp. 1, 3, 17, 23, 33, 68, 291.

은 사회적 필요와 어울리지 않았다. 새로운 비전은 변화하는 사회질서, 발전 중인 소비 대중사회 속에서 특히 자아의 문제에 어울리는 것으로 보였다.

새로운 개성 관련 문헌은 여가시간에 최상으로 발전할 수 있는 항목들을 강조했으며, 그것들 안에서 소비의 강조를 표현했다. 새로운 개성의 문화에서 모두에게 요구되는 사회적 역할은 연기자(*performer*)의 그것이었다. 모든 미국인은 연기하는 자아가 되어야만 했다. 모든 연구 저작은 목소리 조절 방법과 대화나 공공연설의 적절한 방식을 설명하면서 인간 목소리의 중요성을 강조했다. 모든 사람은 훈련되고 효과적인 연설을 통해 인상을 남기고 영향을 줄 것이 기대되었다. 이 영역에서만도 특별한 책과 코스가 이러한 영역만의 수요를 맞추기 위해 개발되었다. 이러한 단행본과 논문에서는 운동, 적절한 호흡, 건전한 음식 습관, 좋은 피부, 그리고 치장하기(*grooming*)와 아름다움을 위한 보조기구가 온통 강조되었다. 동시에 의상, 개인적 외양, 그리고 '훌륭한 예법'은 중요했지만, 도덕에는 거의 관심이 없었다. 자세와 매력은 필요한 특질의 목록에서 꼭대기에 위치했으며, 그것들은 조심스런 실천을 통해 배우고 계발할 수 있었다. 삶의 즐거움에 대한 새로운 강조는 진정한 쾌락은 자신이 다른 사람을 만족시킴으로써 얻어질 수 있다는 것을 암시했다.

종종 그 책들은 사업상의 성공에서 개성의 역할을 강조했다. 사업 활동의 모든 면에 관한 50개의 논문 시리즈로 이루어진 《사업에서의 개성》(*Personality in Business*)은 그 시기의 가장 탁월한 몇몇 사업가와 출판업자에 의해 1906년에 처음 출간되었으며, 1910년과 1916년에 재출간되었다. 사업에서의 개성에 대한 새로운 강조는 사실상 오랜 품성에 기초한 일부 저자의 반발에 이르게 되었다. 조지 호레이스 로리머(George Horace Lorimer)는 그의 1902년 베스트셀러인 《자수성가한 상인이 아들에게 보내는 편지》(*Letters from a Self-Made Merchant to His Son*)에서, 특히나 인기를 얻고자 하는 시도에 대해 그 노력이 시간이 너무 많이 들고 사업 방식에서 항상 성공적인 것은 아니라면서 경고했다. 그러나 일반적으로 개성 매뉴얼은 사업 혹은 심지어 재정적 성공의 관심에서 벗어났으며, 무엇이 인생에서 진정한 성공을 구성하는가에 대한 좀더 새로운 정의를 제공한다.14)

개인의 유일한 특성과 다른 사람을 끄는 연기하는 자아(*performing self*) 따위의 개성에 관한 새로운 관심은 이 시기 자조에 관한 글을 쓴 작가에만 국한되지 않았다. 그것은 고급문화의 참여자에게까지도 확장되었다. 1917년 에즈라 파운드는 그가 "개성의 권리"라 부르는 것을 확신하려는 투쟁을 항변했으며, 그 이전에는 심지어 대중사회가 인간이 계속적으로 타인에 의해 이용당하는 세상을 만들었다고 한 친구에게 주장했다. 그에게 근대 세계의 문제는 "개성의 생존"이었다. 그에 앞서 허버트 크롤리(Herbert Croly)는 《미국적 삶의 약속》(*The Promise of American Life*, 1909)에서 "어떠한 … 일을 하건 성공은 개인에게 일종의 사적인 인상을 남길 것을 요구한다"고 설명했다. 화가, 건축가, 정치가, 이 모두는 "많은 수의 충실한 찬미자"에 의존한다. 해방, 자기표현, 뛰어난 작품은 그러한 재능 있는 개인이 뒤따라주지 않는다면 전적으로 의미가 없다. 이

---

14) George Horace Lorimer, *Letters from a Self-Made Merchant to His Son* (New York, 1902). 특히 pp. 40, 88~89를 볼 것. 이것은 연구된 거의 모든 자조 매뉴얼에서 인상적이다. 성공에 대한 이 새로운 정의와 개성에 있어 동시대의 종교적 관심 사이에는 분명히 관련성이 있다. 나는 이 문제를 다른 논문인 "The Religion of Personality and Personality as a Religion"에서 제기한다. 이 문제는 내가 발전시키려고 시도하는 주제에 상당한 중요성을 지닌다. 이러한 문맥에서 내가 개성의 중요성에 대한 많은 신학자와 철학자 중 한 사람을 인용하고자 한다. J. Herman Randall은 *The Culture of Personality* (New York, 1912), p. xiii에서 "〔개성〕은 단연 인간 정신의 역사에서 가장 위대한 작품이다. 〔그것은〕 과학과 철학의, 역사와 문학의, 예술과 종교의, 인간의 윤리적·사회적 관련성의 깊은 미스터리를 푸는 〔열쇠이다〕."

것은 이 시기 지도력에서 개인적 매력의 역할을 강조하던 많은 작품 중 하나이다. 그리고 1913년 랜돌프 번은 젊은 급진주의자와 더불어 사물의 새로운 질서를 이해할 것을 간청했는데, 그것은 개성, 진지함 따위의 중요성을 포함했으며 이러한 재능을 통해 해석되었다. 영향력의 중요성을 강조하면서 번은 "매우 강렬한 개성"만큼 중요한 것은 없다고 제안했다. 그는 주장하기를 자기수양은 "거의 의무가 되었다. 거대한 목적(사회질서의 재생)을 향해 효과적이고자 원한다면 말이다. 그리고 개성뿐 아니라 위신(*prestige*)에서도 그러하다". [15]

20세기 초 너대니얼 쉐일러(Nathaniel Southgate Shaler)는 순수하게 과학적 분석이라고 주장하는 《개인》(*The Individual*, 1900)에서 '개체성의 표현'에 관한 중심적 장을 썼다. 여기서 그는 사람들이 타인의 관심을 끄는 방식인 '외연화(*externalization*)의 양식'이라 칭한 것의 중요성을 논증했다. 그는 이러한 것들이 행해지는 것은 단지 이득이나 존중 때문이 아니라 '자아를 외연화하려는' 본능적 욕구가 있기 때문이라고 믿었다. 그는 이것을 의상과 패션, 노래와 연설, 언어의 풍부성에서 본다. 각각의 문화는 서로 다른 '자기 제시(*self-presentation*)의 동기'를 갖는다고 그는 제안했다. 그러나 자아에 대한 모든 표현에서 핵심은 얼굴이다. 쉐일러의 견해로 보자면, 우리는 모두 연기자이며 얼굴은 정서뿐 아니라 지성을 표현할 수 있는 도구의 능력을 지녔다.

---

15) Ezra Pound, "Provincialism the Enemy", *The New Age*, *XXI*(July 19, 1917), pp. 268~269. 또한 Margaret Anderson에게 보낸 편지를 볼 것. 그녀의 *My Thirty Years War*(New York, 1930), p. 171에 재수록되었다. Herbert Croly, *The Promise of American Life*(New York, 1909), p. 432. 개인주의와 지도력에 대한 전체적인 분석은 이 논문의 전제를 통해서 최상으로 이해될 수 있다. 또 다른 논문인 "Leadership and Public Opinion in a Culture of Personality"에서 나는 1890년에서 1920년 시기의 정치 이론과 특히 정치적 수사학에서의 밀접한 관계를 다룬다. Randolph Bourne, *Youth and Life*(New York, 1913), p. 294.

이 논문에서 제안하는 일반적 접근의 시금석은 20세기 문화형식들의 좀더 특별한 분석, 즉 그것들이 개성의 문화의 특징을 사실상 공유하는지 아닌지를, 그것들이 자아의 이러한 비전에 중심이 되는 기초적 관념으로 작동한다는 표명으로서 검토될 수 있는지 아닌지를 이해하는 것이다. 조사해보니 지금까지 연구된 문화형식의 대부분이 개성의 문화와 친족 관계임이 드러났음을 알 수 있었다. 연재만화, 라디오 프로그램, 심지어 미인선발대회는 이러한 사상에 심대하게 의존한다는 증거를 보여주었다. 그러나 이 논문의 목적을 위해, 나는 오직 하나의 실례만을 제공하고자 한다. 1910년에서 1915년 사이 중간계급의 대중예술로서 발전했던 근대 영화의 본질과 형식이 개성의 문화에 참여하고 있음을 분명하게 보여준다고 나는 확신한다. 기술적으로, 특히 중간계급 예술로서의 주요 개발자인 그리피스와 그의 추종자의 수중에 놓인 영화는 두 개의 주요한 양식에 의존했으며, 놀라울 정도의 병치로 그것들을 극적으로 이용했다. 최초의 것은 방대한 인간 집단의 조정이었다. 바첼 린지는 영화에 관한 1915년의 저서를 통해 영화에서 "군중의 화려함"(*crowd splendor*)이라 부른 것의 역할에 대해서 언급했다.[16] 영화는 대중매체일 뿐 아니라, 대중사회가 대중 그 자체를 검토할 수 있는 주요한 방식 중 하나를 대표한다. 진지한 영화의 시작부터, 군중과 군중의 역할을 묘사하는 것 사이에는 친밀한 관계가 존재했다. 군중을 묘사할 때, 그리고 종종 그것에 놀랄만한 대조로서, 그리피스는 클로즈업(*closeup*)이라는 특이한 형식을 추가했다. 그가 쉐일러의 가르침을 거의 따르는 것처럼, 실물보다 크고 실물로부터 추상화된 얼굴은 자아의, 개인의 눈부신 표현을 보여준다. 영

16) Nathaniel Southgate Shaler, *The Individual*: *A Study of Life and Death* (New York, 1900), Chapter 7; Vachel Lindsay, *The Art of the Moving Picture* (New York, 1915). 1922년의 개정판이 있다. 이 책은 모든 문화사가에게 고전적 작품으로 남아 있다.

화의 발전에서 이러한 대조의 중요성, 즉 대중과 그 대중으로부터 고립된 개인과 그리하여 개성의 문화에서 영화의 역할의 중요성은 과장될 수 없다.

1910년까지 영화 스튜디오는 일반적으로 대부분의 영화 연기자의 정체를 감추었다. 그러나 1910년 영화스타의 개념이 태어났다. 스타의 탄생은 미국 사회에서 영화의 역할을 본질적으로 변화시켰다. 그것은 심지어 홍보 담당자와 현대 광고의 더욱 두드러진 사용을 초래했다. "따라서 영화 연기자는 찬미자를 위해 하나의 개성, 하나의 이미지, 그리고 점차 사악한 정도로, 하나의 대상(*object*)으로서 마케팅되어야 했다"고 스타 시스템을 연구한 역사학자는 제시한다.[17] 이것은 즉각적으로 팬들의 잡지에, 개성의 중요성에 대한 새로운 의식에 이르게 된다. 사실상, 그것은 영화배우나 유명인이라는 새로운 직업을 가져왔다. 품성의 문화에서 공중(*the public*)은 성취와 명성 사이의 명백한 상호관련성을 주장했다. 이제 그러한 강조는 사라졌다. 진실성에 대한 바로 그 정의가 바뀌었다. 리처드 쉬클(Richard Schickel)이 더글러스 페어뱅크스 1세(Douglas Fairbanks, Sr.)에 관한 암시적인 연구에서 설명하듯이 "그야말로 정치가건, 사상가건, 비(非)연기적 예술가건 연기자가 된 나머지 그들은 유명인사가 될 수 있으며, 그리하여 그들이 일반대중에게 순수한 영향력을 행사할 수도 있다는 것은 이제 본질적인 것이다".[18] 페어뱅크스 자신은 그의 예술에 헌신했던 것이 아니라 그 자신에 헌신했다. 일찍이 1907년 한 유명 여배우는 페어뱅크스에 대해 그가 영화에서 유명해질 것이라고

17) Alexander Walker, *Stardom: The Hollywood Phenomenon* (New York, 1970), p. 36.

18) Richard Schickel, *His Picture in the Papers: A Speculation on Celebrity in America Based on the Life of Douglas Fairbanks, Sr.* (New York, 1974), p. 9.

말했다. "그는 미남은 아니지만 개성의 세계를 가지고 있어요."

페어뱅크스는 이러한 분석에서 우리에게 중요하다. 그는 사회 구조가 낳은 그러한 상징 중 하나가 되었으며, 이 경우에서는 또한 활동적인 대리인이었다. 그는 스타이자 최고의 홍보인일 뿐 아니라, 그 나름의 자조에 관한 책〔《인생을 가치 있게 만들기》(*Make Life Worth-While*), 《웃음과 삶》(*Laugh and Live*)〕을 내고 영향력 있는 영화 잡지 중 하나에 칼럼을 썼다. 그는 새로운 자조에 관한 문헌의 선구자와 헨리 포드가 세우고 있던 새로운 사회 세계 사이의 연결을 제공했다. 1928년 랠프 왈도 트라인은 《승리하는 힘》(*The Power That Wins*)을 출간했는데, 그것은 인생에 대한 헨리 포드와의 내밀한 대화의 보고서였다. 트라인은 할리우드로의 여행과 더글러스 페어뱅크스를 방문했던 것을 회상하면서 포드와의 대화를 시작했다. 물론 트라인은 페어뱅크스가 그가 누구인지 모를 거라고 가정했다.

> "내가 안 했다고요?" 그는 대답했다. "헨리 포드가 나에게 특별히 보내준 《인생을 여는 만능열쇠》(*In Tune with the Infinite*) 증정본을 당신에게 보여줄 테니 잠시만 기다리세요."
>
> 포드: 맞습니다. 그 책을 페어뱅크스 씨에게 보낸 것을 기억합니다. 1914년, 나와 내 동료가 여기서 매우 어려운 문제를 해결하려 하고 있을 때, 당신의 일부 책들이 나에게 큰 도움이 되었습니다. 나는 당신 책 더미를 내 사무실에 놓아두곤 했지요. 그래서 나처럼 그 책이 도움이 될 것이라고 생각되는 친구나 동료에게 주곤 했지요.[19]

트라인, 포드, 페어뱅크스, 이 세 주요 인물은 품성의 문화에서 개성의 문화로의 전환 시기에 서로 깔끔하게 연결되어 있었다.

---

19) Ralph Waldo Trine, *The Power That Wins* (Indianapolis, Ind., 1928), pp. 2~3.

만일 페어뱅크스가 스타와 홍보 담당자로 구성된 이 세계의 시작에 있었다면, 그것이 단지 시작일 뿐이라는 것을 우리는 안다. 사물에는 (아마도 윌리엄 카를로스 윌리엄스가 주장하듯이, 사물에만) 사상이 존재한다. 그러나 우리는 미국의 문화발전을 그것이 사실상 토대하고 있는 관념 체계, 즉 우리가 연구하는 문화적 형식에 내재하는 사상 체계로 이해하기 시작할 뿐이다. 영화는 여태껏 시도하지 않은 많은 탐사를 제시한다. 왜냐하면 영화는 미국 사회 구조의 주요 상징을 만드는 데 근본적인 매체이기 때문이다. 스타와 심지어 신과 여신으로 가득 찬, (육중한 오르간에까지도 이르는) 거대한 성당을 닮은 장소를 구비한 영화는 수많은 사람들을 위한 새로운 종교(아마도 20세기의 도덕률 폐기론자를 위한 특수한 종교)가 되었다. 일부 근본주의 개신교 종교인들이 그들의 신도에게 영화 구경을 금한 것은 전혀 놀라운 일이 아니다. 하나만 보아도 그들은 대행자 또는 경쟁하는 교단을 알게 된다.

## 마무리이자 매우 비과학적인 후기

20세기 미국의 개성의 문화 출현에 관한 몇몇 증명되지 않은 주장들에 근거하여 나는 다음과 같은 추론을 확인하려 한다. 문화적 발전의 본성이 그 형식에서 특히나 기존의 자아 비전에 의존한다고 확신하기 때문에, 나는 그 분석을 더 밀고 나가 20세기 미국문화사에서 명백히 눈에 보이는 의미심장한 변화를 설명하고자 했다. 그리하여 개성의 문화 내에는 전체 범위에서 그리고 사회구조의 전환에 대응하여 서로 다른 시기에 개성 문제에 관한 특별한 독해에 기초한 구분이 존재했다. 1910년에서 1920년대 후반을 관통한 시기에, 문제는 매우 자주 죄의식(*guilt*)과 죄의식을 없앨 필요라는 관점에서 규정되었다. 이 시기를 적어도 비유적으로는 프로이트의 시대로 생각할 수도 있는데, 직접적인 영향이라기보다는 차라리 관점에 의거하여 문화가 자아의 문제를 바라본다는 점이 그러했다. 나는 다른 곳에서 1929년에서 1938년 사이의 시기가 수치심(*shame*)의 문제에 의해 지배된 시기라고 이미 주장했으며, 다시 비유적으로, 나는 이 시기를 알프레트 아들러의 시대라고 불렀다. 1939년에서 1940년대 후반까지 시기에 대해 우리는 이름을 지어낼 필요가 없다. 그 시기는 자의식적으로 불안의 시대로 생각했다. 도덕적, 국가적 정체성과 성격에 대한 주요한 관심은 점차 신화에 대한 관심, 의식을 가져오는 집단적 무의식을 찾기에 이르게 되었다. 내가 이 시기를 융의 시대로 부르는 것을 허용해주기 바란다. 1940년대 끝자락에서 1950년대가 거의 끝나갈 무렵까지 문제는 근본적으로 개인의 정체성의 문제로서 재규정되었다. 누가 이 시기를 에릭 에릭슨의 시대로 보는 것에 이의를 제기할 수 있겠는가? 1960년대와 해방, 특히나 성 해방에 관한 심대한 관심은 개성의 문화에서 여전히 또 다른 변형을 제공했다. 아마도 이 시기는 빌헬름 라이히(Wilhelm Reich)의 시대로 알려지게 될 것이다. 나는 즉각적인 현재에 관해서는 추측하기 싫어하는데, 이는 무책임한 사람으로 보이지 않을까 하는 두려움 때문이다. 그럼에도 불구하고, 이러한 추측이 무모하게 보이겠지만, 나는 문화에서의 변화는 성격의 형식 유형에서의 변화를 의미하며, 사회구조는 그 자신의 상징을 낳을 것이라고 확신한다. 지성사가는 사물에서 사상을 보고자 하는 일에 착수하는 편이 좋을 것이며, 사실상 가장 천상(天上)적인 사상과 공통의, 심지어 기본적인 인간 행동 사이에는 사실상 어떤 관련이 있음을 이해하는 편이 좋을 것이다.

Library of Congress

## 우리의 교회

오늘날 미국에서 종교적 체험은 전통적 제도와 전통적 구조의 관점에서 종종 규정된다. 사실상, 거기에는 광범위한 종교적 비전과 연관된 관례가 있다. 미국인은 공식적이고 비공식적인 '교회'를 그들의 특별한 요구에 맞는 건축의 아이콘으로 만드는 데 주목할 만한 재능을 보여주었다. 여기 그러한 종교적 '이벤트'의 많은 장소 중 두 곳이 있다. 1942년에 잭 딜라노(Jack Delano)가 포착한 농촌의 흑인 교회와 12년 후 윌리엄 클라인(William Klein)이 찍은 뉴욕의 길거리 장면.

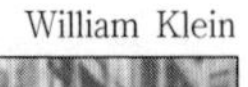

William Klein

# 20세기의 과거와 현재

현재 — 어떠한 '현재'라도 — 에 대해서 가장 중요한 것 중 하나는 현재의 과거이다. 역사학자는 현재의 과거를 연구함으로써 현재에 참여한다. 그러나 그의 작업이 드러내는 지식의 결과는 무엇일까? 이 질문은 미국 문화의 특징에 대한 중요한 논쟁을 유발한다. 19세기 전반 존 키츠(John Keats)는 〈하이페리온〉(*Hyperion*)[1]에서 아폴로(Apollo)로 하여금 "엄청난 지식이 나를 신으로 만든다"고 자랑케 할 수 있었다. 그를 신으로 섬기게 만든 것은 정확히 역사적 지식이다. "이름, 행위, 고대의 전설(*gray legends*), 무시무시한 사건, 반란 … 창조와 파괴." 그럼에도 불구하고 거의 정확하게 100년 후 엘리엇은 〈제론션〉(*Gerontion*)에서 우리에게 경고한다. "그러한 지식 이후에 어떤 관대함이 있겠는가?"라고. 왜냐하면 역사는 '간교한 통로'(*cunning passages*)를 지니기 때문이다. 역사는 "살랑거

1) 〔옮긴이주〕 키츠가 1818년 말에서 1819년 봄까지 쓰다가 포기한 미완성의 서사시로, 그리스 신화에서 차용하여 새턴(신의 우두머리)과 하이페리온(태양신)을 포함한 타이탄족의 몰락과 절망을 노래한다.

리는 야심(*whispering ambitions*)을 지닌 채 속인다." 역사는 우리를 헛된 것으로 이끈다. 시인들의 의견이 다르듯이 역사학자들 또한 그러하다. 19세기 중반 토마스 버클(Thomas Buckle)은 기원에 관한 지식 — 사물이 어떻게 존재하게 되었는가 — 이 기본적인 인간의 문제를 풀게 할 것이라고 가정했다. 그럼에도 거의 100년 뒤 아서 슐레진저 2세는 역사는 결코 '되찾는 존재'(*redeemer*)가 아니며, 우리가 아무리 많이 알지라도 쉽게 해결할 수 없는 근본적인 인간의 문제가 존재하며, 사실상 과거의 지식이 인간의 역사를 '비극적'인 것으로 확립한다고 경고했다.

실증주의 낙관론과 신(新)정통론의 비극적 비전을 거절하는 것은 어려운 일이 아니다. 역사적 지식의 용도를 엄밀하게 명시하는 것은 훨씬 어렵다. 야콥 부르크하르트는 한때 역사를 "의식의 각성에 의해 야기된 자연과의 불화"라고 정의했다. 따라서 우리가 세계를 경험하고, 그 안에서 활동하고, 심지어 그것을 변화시키는 것은 증가하는 자각과 이해의 한 측면이다. 그 임무는 결코 사실을 모으거나 지적 구조를 발전시키는 것만이 아니다. 역사가 그 일부인 문화처럼 역사는 어떤 것은 살아 있고, 어떤 것은 이용되기 때문이다.

요한 호이징가가 강조했듯이 문화사가는 우선적으로 형태학자(*morphologist*)이며, 문화사는 남자, 여자, 아이들이 세계를 경험할 때 개발하고 사용한 형태의 연구이다. 이러한 형태에 대한 관심은 우리를 역사적 저술 자체가 지녀야만 하는 특정한 형태의 문제로 이끈다.

어떤 문화에 관한 많은 '사실'들은 문화에서 직접적으로 표현되는 것이 아니라 오히려 가정된다. 프랑코 모레티(Franco Moretti)가 "무의식적 문화"(*the unconscious culture*)로 칭한 것 안에 모든 세계관의 깊숙한, 파묻힌, 눈에 보이지 않는 가정이 놓여 있다. 관습에 대한 조심스러운 연구, 주제넘지 않은 일상의 행동, 연설과 노래에서의 수사학적 장치, 행위의 무의식적 패턴, 이 모두가 '암묵적 지식'(*implicit knowledge*)과 그러한 문화의 일원이 공유하는 근본적 가정을 드러내는 데 도움을 준다.

앤소니 월리스(Anthony Wallace)가 올바르게 주장했듯이 어떠한 역사학자도 이해할 수 있는 진정한 문화는 "사회의 모든 일원이 느끼고, 이해하고, 실행하는 하나의 거대한 조화로운 패턴"이 결코 아니다. 차라리 거기에는 '갈등 구조'가 존재한다. 분리된 부분들은 "여러 다른 집단에 의해 유지되고, 발전되고, 변화하는 것이며, 많은 면에서 각각의 개인에 의해 약간 다른 방식으로 경험된다". 세상은 많은 사람이 믿고자 하는 것보다 좀더 헤겔주의적일지 모른다. 모순은 그야말로 존재의 본질일지도 모른다. 어떤 문화는 사실상 그것의 긴장에 의해 규정되며, 그 긴장은 문화를 안정적이고 효과적으로 유지하는 데 필요한 인장 강도(*tensile strength*)와 궁극적으로 변화 혹은 완전한 구조적 붕괴를 가져올 수도 있는 동력을 제공한다. 거대 사건, 전쟁과 경제적 공황이 심대한 방식으로 끼어들 수도 있지만, 문화가 긴장의 특수한 패턴과 갈등의 구조라는 견해에 의해 그것 자체를 설명할 수도 있다.

문화는 사실상 주장 혹은 논쟁 자체일 수 있다. 각각의 집단, 계급, 분파, 또는 정당은 나머지를 설득하여 세계에 대한 그들의 비전에 이르게 하거나, 어떤 모순적 비전을 흉내 내게 하거나 파괴하게끔 시도한다. 그들은 문화가 제공하는 모든 가능한 설득의 도구, 즉 상징, 중심적 아이콘, 웃음을 끌어내고 눈물을 만들기 위한 책략, 키워드 혹은 주요 구절에 대한 엄청나게 효과적인 사용법을 포함한 모든 종류의 수사학적 미사여구를 붙잡고 조종한다. '문화'라는 단어 그 자체는 투쟁에서 하나의 무기가 될 수 있다. 이 책에서 화보들은 논쟁의 일부와 논쟁 중인 도구의 일부를 보여준다. 그러나 하나의 논쟁으로서 문화를 보는 이러한 방식은 거의 유별나게 그러한 집단, 계급, 분파, 정당에 속해 있는 개별적이고 특이한 이해와 언어들뿐만 아니라 어떤 공동의 이해와 심지어 공동의 언어를 여전히 가정한다.

문화에 대한 그러한 견해는 문화의 역사를 다루는 많은 전통적 방식에 또한 의심을 던진다. 예컨대, 대중문화(*popular culture*)의 개념은 다른 영향력을 지닌다. 그 개념은 특히 20세기 매스컴의 세계에서, 가끔 날카로운 구분이 은폐되는 그 갈등구조의 전체 범위에서 독립적으로 취급될 수 있을까? 대중문화 세계(만화책의 세계)의 인물이 고급문화 인물로 간주되는 예술가의 회화에 나타나기 시작할 때, 난해한 아방가르드 화가의 일생과 작품이, 예컨대 잭슨 폴록의 경우처럼, 대중적 인식(*popular consciousness*)에 진입할 때, 진지한 질문을 해야만 한다. 그리고 근대 초 유럽의 대중문화에 대한 최근 연구에서 우리는 유익한 이득을 보기 시작했는데, 그 이득은 지배계급의 문화와 종속계급의 문화 사이의 〔미하일 바흐친(Mikhail Bakhtin)이 명명한〕'순환성'(*circularity*)—즉 낮은 곳에서 높은 곳으로, 그리고 높은 곳에서 낮은 곳으로 이동하는 상호 간의 영향력—에 대한 검토로부터 온다.

그러한 견해는 또한 역사적 결정성(*historical determinacy*)의 깔끔하고 단순한 비전을 위협한다. 미국의 역사학자는 너무 쉽사리 기계의 힘 앞에 양보한다. 변화하는 기술이 모든 문화적 변화의 원천으로서 주장된다. 내가 이해하기로, 기술적 변화는 기존의 긴장패턴의 결과이며, 갈등구조가 작동한 결과이다. 그 문화의 양상이 바로 열망과 여타 조건을 제공하는데, 그 조건은 혁신을 가능케 하며 동시에 그것은 몇몇 경우에서 어떻게 결과로서의 기술이 형성되고 사용되는지 혹은 아닌지를 결정한다.

이러한 정의는 또한 우리가 문화사의 영역에서 충분히 탐사하지 않은 최근 과거의 측면을 검토하게끔 허용할 것이다. 부르크하르트는 문명의 본질을 형성했던 세 개의 거대한 세력, 즉 문화(*Culture*), 종교(*Religion*), 국가(*The State*)(여기 대문자들은 부르크하르트적 의미에서 본질적이다)가 존재했음을 제안했다. 다른 문명에서는 다른 개별적 세력이 지배해왔다. 이제 미국의 문화사가는 확실하게 미국문화의 형성에서 종교의 역할을 더욱 보고자하고 있다. 아마도 비록 20세기에는 그렇게 충분치 않을지라도 말이다. 그리고 대문자 C인 문화(*Culture*)의 역할에는 거의 언제나 관심이 있었다. 그러나 국가는 무엇보다도 정치사가, 경제사가, 그리고 아마도 사회사가의 영역으로 간주되었다. 물론, 매우 최근까지도 미국이 유럽적 의미에서 국가를 갖고 있었다는 것을 인정하려는 역사학자는 거의 없었다. 나는 이 책에서 (행정적이고 관료적이며, 우리의 건국 시조들이 꿈꾸었던 공화국과는 거리가 먼) 그러한 국가가 19세기에 대체로 거의 같은 시기에 나타난 새로운 중간계급의 후원으로 출현했다고 주장했다. 이러한 가설은 확실히 좀더 충분한 검토를 필요로 하나, 문화의 본질과 많은 종류의 미국인의 삶과 경험을 형성했던 이 새로운 국가의 역할 또한 그러하다. 국가는 우리가 자식을 키우고 식단을 형성하는 데 도움을 주었다. 국가가 가장 효과적인 설득 수단을 사용한 덕분에 우리는 그것이 원하는 종류의 시민, 심지어 소비자가 되었다. 그리하여 우리는 우리의 문화적 분석의 범위를 넓혀 문화 그 자체가 만든 새로운 제도와 기관을 포함할 필요가 있는데, 그것은 갈등 구조의 한 조각, 긴장패턴 그 자체의 한 요소가 된다.

그러나 모든 긴장 중에서 거대한 대결, 즉 과거와 현재 사이의 심대한 관계가 가장 진지한 것을 규정할지도 모른다. 만약 그렇다면(그리고 이 책은 그것의 중요성을 주장해왔다), 역사학자는 자신이 특별한 역할을 하고 있음을 알게 된다. 즉, 자신이 그 안에 있음을 발견하는 특정한 문화적 상황의 한가운데서 자신의 개인적 문제와 필요에 대한 해답을 찾는 과정에서, 역사학자는 그 대결을 해나가려는 노력을 통해 중요한 문화적 작업을 수행하는 것이다. 의도하건 아니건, 그가 행하는 작업에는 명백한 정치적·이데올로기적 암시가 있다. 의식의 표현으로서 역사는 또한 (결국 이데올로기의 또 다른 이름인) 세계 인식의 형성자이다. 이것이 이 책의 주요 주제이기도 하다. 우리의 첫 번째 문화사가이기 때문에 우리 모두의 아버지인 비코가 18세기 초 인간이 그 자신의 역사를 만든다는 것을 발견했을 때, 그는 단지 그의 현재를 위한 과거를 비춘 것만이 아니었다. 또한 그는 하나의 비전을 드러냈는데, 그것은 〔많은 사람들 중에서 에드먼드 윌슨(Edmund Wilson)이 명백하게 제시했듯이〕 19세기와 심지어 좀 더 특별하게는 우리 자신의 20세기를 위하여 중요한 이데올로기적 결과를 갖는 것이었다. 그러나 다시 한 번 칼 베커를 불러오자. 역사학자들이 과거 연구를 독점한 것은 아니다. 분명히 베커는 옳았으며 모든 남성, 그리고 모든 여성과 아이는 상당히 근본적인 의미에서 그 자신의 역사학자이다. 이것도 역시 엄청난 중요성을 지닌 문화적 사실이다. 왜냐하면 (제퍼슨이 어떻게 생각했건 간에) 진리가 당신을 자유롭게 하지 않을지도 모른다. 그러나 그것으로부터 하나의 이해, 하나의 의식이 나타나, 사실상 우리가 계속해서 우리 자신의 역사를 만들게 할 수 있을 것이다.

# 문화사가로서의 워런 서스먼*

— 옮긴이 해제 —

## I. 머리말

1988년 봄 학기였다. 역자가 워런 서스먼이라는 미국 역사학자를 처음 만난 것은. 현대 미국사에 관한 대학원 수업에서 읽어야 할 책 중 한 권이 그가 처음이자 마지막으로 출간한 저서인 《역사로서의 문화》(*Culture as History*)였다. 이 책은 그가 살아생전에 작업한 미발표, 혹은 발표되었더라도 접근이 어려웠던 논문들을 모은 논문집이나 마찬가지였다. 그런데 3부의 논문들 앞에 위치한 해설 끝 부분에서 그는 다음과 같은 주장을 펼치고 있었다.

> 내가 1930년대를 이해하는 데 미키 마우스가 프랭클린 루스벨트보다 사실상 더 중요할 수 있다고 주장했을 때, 청중들은 킬킬거렸다. 정부의 형성은 여

* 이 해제는 옮긴이가 〈역사학보〉 222호(2014년 6월)에 쓴 "문화사가로서의 워런 서스먼"을 보충, 수정한 글이다.

전히 중요하다. 그리고 루스벨트가 했던 역할(그의 문화적 역할은 결국 정부의 중요한 일부였다)에 대한 나의 존경은 끝이 없다. 그러나 우리가 만약 보통사람들(*people*)이 어떻게 세상을 경험했는가를 알고자 한다면, 루스벨트 대통령에게 그의 역할이 있었듯이 미키 마우스 또한 그러했다.[1]

세상에, 만화 주인공보다 현실의 대통령이 덜 중요하다니. 한갓 쥐를 만화화한 〈미키 마우스〉가 1930년대 그 힘든 대공황 시기를 미국인들이 이겨나가는 데 커다란 중심 역할을 했던 프랭클린 루스벨트 대통령보다 더 중요하다는 서스먼의 주장은 내게 날벼락 같은 충격을 주었다. 1930년대 미국 사회를 이해하는 또 다른 방식으로 디즈니와 디즈니의 만화 주인공들이 정치인들, 그것도 다른 어떤 대통령보다도 미국인들의 존경을 받아온 루스벨트보다도 비중이 클 수 있다는 생각을 하다니. 물론 미국인들조차도 서스먼의 그러한 주장에 대해서 황당하다는 반응을 보인 것은 사실이었다. 상황이 그러했으니 그의 책을 읽기 전까지 단 한 번도 그런 식으로 생각해본 적이 없던 나는 그 수업 이후 서스먼에게 매료되었다.

역자만 그랬던 것은 아니었다. 미국사, 특히 문화사에 관한 책들을 읽어가다가 여러 학자들이 자신의 책을 서스먼에게 헌정하는 경우를 종종 접하게 되었다.[2] 왜 그랬을까? 분명한 것은 많은 역사학자들이 보기에 그의 생각이 독창적이었으며, 또한 독창적인 만큼 도발적이기도 했다는

---

1) Warren I. Susman, *Culture as History: The Transformation of American Society in the Twentieth Century*(New York: Pantheon, 1985), p. 103.

2) 예컨대 Richard Pells, *Radical Visions and American Dreams: Culture and Social Thought in the Depression Years*(Harper & Row, 1973), William Leach, *Land of Desire: Merchants, Power and the Rise of a New American Culture*(Vintage Books, 1993) 등을 들 수 있다. 특히 펠스의 경우, 학부 시절 럿거스대학에서 서스먼을 존경했던 학생 중 하나였다. 그래서인지 펠스의 책 서문에서는 서스먼을 바람직한 스승이자 역사학자이자 지식인의 모델로 제시하고 있다.

점이다. 그래서인지 그의 길지 않은 생애에도 불구하고 예일대학의 대중문화사가인 마이클 대닝(Michael Denning)은 그의 생각이 미국문화사를 만들어왔다고 주장했다. 심지어 그는 현대 미국사에 관한 비공식적인 '마법사'(*magus*)로 인정받기도 했다.[3] 이러한 평가는 서스먼이 미국 사학사에서 차지하는 비중을 간접적으로 보여준다.

이 해제를 통해서 역자는 문화사가로서의 서스먼을 소개하고자 한다. 우선 한국 역사학계에는 별로 소개된 바 없는 서스먼의 생애를 대학원생으로서의 위스콘신대학 시절과 교수로서의 럿거스대학 시절을 중심으로 살펴본 후 그의 역사관을 분석할 것이다. 나아가 그의 유일한 책인《역사로서의 문화》가 가지는 역사적 의미를 살펴보고, 마지막으로 문화사가로서의 그를 평가해보고자 한다.

## II. 위스콘신 학파와 1950년대 미국 사회

서스먼은 1927년 2월 21일 뉴욕 주 로체스터에서 약국을 운영하는 약사의 아들로 태어났다. 그는 유대인 집안에서 태어났지만 유대인이라고 해서 특별히 이상한 존재라고 생각지는 않았는데, 그 주변에 유대인이 많았던 것도 한 이유인 것으로 보인다.[4] 고등학교를 졸업하고 군대를 다

---

3) Michael Denning, "Class and Culture: Reflections on the Work of Warren Susman", *Radical History Review 36*(1986), p. 110; Richard Yeselson, "Sussing It Out", *Voice Literacy Supplement 21*(1985), p. 21; Bhule(1985), p. 20.

4) Susman, "Smoking Room School of History", in Paul Bhule, ed., *History and the New Left: Madison, Wisconsin, 1950~1970*(Philadelphia: Temple University Press, 1990), p. 44. 20세기 미국의 많은 좌파 지식인들은 유대인의 혈통을 지니고 있었다. 하기는 그가 위스콘신대학에서 만난 친구이자 동료인 허버트 거트먼(Herbert Gutman) 또한 유대인 출신이었다. 거트먼은 신좌파

녀온 후 코넬대학에 입학했다.

코넬에 있는 동안 폴 게이츠(Paul Gates) 교수와 커티스 네틀스(Curtis Nettels) 교수의 영향을 많이 받았다. 서스먼도 인정하다시피, 특히나 게이츠는 그에게 '배움과 세계 전체'를 열어주었다. 그는 대학 2학년 때 게이츠의 지도학생이 되었다. 그는 당시 역사학은 물론이거니와 철학이나 영어뿐 아니라 지질학에도 관심을 보였다. 때때로 게이츠는 서스먼과 대화를 나누다 누가 학생이고 누가 선생인지 헷갈리곤 했다고 회상하기도 했다. 그는 대학원을 갈 경우, 당시 지성사와 문화사에서 최고의 지위를 누리고 있던 멀 커티(Murle Curti, 1897~1996) 교수가 있는 위스콘신대학으로 간다는 데 게이츠와 쉽사리 동의할 수 있었다.[5]

서스먼은 1949년 9월 학기부터 위스콘신대학에서 대학원 생활을 시작했다. 추천서가 놀라웠을 뿐 아니라 그가 보낸 에세이 또한 커티로 하여금 그가 '매우 특별하다'고 생각하기에 충분했다.[6] 위스콘신대학에 있는 동안 그는 대단한 능력을 갖춘 동급생들과 코넬에서는 경험해보지 못한 수준의 경쟁관계 때문에 힘들어했다. 특히나 첫 2년 동안 그러했다.

서스먼은 첫 제자인 샤피로에게 보낸 편지에서 위스콘신에서의 대학원 시절이 결코 녹록하지 않았음을 주지시켜주었다. 그는 그곳을 '자극적

---

노동사가답게(?) 그의 부모님들은 공산주의자는 아니었지만 후자에 동조적이었으며, '국제노동자단'(International Workers Order)에 속해 있었다. 그래서인지 그는 자연스럽게 '이디시 구좌파'(Yiddish Old Left) 분위기하에서 자랐으며, 자신이 자란 뉴욕 시 퀸스의 지저분한 현실을 잊기 위해서라도 여름방학에는 '캠프 킨더랜드'(Camp Kinderland)에서 '환상의 세계'를 쌓아갔다. Gutman, in Bhule, *History and the New Left*, p. 47.

5) Susman, *Culture as History*, p. 270; Richard P. McCormick, "An Appreciation", in *In Memory of Warren I. Susman 1927~1985* (New Brunswick, NJ, Rutgers University Press, 1986), p. 7; Paul Gates, "As Undergraduate", in idem, pp. 16~18.

6) Merle Curti, "As Graduate Student", in *In Memory*, p. 22.

인 곳이면서 좌절케 하는 장소'로 기억하고 있었다. 대학원생으로서 그는 그곳에서 희망과 절망을 동시에 경험했다. 그렇지만, 그도 인정하듯이, 대학원이라는 곳은 원래 '이러한 이중적 성격'을 지니는 것이었다.[7] 최고의 대학에서 최고의 동료들과의 선의의 경쟁은 때로는 서로에게 지적인 자극을 주었지만, 그것이 심할 경우에는 때때로 엄청난 부담으로 다가왔을 것이다.

서스먼은 이러한 심리적 어려움에도 불구하고 대학원 동료들과 역사학에 관련된 모든 주제를 자유롭게 토론하고 사고할 수 있었다. 그는 특히 사료의 집결처인 위스콘신 주 역사학회(Wisconsin State Historical Society)에서 친한 동료들을 자주 만나곤 했다. 특히 학회 건물 1층의 흡연실에서 하루에도 네다섯 번씩 만나 자신과 그들이 찾아낸 책들을 놓고 담소를 즐겨 나누었다. 그는 이때의 만남과 대화를 자신의 일생에서 최고의 담화였다고 털어놓았다. 그리고는 그때 만나던 동료들을 "미국사의 흡연실 학파"라고 불렀다.[8]

1950년대가 어떠한 시대였는지, 또한 당시 미국 사회가 어떠했는지를 이해하는 것은 서스먼의 삶을 이해하는 데 중요하다. 1950년대 매카시즘의 광풍이 대학을 휩쓸 때, 소수의 급진적 사상을 지닌 학자들은 대학에서 살아남기 힘들었다. 당시 미국 대학들은 미국 정부 안에, 공공기관 내부에 공산주의자들이 있다는 매카시 상원의원의 주장에 대해 속수무책이었으며, 오히려 자발적으로 그렇다고 추정되는 일부 교수들을 색출해내는 등 협력적인 모습을 보이고 있었다. 미국의 역사학계 또한 예외가 아니었다. 이른바 '합의학파'(*Consensus School*)가 득세하면서, 이들은 자신들이 살고 있는 미국이 "상대적으로 보수적인 역사를 지닌 상대적으로 동질적인 사회"라고 주장했다. 예일대학의 데이비드 포터(David Potter)가

7) Leo P. Shapiro, "As Graduate Teacher", in *In Memory*, p. 38.
8) Susman, "Smoking Room School of History", p. 45.

그러했으며, 시카고대학의 다니엘 부어스틴, 컬럼비아대학의 리처드 호프스태터, 하버드대학의 루이스 하츠 또한 그러했다. 이러한 지적 분위기하에서 위스콘신대학 사학과가 위스콘신 주 출신의 매카시에 대항하면서 20세기 초 혁신주의 이념을 되새기고 미국 사회의 각성을 촉구한 것은 놀랄 만한 지적인 사건으로 볼 수 있다.[9)]

위스콘신대학이 위치한 매디슨(Madison)은 서스먼에게 특별한 곳이었다. 그가 보기에 위스콘신 주의 주도이기도 한 매디슨은 동부 지식인들에게 아주 다른 공간이었는데, 무엇보다도 그곳이 그들을 '혁신주의' 전통으로 이끌었기 때문이다. 주 의회 건물이 학교 부근에 있었기 때문에 그곳에서 무엇이 벌어지고 있는지를 모르는 것은 불가능했기 때문이기도 했다. 따라서 서스먼은 1950년대 위스콘신대학 대학원생으로 있으면서 오래된 혁신주의를 따르고자 했던 '마지막 잔당'(*last remnants*) 중 일부였다고 스스로를 평가했다. 당시 그곳의 대학원생들은 혁신주의 정치를 추구했던 라 폴레트(La Follette) 집안을 잘 알고 있었으며 또한 당시 미국을 짓누르던 매카시즘에 나름대로 저항하고자 했다.[10)]

---

9) 당시 위스콘신대학 또한 매카시 시절에 공산주의 노선을 추종한다고 생각되는 혹은 추정되는 교수들을 해고하지 않았던 미국 내 소수 대학 중 하나였다. 그러했기 때문에 오리건대학에서 강의하고 있던 윌리엄 애플먼 윌리엄스는 그곳에서의 해직 목표물 대상에서 벗어나 위스콘신대학으로 올 수 있었다. 윌리엄스는 공산주의자가 아니었다. 그는 단지 독자적인 급진주의자였다. 그럼에도 불구하고 그는 주류 학계로부터 오랫동안 무시되었다. Jonathan M. Wiener, "Radical Historians and the Crisis in American History, 1959~1980", *Journal of American History 76/2*(1989), pp. 402~404.

10) 예컨대, 서스먼은 미국인들에게 매카시의 실상을 알리고자 미국 전역에서 오는 어떠한 질문에도 답하는, 24시간 운영하는 라디오 프로그램에서 사운드 시스템을 담당하기도 했다. 그렇지만 매카시에 반대하게끔 미국인들의 생각을 바꾸는 것이 쉽지 않음을 깨달았다. 즉, 매카시와 싸우는 데 엄청난 시간을 들였음에도 실패했음을, 당시 미국에서 벌어지던 '빨갱이 소동'을 멈추게 할 수 없었음을 그는 자인할 수밖에 없었다. Susman, "Smoking Room School of

워런 서스먼(왼쪽)이 위스콘신대학 대학원생 시절, 친구이자 동료인 허버트 것먼(Herbert Gutman) 부부와 함께 찍은 사진이다. 출처: Jonathan M. Wiener, "Radical Historians and the Crisis in American History, 1959~1980", *Journal of American History 76/2* (Sept. 1989), p. 406.

이러한 지적 분위기 속에서 위스콘신대학 사학과 대학원생들이 혁신주의 전통을 이어받았다는 것은 당연해보이며, 이러한 사실을 명백하게 보여준 것이 바로 〈좌파 연구〉(*Studies on the Left*, 1959~1967)였다.[11]

---

History", p. 44.

11) 〈좌파 연구〉는 비록 단명하였지만, 이 잡지를 만들고 기고한 사람들은 1960년대 미국 급진주의 혹은 신좌파의 중심인물들이 되었다. 예컨대, 스터튼 린드(Staughton Lynd), 로이드 가드너(Lloyd Gardner), 유진 제노비제(Eugene Genovese), 가브리엘 콜코(Gabriel Kolko), 제임스 와인스틴(James Weinstein), 마틴 스클러(Martin J. Sklar), 탐 헤이든(Tom Hayden) 등을

이 잡지는 애초에 그곳의 대학원생들, 특히 윌리엄스 교수 제자들을 중심으로 구성되었으며, 당시 미국에서 커가던 기업 자본주의에 대한 폭로 또한 목표로 하고 있었다. 그 자신이 참여하기도 했던 이 잡지는 서스먼에게도 당연히 커다란 영향을 미쳤다. 서스먼이 볼 때, 윌리엄스 교수는 이 잡지를 지적으로 만드는 데 공헌했으며, "지적인 작업이 매우 중요함"을 알려주었다.[12]

이와 같이 서스먼은 위스콘신대학에서 향후 그의 일생의 궤적을 그릴 수 있었다. 위스콘신대학은 혁신주의 전통과 급진주의를 지향한 것으로 보이던 사학과 교수들 그리고 동료들을 통하여 그의 역사관과 세계관에 커다란 영향을 미친 것이다.

## III. 1960～1970년대와 럿거스대학 시절

당시 위스콘신대학 사학과에 있던 모든 교수는 서스먼의 탁월함을 인정하고 있었다. 예컨대 초기 미국사의 대가인 메릴 젠슨(Merrill Jensen, 1905～1980) 조차도 하버드대학의 오스카 핸들린(Oscar Handlin, 1915～

---

언급할 수 있다. 이 잡지는 소련이라는 제도권 공산주의와는 구별되는 사회주의를 지향하였으며, 1950년대의 매카시즘을 극복하고 1960년대 미국을 비판적으로 이해하는 데, 또한 그러한 지식인들을 낳는 데 큰 역할을 하였다. 이 잡지는 처음에는 위스콘신대학이 위치한 매디슨에서 발행되었으나 훗날 발행지를 옮겨 뉴욕 시에서 출간되었다. 1961년 뉴욕에서 재발행되었을 때, 컬럼비아대학의 사회학자 밀즈(C. Wright Mills)는 "신좌파에게 보내는 편지"(Letter to the New Left)에서 처음으로 '신좌파'라는 용어를 사용하여 이후 1960년대 미국의 급진주의자들을 지칭하게 만들었다. Wiener, "Radical Historians", p. 407; http://en.wikipedia.org/wiki/Studies_on_the_Left (2014년 4월 3일 접속).

12) Susman, "Smoking Room School of History", pp. 45～46.

2011)에게 쓴 1958년 편지에서 서스먼이야말로 위스콘신에서 "가장 뛰어난 학생"이라고 소개했다.[13]

이렇게 위스콘신의 자랑인 서스먼은 럿거스대학에 자리 잡은 지 얼마 되지 않아 난관에 부딪치고 좌절감을 느끼는 해프닝을 겪게 되었다. 서스먼이 보낸 첫 논문이 어떤 유명 학술지에 게재가 거부된 것이다. 그런데 자신의 논문이 실리지 못하자, 놀랍게도 그는 다시는 학술지에 논문을 보내지 않겠다고 다짐했다. 자신이 쓴 논문의 주제가 시대에 뒤졌다는 논평과 편집자들이 자신의 논문을 읽지도 않았을 것이라 생각한 것도 그가 분개한 이유 중 하나인 것으로 보인다. 객관적으로 본다면 그가 너무 극단적인 선택을 한 것으로 보인다. 게다가 이후 그는 자신의 글이 비판받는 것을 두려워하여 그것이 학술지건 책이건 인쇄되는 것을 꺼린 것으로 보인다. 이 문제는 단정적으로 답할 수 있는 성질의 것은 아니다. 다만 여러 정황상 그러했을 것이라고 추정할 뿐이다. 훗날 어느 인터뷰에서 그는 "내 논문 중 어떤 것도 누군가 요청하지 않았을 경우에는 결코 출판된 적이 없다"고 언급했다. 그는 자신이 학문의 세계에서 통용되는 규칙을 깼다는 것을 인정했다. 그러나 자신이 지도하는 학생들에게 서스먼은 학문의 세계에서 자신처럼 행동하지 말라고 말했다.[14]

이렇듯 학술지에 보내는 것을 거의 포기하고 논문을 썼다손 치더라도, 별로 알려지지 않은 잡지에 이를 보냄으로써 대학에서 그의 연구활동은 인정받기 어려운 상황에 빠지게 되었다. 동료 역사학자들이 자신의 연구를 평가하는 시스템을 서스먼이 곤혹스러워했다는 것은 널리 알려진 사실이다. 많은 동료들은 그가 자신의 글을 보여주기 꺼려한다는 것을 잘

13) Curti, "As Graduate Student", p. 23.

14) Richard Yeselson, "Sussing It Out", *Voice Literacy Supplemen 21* (1985), p. 21; Robert Westbrook, "Abundant Cultural History: The Legacy of Warren Susman", *Reviews in American History 13/4* (1985), p. 482.

알고 있었다. 그럼에도 불구하고, 오늘날 대학의 평가 기준으로 봐도 놀랍게도, 그는 당시 럿거스대학에서 유일하게 논문이나 저서가 아닌 교육자로서 그리고 연구자로서의 가능성을 평가받아 종신교수가 되었다.[15] 이것은 당시로서는, 아니 지금까지도 파격적인 평가였다. 이렇다 할 논문이나, 특히 저서의 출간 없이도 종신교수직에 임명된다는 것은 아주 예외적인 경우였다.

럿거스에서 서스먼의 눈부신 활동은 누가 봐도 분명히 교육자로서였다. 럿거스에 있는 동안 그는 학생들 사이에서 일종의 우상 혹은 '숭배의 대상'이 되었다. 예를 들어 1969년 3월, 럿거스대학의 흑인 학생들이 캠퍼스에서 시위를 벌이면서 자신들의 요구서를 학교 측에 전달하려고 했을 때, 그들이 대화를 원한 유일한 교수는 서스먼이었다. 그만큼 그는 대단한 교사이자 교육자였다. 그보다 강의를 더 즐긴 사람이 없을 만큼 그는 가르치는 것을 너무나 좋아했다. 그의 강의에는 언제나 학생들이 몰렸으며, 그는 학생들에게 엄청난 영향력을 행사했다. 그는 언제나 학생들을 신뢰했고, 심지어 학부생을 강의조교로 임명했으며, 수업에 영화를 활용하는 등 자신의 수업 내용과 형식을 바꿔가면서 끝없이 실험했다.[16]

서스먼은 1970년대 럿거스 학생들에게 수업시간에 영화를 틀어주던 '완벽한 문화 민주주의자'로 기억되었다. 그는 학부생들에게 뮤지컬이나 방송의 시트콤(*situation comedies*)도 역사학에서 중요한 소재가 될 수 있음을 가르쳤다. 이것들 또한 미국 대중문화의 원사료로서 진지하게 다룰 것을 요구했던 것이다.[17]

---

15) 리처드 펠스(Richard Pells)가 필자에게 보낸 이메일, 2011년 12월 8일 참조.
16) McCormick, "An Appreciation", pp. 9~11; Yeselson, "Sussing It Out", p. 21.
17) Paul Buhle, "Tuning In Warren Susman", *Voice Literacy Supplement 21*

서스먼은 당시 연구 위주의 대학들이 뛰어난 연구자가 아니면 훌륭한 학자가 될 수 없다고 자부하던 풍조를 비판하면서, 당시의 통념과는 반대로 훌륭한 학자는 강의에 있어서도 뛰어나다고 주장했다. 따라서 그에게 있어 주된 관심사는 어떻게 수업시간에 강의를 잘할 것인가 였다. 서스먼은 1963년 봄, 동료인 로이드 가드너(Lloyd Gardner)에게 보낸 편지를 통해 "우리는 가르치고, 가르치고, 또 가르칠 것이며, 출판하고, 출판하고, 또 출판할 것이다"라면서 미 동부에 위치한 대학들 중 최고의 대학이 될 것이라고 주장했다. 그 당시 럿거스대학 사학과 교수들은 연속적인 회의를 통해 끊임없이 교과과정을 고치고 있었다.[18]

서스먼이 얼마나 학생들에 대해 열성적이었는지는 그가 일주일에 4일이나 면담시간을 가졌다는 사실만으로도 확인할 수 있다. 동료들 또한 그가 대단한 교사라는 점을 인정했다. 출판한 논문이나 저서가 적음에도 불구하고 그의 명성이 미국 전역에 자리 잡은 것은 무엇보다도 몇 안 되는 그의 논문들이 탁월했기 때문이며, 동시에 그가 '위대한 교육자'였기 때문이다. 얼마나 많은 학자들이 자신들의 저서에서 서스먼에 대한 헌정 또는 감사의 표시를 하고 있는지 알게 된다면, 현재 럿거스대학에서 매년 수여하는 교육상이 그의 이름을 따 '워런 서스먼 우수 강의상'(Warren Susman Award for Distinguished Teaching)으로 불리는 것을 이해할 수 있을 것이다.[19]

1960년대 초 럿거스 학생이었던 리오 리버퍼(Leo P. Ribuffo)의 회고에 따르면, 럿거스 학생들은 많은 교수들에게 별명을 만들었지만 누구도

(1985), p. 20; Leo P. Ribuffo, "As Teacher of Undergraduates", in *In Memory*, p. 28.

18) Looyd Gardner, "As Colleague", in *In Memory*, pp. 52~54.

19) Ribuffo, "As Teacher of Undergraduates", p. 31; Michael A. Rockland, "In Memoriam: Warren Susman", *American Quarterly* 38/3 (1986), pp. 494~495.

서스먼 교수에 대해서는 별명을 붙이지 않았다. 그는 오로지 서스먼으로 불릴 뿐이었다. 리버퍼의 상급생의 증언에 의하면, 서스먼은 모든 것을 알고 있을 뿐 아니라 어떠한 주제에 대해서도 학생들의 질문에 즉각적으로 언급할 수 있었다.[20]

그렇지만 그는 강의만 즐기던 교수가 아니었다. 그는 필요하다고 생각하면 언제든지 행동으로 자신의 사회참여 의사를 보여주었다. 1965년 4월, 서스먼은 미국의 베트남전쟁 참전이 심화되자 이에 대한 저항으로서 몇몇 사학과 교수들과 더불어 철야 연좌강의(*teach-in*)를 조직했다. 특히나 동료인 유진 제노비제(1930~2012)는 가장 큰 주목을 받았다.[21] 그는 기성체제에 순응하는 체질은 아니었으며, 그래서인지 역사에 대한 이해를 통해서 "더 나은 대안들이 바람직하고 가능하다"는 생각을 견지했다. 그는 앞서 언급했던 〈좌파 연구〉라는 새로운 잡지 창간에 앞장섰으며, '사회주의 학자 회의'(Socialist Scholars Conference)를 구성한 사람 중 하나이기도 했다.[22]

## IV. 서스먼의 역사관

컬럼비아대학의 노동사가인 앨리스 케슬러-해리스(Alice Kessler-Harris)는 1960년대 초 럿거스대학원 첫 학기에 서스먼을 만났다. 서스

20) Ribuffo, "As Teacher of Undergraduates", p. 29.

21) 유진 제노비제는 〈좌파 연구〉에서 분명한 비판적 목소리를 냈다. 그는 "나는 베트남에서 임박한 베트콩의 승리에 대하여 두려워하거나 유감스럽게 생각하지 않는다"고 주장했다. 그리하여 1965년 리처드 닉슨으로부터 제노비제를 대학에서 끌어내야 한다는 공격에 직면하기도 했다. Ribuffo, "As Teacher of Undergraduates", p. 32; Wiener, "Radical Historians", p. 416.

22) McCormick, "an Appreciation", p. 11~12.

먼은 "모든 역사는 자서전"과 마찬가지라고 주장하면서, 학생들에게 "서술자(*narrator*)로서의 주관적 위치"를 이해시키는 데 전력투구했다고 회상했다.[23] 또한 서스먼은 동시대 지식인들이, 18세기 목사들이나 19세기 전반 작가들 혹은 19세기 후반 예술가들처럼, 미국의 역사를 새로이 씀으로써 미국의 문화적 발전에 이바지하고 나아가 그들이 살고 있는 세상까지도 바꿀 수 있다는 희망을 버리지 않았다고 캐슬러-해리스는 보았다. 이때는 케네디 행정부 시대였고, 낙관적인 분위기가 미국 사회를 지배하고 있었으며, 흑인들의 부당한 지위에 대해 전국적으로 민권운동이 번져가고 있던 시기였다. 비록 미국의 베트남 내전에 대한 깊숙한 개입이 목전에 있었지만 말이다.[24]

게다가 서스먼이 활동한 1960년대와 1970년대는 역사학에서 이른바 '패러다임 전환'이 일어나던 시기였다. 무엇보다도 '위로부터의 역사'가 아닌 '아래로부터의 역사'가 진행되고 있었으며, 기존 패러다임에서는 언급조차 되지 못했던 많은 주제들이 역사학의 연구 대상으로 편입되었다. 사회사가 각광을 받았으며, 노동사나 여성사 또한 그러했다. 문화사 영역에서도 또한 1970년대 후반과 1980년대 전반 본격적으로 새로운 움직

---

23) 캐슬러-해리스는 결혼 후 뉴욕 시에서 출퇴근할 수 있는 대학원을 고르다 럿거스대학을 선택했다. 그녀의 입장에서 1960년대 전반 그곳은 이미 사회사 분야에서 유명세를 치르고 있었고, 냉전과 연관된 냄새를 풍기지 않는 대학이었다. Alice Kessler-Harris, "From Warren Susman to Raymond Williams and Allen Ginsburg Moving Towards a Future with Illusions", *European Contributions to American Studies 43*(1989), pp. 129~130. 서스먼은 훗날 《역사로서의 문화》 서문에서 "역사를 쓰는 것은 소설을 쓰는 것만큼이나 개인적인 행위다. 역사학자가 과거를 이해하고자 애쓸 때, 그는 알게 모르게 자신의 문화적 상황과 스스로를 이해하려 노력하는 것이다"고 주장했는데, 캐슬러-해리스가 볼 때 이 구절이야말로 그의 평소 주장이 반영된 것이다. Susman, *Culture as History*, xiii.

24) Kessler-Harris, "From Warren Susman", p. 130.

임이 시작되었다. 이른바 신문화사가 태동하고 있었다.

서스먼은 20세기 미국 대중문화야말로 미국인의 삶을 그 이전과 구분 짓는 중요한 잣대이자, 전통적 미국 사회에서 현대 미국 사회로의 엄청난 변환이 진행된 결과를 보여주는 것이라고 생각했다.[25] 그렇기 때문에 그는 대중문화를 우습게 아는 좌파나 좌파 지식인을 질책했으며, 전략적으로나 윤리적으로 그러해서는 안 된다고 보았다. 왜냐하면 20세기 대중문화의 대표적인 인공물일 수밖에 없는 텔레비전 앞에서 연속극이 보여주는 대로 희로애락을 느끼고, 뉴스를 진지하게 받아들이는 이들이야말로 민중 혹은 보통사람들이기 때문이라고 본 것이다. 그는 다음과 같이 진지하게 질문을 던진다.

> 이들은 자동인형이 아니며, 선택을 한다. 심지어 그것이 어떤 텔레비전 쇼를 시청할까 혹은 어떤 패스트푸드 음식점에 갈까에 대해서일지라도 말이다. 그것이 무엇이건 나는 신경 쓰지 않겠다. 당신들은 이 보통사람들을 경멸하면서 동시에 어떻게 이들을 새로운 사회주의 질서의 일부라고 설득할 수 있겠는가? 당신들이 이들을 생각하는 바에 대해서 이들은 어떻게 생각할까?[26]

좌파 지식인들이 생각하는, 즉 항상 깨어 있으며 권력을 언제든지 비판의식을 가지고 바라볼 수 있는 식견을 가진 보통사람들은 미국 어디에도 없었다. 사회주의 노선을 따르자면, 문제는 이들과 더불어 밑으로부터 개혁을 혹은 나아가 혁명을 수행해야만 한다는 것이다. 그러니 이들을 무시하거나 우습게 여기는 것은 자기모순에 빠지게 되는 것이라고 서스먼은 보았다.

---

25) Alan Brinkley, "Pop Goes America", *The New Republic* (1985), p. 37.
26) Yeselson, "Sussing It Out", p. 21에서 재인용.

서스먼은 또한 역사는 일상생활에서 시작하고 일상생활에서 끝난다고 보았다. 그는 일상생활이라는 것이 "역사적으로 새로운 경험의 영역"이며, "현대성의 자기 구성적 성취 중 하나"라고 생각했다.[27] 서스먼이 역사학자로서 활동을 시작하던 1960년대 대다수의 역사학자들에게 있어 일상생활이란 그들이 연구할 영역이라고 전혀 생각할 수 없는 분야였다. 그럼에도 그는 일상생활의 모든 것이 역사학의 대상이 될 수 있다는 인식에 도달했다. 그렇기 때문에 서스먼은 계급, 경제관계, 조직 따위보다 일상의 경험에, 그것도 평범한 사람들의 일상에 더 큰 관심을 갖고 있었다.[28]

그렇지만 그가 관찰하게 될 보통사람들의 일상생활은 인류학에서 언급하는 '현장'(*field*)이라는 개념은 아니었다. 즉, 럿거스의 또 다른 문화사가 잭슨 리어스(T. J. Jackson Lears)도 지적하듯이, 서스먼은 역사인류학의 현장에 참여했다기보다는 독일의 문예비평가 발터 벤야민(Walter Benjamin)이 즐겨 관심을 갖던 도시의 '산보자'(*flâneur*)처럼 접근했다고 볼 수 있다. 리어스는 서스먼이 벤야민처럼 '산보'의 기술을 터득하여 현대 미국문화를 섭렵했으며, 그 결과물이 에세이 형태로 드러난 그의 글들이라고 보았다.[29] 서스먼은 '산보자'인 양 보통사람들 속으로 터벅터벅 걸어 들어가 그들의 일상생활을 관찰하고 기록한 것이다.

서스먼은 통상적인 역사학자가 결코 아니었다. 그의 포기할 수 없는 식탐과 비슷하게, 서스먼의 지식에 대한 지나친 욕구와 갈망은 널리 알려져 있다. 마치 호르헤 루이스 보르헤스(Jorge Luis Borges)의 소설에 나오는 잊어버릴 수 없는 기억력을 지닌 인물들처럼 말이다.[30] 예컨대,

---

27) Alan Trachtenberg, "As Cultural Historian", in *In Memory*, pp. 44~45.
28) Brinkley, "Pop Goes America", p. 37.
29) T. J. Jackson Lears, "In the American Grain", *The Nation* (1986), p. 534.
30) Trachtenberg, "As Cultural Historian", p. 44.

앞에서도 언급했듯이, 서스먼을 아는 여러 사람들은 그가 영화를 20세기 대중문화의 주요한 한 축으로 이해하여 학생들에게도 수업 시간에 영화를 자주 보여준 것으로 증언하고 있다. 그는 나아가 영화음악에까지 관심을 보였다. 즉, 영화음악에 꼭 필요한 오르간이나 피아노 따위의 악기들에 관한 논문을 쓰기도 했다. 이 악기들은 주로 월리처 회사에서 만들었고, 이 악기들로 인하여 영화의, 특히나 무성영화의 성패가 결정되기도 했기 때문에 '강력한 월리처'(Mighty Wurlitzer) 라고 불렸다. 서스먼은 이렇듯 20세기 전반 미국 영화에서 사용된 음악과 악기들에 대한 글도 남겼다. 31)

럿거스대학에 도착할 무렵, 서스먼은 역사의 유용성과 활용에 많은 관심을 갖고 있었다. 그의 역사에 대한 추구는 전문가주의를 뛰어넘었다. 그는 역사의 본질과 유용성에 깊이 천착했다. 그 결과, 그는 "'역사로서의 문화'에 대한 독창적이고, 틀에 박히지 않으며, 정교한 견해"를 가지게 되었다. 32)

게다가, 서스먼은 역사가 단지 연구나 학자 영역에만 국한되지 않고 모두에게 속한다고 생각했다. 왜냐하면 역사는 전문적 역사학자들에게만 맡겨지기에는 너무 중요하며 또한 그들이 "과거 연구를 독점"할 수도 없다고 생각했기 때문이다. 그래서인지 그는 코넬의 역사학자 칼 베커(Carl L. Becker, 1873~1945)를 즐겨 인용했다. 즉, "각자는 나름대로

---

31) 무성영화는 오히려 음악을 제공함으로써 대중오락으로 성공할 수 있었다. 음악으로 주인공이 처한 심리적 물질적 상황을 표현할 수 있었기 때문에, "영화궁전"(*movie palace*)으로 불린 많은 대규모 극장들이 자체 오케스트라를 갖고 있었던 것도 이상한 일은 아니었다. 상황이 이러하니 결국 무성영화는 결코 '무성'(*silent*)이 아니었던 것이다. "Movie Music and Picture Palaces", in THE MIGHTY WURLIZTER; Music For Movie Palace Organs, New World Records 80227, 1~4.

32) McCormick, "An Appreciation", pp. 7~8.

역사학자"(*Everyman His Own Historian*)라는 주장 말이다. 서스먼에게 이 명제는 "엄청난 중요성을 지닌 문화적 사실"이었다.[33] 그렇기 때문에 서스먼은 역사가 전문 역사학자들만의 관심사가 아니라 보통사람들에게도 중요하다고 보았다.

따라서 서스먼은 역사가 역사학자들의 전유물이라는 생각에는 절대적으로 반대하고 있었다. 그는 그러나 역사가 점점 더 박사학위를 소지한 사람들만이 쓸 수 있는 어떤 것이 되어간다고 생각했다. 특히나 제 2차 세계대전 이후 역사학이 점점 더 전문가의 손에만 맡겨지는 상황이 되어, 즉 지나친 전문화가 진행되어 일반인들이 접근하기 어렵고 거꾸로 보통 사람들에게 호소력도 줄어들 수밖에 없었다고 생각했다. 그는 베커가 언급한 것과 같이 우리는 모두 자기 나름의 과거에 대한 인식 없이는 아침에 입고 나갈 옷조차 입을 수 없을지도 모른다고 지적했다. 그렇기 때문에, 예를 들어, 영화감독인 존 포드(John Ford, 1894~1973) 또한 비록 그의 직업은 영화감독이지만 어느 전문적 역사학자보다도 뛰어난 역사학자라고 주장했다. 따라서 서스먼은 전문 역사학자와는 '다른 종류의 역사'에 관심이 있었던 것으로 보인다.[34]

이러한 민중사관에 입각하여 그는 급진적 역사학자로서의 사회활동을 전개했다. 그는 브루클린 폴리테크닉의 헬멋 그루버(Helmut Gruber), 새라 로렌스 칼리지의 앤 레인(Ann Lane), 그리고 같은 과 동료인 유진 제노비제와 더불어, 앞서 언급한 것처럼, '사회주의 학자 회의'라는 모임을 1965년 조직했다. 첫 번째 회의 모임에서 그는 "우리는 우리의 학생들, 동료들, 그리고 강단 밖의 우리의 동포 미국인들에게 불행히도 너무

---

33) Susman, *Culture as History*, p. 290. 역사가들 사이에서 널리 회자되고 인용되던 이 구절은 베커가 미국역사학회(American Historical Association) 회장 취임 당시(1931년 12월 29일) 했던 연설의 제목이기도 하다.

34) Yeselson, "Sussing It Out", p. 21.

오랫동안 과소평가되었던 대안적 사회주의 해석이 지닌 유효성, 생동성, 그리고 진실성을 보여주고자 한다"며 이 회의의 목적을 분명해 했다. 컬럼비아대학에서 열린 1차 사회주의 학자 회의에는 150명 내지 200명 정도를 생각했던 주최 측의 예상을 훨씬 뛰어넘어 1천 명 가량의 인원이 참석했다.[35)]

그런데 이 회의에서 발표된 논문들 중에서 청중들로부터 지대한 주목을 받은 것은 "미국적 삶에서의 보수주의"라는 제목을 지닌 서스먼의 논문이었다. 그는 이 논문을 통해 미국의 자유주의자들이 실증주의에 갇혀버린 반면 미국의 보수주의자들은 최소한 이데올로기의 중요성을 알고 있기 때문에, 급진주의자들은 자유주의자들보다는 차라리 보수주의자들로부터 배울 것이 더 많다고 주장했다. 이러한 그의 주장은 회의장을 술렁이게 만들었으며, 그와 생각을 같이한다고 여기던 동료들은 당황했다. 급기야는 질문을 위해 마련된 마이크를 잡은 화가 난 한 여성이 "만약 이것이 사회주의 학자가 행동하는 방식이라면, 농민과 노동자 만세!"라고 외치는 해프닝이 벌어지기도 했다. 훗날 서스먼은 자신의 의지와는 관계없이 자신이 당시 "보통사람들의 적"이 되었다고 씁쓸하게 회고했다.[36)]

비록 그의 이념은 "정통적이지도 교조적이지도 않지만", 그는 자신을 사회주의자이자 좌파라고 생각했다. 그는 때로는 "우파의 친구들" 편에서서 "좌파의 동료들"을 비난하기도 했다.[37)] 그럼에도 불구하고 그는 교조주의자도 이데올로그도 아니었다. 사회주의 이념에 사로잡혀 이데올로기의 틀 안에 역사적 현실을 끼워 맞추려고 애쓰지는 않았다. 오히려 그러지 않았기 때문에 그의 좌파 동료들은 가끔씩 불편해했던 것이다.

게다가 대부분의 좌파 역사학자들과는 달리 서스먼은 젠더(*gender*)의

---

35) Wiener, "Radical Historians", pp. 418~419.

36) Wiener, ibid., pp. 418~419; Susman, *Culture as History*, p. 73.

37) McCormick, "An Appreciation", p. 11.

중요성에 주목하지 않았다. 케슬러-해리스는 대학원 시절, 그러니까 1960년대 전반 미국 노동사의 주류가 계급과 인종이라는 관점에서만 이해하려 하여 여성을, 또한 '인종화한 계급 문맥'에서의 남자와 여자의 관계를 철저히 배제하고 있음을 깨닫게 되었다. 그런데 그녀가 보기에 스승인 서스먼에게조차도 젠더가 중요하지 않은 것으로 보였다. 그녀는 여성사를 더 잘 이해하게 될수록, 또한 서스먼의 오랜 위스콘신대학 친구인 허버트 것먼의 격려를 등에 업고 그가 틀렸다고 확신하게 되었다.[38] 그러니까 어찌 보면 서스먼의 약점은 바로 젠더의 역사에 있었다. 유감스럽게도 그는 당시 이 분야의 중요성을 인식하지 못한 것으로 보인다. 서스먼 또한 인간이기에 어쩔 수 없는 약점들이 있는 것이다. 따라서 우리는 차라리 그의 장점에 주목해야 하지 않을까 싶다.

서스먼이 역사학자로서 활약하던 1960년대와 1970년대에는 사회과학을 지향하는 역사학이 유행이라면 유행이었다. 또한 역사학자들의 안토니오 그람시(Antonio Gramsci)에 대한 관심의 증가는 '변증법적 마르크스주의로의 귀환'을 알렸다. 그것은 또한 '마르크스주의 문화사'라는 용어가 더 이상 모순적으로 보이지 않게 만들었다. 그리하여 새로운 문화사는 역사학자들에게 마르크스주의, 인류학, 지성사라는 서로 이질적으로 보이는 영역을 아우르는 분야로 간주되었다.[39]

그러나 유럽에서 에드워드 톰슨(Edward P. Thompson)이, 페르낭 브로델(Fernand Braudel)이, 자크 르 고프(Jacques Le Goff)가, 그리고 카를로 긴스부르크(Carlo Ginsburg)가 각자의 영역에서 새로운 역사의 길을 보여주었듯이, 서스먼 또한 자신의 영역에서 새로운 미국문화사의 길을 제시해주었다, 비록 두툼한 단행본이라기보다는 수십 쪽의 논문 형태였지만 말이다. 서스먼이 날카롭게 인식하듯이, 우리는 어떤 특정 문화

38) Kessler-Harris, "From Warren Susman", pp. 135~136.
39) Lears, "In the American Grain", p. 533.

의 연구자 자신이 그 '문화의 산물'이라는 점을 잊어서는 안 된다.[40] 즉, 서스먼 또한 현대 미국문화의 산물임을 기억해야 할 것이다.

## V. 《역사로서의 문화》

멀 커티 교수는 자신이 지도한 서스먼의 학위논문이 약간의 수정 절차를 거친 후 출간되어야 한다고 생각했다. 그리고 여타 우수한 박사학위 논문들이 그러하듯이 높은 지명도를 가진 컬럼비아대학 출판사에서 출간될 예정이었다. 그리하여 서스먼의 논문인 "파리로의 순례: 미국의 국외 거주자들(*expatriates*)"이 받아들여지고, 출판사와 원고를 주고받으며 책의 초고를 만들고 있었다. 그런데 출간을 위한 수정 도중에 놀랍게도 그가 출간을 포기하는 사태가 발생했다. 그리고 그는 죽을 때까지 자신의 학위논문을 출판하지 않았다.[41]

서스먼은 그의 학위논문이 책으로 출간되기 직전 원고를 빼앗다시피 해서 돌려받았는데, 무엇보다도 그 자신이 책의 내용에 만족하지 못했기 때문이라는 것이 주된 이유였다.[42] 이런 해프닝은 거의 일어날 수 없는 종류의 것이었다. 게다가 그는 자신의 학위논문을 1959년 12월, 현대언어학회(Modern Language Association)와 미국학회(American Studies Association)가 공동으로 주최한 시카고 모임에서 발표했다. 또한 이 발표에 근거한 그의 글은, 유명 학술지는 아니었지만, 1961년 여름 논문으로 출간되었다.[43]

---

40) Susman, *Culture as History*, p. 257.
41) Curti, "As Graduate Student", p. 24.
42) Yeselson, "Sussing it out", p. 21.
43) Susman, "A Second Country: The Expatriate Image", *Texas Studies in*

그런데 서스먼은 왜 이런 비이성적인 행동을 저지른 것일까? 자신의 시각에서 자신이 만드는 책이 만족스럽지 못하다고 책의 출판을 포기한다면, 도대체 몇 사람이나 자신의 연구를 책으로 만들 수 있을까? 그의 이러한 기행은 그가 정상적인 사람이라기보다는 괴짜에 가까운 사람이라는 인상을 남겨주었다.

서스먼은 역사학자 터너처럼 저술의 양에 있어서는 상대적으로 과작이었지만, 우수함에 있어서는 굉장했다. 그는 자신의 저술들을 언제나 "작은 조각들(*pieces*)"로 언급했지, "에세이들" 혹은 "논문들"이라 부르지 않았다. 동료 교수이자 친구였던 리처드 맥코믹(Richard P. McCormick)이 볼 때, 서스먼은 자신의 논문들에 '이상하리만치 자신 없어' 했다. 왜 그랬을까? 왜 그는 자신의 논문들에 자신 없어 했을까? 완벽함에 대한 집착 때문이었을까?

1983년, 서스먼은 여태껏 해온 자신의 지적인 작업들을 정리하기 위하여 처음으로 안식년을 사용하기로 작정하고 워싱턴의 우드로 윌슨 센터에서 지냈다. 그해 여름부터 준비하기 시작한 그의 유일한 저서인 《역사로서의 문화》가 1년쯤 후 교정쇄를 볼 단계에 이르렀다. 당시 그는 출판사 담당자에게 자신의 초고를 커티 교수에게 보내달라고 부탁했다. 그런데 얼마 후 그는 커티 교수에게 보낸 편지에서 그가 "교정쇄를 거의 불태웠"으며, 또한 교정쇄를 가지고 일을 더 진행할 수 없다고 고집하자 출판사가 화내기 시작했다는 내용을 언급하였다. 그러나 커티 교수는 그의 교정쇄를 읽으면서 오히려 "널리 흩어진 자료들을 다루는 그의 독창성과 통찰력"에 감명을 받고 있었다.44)

결국 서스먼은 《역사로서의 문화》를 낼 때도 교정쇄를 없애버리는 이해하기 어려운 행동을 재현했던 것이다. 물론 편집자인 앙드레 쉬프린

---

*Literature and Language* 3/2(1961).

44) Curti, "As Graduate Student", pp. 24~25.

(Andre Schiffrin) 덕분에 이 책이 햇빛을 볼 수 있게 되었지만 말이다. 결과적으로 다행인 것이, 그가 갑작스럽게 사망하기 불과 4개월 전 출판사 편집자가 간신히 우겨서 여기저기 흩어져 있던 논문들을 모아 책으로 만들어낼 수 있었다.[45]

도대체 무엇이 잘못된 것일까? 왜 그는 자신의 글을 출간하는 것에 병적일 정도로 완벽함과 엄밀함을 추구했을까. 첫 저술이 될 뻔했던 학위 논문의 출간을 불가능하게 만들고 유일한 저서인 《역사로서의 문화》조차도 교정쇄를 없애버린 것과 같은 그의 고집이 이겼더라면 우리는 서스먼의 저술을 전혀 볼 수 없었을 수도 있다. 이렇게 기행에 가까운 그의 완벽함에 대한 추구는 어떻게 이해해야 할까? 그는 출판된 이후의 비평을 두려워한 나머지 그런 일을 벌인 것일까, 혹은 결코 만족할 수 없는 글의 완성도를 지향했기 때문에 그런 돌출 행동을 보인 것일까? 여전히 누구라도 쉽사리 답하기 어려운 문제다.

이러한 우여곡절을 겪은 뒤에 나온 《역사로서의 문화》는 서스먼의 역사관을 출판된 형태로 알 수 있게끔 약 20년간의 논문들을 모은 것이었다. 《역사로서의 문화》는 총 14편의 논문으로 구성되어 있으며, 4부로 나뉘어 있다. 1부(3편)는 "신화와 이데올로기로서의 역사"를, 2부(3편)는 "문화로서의 이데올로기"를, 3부(5편)는 "역사로서의 문화"를, 그리고 마지막 4부(3편)는 "이행과 변형"을 다루고 있다. 이렇듯 《역사로서의 문화》에서 다루는 주제는 다양하지만, 역자가 볼 때 이 논문집을 꿰뚫는 가장 중요한 테마는 '풍요의 문화'(*culture of abundance*)이다. 이 '풍요의 문화'는 20세기 전반 미국 사회가 생산중심의 사회에서 소비중심의 사회로 이동했음을 보여주는 주요한 단서를 제공한다. 전자의 경우, 미국의

45) McCormick, "An Appreciation", p. 8.

전통적 문화로서 청교적(*Puritan*)인 노동과 자기부정을 강조한 '결핍의 문화'(*culture of scarcity*)였던 반면, 후자는 새로운 문화로서 쾌락주의적 여가와 자아실현을 강조한 '풍요의 문화'였다. 도덕적인 잣대로 이해되는 '품성'(*character*)에서 개개인의 매력을 드러낸다는 '개성'(*personality*)으로의 전환, 금욕적인 '자기부정'(*self-denial*)에서 쾌락적인 '자기실현'으로의 변환은, 서스먼이 볼 때, 현대 이전의 미국문화와 현대 미국문화의 차이를 두드러지게 드러낸다. 물론 신문화의 존재이유는 물질적인 것으로, 소비 상품을 마음껏 지를 수 있는 '풍요의 문화'가 그 요체이다.

나아가 서스먼이 보기에, 많은 미국인들이 '풍요의 문화'에 집착한 데는 유토피아적 요소도 작용했다. 왜냐하면 이 새로운 문화에서 "새로운 성취의 세상과 심지어 해방의 세상을 보았"기 때문이었다. 결과적으로 "풍요의 문화와 그 문화의 믿음의 약속들"은 "마르크스주의적 사회주의"가 미국에 뿌리내릴 수 없게 만들었던 것이다.[46]

그런데 이 '풍요의 문화'는 바로 소비사회의 그것이었다. 동시대의 비평가이자 소설가인 말콤 카울리(Malcolm Cowley, 1898~1998)가 쓴 《망명자의 귀환》(*Exile's Return*, 1934년)을 통해 '풍요의 문화'의 본질을 들여다보자.

> 자기표현과 쾌락주의는 모든 종류의 생산품, 현대적 가구, 바닷가 파자마, 화장품, 채색된 화장실과 그곳에 어울리는 화장지에 대한 수요를 권장했다. 지금을 위한 삶(*living for the moment*)이란 자동차, 라디오 혹은 집을 구입하는 것을 의미했으며, 그것을 당장 사용하고 내일 지불하는 것을 의미했다. 여성 평등이란 이전에는 남자만이 사용했던 생산품의 소비를 두 배로 만들 수 있는 것이었다.[47]

---

46) Susman, *Culture as History*, xxix.

47) Ibid., p.187에서 재인용.

그랬다. 새로운 산업 질서에 따른 새로운 문명은 새로운 문화를 요구했는데, 그것이 바로 미국인들의 정체성을 소비자로서 새로 정립하는 '풍요의 문화'였던 것이다. 포드 또한 이러한 생산의 시대에서 소비의 시대로 넘어가는 이행기에 고집을 부리다, 결국 하나의 단일 기종인 모델 T 자동차의 생산을 중단하고 여러 색상을 지닌 스타일을 중시하는 모델 A 자동차를 시판하기로 결정한 해가 1927년이었다.

그렇지만 이 두 신·구(新·舊) 문화의 인수인계는 부드럽게 진행되었다기보다는 많은 경우 시끄러운 논쟁이나 각을 세운 충돌을 통해 진행되었다. 거칠게 단순화하자면, 나이 먹은 세대와 젊은 세대, 농촌과 도시는 두 개의 서로 다른 세계에 살고 있었다. 그리고 이 두 문화의 갈등과 대립이 특히 1920년대와 1930년대에 절정에 달했음을 서스먼은 이 선집에 실린 일련의 논문들로 보여주고자 했다. 따라서 서스먼의 관심은 다른 무엇보다도 현대 미국문화의 이행기에 있었다. 그리고 이러한 '이행과 변형'을 확인하는 작업을 우선적으로 그는 미국의 대중문화에서 찾고자 했다.

서스먼은 사진, 영화, 라디오 등 새로운 매체들의 등장이 미국에서의 문화 커뮤니케이션을 변화시켰다고 본다. 라디오의 경우를 보자. 라디오는 1930년대 루스벨트 대통령에 의해 정치적으로 활용되었다. 그의 '노변담화'(*fireside address*)는 미국 국민들로 하여금 대통령이 바로 옆에서 이야기를 나누는 것 같은 착각을 불러일으켜 대통령에 대한 친밀감을 증진할 수 있었다. 또한, 1938년 극작가이자 영화감독이었던 오손 웰즈(Orson Welles)가 만든 가상의 화성인 침공을 다룬 방송극이 불러일으킨 대중들의 반응을 보라. 이 라디오 드라마를 중간부터 들은 수많은 뉴욕 시민들은 길거리로 뛰쳐나와 공포에 휩싸인 채 우왕좌왕했다. 마치 1930년대가 라디오의 시대인 양, 이 해프닝 하나만으로도 라디오의 힘과 소리의 힘을 확실히 보여주었다. 라디오는 "이전의 어떠한 미디어도 할 수 없었던 방식으로 단일한 국가적 가치를 만들거나 강화"하는 수단이 되었다. 그리하여 루스벨트는, 오늘날 SNS를 자유자재로 쓸 수 있는 대통령처럼, 그 자신의 위치를 새로이 자리매김할 수 있었다. 나아가, 서스먼의 주장처럼, 그는 라디오를 통해 "새로운 종류의 정치적, 사회적 권력"을 형성할 수 있었다.[48]

어디 그뿐이랴. 저질이라고 손가락질 받던 라디오 연속극조차 미국인들의 기존의 가치관을 강화하는 데 도움을 주었으며, 나아가 연속극을 통해 '타인의 삶의 내밀한 경험을' 들려준 결과, 수많은 미국의 가정주부들이 자신들은 고립되어 있지 않으며, 그들이 가진 문제가 그들만의 것이 아니라는 것을 깨닫게 되었다. 이것은 라디오라는 새로운 미디어가 미국인들에게 새로운 형식의 공동체 의식을 불어넣어줄 수 있음을 암시하는 것이기도 했다. 이렇듯 새로운 대중매체의 등장은 커뮤니케이션 혁명을 가져왔다. 그 결과, 서스먼이 목격한 것처럼, 19세기 말 20세기 초 미국의 아버지 세대가 책을 읽는 사람들이었다면, 전간기의 자식 세대는 영화와 라디오를 보고 듣는 사람들이었다.[49]

그렇지만 서스먼은 미국인들이 신문화, 즉 대중문화와 그 성격에 대해서 양가적인 태도를 취했다고 본다. 즉, 애증의 감정으로 현대문화를 수용하였다고 파악한 것이다. 로체스터대학의 로버트 웨스트브룩(Robert Westbrook)의 목격담을 따르자면, 서스먼은 월트 디즈니를 현대문화에 대해서 애증이 교차하는 인물로 생각했다. 예를 들어, 그는 디즈니의 작품 중 2시간이 넘는 장편 만화영화로서 1940년에 첫 상연된 〈판타지아〉(*Fantasia*), 특히 이 영화에 등장하는 요정들을 통해서 이러한 양가적 태도를 알 수 있다고 주장했다. 1970년대 초 웨스트브룩이 스탠포드대학 대학원생이었을 때, 서스먼은 그곳에서 1930년대 미국문화에 관한 강연

48) Ibid., pp. 158~159.
49) Ibid., pp. 160~161.

을 할 기회가 있었다. 서스먼은 강연을 통해 〈판타지아〉에 나오는 요정들이 젖가슴이 드러난 형태로 출현하는데, 당황스럽게도 이들에게 젖꼭지가 없었다는 점을 상기시켰다.[50] 그의 관찰에 의하면, 디즈니는 청교주의에 입각한 구문화의 특징인 금욕주의를 벗어나 있지만, 그렇다고 신문화의 특징인 쾌락주의를 통째로 받아들이지는 못했다. 그리하여 디즈니로 대변되는 기성세대는 아이들처럼 순수한 마음으로 벗은 육체를 있는 그대로 바라볼 자신은 없었던 것으로 보인다. 그러다 보니 어정쩡하게 요정들을 바라볼 수밖에 없었던 디즈니의 태도가 차마 젖꼭지를 사실대로 그려 넣지 못하고 대충 젖가슴을 봉곳하게 만들고는 젖꼭지를 생략하는 묘사를 통해서 나타났다고 본 것이다. 디즈니를 통해 우리는 그 시대 미국인들의 마음속에 구질서와 신질서, 구가치와 신가치가 공존하였음을, 그리하여 묘한 양가적 태도를 지녔음을 확인할 수 있다.

서스먼은 1920년대 구문화와 신문화의 갈등이 고조될 때, 이 시기의 영웅들 — 브루스 바튼(1886~1967), 베이브 루스(Babe Ruth, 1895~1948), 헨리 포드(1863~1947) — 또한 두 문화에 대해 양가적인 태도를 취했다고 생각한다. 예컨대, 성공에 대한 바튼의 해석은 전통적 가치를 지닌 생산자 중심적 시스템에서 변화된 가치를 지닌 소비자 중심적 시스템으로의 이행을 자연스럽게 만들어주었으며, 나아가 "근면, 자기부정, 절약을 강조하는 칼뱅주의적 생산자 윤리의 요구와 새로이 증가한 지출, 향락, 소비 같은 쾌락주의적 소비자 윤리의 요구 사이의 격차"를 매울 수 있게 해주었다. 그가 만든 광고회사는 새로운 소비사회의 산물이었으며, 그는 누구보다도 이 전환기 미국의 중간계급이 지닌 "공포, 희망, 열망과 이상"을 직시할 수 있는 "특별한 감수성"을 키울 수 있었다. 그렇지만 그는 오랜 세계관과 가치관을 포기하지 않았으며, 기독교를 새롭게 규정하

50) Robert Westbrook, "Abundant Cultural History: The Legacy of Warren Susman", *Reviews in American History 13/4* (1985), p. 481.

여 "잠재적인 도덕적 힘"으로 바꿀 수 있었다. 그리하여 그는 1920년대 미국에서 최고의 세일즈맨이 될 수 있었다. 서스먼은 나아가 그의 메시지에 반응한 수많은 미국인들을 이해할 수 없다면 우리는 그 시대를 이해할 수 없을 것이라고까지 그의 공헌을 강조했다.[51]

또한 야구선수인 베이브 루스는 어떠한가. 그야말로 "놀이가 기계화된 세계에서 영웅적 생산자"였다. 나아가 그가 보여준 과도한 쾌락적 생활에서 미국인들은 안심하고 즐거워했다. 따라서 그는 소비사회에서도 필요로 하는 "이상적인 영웅"이었다.[52] 어느 면에서 보자면, 위의 세 사람은 생산 중심적 문화 속에서 태어나고 자라나 소비 중심적 문화를 선도하던 위치에 있었기 때문에 '문화 영웅들'이 될 수 있었다. 이들은 이러한 이행기에, 포드의 경우는 약간 예외적이지만 적어도 1920년대 동안은, 두 문화 사이의 갈등을 극복하고 나름대로 시대를 선도할 수 있었다.

1930년대를 다룬 서스먼의 논문 또한 현대 미국문화 이행 단계의 중요 시기에 대한 분석으로서 주목해야 할 것이다. 왜냐하면 대공황으로 위기에 빠진 '풍요의 문화'가 이 시기 동안 어떻게 자신의 자리를 다시 찾아가는가를 보여주기 때문이다. 먼저, 서스먼은 1930년대를 '붉은 10년'(*Red Decade*)으로 이해하려는 시각이 일방적이라고 본다. 왜냐하면 좌파들의 활동만큼이나 우파들의 '십자군 운동'에 주목해야 하기 때문이다. 이들이야말로 '미국주의'에 매달리고 미국의 오랜 전통에서 구원의 방법을 찾으려 했다. 기업인들과 우파 지식인들은 '미국적 방식'(*American Way*)을 추구하다가 마침내 '미국적 생활방식'(*American Way of Life*)을 찾아내기에 이르렀다. 이들은 대공황이라는 위기 시기의 1930년대가 아니었으면 관심도 기울이지 않았을 보통사람들의 일상생활에서 미국적 라이프스타일을 끄집어내고자 애썼다. 이들의 작업이 얼마나 성공적이었는지를 확인

51) Susman, *Culture as History*, pp. 123, 126~127, 131.
52) Ibid., p. 146.

해볼 수 있는 구체적 실례는 다름 아닌 미국 공산당의 활동이었다. 그들은 자신들의 이념인 공산주의를 '아메리카니즘'과 연결하려고 애쓰고, 사회주의 운동을 미국의 전통과 결합하고자 했다. 나아가 '미국적 삶' 속에 위치하고자 했으며, 심지어 '미국적 생활방식'과 연관되어 있음을 역설하였던 것이다. 그 결과, 보통사람들과 얼추 일치할 중간계급 사람들을 통해서 "왜 일부 사람들이 좌파로 이동한 것이 임시적이거나 들쑥날쑥했는지를, 왜 이 시기가 종국에는 근본적으로 보수적이어서 그 결과 이들이 미국적 생활방식을 찾고 영광스럽게 만드는 데 집중했는지를 더 잘 이해할 수 있을 것"이라고 서스먼은 주장한다.[53]

이와 같이 1930년대를 통하여 갑작스럽게 보통사람들이 발견되었다. 1939년 뉴욕에서 열린 세계박람회조차도 보통사람들을 위한 박람회라고 표방하고 있었다. 미국의 보통사람들은 '평균적 미국인'으로서 통계적으로 드러나기 시작했다. 1935년 갤럽이 만든 '미국 여론연구소'는 미국의 "보통사람들이 생각하고 믿는 방식을 측정하는 체계적이고 과학적인 방법"을 창안하여 숫자로 표현된 '여론조사'를 시작했다. 예컨대, 1939년 보통의 미국인들은 자신의 국가가 안고 있는 가장 큰 문제가 실업이 아니라 유럽에서의 전쟁에서 벗어나는 것이라고 답했다.[54] 이제 미국의 보통사람들은 자신들의 생각과 믿음을 갤럽 조사에 의존하기 시작했다. 평균치가 등장할 때마다 그들은 그 수치에 자신을 적응시키고자 애썼다.

1930년대 콜럼비아대학의 사회학자 로버트 린드(Robert Lynd, 1892~1970)와 그의 부인 헬렌 린드(Helen Lynd, 1896~1982)는 대공황 발생 이후 인디애나 주 먼시(Muncie)를 다시 방문했다. 이때 그들이 본 것은 이곳의 중간계급 사람들이 "안정에 대한 개개 인간의 요구가 너무 커서 … 삶의 모든 영역에서 변화와 불확실을 즉각적으로 용납할 수 없"는 상

53) Ibid., pp. 203, 192.

54) Ibid., pp. 158, 218.

황이었다.[55] 놀랍게도 그들은 미국 자본주의, 나아가 세계적인 자본주의의 위기하에서 저항하기보다는 적응하려고 애쓰고 있었다.

이러한 정황은 1930년대가 '위대한 실용서의 시대'였음을 통해서도 확인할 수 있다. 당시 미국 사회에 영향력을 행사했던 것은 자본주의 비판서가 아니라 자기계발서였던 것이다. 대표적인 예로, 우리는 1936년에 출간된 데일 카네기의 《친구를 얻고 사람들에게 영향력을 행사하는 방법》(*How to Win Friends and Influence People*)을 들 수 있다. 이 책은 나오자마자 대성공을 거두었다. 카네기 책의 기본적인 메시지는 간단했다. "실패는 개인적인 것이지 사회적인 것이 아니며, 성공은 적응에 의해서, 사회적 질서가 아닌 개인의 성격을 통해 성취될 수 있다"는 것이다. 그는 타인을 배려하면서 그들을 향해서 웃으라고 강조했다. 결국 카네기는 이왕의 자본주의 질서에 저항하지 말고 적응할 것을 권유한 것이다.[56] 그랬다. 보통의 미국인들은 기왕의 경제체제를 끌어안는 선택을 했다.

서스먼은 린드 부부의 현지조사 등에 기초하여 왜 이 시기 미국의 수많은 보통사람들이 자신의 잘못으로 실업 상태에 빠진 것이 아님에도 불구하고 미국 정부나 자본주의 체제에 분노하고 분한 마음을 행동으로 옮기지 못했는지를 지적했다. 그들은 오히려 실업자가 될 경우 느끼는 부끄러움과 실업자가 되지 않을까 하는 두려움에 사로잡혀 있었던 것이다. 서스먼이 볼 때, 대공황 시절 실업상태에 빠진 많은 중간계급 미국인들이 추구한 것은 자본주의 경제체제에 대한 저항이 아니라 경제적 안정과 더불어 심리적 안정이었다. 따라서 대공황이 지배한 1930년대는 무엇보다도 수치와 공포의 시기였다. 그런 다음 얼마 안 있어 또 다른 세계대전이 있었다. 미국은 전쟁에 참여함으로써 경제적 어려움을 말끔히 해결할 수 있었다. 1945년, 전쟁이 끝난 후 미국인들은 언제 그랬냐는 듯이 다

55) Ibid., p. 193에서 재인용.

56) Ibid., p. 165.

시 한 번 '풍요의 문화'를 누리게 되었다. 미국의 자본주의와 현대 미국문화는 우리에게 엄청난 복원력을 보여주었다.

한 평자의 지적처럼, 서스먼은 자신의 생각을 글로 남기는 데 너무 인색하여 미출간 논문이나 강연, 강의, 심지어 찻집에서의 대화 도중 그가 휴지에 남긴 메모조차도 그를 이해하는 데 도움이 될 지경이다.[57] 그리하여 그가 썼던 논문들조차 접근이 쉽지 않은 학술지나 학술회의 논문집에 실렸던 덕분에 읽어보지 못했던 대부분의 역사학자들이 《역사로서의 문화》가 출간됨으로써 그가 20년 넘게 해놓은 작업의 일부를 읽어볼 기회를 갖게 되었다.

그렇지만, 콜럼비아대학의 앨런 브링클리가 볼 때, 유감스럽게도 몇몇 논문들은 처음 발표되었을 때는 시의적으로 중요할 수도 있었지만 책으로 출간된 시점에서는 시의성을 잃어 주목받기 어려운 글들이 되었다. 나아가 일부 논문들은 원래는 강연 형태로 발표된 것들이었는데, 충분한 시간을 갖고 출판에 어울리는 형태의 글로 온전히 고쳐지지 못했다고 그는 보고 있다.[58] 예컨대, 앞에서도 언급한 미국에서의 보수주의의 본질에 관한 그의 논문은 만약 당시 저명한 학술지에 게재되었다면 충분한 반향을 불러일으키며 논쟁 또한 야기할 수 있는 시의적절한 글이었다.

그럼에도 불구하고 이러한 서스먼의 주장에 많은 동료들이 불편해했다. 역사학자들은 그에게 그러한 주장에 대한 증명(*proof*)을 요구했으나, 그는 단지 설득(*persuasion*)을 제시했을 뿐이다. 즉, 서스먼의 논문들은 그의 주장을 증명하거나 그가 사용한 사료들의 특징이나 한계를 토론하려는 시도를 거의 하지 않는 것으로 보인다. 그리하여 결과적으로 역자를 포함한 브링클리에게도 어느 정도는 불만족스러운 책이 되고 말았

57) Westbrook, "Abundant Cultural History", p. 481.

58) Brinkley, "Pop Goes America", p. 36.

다.[59]

사실상, 서스먼의 논문들은 대부분 어떤 주장을 증명하기에는 너무 짧았다. 혹은 그러한 주장이 설득력을 갖기 위해 필요한 증거들이 많이 생략되어 있었다. 즉, 독자들이 바야흐로 논문이 제대로 전개되겠구나 생각하는 순간에 논문은 끝이 났다. 결과적으로, 웨스트브룩이 보기에, 서스먼의 많은 "과감한 주장들과 함축적인 통찰력들"을 오히려 다른 사람들이 채택하고 발전시켜 하나의 책으로 출간했다.[60]

역자가 보기에도, 그는 마치 뭔가를 과감하게 혹은 도발적으로 주장하고 나서 증명은 각자 알아서 할 것이라고 말하는 듯한 느낌을 주었다. 왜 서스먼은 자신의 주장을 입증할 수 있는 설득력 있는 사료들을 이용하여 증명할 생각은 하지 않고 그냥 그의 주장에 독자들이나 동료 역사학자들이 설득되기를 기대한 것일까? 필자가 감명받았다는 미키 마우스의 경우도 그러했다. 미키 마우스가 1930년대 미국을 이해하는 데 프랭클린 루스벨트 대통령보다 더 중요하다는 그의 주장에 크게 놀란 필자는, 그의 그러한 주장이 더 구체적으로 전개되지 못한 채 주장으로만 그친 것에 대해 또 한 번 놀랄 수밖에 없었다. 이 시기를 정치사가들이 '루스벨트의 시대'로 보는 반면 문화사가들은 '미키 마우스의 시대'로 보려 한다면서도 더 이상의 구체적인 언급은 없다.[61] 왜 그랬을까? 그의 주장처럼 많은 역사적 해석들은 증명의 차원이 아니라 설득의 차원에서 해결되어야 하

---

59) Ibid., p. 38.

60) 웨스트브룩은 대표적인 예로 리처드 펠스의 《급진적 비전과 미국의 꿈: 공황기 문화와 사회사상》(*Radical Visions and American Dreams: Culture and Social Thought in the Depression Years*, 1973)을 들고 있다. Westbrook, p. 482. 리처드 펠스조차 그러한 사실을 지적한다. 많은 사람들이 자신의 《급진적 비전과 미국의 꿈》이 서스먼이 썼어야 할 책이라고 얘기했다고 말한다. 펠스가 필자에게 보낸 이메일, 2011년 12월 8일 참조.

61) Susman, *Culture as History*, p. 197.

기 때문일까? 여기에 그의 치명적인 약점이 존재하며, 필자 또한 아쉽게 생각하는 지점이기도 하다.

## VI. 맺음말

서스먼은 동료들이나 학생들에게 '놀라운 에너지와 상상력'을 보여주었다. 또한 그는 열심히 경청하는 사람이었다. 동료 교수들의 연구주제에 대해 색다른 시각에서 짤막하게 답변을 해주었지만, 그의 분석은 마치 실타래처럼 복잡하게 뒤엉긴 이념과 사상들을 프리즘인 양 분해하여 각각의 사상들의 기원을 밝혀주었다.[62] 그렇기 때문에 그의 생각은 아직까지도 미국문화사 연구에 신선한 지적 자극을 제공하고 있다.

그뿐인가. 서스먼은 교실이건 회의에서건 영감을 불어넣는 달변가였을 뿐 아니라, 그의 수사법은 가끔씩 답변할 수 없는 질문을 동반하기도 했다. 또한 그는 변화무쌍하여 예측키 곤란하고, 가끔은 화를 잘 내면서도 동시에 관대하기 짝이 없는 사람이었다.[63] 그는 모든 일에 놀라운 통찰력을 지니고 있었다.[64] 서스먼의 동료였던 마이클 록랜드(Michael Rockland)는 그가 누구보다도 열정이 뛰어난 사람이었다고 평가했다. 또한 그보다 사상이나 이념에 대해서 열정적이면서도 이데올로그가 아닌 사람을 본 적이 없다고 했다.[65]

서스먼은 그의 놀라운 목소리와 수염과 허리둘레로 자신의 존재를 드러낼 수 있었다. 그렇지만 그는 말년에 심장병의 위험 때문에 몸무게를

---

62) Brinkley, "Pop Goes America", p. 36; Gardner, "As Colleague", p. 55.

63) Lears, "In the American Grain", p. 532.

64) Rudolph M. Bell, "introduction" in *In Memory*, p. 2.

65) Rockland, "In Memoriam", p. 494.

줄이고자 애썼으며, 이러한 행위 자체에 대해서 본인은 별로 달가워하지 않았다. 그렇지만 1985년 4월 20일, 그는 미네아폴리스에서 열린 미국사학회(Organization of American Historians) 연례 학술회의에서 발표 도중 비극적으로 사망했다.[66] 불과 58세의 나이에 생을 마감한 것이다.

서스먼은 미식가이자 여행가이면서 이야기꾼이고, 예술애호가이기도 했다. 그러나 많은 사람들에게 가장 기억에 남는 그의 모습은 관대함이었다. 그는 모든 사람들의 고민을 기꺼이 들어주었다. 학생이건 동료건 친구들이건 필요한 사람들과 언제든지 전화를 붙잡고 길게 대화를 나누었다는 것은 널리 알려진 사실이다. 그러니 당연히 전화비가 엄청나게 나왔다. 서스먼이 죽은 후 그의 사학과 동료에게 걸려온 많은 역사학자들의 전화는 대부분은 "나는 개인적으로 그를 몰랐지만 …"으로 시작하였다. 그리하여 미국 전역에 있는 역사학자들에게 그는 같은 길을 걷는 동지나 마찬가지였다.[67]

서스먼의 오랜 럿거스대학 동료였던 리처드 맥코믹은 "우리는 워런을 존경했으며, 그와 다투었으며, 그로부터 배웠으며, 그를 사랑했다"고 서스먼을 높이 평가했다. 그는 한 마디로 '비범한' 사람이었다. 동시에 '엄청난' 사람이기도 했다. 강의에 대한 열정도, 화냄도, 박식함도 심지어 웃음과 제스처조차도 그는 엄청났다. 그리하여 그는 동시대에 이미 신화와 사실이 뒤섞인 "하나의 전설"이 되었다.[68] 그가 그렇게 비극적인 삶을 마쳤기 때문에 더더욱 그러했다.

---

66) Rockland, "In Memoriam", p. 495; McCormick, "An Appreciation", pp. 6~7; Gates, "As Undergraduate", p. 19.

67) Gardner, "As Colleague", p. 52.

68) McCormick, "An Appreciation", p. 6.

## 참고문헌


Bell, Rudolph M. (1986), "Introduction" in *In Memory of Warren I. Susman 1927~1985*, New Brunswick, NJ: Rutgers University Press.

Brinkley, Alan(1985a), "Pop Goes America", *The New Republic.*

______(1985b), "Tuning In Warren Susman", *Voice Literacy Supplement, 21.*

Buhle, Paul(1990), ed., *History and the New Left: Madison, Wisconsin, 1950~1970*, Philadelphia: Temple University Press.

Curti, Merle(1986), "As Graduate Student" in *In Memory of Warren I. Susman 1927~1985*, New Brunswick, NJ: Rutgers University Press.

Denning, Michael(1986), "Class and Culture: Reflections on the Work of Warren Susman", *Radical History Review, 36.*

Gardner, Lloyd(1986), "As Colleague" in *In Memory of Warren I. Susman 1927~1985*, New Brunswick, NJ: Rutgers University Press.

Gates, Paul(1986), "As Undergraduate" in *In Memory of Warren I. Susman 1927~1985*, New Brunswick, NJ: Rutgers University Press.

Gutman, Herbert(1990), "Learning about History" in Paul Bhule, ed., *History and the New Left: Madison, Wisconsin, 1950~1970*, Philadelphia: Temple University Press.

Kessler-Harris, Alice(1999), "From Warren Susman to Raymond Williams and Allen Ginsburg Moving Towards a Future with Illusions", *European Contributions to American Studies, 43.*

Lears, T. J. Jackson(1985), "In the American Grain", *The Nation.*

McCormick, Richard P. (1986), "An Appreciation" in *In Memory of Warren I. Susman 1927~1985*, New Brunswick, NJ: Rutgers University Press.

Pells, Richard(1973), *Radical Visions and American Dreams: Culture and Social Thought in the Depression Years*, Harper & Row.

Ribuffo, Leo P. (1986), "As Teacher of Undergraduates" in *In Memory of Warren I. Susman 1927~1985*, New Brunswick, NJ: Rutgers University Press.

Rockland, Michael A. (1986), "In Memoriam: Warren Susman", *American Quarterly, 38*, 3.

Shapiro, Leo P. (1986), "As Graduate Teacher" in *In Memory of Warren I. Susman 1927~1985*, New Brunswick, NJ: Rutgers University Press.

Susman, Warren I. (1961), "A Second Country: The Expatriate Image", *Texas Studies in Literature and Language*, 3, 2.

______(1977), "Movie Music and Picture Palaces" in THE MIGHTY WURLIZTER; Music For Movie Palace Organs, New World Records 80227.

______(1985), *Culture as History: The Transformation of American Society in the Twentieth Century*, New York: Pantheon.

______(1990), "Smoking Room School of History" in Paul Bhule, ed., *History and the New Left: Madison, Wisconsin, 1950~1970*, Philadelphia: Temple University Press.

Trachtenberg, Alan(1986), "As Cultural Historian" in *In Memory of Warren I. Susman* 1927~1985, New Brunswick, NJ, Rutgers University Press.

Westbrook, Robert(1985), "Abundant Cultural History: The Legacy of Warren Susman", *Reviews in American History*, 13, 4.

Wiener, Jonathan M. (1989), "Radical Historians and the Crisis in American History, 1959~1980", *Journal of American History*, 76, 2.

Yeselson, Richard(1985), "Sussing It Out", *Voice Literacy Supplement*, 21.

# 찾아보기(용어)

## ㄱ

## ㄴ

ㄷ

## ㄹ

ㅁ

ㅂ

## ㅅ

## ㅇ

## ㅈ

### ㅊ



### ㅋ

**ㅎ**

## 기타

# 찾아보기(인명)

## ㄱ~ㄴ



## ㄷ

## ㅂ

ㅅ

## ㅇ

**ㅈ**



**ㅊ**



**ㅋ**

## ㅌ



## ㅍ

### ㅎ

## 워런 서스먼 (Warren I. Susman, 1927~1985)

1960년부터 갑작스러운 심장마비로 때 이른 죽음을 맞이할 때까지 럿거스(Rutgers) 대학의 사학과 교수로 재직했다. 그는 코넬대학을 졸업하고 위스콘신대학 사학과에서 당대 최고의 지성사가인 멀 커티(Merle Curti) 밑에서 박사학위를 받았다. 편저로는 《문화와 헌신, 1929~1945》(*Culture and Commitment*, 1929~1945, 1973) 등이 있지만, 그가 죽기 직전 자신의 이름으로 출간한 단행본은 이 책이 유일하다. 그렇지만 그가 쓴 미국문화사에 관한 논문들은 미국 역사학계에 논쟁을 불러일으켰으며, 새로운 접근과 신선한 자극을 제공했다고 평가받았다. 그 결과 살아 있는 동안에도 그는 미국에서 당대 최고의 문화사가 중의 한 사람으로 여겨졌다.



## 김덕호

성균관대학교 사학과 졸업 후 최종적으로는 뉴욕주립대학(스토니 브룩 소재) 사학과에서 박사학위를 받았다. 현재 한국기술교육대학교 교양학부 교수로 재직 중이다. 저서로는 《욕망의 코카콜라》(지호, 2014) 가 있으며, 공저로는 《근대 엔지니어의 탄생》(에코리브르, 2013), 《근대 엔지니어의 성장》(에코리브르, 2014) 등이 있다. 《아메리카나이제이션》(푸른역사, 2008), 《현대 미국의 사회운동》(비봉, 2001) 을 공동 편집하였으며, 《있는 그대로의 미국사》(휴머니스트, 2011), 《옥스퍼드 유럽현대사》(한울, 2003) 를 공동 번역하였다.

## 폭력에 대한 성찰

**조르주 소렐 지음 | 이용재(전북대) 역**

"모든 억압들을 전복하라!"

**20세기 혁명적 생디칼리즘의 성서**

이 책에서 조르주 소렐은 제도화된 개량 사회주의에 반기를 들고 프랑스 특유의 노동운동노선인 혁명적 생디칼리즘을 제시한다.

446면 | 18,000원

## 도덕과 입법의 원리서설

**제러미 벤담 지음 | 고정식(연세대) 역**

"벤담 공리주의 사상의 원천"

**최대 다수의 최대 행복은 삶의 궁극적 목적이다**

저자는 다양한 사례와 사상의 논거를 통해 공리주의의 개념과 합당성을 제시한다. 인류의 철학사, 사상사 속 공리주의의 의미를 돌아보게 하는 역작. 528면 | 30,000원

## 리바이어던 ①②

**교회국가 및 시민국가의 재료와 형태 및 권력**

**토머스 홉스 지음 | 진석용(대전대) 역**

"만인의 만인에 대한 투쟁에서 어떻게 벗어날 것인가"

**현 세계질서에서도 시의성을 잃지 않는 불멸의 고전**

이 책은 어떻게 정치질서와 평화를 구축할 것인가를 체계적으로 이론화한 고전 중의 고전이다. 또한 근대 정치 '과학'의 출발점이기도 하다.

480~520면 내외 | 각권 28,000원

## 충족이유율의 네 겹의 뿌리에 관하여

**아르투어 쇼펜하우어 지음 | 김미영(홍익대) 역**

"쇼펜하우어 철학의 핵심!"

**인식 주체의 선천적 능력에 대한 쇼펜하우어 철학의 핵심작품**

저자는 '원인'과 '인식 이유'를 구별하지 않아 생긴 철학적 혼란을 비판하고, 칸트를 비판적으로 계승하여 생성, 인식, 존재, 행위라는 충족이유율의 네 겹의 뿌리를 치밀하게 논증한다. 224면 | 15,000원

## 향연

**단테 지음 | 김운찬(대구가톨릭대) 역**

"단테 저술의 시작!"

**단테를 이해하기 위한 첫번째 작품**

단테 불후의 명작인《신곡》,《속어론》,《제정론》의 원전.
단테의 저술에서 이론적 논의를 띤 최초의 작품이자, 정치활동과 철학연구에 대한 성찰을 고스란히 담고 있다. 432면 | 25,000원

## 형이상학①②

**아리스토텔레스 지음 | 조대호(연세대) 역**

"존재에 관한 여러 각도의 사색"

**"왜"라는 물음에서 인간과 전체 세계가 보인다.**

전문화되고 파편화된 연구와 정보취득에 몰두하는 우리에게 인간, 자연, 세계를 아우르는 통합적 사유의 길을 제시하는 아리스토텔레스의 역작. 각권 464면 | 각권 28,000원

## 라오콘 – 미술과 문학의 경계에 관하여

고트홀드 에프라임 레싱 지음 | 윤도중(숭실대) 역

"미술과 문학은 저마다의 길이 있다"

**근대 미학 담론을 연 기념비적 예술론**

라오콘과 그 아들들을 소재로 하는 고대 조각상을 놓고 '미술과 문학의 경계'를 논한 저서. 근대 미학 담론의 시작으로 간주되며 또한 문학이 미술보다 가능성이 더 많은 예술임을 밝힌 근대 문학비평의 고전.

280면 | 14,000원

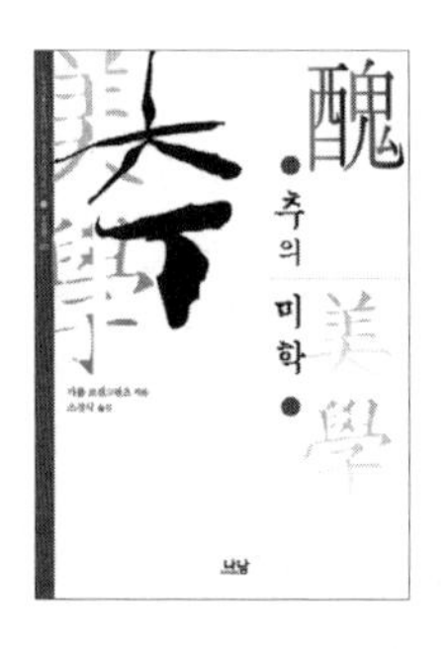


## 추의 미학

카를 로젠크란츠 지음 | 조경식(한남대 강사) 역

"추는 미를, 미는 추를 필요로 한다"

**추를 미학의 영역에 포함시킨 획기적 미학서**

낭만적 헤겔주의자인 저자는 미학에 추를 포함시켜 "미학의 완성"을 추구한다. 이 책은 추의 개념을 미로부터 끌어내고, 그것이 어떻게 코믹으로 전이되어 다시 미로 회귀하는지를 실제의 사례를 통해 보여준다.

464면 | 28,000원

## 발견을 예견하는 과학

### 우주의 신비, 생명의 기원, 인간의 미래에 대한 예지

존 매독스 지음 | 최돈찬(용인대) 역

"무엇이 발견될 것인가?"

**저자와 독자가 수수께끼로 풀어보는 과학의 미래**

천체 및 물질의 출발에서 생명체의 탄생, 그리고 진화를 연결시키면서 생겨나는 의문점들을 담았다. 이를 통해 이 책은 여전히 과학에서 새로운 발견이 이루어질 수 있다는 희망을 준다. 518면 | 35,000원